U0078812

經典小六法系列

2

商事法

三民書局印行

© 商　事　法

發 行 人	劉振強
著作財產權人	三民書局股份有限公司
發 行 所	三民書局股份有限公司
	地址　臺北市復興北路386號
	電話　(02)25006600
	郵撥帳號　0009998-5
門 市 部	(復北店)臺北市復興北路386號
	(重南店)臺北市重慶南路一段61號
最 新 版	2011年9月
編　　號	S 583450

行政院新聞局登記證局版臺業字第○二○○號

有著作權‧不准侵害

ISBN　978-957-14-0135-5　(平裝)

http://www.sanmin.com.tw　三民網路書店
※本書如有缺頁、破損或裝訂錯誤,請寄回本公司更換。

凡　例

一、本書蒐錄公司法、票據法、海商法、保險法及其關係法規中常用且適用者；並區分為公司法及關係法規、票據法及關係法規、海商法及關係法規、保險法及關係法規、證券金融法規、經濟貿易法規等六大類。

二、本書之編列說明如下：

(一)法規名稱及立法沿革、條文內容，悉以總統府公報為依據。

(二)法規名稱後加註該法規歷次公發布之時間及公發布機關。

(三)法條條號之下附註「法規要旨」，以（　　）表示之，便利讀者瞭解法條規範重心。

(四)條文內容之呈現區分為項、款、目三種，標示如下：

　　1.項：各項首行低一字起排列，同一條文若具二項或二項以上時，各項首字前以①、②、③標示之，以便讀者快速搜尋項別。

　　2.款：各款首行低四字起排列，並於首字前以一、二、三標示之，標示符號低二字起排列，以便讀者迅速搜尋款別。

　　3.目：各目首行低五字起排列，並於首字

前以(一)、(二)、(三)標示之，標示符號
與文字間不留字距。

   4.條文內容之解析另可參照後頁之「本書
   使用圖解」。

(五)凡例之後並臚列本書收錄法規之綜覽，詳
   加分類並加註頁碼，鳥瞰全文，綱要體系
   一覽無遺。

(六)書末摘錄與商事法規相關且重要之司法院
   大法官會議解釋文，便於讀者研析參酌。

(七)內頁兩側於法規名稱下加註條序邊款及法
   規分類標幟，便利迅速搜尋法條內容。

三、本書為「經典小六法」系列之第二部，與另二
   本簡易型法典併為敝局重要法律出版品之一，
   本書之編印，雖詳加校對，然仍恐疏漏，若有
   誤植之處，尚祈讀者不吝指正，俾使完善。

· 本書使用圖解

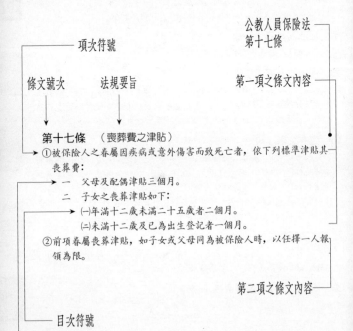

公教人員保險法
第十七條

項次符號

條文號次　　法規要旨

第一項之條文內容

第十七條　（喪葬費之津貼）

①被保險人之眷屬因疾病或意外傷害而致死亡者，依下列標準津貼其
　喪葬費：

一　父母及配偶津貼三個月。

二　子女之喪葬津貼如下：

（一）年滿十二歲未滿二十五歲者二個月。

（二）未滿十二歲及已為出生登記者一個月。

②前項眷屬喪葬津貼，如子女或父母同為被保險人時，以任擇一人報
　領為限。

第二項之條文內容

目次符號

款次符號

商事法　目次

公　司　法

民國十八年十二月二十六日國民政府公布
三十五年四月十二日國民政府修正公布
五十五年七月十九日總統令修正公布
五十七年三月二十五日總統令修正公布
五十八年九月十一日總統令修正公布
五十九年九月四日總統令修正公布
六十九年五月九日總統令修正公布
七十二年十二月七日總統令修正公布
七十九年十一月十日總統令修正公布
八十六年六月二十五日總統令修正公布
八十九年十一月十五日總統令修正公布
九十年十一月十二日總統令修正公布
九十四年六月二十二日總統令修正公布
九十五年二月三日總統令修正公布
九十八年一月二十一日總統令修正公布
九十八年四月二十九日總統令修正公布
九十八年五月二十七日總統令修正公布
一百年六月二十九日總統令修正公布第一○、一五六、一五八、一六八、一七七、
一七七之二、一八三、二○四、二三○、二六七條；並增訂第一六七之三條條文

第一章　總　　則

第一條　（公司之定義）

　　本法所稱公司，謂以營利為目的，依照本法組織、登記、成立之社團法人。

第二條　（公司種類）

①公司分為左列四種：

　　一　無限公司：指二人以上股東所組織，對公司債務負連帶無限清償責任之公司。

　　二　有限公司：由一人以上股東所組織，就其出資額為限，對公司負其責任之公司。

三　兩合公司：指一人以上無限責任股東，與一人以上有限責任股東所組織，其無限責任股東對公司債務負連帶無限清償責任；有限責任股東就其出資額為限，對公司負其責任之公司。

四　股份有限公司：指二人以上股東或政府、法人股東一人所組織，全部資本分為股份；股東就其所認股份，對公司負其責任之公司。

②公司名稱，應標明公司之種類。

第三條　（公司住所）

①公司以其本公司所在地為住所。

②本法所稱本公司，為公司依法首先設立，以管轄全部組織之總機構；所稱分公司，為受本公司管轄之分支機構。

第四條　（外國公司之定義）

本法所稱外國公司，謂以營利為目的，依照外國法律組織登記，並經中華民國政府認許，在中華民國境內營業之公司。

第五條　（主管機關）

①本法所稱主管機關：在中央為經濟部；在直轄市為直轄市政府。

②中央主管機關得委任所屬機關、委託或委辦其他機關辦理本法所規定之事項。

第六條　（成立要件）

公司非在中央主管機關登記後，不得成立。

第七條　（公司登記之查核）

公司申請設立、變更登記之資本額，應先經會計師查核簽證；其辦法，由中央主管機關定之。

第八條　（公司負責人之定義）

①本法所稱公司負責人：在無限公司、兩合公司為執行業務或代表公司之股東；在有限公司、股份有限公司為董事。

②公司之經理人或清算人，股份有限公司之發起人、監察人、檢查人、重整人或重整監督人，在執行職務範圍內，亦為公司負責人。

第九條　（應收股款股東未實際繳納之處罰）

①公司應收之股款，股東並未實際繳納，而以申請文件表明收足，或股東雖已繳納而於登記後將股款發還股東，或任由股東收回者，公司負責人各處五年以下有期徒刑、拘役或科或併科新臺幣五十萬元以上二百五十萬元以下罰金。

②有前項情事時，公司負責人應與各該股東連帶賠償公司或第三人因

此所受之損害。

③第一項裁判確定後，由檢察機關通知中央主管機關撤銷或廢止其登記。但裁判確定前，已為補正或經主管機關限期補正已補正者，不在此限。

④公司之設立或其他登記事項有偽造、變造文書，經裁判確定後，由檢察機關通知中央主管機關撤銷或廢止其登記。

第十條 （命令解散）

公司有下列情事之一者，主管機關得依職權或利害關係人之申請，命令解散之：

一　公司設立登記後六個月尚未開始營業者。但已辦妥延展登記者，不在此限。

二　開始營業後自行停止營業六個月以上者。但已辦妥停業登記者，不在此限。

三　公司名稱經法院判決確定不得使用，公司於判決確定後六個月內尚未辦妥名稱變更登記，並經主管機關令其限期辦理仍未辦妥。

第十一條 （裁定解散）

①公司之經營，有顯著困難或重大損害時，法院得據股東之聲請，於徵詢主管機關及目的事業中央主管機關意見，並通知公司提出答辯後，裁定解散。

②前項聲請，在股份有限公司，應有繼續六個月以上持有已發行股份總數百分之十以上股份之股東提出之。

第十二條 （登記之效力）

公司設立登記後，有應登記之事項而不登記，或已登記之事項有變更而不為變更之登記者，不得以其事項對抗第三人。

第十三條 （公司轉投資之限制）

①公司不得為他公司無限責任股東或合夥事業之合夥人；如為他公司有限責任股東時，其所有投資總額，除以投資為專業或公司章程另有規定或經依左列各款規定，取得股東同意或股東會議者外，不得超過本公司實收股本百分之四十：

一　無限公司、兩合公司經全體無限責任股東同意。

二　有限公司經全體股東同意。

三　股份有限公司經代表已發行股份總數三分之二以上股東出席，以出席股東表決權過半數同意之股東會決議。

②公開發行股票之公司，出席股東之股份總數不足前項第三款定額者，得以代表已發行股份總數過半數股東之出席，出席股東表決權三分之二以上之同意行之。

③第一項第三款及第二項出席股東股份總數及表決權數，章程有較高之規定者，從其規定。

④公司因接受被投資公司以盈餘或公積增資配股所得之股份，不計入第一項投資總額。

⑤公司負責人違反第一項規定時，應賠償公司因此所受之損害。

第十四條 （刪除）

第十五條 （貸款之限制）

①公司之資金，除有左列各款情形外，不得貸與股東或任何他人：

一 公司間或與行號間有業務往來者。

二 公司間或與行號間有短期融通資金之必要者。融資金額不得超過貸與企業淨值的百分之四十。

②公司負責人違反前項規定時，應與借用人連帶負返還責任；如公司受有損害者，亦應由其負損害賠償責任。

第十六條 （公司為保證人之限制）

①公司除依其他法律或公司章程規定得為保證者外，不得為任何保證人。

②公司負責人違反前項規定時，應自負保證責任，如公司受有損害時，亦應負賠償責任。

第十七條 （特許之業務）

①公司業務，依法律或基於法律授權所定之命令，須經政府許可者，於領得許可文件後，方得申請公司登記。

②前項業務之許可，經目的事業主管機關撤銷或廢止確定者，應由各該目的事業主管機關，通知中央主管機關，撤銷或廢止其公司登記或部分登記事項。

第十七條之一 （廢止登記）

公司之經營有違反法令受勒令歇業處分確定者，應由處分機關通知中央主管機關，廢止其公司登記或部分登記事項。

第十八條 （名稱專用）

①公司名稱，不得與他公司名稱相同。二公司名稱中標明不同業務種類或可資區別之文字者，視為不相同。

②公司所營事業除許可業務應載明於章程外，其餘不受限制。

③公司所營事業應依中央主管機關所定營業項目代碼表登記。已設立
　登記之公司，其所營事業為文字敘述者，應於變更所營事業時，依
　代碼表規定辦理。

④公司不得使用易於使人誤認其與政府機關、公益團體有關或妨害公
　共秩序或善良風俗之名稱。

⑤公司名稱及業務，於公司登記前應先申請核准，並保留一定期間；
　其審核準則，由中央主管機關定之。

第十九條　（未登記者而營業之限制）

①未經設立登記，不得以公司名義經營業務或為其他法律行為。

②違反前項規定者，行為人處一年以下有期徒刑、拘役或科或併科新
　臺幣十五萬元以下罰金，並自負民事責任；行為人有二人以上者，
　連帶負民事責任，並由主管機關禁止其使用公司名稱。

第二十條　（年終查核）

①公司每屆會計年度終了，應將營業報告書、財務報表及盈餘分派或
　虧損撥補之議案，提請股東同意或股東常會承認。

②公司資本額達中央主管機關所定一定數額以上者，其財務報表，應
　先經會計師查核簽證；其簽證規則，由中央主管機關定之。但公開
　發行股票之公司，證券管理機關另有規定者，不適用之。

③前項會計師之委任、解任及報酬，準用第二十九條第一項規定。

④第一項書表，主管機關得隨時派員查核或令其限期申報；其辦法，
　由中央主管機關定之。

⑤公司負責人違反第一項或第二項規定時，各處新臺幣一萬元以上五
　萬元以下罰鍰。妨礙、拒絕或規避前項查核或屆期不申報時，各處
　新臺幣二萬元以上十萬元以下罰鍰。

第二十一條　（平時業務之檢查）

①主管機關得會同目的事業主管機關，隨時派員檢查公司業務及財務
　狀況，公司負責人不得妨礙、拒絕或規避。

②公司負責人妨礙、拒絕或規避前項檢查者，各處新臺幣二萬元以上
　十萬元以下罰鍰。連續妨礙、拒絕或規避者，並按次連續各處新臺
　幣四萬元以上二十萬元以下罰鍰。

③主管機關依第一項規定派員檢查時，得視需要選任會計師或律師或
　其他專業人員協助辦理。

第二十二條　（帳表查核之方法）

①主管機關查核第二十條所定各項書表，或依前條檢查公司業務及財

務狀況時，得令公司提出證明文件、單據、表冊及有關資料，除法律另有規定外，應恪守秘密，並於收受後十五日內，查閱發還。

②公司負責人違反前項規定，拒絕提出時，各處新臺幣二萬元以上十萬元以下罰鍰。連續拒絕者，並按次連續各處新臺幣四萬元以上二十萬元以下罰鍰。

第二十三條 （負責人業務上之侵權行為）

①公司負責人應忠實執行業務並盡善良管理人之注意義務，如有違反致公司受有損害者，負損害賠償責任。

②公司負責人對於公司業務之執行，如有違反法令致他人受有損害時，對他人應與公司負連帶賠償之責。

第二十四條 （解散公司之清算）

解散之公司除因合併、分割或破產而解散外，應行清算。

第二十五條 （清算中之公司）

解散之公司，於清算範圍內，視為尚未解散。

第二十六條 （清算中之營業）

前條解散之公司，在清算時期中，得為了結現務及便利清算之目的，暫時經營業務。

第二十六條之一 （撤銷或廢止登記之準用）

公司經中央主管機關撤銷或廢止登記者，準用前三條之規定。

第二十七條 （政府或法人為股東）

①政府或法人為股東時，得當選為董事或監察人。但須指定自然人代表行使職務。

②政府或法人為股東時，亦得由其代表人當選為董事或監察人，代表人有數人時，得分別當選。

③第一項及第二項之代表人，得依其職務關係，隨時改派補足原任期。

④對於第一項、第二項代表權所加之限制，不得對抗善意第三人。

第二十八條 （公告方法）

公司之公告應登載於本公司所在之直轄市或縣（市）日報之顯著部分。但公開發行股票之公司，證券管理機關另有規定者，不在此限。

第二十八條之一 （送達方法）

主管機關依法應送達於公司之公文書無從送達者，改向代表公司之負責人送達；仍無從送達者，得以公告代之。

第二十九條 （經理人）

①公司得依章程規定置經理人，其委任、解任及報酬，依下列規定定

之。但公司章程有較高規定者，從其規定：

一　無限公司、兩合公司須有全體無限責任股東過半數同意。

二　有限公司須有全體股東過半數同意。

三　股份有限公司應由董事會以董事過半數之出席，及出席董事過半數同意之決議行之。

②公司有第一百五十六條第七項之情形者，專案核定之主管機關應要求參與政府專案紓困方案之公司提具自救計畫，並得限制其發給經理人報酬或為其他必要之處置或限制；其辦法，由中央主管機關定之。

③經理人應在國內有住所或居所。

第三十條　（經理人之消極資格）

有左列情事之一者，不得充經理人，其已充任者，當然解任：

一　曾犯組織犯罪防制條例規定之罪，經有罪判決確定，服刑期滿尚未逾五年者。

二　曾犯詐欺、背信、侵占罪經受有期徒刑一年以上宣告，服刑期滿尚未逾二年者。

三　曾服公務虧空公款，經判決確定，服刑期滿尚未逾二年者。

四　受破產之宣告，尚未復權者。

五　使用票據經拒絕往來尚未期滿者。

六　無行為能力或限制行為能力者。

第三十一條　（經理人之職權）

①經理人之職權，除章程規定外，並得依契約之訂定。

②經理人在公司章程或契約規定授權範圍內，有為公司管理事務及簽名之權。

第三十二條　（經理人競業之禁止）

經理人不得兼任其他營利事業之經理人，並不得自營或為他人經營同類之業務。但經依第二十九條第一項規定之方式同意者，不在此限。

第三十三條　（遵守決議之義務）

經理人不得變更董事或執行業務股東之決定，或股東會或董事會之決議，或逾越其規定之權限。

第三十四條　（經理人之損害賠償責任）

經理人因違反法令、章程或前條之規定，致公司受損害時，對於公司負賠償之責。

第三十五條 （刪除）

第三十六條 （經理權之限制）

公司不得以其所加於經理人職權之限制，對抗善意第三人。

第三十七條 （刪除）

第三十八條 （刪除）

第三十九條 （刪除）

第二章 無限公司

第一節 設 立

第四十條 （股東之限制與章程之訂立）

①無限公司之股東，應有二人以上，其中半數，應在國內有住所。

②股東應以全體之同意，訂立章程，簽名或蓋章，置於本公司，並每人各執一份。

第四十一條 （無限公司之章程內容）

①無限公司章程應載明左列事項：

　一　公司名稱。

　二　所營事業。

　三　股東姓名、住所或居所。

　四　資本總額及各股東出資額。

　五　各股東有以現金以外財產為出資者，其種類、數量、價格或估價之標準。

　六　盈餘及虧損分派比例或標準。

　七　本公司所在地；設有分公司者，其所在地。

　八　定有代表公司之股東者，其姓名。

　九　定有執行業務之股東者，其姓名。

　十　定有解散事由者，其事由。

十一　訂立章程之年、月、日。

②代表公司之股東，不備置前項章程於本公司者，處新臺幣一萬元以上五萬元以下罰鍰。連續拒不備置者，並按次連續處新臺幣二萬元以上十萬元以下罰鍰。

第二節 公司之內部關係

第四十二條 （內部關係）

公司之內部關係，除法律有規定者外，得以章程定之。

第四十三條 （股東之出資）

股東得以信用、勞務或其他權利為出資，但須依照第四十一條第一項第五款之規定辦理。

第四十四條 （債權抵作股本）

股東以債權抵作股本，而其債權到期不得受清償者，應由該股東補繳；如公司因之受有損害，並應負賠償之責。

第四十五條 （執行業務權）

①各股東均有執行業務之權利，而負其義務。但章程中訂定由股東中之一人或數人執行業務者，從其訂定。

②前項執行業務之股東須半數以上在國內有住所。

第四十六條 （業務執行之方法）

①股東之數人或全體執行業務時，關於業務之執行，取決於過半數之同意。

②執行業務之股東，關於通常事務，各得單獨執行；但其餘執行業務之股東，有一人提出異議時，應即停止執行。

第四十七條 （章程之變更）

公司變更章程，應得全體股東之同意。

第四十八條 （不執行業務股東之監督權）

不執行業務之股東，得隨時向執行業務之股東質詢公司營業情形，查閱財產文件、帳簿、表冊。

第四十九條 （報酬）

執行業務之股東，非有特約，不得向公司請求報酬。

第五十條 （償還與賠償請求權）

①股東因執行業務所代墊之款項，得向公司請求償還，並支付墊款之利息；如係負擔債務，而其債務尚未到期者，得請求提供相當之擔保。

②股東因執行業務，受有損害，而自己無過失者，得向公司請求賠償。

第五十一條 （執行業務之確保）

公司章程訂明專由股東中之一人或數人執行業務時，該股東不得無故辭職，他股東亦不得無故使其退職。

第五十二條 （業務執行之依據）

①股東執行業務，應依照法令、章程及股東之決定。

②違反前項規定，致公司受有損害者，對於公司應負賠償之責。

第五十三條 （挪用公款）

股東代收公司款項，不於相當期間照繳，或挪用公司款項者，應加算利息，一併償還；如公司受有損害，並應賠償。

第五十四條 （競業之限制）

①股東非經其他股東全體之同意，不得為他公司之無限責任股東，或合夥事業之合夥人。

②執行業務之股東，不得為自己或他人為與公司同類營業之行為。

③執行業務之股東違反前項規定時，其他股東得以過半數之決議，將其為自己或他人所為行為之所得，作為公司之所得；但自所得產生後逾一年者，不在此限。

第五十五條 （出資之轉讓）

股東非經其他股東全體之同意，不得以自己出資之全部或一部，轉讓於他人。

第三節　公司之對外關係

第五十六條 （代表公司之股東）

①公司得以章程特定代表公司之股東；其未經特定者，各股東均得代表公司。

②第四十五條第二項之規定，於代表公司之股東準用之。

第五十七條 （代表權限）

代表公司之股東，關於公司營業上一切事務，有辦理之權。

第五十八條 （代表權之限制）

公司對於股東代表權所加之限制，不得對抗善意第三人。

第五十九條 （雙方代表之禁止）

代表公司之股東，如為自己或他人與公司為買賣、借貸或其他法律行為時，不得同時為公司之代表。但向公司清償債務時，不在此限。

第六十條 （股東連帶清償責任）

公司資產不足清償債務時，由股東負連帶清償之責。

第六十一條 （新入股東之責任）

加入公司為股東者，對於未加入前公司已發生之債務，亦應負責。

第六十二條 （表見股東之責任）

非股東而有可以令人信其為股東之行為者，對於善意第三人，應負與股東同一之責任。

第六十三條 （盈餘分派）

①公司非彌補虧損後，不得分派盈餘。

②公司負責人違反前項規定時，各處一年以下有期徒刑、拘役或科或併科新臺幣六萬元以下罰金。

第六十四條 （抵銷之禁止）

公司之債務人，不得以其債務與其對於股東之債權抵銷。

第四節 退 股

第六十五條 （聲明退股）

①章程未定公司存續期限者，除關於退股另有訂定外，股東得於每會計年度終了退股。但應於六個月前，以書面向公司聲明。

②股東有非可歸責於自己之重大事由時，不問公司定有存續期限與否，均得隨時退股。

第六十六條 （法定退股）

①除前條規定外，股東有下列各款情事之一者退股：

　　一　章程所定退股事由。

　　二　死亡。

　　三　破產。

　　四　受監護或輔助宣告。

　　五　除名。

　　六　股東之出資，經法院強制執行者。

②依前項第六款規定退股時，執行法院應於二個月前通知公司及其他股東。

第六十七條 （除名）

股東有左列各款情事之一者，得經其他股東全體之同意議決除名；但非通知後不得對抗該股東：

　　一　應出之資本不能照繳或屢催不繳者。

　　二　違反第五十四條第一項之規定者。

　　三　有不正當行為妨害公司之利益者。

　　四　對於公司不盡重要之義務者。

第六十八條 （姓名之停止使用）

公司名稱中列有股東之姓或姓名者，該股東退股時，得請求停止使用。

第六十九條 （退股之結算）

①退股之股東與公司之結算，應以退股時公司財產之狀況為準。

②退股股東之出資，不問其種類，均得以現金抵還。

③股東退股時，公司事務有未了結者，於了結後計算其損益，分派其盈虧。

第七十條　（退股股東之責任）

①退股股東應向主管機關申請登記，對於登記前公司之債務，於登記後二年內，仍負連帶無限責任。

②股東轉讓其出資者，準用前項之規定。

第五節　解散、合併及變更組織

第七十一條　（解散之事由）

①公司有左列各款情事之一者解散：

　　一　章程所定解散事由。

　　二　公司所營事業已成就或不能成就。

　　三　股東全體之同意。

　　四　股東經變動而不足本法所定之最低人數。

　　五　與他公司合併。

　　六　破產。

　　七　解散之命令或裁判。

②前項第一款第二款得經全體或一部股東之同意繼續經營，其不同意者視為退股。

③第一項第四款得加入新股東繼續經營。

④因前二項情形而繼續經營時，應變更章程。

第七十二條　（公司合併）

公司得以全體股東之同意，與他公司合併。

第七十三條　（合併之程序）

①公司決議合併時，應即編造資產負債表及財產目錄。

②公司為合併之決議後，應即向各債權人分別通知及公告，並指定三十日以上期限，聲明債權人得於期限內提出異議。

第七十四條　（通知及公告之效力）

公司不為前條之通知及公告，或對於在指定期限內提出異議之債權人不為清償，或不提供相當擔保者，不得以其合併對抗債權人。

第七十五條　（權利義務之概括承受）

因合併而消滅之公司，其權利義務，應由合併後存續或另立之公司

承受。

第七十六條　（變更組織）

①公司得經全體股東之同意，以一部股東改為有限責任或另加入有限責任股東，變其組織為兩合公司。

②前項規定於第七十一條第三項所規定繼續經營之公司準用之。

第七十七條　（合併規定之準用）

公司依前條變更組織時，準用第七十三條至第七十五條之規定。

第七十八條　（變更組織後股東之責任）

股東依第七十六條第一項之規定，改為有限責任時，其在公司變更組織前，公司之債務，於公司變更登記後二年內，仍負連帶無限責任。

第六節　清　　算

第七十九條　（清算人）

公司之清算，以全體股東為清算人；但本法或章程另有規定或經股東決議，另選清算人者，不在此限。

第八十條　（清算之繼承）

由股東全體清算時，股東中有死亡者，清算事務由其繼承人行之；繼承人有數人時，應由繼承人互推一人行之。

第八十一條　（選派清算人）

不能依第七十九條規定定其清算人時，法院得因利害關係人之聲請，選派清算人。

第八十二條　（清算人之解任）

法院因利害關係人之聲請，認為必要時，得將清算人解任。但股東選任之清算人，亦得由股東過半數之同意，將其解任。

第八十三條　（清算人之聲報）

①清算人應於就任後十五日內，將其姓名、住所或居所及就任日期，向法院聲報。

②清算人之解任，應由股東於十五日內，向法院聲報。

③清算人由法院選派時，應公告之；解任時亦同。

④違反第一項或第二項聲報期限之規定者，各處新臺幣三千元以上一萬五千元以下罰鍰。

第八十四條　（清算人之職務）

①清算人之職務如左：

　一　了結現務。

　二　收取債權，清償債務。

　三　分派盈餘或虧損。

　四　分派賸餘財產。

②清算人執行前項職務，有代表公司為訴訟上或訴訟外一切行為之權。但將公司營業包括資產負債轉讓於他人時，應得全體股東之同意。

第八十五條　（清算人之代表公司）

①清算人有數人時，得推定一人或數人代表公司，如未推定時，各有對於第三人代表公司之權。關於清算事務之執行，取決於過半數之同意。

②推定代表公司之清算人，應準用第八十三條第一項之規定向法院聲報。

第八十六條　（代表權之限制）

　對於清算人代表權所加之限制，不得對抗善意第三人。

第八十七條　（清算人之檢查財產、完結清算與答覆詢問）

①清算人就任後，應即檢查公司財產情形，造具資產負債表及財產目錄，送交各股東查閱。

②對前項所為檢查有妨礙、拒絕或規避行為者，各處新臺幣二萬元以上十萬元以下罰鍰。

③清算人應於六個月內完結清算；不能於六個月內完結清算時，清算人得申敘理由，向法院聲請展期。

④清算人不於前項規定期限內清算完結者，各處新臺幣一萬元以上五萬元以下罰鍰。

⑤清算人遇有股東詢問時，應將清算情形隨時答覆。

⑥清算人違反前項規定者，各處新臺幣一萬元以上五萬元以下罰鍰。

第八十八條　（催報債權）

　清算人就任後，應以公告方法，催告債權人報明債權，對於明知之債權人，並應分別通知。

第八十九條　（聲請宣告破產）

①公司財產不足清償其債務時，清算人應即聲請宣告破產。

②清算人移交其事務於破產管理人時，職務即為終了。

③清算人違反第一項規定，不即聲請宣告破產者，各處新臺幣二萬元以上十萬元以下罰鍰。

第九十條　（分派財產之限制）

①清算人非清償公司債務後，不得將公司財產分派於各股東。

②清算人違反前項規定，分派公司財產時，各處一年以下有期徒刑、拘役或科或併科新臺幣六萬元以下罰金。

第九十一條 （膡餘財產之分派）

膡餘財產之分派，除章程另有訂定外，依各股東分派盈餘或虧損後淨餘出資之比例定之。

第九十二條 （結算表冊之承認）

清算人應於清算完結後十五日內，造具結算表冊，送交各股東，請求其承認，如股東不於一個月內提出異議，即視為承認；但清算人有不法行為時，不在此限。

第九十三條 （清算完結之聲報）

①清算人應於清算完結，經送請股東承認後十五日內，向法院聲報。

②清算人違反前項聲報期限之規定時，各處新臺幣三千元以上一萬五千元以下罰鍰。

第九十四條 （文件之保存）

公司之帳簿、表冊及關於營業與清算事務之文件，應自清算完結向法院聲報之日起，保存十年，其保存人，以股東過半數之同意定之。

第九十五條 （清算人之注意義務）

清算人應以善良管理人之注意處理職務，倘有怠忽而致公司發生損害時，應對公司負連帶賠償之責任，其有故意或重大過失時，並應對第三人負連帶賠償責任。

第九十六條 （連帶責任之消滅）

股東之連帶無限責任，自解散登記後滿五年而消滅。

第九十七條 （清算人之委任關係）

清算人與公司之關係，除本法規定外，依民法關於委任之規定。

第三章　有限公司

第九十八條 （有限公司之組成）

①有限公司由一人以上股東所組成。

②股東應以全體之同意訂立章程，簽名或蓋章，置於本公司，每人各執一份。

第九十九條 （有限責任）

各股東對於公司之責任，以其出資額為限。

第一百條 （履行出資）

公司資本總額，應由各股東全部繳足，不得分期繳款或向外招募。

第一百零一條 （有限公司之章程）

①公司章程應載明左列事項：

　一　公司名稱。

　二　所營事業。

　三　股東姓名或名稱、住所或居所。

　四　資本總額及各股東出資額。

　五　盈餘及虧損分派比例或標準。

　六　本公司所在地；設有分公司者，其所在地。

　七　董事人數。

　八　定有解散事由者，其事由。

　九　訂立章程之年、月、日。

②代表公司之董事不備置前項章程於本公司者，處新臺幣一萬元以上五萬元以下罰鍰。連續拒不備置者，並按次連續處新臺幣二萬元以上十萬元以下罰鍰。

第一百零二條 （股東表決權）

①每一股東不問出資多寡，均有一表決權。但得以章程訂定按出資多寡比例分配表決權。

②政府或法人為股東時，準用第一百八十一條之規定。

第一百零三條 （股東名簿之備置及其內容）

①公司應在本公司備置股東名簿，記載左列事項：

　一　各股東出資額及股單號數。

　二　各股東姓名或名稱、住所或居所。

　三　繳納股款之年、月、日。

②代表公司之董事，不備置前項股東名簿於本公司者，處新臺幣一萬元以上五萬元以下罰鍰。連續拒不備置者，並按次連續處新臺幣二萬元以上十萬元以下罰鍰。

第一百零四條 （股單）

①公司於設立登記後，應發給股單，載明左列各款事項：

　一　公司名稱。

　二　設立登記之年、月、日。

　三　股東姓名或名稱及其出資額。

　四　發給股單之年、月、日。

②第一百六十二條第二項、第一百六十三條第一項但書、第一百六十五條之規定，於前項股單準用之。

第一百零五條 （股單之製作）

公司股單，由全體董事簽名或蓋章。

第一百零六條 （資本增減與組織變更）

①公司增資，應經股東過半數之同意。但股東雖同意增資，仍無按原出資數比例出資之義務。

②前項不同意增資之股東，對章程因增資修正部分，視為同意。

③有第一項但書情形時，得經全體股東同意，由新股東參加。

④公司得經全體股東同意減資或變更其組織為股份有限公司。

第一百零七條 （變更組織之通知、公告及債務承擔）

①公司為變更組織之決議後，應即向各債權人分別通知及公告。

②變更組織後之公司，應承擔變更組織前公司之債務。

第一百零八條 （執行業務之機關）

①公司應至少置董事一人執行業務並代表公司，最多置董事三人，應經三分之二以上股東之同意，就有行為能力之股東中選任之。董事有數人時，得以章程特定一人為董事長，對外代表公司。

②執行業務之董事請假或因故不能行使職權時，指定股東一人代理之；未指定代理人者，由股東間互推一人代理之。

③董事為自己或他人為與公司同類業務之行為，應對全體股東說明其行為之重要內容，並經三分之二以上股東同意。

④第三十條、第四十六條、第四十九條至第五十三條、第五十四條第三項、第五十七條至第五十九條、第二百零八條第三項、第二百零八條之一及第二百十一條之規定，於董事準用之。

第一百零九條 （不執行業務股東之監察權）

不執行業務之股東，均得行使監察權；其監察權之行使，準用第四十八條之規定。

第一百十條 （表冊之編造）

①每屆會計年度終了，董事應依第二百二十八條之規定，造具各項表冊，分送各股東，請其承認。

②前項表冊送達後逾一個月未提出異議者，視為承認。

③第二百三十一條至第二百三十三條、第二百三十五條及第二百四十五條第一項之規定，於有限公司準用之。

第一百十一條 （出資之轉讓）

①股東非得其他全體股東過半數之同意,不得以其出資之全部或一部,轉讓於他人。

②前項轉讓,不同意之股東有優先受讓權;如不承受,視為同意轉讓,並同意修改章程有關股東及其出資額事項。

③公司董事非得其他全體股東同意,不得以其出資之全部或一部,轉讓於他人。

④法院依強制執行程序,將股東之出資轉讓於他人時,應通知公司及其他全體股東,於二十日內,依第一項或第三項之方式,指定受讓人;逾期未指定或指定之受讓人不依同一條件受讓時,視為同意轉讓,並同意修改章程有關股東及其出資額事項。

第一百十二條 (盈餘公積)

①公司於彌補虧損完納一切稅捐後,分派盈餘時,應先提出百分之十為法定盈餘公積。但法定盈餘公積已達資本總額時,不在此限。

②除前項法定盈餘公積外,公司得以章程訂定,或股東全體之同意,另提特別盈餘公積。

③公司負責人違反第一項規定,不提出法定盈餘公積時,各科新臺幣六萬元以下罰金。

第一百十三條 (變更章程、合併、解散、清算之準用規定)

公司變更章程、合併、解散及清算,準用無限公司有關之規定。

第四章　兩合公司

第一百十四條 (兩合公司組織與股東責任)

①兩合公司以無限責任股東與有限責任股東組織之。

②無限責任股東,對公司債務負連帶無限清償責任;有限責任股東,以出資額為限,對於公司負其責任。

第一百十五條 (無限公司)

兩合公司除本章規定外,準用第二章之規定。

第一百十六條 (章程之內容)

兩合公司之章程,除記載第四十一條所列各款事項外,並應記明各股東之責任為無限或有限。

第一百十七條 (有限責任股東之出資限制)

有限責任股東,不得以信用或勞務為出資。

第一百十八條 (有限責任股東之監督權)

①有限責任股東，得於每會計年度終了時，查閱公司帳目、業務及財產情形；必要時，法院得因有限責任股東之聲請，許其隨時檢查公司帳目、業務及財產之情形。

②對於前項之檢查，有妨礙、拒絕或規避行為者，各處新臺幣二萬元以上十萬元以下罰鍰。連續妨礙、拒絕或規避者，並按次連續各處新臺幣四萬元以上二十萬元以下罰鍰。

第一百十九條 （有限責任股東之出資轉讓）

①有限責任股東，非得無限責任股東過半數之同意，不得以其出資全部或一部，轉讓於他人。

②第一百十一條第二項及第四項之規定，於前項準用之。

第一百二十條 （競業禁止責任之免除）

有限責任股東，得為自己或他人，為與本公司同類營業之行為；亦得為他公司之無限責任股東，或合夥事業之合夥人。

第一百二十一條 （表見無限責任股東之責任）

有限責任股東，如有可以令人信其為無限責任股東之行為者，對於善意第三人，負無限責任股東之責任。

第一百二十二條 （業務執行及代表公司之禁止）

有限責任股東，不得執行公司業務及對外代表公司。

第一百二十三條 （退股之限制與出資之繼承）

①有限責任股東，不因受監護或輔助宣告而退股。

②有限責任股東死亡時，其出資歸其繼承人。

第一百二十四條 （退股）

有限責任股東遇有非可歸責於自己之重大事由時，得經無限責任股東過半數之同意退股，或聲請法院准其退股。

第一百二十五條 （除名）

①有限責任股東有左列各款情事之一者，得經全體無限責任股東之同意，將其除名：

　　一　不履行出資義務者。

　　二　有不正當行為，妨害公司利益者。

②前項除名，非通知該股東後，不得對抗之。

第一百二十六條 （解散與變更組織）

①公司因無限責任股東或有限責任股東全體之退股而解散；但其餘股東得以一致之同意，加入無限責任股東或有限責任股東，繼續經營。

②前項有限責任股東全體退股時，無限責任股東在二人以上者，得以

　　一致之同意變更其組織為無限公司。

③無限責任股東與有限責任股東，以全體之同意，變更其組織為無限公司時，依前項規定行之。

第一百二十七條　（清算人）

　　清算由全體無限責任股東任之。但無限責任股東得以過半數之同意另行選任清算人，其解任時亦同。

第五章　股份有限公司

第一節　設　立

第一百二十八條　（發起人之限制）

①股份有限公司應有二人以上為發起人。

②無行為能力人或限制行為能力人，不得為發起人。

③政府或法人均得為發起人。但法人為發起人者，以左列情形為限：

　　一　公司。

　　二　以其自行研發之專門技術或智慧財產權作價投資之法人。

　　三　經目的事業主管機關認屬與其創設目的相關而予核准之法人。

第一百二十八條之一　（政府或法人股東）

①政府或法人股東一人所組織之股份有限公司，不受前條第一項之限制。該公司之股東會職權由董事會行使，不適用本法有關股東會之規定。

②前項公司之董事、監察人，由政府或法人股東指派。

第一百二十九條　（章程之絕對應載事項）

　　發起人應以全體之同意訂立章程，載明左列各款事項，並簽名或蓋章：

　　一　公司名稱。

　　二　所營事業。

　　三　股份總數及每股金額。

　　四　本公司所在地。

　　五　董事及監察人之人數及任期。

　　六　訂立章程之年、月、日。

第一百三十條　（章程之相對應載事項）

①左列各款事項，非經載明於章程者，不生效力：

　　一　分公司之設立。

　　二　分次發行股份者，定於公司設立時之發行數額。

　　三　解散之事由。

　　四　特別股之種類及其權利義務。

　　五　發起人所得受之特別利益及受益者之姓名。

②前項第五款發起人所得受之特別利益，股東會得修改或撤銷之。但不得侵及發起人既得之利益。

第一百三十一條　（發起設立）

①發起人認足第一次應發行之股份時，應即按股繳足股款並選任董事及監察人。

②前項選任方法，準用第一百九十八條之規定。

③第一項之股款，得以公司事業所需之財產抵繳之。

第一百三十二條　（募集設立）

①發起人不認足第一次發行之股份時，應募足之。

②前項股份招募時，得依第一百五十七條之規定發行特別股。

第一百三十三條　（公開募股之申請）

①發起人公開招募股份時，應先具備左列事項，申請證券管理機關審核：

　　一　營業計畫書。

　　二　發起人姓名、經歷、認股數目及出資種類。

　　三　招股章程。

　　四　代收股款之銀行或郵局名稱及地址。

　　五　有承銷或代銷機構者，其名稱及約定事項。

　　六　證券管理機關規定之其他事項。

②前項發起人所認股份，不得少於第一次發行股份四分之一。

③第一項各款，應於證券管理機關通知到達之日起三十日內，加記核准文號及年、月、日公告招募之。但第五款約定事項，得免予公告。

第一百三十四條　（代收股款之證明）

代收股款之銀行或郵局，對於代收之股款，有證明其已收金額之義務，其證明之已收金額，即視為已收股款之金額。

第一百三十五條　（不予或撤銷核准之情形）

①申請公開招募股份有左列情形之一者，證券管理機關得不予核准或撤銷核准：

一　申請事項有違反法令或虛偽者。

二　申請事項有變更，經限期補正而未補正者。

②發起人有前項第二款情事時，由證券管理機關各處新臺幣二萬元以上十萬元以下罰鍰。

第一百三十六條　（撤銷核准之效力）

前條撤銷核准，未招募者，停止招募；已招募者，應募人得依股份原發行金額，加算法定利息，請求返還。

第一百三十七條　（招股章程應載事項）

招股章程應載明左列各款事項：

一　第一百二十九條及第一百三十條所列各款事項。

二　各發起人所認之股數。

三　股票超過票面金額發行者，其金額。

四　招募股份總數募足之期限，及逾期未募足時得由認股人撤回所認股份之聲明。

五　發行特別股者，其總額及第一百五十七條各款之規定。

六　發行無記名股者，其總額。

第一百三十八條　（認股書之備置）

①發起人應備認股書，載明第一百三十三條第一項各款事項，並加記證券管理機關核准文號及年、月、日，由認股人填寫所認股數、金額及其住所或居所，簽名或蓋章。

②以超過票面金額發行股票者，認股人應於認股書註明認繳之金額。

③發起人違反第一項規定，不備認股書者，由證券管理機關各處新臺幣一萬元以上五萬元以下罰鍰。

第一百三十九條　（繳款義務）

認股人有照所填認股書繳納股款之義務。

第一百四十條　（股票發行價格）

股票之發行價格，不得低於票面金額。但公開發行股票之公司，證券管理機關另有規定者，不在此限。

第一百四十一條　（催繳股款）

第一次發行股份總數募足時，發起人應即向各認股人催繳股款，以超過票面金額發行股票時，其溢額應與股款同時繳納。

第一百四十二條　（延欠股款）

①認股人延欠前條應繳之股款時，發起人應定一個月以上之期限催告該認股人照繳，並聲明逾期不繳失其權利。

②發起人已為前項之催告，認股人不照繳者，即失其權利，所認股份另行募集。

③前項情形，如有損害，仍得向認股人請求賠償。

第一百四十三條 （創立會之召開）

前條股款繳足後，發起人應於二個月內召開創立會。

第一百四十四條 （創立會之程序及決議）

創立會之程序及決議，準用第一百七十二條第一項、第三項、第六項、第一百七十四條至第一百七十九條、第一百八十一條及第一百八十三條之規定；但關於董事及監察人之選任，準用第一百九十八條之規定。

第一百四十五條 （發起人之報告義務）

①發起人應就左列各款事項報告於創立會：

 一　公司章程。

 二　股東名簿。

 三　已發行之股份總數。

 四　以現金以外之財產抵繳股款者，其姓名及其財產之種類、數量、價格或估價之標準及公司核給之股數。

 五　應歸公司負擔之設立費用，及發起人得受報酬。

 六　發行特別股者，其股份總數。

 七　董事、監察人名單，並註明其住所或居所、國民身分證統一編號或其他經政府核發之身分證明文件字號。

②發起人對於前項報告有虛偽情事時，各科新臺幣六萬元以下罰金。

第一百四十六條 （選任董、監事及檢查人）

①創立會應選任董事、監察人。董事、監察人經選任後，應即就前條所列事項，為確實之調查並向創立會報告。

②董事、監察人如有由發起人當選，且與自身有利害關係者，前項調查，創立會得另選檢查人為之。

③前二項所定調查，如有冒濫或虛偽者，由創立會裁減之。

④發起人如有妨礙調查之行為或董事、監察人、檢查人報告有虛偽者，各科新臺幣六萬元以下罰金。

⑤第一項、第二項之調查報告，經董事、監察人或檢查人之請求延期提出時，創立會應準用第一百八十二條之規定，延期或續行集會。

第一百四十七條 （創立會之裁減權）

發起人所得受之報酬或特別利益及公司所負擔之設立費用有冒濫

者，創立會均得裁減之，用以抵作股款之財產，如估價過高者，創立會得減少其所給股數或責令補足。

第一百四十八條 （連帶認繳義務）

未認足之第一次發行股份，及已認而未繳股款者，應由發起人連帶認繳；其已認而經撤回者亦同。

第一百四十九條 （公司損害賠償請求權）

因第一百四十七條及第一百四十八條情形，公司受有損害時，得向發起人請求賠償。

第一百五十條 （公司不能成立時發起人之責任）

公司不能成立時，發起人關於公司設立所為之行為，及設立所需之費用，均應負連帶責任，其因冒濫經裁減者亦同。

第一百五十一條 （創立會之權限）

①創立會得修改章程或為公司不設立之決議。

②第二百七十七條第二項至第四項之規定，於前項修改章程準用之；第三百十六條之規定，於前項公司不設立之決議準用之。

第一百五十二條 （撤回認股）

第一次發行股份募足後，逾三個月而股款尚未繳足，或已繳納而發起人不於二個月內召集創立會者，認股人得撤回其所認之股。

第一百五十三條 （股份撤回之限制）

創立會結束後，認股人不得將股份撤回。

第一百五十四條 （股東之有限責任）

股東對於公司之責任，以繳清其股份之金額為限。

第一百五十五條 （發起人之連帶賠償責任）

①發起人對於公司設立事項，如有怠忽其任務致公司受損害時，應對公司負連帶賠償責任。

②發起人對於公司在設立登記前所負債務，在登記後亦負連帶責任。

第二節　股　份

第一百五十六條 （股份與資本）

①股份有限公司之資本，應分為股份，每股金額應歸一律，一部分得為特別股；其種類，由章程定之。

②前項股份總數，得分次發行。

③公司得依董事會之決議，向證券主管機關申請辦理公開發行程序；申請停止公開發行者，應有代表已發行股份總數三分之二以上股東

出席之股東會，以出席股東表決權過半數之同意行之。

④出席股東之股份總數不足前項定額者，得以有代表已發行股份總數過半數股東之出席，出席股東表決權三分之二以上之同意行之。

⑤公開發行股票之公司已解散、他遷不明或因不可歸責於公司之事由，致無法履行證券交易法規定有關公開發行股票公司之義務時，證券主管機關得停止其公開發行。

⑥公營事業之申請辦理公開發行及停止公開發行，應先經該公營事業之主管機關專案核定。

⑦股東之出資除現金外，得以對公司所有之貨幣債權，或公司所需之技術抵充之；其抵充之數額需經董事會通過，不受第二百七十二條之限制。

⑧公司設立後得發行新股作為受讓他公司股份之對價，需經董事會三分之二以上董事出席，以出席董事過半數決議之，不受第二百六十七條第一項至第三項之限制。

⑨公司設立後，為改善財務結構或回復正常營運，而參與政府專案核定之紓困方案時，得發行新股轉讓於政府，作為接受政府財務上協助之對價；其發行程序不受本法有關發行新股規定之限制，其相關辦法由中央主管機關定之。

⑩前項紓困方案達新臺幣十億元以上者，應由專案核定之主管機關會同受紓困之公司，向立法院報告其自救計畫。

⑪同次發行之股份，其發行條件相同者，價格應歸一律。但公開發行股票之公司，其股票發行價格之決定方法，得由證券主管機關另定之。

第一百五十七條　（特別股）

公司發行特別股時，應就左列各款於章程中定之：

一　特別股分派股息及紅利之順序、定額或定率。

二　特別股分派公司賸餘財產之順序、定額或定率。

三　特別股之股東行使表決權之順序、限制或無表決權。

四　特別股權利、義務之其他事項。

第一百五十八條　（特別股之收回）

公司發行之特別股，得收回之。但不得損害特別股股東按照章程應有之權利。

第一百五十九條　（特別股之變更與其股東會）

①公司已發行特別股者，其章程之變更如有損害特別股股東之權利時，

除應有代表已發行股份總數三分之二以上股東出席之股東會，以出席股東表決權過半數之決議為之外，並應經特別股股東之決議。

②公開發行股票之公司，出席股東之股份總數不足前項定額者，得以有代表已發行股份總數過半數股東之出席，出席股東表決權三分之二以上之同意行之，並應經特別股股東會之決議。

③前二項出席股東股份總數及表決權數，章程有較高之規定者，從其規定。

④特別股股東會準用關於股東會之規定。

第一百六十條　（股份共有）

①股份為數人共有者，其共有人應推定一人行使股東之權利。

②股份共有人，對於公司負連帶繳納股款之義務。

第一百六十一條　（發行股票之時期㈠）

①公司非經設立登記或發行新股變更登記後，不得發行股票。但公開發行股票之公司，證券管理機關另有規定者，不在此限。

②違反前項規定發行股票者，其股票無效。但持有人得向發行股票人請求損害賠償。

第一百六十一條之一　（發行股票之時期㈡）

①公司資本額達中央主管機關所定一定數額以上者，應於設立登記或發行新股變更登記後三個月內發行股票；其未達中央主管機關所定一定數額者，除章程另有規定者外，得不發行股票。

②公司負責人違反前項規定，不發行股票者，除由主管機關責令限期發行外，各處新臺幣一萬元以上五萬元以下罰鍰；期滿仍未發行者，得繼續責令限期發行，並按次連續各處新臺幣二萬元以上十萬元以下罰鍰，至發行股票為止。

第一百六十二條　（股票之製作）

①股票應編號，載明左列事項，由董事三人以上簽名或蓋章，並經主管機關或其核定之發行登記機構簽證後發行之：

一　公司名稱。

二　設立登記或發行新股變更登記之年、月、日。

三　發行股份總數及每股金額。

四　本次發行股數。

五　發起人股票應標明發起人股票之字樣。

六　特別股票應標明其特別種類之字樣。

七　股票發行之年、月、日。

②記名股票應用股東姓名，其為同一人所有者，應記載同一姓名；股票為政府或法人所有者，應記載政府或法人之名稱，不得另立戶名或僅載代表人姓名。

③第一項股票之簽證規則，由中央主管機關定之。但公開發行股票之公司，證券管理機關另有規定者，不適用。

第一百六十二條之一 　（股票之發行）

①公開發行股票之公司發行新股時，其股票得就該次發行總數合併印製。

②依前項規定發行之股票，應洽證券集中保管事業機構保管。

③依第一項規定發行新股時，不適用前條第一項股票應編號及第一百六十四條背書轉讓之規定。

第一百六十二條之二 　（無實體發行）

①公開發行股票之公司，其發行之股份得免印製股票。

②依前項規定發行之股份，應洽證券集中保管事業機構登錄。

第一百六十三條 　（股份轉讓）

①公司股份之轉讓，不得以章程禁止或限制之。但非於公司設立登記後，不得轉讓。

②發起人之股份非於公司設立登記一年後，不得轉讓。但公司因合併或分割後，新設公司發起人之股份得轉讓。

第一百六十四條 　（記名及不記名股票轉讓）

記名股票，由股票持有人以背書轉讓之，並應將受讓人之姓名或名稱記載於股票。無記名股票，得以交付轉讓之。

第一百六十五條 　（股東名簿）

①股份之轉讓，非將受讓人之姓名或名稱及住所或居所，記載於公司股東名簿，不得以其轉讓對抗公司。

②前項股東名簿記載之變更，於股東常會開會前三十日內，股東臨時會開會前十五日內，或公司決定分派股息及紅利或其他利益之基準日前五日內，不得為之。

③公開發行股票之公司辦理第一項股東名簿記載之變更，於股東常會開會前六十日內，股東臨時會開會前三十日內，不得為之。

④前二項期間，自開會日或基準日起算。

第一百六十六條 　（無記名股票）

①公司得以章程規定發行無記名股票；但其股數不得超過已發行股份總數二分之一。

②公司得因股東之請求，發給無記名股票或將無記名股票改為記名式。

第一百六十七條 （股份收回、收買、收質）

①公司除依第一百五十八條、第一百六十七條之一、第一百八十六條及第三百十七條規定外，不得自將股份收回、收買或收為質物。但於股東清算或受破產之宣告時，得按市價收回其股份，抵償其於清算或破產宣告前結欠公司之債務。

②公司依前項但書、第一百八十六條規定，收回或收買之股份，應於六個月內，按市價將其出售，屆期未經出售者，視為公司未發行股份，並為變更登記。

③被持有已發行有表決權之股份總數或資本總額超過半數之從屬公司，不得將控制公司之股份收買或收為質物。

④前項控制公司及其從屬公司直接或間接持有他公司已發行有表決權之股份總數或資本總額合計超過半數者，他公司亦不得將控制公司及其從屬公司之股份收買或收為質物。

⑤公司負責人違反前四項規定，將股份收回、收買或收為質物，或抬高價格抵償債務或抑低價格出售時，應負賠償責任。

第一百六十七條之一 （公司收買股份）

①公司除法律另有規定者外，得經董事會以董事三分之二以上之出席及出席董事過半數同意之決議，於不超過該公司已發行股份總數百分之五之範圍內，收買其股份；收買之總金額，不得逾保留盈餘加已實現之資本公積之金額。

②前項公司收買之股份，應於三年內轉讓於員工，屆期未轉讓者，視為公司未發行股份，並為變更登記。

③公司依第一項規定收買之股份，不得享有股東權利。

第一百六十七條之二 （員工認股權憑證）

①公司除法律或章程另有規定者外，得經董事會以董事三分之二以上之出席及出席董事過半數同意之決議，與員工簽訂認股權契約，約定於一定期間內，員工得依約定價格認購特定數量之公司股份，訂約後由公司發給員工認股權憑證。

②員工取得認股權憑證，不得轉讓。但因繼承者，不在此限。

第一百六十七條之三 （公司股份轉讓員工之轉讓限制）

公司依第一百六十七條之一或其他法律規定收買自己之股份轉讓於員工者，得限制員工在一定期間內不得轉讓。但其期間最長不得超過二年。

第一百六十八條 （銷除股份）

①公司非依股東會決議減少資本，不得銷除其股份；減少資本，應依股東所持股份比例減少之。但本法或其他法律另有規定者，不在此限。

②公司減少資本，得以現金以外財產退還股款；其退還之財產及抵充之數額，應經股東會決議，並經該收受財產股東之同意。

③前項財產之價值及抵充之數額，董事會應於股東會前，送交會計師查核簽證。

④公司負責人違反前三項規定者，各處新臺幣二萬元以上十萬元以下罰鍰。

第一百六十八條之一 （公司為彌補虧損之處置）

①公司為彌補虧損，於會計年度終了前，有減少資本及增加資本之必要者，董事會將財務報表及虧損撥補之議案，於股東會開會三十日前交監察人查核後，提請股東會決議。

②第二百二十九條至第二百三十一條之規定，於依前項規定提請股東臨時會決議時，準用之。

第一百六十九條 （股東名簿應記載事項）

①股東名簿應編號記載左列事項：

  一　各股東之姓名或名稱、住所或居所。

  二　各股東之股數；發行股票者，其股票號數。

  三　發給股票之年、月、日。

  四　發行無記名股票者，應記載其股數、號數及發行之年、月、日。

  五　發行特別股者，並應註明特別種類字樣。

②採電腦作業或機器處理者，前項資料得以附表補充之。

③代表公司之董事，應將股東名簿備置於本公司或其指定之股務代理機構；違反者，處新臺幣一萬元以上五萬元以下罰鍰。連續拒不備置者，並按次連續處新臺幣二萬元以上十萬元以下罰鍰。

第三節　股　東　會

第一百七十條 （股東會之種類及召集期限）

①股東會分左列二種：

  一　股東常會，每年至少召集一次。

  二　股東臨時會，於必要時召集之。

②前項股東常會應於每會計年度終了後六個月內召開。但有正當事由
　經報請主管機關核准者，不在此限。

③代表公司之董事違反前項召開期限之規定者，處新臺幣一萬元以上
　五萬元以下罰鍰。

第一百七十一條　（股東會之召集）

股東會除本法另有規定外，由董事會召集之。

第一百七十二條　（股東會之召集程序）

①股東常會之召集，應於二十日前通知各股東，對於持有無記名股票
　者，應於三十日前公告之。

②股東臨時會之召集，應於十日前通知各股東，對於持有無記名股票
　者，應於十五日前公告之。

③公開發行股票之公司股東常會之召集，應於三十日前通知各股東，
　對於持有無記名股票者，應於四十五日前公告之；公開發行股票之
　公司股東臨時會之召集，應於十五日前通知各股東，對於持有無記
　名股票者，應於三十日前公告之。

④通知及公告應載明召集事由；其通知經相對人同意者，得以電子方
　式為之。

⑤選任或解任董事、監察人、變更章程、公司解散、合併、分割或第
　一百八十五條第一項各款之事項，應在召集事由中列舉，不得以臨
　時動議提出。

⑥代表公司之董事，違反第一項、第二項或第三項通知期限之規定者，
　處新臺幣一萬元以上五萬元以下罰鍰。

第一百七十二條之一　（股東常會議案之提出）

①持有已發行股份總數百分之一以上股份之股東，得以書面向公司提
　出股東常會議案。但以一項為限，提案超過一項者，均不列入議案。

②公司應於股東常會召開前之停止股票過戶日前，公告受理股東之提
　案、受理處所及受理期間；其受理期間不得少於十日。

③股東所提議案以三百字為限，超過三百字者，該提案不列入議案；
　提案股東應親自或委託他人出席股東常會，並參與該項議案討論。

④有左列情事之一，股東所提議案，董事會得不列為議案：

　　一　該議案非股東會所得決議者。

　　二　提案股東於公司依第一百六十五條第二項或第三項停止股票
　　　　過戶時，持股未達百分之一者。

　　三　該議案於公告受理期間外提出者。

⑤公司應於股東會召集通知日前,將處理結果通知提案股東,並將合於本條規定之議案於開會通知。對於未列入議案之股東提案,董事會應於股東會說明未列入之理由。

⑥公司負責人違反第二項或前項規定者,處新臺幣一萬元以上五萬元以下罰鍰。

第一百七十三條　(少數股東請求召集)

①繼續一年以上,持有已發行股份總數百分之三以上股份之股東,得以書面記明提議事項及理由,請求董事會召集股東臨時會。

②前項請求提出後十五日內,董事會不為召集之通知時,股東得報經主管機關許可,自行召集。

③依前二項規定召集之股東臨時會,為調查公司業務及財產狀況,得選任檢查人。

④董事因股份轉讓或其他理由,致董事會不為召集或不能召集股東會時,得由持有已發行股份總數百分之三以上股份之股東,報經主管機關許可,自行召集。

第一百七十四條　(決議方法)

股東會之決議,除本法另有規定外,應有代表已發行股份總數過半數股東之出席,以出席股東表決權過半數之同意行之。

第一百七十五條　(假決議)

①出席股東不足前條定額,而有代表已發行股份總數三分之一以上股東出席時,得以出席股東表決權過半數之同意,為假決議,並將假決議通知各股東,於一個月內再行召集股東會,其發有無記名股票者,並應將假決議公告之。

②前項股東會,對於假決議,如仍有已發行股份總數三分之一以上股東出席,並經出席股東表決權過半數之同意,視同前條之決議。

第一百七十六條　(無記名股東出席股東會)

無記名股票之股東,非於股東會開會五日前,將其股票交存公司,不得出席。

第一百七十七條　(委託代理人出席)

①股東得於每次股東會,出具公司印發之委託書,載明授權範圍,委託代理人,出席股東會。

②除信託事業或經證券主管機關核准之股務代理機構外,一人同時受二人以上股東委託時,其代理之表決權不得超過已發行股份總數表決權之百分之三,超過時其超過之表決權,不予計算。

③一股東以出具一委託書，並以委託一人為限，應於股東會開會五日前送達公司，委託書有重複時，以最先送達者為準。但聲明撤銷前委託者，不在此限。

④委託書送達公司後，股東欲親自出席股東會或欲以書面或電子方式行使表決權者，應於股東會開會二日前，以書面向公司為撤銷委託之通知；逾期撤銷者，以委託代理人出席行使之表決權為準。

第一百七十七條之一　（表決權之行使方式）

①公司召開股東會時，得採行以書面或電子方式行使其表決權；其以書面或電子方式行使表決權時，其行使方法應載明於股東會召集通知。

②前項以書面或電子方式行使表決權之股東，視為親自出席股東會。但就該次股東會之臨時動議及原議案之修正，視為棄權。

第一百七十七條之二　（意思表示）

①股東以書面或電子方式行使表決權者，其意思表示應於股東會開會二日前送達公司，意思表示有重複時，以最先送達者為準。但聲明撤銷前意思表示者，不在此限。

②股東以書面或電子方式行使表決權後，欲親自出席股東會者，應於股東會開會二日前，以與行使表決權相同之方式撤銷前項行使表決權之意思表示；逾期撤銷者，以書面或電子方式行使之表決權為準。

③股東以書面或電子方式行使表決權，並以委託書委託代理人出席股東會者，以委託代理人出席行使之表決權為準。

第一百七十七條之三　（議事手冊之編製及相關資料之公告）

①公開發行股票之公司召開股東會，應編製股東會議事手冊，並應於股東會開會前，將議事手冊及其他會議相關資料公告。

②前項公告之時間、方式、議事手冊應記載之主要事項及其他應遵行事項之辦法，由證券管理機關定之。

第一百七十八條　（表決權行使之迴避）

股東對於會議之事項，有自身利害關係致有害於公司利益之虞時，不得加入表決，並不得代理他股東行使其表決權。

第一百七十九條　（表決權之計算）

①公司各股東，除有第一百五十七條第三款情形外，每股有一表決權。

②有左列情形之一者，其股份無表決權：

　　一　公司依法持有自己之股份。

　　二　被持有已發行有表決權之股份總數或資本總額超過半數之從

屬公司，所持有控制公司之股份。

三 控制公司及其從屬公司直接或間接持有他公司已發行有表決權之股份總數或資本總額合計超過半數之他公司，所持有控制公司及其從屬公司之股份。

第一百八十條 （股份數表決權數）

①股東會之決議，對無表決權股東之股份數，不算入已發行股份之總數。

②股東會之決議，對依第一百七十八條規定不得行使表決權之股份數，不算入已出席股東之表決權數。

第一百八十一條 （政府、法人股東表決權）

①政府或法人為股東時，其代表人不限於一人。但其表決權之行使，仍以其所持有之股份綜合計算。

②前項之代表人有二人以上時，其代表人行使表決權應共同為之。

第一百八十二條 （延期或續行集會）

股東會決議在五日內延期或續行集會，不適用第一百七十二條之規定。

第一百八十二條之一 （主席之產生及議事規則之訂定）

①股東會由董事會召集者，其主席依第二百零八條第三項規定辦理；由董事會以外之其他召集權人召集者，主席由該召集權人擔任之，召集權人有二人以上時，應互推一人擔任之。

②公司應訂定議事規則。股東會開會時，主席違反議事規則，宣布散會者，得以出席股東表決權過半數之同意推選一人擔任主席，繼續開會。

第一百八十三條 （議事錄之作成與保存）

①股東會之議決事項，應作成議事錄，由主席簽名或蓋章，並於會後二十日內，將議事錄分發各股東。

②前項議事錄之製作及分發，得以電子方式為之。

③第一項議事錄之分發，公開發行股票之公司，得以公告方式為之。

④議事錄應記載會議之年、月、日、場所、主席姓名、決議方法、議事經過之要領及其結果，在公司存續期間，應永久保存。

⑤出席股東之簽名簿及代理出席之委託書，其保存期限至少一年。但經股東依第一百八十九條提起訴訟者，應保存至訴訟終結為止。

⑥代表公司之董事，違反第一項、第四項或前項規定者，處新臺幣一萬元以上五萬元以下罰鍰。

第一百八十四條 （股東會之查核權）

①股東會得查核董事會造具之表冊、監察人之報告，並決議盈餘分派或虧損撥補。

②執行前項查核時，股東會得選任檢查人。

③對於前二項查核有妨礙、拒絕或規避之行為者，各處新臺幣二萬元以上十萬元以下罰鍰。

第一百八十五條 （營業政策重大變更）

①公司為左列行為，應有代表已發行股份總數三分之二以上股東出席之股東會，以出席股東表決權過半數之同意行之：

　　一　締結、變更或終止關於出租全部營業，委託經營或與他人經常共同經營之契約。

　　二　讓與全部或主要部分之營業或財產。

　　三　受讓他人全部營業或財產，對公司營運有重大影響者。

②公開發行股票之公司，出席股東之股份總數不足前項定額者，得以有代表已發行股份總數過半數股東之出席，出席股東表決權三分之二以上之同意行之。

③前二項出席股東股份總數及表決權數，章程有較高之規定者，從其規定。

④第一項行為之要領，應記載於第一百七十二條所定之通知及公告。

⑤第一項之議案，應由有三分之二以上董事出席之董事會，以出席董事過半數之決議提出之。

第一百八十六條 （少數股東請求收買權）

股東於股東會為前條決議前，已以書面通知公司反對該項行為之意思表示，並於股東會已為反對者，得請求公司以當時公平價格，收買其所有之股份。但股東會為前條第一項第二款之決議，同時決議解散時，不在此限。

第一百八十七條 （收買股份之價格）

①前條之請求，應自第一百八十五條決議日起二十日內，提出記載股份種類及數額之書面為之。

②股東與公司協議決定股份價格者，公司應自決議日起九十日內支付價款，自第一百八十五條決議日起六十日內未達協議者，股東應於此期間經過後三十日內，聲請法院為價格之裁定。

③公司對法院裁定之價格，自第二項之期間屆滿日起，應支付法定利息，股份價款之支付，應與股票之交付同時為之，股份之移轉於價

款支付時生效。

第一百八十八條 （股份收買請求之失效）

①第一百八十六條股東之請求，於公司取銷第一百八十五條第一項所列之行為時，失其效力。

②股東於前條第一項及第二項之期間內，不為同項之請求時亦同。

第一百八十九條 （決議之撤銷）

股東會之召集程序或其決議方法，違反法令或章程時，股東得自決議之日起三十日內，訴請法院撤銷其決議。

第一百八十九條之一 （法院駁回撤銷決議之請求）

法院對於前條撤銷決議之訴，認為其違反之事實非屬重大且於決議無影響者，得駁回其請求。

第一百九十條 （撤銷登記）

決議事項已為登記者，經法院為撤銷決議之判決確定後，主管機關經法院之通知或利害關係人之申請時，應撤銷其登記。

第一百九十一條 （決議無效）

股東會決議之內容，違反法令或章程者無效。

第四節　董事及董事會

第一百九十二條 （董事之選任）

①公司董事會，設置董事不得少於三人，由股東會就有行為能力之人選任之。

②公開發行股票之公司依前項選任之董事，其全體董事合計持股比例，證券管理機關另有規定者，從其規定。

③民法第八十五條之規定，對於前項行為能力不適用之。

④公司與董事間之關係，除本法另有規定外，依民法關於委任之規定。

⑤第三十條之規定，對董事準用之。

第一百九十二條之一 （候選人提名制度之載明）

①公開發行股票之公司董事選舉，採候選人提名制度者，應載明於章程，股東應就董事候選人名單中選任之。

②公司應於股東會召開前之停止股票過戶日前，公告受理董事候選人提名之期間、董事應選名額、其受理處所及其他必要事項，受理期間不得少於十日。

③持有已發行股份總數百分之一以上股份之股東，得以書面向公司提出董事候選人名單，提名人數不得超過董事應選名額；董事會提名

董事候選人之人數，亦同。

④前項提名股東應檢附被提名人姓名、學歷、經歷、當選後願任董事之承諾書、無第三十條規定情事之聲明書及其他相關證明文件；被提名人為法人股東或其代表人者，並應檢附該法人股東登記基本資料及持有之股份數額證明文件。

⑤董事會或其他召集權人召集股東會者，對董事被提名人應予審查，除有左列情事之一者外，應將其列入董事候選人名單：

一　提名股東於公告受理期間外提出。

二　提名股東於公司依第一百六十五條第二項或第三項停止股票過戶時，持股未達百分之一。

三　提名人數超過董事應選名額。

四　未檢附第四項規定之相關證明文件。

⑥前項審查董事被提名人之作業過程應作成紀錄，其保存期限至少為一年。但經股東對董事選舉提起訴訟者，應保存至訴訟終結為止。

⑦公司應於股東常會開會四十日前或股東臨時會開會二十五日前，將董事候選人名單及其學歷、經歷、持有股份數額與所代表之政府、法人名稱及其他相關資料公告，並將審查結果通知提名股東，對於提名人選未列入董事候選人名單者，並應敘明未列入之理由。

⑧公司負責人違反第二項或前二項規定者，處新臺幣一萬元以上五萬元以下罰鍰。

第一百九十三條　（董事之責任）

①董事會執行業務，應依照法令章程及股東會之決議。

②董事會之決議，違反前項規定，致公司受損害時，參與決議之董事，對於公司負賠償之責；但經表示異議之董事，有紀錄或書面聲明可證者，免其責任。

第一百九十四條　（股東制止請求權）

董事會決議，為違反法令或章程之行為時，繼續一年以上持有股份之股東，得請求董事會停止其行為。

第一百九十五條　（董事任期）

①董事任期不得逾三年。但得連選連任。

②董事任期屆滿而不及改選時，延長其執行職務至改選董事就任時為止。但主管機關得依職權限期令公司改選；屆期仍不改選者，自限期屆滿時，當然解任。

第一百九十六條　（董事之報酬）

①董事之報酬，未經章程訂明者，應由股東會議定，不得事後追認。

②第二十九條第二項之規定，對董事準用之。

第一百九十七條　（董事股份轉讓限制）

①董事經選任後，應向主管機關申報，其選任當時所持有之公司股份數額；公開發行股票之公司董事在任期中轉讓超過選任當時所持有之公司股份數額二分之一時，其董事當然解任。

②董事在任期中其股份有增減時，應向主管機關申報並公告之。

③董事任期未屆滿提前改選者，當選之董事，於就任前轉讓超過選任當時所持有之公司股份數額二分之一時，或於股東會召開前之停止股票過戶期間內，轉讓持股超過二分之一時，其當選失其效力。

第一百九十七條之一　（董事股份設定或解除質權之通知義務）

董事之股份設定或解除質權者，應即通知公司，公司應於質權設定或解除後十五日內，將其質權變動情形，向主管機關申報並公告之。但公開發行股票之公司，證券管理機關另有規定者，不在此限。

第一百九十八條　（董事選任方式）

①股東會選任董事時，除公司章程另有規定外，每一股份有與應選出董事人數相同之選舉權，得集中選舉一人，或分配選舉數人，由所得選票代表選舉權較多者，當選為董事。

②第一百七十八條之規定，對於前項選舉權，不適用之。

第一百九十九條　（董事解任）

①董事得由股東會之決議，隨時解任；如於任期中無正當理由將其解任時，董事得向公司請求賠償因此所受之損害。

②股東會為前項解任之決議，應有代表已發行股份總數三分之二以上股東之出席，以出席股東表決權過半數之同意行之。

③公開發行股票之公司，出席股東之股份總數不足前項定額者，得以有代表已發行股份總數過半數股東之出席，出席股東表決權三分之二以上之同意行之。

④前二項出席股東股份總數及表決權數，章程有較高之規定者，從其規定。

第一百九十九條之一　（提前解任）

股東會於董事任期未屆滿前，經決議改選全體董事者，如未決議董事於任期屆滿始為解任，視為提前解任。

第二百條　（解任董事之訴）

董事執行業務，有重大損害公司之行為或違反法令或章程之重大事

項，股東會未為決議將其解任時，得由持有已發行股份總數百分之三以上股份之股東，於股東會後三十日內，訴請法院裁判之。

第二百零一條　（董事補選）

董事缺額達三分之一時，董事會應於三十日內召開股東臨時會補選之。但公開發行股票之公司，董事會應於六十日內召開股東臨時會補選之。

第二百零二條　（董事會職權）

公司業務之執行，除本法或章程規定應由股東會決議之事項外，均應由董事會決議行之。

第二百零三條　（董事會召集程序）

①董事會由董事長召集之。但每屆第一次董事會，由所得選票代表選舉權最多之董事召集之。

②每屆第一次董事會應於改選後十五日內召開之。但董事係於上屆董事任滿前改選，並決議自任期屆滿時解任者，應於上屆董事任滿後十五日內召開之。

③董事係於上屆董事任期屆滿前改選，並經決議自任期屆滿時解任者，其董事長、副董事長、常務董事之改選得於任期屆滿前為之，不受前項之限制。

④第一次董事會之召集，出席之董事未達選舉常務董事或董事長之最低出席人數時，原召集人應於十五日內繼續召集，並得適用第二百零六條之決議方法選舉之。

⑤得選票代表選舉權最多之董事，未在第二項或前項限期內召集董事會時，得由五分之一以上當選之董事報經主管機關許可，自行召集之。

第二百零四條　（召集通知）

①董事會之召集，應載明事由，於七日前通知各董事及監察人。但有緊急情事時，得隨時召集之。

②前項召集之通知，經相對人同意者，得以電子方式為之。

第二百零五條　（董事之代理）

①董事會開會時，董事應親自出席。但公司章程訂定得由其他董事代理者，不在此限。

②董事會開會時，如以視訊會議為之，其董事以視訊參與會議者，視為親自出席。

③董事委託其他董事代理出席董事會時，應於每次出具委託書，並列

舉召集事由之授權範圍。

④前項代理人，以受一人之委託為限。

⑤董事居住國外者，得以書面委託居住國內之其他股東，經常代理出席董事會。

⑥前項代理，應向主管機關申請登記，變更時，亦同。

第二百零六條　（董事會決議）

①董事會之決議，除本法另有規定外，應有過半數董事之出席，出席董事過半數之同意行之。

②第一百七十八條、第一百八十條第二項之規定，於前項之決議準用之。

第二百零七條　（議事錄）

①董事會之議事，應作成議事錄。

②前項議事錄準用第一百八十三條之規定。

第二百零八條　（董事長、常務董事）

①董事會未設常務董事者，應由三分之二以上董事之出席，及出席董事過半數之同意，互選一人為董事長，並得依章程規定，以同一方式互選一人為副董事長。

②董事會設有常務董事者，其常務董事依前項選舉方式互選之，名額至少三人，最多不得超過董事人數三分之一。董事長或副董事長由常務董事依前項選舉方式互選之。

③董事長對內為股東會、董事會及常務董事會主席，對外代表公司。董事長請假或因故不能行使職權時，由副董事長代理之；無副董事長或副董事長亦請假或因故不能行使職權時，由董事長指定常務董事一人代理之；其未設常務董事者，指定董事一人代理之；董事長未指定代理人者，由常務董事或董事互推一人代理之。

④常務董事於董事會休會時，依法令、章程、股東會決議及董事會決議，以集會方式經常執行董事會職權，由董事長隨時召集，以半數以上常務董事之出席，及出席過半數之決議行之。

⑤第五十七條及第五十八條對於代表公司之董事準用之。

第二百零八條之一　（臨時管理人）

①董事會不為或不能行使職權，致公司有受損害之虞時，法院因利害關係人或檢察官之聲請，得選任一人以上之臨時管理人，代行董事長及董事會之職權。但不得為不利於公司之行為。

②前項臨時管理人，法院應囑託主管機關為之登記。

③臨時管理人解任時，法院應囑託主管機關註銷登記。

第二百零九條　（不競業義務）

①董事為自己或他人為屬於公司營業範圍內之行為，應對股東會說明其行為之重要內容，並取得其許可。

②股東會為前項許可之決議，應有代表已發行股份總數三分之二以上股東之出席，以出席股東表決權過半數之同意行之。

③公開發行股票之公司，出席股東之股份總數不足前項定額者，得以有代表已發行股份總數過半數股東之出席，出席股東表決權三分之二以上之同意行之。

④前二項出席股東股份總數及表決權數，章程有較高之規定者，從其規定。

⑤董事違反第一項之規定，為自己或他人為該行為時，股東會得以決議，將該行為之所得視為公司之所得。但自所得產生後逾一年者，不在此限。

第二百十條　（章程、簿冊之備置）

①除證券主管機關另有規定外，董事會應將章程及歷屆股東會議事錄、財務報表備置於本公司，並將股東名簿及公司債存根簿備置於本公司或股務代理機構。

②前項章程及簿冊，股東及公司之債權人得檢具利害關係證明文件，指定範圍，隨時請求查閱或抄錄。

③代表公司之董事，違反第一項規定，不備置章程、簿冊，或違反前項規定無正當理由而拒絕查閱或抄錄者，處新臺幣一萬元以上五萬元以下罰鍰。

第二百十一條　（虧損報告、破產聲請）

①公司虧損達實收資本額二分之一時，董事會應即召集股東會報告。

②公司資產顯有不足抵償其所負債務時，除得依第二百八十二條辦理者外，董事會應即聲請宣告破產。

③代表公司之董事，違反前二項規定者，處新臺幣二萬元以上十萬元以下罰鍰。

第二百十二條　（對董事訴訟）

股東會決議對於董事提起訴訟時，公司應自決議之日起三十日內提起之。

第二百十三條　（公司董事訴訟之代表）

公司與董事間訴訟，除法律另有規定外，由監察人代表公司，股東

會亦得另選代表公司為訴訟之人。

第二百十四條 （少數股東請求對董事訴訟）

①繼續一年以上，持有已發行股份總數百分之三以上之股東，得以書面請求監察人為公司對董事提起訴訟。

②監察人自有前項之請求日起，三十日內不提起訴訟時，前項之股東，得為公司提起訴訟；股東提起訴訟時，法院因被告之申請，得命起訴之股東，提供相當之擔保；如因敗訴，致公司受有損害，起訴之股東，對於公司負賠償之責。

第二百十五條 （代表訴訟之損害賠償）

①提起前條第二項訴訟所依據之事實，顯屬虛構，經終局判決確定時，提起此項訴訟之股東，對於被訴之董事，因此訴訟所受之損害，負賠償責任。

②提起前條第二項訴訟所依據之事實，顯屬實在，經終局判決確定時，被訴之董事，對於起訴之股東，因此訴訟所受之損害，負賠償責任。

第五節　監　察　人

第二百十六條 （監察人選任）

①公司監察人，由股東會選任之，監察人中至少須有一人在國內有住所。

②公開發行股票之公司依前項選任之監察人須有二人以上，其全體監察人合計持股比例，證券管理機關另有規定者，從其規定。

③公司與監察人間之關係，從民法關於委任之規定。

④第三十條之規定及第一百九十二條第一項、第三項關於行為能力之規定，對監察人準用之。

第二百十六條之一 （提名制度之準用）

公開發行股票之公司監察人選舉，依章程規定採候選人提名制度者，準用第一百九十二條之一規定。

第二百十七條 （監察人任期）

①監察人任期不得逾三年。但得連選連任。

②監察人任期屆滿而不及改選時，延長其執行職務至改選監察人就任時為止。但主管機關得依職權，限期令公司改選；屆期仍不改選者，自限期屆滿時，當然解任。

第二百十七條之一 （監察人全體解任）

監察人全體均解任時，董事會應於三十日內召開股東臨時會選任之。

但公開發行股票之公司，董事會應於六十日內召開股東臨時會選任之。

第二百十八條 （監察人之檢查業務）

①監察人應監督公司業務之執行，並得隨時調查公司業務及財務狀況，查核簿冊文件，並得請求董事會或經理人提出報告。

②監察人辦理前項事務，得代表公司委託律師、會計師審核之。

③違反第一項規定，妨礙、拒絕或規避監察人檢查行為者，各處新臺幣二萬元以上十萬元以下罰鍰。

第二百十八條之一 （董事報告義務）

董事發現公司有受重大損害之虞時，應立即向監察人報告。

第二百十八條之二 （監察權）

①監察人得列席董事會陳述意見。

②董事會或董事執行業務有違反法令、章程或股東會決議之行為者，監察人應即通知董事會或董事停止其行為。

第二百十九條 （監察人之查核表冊）

①監察人對於董事會編造提出股東會之各種表冊，應予查核，並報告意見於股東會。

②監察人辦理前項事務，得委託會計師審核之。

③監察人違反第一項規定而為虛偽之報告者，各科新臺幣六萬元以下罰金。

第二百二十條 （監察人召集股東會）

監察人除董事會不為召集或不能召集股東會外，得為公司利益，於必要時，召集股東會。

第二百二十一條 （監察權之行使）

監察人各得單獨行使監察權。

第二百二十二條 （兼職禁止）

監察人不得兼任公司董事、經理人或其他職員。

第二百二十三條 （監察人代表公司）

董事為自己或他人與公司為買賣、借貸或其他法律行為時，由監察人為公司之代表。

第二百二十四條 （監察人責任）

監察人執行職務違反法令、章程或怠忽職務，致公司受有損害者，對公司負賠償責任。

第二百二十五條 （對監察人訴訟）

①股東會決議，對於監察人提起訴訟時，公司應自決議之日起三十日內提起之。

②前項起訴之代表，股東會得於董事外另行選任。

第二百二十六條 （董、監連帶責任）

監察人對公司或第三人負損害賠償責任，而董事亦負其責任時，該監察人及董事為連帶債務人。

第二百二十七條 （監察人之準用）

第一百九十六條至第二百條、第二百零八條之一、第二百十四條及第二百十五條之規定，於監察人準用之。但第二百十四條對監察人之請求，應向董事會為之。

第六節　會　　計

第二百二十八條 （會計表冊之編造）

①每會計年度終了，董事會應編造左列表冊，於股東常會開會三十日前交監察人查核：

　　一　營業報告書。

　　二　財務報表。

　　三　盈餘分派或虧損撥補之議案。

②前項表冊，應依中央主管機關規定之規章編造。

③第一項表冊，監察人得請求董事會提前交付查核。

第二百二十九條 （表冊之備置與查閱）

董事會所造具之各項表冊與監察人之報告書，應於股東常會開會十日前，備置於本公司，股東得隨時查閱，並得偕同其所委託之律師或會計師查閱。

第二百三十條 （會計表冊之承認與分發）

①董事會應將其所造具之各項表冊，提出於股東常會請求承認，經股東常會承認後，董事會應將財務報表及盈餘分派或虧損撥補之決議，分發各股東。

②前項財務報表及盈餘分派或虧損撥補決議之分發，公開發行股票之公司，得以公告方式為之。

③第一項表冊及決議，公司債權人得要求給予或抄錄。

④代表公司之董事，違反第一項規定不為分發者，處新臺幣一萬元以上五萬元以下罰鍰。

第二百三十一條 （董、監事責任之解除）

各項表冊經股東會決議承認後，視為公司已解除董事及監察人之責任；但董事或監察人有不法行為者，不在此限。

第二百三十二條 （股利分派）

①公司非彌補虧損及依本法規定提出法定盈餘公積後，不得分派股息及紅利。

②公司無盈餘時，不得分派股息及紅利。但法定盈餘公積已超過實收資本額百分之五十時，得以其超過部分派充股息及紅利。

③公司負責人違反第一項或前項規定分派股息及紅利時，各處一年以下有期徒刑、拘役或科或併科新臺幣六萬元以下罰金。

第二百三十三條 （違法分派效果）

公司違反前條規定分派股息及紅利時，公司之債權人，得請求退還並得請求賠償因此所受之損害。

第二百三十四條 （建設股息之分派）

①公司依其業務之性質，自設立登記後，如需二年以上之準備，始能開始營業者，經主管機關之許可，得依章程之規定，於開始營業前分派股息。

②前項分派股息之金額，應以預付股息列入資產負債表之股東權益項下，公司開始營業後，每屆分派股息及紅利超過實收資本額百分之六時，應以其超過之金額扣抵沖銷之。

第二百三十五條 （股息及紅利之分派方法）

①股息及紅利之分派，除章程另有規定外，以各股東持有股份之比例為準。

②章程應訂明員工分配紅利之成數。但經目的事業中央主管機關專案核定者，不在此限。

③公營事業除經該公營事業之主管機關專案核定，並於章程訂明員工分配紅利之成數外，不適用前項本文之規定。

④章程得訂明員工分配股票紅利之對象，包括符合一定條件之從屬公司員工。

第二百三十六條 （刪除）

第二百三十七條 （法定與特別盈餘公積）

①公司於完納一切稅捐後，分派盈餘時，應先提出百分之十為法定盈餘公積。但法定盈餘公積，已達資本總額時，不在此限。

②除前項法定盈餘公積外，公司得以章程訂定或股東會議決，另提特別盈餘公積。

③公司負責人違反第一項規定，不提法定盈餘公積時，各科新臺幣六萬元以下罰金。

第二百三十八條 （刪除）

第二百三十九條 （公積之使用㈠──填補虧損）

①法定盈餘公積及資本公積，除填補公司虧損外，不得使用之。但第二百四十一條規定之情形，或法律另有規定者，不在此限。

②公司非於盈餘公積填補資本虧損，仍有不足時，不得以資本公積補充之。

第二百四十條 （以發行新股分派股息及紅利）

①公司得由有代表已發行股份總數三分之二以上股東出席之股東會，以出席股東表決權過半數之決議，將應分派股息及紅利之全部或一部，以發行新股方式為之；不滿一股之金額，以現金分派之。

②公開發行股票之公司，出席股東之股份總數不足前項定額者，得以有代表已發行股份總數過半數股東之出席，出席股東表決權三分之二以上之同意行之。

③前二項出席股東股份總數及表決權數，章程有較高規定者，從其規定。

④依前三項決議以紅利轉作資本時，依章程員工應分配之紅利，得發給新股或以現金支付之。

⑤依本條發行新股，除公開發行股票之公司，應依證券管理機關之規定辦理者外，於決議之股東會終結時，即生效力，董事會應即分別通知各股東，或記載於股東名簿之質權人；其發行無記名股票者，並應公告之。

⑥公開發行股票之公司，其股息及紅利之分派，章程訂明定額或比率並授權董事會決議辦理者，得以董事會三分之二以上董事之出席，及出席董事過半數之決議，依第一項及第四項規定，將應分派股息及紅利之全部或一部，以發行新股之方式為之，並報告股東會。

第二百四十一條 （公積之使用㈡──轉增資）

①公司無虧損者，得依前條規定股東會決議之方法，將法定盈餘公積及左列資本公積之全部或一部撥充資本，按股東原有股份之比例發給新股：

　　一　超過票面金額發行股票所得之溢額。

　　二　受領贈與之所得。

②前條第五項、第六項之規定，於前項準用之。

③以法定盈餘公積撥充資本者，以該項公積已達實收資本百分之五十，並以撥充其半數為限。

第二百四十二條　（刪除）

第二百四十三條　（刪除）

第二百四十四條　（刪除）

第二百四十五條　（檢查人之選派及權限）

①繼續一年以上，持有已發行股份總數百分之三以上之股東，得聲請法院選派檢查人，檢查公司業務帳目及財產情形。

②法院對於檢查人之報告認為必要時，得命監察人召集股東會。

③對於檢查人之檢查有妨礙、拒絕或規避行為者，或監察人不遵法院命令召集股東會者，處新臺幣二萬元以上十萬元以下罰鍰。

第七節　公　司　債

第二百四十六條　（公司債之募集）

①公司經董事會決議後，得募集公司債；但須將募集公司債之原因及有關事項報告股東會。

②前項決議，應由三分之二以上董事之出席，及出席董事過半數之同意行之。

第二百四十六條之一　（公司債之受償順序）

公司於發行公司債時，得約定其受償順序次於公司其他債權。

第二百四十七條　（公司債總額之限制）

①公司債之總額，不得逾公司現有全部資產減去全部負債及無形資產後之餘額。

②無擔保公司債之總額，不得逾前項餘額二分之一。

第二百四十八條　（公司債募集之審核事項）

①公司發行公司債時，應載明左列事項，向證券管理機關辦理之：

　一　公司名稱。

　二　公司債總額及債券每張之金額。

　三　公司債之利率。

　四　公司債償還方法及期限。

　五　償還公司債款之籌集計畫及保管方法。

　六　公司債募得價款之用途及運用計畫。

　七　前已募集公司債者，其未償還之數額。

　八　公司債發行價格或最低價格。

　九　公司股份總數與已發行股份總數及其金額。

　十　公司現有全部資產，減去全部負債及無形資產後之餘額。

十一　證券管理機關規定之財務報表。

十二　公司債權人之受託人名稱及其約定事項。

十三　代收款項之銀行或郵局名稱及地址。

十四　有承銷或代銷機構者，其名稱及約定事項。

十五　有發行擔保者，其種類、名稱及證明文件。

十六　有發行保證人者，其名稱及證明文件。

十七　對於前已發行之公司債或其他債務，曾有違約或遲延支付本息之事實或現況。

十八　可轉換股份者，其轉換辦法。

十九　附認股權者，其認購辦法。

二十　董事會之議事錄。

二一　公司債其他發行事項，或證券管理機關規定之其他事項。

②公司債之私募不受第二百四十九條第二款及第二百五十條第二款之限制，並於發行後十五日內檢附發行相關資料，向證券管理機關報備；私募之發行公司不以上市、上櫃、公開發行股票之公司為限。

③前項私募人數不得超過三十五人。但金融機構應募者，不在此限。

④公司就第一項各款事項有變更時，應即向證券管理機關申請更正；公司負責人不為申請更正時，由證券管理機關各處新臺幣一萬元以上五萬元以下罰鍰。

⑤第一項第七款、第九款至第十一款、第十七款，應由會計師查核簽證；第十二款至第十六款，應由律師查核簽證。

⑥第一項第十二款之受託人，以金融或信託事業為限，由公司於申請發行時約定之，並負擔其報酬。

⑦第一項第十八款之可轉換股份數額或第十九款之可認購股份數額加計已發行股份總數、已發行轉換公司債可轉換股份總數、已發行附認股權公司債可認購股份總數、已發行附認股權特別股可認購股份總數及已發行認股權憑證可認購股份總數時，如超過公司章程所定股份總數時，應先完成變更章程增加資本額後，始得為之。

第二百四十九條　　（無擔保公司債發行之禁止）

公司有左列情形之一者，不得發行無擔保公司債：

　一　對於前已發行之公司債或其他債務，曾有違約或遲延支付本息之事實已了結者。

二　最近三年或開業不及三年之開業年度課稅後之平均淨利，未
達原定發行之公司債，應負擔年息總額之百分之一百五十者。

第二百五十條　（公司債發行之禁止）

公司有左列情形之一者，不得發行公司債：

一　對於前已發行之公司債或其他債務有違約或遲延支付本息之
事實，尚在繼續中者。

二　最近三年或開業不及三年之開業年度課稅後之平均淨利，未
達原定發行之公司債應負擔年息總額之百分之一百者。但經
銀行保證發行之公司債不受限制。

第二百五十一條　（撤銷核准）

①公司發行公司債經核准後，如發現其申請事項，有違反法令或虛偽
情形時，證券管理機關得撤銷核准。

②為前項撤銷核准時，未發行者，停止募集；已發行者，即時清償。
其因此所發生之損害，公司負責人對公司及應募人負連帶賠償責任。

③第一百三十五條第二項規定，於本條第一項準用之。

第二百五十二條　（應募書之備置與公告）

①公司發行公司債之申請經核准後，董事會應於核准通知到達之日起
三十日內，備就公司債應募書，附載第二百四十八條第一項各款事
項，加記核准之證券管理機關並年、月、日、文號，並同時將其公
告，開始募集。但第二百四十八條第一項第十一款之財務報表，第
十二款及第十四款之約定事項，第十五款及第十六款之證明文件，
第二十款之議事錄等事項，得免公告。

②超過前項期限未開始募集而仍須募集者，應重行申請。

③代表公司之董事，違反第一項規定，不備應募書者，由證券管理機
關處新臺幣一萬元以上五萬元以下罰鍰。

第二百五十三條　（應募）

①應募人應在應募書上填寫所認金額及其住所或居所，簽名或蓋章，
並照所填應募書負繳款之義務。

②應募人以現金當場購買無記名公司債券者，免填前項應募書。

第二百五十四條　（繳足金額）

公司債經應募人認定後，董事會應向未交款之各應募人請求繳足其
所認金額。

第二百五十五條　（受託人之查核與監督）

①董事會在實行前條請求前，應將全體記名債券應募人之姓名、住所或居所，暨其認金額，及已發行之無記名債券張數、號碼暨金額，開列清冊，連同第二百四十八條第一項各款所定之文件，送交公司債債權人之受託人。

②前項受託人，為應募人之利益，有查核及監督公司履行公司債發行事項之權。

第二百五十六條　（受託人之特定權責）

①公司為發行公司債所設定之抵押權或質權，得由受託人為債權人取得，並得於公司債發行前先行設定。

②受託人對於前項之抵押權或質權或其擔保品，應負責實行或保管之。

第二百五十七條　（債券之製作與發行）

①公司債之債券應編號載明發行之年、月、日及第二百四十八條第一項第一款至第四款、第十八款及第十九款之事項，有擔保、轉換或可認購股份者，載明擔保、轉換或可認購字樣，由董事三人以上簽名或蓋章，並經證券管理機關或其核定之發行登記機構簽證後發行之。

②有擔保之公司債除前項應記載事項外，應於公司債正面列示保證人名稱，並由其簽名或蓋章。

第二百五十七條之一　（合併印製及集中保管）

①公司發行公司債時，其債券就該次發行總額得合併印製。

②依前項規定發行之公司債，應洽證券集中保管事業機構保管。

③依第一項規定發行公司債時，不適用第二百四十八條第一項第二款、第二百五十七條、第二百五十八條及第二百六十條有關債券每張金額、編號及背書轉讓之規定。

第二百五十七條之二　（免印製債券）

公司發行之公司債，得免印製債券，並應洽證券集中保管事業機構登錄。

第二百五十八條　（公司債存根簿）

①公司債存根簿，應將所有債券按次編號，並載明左列事項：

一　公司債債權人之姓名或名稱及住所或居所。

二　第二百四十八條第一項第二款至第四款之事項，第十二款受託人之名稱，第十五款、第十六款之發行擔保及保證，第十八款之轉換及第十九款之可認購事項。

三　公司債發行之年、月、日。

　　四　各債券持有人取得債券之年、月、日。

②無記名債券，應以載明無記名字樣，替代前項第一款之記載。

第二百五十九條　（債款變更用途之處罰）

　　公司募集公司債款後，未經申請核准變更，而用於規定事項以外者，處公司負責人一年以下有期徒刑、拘役或科或併科新臺幣六萬元以下罰金，如公司因此受有損害時，對於公司並負賠償責任。

第二百六十條　（記名式公司債券之轉讓）

　　記名式之公司債券，得由持有人以背書轉讓之。但非將受讓人之姓名或名稱，記載於債券，並將受讓人之姓名或名稱及住所或居所記載於公司債存根簿，不得以其轉讓對抗公司。

第二百六十一條　（無記名債券改換為記名式）

　　債券為無記名式者，債權人得隨時請求改為記名式。

第二百六十二條　（股份之轉換）

①公司債約定得轉換股份者，公司有依其轉換辦法核給股份之義務。但公司債債權人有選擇權。

②公司債附認股權者，公司有依其認購辦法核給股份之義務。但認股權憑證持有人有選擇權。

第二百六十三條　（債權人會議）

①發行公司債之公司，公司債債權人之受託人，或有同次公司債總數百分之五以上之公司債債權人，得為公司債債權人之共同利害關係事項，召集同次公司債債權人會議。

②前項會議之決議，應有代表公司債債權總額四分之三以上債權人之出席，以出席債權人表決權三分之二以上之同意行之，並按每一公司債券最低票面金額有一表決權。

③無記名公司債債權人，出席第一項會議者，準用股份有限公司無記名股票之股東出席股東會之規定。

第二百六十四條　（議事錄之製成與執行）

　　前條債權人會議之決議，應製成議事錄，由主席簽名，經申報公司所在地之法院認可並公告後，對全體公司債債權人發生效力，由公司債債權人之受託人執行之，但債權人會議另有指定者，從其指定。

第二百六十五條　（不予認可之決議）

　　公司債債權人會議之決議，有左列情事之一者法院不予認可：

　　一　召集公司債債權人會議之手續或其決議方法，違反法令或應募書之記載者。

二　決議不依正當方法達成者。

三　決議顯失公正者。

四　決議違反債權人一般利益者。

第八節　發行新股

第二百六十六條　（發行新股之決議）

①公司依第一百五十六條第二項分次發行新股，或依第二百七十八條第二項發行增資後之新股，均依本節之規定。

②公司發行新股時，應由董事會以董事三分之二以上之出席，及出席董事過半數同意之決議行之。

③第一百四十一條、第一百四十二條之規定於發行新股準用之。

第二百六十七條　（發行新股與認股之程序）

①公司發行新股時，除經目的事業中央主管機關專案核定者外，應保留發行新股總數百分之十至十五之股份由公司員工承購。

②公營事業經該公營事業之主管機關專案核定者，得保留發行新股由員工承購；其保留股份，不得超過發行新股總數百分之十。

③公司發行新股時，除依前二項保留者外，應公告及通知原有股東，按照原有股份比例儘先分認，並聲明逾期不認購者，喪失其權利；原有股東持有股份按比例不足分認一新股者，得合併共同認購或歸併一人認購；原有股東未認購者，得公開發行或洽由特定人認購。

④前三項新股認購權利，除保留由員工承購者外，得與原有股份分離而獨立轉讓。

⑤第一項、第二項所定保留員工承購股份之規定，於以公積抵充，核發新股予原有股東者，不適用之。

⑥公司對員工依第一項、第二項承購之股份，得限制在一定期間內不得轉讓。但其期間最長不得超過二年。

⑦本條規定，對因合併他公司、分割、公司重整或依第一百六十七條之二、第二百六十二條、第二百六十八條之一第一項而增發新股者，不適用之。

⑧公開發行股票之公司發行限制員工權利新股者，不適用第一項至第六項之規定，應有代表已發行股份總數三分之二以上股東出席之股東會，以出席股東表決權過半數之同意行之。

⑨出席股東之股份總數不足前項定額者，得以有代表已發行股份總數過半數股東之出席，出席股東表決權三分之二以上之同意行之。

⑩公開發行股票之公司依前二項規定發行新股者，其發行數量、發行價格、發行條件及其他應遵行事項，由證券主管機關定之。

⑪公司負責人違反第一項規定者，各處新臺幣二萬元以上十萬元以下罰鍰。

第二百六十八條　（公開發行新股之申請核准）

①公司發行新股時，除由原有股東及員工全部認足或由特定人協議認購而不公開發行者外，應將左列事項，申請證券管理機關核准，公開發行：

　一　公司名稱。

　二　原定股份總數、已發行數額及金額。

　三　發行新股總數、每股金額及其他發行條件。

　四　證券管理機關規定之財務報表。

　五　增資計畫。

　六　發行特別股者，其種類、股數、每股金額及第一百五十七條各款事項。

　七　發行認股權憑證或附認股權特別股者，其可認購股份數額及其認股辦法。

　八　代收股款之銀行或郵局名稱及地址。

　九　有承銷或代銷機構者，其名稱及約定事項。

　十　發行新股決議之議事錄。

　十一　證券管理機關規定之其他事項。

②公司就前項各款事項有變更者，應即向證券管理機關申請更正；公司負責人不為申請更正者，由證券管理機關各處新臺幣一萬元以上五萬元以下罰鍰。

③第一項第二款至第四款及第六款，由會計師查核簽證；第八款、第九款，由律師查核簽證。

④第一項、第二項規定，對於第二百六十七條第五項之發行新股，不適用之。

⑤前項發行新股之股數、認股權憑證或附認股權特別股可認購股份數額加計已發行股份總數、已發行轉換公司債可轉換股份總數、已發行附認股權公司債可認購股份總數、已發行附認股權特別股可認購股份總數及已發行認股權憑證可認購股份總數，如超過公司章程所定股份總數時，應先完成變更章程增加資本額後，始得為之。

第二百六十八條之一　（認股權憑證）

①公司發行認股權憑證或附認股權特別股者，有依其認股辦法核給股份之義務，不受第二百六十九條及第二百七十條規定之限制。但認股權憑證持有人有選擇權。

②第二百六十六條第二項、第二百七十一條第一項、第二項、第二百七十二條及第二百七十三條第二項、第三項之規定，於公司發行認股權憑證時，準用之。

第二百六十九條　（公開發行新股之限制）

公司有左列情形之一者，不得公開發行具有優先權利之特別股：

　一　最近三年或開業不及三年之開業年度課稅後之平均淨利，不足支付已發行及擬發行之特別股股息者。

　二　對於已發行之特別股約定股息，未能按期支付者。

第二百七十條　（公開發行新股之禁止）

公司有左列情形之一者，不得公開發行新股：

　一　最近連續二年有虧損者。但依其事業性質，須有較長準備期間或具有健全之營業計畫，確能改善營利能力者，不在此限。

　二　資產不足抵償債務者。

第二百七十一條　（核准之撤銷）

①公司公開發行新股經核准後，如發現其申請事項，有違反法令或虛偽情形時，證券管理機關得撤銷其核准。

②為前項撤銷核准時，未發行者，停止發行；已發行者，股份持有人，得於撤銷時起，向公司依股票原定發行金額加算法定利息，請求返還；因此所發生之損害，並得請求賠償。

③第一百三十五條第二項之規定，於本條準用之。

第二百七十二條　（出資之種類）

公司公開發行新股時，應以現金為股款，但由原有股東認購或由特定人協議認購，而不公開發行者，得以公司事業所需之財產為出資。

第二百七十三條　（公開發行新股認股書之備置）

①公司公開發行新股時，董事會應備置認股書，載明左列事項，由認股人填寫所認股數、種類、金額及其住所或居所，簽名或蓋章：

　一　第一百二十九條第一項第一款至第六款及第一百三十條之事項。

　二　原定股份總數，或增加資本後股份總數中已發行之數額及其金額。

　三　第二百六十八條第一項第三款至第十一款之事項。

四　股款繳納日期。

② 公司公開發行新股時，除在前項認股書加記證券管理機關核准文號及年、月、日外，並應將前項各款事項，於證券管理機關核准通知到達後三十日內，加記核准文號及年、月、日，公告並發行之。但營業報告、財產目錄、議事錄、承銷或代銷機構約定事項，得免予公告。

③ 超過前項期限仍須公開發行時，應重行申請。

④ 認股人以現金當場購買無記名股票者，免填第一項之認股書。

⑤ 代表公司之董事，違反第一項規定，不備置認股書者，由證券管理機關處新臺幣一萬元以上五萬元以下罰鍰。

第二百七十四條　（不公開發行之認股書）

① 公司發行新股，而依第二百七十二條但書不公開發行時，仍應依前條第一項之規定，備置認股書；如以現金以外之財產抵繳股款者，並於認股書加載其姓名或名稱及其財產之種類、數量、價格或估價之標準及公司核給之股數。

② 前項財產出資實行後，董事會應送請監察人查核加具意見，報請主管機關核定之。

第二百七十五條　（刪除）

第二百七十六條　（催告與撤回認股）

① 發行新股超過股款繳納期限，而仍有未經認購或已認購而撤回或未繳股款者，其已認購而繳款之股東，得定一個月以上之期限，催告公司使認購足額並繳足股款；逾期不能完成時，得撤回認股，由公司返回其股款，並加給法定利息。

② 有行為之董事，對於因前項情事所致公司之損害，應負連帶賠償責任。

第九節　變更章程

第二百七十七條　（變更章程）

① 公司非經股東會決議，不得變更章程。

② 前項股東會之決議，應有代表已發行股份總數三分之二以上之股東出席，以出席股東表決權過半數之同意行之。

③ 公開發行股票之公司，出席股東之股份總數不足前項定額者，得以有代表已發行股份總數過半數股東之出席，出席股東表決權三分之二以上之同意行之。

公
司
法
（第二七八～二八三條）

④前二項出席股東股份總數及表決權數，章程有較高之規定者，從其
規定。

第二百七十八條 （增資之條件）

①公司非將已規定之股份總數，全數發行後，不得增加資本。

②增加資本後之股份總數，得分次發行。

第二百七十九條 （減資之程序）

①因減少資本換發新股票時，公司應於減資登記後，定六個月以上之
期限，通知各股東換取，並聲明逾期不換取者，喪失其股東之權利；
發行無記名股票者，並應公告之。

②股東於前項期限內不換取者，即喪失其股東之權利，公司得將其股
份拍賣，以賣得之金額，給付該股東。

③公司負責人違反本條通知或公告期限之規定時，各處新臺幣三千元
以上一萬五千元以下罰鍰。

第二百八十條 （股份合併）

因減少資本而合併股份時，其不適於合併之股份之處理，準用前條
第二項之規定。

第二百八十一條 （表冊編造、通知、公告之準用規定）

第七十三條及第七十四條之規定，於減少資本準用之。

第十節　公司重整

第二百八十二條 （重整聲請）

①公開發行股票或公司債之公司，因財務困難，暫停營業或有停業之
虞，而有重建更生之可能者，得由公司或左列利害關係人之一向法
院聲請重整：

　　一　繼續六個月以上持有已發行股份總數百分之十以上股份之股
　　　　東。

　　二　相當於公司已發行股份總數金額百分之十以上之公司債權
　　　　人。

②公司為前項聲請，應經董事會以董事三分之二以上之出席及出席董
事過半數同意之決議行之。

第二百八十三條 （聲請書狀）

①公司重整之聲請，應由聲請人以書狀連同副本五份，載明左列事項，
向法院為之：

　　一　聲請人之姓名及住所或居所；聲請人為法人、其他團體或機

壹
·
55

　　　　闊者，其名稱及公務所、事務所或營業所。

二　有法定代理人、代理人者，其姓名、住所或居所，及法定代理人與聲請人之關係。

三　公司名稱、所在地、事務所或營業所及代表公司之負責人姓名、住所或居所。

四　聲請之原因及事實。

五　公司所營事業及業務狀況。

六　公司最近一年度依第二百二十八條規定所編造之表冊；聲請日期已逾年度開始六個月者，應另送上半年之資產負債表。

七　對於公司重整之具體意見。

②前項第五款至第七款之事項，得以附件補充之。

③公司為聲請時，應提出重整之具體方案。

④股東或債權人為聲請時，應檢同釋明其資格之文件，對第一項第五款及第六款之事項，得免予記載。

第二百八十三條之一　（重整聲請裁定駁回之情形）

重整之聲請，有左列情形之一者，法院應裁定駁回：

一　聲請程序不合者。但可以補正者，應限期命其補正。

二　公司未依本法公開發行股票或公司債者。

三　公司經宣告破產已確定者。

四　公司依破產法所為之和解決議已確定者。

五　公司已解散者。

六　公司被勒令停業限期清理者。

第二百八十四條　（裁定前之意見徵詢）

①法院對於重整之聲請，除依前條之規定裁定駁回者外，應即將聲請書狀副本，檢送主管機關、目的事業中央主管機關、中央金融主管機關及證券管理機關，並徵詢其關於應否重整之具體意見。

②法院對於重整之聲請，並得徵詢本公司所在地之稅捐稽徵機關及其他有關機關、團體之意見。

③前二項被徵詢意見之機關，應於三十日內提出意見。

④聲請人為股東或債權人時，法院應檢同聲請書狀副本，通知該公司。

第二百八十五條　（檢查人之選任與調查）

①法院除為前條徵詢外，並得就對公司業務具有專門學識、經營經驗而非利害關係人者，選任為檢查人，就左列事項於選任後三十日內調查完畢報告法院：

一　公司業務、財務狀況及資產估價。

二　依公司業務、財務、資產及生產設備之分析，是否尚有重建更生之可能。

三　公司以往業務經營之得失及公司負責人執行業務有無怠忽或不當情形。

四　聲請書狀所記載事項有無虛偽不實情形。

五　聲請人為公司者，其所提重整方案之可行性。

六　其他有關重整之方案。

②檢查人對於公司業務或財務有關之一切簿冊、文件及財產，得加以檢查。公司之董事、監察人、經理人或其他職員，對於檢查人關於業務財務之詢問，有答復之義務。

③公司之董事、監察人、經理人或其他職員，拒絕前項檢查，或對前項詢問無正當理由不為答復，或為虛偽陳述者，處新臺幣二萬元以上十萬元以下罰鍰。

第二百八十五條之一　（裁定之執行）

①法院依檢查人之報告，並參考目的事業中央主管機關、證券管理機關、中央金融主管機關及其他有關機關、團體之意見，應於收受重整聲請後一百二十日內，為准許或駁回重整之裁定，並通知各有關機關。

②前項一百二十日之期間，法院得以裁定延長之，每次延長不得超過三十日。但以二次為限。

③有左列情形之一者，法院應裁定駁回重整之聲請：

一　聲請書狀所記載事項有虛偽不實者。

二　依公司業務及財務狀況無重建更生之可能者。

④法院依前項第二款於裁定駁回時，其合於破產規定者，法院得依職權宣告破產。

第二百八十六條　（造報名冊之命令）

法院於裁定重整前，得命公司負責人，於七日內就公司債權人及股東，依其權利之性質，分別造報名冊，並註明住所或居所及債權或股份總金額。

第二百八十七條　（裁定前法院之處分）

①法院為公司重整之裁定前，得因公司或利害關係人之聲請或依職權，以裁定為左列各款處分：

一　公司財產之保全處分。

二　公司業務之限制。

三　公司履行債務及對公司行使債權之限制。

四　公司破產、和解或強制執行等程序之停止。

五　公司記名式股票轉讓之禁止。

六　公司負責人，對於公司損害賠償責任之查定及其財產之保全
　　處分。

②前項處分，除法院准予重整外，其期間不得超過九十日；必要時，
法院得由公司或利害關係人之聲請或依職權以裁定延長之；其延長
期間不得超過九十日。

③前項期間屆滿前，重整之聲請駁回確定者，第一項之裁定失其效力。

④法院為第一項之裁定時，應將裁定通知證券管理機關及相關之目的
事業中央主管機關。

第二百八十八條　（刪除）

第二百八十九條　（重整監督人之選任）

①法院為重整裁定時，應就對公司業務，具有專門學識及經營經驗者
或金融機構，選任為重整監督人，並決定下列事項：

一　債權及股東權之申報期日及場所，其期間應在裁定之日起十
　　日以上，三十日以下。

二　所申報之債權及股東權之審查期日及場所，其期間應在前款
　　申報期間屆滿後十日以內。

三　第一次關係人會議期日及場所，其期日應在第一款申報期間
　　屆滿後三十日以內。

②前項重整監督人，應受法院監督，並得由法院隨時改選。

③重整監督人有數人時，關於重整事務之監督執行，以其過半數之同
意行之。

第二百九十條　（重整人）

①公司重整人由法院就債權人、股東、董事、目的事業中央主管機關
或證券管理機關推薦之專家中選派之。

②第三十條之規定，於前項公司重整人準用之。

③關係人會議，依第三百零二條分組行使表決權之結果，有二組以上
主張另行選定重整人時，得提出候選人名單，聲請法院選派之。

④重整人有數人時，關於重整事務之執行，以其過半數之同意行之。

⑤重整人執行職務應受重整監督人之監督，其有違法或不當情事者，
重整監督人得聲請法院解除其職務，另行選派之。

⑥重整人為下列行為時，應於事前徵得重整監督人之許可：
　　一　營業行為以外之公司財產之處分。
　　二　公司業務或經營方法之變更。
　　三　借款。
　　四　重要或長期性契約之訂立或解除，其範圍由重整監督人定之。
　　五　訴訟或仲裁之進行。
　　六　公司權利之拋棄或讓與。
　　七　他人行使取回權、解除權或抵銷權事件之處理。
　　八　公司重要人事之任免。
　　九　其他經法院限制之行為。

第二百九十一條　（重整裁定之公告、送達與帳簿之截止）

①法院為重整裁定後，應即公告左列事項：
　　一　重整裁定之主文及其年、月、日。
　　二　重整監督人、重整人之姓名或名稱、住址或處所。
　　三　第二百八十九條第一項所定期間、期日及場所。
　　四　公司債權人及持有無記名股票之股東怠於申報權利時，其法律效果。
②法院對於重整監督人、重整人、公司、已知之公司債權人及股東，仍應將前項裁定及所列各事項，以書面送達之。
③法院於前項裁定送達公司時，應派書記官於公司帳簿，記明截止意旨，簽名或蓋章，並作成節略，載明帳簿狀況。

第二百九十二條　（重整開始之登記）

法院為重整裁定後，應檢同裁定書，通知主管機關，為重整開始之登記，並由公司將裁定書影本黏貼於該公司所在地公告處。

第二百九十三條　（重整裁定之效力）

①重整裁定送達公司後，公司業務之經營及財產之管理處分權移屬於重整人，由重整監督人監督交接，並聲報法院，公司股東會、董事及監察人之職權，應予停止。
②前項交接時，公司董事及經理人，應將有關公司業務及財務之一切帳冊、文件與公司之一切財產，移交重整人。
③公司之董事、監察人、經理人或其他職員，對於重整監督人或重整人所為關於業務或財務狀況之詢問，有答覆之義務。
④公司之董事、監察人、經理人或其他職員，有左列行為之一者，各處一年以下有期徒刑、拘役或科或併科新臺幣六萬元以下罰金：

一　拒絕移交。

二　隱匿或毀損有關公司業務或財務狀況之帳冊文件。

三　隱匿或毀棄公司財產或為其他不利於債權人之處分。

四　無故對前項詢問不為答覆。

五　捏造債務或承認不真實之債務。

第二百九十四條　（訴訟程序之終止）

裁定重整後，公司之破產、和解、強制執行及因財產關係所生之訴訟等程序，當然停止。

第二百九十五條　（裁定後法院之處分）

法院依第二百八十七條第一項第一、第二、第五及第六各款所為之處分，不因裁定重整失其效力，其未為各該款處分者，於裁定重整後，仍得依利害關係人或重整監督人之聲請，或依職權裁定之。

第二百九十六條　（重整債權之種類與限制）

① 對公司之債權，在重整裁定前成立者，為重整債權，其依法享有優先受償權者，為優先重整債權，其有抵押權、質權或留置權為擔保者，為有擔保重整債權，無此項擔保者，為無擔保重整債權，各該債權，非依重整程序，均不得行使權利。

② 破產法破產債權節之規定，於前項債權準用之，但其中有關別除權及優先權之規定不在此限。

③ 取回權、解除權或抵銷權之行使，應向重整人為之。

第二百九十七條　（債權之申報及效力）

① 重整債權人，應提出足資證明其權利存在之文件，向重整監督人申報。經申報者，其時效中斷。未經申報者，不得依重整程序受清償。

② 公司記名股東之權利，依股東名簿之記載，無記名股東之權利，應準用前項規定申報，未經申報者，不得依重整程序，行使其權利。

③ 前二項應為申報之人，因不可歸責於自己之事由，致未依限申報者，得於事由終止後十五日內補報之，但重整計畫已經關係人會議可決時，不得補報。

第二百九十八條　（重整監督人之任務）

① 重整監督人，於權利申報期間屆滿後，應依其初步審查之結果，分別製作優先重整債權人，有擔保重整債權人，無擔保重整債權人及股東清冊，載明權利之性質、金額及表決權數額，於第二百八十九條第一項第二款期日之三日前，聲報法院及備置於適當處所，並公告其開始備置日期及處所，以供重整債權人、股東及其他利害關係

人查閱。

②重整債權人之表決權，以其債權之金額比例定之；股東表決權，依公司章程之規定。

第二百九十九條　（重整債權、股東權之審查）

①法院審查重整債權，及股東權之期日，重整監督人、重整人及公司負責人，應到場備詢；重整債權人、股東及其他利害關係人，得到場陳述意見。

②有異之債權或股東權，由法院裁定之。

③就債權或股東權有實體上之爭執者，應由有爭執之利害關係人，於前項裁定送達後二十日內提起確認之訴，並應向法院為起訴之證明；經起訴後在判決確定前，仍依前項裁定之內容及數額行使其權利。但依重整計畫受清償時，應予提存。

④重整債權或股東權，在法院宣告審查終結前，未經異議者，視為確定；對公司及全體股東、債權人有確定判決同一之效力。

第三百條　（關係人會議）

①重整債權人及股東，為公司重整之關係人，出席關係人會議，因故不能出席時，得委託他人代理出席。

②關係人會議由重整監督人為主席，並召集除第一次以外之關係人會議。

③重整監督人，依前項規定召集會議時，於五日前訂明會議事由，以通知及公告為之。一次集會未能結束，經重整監督人當場宣告連續或展期舉行者，得免為通知及公告。

④關係人會議開會時，重整人及公司負責人應列席備詢。

⑤公司負責人無正當理由對前項詢問不為答覆或為虛偽之答覆者，各處一年以下有期徒刑、拘役或科或併科新臺幣六萬元以下罰金。

第三百零一條　（關係人會議之任務）

關係人會議之任務如左：

一　聽取關於公司業務與財務狀況之報告及對於公司重整之意見。

二　審議及表決重整計畫。

三　決議其他有關重整之事項。

第三百零二條　（關係人會議之決議）

①關係人會議，應分別按第二百九十八條第一項規定之權利人，分組行使其表決權，其決議以經各組表決權總額二分之一以上之同意行

之。

②公司無資本淨值時，股東組不得行使表決權。

第三百零三條 （重整計畫之擬訂）

①重整人應擬訂重整計畫，連同公司業務及財務報表，提請第一次關係人會議審查。

②重整人經依第二百九十條之規定另選者，重整計畫，應由新任重整人於一個月內提出之。

第三百零四條 （重整計畫之內容）

①公司重整如有左列事項，應訂明於重整計畫：

　　一　全部或一部重整債權人或股東權利之變更。

　　二　全部或一部營業之變更。

　　三　財產之處分。

　　四　債務清償方法及其資金來源。

　　五　公司資產之估價標準及方法。

　　六　章程之變更。

　　七　員工之調整或裁減。

　　八　新股或公司債之發行。

　　九　其他必要事項。

②前項重整計畫之執行，除債務清償期限外，自法院裁定認可確定之日起算不得超過一年；其有正當理由，不能於一年內完成時，得經重整監督人許可，聲請法院裁定延展期限；期限屆滿仍未完成者，法院得依職權或依關係人之聲請裁定終止重整。

第三百零五條 （重整計畫之執行與效力）

①重整計畫經關係人會議可決者，重整人應聲請法院裁定認可後執行之，並報主管機關備查。

②前項法院認可之重整計畫，對於公司及關係人均有拘束力，其所載之給付義務，適於為強制執行之標的者，並得逕予強制執行。

第三百零六條 （重整計畫之變更與終止）

①重整計畫未得關係人會議有表決權各組之可決時，重整監督人應即報告法院，法院得依公正合理之原則，指示變更方針，命關係人會議在一個月內再予審查。

②前項重整計畫，經指示變更再予審查，仍未獲關係人會議可決時，應裁定終止重整。但公司確有重整之價值者，法院就其不同意之組，得以下列方法之一，修正重整計畫裁定認可之：

一 有擔保重整債權人之擔保財產，隨同債權移轉於重整後之公司，其權利仍存續不變。

二 有擔保重整債權人，對於擔保之財產；無擔保重整債權人，對於可充清償其債權之財產；股東對於可充分派之賸餘財產；均得分別依公正交易價額，各按應得之份，處分清償或分派承受或提存之。

三 其他有利於公司業務維持及債權人權利保障之公正合理方法。

③前條第一項或前項重整計畫，因情事變遷或有正當理由致不能或無須執行時，法院得因重整監督人、重整人或關係人之聲請，以裁定命關係人會議重行審查，其顯無重整之可能或必要者，得裁定終止重整。

④前項重行審查可決之重整計畫，仍應聲請法院裁定認可。

⑤關係人會議，未能於重整裁定送達公司後一年內可決重整計畫者，法院得依聲請或依職權裁定終止重整；其經法院依第三項裁定命重行審查，而未能於裁定送達後一年內可決重整計畫者，亦同。

第三百零七條 （徵詢意見及終止後之處理）

①法院為前二條處理時，應徵詢主管機關、目的事業中央主管機關及證券管理機關之意見。

②法院為終止重整之裁定，應檢同裁定書通知主管機關；裁定確定時，主管機關應即為終止重整之登記；其合於破產規定者，法院得依職權宣告其破產。

第三百零八條 （終止重整之效力）

法院裁定終止重整，除依職權宣告公司破產者，依破產法之規定外，有左列效力：

一 依第二百八十七條、第二百九十四條、第二百九十五條或第二百九十六條所為之處分或所生之效力，均失效力。

二 因怠於申報權利，而不能行使權利者，恢復其權利。

三 因裁定重整，而停止之股東會、董事及監察人之職權，應即恢復。

第三百零九條 （重整中之變通處理）

公司重整中，左列各款規定，如與事實確有扞格時，經重整人聲請法院，得裁定另作適當之處理：

一 第二百七十七條變更章程之規定。

二 第二百七十八條增資之規定。

三 第二百七十九條及第二百八十一條減資之通知公告期間及限制之規定。

四 第二百六十八條至第二百七十條及第二百七十六條發行新股之規定。

五 第二百四十八條至第二百五十條，發行公司債之規定。

六 第一百二十八條、第一百三十三條、第一百四十八條至第一百五十條及第一百五十五條設立公司之規定。

七 第二百七十二條出資種類之規定。

第三百十條 （重整之完成）

①公司重整人，應於重整計畫所定期限內完成重整工作；重整完成時，應聲請法院為重整完成之裁定，並於裁定確定後，召集重整後之股東會選任董事、監察人。

②前項董事、監察人於就任後，應會同重整人向主管機關申請登記或變更登記。

第三百十一條 （重整完成之效力）

①公司重整完成後，有左列效力：

一 已申報之債權未受清償部分，除依重整計畫處理，移轉重整後之公司承受者外，其請求權消滅；未申報之債權亦同。

二 股東股權經重整而變更或減除之部分，其權利消滅。未申報之無記名股票之權利亦同。

三 重整裁定前，公司之破產、和解、強制執行及因財產關係所生之訴訟等程序，即行失其效力。

②公司債權人對公司債務之保證人及其他共同債務人之權利，不因公司重整而受影響。

第三百十二條 （重整債務）

①左列各款，為公司之重整債務，優先於重整債權而為清償：

一 維持公司業務繼續營運所發生之債務。

二 進行重整程序所發生之費用。

②前項優先受償權之效力，不因裁定終止重整而受影響。

第三百十三條 （重整人員之報酬與責任）

①檢查人、重整監督人或重整人，應以善良管理人之注意，執行其職務，其報酬由法院依其職務之繁簡定之。

②檢查人、重整監督人或重整人，執行職務違反法令，致公司受有損

害時，對於公司應負賠償責任。

③檢查人、重整監督人或重整人，對於職務上之行為，有虛偽陳述時，各處一年以下有期徒刑、拘役或科或併科新臺幣六萬元以下罰金。

第三百十四條　（民事訴訟法之準用）

關於本節之管轄及聲請通知送達公告裁定或抗告等，應履行之程序，準用民事訴訟法之規定。

第十一節　解散、合併及分割

第三百十五條　（解散之法定原因）

①股份有限公司，有左列情事之一者，應予解散：

　　一　章程所定解散事由。

　　二　公司所營事業已成就或不能成就。

　　三　股東會為解散之決議。

　　四　有記名股票之股東不滿二人。但政府或法人股東一人者，不在此限。

　　五　與他公司合併。

　　六　分割。

　　七　破產。

　　八　解散之命令或裁判。

②前項第一款得經股東會議變更章程後，繼續經營；第四款本文得增加有記名股東繼續經營。

第三百十六條　（解散、合併或分割之決議及通告）

①股東會對於公司解散、合併或分割之決議，應有代表已發行股份總數三分之二以上股東之出席，以出席股東表決權過半數之同意行之。

②公開發行股票之公司，出席股東之股份總數不足前項定額者，得以有代表已發行股份總數過半數股東之出席，出席股東表決權三分之二以上之同意行之。

③前二項出席股東股份總數及表決權數，章程有較高之規定者，從其規定。

④公司解散時，除破產外，董事會應即將解散之要旨，通知各股東，其有發行無記名股票者，並應公告之。

第三百十六條之一　（合併及新設公司之限制）

①股份有限公司相互間合併，或股份有限公司與有限公司合併者，其存續或新設公司以股份有限公司為限。

②股份有限公司分割者，其存續公司或新設公司以股份有限公司為限。

第三百十六條之二 （簡易合併）

①控制公司持有從屬公司百分之九十以上已發行股份者，得經控制公司及從屬公司之董事會以董事三分之二以上出席，及出席董事過半數之決議，與其從屬公司合併。其合併之決議，不適用第三百十六條第一項至第三項有關股東會決議之規定。

②從屬公司董事會為前項決議後，應即通知其股東，並指定三十日以上期限，聲明其股東得於期限內提出書面異議，請求從屬公司按當時公平價格，收買其持有之股份。

③從屬公司股東與從屬公司依前項規定協議決定股份價格者，公司應自董事會決議日起九十日內支付價款；其自董事會決議日起六十日內未達協議者，股東應於此期間經過後三十日內，聲請法院為價格之裁定。

④第二項從屬公司股東收買股份之請求，於公司取銷合併之決議時，失其效力。股東於第二項及第三項規定期間內不為請求或聲請時，亦同。

⑤第三百十七條有關收買異議股東所持份之規定，於控制公司不適用之。

⑥控制公司因合併而修正其公司章程者，仍應依第二百七十七條規定辦理。

第三百十七條 （股份收買請求權）

①公司分割或與他公司合併時，董事會應就分割、合併有關事項，作成分割計畫、合併契約，提出於股東會；股東在集會前或集會中，以書面表示異議，或以口頭表示異議經紀錄者，得放棄表決權，而請求公司按當時公平價格，收買其持有之股份。

②他公司為新設公司者，被分割公司之股東會視為他公司之發起人會議，得同時選舉新設公司之董事及監察人。

③第一百八十七條及第一百八十八條之規定，於前項準用之。

第三百十七條之一 （合併契約之應載事項）

①前條第一項所指之合併契約，應以書面為之，並記載列下列事項：

　一　合併之公司名稱，合併後存續公司之名稱或新設公司之名稱。

　二　存續公司或新設公司因合併發行股份之總數、種類及數量。

　三　存續公司或新設公司因合併對於消滅公司股東配發新股之總數、種類及數量與配發之方法及其他有關事項。

　四　對於合併後消滅之公司，其股東配發之股份不滿一股應支付現金者，其有關規定。
　五　存續公司之章程需變更者或新設公司依第一百二十九條應訂立之章程。
②前項之合併契約書，應於發送合併承認決議股東會之召集通知時，一併發送於股東。

第三百十七條之二　（分割計畫應載事項）

①第三百十七條第一項之分割計畫，應以書面為之，並記載左列事項：
　一　承受營業之既存公司章程需變更事項或新設公司章程。
　二　被分割公司讓與既存公司或新設公司之營業價值、資產、負債、換股比例及計算依據。
　三　承受營業之既存公司發行新股或新設公司發行股份之總數、種類及數量。
　四　被分割公司或其股東所取得股份之總數、種類及數量。
　五　對被分割公司或其股東配發之股份不滿一股應支付現金者，其有關規定。
　六　既存公司或新設公司承受被分割公司權利義務及其相關事項。
　七　被分割公司之資本減少時，其資本減少有關事項。
　八　被分割公司之股份銷除所需辦理事項。
　九　與他公司共同為公司分割者，分割決議應記載其共同為公司分割有關事項。
②前項分割計畫書，應於發送分割承認決議股東會之召集通知時，一併發送於股東。

第三百十七條之三　（刪除）

第三百十八條　（合併後程序）

①公司合併後，存續公司之董事會，或新設公司之發起人，於完成催告債權人程序後，其因合併而有股份合併者，應於股份合併生效後；其不適合合併者，應就該股份為處分後，分別循左列程序行之：
　一　存續公司，應即召集合併後之股東會，為合併事項之報告，其有變更章程必要者，並為變更章程。
　二　新設公司，應即召開發起人會議，訂立章程。
②前項章程，不得違反合併契約之規定。

第三百十九條　（準用無限公司合併、分割之規定）

第七十三條至第七十五條之規定，於股份有限公司之合併或分割準用之。

第三百十九條之一　（前公司之連帶清償責任）

分割後受讓營業之既存公司或新設公司，應就分割前公司所負債務於其受讓營業之出資範圍負連帶清償責任。但債權人之連帶清償責任請求權，自分割基準日起二年內不行使而消滅。

第三百二十條　（刪除）

第三百二十一條　（刪除）

第十二節　清　算

第一目　普通清算

第三百二十二條　（清算人之產生）

①公司之清算，以董事為清算人，但本法或章程另有規定或股東會另選清算人時，不在此限。

②不能依前項之規定定清算人時，法院得因利害關係人之聲請，選派清算人。

第三百二十三條　（清算人之解任）

①清算人除由法院選派者外，得由股東會決議解任。

②法院因監察人或繼續一年以上持有已發行股份總數百分之三以上股份股東之聲請，得將清算人解任。

第三百二十四條　（清算人之權利義務）

清算人於執行清算事務之範圍內，除本節有規定外，其權利義務與董事同。

第三百二十五條　（清算人之報酬）

①清算人之報酬，非由法院選派者，由股東會議定，其由法院選派者，由法院決定之。

②清算費用及清算人之報酬，由公司現存財產中儘先給付。

第三百二十六條　（清算人檢查財產之處置）

①清算人就任後，應即檢查公司財產情形，造具財務報表及財產目錄，送經監察人審查，提請股東會承認後，並即報法院。

②前項表冊送交監察人審查，應於股東會集會十日前為之。

③對於第一項之檢查有妨礙、拒絕或規避之行為者，各處新臺幣二萬元以上十萬元以下罰鍰。

第三百二十七條 （催報債權）

清算人於就任後，應即以三次以上之公告，催告債權人於三個月內申報其債權，並應聲明逾期不申報者，不列入清算之內，但為清算人所明知者，不在此限。其債權人為清算人所明知者，並應分別通知之。

第三百二十八條 （清償債務之限制）

①清算人不得於前條所定之申報期限內，對債權人為清償，但對於有擔保之債權，經法院許可者，不在此限。

②公司對前項未為清償之債權，仍應負遲延給付之損害賠償責任。

③公司之資產顯足抵償其負債者，對於足致前項損害賠償責任之債權，得經法院許可後先行清償。

第三百二十九條 （未列入清算內之債權之清償）

不列入清算內之債權人，就公司未分派之賸餘財產，有清償請求權，但賸餘財產已依第三百三十條分派，且其中全部或一部已經領取者，不在此限。

第三百三十條 （賸餘財產之分派）

清償債務後，賸餘之財產應按各股東股份比例分派，但公司發行特別股，而章程中另有訂定者，從其訂定。

第三百三十一條 （清算完結）

①清算完結時，清算人應於十五日內，造具清算期內收支表、損益表、連同各項簿冊，送經監察人審查，並提請股東會承認。

②股東會得另選檢查人，檢查前項簿冊是否確當。

③簿冊經股東會承認後，視為公司已解除清算人之責任。但清算人有不法行為者，不在此限。

④第一項清算期內之收支表及損益表，應於股東會承認後十五日內，向法院聲報。

⑤清算人違反前項聲報期限之規定時，各處新臺幣一萬元以上五萬元以下罰鍰。

⑥對於第二項之檢查有妨礙、拒絕或規避行為者，各處新臺幣二萬元以上十萬元以下罰鍰。

第三百三十二條 （簿冊文件之保存）

公司應自清算完結聲報法院之日起，將各項簿冊及文件，保存十年。其保存人，由清算人及其利害關係人聲請法院指定之。

第三百三十三條 （財產重行分派）

清算完結後，如有可以分派之財產，法院因利害關係人之聲請，得選派清算人重行分派。

第三百三十四條 （清算之準用規定）

第八十三條至第八十六條、第八十七條第三項、第四項、第八十九條及第九十條之規定，於股份有限公司之清算準用之。

第二目　特別清算

第三百三十五條 （特別清算之要件）

①清算之實行發生顯著障礙時，法院依債權人或清算人或股東之聲請或依職權，得命令公司開始特別清算；公司負債超過資產有不實之嫌疑者亦同。但其聲請，以清算人為限。

②第二百九十四條關於破產、和解及強制執行程序當然停止之規定，於特別清算準用之。

第三百三十六條 （保全處分之提前）

法院依前條聲請人之聲請，或依職權於命令開始特別清算前，得提前為第三百三十九條之處分。

第三百三十七條 （清算人之解任與增補）

①有重要事由時，法院得解任清算人。

②清算人缺額或有增加人數之必要時，由法院選派之。

第三百三十八條 （法院之監督）

法院得隨時命令清算人，為清算事務及財產狀況之報告，並得為其他清算監督上必要之調查。

第三百三十九條 （監督上之保全處分）

法院認為對清算監督上有必要時，得為第三百五十四條第一項第一款、第二款或第六款之處分。

第三百四十條 （債務之清償）

公司對於其債務之清償，應依其債權額比例為之，但依法得行使優先受償權或別除權之債權，不在此限。

第三百四十一條 （債權人會議之召集）

①清算人於清算中，認有必要時，得召集債權人會議。

②占有公司明知之債權總額百分之十以上之債權人，得以書面載明事由，請求清算人召集債權人會議。

③第一百七十三條第二項於前項準用之。

④前條但書所定之債權，不列入第二項之債權總額。

第三百四十二條 （優先或別除債權人之列席）

債權人會議之召集人，對前條第四項債權之債權人，得通知其列席債權人會議徵詢意見，無表決權。

第三百四十三條 （債權人會議之準用規定）

第一百七十二條第二項、第三項、第六項、第一百七十六條、第一百八十三條、第二百九十八條第二項及破產法第一百二十三條之規定，於特別清算準用之。

第三百四十四條 （清算人之職務）

清算人應造具公司業務及財產狀況之調查書、資產負債表及財產目錄，提交債權人會議，並就清算實行之方針與預定事項，陳述其意見。

第三百四十五條 （監理人）

①債權人會議，得經決議選任監理人，並得隨時解任之。

②前項決議應得法院之認可。

第三百四十六條 （清算人行事之限制）

①清算人為左列各款行為之一者，應得監理人之同意，不同意時，應召集債權人會議決議之；但其標的在資產總值千分之一以下者，不在此限：

　　一　公司財產之處分。

　　二　借款。

　　三　訴之提起。

　　四　成立和解或仲裁契約。

　　五　權利之拋棄。

②應由債權人會議決議之事項，如迫不及待時，清算人經法院之許可得為前項所列之行為。

③清算人違反前兩項規定時，應與公司對於善意第三人連帶負其責任。

④第八十四條第二項但書之規定，於特別清算不適用之。

第三百四十七條 （協定之建議）

清算人得徵詢監理人之意見，對於債權人會議提出協定之建議。

第三百四十八條 （協定之條件）

協定之條件，在各債權人間應屬平等，但第三百四十條但書所定之債權，不在此限。

第三百四十九條 （特定債權人參加協定）

清算人認為作成協定有必要時，得請求第三百四十條但書所定之債

權人參加。

第三百五十條 　（協定之可決）

①協定之可決，應有得行使表決權之債權人過半數之出席，及得行使表決權之債權總額四分之三以上之同意行之。

②前項決議，應得法院之認可。

③破產法第一百三十六條之規定，於第一項協定準用之。

第三百五十一條 　（協定條件之變更）

協定在實行上遇有必要時，得變更其條件，其變更準用前四條之規定。

第三百五十二條 　（檢查命令）

①依公司財產之狀況有必要時，法院得據清算人或監理人，或繼續六個月以上持有已發行股份總數百分之三以上之股東，或曾為特別清算聲請之債權人，或占有公司明知之債權總額百分之十以上債權人之聲請，或依職權命令檢查公司之業務及財產。

②第二百八十五條之規定，於前項準用之。

第三百五十三條 　（檢查人之報告）

檢查人應將左列檢查結果之事項，報告於法院：

一　發起人、董事、監察人、經理人或清算人依第三十四條、第一百四十八條、第一百五十五條、第一百九十三條及第二百二十四條應負責任與否之事實。

二　有無為公司財產保全處分之必要。

三　為行使公司之損害賠償請求權，對於發起人、董事、監察人、經理人或清算人之財產，有無為保全處分之必要。

第三百五十四條 　（保全、禁止與查定處分）

法院據前條之報告，認為必要時，得為左列之處分：

一　公司財產之保全處分。

二　記名式股份轉讓之禁止。

三　發起人、董事、監察人、經理人或清算人責任解除之禁止。

四　發起人、董事、監察人、經理人或清算人責任解除之撤銷，但於特別清算開始起一年前已為解除，而非出於不法之目的者，不在此限。

五　基於發起人、董事、監察人、經理人或清算人責任所生之損害賠償請求權之查定。

六　因前款之損害賠償請求權，對於發起人、董事、監察人、經

理人或清算人之財產為保全處分。

第三百五十五條 （破產之宣告）

　　法院於命令特別清算開始後，而協定不可能時，應依職權依破產法為破產之宣告，協定實行上不可能時亦同。

第三百五十六條 （特別清算之準用條文）

　　特別清算事項，本目未規定者，準用普通清算之規定。

第六章　　（刪除）

第三百五十七條 （刪除）
第三百五十八條 （刪除）
第三百五十九條 （刪除）
第三百六十條 （刪除）
第三百六十一條 （刪除）
第三百六十二條 （刪除）
第三百六十三條 （刪除）
第三百六十四條 （刪除）
第三百六十五條 （刪除）
第三百六十六條 （刪除）
第三百六十七條 （刪除）
第三百六十八條 （刪除）
第三百六十九條 （刪除）

第六章之一　　關係企業

第三百六十九條之一 （關係企業）

　　本法所稱關係企業，指獨立存在而相互間具有下列關係之企業：

　　一　有控制與從屬關係之公司。

　　二　相互投資之公司。

第三百六十九條之二 （從屬公司）

①公司持有他公司有表決權之股份或出資額，超過他公司已發行有表決權之股份總數或資本總額半數者為控制公司，該他公司為從屬公司。

②除前項外，公司直接或間接控制他公司之人事、財務或業務經營者

亦為控制公司，該他公司為從屬公司。

第三百六十九條之三 （控制與從屬關係之推定）

有左列情形之一者，推定為有控制與從屬關係：

一　公司與他公司之執行業務股東或董事有半數以上相同者。

二　公司與他公司之已發行有表決權之股份總數或資本總額有半數以上為相同之股東持有或出資者。

第三百六十九條之四 （賠償責任）

①控制公司直接或間接使從屬公司為不合營業常規或其他不利益之經營，而未於會計年度終了時為適當補償，致從屬公司受有損害者，應負賠償責任。

②控制公司負責人使從屬公司為前項之經營者，應與控制公司就前項損害負連帶賠償責任。

③控制公司未為第一項之賠償，從屬公司之債權人或繼續一年以上持有從屬公司已發行有表決權股份總數或資本總額百分之一以上之股東，得以自己名義行使前二項從屬公司之權利，請求對從屬公司為給付。

④前項權利之行使，不因從屬公司就該請求賠償權利所為之和解或拋棄而受影響。

第三百六十九條之五 （連帶責任）

控制公司使從屬公司為前條第一項之經營，致他從屬公司受有利益，受有利益之該他從屬公司於其所受利益限度內，就控制公司依前條規定應負之賠償，負連帶責任。

第三百六十九條之六 （損害賠償請求權之消滅時效）

前二條所規定之損害賠償請求權，自請求權人知控制公司有賠償責任及知有賠償義務人時起，二年間不行使而消滅。自控制公司賠償責任發生時起，逾五年者亦同。

第三百六十九條之七 （抵銷之限制及債權受償之順序）

①控制公司直接或間接使從屬公司為不合營業常規或其他不利益之經營者，如控制公司對從屬公司有債權，在控制公司對從屬公司應負擔之損害賠償限度內，不得主張抵銷。

②前項債權無論有無別除權或優先權，於從屬公司依破產法之規定為破產或和解，或依本法之規定為重整或特別清算時，應次於從屬公司之其他債權受清償。

第三百六十九條之八 （通知及公告）

①公司持有他公司有表決權之股份或出資額，超過該他公司已發行有表決權之股份總數或資本總額三分之一者，應於事實發生之日起一個月內以書面通知該他公司。

②公司為前項通知後，有左列變動之一者，應於事實發生之日起五日內以書面再為通知：

一　有表決權之股份或出資額低於他公司已發行有表決權之股份總數或資本總額三分之一時。

二　有表決權之股份或出資額超過他公司已發行有表決權之股份總數或資本總額二分之一時。

三　前款之有表決權之股份或出資額再低於他公司已發行有表決權之股份總數或資本總額二分之一時。

③受通知之公司，應於收到前二項通知五日內公告之，公告中應載明通知公司名稱及其持有股份或出資額之額度。

④公司負責人違反前三項通知或公告之規定者，各處新臺幣六千元以上三萬元以下罰鍰。主管機關並應責令限期辦理；期滿仍未辦理者，得責令限期辦理，並按次連續各處新臺幣九千元以上六萬元以下罰鍰至辦理為止。

第三百六十九條之九　　（相互投資公司）

①公司與他公司相互投資達對方有表決權之股份總數或資本總額三分之一以上者，為相互投資公司。

②相互投資公司各持有對方已發行有表決權之股份總數或資本總額超過半數者，或互可直接或間接控制對方之人事、財務或業務經營者，互為控制公司與從屬公司。

第三百六十九條之十　　（相互投資公司表決權行使之限制）

①相互投資公司知有相互投資之事實者，其得行使之表決權，不得超過被投資公司已發行有表決權股份總數或資本總額之三分之一。但以盈餘或公積增資配股所得之股份，仍得行使表決權。

②公司依第三百六十九條之八規定通知他公司後，於未獲他公司相同之通知，亦未知有相互投資之事實者，其股權之行使不受前項限制。

第三百六十九條之十一　　（持有他公司之股份或出資額之計算方式）

計算本章公司所持有他公司之股份或出資額，應連同左列各款之股份或出資額一併計入：

一　公司之從屬公司所持有他公司之股份或出資額。

二　第三人為該公司而持有之股份或出資額。

三　第三人為該公司之從屬公司而持有之股份或出資額。

第三百六十九條之十二　（各項書表之編製及訂定）

① 公開發行股票公司之從屬公司應於每會計年度終了，造具其與控制公司間之關係報告書，載明相互間之法律行為、資金往來及損益情形。

② 公開發行股票公司之控制公司應於每會計年度終了，編製關係企業合併營業報告書及合併財務報表。

③ 前二項書表之編製準則，由證券管理機關定之。

第七章　外國公司

第三百七十條　（名稱）

外國公司之名稱，應譯成中文，除標明其種類外，並應標明其國籍。

第三百七十一條　（外國公司之認許）

① 外國公司非在其本國設立登記營業者，不得申請認許。

② 非經認許，並辦理分公司登記者，不得在中華民國境內營業。

第三百七十二條　（營業資金與公司負責人）

① 外國公司應專撥其在中華民國境內營業所用之資金，並應受主管機關對其所營事業最低資本額規定之限制。

② 外國公司應在中華民國境內指定其訴訟及非訴訟之代理人，並以之為在中華民國境內之公司負責人。

第三百七十三條　（認許之消極要件）

外國公司有左列情事之一者，不予認許：

一　其目的或業務，違反中華民國法律、公共秩序或善良風俗者。

二　公司之認許事項或文件，有虛偽情事者。

第三百七十四條　（章程與無限責任股東名簿之備置）

① 外國公司應於認許後，將章程備置於中華民國境內指定之訴訟及非訴訟代理人處所，或其分公司，如有無限責任股東者，並備置其名冊。

② 公司負責人違反前項規定，不備置章程或無限責任股東名冊者，各處新臺幣一萬元以上五萬元以下罰鍰。連續拒不備置者，並按次連續各處新臺幣二萬元以上十萬元以下罰鍰。

第三百七十五條　（外國公司之權利義務）

外國公司經認許後，其法律上權利義務及主管機關之管轄，除法律另有規定外，與中華民國公司同。

第三百七十六條 （刪除）

第三百七十七條 （總則之準用）

第九條、第十條、第十二條至第二十五條，於外國公司準用之。

第三百七十八條 （認許之撤回）

外國公司經認許後，無意在中華民國境內繼續營業者，應向主管機關申請撤回認許。但不得免申請撤回以前所負之責任或債務。

第三百七十九條 （認許之撤銷或廢止）

①外國公司有左列情事之一者，主管機關應撤銷或廢止其認許：

一　申請認許時所報事項或所繳文件，經查明有虛偽情事者。

二　公司已解散者。

三　公司已受破產之宣告者。

②前項撤銷或廢止認許，不得影響債權人之權利及公司之義務。

第三百八十條 （外國公司之清算）

①撤回、撤銷或廢止認許之外國公司，應就其在中華民國境內營業，或分公司所生之債權債務清算了結，所有清算未了之債務，仍由該外國公司清償之。

②前項清算，以外國公司在中華民國境內之負責人或分公司經理人為清算人，並依外國公司性質，準用本法有關各種公司之清算程序。

第三百八十一條 （清算中財產處分之限制）

外國公司在中華民國境內之財產，在清算時期中，不得移出中華民國國境，除清算人為執行清算外，並不得處分。

第三百八十二條 （違反清算規定之責任）

外國公司在中華民國境內之負責人或分公司經理人，違反前二條規定時，對於外國公司在中華民國境內營業，或分公司所生之債務，應與該外國公司負連帶責任。

第三百八十三條 （刪除）

第三百八十四條 （主管機關之監督）

外國公司經認許後，主管機關於必要時，得查閱其有關營業之簿冊文件。

第三百八十五條 （代理人之更換或離境）

第三百七十二條第二項規定之代理人，在更換或離境前，外國公司應另指定代理人，並將其姓名、國籍、住所或居所申請主管機關登

公 司 法

（第三七六～三八五條）

壹·77

記。

第三百八十六條　(未經認許者營業之備案)

①外國公司因無意在中華民國境內設立分公司營業，未經申請認許而派其代表人在中華民國境內為業務上之法律行為時，應報明左列各款事項，申請主管機關備案：

一　公司名稱、種類、國籍及所在地。

二　公司股本總額及在本國設立登記之年、月、日。

三　公司所營之事業及其代表人在中華民國境內所為業務上之法律行為。

四　在中華民國境內指定之訴訟及非訴訟代理人之姓名、國籍、住所或居所。

②前項代表人須經常留駐中華民國境內者，應設置代表人辦事處，並報明辦事處所在地，依前項規定辦理。

③前二項申請備案文件，應由其本國主管機關或其代表人業務上法律行為行為地或其代表人辦事處所在地之中華民國使領館、代表處、辦事處或其他外交部授權機構驗證。

④外國公司非經申請指派代表人報備者，不得在中華民國境內設立代表人辦事處。

第八章　公司之登記及認許

第一節　申　請

第三百八十七條　(登記或認許之申請)

①公司之登記或認許，應由代表公司之負責人備具申請書，連同應備之文件一份，向中央主管機關申請；由代理人申請時，應加具委任書。

②前項代表公司之負責人有數人時，得由一人申辦之。

③第一項代理人，以會計師、律師為限。

④公司之登記或認許事項及其變更，其辦法，由中央主管機關定之。

⑤前項辦法，包括申請人、申請書表、申請方式、申請期限及其他相關事項。

⑥代表公司之負責人違反依第四項所定辦法規定之申請期限者，處新臺幣一萬元以上五萬元以下罰鍰。

⑦代表公司之負責人不依第四項所定辦法規定之申請期限辦理登記者，除由主管機關責令限期改正外，處新臺幣一萬元以上五萬元以下罰鍰；期滿未改正者，繼續責令限期改正，並按次連續處新臺幣二萬元以上十萬元以下罰鍰，至改正為止。

第三百八十八條 （登記申請之改正）

主管機關對於公司登記之申請，認為有違反本法或不合法定程式者，應令其改正，非俟改正合法後，不予登記。

第三百八十九條 （刪除）

第三百九十條 （刪除）

第三百九十一條 （登記之更正）

公司登記，申請人於登記後，確知其登記事項有錯誤或遺漏時，得申請更正。

第三百九十二條 （登記證明書）

請求證明登記事項，主管機關得核給證明書。

第三百九十三條 （查閱或抄錄之請求）

①公司登記文件，公司負責人或利害關係人，得聲敘理由請求查閱或抄錄。但主管機關認為必要時，得拒絕抄錄或限制其抄閱範圍。

②公司左列登記事項，主管機關應予公開，任何人得向主管機關申請查閱或抄錄：

　　一　公司名稱。

　　二　所營事業。

　　三　公司所在地。

　　四　執行業務或代表公司之股東。

　　五　董事、監察人姓名及持股。

　　六　經理人姓名。

　　七　資本總額或實收資本額。

　　八　公司章程。

③前項第一款至第七款，任何人得至主管機關之資訊網站查閱。

第三百九十四條 （刪除）

第三百九十五條 （刪除）

第三百九十六條 （刪除）

第三百九十七條 （廢止登記之申請）

①公司之解散，不向主管機關申請解散登記者，主管機關得依職權或據利害關係人申請，廢止其登記。

②主管機關對於前項之廢止，除命令解散或裁定解散外，應定三十日之期間，催告公司負責人聲明異議；逾期不為聲明或聲明理由不充分者，即廢止其登記。

第三百九十八條　（刪除）

第三百九十九條　（刪除）

第四百條　（刪除）

第四百零一條　（刪除）

第四百零二條　（刪除）

第四百零二條之一　（刪除）

第四百零三條　（刪除）

第四百零四條　（刪除）

第四百零五條　（刪除）

第四百零六條　（刪除）

第四百零七條　（刪除）

第四百零八條　（刪除）

第四百零九條　（刪除）

第四百十條　（刪除）

第四百十一條　（刪除）

第四百十二條　（刪除）

第四百十三條　（刪除）

第四百十四條　（刪除）

第四百十五條　（刪除）

第四百十六條　（刪除）

第四百十七條　（刪除）

第四百十八條　（刪除）

第四百十九條　（刪除）

第四百二十條　（刪除）

第四百二十一條　（刪除）

第四百二十二條　（刪除）

第四百二十三條　（刪除）

第四百二十四條　（刪除）

第四百二十五條　（刪除）

第四百二十六條　（刪除）

第四百二十七條　（刪除）

第四百二十八條　（刪除）
第四百二十九條　（刪除）
第四百三十條　（刪除）
第四百三十一條　（刪除）
第四百三十二條　（刪除）
第四百三十三條　（刪除）
第四百三十四條　（刪除）
第四百三十五條　（刪除）
第四百三十六條　（刪除）
第四百三十七條　（刪除）

第二節　規　費

第四百三十八條　（規費之收取）

　　依本法受理公司名稱及所營事業預查、登記、查閱、抄錄及各種證
　　明書等，應收取審查費、登記費、查閱費、抄錄費及證照費；其費
　　額，由中央主管機關定之。

第四百三十九條　（刪除）
第四百四十條　（刪除）
第四百四十一條　（刪除）
第四百四十二條　（刪除）
第四百四十三條　（刪除）
第四百四十四條　（刪除）
第四百四十五條　（刪除）
第四百四十六條　（刪除）

第九章　附　　則

第四百四十七條　（刪除）
第四百四十八條　（罰鍰之強制執行）

　　本法所定之罰鍰，拒不繳納者，依法移送強制執行。

第四百四十九條　（施行日期）

　　本法除中華民國八十六年六月二十五日修正公布之第三百七十三
　　條、第三百八十三條之施行日期由行政院定之，及九十八年五月五
　　日修正之條文自九十八年十一月二十三日施行外，自公布日施行。

公司之登記及認許辦法

民國九十年十二月十二日經濟部令發布
九十二年十月一日經濟部令修正發布
九十七年六月六日經濟部令修正發布
九十八年七月十五日經濟部令修正發布第一〇、一六條及第一六條之附表（略）；
並刪除第一四條條文

第一條　（訂定依據）

本辦法依公司法（以下簡稱本法）第三百八十七條第四項規定訂定之。

第二條　（申請文件之電子化）

①公司依本法規定所送之申請書件，得以經電子簽章之電子文件為之，並得以網路傳輸方式申請。

②前項電子簽章，公司限以經濟部工商憑證管理中心簽發之公司憑證為之，自然人限以內政部憑證管理中心或政府憑證管理中心簽發之自然人憑證為之。

第三條　（公司設立之登記）

①無限、兩合及有限公司應於章程訂立後十五日內，向主管機關申請為設立之登記。

②股份有限公司發起設立者，代表公司之負責人應於就任後十五日內，向主管機關申請為設立之登記。但經目的事業主管機關核准應於特定基準日核准設立登記者，不在此限。

③股份有限公司募集設立者，代表公司之負責人應於創立會完結後十五日內，向主管機關申請為設立之登記。但經目的事業主管機關核准應於特定基準日核准設立登記者，不在此限。

第四條　（公司解散之登記）

公司之解散，除破產外，命令解散或裁定解散應於處分或裁定後十五日內，其他情形之解散應於開始後十五日內，敘明解散事由，向主管機關申請為解散之登記。

第五條　（合併之登記）

公司為合併時，應於實行後十五日內，向主管機關分別依下列各款申請登記。但經目的事業主管機關核准應於合併基準日核准合併登

記者，不在此限。

一　存續之公司為變更之登記。

二　消滅之公司為解散之登記。

三　另立之公司為設立之登記。

第六條　（公司分割之登記）

股份有限公司為分割時，應於實行後十五日內，向主管機關申請為變更、解散、設立之登記。但目的事業主管機關核准應於分割基準日核准分割登記者，不在此限。

第七條　（設立分公司之登記）

公司設立分公司，應於設立後十五日內，將下列事項，向主管機關申請登記：

一　分公司名稱。

二　分公司所在地。

三　分公司經理人姓名、住所或居所、身分證統一編號或其他經政府核發之身分證明文件字號。

第八條　（分公司遷移或撤銷之登記）

分公司之遷移或撤銷，應於遷移或撤銷後十五日內，向主管機關申請登記。

第九條　（公司經理人委任或解任之登記）

公司經理人之委任或解任，應於到職或離職後十五日內，將下列事項，向主管機關申請登記：

一　經理人之姓名、住所或居所、身分證統一編號或其他經政府核發之身分證明文件字號。

二　經理人到職或離職年、月、日。

第十條　（停業、復業、延展開業之登記）

①公司暫停營業一個月以上者，應於停止營業前或停止營業之日起十五日內申請為停業之登記，並於復業前或復業後十五日內申請為復業之登記。但已依加值型及非加值型營業稅法規定申報核備者，不在此限。

②公司設立登記後如未於六個月內開始營業者，應於該期限內向主管機關申請延展開業登記。

③前二項申請停業或延展開業期間，每次最長不得超過一年。

第十一條　（公司增資之登記）

①股份有限公司應於每次發行新股結束後十五日內，向主管機關申請

登記。但經目的事業主管機關核准應於增資基準日核准變更登記者，不在此限。

②有限公司增資時，應於章程修正後十五日內，向主管機關申請登記。但如有另訂增資基準日者，則應於增資基準日後十五日內申請登記。

第十二條 （公司減少資本之登記）

公司應於每次減少資本結束後十五日內，向主管機關申請登記。

第十三條 （外國公司之認許及設立登記）

外國公司擬在中華民國境內營業者應先經認許，並於認許後十五日內向主管機關申請分公司設立登記。

第十四條 （刪除）

第十五條 （登記事項之變更）

公司及外國公司登記事項如有變更者，應於變更後十五日內，向主管機關申請為變更之登記。但有限公司股東死亡者，得於取得遺產稅證明書後十五日內，申請變更登記。

第十六條 （文件、書表之檢附）

①本法所規定之各類登記事項及其應檢附之文件、書表，詳如表一至表五（略）。

②申請人依前項規定所應檢附之文件、書表，如有涉及外國文件者，應另檢附中譯本。

③目的事業主管機關規定應於特定基準日核准設立登記、增資變更登記、分割、收購、股份轉換或合併相關登記者，第一項所定應檢附之委託會計師資本額查核報告書暨其附件，得於該特定基準日前先予簽核預擬資本額查核報告書，並於基準日次日起十五日內再補送截至基準日為止之會計師資本額查核報告書憑核。

④無限、兩合及有限公司所檢附之股東同意書正本，應經股東親自簽名，並蓋具留存公司登記主管機關之公司印鑑章。

⑤股份有限公司所檢附之董事會簽到簿影本應由董事親自簽名，並蓋具留存公司登記主管機關之公司印鑑章；有限公司之董事及董事長願任同意書、股份有限公司之董事、董事長及監察人願任同意書，應親自簽名，並檢送正本憑辦。

第十七條 （施行日期）

本辦法自發布日施行。

公司申請登記資本額查核辦法

民國九十一年三月六日經濟部令發布

九十八年二月五日經濟部令修正發布

九十八年七月六日經濟部令修正發布

九十八年七月十四日經濟部令修正發布

一百年三月二十九日經濟部令修正發布全文

第一條 （訂定依據）

本辦法依公司法第七條規定訂定。

第二條 （公司之申請登記或變更登記）

①公司申請設立登記或合併、分割、收購、股份轉換、增減實收資本額等變更登記，應檢送會計師查核報告書及設立、合併、分割、收購、股份轉換、增減實收資本額基準日經會計師查核簽證之資產負債表，並依其性質檢附加蓋公司及代表公司負責人印章之下列文件裝訂成冊。但依證券交易法第二十八條之二規定辦理庫藏股減資者，免經會計師查核簽證。

一　股東繳納現金股款明細。

二　債權抵繳股款明細表。

三　財產抵繳股款明細表。

四　盈餘轉增資配股明細表及盈餘分配表。

五　公積轉增資配股明細表及來源明細表。

六　公司申請合併、分割、收購、股份轉換、增資或減資變更登記，應加附前一日之試算表。

七　合併配股明細表及基準日前一日消滅公司資產負債表。（如有合併銷除股份者，應另檢附合併銷除股份明細表）

八　分割配股明細表及基準日前一日被分割公司分割部分之資產負債種類及數額。

九　收購配股明細表。

十　股份轉換配股明細表。

十一　可轉換公司債或認股權憑證換股明細表。

十二　減資明細表。（分割減資者，應另加附基準日前一日被分割公司分割部分之資產負債種類及數額）

②第一項第一款、第四款至第十二款之明細表，公開發行公司得僅就董事、監察人及持有股份總額百分之十以上股東部分逐項列明；持有股份總額未達百分之十股東部分，得合併列明之。

③第一項第三款之明細表，如係依特別法規定全部以已發行股份抵繳股款者，公開發行公司得僅就董事、監察人及持有股份總額百分之十以上股東部分逐項列明；持有股份總額未達百分之十股東部分，得合併列明之。

第三條 （外國公司申請增加或減少境內營運資金）

外國公司申請增加或減少在中華民國境內營運資金，應檢送會計師查核報告書與在中華民國境內增、減營運資金基準日前一日試算表，及基準日經會計師查核簽證之資產負債表，加蓋分公司及在中華民國境內訴訟及非訴訟代理人印章，並裝訂成冊；屬增加中華民國境內營運資金者，應另附存摺影本、對帳單或查詢單影本。

第四條 （大陸地區營利事業申請設立許可應檢送文件）

①大陸地區之營利事業申請設立許可，應檢送會計師查核報告書及專撥在臺營業所用之資金基準日經會計師查核簽證之資產負債表，加蓋分公司及在臺指定之訴訟及非訴訟代理人印章，並裝訂成冊。

②大陸地區之營利事業申請增加或減少在臺營業所用之資金，應檢送會計師查核報告書與增、減在臺營業所用之資金基準日前一日試算表及基準日經會計師查核簽證之資產負債表，加蓋分公司及在臺指定之訴訟及非訴訟代理人印章，並裝訂成冊。

③設立或增加中華民國境內營運資金者，應另附存摺影本、對帳單或查詢單影本。

第五條 （資產負債表）

公司編製之資產負債表，除本期損益有關科目帳內未經結算而於帳外調整者外，各科目所列金額應與帳冊或有關憑證記載相符。

第六條 （現金股款等之繳納）

①股東繳納現金股款明細表，應載明股東姓名、股款繳納之日期及金額、股款送存銀行之日期及帳戶，並檢附送金單影本，無送金單者，檢送存摺或對帳單或查詢單影本。如公司於銀行設有專戶委託代收全部股款者，得以專戶儲存契約書（或代收股款契約）及銀行收足股款證明（或存摺影本）替代之。銀行存款與帳冊記載不符者，應編製調節表；股款如已動用，應檢附加蓋公司及代表公司負責人印章之資金動用明細表，說明其用途；必要時，主管機關得要求加附

主要動用憑證影本。

②債權抵繳股款明細表，應載明股東姓名、債權發生之原因、日期、金額及抵繳股款之金額，經債權人同意簽名或蓋章，並檢附債權發生之主要證明文件；股款如已動用，應檢附加蓋公司及代表公司負責人印章之資金動用明細表，說明其用途；必要時，主管機關得要求加附主要動用憑證影本。

③財產抵繳股款明細表應載明股東姓名、財產之種類、數量、價格或估價標準與公司核給之股份或憑證。

④盈餘、公積、合併、分割、收購或股份轉換增資配股明細表、減資明細表、可轉換公司債或認股權憑證換股明細表，應分別載明股東姓名、金額及日期。

第七條 （資本繳足之查核）

①會計師出具資本繳足之查核報告書應分別載明其來源（現金、貨幣債權、技術作價、股票抵繳、其他財產、盈餘、公積、合併、分割、收購、股份轉換）及其發行股款價格、發行股數與資本額，並載明增資前後之已發行股份總數及資本額。

②現金股款，應查核股款繳納情形，其有送存銀行者，應核對存款憑證；如係以票據等方式存匯轉撥者，應查核已否兌現；以對公司所有之貨幣債權抵繳股款者，應查核債權發生之原因是否確實；股款如已動用，應列表說明其用途，並核對各項憑證；股款轉存定期存款者，會計師查核報告應載明是否有質押、解約、轉讓情事。

③技術作價、股票抵繳或其他財產抵繳股款者，應查核公司股東姓名及財產之種類、數量、價格或估價標準與公司核給之股份或憑證。

④技術抵繳股款者，不得以公司自行研發之技術，充作員工或股東之出資。

⑤技術作價及其他財產抵繳股款者，除僑外投資公司外，會計師應取得有關機關團體或專家之鑑定價格意見書，除於查核工作底稿中載明所採用之專家意見外，並應於查核報告書中載明相關財產已於增資基準日前依法登記予公司；但依法無登記之規定者，應載明該項財產已於增資基準日前交付予公司。

⑥股票抵繳股款者，會計師應另於查核報告書中載明估價標準及合理性，未上市、未上櫃、未興櫃之公司股票，得以衡量日該公司之資產淨值估定之，興櫃公司股票得以衡量日之平均成交價估定之，上市及上櫃之公司股票得以衡量日收盤價估定之。但興櫃公司股票當

日無成交價格者，依衡量日前最後一日平均成交價估定之；其成交價有劇烈變動者，則依衡量日前三十日內各日平均成交價估定之。上市及上櫃公司股票當日無買賣價格者，依衡量日前最後一日收盤價格估定之；其價格有劇烈變動者，則依衡量日前三十日內各日收盤價格之平均價格估定之；衡量日應為基準日前四個月內。

⑦盈餘轉作資本者，應依據公司章程、股東會承認（股東同意）之財務報表及盈餘分配議案，查核盈餘分派情形是否符合公司法相關規定；如盈餘分配表期末餘額與基準日資產負債表所列金額不符者，應於查核報告書內載明差異原因。

⑧公積轉作資本者，應查明其種類、來源及內容，是否符合公司法相關規定，並查核提列數額之計算及歷年已沖轉金額是否相符；如公積提列後餘額與基準日資產負債表所列金額不符者，應於查核報告書內載明差異原因。

⑨公司合併者，會計師應就合併發行新股於查核報告書中，載明其會計處理是否依商業會計法、商業會計處理準則、一般公認會計原則及其他相關規定辦理，並應依據股東會、董事會之決議（股東同意書）及合併契約書就股東姓名、配發股數及其他相關事項予以查核；公司因合併認列商譽，應查核其數字計算過程，瞭解存續公司或新設公司因合併而取得之可辨認資產與承擔之負債，是否按公平價值衡量，再將所取得可辨認淨資產之公平價值與收購成本比較，如收購成本超過所取得可辨認淨資產之公平價值，則列為商譽。

⑩分割發行新股者，會計師應就分割發行新股，是否已依股東會之決議及分割計畫書，就股東姓名、配發股數及其他相關事項予以查核；會計師並應於查核報告書內載明被分割公司分割部分之帳面價值或公平價值，及既存公司或新設公司對被分割公司或其股東配發新股總數之相關事項。

⑪收購發行新股者，會計師應就收購發行新股，是否已依股東會之決議及收購契約書，就股東姓名、配發股數及其他相關事項予以查核；會計師並應於查核報告書內載明被收購部分之帳面價值或公平價值，及收購公司對被收購公司或其股東配發新股總數之相關事項。

⑫股份轉換發行新股者，會計師應就股份轉換發行新股，是否已依股東會之決議及股份轉換契約書，就股東姓名、配發股數及其他相關事項予以查核；會計師並應於查核報告書內載明讓與公司之帳面價值或公平價值，及既存公司或新設公司對讓與公司或其股東配發新

股種數之相關事項。

第八條 （資本額減少之查核）

①會計師出具減少資本額之查核報告書應分別載明減資原因（收回或收買股份辦理減資、減資退還股款、減資彌補虧損、分割減資），銷除股份數、資本額，並載明減資前後之已發行股份總數、資本額。

②減少實收資本額，應依據股東會或董事會之決議（股東同意書）就股東姓名、銷除股數等予以查核。

③分割減資者，會計師應就分割減資，是否已依股東會之決議及分割計畫書，就股東姓名、銷除股份數等予以查核。會計師並應於查核報告書內載明被分割公司分割部分之帳面價值及減資金額，暨既存公司或新設公司對被分割公司股東配發新股總數等。

第九條 （查核報告書應記載事項）

①會計師查核報告書除本辦法另有規定外，應記載下列事項：

　一　受查核報表名稱及所屬日期。

　二　受查核公司名稱及公司統一編號。但申請設立者免填公司統一編號。

　三　會計師之查核範圍及意見。

　四　會計師姓名、親筆簽名及加蓋印鑑章。

　五　查核簽證日期。

　六　會計師事務所之名稱、所在地及電話號碼。

②會計師對施行查核事項，應備具工作底稿，主管機關得隨時調閱之。

③第一項第五款所稱查核簽證日期，指查核工作完成之日，但簽證應於資產負債表結帳之當日金融機關營業終止時，始得為之。

第十條 （簽證資本額之委託查核）

①公司負責人委託會計師查核簽證資本額者，應加附委託書。會計師應對委託人驗證其身分。

②會計師查核公司之資本額，如發現有虛偽情事者，應拒絕簽證。

第十一條 （施行日期）

　本辦法自發布日施行。

公司名稱及業務預查審核準則

民國八十一年六月二十六日經濟部令發布

八十八年七月七日經濟部令修正發布

九十一年一月三十日經濟部令修正發布

九十三年九月二十九日經濟部令修正發布

九十三年十一月二十四日經濟部令修正發布

九十八年七月一日經濟部令修正發布第一一條條文

第一條　（訂定依據）

　　本準則依公司法（以下簡稱本法）第十八條第四項規定訂定之。

第二條　（預查申請案之申請、申請人）

①公司名稱及業務，於公司設立或變更登記前，應由申請人備具申請表，向經濟部申請預查（以下簡稱預查申請案）。

②前項預查申請案之申請人如下：

　一　設立登記：以將來設立登記時股份有限公司之發起人，有限公司之股東或兩合公司、無限公司之無限責任股東為限；其以法人為申請人時，應加列代表人或將來指派至新公司行使股東權利之代表人姓名。

　二　變更登記：以現任代表公司之負責人為限。

　三　外國公司：為其在中華民國境內指定之訴訟及非訴訟代理人或將來分公司之經理人。

　四　前三款之申請案委託代理人者，以會計師、律師為限。

③減少所營事業登記而無本準則第九條第三項規定之情事或依本法規定變更組織者，無須申請預查。

④預查申請案之書表須使用經濟部規定之格式，一次申請不得超過五個名稱，並以打字或以電腦列印。

第三條　（保留期間）

①預查申請案經核准者，自核准之日起算，其保留期間為六個月。但於期間屆滿前，得申請延展保留，期間為一個月，且以一次為限。

②前項保留期間，如公司業務依法令或其性質須有較長之籌備期間或於公司完成登記前依法令尚須踐行他種程序或登記者，其保留期間，由經濟部公告之。

③未於前二項保留期間內申請公司登記者，預查之核准失其效力。

第四條 （申請人更換之禁止）

預查申請案經核准者，於保留期限內，不得更換申請人。但有正當理由經主管機關核准者，不在此限。

第五條 （名稱登記之文字）

公司名稱之登記應使用我國文字，並以教育部編訂之國語辭典或辭源、辭海、康熙或其他通用字典中所列有之文字為限。

第六條 （名稱是否相同之審查）

①二公司名稱是否相同，應就其特取名稱採通體觀察方式審查；特取名稱不相同，其公司名稱為不相同。

②二公司名稱中標明不同業務種類或可資區別之文字者，縱其特取名稱相同，其公司名稱視為不相同。

③前項所稱可資區別之文字，不含下列之文字：

　　一　公司名稱中所標明之組織種類、地區名、新、好、老、大、小、真、正、原、純、真正、純正、正港、正統、堂、記、行、號或社之文字。

　　二　二公司標明之特取名稱及業務種類相同者，於業務種類之後，所標明之企業、實業、展業、興業或工業、商事等表明營業組織通用或事業性質之文字。

第七條 （名稱組成）

①公司名稱除應由特取名稱及組織種類組成外，並得標明下列文字：

　　一　地區名。

　　二　表明業務種類之文字。

　　三　堂、記、行、企業、實業、展業、興業或工業、商事等表明營業組織通用或事業性質之文字。

②公司名稱標明前項第二款或第三款之文字者，其排列順序依其款次，並置於特取名稱之後，組織種類之前。

③外國公司名稱應標明國籍，並置於地區名或特取名稱之前。

第八條 （名稱標明地區）

①公司名稱標明地區名者，其地區名，應置於公司特取名稱之前，並以本公司所在地之省（市）、縣（市）名為限。

②公司因合併而變更名稱，其合併後之新公司名稱係由存續公司及消滅公司之特取名稱整併，如各該特取名稱為地區名者，得置於公司特取名稱之後。

第九條 （名稱標明業務種類）

①公司名稱標明業務種類者，以一種為限。

②外國公司經檢附駐外單位證明文件證明者，不受前項規定之限制。

③公司名稱中標明本法第十七條第一項規定之許可業務，其許可業務經撤銷或廢止登記者，應辦理公司名稱變更。

第十條 （特取名稱之禁止文字）

①公司之特取名稱不得使用下列文字：

一 單字。

二 連續四個以上疊字或二個以上疊詞。

三 我國及外國國名。但外國公司其本公司以國名為公司名稱者，不在此限。

四 第七條第一項第二款、第三款之文字或商品名稱。

②公司之名稱不得使用下列文字：

一 管理處、服務中心、福利中心、活動中心、農會、漁會、公會、工會、機構、聯社、福利社、合作社、研習班、研習會、產銷班、研究所、事務所、聯誼社、聯誼會、互助會、服務站、大學、學院、文物館、社區、寺廟、基金會、協會、社團、財團法人或其他易於使人誤認為與政府機關或公益團體有關之名稱。

二 關係企業、企業關係、關係、集團、聯盟、連鎖或其他表明企業結合之文字。

三 其他不當之文字。

第十一條 （所營事業之載明）

公司之所營事業，應依經濟部公告之公司行號營業項目代碼表所定細類之代碼及業務別填寫，但不得僅載明「除許可業務外，得經營法令非禁止或限制之業務」之細類代碼及業務列。

第十二條 （預查登記之禁止）

公司所營事業，有下列情形之一者，不得為預查登記：

一 違反公序良俗者。

二 為專門職業技術人員執業範圍者。

三 性質上非屬營利事業者。

四 政府依法實施專營者。

五 其他法令另有規定者。

第十三條 （駁回之情形）

①預查申請案之審核，就名稱部分應為准駁之核定；就業務部分，對顯係誤載或不明確之記載得為修正之核定；對違反前二條之規定者，應予駁回。

②公司名稱違反第五條或第七條至第十條之規定者，應予駁回。

第十四條 （施行日期）

本準則自發布日施行。

問題公司債處理規則

民國九十一年四月八日財政部證券暨期貨管理委員會函核定
九十一年四月十五日中華民國證券投資信託暨顧問商業同業公會函發布
九十三年八月二十七日中華民國證券投資信託暨顧問商業同業公會函修正發布
九十八年八月十一日中華民國證券投資信託暨顧問商業同業公會函修正發布第
四、六～一一條條文

第一條 （本基金持有問題公司債之相關事項）

關於本基金持有問題公司債之相關事項，除法令或本契約另有規定
外，依本規則辦理。

第二條 （問題發行公司）

①本規則所指問題發行公司，係指公司債之發行公司有下列情事之一
者：

    ㈠發行公司未依本基金所購入之公司債受託契約所定之日期
返還本金；

    ㈡發行公司未依本基金所購入之公司債受託契約所定之日期
清償利息；

    ㈢本基金所購入之公司債未獲清償前，發行公司所發行之其
他公司債發生本項第㈠款或第㈡款之情事；

    ㈣本基金所購入之公司債未獲清償前，發行公司或其關係人
所簽發之票據因存款不足而遭退票者；

    ㈤本基金所購入之公司債未獲清償前，發行公司有停止營業、
聲請重整、破產、解散、出售對公司繼續營運有重大影響
之主要資產或與其他公司進行合併，且無力即時償還本息；

    ㈥本基金所購入之公司債未獲清償前，發行公司於公開場合
中，表明發行公司將無法如期償還其所發行公司債之本息
或其他債權；

    ㈦其所發行之上市或上櫃股票於證券集中交易市場或證券櫃
檯買賣中心交易時，發生違約交割情事，且違約交易者為
發行公司之關係人者；

    ㈧本基金所購入之公司債未獲清償前，發行公司之資產遭受
扣押、查封，自該扣押查封之日起十五日內未能解除，足

以嚴重影響發行公司之清償能力者；

(九)本基金所購入公司債未獲清償前，發行公司發生其代表人或董事有證券交易法第一百七十一條第一項第二款之情事而遭法院收押或檢調機關偵辦，而其情節重大，足以影響發行公司之清償能力者；

(十)本基金所購入公司債未獲清償前，發行公司發生其他足以嚴重影響該公司清償本金或利息能力之情事。

②前項第(四)款及第(七)款所稱關係人，係指發行公司董事長或與發行公司具有公司法第六章之一所定之關係者。

第三條 （基準日）

本規則所指之基準日，係指經理公司將本基金持有問題發行公司所發行之公司債，依其帳面價值，加計至基準日前一日之應收利息，撥入獨立子帳戶之日，即：

(一)發行公司發生前條第一項第(一)款之情事時，指發行公司依約應償還本金之日。

(二)發行公司發生前條第一項第(二)款之情事時，指公司債之受託契約所定清償期限之日。

(三)發行公司發生前條第一項第(三)款之情事時，指發行公司依各該公司債受託契約所定應返還本金或利息之日。

(四)發行公司發生前條第一項第(四)款至第(十)款之情事時，指中華民國證券投資信託暨顧問商業同業公會（以下簡稱投信投顧公會）決議通知經理公司之日，第(八)至(十)款所稱足以影響發行公司清償能力者，須經投信投顧公會之決議認可。

(五)前條第一項第(三)款所定基準日之事由，已經當日新聞媒體披露者，以該日為基準日。未經媒體披露者，則以投信投顧公會將前開事由通知證券投資信託事業之日為基準日。

(六)前條第一項各款所定之基準日，如非營業日，則順延至次一營業日。

第四條 （子帳戶）

本規則所指「子帳戶」，係指經理公司為保管本基金所持有之各問題發行公司所發行之問題公司債，於本基金之專戶外，另行於基金保管機構設置之獨立帳戶，專記載各問題公司債之資產。

第五條 （子帳戶受益人）

子帳戶受益人，係指於基準日當日持有問題公司債之證券投資信託

基金受益人。

第六條 　（經理公司對問題公司債之處理）

經理公司對問題公司債之處理

一 本基金所持有之公司債，其發行公司發生本規則第二條所定之事由時，經理公司應自基準日起，將本基金中所持有之問題公司債，依基準日之不同，分別轉撥不同之子帳戶，並於轉撥之同日，以書面報金管會核備。

二 經理公司及基金保管機構應為每一子帳戶製作個別之帳冊文件，以區隔子帳戶資產與本基金專戶之資產。

三 自基準日起經理公司對本基金資產之淨資產價值之公告方式依下列方式為之：

　(一)基金專戶之資產應依發行單位數計算淨資產價值每營業日公告之。

　(二)基金設有子帳戶者，應於基準日公告子帳戶資產帳面價值、子帳戶單位數、子帳戶單位淨資產價值及備抵跌價損失金額，有明確證據顯示子帳戶資產之價值有變化時，應重新公告並以書面通知子帳戶受益人。

四 經理公司應製作子帳戶之受益人名冊，記載受益人之姓名或名稱、住所或居所、基準日當日受益權之單位數及其轉讓登記等有關資料，以為分配子帳戶資產之依據。

五 經理公司應依現行有關法令、本契約之規定暨金管會之指示，並盡善良管理人之注意義務向問題發行公司追償、收取債權及處分子帳戶之資產。

六 經理公司對子帳戶資產之經理權限，除追償、收取問題公司債之本息債權、及處分問題公司債以換取對價之決定權外，不得再運用子帳戶之資產從事任何投資。

第七條 　（子帳戶之資產）

子帳戶之資產

　(一)撥入子帳戶之問題公司債帳面價值及至基準日前一日止應收之利息。

　(二)前款本息所生之孳息。

　(三)因子帳戶受益人對於子帳戶之分配請求權罹於時效所遺留之資產。

　(四)經理公司處分問題公司債所得之對價及其孳息。

㈤其他依法令或本契約規定屬於子帳戶之資產者。

第八條 （子帳戶資產金額之分配）

子帳戶資產金額之分配

一　經理公司應於每一會計年度結束日，於子帳戶可分配金額達新臺幣壹佰萬元以上時，將子帳戶之資產分配予該子帳戶之受益人。

二　子帳戶可分配之金額，除有不可抗力因素，得由經理公司報經金管會核准變更分配日期外，應於會計年度結束後三個月內為之。

三　子帳戶可分配之金額，應經金管會核准辦理公開發行公司之簽證會計師查核簽證後，始得分配。

四　每次分配之總金額，應由基金保管機構另行開立帳戶保管，不再視為子帳戶資產之一部份，但其所生之孳息應併入子帳戶資產。

五　記載於子帳戶名冊之受益人，於子帳戶內之問題公司債獲償或處分後，得於分配時依其在基準日所有受益憑證所表彰之權利，分配其應得之金額。

六　子帳戶受益人於受分配時，可請求經理公司將分配金額轉換成本基金之受益憑證。

七　子帳戶受益人對於子帳戶資產之分配請求權，自經理公司分配資產之通知送達後五年間不行使而消滅，該時效消滅產生之收益併入子帳戶資產。

第九條 （子帳戶應負擔之費用）

子帳戶應負擔之費用

一　有關子帳戶所發生之一切支出及費用，於問題公司債之本息獲償或變現前，均由經理公司先行墊付。

二　子帳戶內之問題公司債獲償或變現後，於分配金額予子帳戶受益人前，經理公司應指示基金保管機構支付下列費用：

㈠為取得或處分子帳戶內之問題公司債之本息所衍生或代墊之一切相關費用。

㈡子帳戶內之問題公司債所應支付之一切稅捐。

㈢經理公司與基金保管機構之報酬。

㈣會計師查核子帳戶財務報告之簽證費用。

第十條 （經理公司及保管機構之報酬）

經理公司及保管機構之報酬

一 經理公司就子帳戶資產不計收報酬。

二 基金保管機構於子帳戶之資產分配予受益人前，不得就所保管子帳戶資產請求任何報酬；但基金保管機構於每次分配子帳戶之資產予受益人時，得就保管該子帳戶收取適當的保管費，惟數額不得超過原信託契約所定之費率。

第十一條 （子帳戶之清算）

子帳戶之清算

一 問題發行公司已依和解條件給付價金，或已確定給付不能或無財產可供執行時，經理公司應依規定清算子帳戶，將子帳戶之全部剩餘資產分配予子帳戶受益人。

二 經理公司依前項規定，支付子帳戶之費用並將剩餘資產全部分配予受益人後，應指示基金保管機構結清帳戶。

三 本基金如因故實施清算，惟子帳戶仍有剩餘財產尚待執行時，得由原經理公司、或移轉由其他證券投資信託事業或基金保管機構繼續經理之。

第十二條 （基準日當日受益人之適用）

基準日當日之受益人自基準日起即適用本規則之規定。

金融控股公司法

民國九十年七月九日總統令公布

九十三年二月四日總統令修正公布

九十三年六月三十日總統令修正公布

九十四年五月十八日總統令修正公布

九十五年五月三十日總統令修正公布

九十八年一月二十一日總統令修正公布第三～五、一六、一七、三〇、三六、三七、四三、四六、五九、六〇、六二、六九條；並刪除第四八條條文

第一章　總　則

第一條　（立法目的）

　　為發揮金融機構綜合經營效益，強化金融跨業經營之合併監理，促進金融市場健全發展，並維護公共利益，特制定本法。

第二條　（法律之適用）

①金融控股公司之設立、管理及監督，依本法之規定；本法未規定者，依其他法律之規定。

②非屬公司組織之銀行，依本法規定辦理轉換或分割時，準用公司法股份有限公司之相關規定。

第三條　（主管機關）

　　本法之主管機關為行政院金融監督管理委員會。

第四條　（用詞定義）

①本法用詞，定義如下：

　一　控制性持股：指持有一銀行、保險公司或證券商已發行有表決權股份總數或資本總額超過百分之二十五，或直接、間接選任或指派一銀行、保險公司或證券商過半數之董事。

　二　金融控股：指對一銀行、保險公司或證券商有控制性持股，並依本法設立之公司。

　三　金融機構：指下列之銀行、保險公司及證券商：

　　㈠銀行：指銀行法所稱之銀行與票券金融公司及其他經主管機關指定之機構。

　　㈡保險公司：指依保險法以股份有限公司組織設立之保險業。

　　　（三）證券商：指綜合經營證券承銷、自營及經紀業務之證券商，與經營證券金融業務之證券金融公司。

　四　子公司：指下列公司：

　　　（一）銀行子公司：指金融控股公司有控制性持股之銀行。

　　　（二）保險子公司：指金融控股公司有控制性持股之保險公司。

　　　（三）證券子公司：指金融控股公司有控制性持股之證券商。

　　　（四）金融控股公司持有已發行有表決權股份總數或資本總額超過百分之五十，或其過半數之董事由金融控股公司直接、間接選任或指派之其他公司。

　五　轉換：指營業讓與及股份轉換。

　六　外國金融控股公司：指依外國法律組織登記，並對一銀行、保險公司或證券商有控制性持股之公司。

　七　同一人：指同一自然人或同一法人。

　八　同一關係人：指同一自然人或同一法人之關係人。

　九　關係企業：指適用公司法第三百六十九條之一至第三百六十九條之三、第三百六十九條之九及第三百六十九條之十一規定之企業。

　十　大股東：指持有金融控股公司或其子公司已發行有表決權股份總數或資本總額百分之五以上者；股東為自然人時，其配偶及未成年子女之持股數應一併計入本人之持股計算。

②前項第八款所定同一自然人之關係人，其範圍如下：

　一　同一自然人與其配偶及二親等以內血親。

　二　前款之人持有已發行有表決權股份或資本額合計超過三分之一之企業。

　三　第一款之人擔任董事長、總經理或過半數董事之企業或財團法人。

③第一項第八款所定同一法人之關係人，其範圍如下：

　一　同一法人與其董事長、總經理，及該董事長、總經理之配偶與二親等以內血親。

　二　同一法人及前款之自然人持有已發行有表決權股份或資本額合計超過三分之一之企業，或擔任董事長、總經理或過半數董事之企業或財團法人。

　三　同一法人之關係企業。

第五條　　（持有股份或資本額計算之例外）

計算同一人或同一關係人持有金融控股公司、銀行、保險公司或證券商之股份或資本額時，不包含下列各款情形所持有之股份或資本額：

一　證券商於承銷有價證券期間所取得，且於證券主管機關規定期間內處分之股份。

二　金融機構因承受擔保品所取得，且自取得日起未滿四年之股份或資本額。

三　因繼承或遺贈所取得，且自繼承或受贈日起未滿二年之股份或資本額。

第六條　（設立之要件）

① 同一人或同一關係人對一銀行、保險公司或證券商有控制性持股者，除政府持股及為處理問題金融機構之需要，經主管機關核准者外，應向主管機關申請許可設立金融控股公司。

② 前項所定之同一人或同一關係人，未同時持有銀行、保險公司或證券商二業別以上之股份或資本額，或有控制性持股之銀行、保險公司或證券商之資產總額未達一定金額以上者，得不設立金融控股公司。

③ 前項所定之一定金額，由主管機關另定之。

第七條　（申請設立之主體）

① 前條所定之同一關係人向主管機關申請許可設立金融控股公司時，應由對各金融機構之投資總額最高者，代表申請，並應共同設立。

② 非屬同一關係人，各持有一銀行、保險公司或證券商已發行有表決權股份總數或資本總額超過百分之二十五者，應由投資總額最高者申請設立金融控股公司。

③ 前項投資總額有二人以上相同者，應報請主管機關核定由其中一人申請設立金融控股公司。

第八條　（申請書）

① 設立金融控股公司者，應提出申請書，載明下列各款事項，報請主管機關許可：

一　公司名稱。

二　公司章程。

三　資本總額。

四　公司及其子公司所在地。

五　子公司事業類別、名稱及持股比例。

六　營業、財務及投資計畫。

七　預定總經理、副總經理及協理之資格證明文件。

八　辦理營業讓與或股份轉換應具備之書件及計畫書；計畫書應包括對債權人與客戶權益之保障及對受僱人權益之處理等重要事項。

九　發起設立者，發起人之資格證明文件。

十　其他經主管機關指定之書件。

②前項第九款之規定，於金融機構轉換為金融控股公司或金融控股公司之子公司者，不適用之。

第九條　（主管機關審酌條件）

①主管機關為前條許可設立金融控股公司時，應審酌下列條件：

一　財務業務之健全性及經營管理之能力。

二　資本適足性。

三　對金融市場競爭程度及增進公共利益之影響。

②主管機關對於金融控股公司之設立構成公平交易法第六條之事業結合行為，應經行政院公平交易委員會許可；其審查辦法，由行政院公平交易委員會會同主管機關訂定。

第十條　（組織型態及股票發行）

金融控股公司之組織，以股份有限公司為限。除經主管機關許可者外，其股票應公開發行。

第十一條　（名稱專用權）

①金融控股公司，應於其名稱中標明金融控股公司之字樣。

②非金融控股公司，不得使用金融控股公司之名稱或易於使人誤認其為金融控股公司之名稱。

第十二條　（最低資本額）

金融控股公司之最低實收資本額，由主管機關定之。

第十三條　（營業執照）

金融控股公司經許可設立者，應於辦妥公司登記後，向主管機關申請核發營業執照。金融機構轉換為金融控股公司者，其申請核發營業執照，以轉換後之資本淨增加部分為計算基礎繳納執照費。

第十四條　（變更登記）

金融控股公司設立後，對於第八條第一項第一款至第四款申報之事項擬予變更者，應報經主管機關許可，並辦理公司變更登記及申請換發營業執照。

第十五條 （股東最低人數之限制）

①金融控股公司得持有子公司已發行全部股份或資本總額，不受公司法第二條第一項第四款及第一百二十八條第一項有關股份有限公司股東與發起人人數之限制。該子公司之股東會職權由董事會行使，不適用公司法有關股東會之規定。

②前項子公司之董事及監察人，由金融控股公司指派。金融控股公司之董事及監察人，得為第一項子公司之董事及監察人。

第十六條 （股東適格性審查）

①金融機構轉換為金融控股公司時，同一人或同一關係人單獨、共同或合計持有金融控股公司已發行有表決權股份總數超過百分之十者，應向主管機關申報。

②金融控股公司設立後，同一人或同一關係人單獨、共同或合計持有該金融控股公司已發行有表決權股份總數超過百分之五者，應自持有之日起十日內，向主管機關申報；持股超過百分之五後累積增減逾一個百分點者，亦同。

③金融控股公司設立後，同一人或同一關係人擬單獨、共同或合計持有該金融控股公司已發行有表決權股份總數超過百分之十、百分之二十五或百分之五十者，均應分別事先向主管機關申請核准。

④第三人為同一人或同一關係人以信託、委任或其他契約、協議、授權等方法持有股份者，應併計入同一關係人之範圍。

⑤同一人或同一關係人依第三項規定申請核准應具備之適格條件、應檢附之書件、擬取得股份之股數、目的、資金來源、持有股票之出質情形、持股數與其他重要事項變動之申報、公告及其他應遵行事項之辦法，由主管機關定之。

⑥同一人或同一關係人持有金融控股公司已發行有表決權股份總數超過百分之十者，不得將其股票設定質權予金融控股公司之子公司。但於金融機構轉換為金融控股公司之子公司前，所取得該金融控股公司股票之質權，在原質權存續期限內，不在此限。

⑦第一項所定之同一人或同一關係人，與第五項辦法所定之適格條件不符者，得繼續持有該公司股份。但不得增加持股。

⑧主管機關自第三項之申請書送達次日起十五個營業日內，未表示反對者，視為已核准。

⑨本法中華民國九十七年十二月三十日修正之條文施行前，同一人或同一關係人單獨、共同或合計持有同一金融控股公司已發行有表決

權股份總數超過百分之五而未超過百分之十者，應自修正施行之日起六個月內向主管機關申報。

⑩未依第二項、前項規定向主管機關申報或未依第三項規定經核准而持有金融控股公司已發行有表決權之股份者，其超過部分無表決權，並由主管機關命其於限期內處分。

第十七條　（發起人及負責人應具備之資格條件）

①金融控股公司之發起人、負責人應具備之資格條件、負責人兼職限制及其他應遵行事項之準則，由主管機關定之。

②未具備前項準則所定之資格條件者，不得充任金融控股公司負責人；已充任者，當然解任。

③金融控股公司負責人因投資關係兼任子公司職務，或各子公司間負責人之兼任符合主管機關所定之資格條件者，不受票券金融管理法第十一條第三項前段規定之限制。

④金融控股公司負責人及職員不得以任何名義，向該公司或其子公司之交易對象或客戶收受佣金、酬金或其他不當利益。

第十八條　（合併、概括讓與或概括承受之程序）

①金融控股公司經主管機關許可者，得與下列公司為合併、概括讓與或概括承受，並準用金融機構合併法第六條、第八條、第九條及第十六條至第十八條之規定：

　　一　金融控股公司。

　　二　具有第四條第一款之控制性持股，並符合第九條第一項規定條件之既存公司。

②前項第二款之既存公司，其業務範圍有逾越第三十六條或第三十七條之規定者，主管機關為許可時，應限期命其調整。

第十九條　（公司發生經營危機之緊急處置）

金融控股公司有下列情形之一，且金融控股公司或其銀行子公司、保險子公司或證券子公司發生財務或業務狀況顯著惡化，不能支付其債務或調整後淨值為負數，經主管機關認為有緊急處理之必要，對金融市場公平競爭無重大不利影響者，免依公平交易法第十一條第一項規定向行政院公平交易委員會申請許可：

　　一　與前條第一項第一款或第二款之公司為合併、概括讓與、概括承受者。

　　二　同一人或同一關係人持有其有表決權股份達三分之一以上者。

　　三　由金融機構轉換設立者。

第二十條　（解散清算之程序）

①金融控股公司經股東會決議解散者，應申敘理由，附具股東會會議紀錄、清償債務計畫、子公司或投資事業之處分期限及處理計畫，報經主管機關核准後，依公司法進行清算。

②金融控股公司進行特別清算時，法院為監督該公司之特別清算，應徵詢主管機關之意見；必要時，得請主管機關推薦清算人或派員協助清算人執行職務。

③金融控股公司進行清算後，非經清償全部債務，不得以任何名義退還股本或分配股利。

第二十一條　（廢止許可之程序）

　　金融控股公司設立後，對其銀行子公司、保險子公司或證券子公司喪失第四條第一款規定之控制性持股者，主管機關應限期命其改正；屆期未改正者，廢止其許可。

第二十二條　（繳銷營業執照）

①金融控股公司經主管機關核准解散或廢止許可者，應於主管機關規定期限內繳銷營業執照，不得再使用金融控股公司之名稱，並應辦理公司變更登記。

②前項營業執照屆期不繳銷者，由主管機關公告註銷。

第二十三條　（外國金融控股公司之設立）

①外國金融控股公司符合下列各款規定，經主管機關許可者，得不在國內另新設金融控股公司：

　　一　符合第九條第一項有關金融控股公司設立之審酌條件。

　　二　已具有以金融控股公司方式經營管理之經驗，且信譽卓著。

　　三　其母國金融主管機關同意該外國金融控股公司在我國境內投資持有子公司，並與我國合作分擔金融合併監督管理義務。

　　四　其母國金融主管機關及該外國金融控股公司之總機構，對我國境內子公司具有合併監督管理能力。

　　五　該外國金融控股公司之總機構，在我國境內指定有訴訟及非訴訟之代理人。

②外國金融機構在其母國已有跨業經營業務者，得比照前項之規定。

第二章　轉換及分割

第二十四條 （營業讓與）

① 金融機構經主管機關許可者，得依營業讓與之方式轉換為金融控股公司。

② 前項所稱營業讓與，指金融機構經其股東會決議，讓與全部營業及主要資產負債予他公司，以所讓與之資產負債淨值為對價，繳足承購他公司發行新股所需股款，並於取得發行新股時轉換為金融控股公司，同時他公司轉換為其子公司之行為；其辦理依下列各款之規定：

一　金融機構股東會決議方法、少數股東收買股份請求權、收買股份之價格及股份收買請求權之失效，準用公司法第一百八十五條至第一百八十八條之規定。

二　公司法第一百五十六條第二項、第六項、第一百六十三條第二項、第二百六十七條第一項至第三項、第二百七十二條及證券交易法第二十二條之一第一項之規定，不適用之。

三　債權讓與之通知，得以公告方式代之；他公司承擔債務時，免經債權人之承認，不適用民法第二百九十七條及第三百零一條之規定。

③ 他公司為新設公司者，金融機構之股東會會議視為他公司之發起人會議，得同時選舉他公司之董事、監察人，亦不適用公司法第一百二十八條至第一百三十九條、第一百四十一條至第一百五十五條之規定。

④ 前項規定，就金融機構於本法施行前已召集之股東會，亦適用之。

⑤ 他公司轉換為金融控股公司之子公司時，各目的事業主管機關得逕發營業執照，不適用銀行法、保險法及證券交易法有關銀行、保險公司及證券商設立之規定。

⑥ 金融機構依第二項第一款買回之股份，自買回之日起六個月內未賣出者，金融機構得經董事會三分之二以上出席及出席董事超過二分之一同意後，辦理變更章程及註銷股份登記，不受公司法第二百七十七條規定之限制。

第二十五條 （讓與契約與決議）

① 金融機構依前條規定辦理營業讓與時，他公司為既存公司者，該金融機構與該他公司之董事會應作成讓與契約；他公司為新設公司者，該金融機構之董事會應作成讓與決議；並均應提出於股東會。

② 前項讓與契約或讓與決議應記載下列事項，於發送股東會之召集通

知時，一併發送各股東，並準用公司法第一百七十二條第四項但書之規定：

一　既存公司章程需變更事項或新設公司章程。

二　既存公司發行新股或新設公司發行股份之總數、種類及數量。

三　金融機構讓與既存公司或新設公司之全部營業及主要資產負債之種類及數額。

四　對金融機構股東配發之股份不滿一股應支付現金者，其有關規定。

五　召開股東會決議之預定日期。

六　營業讓與基準日。

七　金融機構於營業讓與基準日前發放股利者，其股利發放限額。

八　讓與契約應記載金融機構原任董事及監察人於營業讓與時任期未屆滿者，繼續其任期至屆滿之有關事項；讓與決議應記載新設公司之董事及監察人名冊。

九　與他金融機構共同為營業讓與設立金融控股公司者，讓與決議應記載其共同讓與有關事項。

第二十六條　（股份轉換）

①金融機構經主管機關許可者，得依股份轉換之方式轉換為金融控股公司之子公司。

②前項所稱股份轉換，指金融機構經其股東會決議，讓與全部已發行股份予預定之金融控股公司作為對價，以繳足原金融機構股東承購金融控股公司所發行之新股或發起設立所需股款之行為；其辦理依下列各款之規定：

一　金融機構股東會之決議，應有代表已發行股份總數三分之二以上股東之出席，以出席股東過半數表決權之同意行之。預定之金融控股公司為既存公司者，亦同。

二　金融機構異議股東之股份收買請求權，準用公司法第三百十七條第一項後段及第二項之規定。

三　公司法第一百五十六條第一項、第二項、第六項、第一百六十三條第二項、第一百九十七條第一項及第二百二十七條、第二百六十七條第一項至第三項、第二百七十二條、證券交易法第二十二條之一第一項、第二十二條之二及第二十六條之規定，不適用之。

③他公司為新設公司者，金融機構之股東會會議視為預定金融控股公

司之發起人會議，得同時選舉金融控股公司之董事、監察人，亦不適用公司法第一百二十八條至第一百三十九條、第一百四十一條至第一百五十五條及第一百六十三條第二項規定。

④前項規定，就金融機構於本法施行前已召集之股東會，亦適用之。

⑤公開發行股票之公司，出席股東之股份總數不足第二項第一款定額者，得以有代表已發行股份總數過半數股東之出席，出席股東表決權三分之二以上之同意行之。但章程有較高之規定者，從其規定。

⑥金融控股公司經主管機關許可設立後，其全數董事或監察人於選任當時所持有記名股票之股份總額不足證券管理機關依證券交易法第二十六條第二項所定董事、監察人股權成數者，應由全數董事或監察人於就任後一個月內補足。

⑦金融機構依第二項第二款買回之股份，自買回之日起六個月內未賣出者，金融機構得經董事會三分之二以上出席及出席董事超過二分之一之同意後，辦理變更章程及註銷股份登記，不受公司法第二百七十七條規定之限制。

第二十七條 （轉換契約與決議）

①金融機構與他公司依前條規定辦理股份轉換時，預定之金融控股公司為既存公司者，該金融機構與該既存公司之董事會應作成轉換契約；預定之金融控股公司為新設公司者，該金融機構之董事會應作成轉換決議；並均應提出於股東會。

②前項轉換契約或轉換決議應記載下列事項，於發送股東會之召集通知時，一併發送各股東，並準用公司法第一百七十二條第四項但書之規定：

　一　既存公司章程需變更事項或新設公司章程。

　二　既存公司發行新股或新設公司發行股份之總數、種類及數量。

　三　金融機構股東轉讓予既存公司或新設公司之股份總數、種類及數量。

　四　對金融機構股東配發之股份不滿一股應支付現金者，其有關規定。

　五　召開股東會決議之預定日期。

　六　股份轉換基準日。

　七　金融機構於股份轉換基準日前發放股利者，其股利發放限額。

　八　轉換契約應記載金融機構原任董事及監察人於股份轉換時任期未屆滿者，繼續其任期至屆滿之有關事項；轉換決議應記

　　　　　　載新設公司之董事及監察人名冊。

九　與他金融機構共同為股份轉換設立金融控股公司者，轉換決
　　議應記載其共同轉換股份有關事項。

第二十八條　（登記規費及租稅優惠）

金融機構經主管機關許可轉換為金融控股公司或其子公司者，依下
列規定辦理：

一　辦理所有不動產、應登記之動產、各項擔保物權及智慧財產
　　權之變更登記時，得憑主管機關證明逕行辦理，免繳納登記
　　規費；辦理公司登記時，其公司設立登記費，以轉換後之資
　　本淨增加部分為計算基礎繳納公司設立登記費。

二　原供金融機構直接使用之土地隨同移轉時，經依土地稅法審
　　核確定其現值後，即予辦理土地所有權移轉登記，其應繳納
　　之土地增值稅准予記存，由繼受公司於轉行為完成後之該
　　項土地再移轉時一併繳納之；其破產或解散時，經記存之土
　　地增值稅，應優先受償。

三　因營業讓與所產生之印花稅、契稅、所得稅、營業稅及證券
　　交易稅，一律免徵。

四　因股份轉換所產生之所得稅及證券交易稅，一律免徵。

第二十九條　（百分之百股份轉換）

①轉換為金融控股公司之金融機構，應以百分之百之股份轉換之。

②前項轉換為金融控股公司之金融機構為上市（櫃）公司者，於股份
轉換基準日終止上市（櫃），並由該金融控股公司上市（櫃）。

③金融機構轉換為金融控股公司後，金融控股公司除其董事、監察人
應依第二十六條第六項規定辦理外，並應符合證券交易法及公司法
有關規定。

④依本法規定轉換完成後，金融控股公司之銀行子公司、保險子公司
及證券子公司原為公開發行公司者，除本法另有規定外，仍應準用
證券交易法有關公開發行之規定。

第三十條　（發行新股之準用）

①金融控股公司為子公司業務而發行新股，金融控股公司之子公司員
工得承購金融控股公司之股份，並準用公司法第二百六十七條第一
項、第二項、第四項至第六項規定。

②金融控股公司持有子公司已發行全部股份或資本總額者，該子公司
發行新股時，得不受公司法第二百六十七條第一項規定之限制。

第三十一條 （金融機構轉換為金融控股公司之準用）

① 金融機構辦理轉換為金融控股公司時，原投資事業成為金融控股公司之投資事業者，其組織或股權之調整，得準用第二十四條至第二十八條規定。

② 依前項規定轉換而持有金融控股公司之股份者，得於三年內轉讓所持有股份予金融控股公司或其子公司之員工，或準用證券交易法第二十八條之二第一項第二款作為股權轉換之用，或於證券集中市場或證券商營業所賣出，不受第三十八條規定之限制。屆期未轉讓或未賣出者，視為金融控股公司未發行股份，並應辦理變更登記。

③ 金融機構辦理股份轉換時，預定之金融控股公司為既存公司者，該既存公司之投資事業準用前二項規定。

④ 金融機構依前三項規定持有金融控股公司之股份，除分派盈餘、法定盈餘公積或資本公積撥充資本外，不得享有其他股東權利。

第三十二條 （簡易合併之程序）

① 金融控股公司之子公司吸收合併其持有百分之九十以上已發行股份之他公司，得作成合併契約，經各公司董事會以三分之二以上董事出席及出席董事過半數之決議行之，不適用公司法第三百十六條股東會決議之規定。

② 董事會為前項決議後，應於十日內公告決議內容及合併契約書應記載事項，並指定三十日以上期限，聲明股東得於期限內提出異議。

③ 表示異議之股東，得請求各公司按當時公平價格收買其持有之股份，並應自前項聲明異議期限屆滿之日起二十日內，提出記載股份種類及數額之書面為之。

④ 前項異議股東與公司間協議決定股份之價格及股份收買請求權之失效，準用公司法第一百八十七條第二項、第三項及第一百八十八條之規定。

第三十三條 （公司分割之程序）

① 金融控股公司之子公司經股東會決議讓與其部分之營業或財產予既存公司或新設公司，以繳足該子公司（以下稱被分割公司）或其股東承購既存公司發行新股或新設公司發行股份所需股款進行公司分割者，應依下列各款規定辦理：

　　一　被分割公司以分割之營業或財產承購既存公司發行新股所需股款時，不適用公司法第二百七十二條之規定。

　　二　被分割公司於分割決議後十日內應公告分割決議之內容，並

指定三十日以上之一定期間為異議期間。被分割公司不為公告或對於在指定期間內提出異議之債權人不提供相當之擔保者，不得以其分割對抗債權人。

②他公司為新設公司者，被分割公司之股東會會議視為他公司之發起人會議。

③第一項公司分割屬讓與主要部分之營業或財產者，準用公司法第一百八十五條至第一百八十八條之規定。

第三十四條　（分割契約與決議）

①被分割公司與他子公司依前條規定辦理公司分割時，他子公司為既存公司者，被分割公司與他子公司之董事會應作成分割契約；他子公司為新設公司者，被分割公司董事會應作成分割決議；並均應提出於股東會。

②前項分割契約或分割決議應記載下列事項，並於發送股東會之召集通知時，一併發送各股東：

　一　承受營業之既存公司章程需變更事項或新設公司章程。

　二　承受營業之既存公司發行新股或新設公司發行股份之總數、種類及數量。

　三　被分割公司或其股東所取得股份之總數、種類及數量。

　四　對被分割公司或其股東配發之股份不滿一股應支付現金者，其有關規定。

　五　承受被分割公司權利義務之相關事項。

　六　被分割公司債權人、客戶權益之保障及被分割公司受僱人權益之處理事項。

　七　被分割公司之資本減少時，其資本減少有關事項。

　八　被分割公司之股份銷除或股份合併時，其股份銷除或股份合併所需辦理事項。

　九　分割基準日。

　十　被分割公司於分割基準日前發放股利者，其股利發放限額。

十一　承受營業之新設之董事及監察人名冊。

十二　與他公司共同為公司分割而新設公司，分割決議應記載其共同為公司分割有關事項。

第三十五條　（被分割公司債務之處理）

分割後受讓業務之公司，除被分割業務所生之債務與分割前公司之債務為可分者外，就分割前公司所負債務於受讓業務出資之財產範

圍內負連帶清償責任。但其連帶責任請求權自分割基準日起算第二年內不行使而消滅。

第三章　業務及財務

第三十六條　（投資之範圍）

①金融控股公司應確保其子公司業務之健全經營，其業務以投資及對被投資事業之管理為限。

②金融控股公司得向主管機關申請核准投資之事業如下：

　　一　金融控股公司。

　　二　銀行業。

　　三　票券金融業。

　　四　信用卡業。

　　五　信託業。

　　六　保險業。

　　七　證券業。

　　八　期貨業。

　　九　創業投資事業。

　　十　經主管機關核准投資之外國金融機構。

　　十一　其他經主管機關認定與金融業務相關之事業。

③前項第二款所定銀行業，包括商業銀行、專業銀行及信託投資公司；第六款所定保險業，包括財產保險業、人身保險業、再保險公司、保險代理人及經紀人；第七款所定證券業，包括證券商、證券投資信託事業、證券投資顧問事業；第八款所定期貨業，包括期貨商、槓桿交易商、期貨信託事業、期貨經理事業及期貨顧問事業。

④金融控股公司投資第二項第一款至第九款之事業，或第十款及第十一款之事業時，主管機關自申請書件送達之次日起，分別於十五個營業日內或三十個營業日內，未表示反對者，視為已核准。金融控股公司及其直接或間接控制之關係企業未經核准，除金融事業依各業法之規定辦理外，不得進行所申請之投資行為。違反本項規定者，除應依第六十二條處以罰鍰外，其取得之股份，不論於本法修正前或修正後，應經核准而未申請核准者，無表決權，且不算入已發行股份之總數，主管機關並應限令金融控股公司處分違規投資。

⑤因設立金融控股公司而致其子公司業務或投資逾越法令規定範圍

者，或金融機構轉換為金融控股公司之子公司而致其業務或投資逾越法令規定範圍者，主管機關應限期命其調整。

⑥前項調整期限最長為三年。必要時，得申請延長二次，每次以二年為限。

⑦金融控股公司之負責人或職員，不得擔任該公司之創業投資事業所投資事業之經理人。

⑧金融控股公司之子公司減資，應事先向主管機關申請核准；其申請應檢附之書件、申請程序、審查條件及其他應遵行事項之辦法，由主管機關定之。

第三十七條　（投資之限制）

①金融控股公司得向主管機關申請核准投資前條第二項所定事業以外之其他事業；金融控股公司及其代表人，不得擔任該事業董事、監察人或指派人員獲聘為該事業經理人。但經主管機關核准者，不在此限。

②金融控股公司申請投資前項其他事業時，主管機關自申請書件送達之次日起三十個營業日內，未表示反對者，視為已核准。但於上述期間內，金融控股公司不得進行所申請之投資行為。

③金融控股公司對第一項其他事業之投資總額，不得超過金融控股公司淨值百分之十五。

④金融控股公司對第一項其他事業之持股比率，不得超過該被投資事業已發行有表決權股份總數百分之五。

⑤金融控股公司及其子公司對第一項其他事業之持股比率，合計不得超過該被投資事業已發行有表決權股份總數百分之十五，但下列情形，不在此限：

　　一　金融控股公司之子公司依其業別所適用之法令訂有較高之持股比率者。

　　二　該其他事業屬非上市或上櫃公司，且金融控股公司及其子公司中，僅有創業投資事業子公司參與投資，且投資未逾一定金額者。

⑥前項第二款所定之一定金額及投資應遵行事項之辦法，由主管機關定之。

⑦本法中華民國九十七年十二月三十日修正之條文施行前，金融控股公司及其子公司對第一項其他事業之持股比率未符合第五項規定者，主管機關應於修正施行後限期命其調整。

⑧前項調整期限最長為二年。必要時，得申請延長一次，並以一年為限。

⑨金融控股公司向主管機關申請核准投資第一項或前條第二項所定之事業者，其申請應檢附之書件、申請程序、審查條件及其他應遵行事項之辦法，由主管機關定之。

第三十八條　（子公司持有股份之限制）

金融控股公司之子公司或子公司持有已發行有表決權股份總數百分之二十以上或控制性持股之投資事業，不得持有金融控股公司之股份。

第三十九條　（短期資金運用項目）

①金融控股公司之短期資金運用，以下列各款項目為限：

一　存款或信託資金。

二　購買政府債券或金融債券。

三　購買國庫券或銀行可轉讓定期存單。

四　購買經主管機關規定一定評等等級以上之銀行保證、承兌或經一定等級以上信用評等之商業票據。

五　購買其他經主管機關核准與前四款有關之金融商品。

②金融控股公司投資不動產，應事先經主管機關核准，並以自用為限。

③金融控股公司得發行公司債，不適用公司法第二百四十九條第二款及第二百五十條第二款規定之限制；其發行條件、期限及其他應遵行事項之辦法，由主管機關定之。

第四十條　（資本適足率）

①金融控股公司以合併基礎計算之資本適足性比率、衡量範圍及計算辦法，由主管機關定之。

②金融控股公司之實際資本適足性比率低於前項辦法之規定者，主管機關得命其增資、限制其分配盈餘、停止或限制其投資、限制其給與董事、監察人酬勞或為其他必要之處置或限制；其辦法，由主管機關定之。

第四十一條　（財務比率之限制）

①為健全金融控股公司之財務結構，主管機關於必要時，得就金融控股公司之各項財務比率，定其上限或下限。

②金融控股公司之實際各項財務比率，未符合主管機關依前項規定所定上限或下限者，主管機關得命其增資、限制其分配盈餘、停止或限制其投資、限制其發給董事、監察人酬勞或為其他必要之處置或

限制；其辦法，由主管機關定之。

第四十二條　（保密義務）

①金融控股公司及其子公司對於客戶個人資料、往來交易資料及其他相關資料，除其他法律或主管機關另有規定者外，應保守秘密。

②主管機關得令金融控股公司及其子公司就前項應保守秘密之資料訂定相關之書面保密措施，並以公告、網際網路或主管機關指定之方式，揭露保密措施之重要事項。

第四十三條　（共同行銷）

①金融控股公司之子公司間進行共同行銷，應由金融控股公司事先向主管機關申請核准，且不得有損害其客戶權益之行為。

②金融控股公司之子公司間進行共同行銷，其營業、業務人員及服務項目應使客戶易於識別。共同使用客戶資料時，除個人基本資料外，其往來交易資料及其他相關資料，應先經客戶書面同意，且不得為使用目的範圍外之蒐集或利用；客戶通知不得繼續共同使用其個人基本資料、往來交易資料或其他相關資料時，應即停止共同使用。

③依第一項規定申請核准應具備之條件、應檢附之書件、申請程序、可從事之業務範圍、資訊交互運用、共用設備、場所或人員之管理及其他應遵行事項之辦法，由主管機關定之。

④金融控股公司之子公司與客戶簽訂商品或服務契約時，應向客戶明確揭露契約之重要內容及交易風險，並依該商品或服務之性質，註明有無受存款保險、保險安定基金或其他相關保護機制之保障。上述契約並需向主管機關或其指定之機構報備，並責成於各金融機構之網站公告。但其他法律另有規定者，從其規定。

第四十四條　（擔保授信之限制及準用）

金融控股公司之銀行子公司及保險子公司對下列之人辦理授信時，不得為無擔保授信；為擔保授信時，準用銀行法第三十三條規定：

一　該金融控股公司之負責人及大股東。

二　該金融控股公司之負責人及大股東為獨資、合夥經營之事業，或擔任負責人之企業，或為代表人之團體。

三　有半數以上董事與金融控股公司或其子公司相同之公司。

四　該金融控股公司之子公司與該子公司負責人及大股東。

第四十五條　（從事授信以外交易之對象及限制）

①金融控股公司或其子公司與下列對象為授信以外之交易時，其條件不得優於其他同類對象，並應經公司三分之二以上董事出席及出席

董事四分之三以上之決議後為之：

一　該金融控股公司與其負責人及大股東。

二　該金融控股公司之負責人及大股東為獨資、合夥經營之事業，或擔任負責人之企業，或為代表人之團體。

三　該金融控股公司之關係企業與其負責人及大股東。

四　該金融控股公司之銀行子公司、保險子公司、證券子公司及該等子公司負責人。

②前項稱授信以外之交易，指下列交易行為之一者：

一　投資或購買前項各款對象為發行人之有價證券。

二　購買前項各款對象之不動產或其他資產。

三　出售有價證券，不動產或其他資產予前項各款對象。

四　與前項各款對象簽訂給付金錢或提供勞務之契約。

五　前項各款對象擔任金融控股公司或其子公司之代理人、經紀人或提供其他收取佣金或費用之服務行為。

六　與前項各款對象有利害關係之第三人進行交易或與第三人進行有前項各款對象參與之交易。

③前項第一款及第三款之有價證券，不包括銀行子公司發行之可轉讓定期存單在內。

④金融控股公司之銀行子公司與第一項各款對象為第二項之交易時，其與單一關係人交易金額不得超過銀行子公司淨值之百分之十，與所有利害關係人之交易總額不得超過銀行子公司淨值之百分之二十。

第四十六條　（申報義務及交易行為之範圍）

①金融控股公司所有子公司對下列對象為交易行為合計達一定金額或比率者，應於每營業年度各季終了三十日內，向主管機關申報，並以公告、網際網路或主管機關指定之方式對外揭露：

一　同一自然人或同一法人。

二　同一自然人與其配偶、二親等以內之血親，及以本人或配偶為負責人之企業。

三　同一關係企業。

②前項交易行為之範圍如下：

一　授信。

二　短期票券之保證或背書。

三　票券或債券之附賣回交易。

四　投資或購買前項各款對象為發行人之有價證券。

五　衍生性金融商品交易。

六　其他經主管機關規定之交易。

③第一項所定之一定金額、比率、申報與揭露之內容、格式及其他應遵行事項之辦法，由主管機關定之。

第四十七條　（財務報表之備查、公告、簽證）

①金融控股公司每屆營業年度終了，應合併編製財務報表、年報及營業報告書，並將上述所有文件與盈餘分配或虧損撥補之決議及其他經主管機關指定之事項，於股東會承認後十五日內，報請主管機關備查。年報應記載事項，由主管機關定之。

②金融控股公司應將前項財務報表中之資產負債表、損益表、股東權益變動表、現金流量表及其他經主管機關指定之事項，於其所在地之日報或依主管機關指定之方式公告。但已符合證券交易法第三十六條規定者，得免辦理公告。

③第一項財務報表中之資產負債表、損益表、股東權益變動表及現金流量表，應經會計師查核簽證。

④金融機構轉換為金融控股公司者，其未分配盈餘於轉換後，雖列為金融控股公司之資本公積，惟其分派不受公司法第二百四十一條第一項之限制。

⑤轉換設立之金融控股公司金融機構於轉換前已發行特別股者，該特別股股東之權利義務於轉換後，由金融控股公司承受，金融控股公司於轉換年度，得依董事會編造之表冊，經監察人查核後分派股息，不適用公司法第二百二十八條至第二百三十一條之規定。

⑥金融機構轉換設立金融控股公司者，不適用職工福利金條例第二條第一項第一款之規定。

第四十八條　（刪除）

第四十九條　（營利事業所得稅之申報）

金融控股公司持有本國子公司股份，達已發行股份總數百分之九十者，得自其持有期間在一個課稅年度內滿十二個月之年度起，選擇以金融控股公司為納稅義務人，依所得稅法相關規定合併辦理營利事業所得稅結算申報及未分配盈餘加徵百分之十營利事業所得稅申報；其他有關稅務事項，應由金融控股公司及本國子公司分別辦理。

第五十條　（所得額及應納稅額之調整）

①金融控股公司與其子公司相互間、金融控股公司或其子公司與國內、

外其他個人、營利事業或教育、文化、公益、慈善機關或團體相互間，有關收入、成本、費用及損益之攤計，有以不合交易常規之安排，規避或減少納稅義務者；或有藉由股權之收購、財產之轉移或其他虛偽之安排，不當為他人或自己規避或減少納稅義務者；稽徵機關為正確計算相關納稅義務人之所得額及應納稅額，得報經主管機關核准，按交易常規或依查得資料予以調整。但金融控股公司與其持有達已發行股份總數百分之九十之本國子公司間之交易，不適用之。

② 金融控股公司或其子公司經稽徵機關依前項規定調整其所得額及應納稅額者，當年度不得適用前條合併申報營利事業所得稅之規定。

第四章　監　　督

第五十一條　（內部控制及稽核制度）

金融控股公司應建立內部控制及稽核制度；其辦法，由主管機關定之。

第五十二條　（檢查權）

① 為確保金融控股公司及其子公司之健全經營，主管機關得令金融控股公司及其子公司於限期內提供相關財務報表、交易資訊或其他有關資料，並得隨時派員，或委託適當機構，檢查金融控股公司或其子公司之業務、財務及其他有關事項。

② 主管機關於必要時，得指定專門職業及技術人員為前項檢查事項，並向主管機關據實提出報告；除其他法律另有規定外，所需費用由金融控股公司負擔。

第五十三條　（金融控股公司對相關子公司應負之責任）

① 金融控股公司之銀行子公司、保險子公司或證券子公司所受之增資處分，金融控股公司應於持股比例範圍內為其籌募資金。

② 金融控股公司之累積虧損逾實收資本額三分之一者，應即召開董事會，並通知監察人列席後，將董事會決議事項、財務報表、虧損原因及改善計畫函報主管機關。

③ 金融控股公司有前項情形時，主管機關得限期令其補足資本。

④ 金融控股公司為辦理前項之補足資本，報經主管機關核准者，得以含當年度虧損之累積虧損，於當年度中辦理減少資本及銷除股份，並就所減資本額辦理現金增資，以補足所銷除之股份。

第五十四條 　（主管機關之緊急處分）

① 金融控股公司有違反法令、章程或有礙健全經營之虞時，主管機關除得予以糾正、限期令其改善外，並得視情節之輕重，為下列處分：

一　撤銷法定會議之決議。

二　停止其子公司一部或全部業務。

三　令其解除經理人或職員之職務。

四　解除董事、監察人職務或停止其於一定期間內執行職務。

五　令其處分持有子公司之股份。

六　廢止許可。

七　其他必要之處置。

② 依前項第四款解除董事、監察人職務時，由主管機關通知經濟部廢止其董事或監察人登記。

③ 依第一項第六款廢止許可時，主管機關應令該金融控股公司於一定期限內處分其對銀行、保險公司或證券商持有之已發行有表決權股份或資本額及直接、間接選任或指派之董事人數至不符第四條第一款規定，並令其不得再使用金融控股公司之名稱及辦理公司變更登記；未於期限內處分完成者，應令其進行解散及清算。

第五十五條 　（投資事業股份之處分）

① 金融控股公司之投資事業，如有顯著危及銀行子公司、保險子公司或證券子公司之健全經營之虞者，主管機關得令金融控股公司於一定期間內處分所持有該投資事業之股份，或令金融控股公司降低其對銀行子公司、保險子公司或證券子公司持有之已發行有表決權股份或資本額及直接、間接選任或指派之董事人數至不符第四條第一款規定，並準用前條第三項規定辦理。

② 前項逾期未處分之股份，主管機關得依行政執行法第二十七條規定，委由第三人代為處分，或指定第三人強制代為管理至金融控股公司處分完畢為止；其費用，由金融控股公司負擔。

第五十六條 　（對子公司之責任）

① 金融控股公司之銀行子公司、保險子公司或證券子公司未達主管機關規定之最低資本適足性比率或發生業務或財務狀況顯著惡化，不能支付其債務或有損及存款人利益之虞時，金融控股公司應協助其回復正常營運。

② 銀行子公司、保險子公司或證券子公司有前項情形者，主管機關為確保公共利益或穩定金融市場之必要，得命金融控股公司履行前項

之義務，或於一定期間內處分該金融控股公司持有其他投資事業之一部或全部之股份、營業或資產，所得款項，應用於改善銀行子公司、保險子公司或證券子公司之財務狀況。

第五章　罰　則

第五十七條　（罰則㈠）

①金融控股公司之負責人或職員，意圖為自己或第三人不法之利益，或損害金融控股公司之利益，而為違背其職務之行為，致生損害於公司財產或其他利益者，處三年以上十年以下有期徒刑，得併科新臺幣一千萬元以上二億元以下罰金。其犯罪所得達新臺幣一億元以上者，處七年以上有期徒刑，得併科新臺幣二千五百萬元以上五億元以下罰金。

②金融控股公司負責人或職員，二人以上共同實施前項犯罪行為者，得加重其刑至二分之一。

③第一項之未遂犯罰之。

第五十七條之一　（罰則㈡）

①意圖為自己或第三人不法之所有，以詐術使金融控股公司將金融控股公司或第三人之財物交付，或以不正方法將虛偽資料或不正指令輸入金融控股公司電腦或其相關設備，製作財產權之得喪、變更紀錄而取得他人財產，其犯罪所得達新臺幣一億元以上者，處三年以上十年以下有期徒刑，得併科新臺幣一千萬元以上二億元以下罰金。

②以前項方法得財產上不法之利益或使第三人得之者，亦同。

③前二項之未遂犯罰之。

第五十七條之二　（減輕、免除或加重其刑之規定）

①犯第五十七條或第五十七條之一之罪，於犯罪後自首，如有犯罪所得並自動繳交全部所得財物者，減輕或免除其刑；並因而查獲其他正犯或共犯者，免除其刑。

②犯第五十七條或第五十七條之一之罪，在偵查中自白，如有犯罪所得並自動繳交全部所得財物者，減輕其刑；並因而查獲其他正犯或共犯者，減輕其刑至二分之一。

③犯第五十七條、第五十七條之一之罪，其犯罪所得利益超過罰金最高額時，得於所得利益之範圍內加重罰金；如損及金融市場穩定者，加重其刑至二分之一。

第五十七條之三 （得撤銷之情形）

① 第五十七條第一項之金融控股公司負責人、職員或第五十七條之一第一項之行為人所為之無償行為，有害及金融控股公司之權利者，金融控股公司得聲請法院撤銷之。

② 前項之金融控股公司負責人、職員或行為人所為之有償行為，於行為時明知有損害於金融控股公司之權利，且受益人於受益時亦知其情事者，金融控股公司得聲請法院撤銷之。

③ 依前二項規定聲請法院撤銷時，得並聲請命受益人或轉得人回復原狀。但轉得人於轉得時不知有撤銷原因者，不在此限。

④ 第一項之金融控股公司負責人、職員或行為人與其配偶、直系親屬、同居親屬、家長或家屬間所為之處分其財產行為，均視為無償行為。

⑤ 第一項之金融控股公司負責人、職員或行為人與前項以外之人所為之處分其財產行為，推定為無償行為。

⑥ 第一項及第二項之撤銷權，自金融控股公司知有撤銷原因時起，一年間不行使，或自行為時起經過十年而消滅。

第五十七條之四 （重大犯罪之法規適用）

第五十七條第一項及第五十七條之一第一項之罪，為洗錢防制法第三條第一項所定之重大犯罪，適用洗錢防制法之相關規定。

第五十八條 （罰則㈢）

① 金融控股公司之銀行子公司或保險子公司對第四十四條各款所列之人為無擔保授信，或為擔保授信而無十足擔保或其條件優於其他同類授信對象者，其行為負責人，處三年以下有期徒刑、拘役或科或併科新臺幣五百萬元以上二千五百萬元以下罰金。

② 金融控股公司之銀行子公司或保險子公司對第四十四條各款所列之人辦理擔保授信達主管機關規定金額以上，未經董事會三分之二以上董事之出席及出席董事四分之三以上之同意，或違反主管機關所定有關授信限額、授信總餘額之規定者，其行為負責人，處新臺幣二百萬元以上一千萬元以下罰鍰。

第五十九條 （罰則㈣）

金融控股公司之負責人或職員違反第十七條第四項規定，收受佣金、酬金或其他不當利益者，處三年以下有期徒刑、拘役或科或併科新臺幣五百萬元以下罰金。

第六十條 （罰則㈤）

有下列情形之一者，處新臺幣二百萬元以上一千萬元以下罰鍰：

一　違反第六條第一項規定，未申請設立金融控股公司。

二　違反第十六條第三項規定，未經主管機關核准而持有股份。

三　違反第十六條第一項、第二項或第九項規定未向主管機關申報，或違反同條第七項但書規定增加持股。

四　違反第十六條第十項規定，未依主管機關所定期限處分。

五　違反主管機關依第十六條第五項所定辦法中有關申報或公告之規定。

六　違反第十六條第六項規定，為質權之設定。

七　違反第十八條第一項規定，未經許可為合併、概括讓與或概括承受。

八　違反第三十八條規定，持有金融控股公司之股份。

九　違反第三十九條第一項所定短期資金運用項目；或違反同條第二項規定，未經核准投資不動產或投資非自用不動產。

十　違反主管機關依第三十九條第三項所定辦法中有關發行條件或期限之規定。

十一　違反主管機關依第四十條或第四十一條所定之比率或所為之處置或限制。

十二　違反第四十二條第一項規定，未保守秘密。

十三　違反第四十三條第一項、第二項或第四項規定；或違反主管機關依同條第三項所定辦法中有關可從事之業務範圍、資訊交互運用、共用設備、場所或人員管理之規定。

十四　違反第四十五條第一項交易條件之限制或董事會之決議方法；或違反同條第四項所定之金額比率。

十五　違反第四十六條第一項規定，未向主管機關申報或揭露。

十六　違反第五十一條規定，未建立內部控制或稽核制度，或未確實執行。

十七　違反第五十三條第一項或第二項規定；或未於主管機關依同條第三項所定期限內補足資本。

十八　違反主管機關依第五十五條第一項所為之命令。

十九　違反第五十六條第一項規定，未盡協助義務；或違反主管機關依同條第二項所為之命令。

第六十一條　（罰則(六)）

金融控股公司之負責人或職員，於主管機關依第五十二條規定要求其於限期內據實提供相關財務報表、交易資訊或其他有關資料；派

員或委託適當機構或指定專門職業及技術人員，檢查金融控股公司或其子公司之業務、財務及其他有關事項時，有下列情形之一者，處新臺幣二百萬元以上一千萬元以下罰鍰：

一　拒絕檢查或拒絕開啟金庫或其他庫房。

二　隱匿或毀損有關業務或財務狀況之帳冊文件。

三　對於檢查人員詢問無正當理由不為答復或答復不實。

四　屆期未提報主管機關指定之財務報表、交易資訊或其他有關資料，或提報不實、不全或未於規定期限內繳納檢查費用。

第六十二條　（罰則(七)）

有下列情形之一者，處新臺幣一百萬元以上五百萬元以下罰鍰：

一　違反第三十六條第四項或第三十七條第二項但書規定，進行投資。

二　違反第三十六條第五項或第三十七條第七項規定，未於主管機關所定期限內調整；或違反第三十六條第七項規定，由其負責人、職員擔任創業投資事業所投資事業之經理人。

三　違反第三十六條第八項規定，未經主管機關核准辦理減資。

四　違反第三十七條第一項規定，未經主管機關核准投資，或自行或由其代表人擔任被投資事業之董事、監察人或指派人員獲聘為該事業經理人。

五　違反第三十七條第三項至第五項規定，超過投資限額或持股比率之限制。

六　違反第六十八條第一項、第二項或第四項規定，未申報、申請許可、調整持股或申請核准。

第六十三條　（罰則(八)）

違反本法或依本法所定命令中之強制或禁止規定或應為一定行為而不為者，除本法另有處以罰鍰規定而應從其規定外，處新臺幣五十萬元以上二百五十萬元以下罰鍰。

第六十四條　（求償權）

金融控股公司或其子公司於繳納罰鍰後，對應負責之行為人應予求償。

第六十五條　（罰鍰或罰金）

法人之負責人、代理人、受僱人或其他職員，因執行業務違反本法規定，除依本章規定處罰該行為人外，對於該法人亦科以該條之罰鍰或罰金。

第六十六條 （罰鍰之強制執行）

本法所定罰鍰，經主管機關限期繳納而屆期不繳納者，自逾期之日起，每日加收滯納金百分之一；屆三十日仍不繳納者，移送強制執行。

第六十七條 （罰則㈨）

金融控股公司或受罰人經依本章規定處以罰鍰後，於主管機關規定期限內仍不予改正者，主管機關得對其同一事實或行為，依原處之罰鍰，按日連續處罰至依規定改正為止；其情節重大者，並得解除負責人職務或廢止其許可。

第六十七條之一 （沒收）

犯本法之罪，因犯罪所得財物或財產上利益，除應發還被害人或得請求損害賠償之人外，屬於犯人者，沒收之。如全部或一部不能沒收時，追徵其價額或以其財產抵償之。

第六十七條之二 （易服勞役）

犯本法之罪，所科罰金達新臺幣五千萬元以上而無力完納者，易服勞役期間為二年以下，其折算標準以罰金總額與二年之日數比例折算；所科罰金達新臺幣一億元以上而無力完納者，易服勞役期間為三年以下，其折算標準以罰金總額與三年之日數比例折算。

第六章　附　　則

第六十八條 （本法施行前之準用）

①本法施行前，已符合第四條第一款規定之同一人或同一關係人，應自本法施行之日起六個月內向主管機關申報。

②前項同一人或同一關係人如無第六條第二項所定之情形，應自本法施行之日起一年內依第八條規定向主管機關申請許可設立金融控股公司；未經主管機關許可者，應自本法施行之日起五年內，降低其對銀行、保險公司或證券商持有之已發行有表決權股份或資本額及直接、間接選任或指派之董事人數至不符合第四條第一款規定。

③前項五年期限，有正當理由報經主管機關核准者，得延長二次，每次以二年為限。

④本法施行前，依銀行法第七十四條規定投資持有保險公司或證券商已發行有表決權股份總數或資本額符合第四條第一款規定或已直接、間接選任或指派一銀行、保險公司或證券商過半數董事之銀行，

自本法施行之日起六個月內申請主管機關核准者，得不適用本法之規定。

第六十八條之一 （專業法庭或專人辦理）

法院為審理違反本法之犯罪案件，得設立專業法庭或指定專人辦理。

第六十九條 （施行日期）

①本法自中華民國九十年十一月一日施行。

②本法修正條文，除中華民國九十五年五月五日修正之條文，自中華民國九十五年七月一日施行外，自公布日施行。

企業併購法

民國九十一年二月六日總統令公布
九十三年五月五日總統令修正公布第六、八、一一～一五、一七～一九、二二、二三、二五、二七、二九、三二～三四、三九、四〇、四二條條文

第一章　總　則

第一條　（立法目的）

為利企業以併購進行組織調整，發揮企業經營效率，特制定本法。

第二條　（法律之適用）

①公司之併購，依本法之規定；本法未規定者，依公司法、證券交易法、促進產業升級條例、公平交易法、勞動基準法、外國人投資條例及其他法律之規定。

②金融機構之併購，依金融機構合併法及金融控股公司法之規定；該二法未規定者，依本法之規定。

第三條　（主管機關）

①本法主管機關為經濟部。

②本法所定事項涉及目的事業主管機關職掌者，由主管機關會同目的事業主管機關辦理。

第四條　（用詞定義）

本法用詞定義如下：

　一　公司：指依公司法設立之股份有限公司。

　二　併購：指公司之合併、收購及分割。

　三　合併：指依本法或其他法律規定參與之公司全部消滅，由新成立之公司概括承受消滅公司之全部權利義務；或參與之其中一公司存續，由存續公司概括承受消滅公司之全部權利義務，並以存續或新設公司之股份、或其他公司之股份、現金或其他財產作為對價之行為。

　四　收購：指公司依本法、公司法、證券交易法、金融機構合併法或金融控股公司法規定取得他公司之股份、營業或財產，並以股份、現金或其他財產作為對價之行為。

　五　股份轉換：指公司經股東會決議，讓與全部已發行股份予他

公司作為對價，以繳足公司股東承購他公司所發行之新股或發起設立所需之股款之行為。

六 分割：指公司依本法或其他法律規定將其得獨立營運之一部或全部之營業讓與既存或新設之他公司，作為既存公司或新設公司發行新股予該公司或該公司股東對價之行為。

七 母、子公司：直接或間接持有他公司已發行有表決權之股份總數或資本總額超過半數之公司，為母公司；被持有者，為子公司。

八 外國公司：指以營利為目的，依照外國法律組織登記之公司。

第五條 （董事之注意義務及責任）

① 公司依本法為併購決議時，董事會應為全體股東之最大利益行之，並應以善良管理人之注意，處理併購事宜。

② 公司董事會違反法令、章程或股東會決議處理併購事宜，致公司受有損害時，參與決議之董事，對公司應負賠償之責；但經表示異議之董事，有紀錄或書面聲明可證者，免其責任。

第六條 （召開董事會決議併購事項前之程序）

① 公開發行股票之公司於召開董事會決議併購事項前，應委請獨立專家就換股比例或配發股東之現金或其他財產之合理性表示意見，並分別提報董事會及股東會。但本法規定無須召開股東會決議併購事項者，得不提報股東會。

② 於公司分割案件時，前項委請獨立專家表示意見之內容，為分割後受讓營業或財產之既存或新設公司發行新股之價格及所受讓營業或財產價值之合理性。

第七條 （股東會職權由董事會行使之情形）

① 公司因進行併購而成為政府或法人股東一人所組織之股份有限公司，該公司之股東會職權由董事會行使，不適用公司法有關股東會之規定。

② 前項公司之董事、監察人，由政府或法人股東指派。

第八條 （發行新股）

① 公司有下列情形之一者，得不保留發行之新股由員工承購、通知原有股東儘先分認或提撥一定比率對外公開發行，不受公司法第二百六十七條第一項至第三項及證券交易法第二十八條之一規定之限制：

一 發行新股全數用於被收購。

二　發行新股全數用於收購他公司已發行之股份、營業或財產。

三　因進行股份轉換而發行新股。

四　因受讓分割而發行新股。

②公司依前項發行之新股，得以現金或公司事業所需之財產為出資，且不受公司法第二百七十條規定之限制。

第九條　（重整計畫）

公司依公司法第三百零四條規定訂定之重整計畫，得訂明以債權人對公司之債權作價繳足債權人承購公司發行新股所需股款，並經公司法第三百零五條關係人會議可決及經法院裁定認可後執行之，不受公司法第二百七十條、第二百七十二條及第二百九十六條規定之限制。

第十條　（股東表決權信託）

①公司進行併購時，股東得以書面契約約定其共同行使股東表決權之方式及相關事宜。

②公司進行併購時，股東得將其所持有股票移轉予信託公司或兼營信託業務之金融機構，成立股東表決權信託，並由受託人依書面信託契約之約定行使其股東表決權。

③股東非將前項書面信託契約、股東姓名或名稱、事務所或住（居）所與移轉股東表決權信託之股份總數、種類及數量於股東會五日前送交公司辦理登記，不得以其成立股東表決權信託對抗公司。

第十一條　（併購之合理限制）

①公司進行併購時，得以股東間書面契約或公司與股東間之書面契約合理限制下列事項：

一　股東轉讓持股時，應優先轉讓予公司、其他股東或指定之第三人。

二　公司、股東或指定之第三人得優先承購其他股東所持有股份。

三　股東得請求其他股東一併轉讓所持有股份。

四　股東轉讓股份或將股票設質予特定人應經公司董事會或股東會之同意。

五　股東轉讓股份或設質股票之對象。

六　股東於一定期間內不得將股份轉讓或股票設質予他人。

②未公開發行股票之公司得以章程記載前項約定事項。

③第一項所指合理限制，應符合下列原則：

一　為符合證券交易法、稅法或其他法令規定所為之限制。

二　其他因股東身分、公司業務競爭或整體業務發展之目的所為必要之限制。

④公開發行股票之公司進行併購發行新股而受第一項股份轉讓或股票設質之限制時，應依證券交易法規定於公開說明書或證券主管機關規定應交付投資人之書面文件中載明。

⑤公司法第一百六十三條第一項不得以章程禁止或限制股份轉讓及同條第二項發起人之股份於公司設立登記一年內不得轉讓之規定，於第一項及第二項情形不適用之。

⑥公司依第一項第一款或第二款買回股份之數量併同依其他法律買回股份之總數，不得超過該公司已發行股份總數百分之二十，且其收買股份之總金額，不得逾保留盈餘加已實現之資本公積之金額。

第十二條 　（股份收買請求權）

①公司於進行併購而有下列情形，股東得請求公司按當時公平價格，收買其持有之股份：

一　公司股東對公司依前條規定修改章程記載股份轉讓或股票設質之限制，於股東會集會前或集會中，以書面表示異議，或以口頭表示異議經記錄，放棄表決權者。

二　公司進行第十八條之合併時，存續公司或消滅公司之股東於決議合併之股東會集會前或集會中，以書面表示異議，或以口頭表示異議經記錄，放棄表決權者。但公司依第十八條第六項進行合併時，僅消滅公司股東得表示異議。

三　公司進行第十九條之簡易合併時，其子公司股東於決議合併之董事會依第十九條第二項公告及通知所定期限內以書面向子公司表示異議者。

四　公司進行第二十七條之收購，公司股東於股東會集會前或集會中，以書面表示異議，或以口頭表示異議經記錄，放棄表決權者。

五　公司進行第二十九條之股份轉換時，進行轉換股份之公司股東及受讓股份之既存公司股東於決議股份轉換之股東會集會前或集會中，以書面表示異議，或以口頭表示異議經記錄，放棄表決權者。

六　公司進行第三十三條之分割時，被分割公司之股東或受讓營業或財產之既存公司之股東於決議分割之股東會集會前或集會中，以書面表示異議，或以口頭表示異議經記錄，放棄表

決權者。

②公司法第一百八十七條及第一百八十八條規定，於前項各款情形準用之。但依第十九條規定進行簡易合併時，以董事會決議日作為計算期間之基準日。

第十三條 （公司買回股份之辦理及限制）

①公司依前條規定買回股份，應依下列規定辦理：

一 消滅公司自合併後買回股東之股份，應同消滅公司其他已發行股份，於消滅公司解散時，一併辦理註銷登記。

二 前款以外情形買回之股份，得依下列規定辦理：

　　㈠依合併契約、股份轉換契約、分割計畫或其他契約約定轉讓予消滅公司或其他公司股東。

　　㈡逕行辦理變更登記。

　　㈢於買回之日起三年內，按市價將其出售，屆期未經出售者，視為公司未發行股份，並辦理變更登記。

②公司依本法規定買回之股份，不得質押；於未出售或註銷前，不得享有股東權利。

第十四條 （臨時管理人）

①公司於併購時，董事會有不能行使職權之虞，得經代表已發行股份總數三分之二以上股東出席股東會，以出席股東表決權過半數之同意選任臨時管理人，並訂定行使職權之範圍及期限，由臨時管理人於董事會不能行使職權時，代行董事長、董事依公司法規定之職權。

②公開發行股票之公司，出席股東之股份總數不足前項定額者，得以有代表已發行股份總數過半數股東之出席，出席股東表決權三分之二以上之同意行之。

③臨時管理人之委任，應於就任後十五日內向公司登記主管機關辦理登記；其解任，應同改選董事、監察人後十五日內為之。

第十五條 （退休準備金）

①公司進行合併時，消滅公司提撥之勞工退休準備金，於支付未留用或不同意留用勞工之退休金後，得支付資遣費；所餘款項，應自公司勞工退休準備金監督委員會專戶移轉至合併後存續公司或新設公司之勞工退休準備金監督委員會專戶。

②公司進行收購財產或分割而移轉全部或一部營業者，讓與公司或被分割公司提撥之勞工退休準備金，於支付未留用或不同意留用勞工

之退休金後，得支付資遣費；所餘款項，應按隨同該營業或財產一併移轉勞工之比例，移轉至受讓公司之勞工退休準備金監督委員會專戶。

③前二項之消滅公司、讓與公司或被分割公司應負支付未留用或不同意留用勞工之退休金及資遣費之責，其餘全數或按比例移轉勞工退休準備金至存續公司、受讓公司之勞工退休準備金監督委員會專戶前，應提撥之勞工退休準備金，應達到勞工法令相關規定申請暫停提撥之數額。

第十六條 （留用勞工）

①併購後存續公司、新設公司或受讓公司應於併購基準日三十日前，以書面載明勞動條件通知新舊雇主商定留用之勞工。該受通知之勞工，應於受通知日起十日內，以書面通知新雇主是否同意留用，屆期未為通知者視為同意留用。

②前項同意留用之勞工，因個人因素不願留任時，不得請求雇主給予資遣費。

③留用勞工於併購前在消滅公司、讓與公司或被分割公司之工作年資，併購後存續公司、新設公司或受讓公司應予以承認。

第十七條 （未留用或不同意留用之勞工）

公司進行併購，未留用或不同意留用之勞工，應由併購前之雇主終止勞動契約，並依勞動基準法第十六條規定期間預告終止或支付預告期間工資，並依同法規定發給勞工退休金或資遣費。

第二章　合併、收購及分割

第一節　合　併

第十八條 （合併或解散之決議）

①除本法另有規定外，股東會對於公司合併或解散之決議，應有代表已發行股份總數三分之二以上股東之出席，以出席股東表決權過半數之同意行之。

②公開發行股票之公司，出席股東之股份總數不足前項定額者，得以有代表已發行股份總數過半數股東之出席，出席股東表決權三分之二以上之同意行之。

③前二項出席股東股份總數及表決權數，章程有較高之規定者，從其

規定。

④公司已發行特別股者，就公司合併事項，除本法規定無須經股東會決議或公司章程明定無須經特別股股東會決議者外，應另經該公司特別股股東會決議行之。有關特別股股東會之決議，準用前三項之規定。

⑤公司持有其他參加合併公司之股份，或該公司或其指派代表人當選為其他參加合併公司之董事者，就其他參與合併公司之合併事項為決議時，得行使表決權。

⑥存續公司為合併發行之新股，未超過存續公司已發行有表決權股份總數之百分之二十，且交付消滅公司股東之現金或財產價值總額未超過存續公司淨值之百分之二者，得作成合併契約，經存續公司董事會以三分之二以上董事出席及出席董事過半數之決議行之，不適用第一項至第四項有關股東會決議之規定。但與存續公司合併後消滅之公司，其資產有不足抵償負債之虞者，不適用之。

第十九條 （公司與子公司之合併）

①公司合併其持有百分之九十以上已發行股份之子公司時，得作成合併契約，經各公司董事會以三分之二以上董事出席及出席董事過半數之決議行之。

②子公司董事會為前項決議後，應於十日內公告決議內容及合併契約書應記載事項，並通知子公司股東，得於限定期間內以書面提出異議，請求公司按當時公平價格收買其持有之股份。

③前項期限，不得少於三十日。

④公司合併其持有百分之九十以上資本總額之子公司，準用前三項規定。

第二十條 （合併之限制）

股份有限公司相互間合併，或股份有限公司與有限公司合併者，存續或新設公司以股份有限公司為限。

第二十一條 （公司與外國公司合併）

①公司與外國公司合併應符合下列規定：

　　一　該外國公司依其成立之準據法規定，係屬股份有限公司或有限公司之型態，且得與合併者。

　　二　合併契約業已依該外國公司成立之準據法規定，經該公司股東會、董事會或依其他方式合法決議。

　　三　公司與外國公司合併者，存續或新設公司以股份有限公司為

限。

②前項外國公司應於合併基準日前指定在中華民國境內之送達代收人。

第二十二條 （公司合併契約）

①公司合併契約應以書面為之，並應記載下列事項：

一 參與合併之公司名稱、資本額及合併後存續公司或新設公司之名稱及資本額。

二 存續公司或新設公司因合併發行該公司股份或換發其他公司股份之總數、種類及數量或換發現金或其他財產之數量。

三 存續公司或新設公司因合併對消滅公司股東配發該公司或其他公司股份之總數、種類及數量或換發現金或其他財產與配發之方法及其他有關事項。

四 依法買回存續公司股份作為配發消滅公司股東股份之相關事項。

五 存續公司之章程變更事項或新設公司依公司法第一百二十九條規定應訂立之章程。

六 上市（櫃）公司換股比例計算之依據及得變更之條件。

②公司與外國公司合併者，準用前項之規定。

第二十三條 （合併決議之通知及公告）

①公司為合併之決議後，應即向各債權人分別通知及公告，並指定三十日以上期限，聲明債權人得於期限內提出異議。

②公司不為前項之通知及公告，或對於在其指定期間內對提出異議之債權人不為清償、不提供相當之擔保、不成立專以清償債務為目的之信託或未經公司證明無礙於債權人之權利者，不得以其合併對抗債權人。

③第一項規定，於依第十八條第六項規定之合併，以適用於消滅公司債權人為限；其通知及公告，以消滅公司之股東會決議日為起算日。

④第一項規定，於依第十九條規定之簡易合併，以適用於子公司債權人為限；其通知及公告，以子公司董事會決議日為起算日。

第二十四條 （合併後公司之地位）

因合併而消滅之公司，其權利義務應由合併後存續或新設之公司概括承受；消滅公司繼續中之訴訟、非訟、商務仲裁及其他程序，由存續公司或新設公司承受消滅公司之當事人地位。

第二十五條 （存續或新設公司之權利義務）

①存續公司或新設公司取得消滅公司之財產，其權利義務事項之移轉，自合併基準日起生效。但依其他法律規定其權利之取得、設定、喪失或變更應經登記者，非經登記，不得處分。

②存續公司或新設公司為辦理前項財產權之變更或合併登記，得檢附下列文件逕向相關登記機關辦理批次登記，不受土地法第七十三條第一項、動產擔保交易法第七條及其他法律規定有關權利變更登記應由權利人及義務人共同辦理之限制：

一　股東會或董事會決議合併之議事錄。

二　公司合併登記之證明。

三　消滅公司原登記之財產清冊及存續公司或新設公司辦理變更登記之財產清冊。

四　其他各登記機關規定之文件。

③前項登記，除其他法律另有更長期間之規定外，應於合併基準日起六個月內為之，不適用土地法第七十三條第二項前段有關一個月內辦理土地權利變更登記之限制。

第二十六條　（合併事項之報告）

存續公司得於合併後第一次股東會為合併事項之報告。

第二節　收　購

第二十七條　（概括承受或讓與）

①公司經股東會代表已發行股份總數三分之二以上股東之出席，以出席股東表決權過半數之同意，概括承受或概括讓與，或依公司法第一百八十五條第一項第二款或第三款讓與或受讓營業或財產者，其債權讓與之通知，得以公告方式代之，承擔債務時，免經債權人之承認，不適用民法第二百九十七條及第三百零一條規定。

②公開發行股票之公司，出席股東之股份總數不足前項定額者，得以有代表已發行股份總數過半數股東之出席，出席股東表決權三分之二以上之同意行之。

③受讓公司取得讓與公司之財產，其權利義務事項之移轉及變更登記，準用第二十五條規定。

④公司與外國公司依公司法第一百八十五條第一項第二款或第三款讓與或受讓營業或財產，或以概括承受或概括讓與方式為收購者，準用前三項及第二十一條規定。

第二十八條　（子公司收購營業或財產之要件）

① 公司之子公司收購公司全部或主要部分之營業或財產，符合下列規定者，得經公司董事會決議行之，不適用公司法第一百八十五條第一項至第四項應經讓與公司與受讓公司股東會決議之規定及公司法第一百八十六條至第一百八十八條之規定：

    一　該子公司為公司百分之百持有。

    二　子公司以受讓之營業或財產作價發行新股予該公司。

    三　該公司與子公司已依一般公認會計原則編製合併財務報表。

② 公司讓與全部或主要部分之營業或財產予其百分之百持股在中華民國境外設立之子公司者，或外國公司讓與全部或主要部分之營業或財產予其百分之百持股在中華民國境內設立之子公司者，準用前項及第二十一條之規定。

第二十九條　（以股份轉換方式收購子公司）

① 公司經股東會決議，得以股份轉換之方式，被他既存或新設公司收購為其百分之百持股之子公司，並依下列各款規定辦理：

    一　公司股東會之決議，應以代表已發行股份總數三分之二以上股東之出席，以出席股東表決權過半數之同意行之。預定之受讓股份之公司為既存公司者，亦同。

    二　公司法第一百五十六條第二項、第一百九十七條第一項、第二百二十七條、第二百七十八條第二項及證券交易法第二十二條之二、第二十六條規定，於股份轉換不適用之。

② 公開發行股票之公司，出席股東之股份總數不足前項第一款定額者，得以有代表已發行股份總數過半數股東之出席，出席股東表決權三分之二以上之同意行之。但章程有較高之規定者，從其規定。

③ 預定受讓股份之公司為新設公司者，第一項第一款規定轉讓之股東會，視為受讓公司之發起人會議，得同時選舉新設公司之董事及監察人，不適用公司法第一百二十八條至第一百三十九條、第一百四十一條、第一百五十五條及第一百六十三條第二項規定。

第三十條　（轉換契約、轉換決議）

① 公司與他公司依前條規定辦理股份轉換時，預定受讓全部已發行股份之公司為既存公司者，該公司與既存公司之董事會應作成轉換契約；預定受讓全部已發行股份之公司為新設公司者，該公司之董事會應作成轉換決議；並均應提出於股東會。

② 前項轉換契約或轉換決議應記載下列事項，並應於發送股東會之召集通知時，一併發送各股東：

一　既存公司章程需變更事項或新設公司章程。

二　既存公司發行新股或新設公司發行股份之總數、種類、數量及其他有關事項。

三　公司股東轉讓予既存公司或新設公司之股份總數、種類、數量及其他有關事項。

四　對公司股東配發之股份不滿一股應支付現金者，其有關規定。

五　轉換契約應記載公司原任董事及監察人於股份轉換時期未屆滿是否繼續其任期至屆滿有關事項；轉換決議應記載新設公司之董事及監察人名冊。

六　與他公司共同為股份轉換新設公司者，轉換決議應記載其共同轉換股份有關事項。

③公司與外國公司進行股份轉換時，準用前二項、前條及第二十一條之規定。

④公司依前條規定與他公司進行股份轉換者，其未分配盈餘於轉換後，雖列為他公司之資本公積。但其分派不受公司法第二百四十一條第一項之限制。

⑤公司依前條規定與他公司進行股份轉換者，而於該公司轉換前已發行特別股，該特別股東之權利義務於轉換後，由他公司承受，他公司於轉換年度，得依董事會編造之表冊，經監察人查核後分派股息，不適用公司法第二百二十八條至第二百三十一條之規定。

⑥公司依前條規定與他公司進行股份轉換而新設公司者，該新設公司就轉換股份之資本額度內，得不適用職工福利金條例第二條第一項第一款之規定。

第三十一條　（上市（櫃）公司之股份轉換）

上市（櫃）公司與他既存或新設公司依第二十九條進行股份轉換者，其上市（櫃）之股份於完成股份轉換及上市（櫃）之相關程序後終止上市（櫃），並由符合上市（櫃）相關規定之他公司上市（櫃）。

第三節　分　割

第三十二條　（公司分割）

①公司進行分割時，董事會應就分割有關事項，做成分割計畫，提出於股東會。

②股東會對於公司分割之決議，應有代表已發行股份總數三分之二以上股東之出席，以出席股東表決權過半數之同意行之。

③公開發行股票之公司，出席股東之股份總數不足前項定額者，得以有代表已發行股份總數過半數股東之出席，出席股東表決權三分之二以上之同意行之。

④前二項出席股東股份總數及表決權數，章程有較高之規定者，從其規定。

⑤公司為分割之決議後，應即向各債權人分別通知及公告，並指定三十日以上之期限，聲明債權人得於期限內提出異議。公司不為通知及公告，或對於在指定期間內提出異議之債權人不為清償、提供相當之擔保，未成立專以清償債務為目的之信託或未經公司證明無礙於債權人之權利者，不得以其分割對抗債權人。

⑥分割後受讓營業之既存或新設公司，除被分割業務所生之債務與分割前公司之債務為可分者外，應就分割前公司所負債務，於其受讓營業之出資範圍，與分割前之公司負連帶清償責任。但債權人之債權請求權，自分割基準日起二年內不行使而消滅。

⑦他公司為新設公司者，被分割公司之股東會視為他公司之發起人會議，得同時訂立章程，並選舉新設公司之董事及監察人，不適用公司法第一百二十八條至第一百三十九條、第一百四十一條至第一百五十五條及第一百六十三條第二項規定。

⑧公司法第二十四條規定，於公司因分割而消滅時準用之。

⑨上市（櫃）公司進行分割後，該分割後受讓營業或財產之既存或新設公司，符合公司分割及上市（櫃）相關規定者，於其完成公司分割及上市（櫃）之相關程序後，得繼續上市（櫃）或開始上市（櫃）；原已上市（櫃）之公司被分割後，得繼續上市（櫃）。

⑩股份有限公司分割者，其存續或新設公司均以股份有限公司為限。

第三十三條 　（分割計畫應載事項）

①前條之分割計畫，應以書面為之，並記載下列事項：

一　承受營業之既存公司章程需變更事項或新設公司章程。

二　被分割公司讓與既存公司或新設公司之營業價值、資產、負債、換股比例及計算依據。

三　承受營業之既存公司發行新股或新設公司發行股份之總數、種類及數量。

四　被分割公司或其股東或二者所取得股份之總數、種類及數量。

五　對被分割公司或其股東配發之股份不滿一股應支付現金者，

其有關規定。

六　既存公司或新設公司承受被分割公司權利義務及其相關事項。

七　被分割公司之資本減少時，其資本減少有關事項。

八　被分割公司之股份銷除所應辦理事項。

九　與他公司共同為公司分割者，分割決議應記載其共同為公司分割有關事項。

②前項分割計畫書，應於發送分割承認決議股東會之召集通知時，一併發送於股東。

③公司與外國公司進行公司分割時，準用前條、本條第一項至第二項及第二十一條規定。

第三章　租稅措施

第三十四條　（公司併購之優惠㈠）

①公司依第二十七條至第二十九條規定收購財產或股份，而以有表決權之股份作為支付被併購公司之對價，並達全部對價百分之六十五以上，或進行合併、分割者，適用下列規定：

一　所書立之各項契據憑證，免徵印花稅。

二　取得不動產所有權者，免徵契稅。

三　其移轉之有價證券，免徵證券交易稅。

四　其移轉貨物或勞務，非屬營業稅之課徵範圍。

五　公司所有之土地，經申報審核確定其土地移轉現值後，即予辦理土地所有權移轉登記。其依法由原土地所有權人負擔之土地增值稅，准予記存於併購後取得土地之公司名下；該項土地再移轉時，其記存之土地增值稅，就該土地處分所得價款中，優先於一切債權及抵押權受償。

②依前項第五款規定記存土地增值稅後，被收購公司於收購土地完成移轉登記日起三年內，轉讓該對價取得之股份致持有股份低於原收購取得對價之百分之六十五時，被收購公司應補繳記存之土地增值稅；該補繳稅款尚未繳清者，應由收購公司負責代繳。

第三十五條　（公司併購之優惠㈡）

公司進行併購而產生之商譽，得於十五年內平均攤銷。

第三十六條　（公司併購之優惠㈢）

公司進行併購而產生之費用，得於十年內平均攤銷。

第三十七條　（公司併購之優惠㈣）

①公司進行合併、分割或依第二十七條及第二十八條規定收購，合併後存續或新設公司、分割後既存或新設公司、收購公司得分別繼續承受合併消滅公司、被分割公司或被收購公司於併購前就併購之財產或營業部分依相關法律規定已享有而尚未屆滿或尚未抵減之租稅獎勵。但適用免徵營利事業所得稅之獎勵者，應繼續生產合併消滅公司、被分割公司或被收購公司於併購前受獎勵之產品或提供受獎勵之勞務，且以合併後存續或新設之公司、分割後新設或既存公司、收購公司中，屬消滅公司、被分割公司或被收購公司原受獎勵且獨立生產之產品或提供之勞務部分計算之所得額為限；適用投資抵減獎勵者，以合併後存續或新設公司、分割後新設或既存公司、收購公司中，屬合併消滅公司、被分割公司或被收購公司部分計算之應納稅額為限。

②依前項規定得由公司繼續承受之租稅優惠，應符合相關法令規定之獎勵條件及標準者，公司於繼受後仍應符合同一獎勵條件及標準。

③為加速產業結構調整，鼓勵有盈餘之公司併購虧損之公司，償還併購時隨同移轉積欠銀行之債務，行政院得訂定辦法在一定期間內，就併購之財產或營業部分產生之所得，免徵營利事業所得稅。

④虧損公司互為合併者，比照前項規定辦理。

⑤第三項及第四項免徵營利事業所得稅之一定期間，適用條件及辦法，由行政院定之。

第三十八條　（虧損額之扣除）

①公司合併，其虧損及申報扣除年度，會計帳冊簿據完備，均使用所得稅法第七十七條所稱之藍色申報書或經會計師查核簽證，且如期辦理申報並繳納所得稅額者，合併後存續或新設公司於辦理營利事業所得稅結算申報時，得將各該參與合併之公司於合併前經該管稽徵機關核定尚未扣除之前五年內各期虧損，按各該公司股東因合併而持有合併後存續或新設公司股權之比例計算之金額，自虧損發生年度起五年內從當年度純益額中扣除。

②公司與外國公司合併者，合併後存續或新設之公司或外國公司在中華民國境內設立之分公司，得依前項規定扣除各參與合併之公司或外國公司在中華民國境內設立之分公司合併前尚未扣除之虧損額。

③公司分割時，既存或新設公司，得依第一項規定，將各參與分割公

司分割前尚未扣除之虧損，按股權分割比例計算之金額，自其純益額中扣除。既存公司於計算可扣除之虧損時，應再按各參與分割公司之股東分割後持有既存公司之股權之比例計算之。

第三十九條　（營利事業所得稅之免徵）

① 公司讓與全部或主要之營業或財產予他公司，取得有表決權之股份達全部交易對價百分之八十以上，並將取得之股份全數轉予股東者，其因讓與營業或財產而產生之所得，免徵營利事業所得稅；其因而產生之損失，亦不得自所得額中減除。

② 前項所稱主要之營業，指讓與營業之最近三年收入達各該年度全部營業收入之百分之五十以上者；所稱主要之財產，指讓與財產達移轉時全部財產之百分之五十以上者。

③ 公司分割並將取得之股份全數轉予股東者，其因而產生之所得，免徵營利事業所得稅；其因而產生之損失，亦不得自所得額中減除。

第四十條　（稅務事項之辦理）

① 公司進行合併、分割或依第二十七條至第二十九條規定收購，而持有其子公司股份或出資額達已發行股份總數或資本總額百分之九十者，得自其持有期間在一個課稅年度內滿十二個月之年度起，選擇以該公司為納稅義務人，依所得稅法相關規定合併辦理營利事業所得稅結算申報及未分配盈餘加徵百分之十營利事業所得稅申報；其他有關稅務事項，應由該公司及其子公司分別辦理。

② 依前項規定選擇合併申報營利事業所得稅者，其合於規定之各本國子公司，應全部納入合併申報；其選擇合併申報，無須事先申請核准，一經選擇，除因正當理由，於會計年度終了前二個月內，報經賦稅主管機關核准者外，不得變更。

③ 依前項規定經核准變更採分別申報者，自變更之年度起連續五年，不得再選擇合併申報；其子公司因股權變動不符第一項規定而個別辦理申報者，自該子公司個別申報之年度起連續五年，不得再依前項規定納入合併申報。

④ 依第一項規定合併申報營利事業所得稅者，其合併結算申報課稅所得額及應納稅額之計算、合併申報未分配盈餘及應加徵稅額之計算、營業虧損之扣除、投資抵減獎勵之適用、國外稅額之扣抵、股東可扣抵稅額帳戶之處理、暫繳申報及其他應行事項之辦法，由賦稅主管機關定之。

第四十一條　（公司與外國公司之適用本法）

公司與外國公司進行合併、分割或依第二十七條、第二十八條及第三十條第三項規定收購財產或股份者，第三十四條至第四十條之規定，於該公司適用之；第三十四條及第三十八條之規定，於該外國公司亦適用之。

第四十二條 （所得額及應納稅額之調整）

①公司與其子公司相互間、公司或其子公司與國內、外其他個人、營利事業或教育、文化、公益、慈善機關或團體相互間有下列情形之一者，稽徵機關為正確計算相關納稅義務人之所得額及應納稅額，得報經稅主管機關核准，按交易常規或依查得資料予以調整：

　　一　有關收入、成本、費用及損益之攤計，有以不合交易常規之安排，規避或減少納稅義務者。

　　二　有藉由股權之收購、財產之轉移或其他虛偽之安排，不當為他人或自己規避或減少納稅義務者。

②公司或其子公司經稽徵機關依前項規定調整其所得額及應納稅額者，當年度不得適用前條合併申報營利事業所得稅之規定。

第四十三條 （認購或交換公司股票）

　　公司以營業或財產認購或交換他公司股票時，如所得股票之價值低於營業或財產帳面價值時，其交易損失，得於十五年內認列。

第四章　金融措施

第四十四條 （適用規定）

①為鼓勵企業合併、收購、分割，符合左列各款之一者，適用促進產業升級條例第二十一條之規定：

　　一　為改善產業結構而提出完善營運計畫書並進行合併、收購、分割者，行政院開發基金得投資於合併、收購、分割後存續或新設之公司。

　　二　國內生產力不符經營效益之公司為配合產業結構之改善而生產設備必須分割外移並另訂有資金回流計畫，其分割後既存或新設於國內之公司，其資金不足者，得申請行政院開發基金專案低利融資。

②前項行政院開發基金之專案融資得與金融機構合作辦理。

第四十五條 （授信額度之限制）

　　公司因合併、收購或分割而逾越銀行法令有關關係人或同一人、同

一關係人或同一關係企業授信額度規定者，金融機構得依原授信契約至所訂授信期間屆滿為止。

第四十六條 （股份擔保）

公司因收購、分割以部分營業或財產之讓與而取得既存公司之股份時，金融機構在不損及債權確保原則下，得將取得之股份替代原營業或財產之擔保。

第五章　公司重整之組織再造

第四十七條 （重整計畫之內容）

①公司進行重整時，得將併購之規劃，訂明於重整計畫中。

②公司以併購之方式進行重整時應提供相關書面文件，為重整計畫之一部分，其程序不適用第十八條、第十九條、第二十九條、第三十二條有關股東會或董事會決議之規定。

第四十八條 （重整中之股份收買請求權）

公司於重整中進行併購者，其股東無股份收買請求權，不適用第十二條之規定。

第六章　附　　則

第四十九條 （書件之檢附）

公司適用第三章有關租稅之規定，應依賦稅主管機關之規定檢附相關書件；未檢附或書件不齊者，稅捐稽徵機關應通知限期補送齊全；屆期無正當理由而未補齊者，不予適用。

第五十條 （施行日期）

本法自公布日施行。

商業登記法

民國二十六年六月二十八日國民政府公布

五十六年十一月二十八日總統令修正公布

七十八年十月二十三日總統令修正公布

八十八年十二月二十九日總統令修正公布

八十九年四月二十六日總統令修正公布

九十一年二月六日總統令修正公布

九十一年十二月十八日總統令修正公布

九十七年一月十六日總統令修正公布

九十八年一月二十一日總統令修正公布第二八條條文

第一條 （法律之適用）

　　商業登記，依本法之規定。

第二條 （主管機關）

①本法所稱主管機關：在中央為經濟部；在直轄市為直轄市政府；在縣（市）為縣（市）政府。

②直轄市政府、縣（市）政府，必要時得報經經濟部核定，將本法部分業務委任或委辦區、鄉（鎮、市、區）公所或委託直轄市、縣（市）之商業會辦理。

第三條 （商業之定義）

　　本法所稱商業，指以營利為目的，以獨資或合夥方式經營之事業。

第四條 （成立之登記要件）

　　商業除第五條規定外，非經商業所在地主管機關登記，不得成立。

第五條 （得免申請登記之小規模商業）

　　下列各款小規模商業，得免依本法申請登記：

　　一　攤販。

　　二　家庭農、林、漁、牧業者。

　　三　家庭手工業者。

　　四　民宿經營者。

　　五　每月銷售額未達營業稅起徵點者。

第六條 （商業登記之申請與撤銷）

①商業業務，依法律或法規命令，須經各該目的事業主管機關許可者，

於領得許可文件後，方得申請商業登記。

②前項業務之許可，經目的事業主管機關撤銷或廢止確定者，各該目的事業主管機關應通知商業所在地主管機關撤銷或廢止其商業登記或部分登記事項。

第七條　（商業受勒令歇業處分之處置）

商業之經營有違反法律或法規命令，受勒令歇業處分確定者，應由處分機關通知商業所在地主管機關，廢止其商業登記或部分登記事項。

第八條　（申請登記之辦理）

①商業登記之申請，由商業負責人向商業所在地之主管機關為之；其委託他人辦理者，應附具委託書。

②商業繼承之登記，應由合法繼承人全體聯名申請，繼承人中有未成年者，由其法定代理人代為申請；繼承開始時，繼承人之有無不明者，由遺產管理人代為申請。

第九條　（應申請登記事項）

①商業開業前，應將下列各款申請登記：

一　名稱。

二　組織。

三　所營業務。

四　資本額。

五　所在地。

六　負責人之姓名、住、居所、身分證明文件字號、出資種類及數額。

七　合夥組織者，合夥人之姓名、住、居所、身分證明文件字號、出資種類、數額及合夥契約副本。

八　其他經中央主管機關規定之事項。

②前項及其他依本法規定應登記事項，商業所在地主管機關得隨時派員抽查；商業負責人及其從業人員，不得規避、妨礙或拒絕。

第十條　（商業負責人）

①本法所稱商業負責人，在獨資組織，為出資人或其法定代理人；在合夥組織者，為執行業務之合夥人。

②經理人在執行職務範圍內，亦為商業負責人。

第十一條　（限制行為能力人申請、撤銷商業登記之限制）

①限制行為能力人，經法定代理人之允許，獨立營業或為合夥事業之

合夥人者，申請登記時，應附送法定代理人之同意書。

②法定代理人如發覺前項行為有不勝任情形，撤銷其允許或加以限制者，應將其事由申請商業所在地主管機關登記。

第十二條 （由法定代理人經營已登記商業之登記）

法定代理人為無行為能力人或限制行為能力人經營已登記之商業者，則法定代理人為商業負責人，應於十五日內申請登記，登記時應加具法定代理人證明文件。

第十三條 （經理人任免或調動之登記）

經理人之任免或調動，應自事實發生之日起十五日內申請登記。

第十四條 （分支機構之登記）

①商業之分支機構，其獨立設置帳簿者，應自設立之日起十五日內，將下列各款事項，向分支機構所在地之主管機關申請登記：

　　一　分支機構名稱。

　　二　分支機構所在地。

　　三　分支機構經理人之姓名、住、居所、身分證明文件字號。

　　四　其他經中央主管機關規定之事項。

②前項分支機構終止營業時，應自事實發生之日起十五日內，向分支機構所在地之主管機關申請廢止登記。

③分支機構所在地主管機關依前二項規定核准或廢止登記後，應以副本抄送本商業所在地之直轄市政府或縣（市）政府。

第十五條 （變更登記）

①登記事項有變更時，除繼承之登記應自繼承開始後六個月內為之外，應自事實發生之日起十五日內，申請為變更登記。

②商業之各類登記事項，其申請程序、應檢附之文件、資料及其他應遵行事項之辦法，由中央主管機關定之。

第十六條 （商業遷移之登記）

商業遷移於原登記機關之管轄區域以外時，應向遷入區域之主管機關申請遷址之登記。

第十七條 （停業登記及復業登記）

①商業暫停營業一個月以上者，應於停業前申請停業之登記，並於復業前申請復業之登記。但已依加值型及非加值型營業稅法規定申報者，不在此限。

②前項停業期間，最長不得超過一年。但有正當理由，經商業所在地主管機關核准者，不在此限。

第十八條 （歇業登記）

商業終止營業時，應自事實發生之日起十五日內，申請歇業登記。

第十九條 （登記之公告及其效力）

①已登記之事項，所在地主管機關應公告之。

②公告與登記不符者，以登記為準。

第二十條 （登記對抗主義）

①商業設立登記後，有應登記事項而未登記，或已登記事項有變更而未為變更之登記者，不得以其事項對抗善意第三人。

②於分支機構所在地有應登記事項而未登記，或已登記事項有變更而未為變更之登記者，前項規定，僅就該分支機構適用之。

第二十一條 （他種登記之統一發證）

①商業之登記，如依其他法律之規定，須辦理他種登記者，應實施統一發證；其辦法由行政院定之。

②登記證由中央主管機關規定格式，由各地方主管機關自行印製。

③前二項規定之施行期限，由行政院定之。

第二十二條 （商業登記申請之補正通知）

商業所在地主管機關對於商業登記之申請，認有違反法令或不合法定程序者，應自收文之日起五日內通知補正，其應行補正事項，應一次通知之。

第二十三條 （核准登記期間之限制）

商業所在地主管機關辦理商業登記案件之期間，自收件之日起至核准登記之日止，不得逾七日。但依前條規定通知補正期間，不計在內。

第二十四條 （登記事項之申請更正）

商業登記後，申請人發現其登記事項有錯誤或遺漏時，得申請更正；必要時並應檢具證明文件。

第二十五條 （請求發給證明書）

商業負責人或利害關係人，得請求商業所在地主管機關就已登記事項發給證明書。

第二十六條 （請求查閱或抄錄登記簿及其附屬文件）

①商業負責人或利害關係人，得敘明理由，向商業所在地主管機關請求查閱或抄錄登記簿及其附屬文件。但顯無必要者，商業所在地主管機關得拒絕抄閱或限制其抄閱範圍。

②商業之下列登記事項，其所在地主管機關應公開於資訊網站，以供

查閱：

一　名稱。

二　組織。

三　所營業務。

四　資本額。

五　所在地。

六　負責人之姓名。

七　合夥組織者，其合夥人之姓名。

八　分支機構之名稱、所在地及經理人之姓名。

第二十七條　（商業名稱之使用）

商業之名稱，得以其負責人姓名或其他名稱充之。但不得使用易於使人誤認為與政府機關或公益團體有關之名稱。以合夥人之姓或姓名為商業名稱者，該合夥人退夥，如仍用其姓或姓名為商業名稱時，須得其同意。

第二十八條　（使用商業名稱之限制）

①商業在同一直轄市或縣(市)，不得使用與已登記之商業相同之名稱。但增設分支機構於他直轄市或縣（市），附記足以表示其為分支機構之明確字樣者，不在此限。

②商業之名稱，不得使用公司字樣。

③商業名稱及所營業務，於商業登記前，應先申請核准，並保留商業名稱於一定期間內，不得為其他商業使用；其申請程序、商業名稱與所營業務之記載方式、保留期間及其他應遵行事項之準則，由中央主管機關定之。

第二十九條　（撤銷或廢止商業登記事項之情事）

①商業有下列情事之一者，其所在地主管機關得依職權、檢察機關通知或利害關係人申請，撤銷或廢止其商業登記或部分登記事項：

一　登記事項有偽造、變造文書，經有罪判決確定。

二　登記後滿六個月尚未開始營業，或開始營業後自行停止營業六個月以上。

三　遷離原址，逾六個月未申請變更登記，經商業所在地主管機關通知仍未辦理。

四　登記後經有關機關調查，發現無營業跡象，並經房屋所有權人證明無租借房屋情事。

②前項第二款所定期限，如有正當事由，得申請准予延展。

第三十條　（虛偽申報之罰鍰）

申請登記事項有虛偽情事者，其商業負責人處新臺幣六千元以上三萬元以下罰鍰。

第三十一條　（經營未設立登記業務之罰鍰）

未經設立登記而以商業名義經營業務或為其他法律行為者，商業所在地主管機關應命行為人限期辦妥登記；屆期未辦妥者，處新臺幣一萬元以上五萬元以下罰鍰，並得按次連續處罰。

第三十二條　（違反應登記事項之罰鍰）

除前條規定外，其他有應登記事項而不登記者，其商業負責人處新臺幣二千元以上一萬元以下罰鍰。

第三十三條　（違反申請登記期限之罰鍰）

逾第十二條至第十五條規定申請登記之期限者，其商業負責人處新臺幣一千元以上五千元以下罰鍰。

第三十四條　（規避、妨礙或拒絕抽查之罰鍰）

商業負責人或其從業人員違反第九條第二項規定，規避、妨礙或拒絕商業所在地主管機關人員抽查者，其商業負責人處新臺幣六千元以上三萬元以下罰鍰。

第三十五條　（規費之訂定）

①商業所在地主管機關依本法受理商業名稱及所營業務預查、登記、查閱、抄錄及各種證明書，應收取審查費、登記費、查閱費、抄錄費及證照費；其費額，由中央主管機關定之。

②停業登記、復業登記、歇業登記，免繳登記費。

第三十六條　（施行細則之訂定）

本法施行細則，由中央主管機關定之。

第三十七條　（施行日期）

本法自公布日施行。但第十五條第二項、第二十三條、第二十六條第二項之施行日期，由行政院定之。

票 據 法

民國十八年十月三十日國民政府公布

四十三年五月十四日總統令修正公布

四十九年三月三十一日總統令修正公布

六十二年五月二十八日總統令修正公布

六十六年七月二十三日總統令修正公布

七十五年六月二十九日總統令修正公布

七十六年六月二十九日總統令公布刪除第一四四之一條條文

第一章 通 則

第一條 （票據之種類）

　本法所稱票據，為匯票、本票及支票。

第二條 （匯票之定義）

　稱匯票者，謂發票人簽發一定之金額，委託付款人於指定之到期日，無條件支付與受款人或執票人之票據。

第三條 （本票之定義）

　稱本票者，謂發票人簽發一定之金額，於指定之到期日，由自己無條件支付與受款人或執票人之票據。

第四條 （支票、金融業之定義）

①稱支票者，謂發票人簽發一定之金額，委託金融業者於見票時，無條件支付與受款人或執票人之票據。

②前項所稱金融業者，係指經財政部核准辦理支票存款業務之銀行、信用合作社、農會與漁會。

第五條 （簽名人責任）

①在票據上簽名者，依票上所載文義負責。

②二人以上共同簽名時，應連帶負責。

第六條 （蓋章代簽名）

　票據上之簽名，得以蓋章代之。

第七條 （確定金額之標準）

　票據上記載金額之文字與號碼不符時，以文字為準。

第八條 （票據行為之獨立性）

票據上雖有無行為能力人或限制行為能力人之簽名，不影響其他簽名之效力。

第九條　（隱名代理）

代理人未載明為本人代理之旨而簽名於票據者，應自負票據上之責任。

第十條　（無權代理與越權代理）

①無代理權而以代理人名義簽名於票據者，應自負票據上之責任。

②代理人逾越權限時，就其權限外之部分，亦應自負票據上之責任。

第十一條　（要式性、空白授權票據、改寫）

①欠缺本法所規定票據上應記載事項之一者，其票據無效。但本法別有規定者，不在此限。

②執票人善意取得已具備本法規定應記載事項之票據者，得依票據文義行使權利；票據債務人不得以票據原係欠缺應記載事項為理由，對於執票人，主張票據無效。

③票據上之記載，除金額外，得由原記載人於交付前改寫之。但應於改寫處簽名。

第十二條　（不生票據上效力之記載）

票據上記載本法所不規定之事項者，不生票據上之效力。

第十三條　（票據抗辯）

票據債務人不得以自己與發票人或執票人之前手間所存抗辯之事由，對抗執票人。但執票人取得票據出於惡意者，不在此限。

第十四條　（善意取得）

①以惡意或有重大過失取得票據者，不得享有票據上之權利。

②無對價或以不相當之對價取得票據者，不得享有優於其前手之權利。

第十五條　（票據之偽造及簽名之偽造）

票據之偽造或票據上簽名之偽造，不影響於真正簽名之效力。

第十六條　（票據之變造）

①票據經變造時，簽名在變造前者，依原有文義負責；簽名在變造後者，依變造文義負責；不能辨別前後時，推定簽名在變造前。

②前項票據變造，其參與或同意變造者，不論簽名在變造前後，均依變造文義負責。

第十七條　（票據之塗銷）

票據上之簽名或記載被塗銷時，非由票據權利人故意為之者，不影響於票據上之效力。

第十八條 （止付通知）

①票據喪失時，票據權利人得為止付之通知。但應於提出止付通知後五日內，向付款人提出已為聲請公示催告之證明。

②未依前項但書規定辦理者，止付通知失其效力。

第十九條 （公示催告）

①票據喪失時，票據權利人得為公示催告之聲請。

②公示催告程序開始後，其經到期之票據，聲請人得提供擔保，請求票據金額之支付；不能提供擔保時，得請求將票據金額依法提存。其尚未到期之票據，聲請人得提供擔保，請求給與新票據。

第二十條 （行使或保全票據上權利之處所）

為行使或保全票據上權利，對於票據關係人應為之行為，應在票據上指定之處所為之；無指定之處所者，在其營業所為之；無營業所者，在其住所或居所為之。票據關係人之營業所、住所或居所不明時，因作成拒絕證書，得請求法院公證處、商會或其他公共會所，調查其人之所在；若仍不明時，得在該法院公證處、商會或其他公共會所作成之。

第二十一條 （行使或保全票據上權利之時間）

為行使或保全票據上權利，對於票據關係人應為之行為，應於其營業日之營業時間內為之；如其無特定營業日或未訂有營業時間者，應於通常營業日之營業時間內為之。

第二十二條 （票據時效、利益償還請求權）

①票據上之權利，對匯票承兌人及本票發票人，自到期日起算；見票即付之本票，自發票日起算，三年間不行使，因時效而消滅。對支票發票人自發票日起算，一年間不行使，因時效而消滅。

②匯票、本票之執票人，對前手之追索權，自作成拒絕證書日起算，一年間不行使，因時效而消滅。支票之執票人，對前手之追索權，四個月間不行使，因時效而消滅。其免除作成拒絕證書者，匯票、本票自到期日起算；支票自提示日起算。

③匯票、本票之背書人，對於前手之追索權，自為清償之日或被訴之日起算，六個月間不行使，因時效而消滅。支票之背書人，對前手之追索權，二個月間不行使，因時效而消滅。

④票據上之債權，雖依本法因時效或手續之欠缺而消滅，執票人對於發票人或承兌人，於其所受利益之限度，得請求償還。

第二十三條 （黏單）

① 票據餘白不敷記載時，得黏單延長之。

② 黏單後第一記載人，應於騎縫上簽名。

第二章　匯　票

第一節　發票及款式

第二十四條　（匯票之應載事項）

① 匯票應記載左列事項，由發票人簽名：

一　表明其為匯票之文字。

二　一定之金額。

三　付款人之姓名或商號。

四　受款人之姓名或商號。

五　無條件支付之委託。

六　發票地。

七　發票年、月、日。

八　付款地。

九　到期日。

② 未載到期日者，視為見票即付。

③ 未載付款人者，以發票人為付款人。

④ 未載受款人者，以執票人為受款人。

⑤ 未載發票地者，以發票人之營業所、住所或居所所在地為發票地。

⑥ 未載付款地者，以付款人之營業所、住所或居所所在地為付款地。

第二十五條　（變則匯票）

① 發票人得以自己或付款人為受款人，並得以自己為付款人。

② 匯票未載受款人者，執票人得於無記名匯票之空白內，記載自己或他人為受款人，變更為記名匯票。

第二十六條　（擔當付款人、預備付款人）

① 發票人得於付款人外，記載一人為擔當付款人。

② 發票人亦得於付款人外，記載在付款地之一人為預備付款人。

第二十七條　（付款處所）

發票人得記載在付款地之付款處所。

第二十八條　（利息及利率）

① 發票人得記載對於票據金額支付利息及其利率。

②利率未經載明時，定為年利六釐。

③利息自發票日起算。但有特約者，不在此限。

第二十九條 （發票人之責任）

①發票人應照匯票文義擔保承兌及付款。但得依特約免除擔保承兌之責。

②前項特約，應載明於匯票。

③匯票上有免除擔保付款之記載者，其記載無效。

第二節　背　　書

第三十條 （轉讓方式與禁止轉讓）

①匯票依背書及交付而轉讓。無記名匯票得僅依交付轉讓之。

②記名匯票發票人有禁止轉讓之記載者，不得轉讓。

③背書人於匯票上記載禁止轉讓者，仍得依背書而轉讓之。但禁止轉讓者，對於禁止後再由背書取得匯票之人，不負責任。

第三十一條 （背書之處所與種類）

①背書由背書人在匯票之背面或其黏單上為之。

②背書人記載被背書人，並簽名於匯票者，為記名背書。

③背書人不記載被背書人，僅簽名於匯票者，為空白背書。

④前兩項之背書，背書人得記載背書之年、月、日。

第三十二條 （空白背書匯票之轉讓方式㈠）

①空白背書之匯票，得依匯票之交付轉讓之。

②前項匯票，亦得以空白背書或記名背書轉讓之。

第三十三條 （空白背書匯票之轉讓方式㈡）

匯票之最後背書為空白背書者，執票人得於該空白內，記載自己或他人為被背書人，變更為記名背書，再為轉讓。

第三十四條 （回頭背書）

①匯票得轉讓與發票人、承兌人、付款人或其他票據債務人。

②前項受讓人，於匯票到期日前，得再為轉讓。

第三十五條 （預備付款人）

背書人得記載在付款地之一人為預備付款人。

第三十六條 （一部背書、分別轉讓背書、附條件背書）

就匯票金額之一部分所為之背書，或將匯票金額分別轉讓於數人之背書，不生效力。背書附記條件者，其條件視為無記載。

第三十七條 （背書之連續與塗銷之背書）

①執票人應以背書之連續，證明其權利。但背書中有空白背書時，其次之背書人，視為前空白背書之被背書人。

②塗銷之背書，不影響背書之連續者，對於背書之連續，視為無記載。

③塗銷之背書，影響背書之連續者，對於背書之連續，視為未塗銷。

第三十八條　（故意塗銷背書）

執票人故意塗銷背書者，其被塗銷之背書人及其被塗銷背書人名次之後，而於未塗銷以前為背書者，均免其責任。

第三十九條　（背書人責任）

第二十九條之規定，於背書人準用之。

第四十條　（委任取款背書）

①執票人以委任取款之目的而為背書時，應於匯票上記載之。

②前項被背書人得行使匯票上一切權利，並得以同一目的更為背書。

③其次之被背書人所得行使之權利，與第一被背書人同。

④票據債務人對於受任人所得提出之抗辯，以得對抗委任人者為限。

第四十一條　（期後背書）

①到期日後之背書，僅有通常債權轉讓之效力。

②背書未記明日期者，推定其作成於到期日前。

第三節　承　兌

第四十二條　（提示承兌之時期）

執票人於匯票到期日前，得向付款人為承兌之提示。

第四十三條　（承兌之格式）

①承兌應在匯票正面記載承兌字樣，由付款人簽名。

②付款人僅在票面簽名者，視為承兌。

第四十四條　（指定及禁止承兌之期限）

①除見票即付之匯票外，發票人或背書人得在匯票上為應請求承兌之記載，並得指定其期限。

②發票人得為於一定日期前，禁止請求承兌之記載。

③背書人所定應請求承兌之期限，不得在發票人所定禁止期限之內。

第四十五條　（法定承兌期限）

①見票後定期付款之匯票，應自發票日起六個月內為承兌之提示。

②前項期限，發票人得以特約縮短或延長之。但延長之期限不得逾六個月。

第四十六條　（承兌日）

①見票後定期付款之匯票，或指定請求承兌期限之匯票，應由付款人在承兌時，記載其日期。

②承兌日期未經記載時，承兌仍屬有效。但執票人得請求作成拒絕證書，證明承兌日期；未作成拒絕證書者，以前條所許或發票人指定之承兌期限之末日為承兌日。

第四十七條 （一部承兌、附條件承兌）

①付款人承兌時，經執票人之同意，得就匯票金額之一部分為之。但執票人應將事由通知其前手。

②承兌附條件者，視為承兌之拒絕，但承兌人仍依所附條件負其責任。

第四十八條 （承兌之延期）

付款人於執票人請求承兌時，得請其延期為之。但以三日為限。

第四十九條 （擔當付款人之指定、塗銷與變更）

①付款人於承兌時，得指定擔當付款人。

②發票人已指定擔當付款人者，付款人於承兌時，得塗銷或變更之。

第五十條 （付款處所）

付款人於承兌時，得於匯票上記載付款地之付款處所。

第五十一條 （承兌之撤銷）

付款人雖在匯票上簽名承兌，未將匯票交還執票人以前，仍得撤銷其承兌。但已向執票人或匯票簽名人以書面通知承兌者，不在此限。

第五十二條 （承兌之效力）

①付款人於承兌後，應負付款之責。

②承兌人到期不付款者，執票人雖係原發票人，亦得就第九十七條及第九十八條所定之金額，直接請求支付。

第四節　參加承兌

第五十三條 （請求參加承兌之時期與對象）

①執票人於到期日前得行使追索權時，匯票上指定有預備付款人者，得請求其為參加承兌。

②除預備付款人與票據債務人外，不問何人，經執票人同意，得以票據債務人中之一人為被參加人，而為參加承兌。

第五十四條 （參加承兌之記載事項）

①參加承兌，應在匯票正面記載左列各款，由參加承兌人簽名：

　　一　參加承兌之意旨。

　　二　被參加人姓名。

　　三　年、月、日。

②未記載被參加人者，視為為發票人參加承兌。

③預備付款人為參加承兌時，以指定預備付款人之人為被參加人。

第五十五條　（參加之通知及怠於通知之效力）

①參加人非受被參加人之委託而為參加者，應於參加後四日內，將參加事由通知被參加人。

②參加人怠於為前項通知因而發生損害時，應負賠償之責。

第五十六條　（參加承兌之效力）

①執票人允許參加承兌後，不得於到期日前行使追索權。

②被參加人及其前手，仍得於參加承兌後，向執票人支付第九十七條所定金額，請其交出匯票及拒絕證書。

第五十七條　（參加承兌人之責任）

　　付款人或擔當付款人，不於第六十九條及第七十條所定期限內付款時，參加承兌人應負支付第九十七條所定金額之責。

第五節　保　證

第五十八條　（保證人之資格）

①匯票之債務，得由保證人保證之。

②前項保證人，除票據債務人外，不問何人，均得為之。

第五十九條　（保證之格式）

①保證應在匯票或其謄本上記載左列各款，由保證人簽名：

　　一　保證人之意旨。

　　二　被保證人姓名。

　　三　年、月、日。

②保證未載明年、月、日者，以發票年、月、日為年、月、日。

第六十條　（被保證人之擬制）

　　保證未載明被保證人者，視為為承兌人保證；其未經承兌者，視為為發票人保證。但得推知其為何人保證者，不在此限。

第六十一條　（保證人之責任）

①保證人與被保證人負同一責任。

②被保證人之債務縱為無效，保證人仍負擔其義務。但被保證人之債務，因方式之欠缺而為無效者，不在此限。

第六十二條　（共同保證之責任）

　　二人以上為保證時，均應連帶負責。

第六十三條　（一部保證）

保證得就匯票金額之一部分為之。

第六十四條　（保證人之權利）

保證人清償債務後，得行使執票人對承兌人、被保證人及其前手之追索權。

第六節　到　期　日

第六十五條　（到期日）

①匯票之到期日，應依左列各式之一定之：

　　一　定日付款。

　　二　發票日後定期付款。

　　三　見票即付。

　　四　見票後定期付款。

②分期付款之匯票，其中任何一期，到期不獲付款時，未到期部分，視為全部到期。

③前項視為到期之匯票金額中所含未到期之利息，於清償時，應扣減之。

④利息經約定於匯票到期日前分期付款者，任何一期利息到期不獲付款時，全部匯票金額視為均已到期。

第六十六條　（見票即付匯票之到期日）

①見票即付之匯票，以提示日為到期日。

②第四十五條之規定，於前項提示準用之。

第六十七條　（見票後定期付款匯票之到期日）

①見票後定期付款之匯票，依承兌日或拒絕承兌證書作成日，計算到期日。

②匯票經拒絕承兌而未作成拒絕承兌證書者，依第四十五條所規定承兌提示期限之末日，計算到期日。

第六十八條　（期間之計算方法）

①發票日後或見票日後一個月或數個月付款之匯票，以在應付款之月與該日期相當之日為到期日；無相當者，以該月末日為到期日。

②發票日後或見票日後一個月半或數個月半付款之匯票，應依前項規定，計算全月後加十五日，以其末日為到期日。

③票上僅載月初、月中、月底者，謂之一日、十五日、末日。

第七節 付 款

第六十九條 （提示付款時期及對象）

①執票人應於到期日或其後二日內，為付款之提示。

②匯票上載有擔當付款人者，其付款之提示，應向擔當付款人為之。

③為交換票據向票據交換所提示者，與付款之提示有同一效力。

第七十條 （付款日期）

付款經執票人之同意，得延期為之。但以提示後三日為限。

第七十一條 （付款人之審查責任）

①付款人對於背書不連續之匯票而付款者，應自負其責。

②付款人對於背書簽名之真偽，及執票人是否票據權利人，不負認定之責。但有惡意或重大過失時，不在此限。

第七十二條 （期前付款）

①到期日前之付款，執票人得拒絕之。

②付款人於到期日前付款者，應自負其責。

第七十三條 （一部付款）

一部分之付款，執票人不得拒絕。

第七十四條 （匯票之繳回性㈠）

①付款人付款時，得要求執票人記載收訖字樣簽名為證，並交出匯票。

②付款人為一部分之付款時，得要求執票人在票上記載所收金額，並另給收據。

第七十五條 （支付之貨幣）

①表示匯票金額之貨幣，如為付款地不通用者，得依付款日行市，以付款地通用之貨幣支付之。但有特約者，不在此限。

②表示匯票金額之貨幣，如在發票地與付款地名同價異者，推定其為付款地之貨幣。

第七十六條 （匯票金額之提存）

執票人在第六十九條所定期限內，不為付款之提示時，票據債務人得將匯票金額依法提存；其提存費用，由執票人負擔之。

第八節 參加付款

第七十七條 （參加付款之期限）

參加付款，應於執票人得行使追索權時為之。但至遲不得逾拒絕證明作成期限之末日。

第七十八條 （得參加付款人與拒絕參加付款之效力）

①參加付款，不問何人，均得為之。

②執票人拒絕參加付款者，對於被參加人及其後手喪失追索權。

第七十九條 （參加付款之提示）

①付款人或擔當付款人，不於第六十九條及第七十條所定期限內付款者，有參加承兌人時，執票人應向參加承兌人為付款之提示；無加承兌人而有預備付款人時，應向預備付款人為付款之提示。

②參加承兌人或預備付款人，不於付款提示時為清償者，執票人應請作成拒絕付款證書之機關，於拒絕證書上載明之。

③執票人違反前二項規定時，對於被參加人與指定預備付款人之人及其後手，喪失追索權。

第八十條 （優先參加人）

①請為參加付款者有數人時，其能免除最多數之債務者，有優先權。

②故意違反前項規定為參加付款者，對於因之未能免除債務之人，喪失追索權。

③能免除最多數之債務者有數人時，應由受被參加人之委託者或預備付款人參加之。

第八十一條 （參加付款之金額）

參加付款，應就被參加人應支付金額之全部為之。

第八十二條 （參加付款之程序）

①參加付款，應於拒絕付款證書內記載之。

②參加承兌人付款，以被參加承兌人為被參加付款人。預備付款人付款，以指定預備付款人之人為被參加付款人。

③無參加承兌人或預備付款人，而匯票上未記載被參加付款人者，以發票人為被參加付款人。

④第五十五條之規定，於參加付款準用之。

第八十三條 （匯票之繳回性（一））

①參加付款後，執票人應將匯票及收款清單交付參加付款人，有拒絕證書者，應一併交付之。

②違反前項之規定者，對於參加付款人，應負損害賠償之責。

第八十四條 （參加付款之效力）

①參加付款人，對於承兌人、被參加付款人及其前手，取得執票人之權利。但不得以背書更為轉讓。

②被參加付款人之後手，因參加付款而免除債務。

第九節　追　索　權

第八十五條　（到期追索與期前追索）

①匯票到期不獲付款時，執票人於行使或保全匯票上權利之行為後，對於背書人、發票人及匯票上其他債務人，得行使追索權。

②有左列情形之一者，雖在到期日前，執票人亦得行使前項權利：

一　匯票不獲承兌時。

二　付款人或承兌人死亡、逃避或其他原因，無從為承兌或付款提示時。

三　付款人或承兌人受破產宣告時。

第八十六條　（拒絕證書之作成）

①匯票全部或一部不獲承兌或付款或無從為承兌或付款提示時，執票人應請求作成拒絕證書證明之。

②付款人或承兌人在匯票上記載提示日期，及全部或一部承兌或付款之拒絕，經其簽名後，與作成拒絕證書有同一效力。

③付款人或承兌人之破產，以宣告破產裁定之正本或節本證明之。

第八十七條　（作成拒絕證書之期限）

①拒絕承兌證書，應於提示承兌期限內作成之。

②拒絕付款證書，應以拒絕付款日或其後五日內作成之。但執票人允許延期付款時，應於延期之末日，或其後五日內作成之。

第八十八條　（已作成拒絕承兌證書效力）

拒絕承兌證書作成後，無須再為付款提示，亦無須再請求作成付款拒絕證書。

第八十九條　（拒絕事由之通知）

①執票人應於拒絕證書作成後四日內，對於背書人、發票人及其他匯票上債務人，將拒絕事由通知之。

②如有特約免作成拒絕證書時，執票人應於拒絕承兌或拒絕付款後四日內，為前項之通知。

③背書人應於收到前項通知後四日內，通知其前手。

④背書人未於票據上記載住所或記載不明時，其通知對背書人之前手為之。

第九十條　（通知義務之免除）

發票人、背書人及匯票上其他債務人，得於第八十九條所定通知期限前，免除執票人通知之義務。

第九十一條 （通知方法）

①通知得用任何方法為之。但主張於第八十九條所定期限內曾為通知者，應負舉證之責。

②付郵遞送之通知，如封面所記被通知人之住所無誤，視為已經通知。

第九十二條 （因不可抗力違誤通知之補救）

①因不可抗力，不能於第八十九條所定期限內將通知發出者，應於障礙中止後四日內行之。

②證明於第八十九條所定期間內已將通知發出者，認為遵守通知期限。

第九十三條 （怠於通知之效力）

不於第八十九條所定期限內為通知者，仍得行使追索權。但因其怠於通知發生損害時，應負賠償之責；其賠償金額，不得超過匯票金額。

第九十四條 （免除作成拒絕證書）

①發票人或背書人，得為免除作成拒絕證書之記載。

②發票人為前項記載時，執票人得不請求作成拒絕證書，而行使追索權。但執票人仍請求作成拒絕證書時，應自擔其費用。

③背書人為第一項記載時，僅對於該背書人發生效力。執票人作成拒絕證書者，得向匯票上其他簽名人要求償還其費用。

第九十五條 （提示義務）

匯票上雖有免除作成拒絕證書之記載，執票人仍應於所定期限內為承兌或付款之提示。但對於執票人主張未為提示者，應負舉證之責。

第九十六條 （票據債務人責任）

①發票人、承兌人、背書人及其他票據債務人，對於執票人連帶負責。

②執票人得不依負擔債務之先後，對於前項債務人之一人或數人或全體行使追索權。

③執票人對於債務人之一人或數人已為追索者，對於其他票據債務人，仍得行使追索權。

④被追索者已為清償時，與執票人有同一權利。

第九十七條 （得追索之金額）

①執票人向匯票債務人行使追索權時，得要求左列金額：

　　一　被拒絕承兌或付款之匯票金額，如有約定利息者，其利息。

　　二　自到期日起如無約定利率者，依年利六釐計算之利息。

　　三　作成拒絕證書與通知及其他必要費用。

②於到期日前付款者，自付款日至到期日前之利息，應由匯票金額內

扣除。無約定利率者，依年利六釐計算。

第九十八條 （再追索之金額）

①為第九十七條之清償者，得向承兌人或前手要求左列金額：

一 所支付之總金額。

二 前款金額之利息。

三 所支出之必要費用。

②發票人為第九十七條之清償者，向承兌人要求之金額同。

第九十九條 （回頭背書匯票之追索權）

①執票人為發票人時，對其前手無追索權。

②執票人為背書人時，對該背書之後手無追索權。

第一百條 （被追索人之權利）

①匯票債務人為清償時，執票人應交出匯票。有拒絕證書時，應一併交出。

②匯票債務人為前項清償，如有利息及費用者，執票人應出具收據及償還計算書。

③背書人為清償時，得塗銷自己及其後手之背書。

第一百零一條 （一部承兌時之追索）

匯票金額一部分獲承兌時，清償未獲承兌部分之人，得要求執票人在匯票上記載其事由，另行出具收據，並交出匯票之謄本及拒絕承兌證書。

第一百零二條 （發行回頭匯票之追索）

①有追索權者，得以發票人或前背書人之一人或其他票據債務人為付款人，向其住所所在地發見票即付之匯票。但有相反約定時，不在此限。

②前項匯票之金額，於第九十七條及第九十八條所列者外，得加經紀費及印花稅。

第一百零三條 （回頭匯票金額之決定）

①執票人依第一百零二條之規定發匯票時，其金額依原匯票付款地匯往前手所在地之見票即付匯票之市價定之。

②背書人依第一百零二條之規定發匯票時，其金額依其所在地匯往前手所在地之見票即付匯票之市價定之。

③前二項市價，以發票日之市價為準。

第一百零四條 （追索權之喪失）

①執票人不於本法所定期限內為行使或保全匯票上權利之行為者，對

於前手喪失追索權。

②執票人不於約定期限內為前項行為者，對於該約定之前手喪失追索權。

第一百零五條　（遇不可抗力事變之處置）

①執票人因不可抗力之事變，不能於所定期限內為承兌或付款之提示，應將此事由從速通知發票人、背書人及其他票據債務人。

②第八十九條至第九十三條之規定，於前項通知準用之。

③不可抗力之事變終止後，執票人應即對付款人提示。

④如事變延至到期日後三十日以外時，執票人得逕行使追索權，無須提示或作成拒絕證書。

⑤匯票為見票即付或見票後定期付款者，前項三十日之期限，自執票人通知其前手之日起算。

第十節　拒絕證書

第一百零六條　（拒絕證書作成機關）

拒絕證書，由執票人請求拒絕承兌地或拒絕付款地之法院公證處、商會或銀行公會作成之。

第一百零七條　（拒絕證書之應載事項）

拒絕證書，應記載左列各款，由作成人簽名，並蓋作成機關之印章：

一　拒絕者及被拒絕者之姓名或商號。

二　對於拒絕者，雖為請求未得允許之意旨，或不能會晤拒絕者之事由，或其營業所、住所或居所不明之情形。

三　為前款請求，或不能為前款請求之地及其年、月、日。

四　於法定處所外作成拒絕證書時，當事人之合意。

五　有參加承兌時或參加付款時，參加之種類及參加人，並被參加人之姓名或商號。

六　拒絕證書作成之處所及其年、月、日。

第一百零八條　（付款拒絕證書之製作）

①付款拒絕證書，應在匯票或其黏單上作成之。

②匯票有複本或謄本者，於提示時僅須在複本之一份或原本或其黏單上作成之，但可能時，應在其他複本之各份或謄本上記載已作拒絕證書之事由。

第一百零九條　（其他拒絕證書之製作）

付款拒絕證書以外之拒絕證書，應照匯票或其謄本作成抄本，在該

抄本或其黏單上作成之。

第一百十條　（拒絕交還原本時證書之記載處所）

執票人以匯票之原本請求承兌或付款而被拒絕，並未經返還原本時，其拒絕證書，應在謄本或其黏單上作成之。

第一百十一條　（記載地位）

①拒絕證書應接續匯票上、複本上或謄本上原有之最後記載作成之。

②在黏單上作成者，並應於騎縫處簽名。

第一百十二條　（作成份數）

對數人行使追索權時，祇須作成拒絕證書一份。

第一百十三條　（抄本）

①拒絕證書作成人，應將證書原本交付執票人，並就證書全文另作抄本存於事務所，以備原本滅失時之用。

②抄本與原本有同一效力。

第十一節　複　　本

第一百十四條　（複本之發行及份數）

①匯票之受款人，得自負擔其費用，請求發票人發行複本。但受款人以外之執票人，請求發行複本時，須依次經由其前手請求之，並由其前手在各複本上，為同樣之背書。

②前項複本，以三份為限。

第一百十五條　（複本之款式）

複本應記載同一文句，標明複本字樣，並編列號數。未經標明複本字樣，並編列號數者，視為獨立之匯票。

第一百十六條　（複本之效力）

①就複本之一付款時，其他複本失其效力。但承兌人對於經其承兌而未取回之複本，應負其責。

②背書人將複本分別轉讓於二人以上時，對於經其背書而未收回之複本，應負其責。

③將複本各份背書轉讓與同一人者，該背書人為償還時，得請求執票人交出複本之各份。但執票人已立保證或提供擔保者，不在此限。

第一百十七條　（提示承兌與行使追索權）

①為提示承兌送出複本之一者，應於其他各份上載明接收人之姓名或商號及其住址。

②匯票上有前項記載者，執票人得請求接收人交還其所接收之複本。

③接收人拒絕交還時，執票人非以拒絕證書證明左列各款事項，不得行使追索權：

　　一　曾向接收人請求交還此項複本，而未經其交還。

　　二　以他複本為承兌或付款之提示，而不獲承兌或付款。

第十二節　謄　本

第一百十八條　（謄本之製作與效力）

①執票人有作成匯票謄本之權利。

②謄本應標明謄本字樣，謄寫原本上之一切事項，並註明迄於何處為謄寫部分。

③執票人就匯票作成謄本時，應將已作成謄本之旨，記載於原本。

④背書及保證，亦得在謄本上為之，與原本上所為之背書及保證有同一效力。

第一百十九條　（使用謄本之時機與方式）

①為提示承兌送出原本者，應於謄本上載明原本接收人之姓名或商號及其住址。

②匯票上有前項記載者，執票人得請求接收人交還原本。

③接收人拒絕交還時，執票人非將曾向接收人請求交還原本而未經其交還之事由，以拒絕證書證明，不得行使追索權。

第三章　本　票

第一百二十條　（本票之應載事項）

①本票應記載左列事項，由發票人簽名：

　　一　表明其為本票之文字。

　　二　一定之金額。

　　三　受款人之姓名或商號。

　　四　無條件擔任支付。

　　五　發票地。

　　六　發票年、月、日。

　　七　付款地。

　　八　到期日。

②未載到期日者，視為見票即付。

③未載受款人者，以執票人為受款人。

④未載發票地者，以發票人之營業所、住所或居所所在地為發票地。

⑤未載付款地者，以發票地為付款地。

⑥見票即付，並不記載受款人之本票，其金額須在五百元以上。

第一百二十一條　（發票人之責任）

本票發票人所負責任，與匯票承兌人同。

第一百二十二條　（見票後定期付款本票特別規定）

①見票後定期付款之本票，應由執票人向發票人為見票之提示，請其簽名，並記載見票字樣及日期；其提示期限，準用第四十五條之規定。

②未載見票日期者，應以所定提示見票期限之末日為見票日。

③發票人於提示見票時，拒絕簽名者，執票人應於提示見票期限內，請求作成拒絕證書。

④執票人依前項規定，作成見票拒絕證書後，無須再為付款之提示，亦無須再請求作成付款拒絕證書。

⑤執票人不於第四十五條所定期限內為見票之提示或作成拒絕證書者，對於發票人以外之前手，喪失追索權。

第一百二十三條　（本票之強制執行）

執票人向本票發票人行使追索權時，得聲請法院裁定後強制執行。

第一百二十四條　（關於準用匯票之規定）

第二章第一節第二十五條第二項、第二十六條第一項及第二十八條關於發票人之規定；第二章第二節關於背書之規定，除第三十五條外；第二章第五節關於保證之規定；第二章第六節關於到期日之規定；第二章第七節關於付款之規定；第二章第八節關於參加付款之規定，除第七十九條及第八十二條第二項外；第二章第九節關於追索權之規定，除第八十七條第一項、第八十八條及第一百零一條外；第二章第十節關於拒絕證書之規定；第二章第十二節關於謄本之規定，除第一百十九條外；均於本票準用之。

第四章　支　票

第一百二十五條　（支票之應載事項）

①支票應記載左列事項，由發票人簽名：

一　表明其為支票之文字。

二　一定之金額。

　　三　付款人之商號。

　　四　受款人之姓名或商號。

　　五　無條件支付之委託。

　　六　發票地。

　　七　發票年、月、日。

　　八　付款地。

②未載受款人者，以執票人為受款人。

③未載發票地者，以發票人之營業所、住所或居所為發票地。

④發票人得以自己或付款人為受款人，並得以自己為付款人。

第一百二十六條　（發票人之責任）

　　發票人應照支票文義擔保支票之支付。

第一百二十七條　（付款人之資格）

　　支票之付款人，以第四條所定之金融業者為限。

第一百二十八條　（見票即付與遠期支票）

①支票限於見票即付，有相反之記載者，其記載無效。

②支票在票載發票日前，執票人不得為付款之提示。

第一百二十九條　（轉帳或抵銷）

　　以支票轉帳或為抵銷者，視為支票之支付。

第一百三十條　（提示期限）

　　支票之執票人，應於左列期限內，為付款之提示：

　　一　發票地與付款地在同一省（市）區內者，發票日後七日內。

　　二　發票地與付款地不在同一省（市）區內者，發票日後十五日
　　　　內。

　　三　發票地在國外，付款地在國內者，發票日後二個月內。

第一百三十一條　（追索之要件）

①執票人於第一百三十條所定提示期限內，為付款之提示而被拒絕時，
　對於前手得行使追索權。但應於拒絕付款日或其後五日內，請求作
　成拒絕證書。

②付款人於支票或黏單上記載拒絕文義及其年、月、日並簽名者，與
　作成拒絕證書，有同一效力。

第一百三十二條　（喪失追索權之事由）

　　執票人不於第一百三十條所定期限內為付款之提示，或不於拒絕付
　　款日或其後五日內請求作成拒絕證書者，對於發票人以外之前手，
　　喪失追索權。

第一百三十三條 （利息之請求）

執票人向支票債務人行使追索權時，得請求自為付款提示日起之利息。如無約定利率者，依年利六釐計算。

第一百三十四條 （提示期限經過後發票人之責任）

發票人雖於提示期限經過後，對於執票人仍負責任。但執票人怠於提示，致使發票人受損失時，應負賠償之責，其賠償金額，不得超過票面金額。

第一百三十五條 （撤銷付款委託之限制）

發票人於第一百三十條所定期限內，不得撤銷付款之委託。

第一百三十六條 （提示期限經過後之付款）

付款人於提示期限經過後，仍得付款。但有左列事情之一者，不在此限：

一 發票人撤銷付款之委託時。

二 發行滿一年時。

第一百三十七條 （一部付款）

①付款人於發票人之存款或信用契約所約定之數不敷支付支票金額時，得就一部分支付之。

②前項情形，執票人應於支票上記明實收之數目。

第一百三十八條 （保付支票）

①付款人於支票上記載照付或保付或其他同義字樣並簽名後，其付款責任，與匯票承兌人同。

②付款人於支票上已為前項之記載時，發票人及背書人免除其責任。

③付款人不得為存款額外或信用契約所約定數目以外之保付，違反者應科以罰鍰。但罰鍰不得超過支票金額。

④依第一項規定，經付款人保付之支票，不適用第十八條、第一百三十條及第一百三十六條之規定。

第一百三十九條 （平行線支票）

①支票經在正面劃平行線二道者，付款人僅得對金融業者支付票據金額。

②支票上平行線內記載特定金融業者，付款人僅得對特定金融業者支付票據金額。但該特定金融業者為執票人時，得以其他金融業者為被背書人，背書後委託其取款。

③劃平行線支票之執票人，如非金融業者，應將該項支票存入其在金融業者之帳戶，委託其代為取款。

④支票上平行線內，記載特定金融業者，應存入其在該特定金融業者之帳戶，委託其代為取款。

⑤劃平行線之支票，得由發票人於平行線內記載照付現款或同義字樣，由發票人簽名或蓋章於其旁，支票上有此記載者，視為平行線之撤銷。但支票經背書轉讓者，不在此限。

第一百四十條 （付款人之賠償責任）

違反第一百三十九條之規定而付款者，應負賠償損害之責。但賠償金額，不得超過支票金額。

第一百四十一條 （刪除）
第一百四十二條 （刪除）
第一百四十三條 （付款人之付款責任）

付款人於發票人之存款或信用契約所約定之數，足敷支付支票金額時，應負支付之責。但收到發票人受破產宣告之通知者，不在此限。

第一百四十四條 （準用匯票之規定）

第二章第一節第二十五條第二項關於發票人之規定；第二節關於背書之規定，除第三十五條外；第二章第七節關於付款之規定，除第六十九條第一項、第二項、第七十條、第七十二條、第七十六條外；第二章第九節關於追索權之規定，除第八十五條第二項第一款、第二款、第八十七條、第八十八條、第九十七條第一項第二款、第二項及第一百零一條外；第二章第十節關於拒絕證書之規定，除第一百零八條第二項、第一百零九條及第一百十條外；均於支票準用之。

第五章 附 則

第一百四十四條之一 （刪除）
第一百四十五條 （施行細則之訂定）

本法施行細則，由行政院定之。

第一百四十六條 （施行日期）

本法自公布日施行。

票據法施行細則

民國六十二年五月二十九日行政院令發布

六十三年一月二十一日行政院令修正發布

六十七年二月二十一日行政院令修正發布

七十五年十二月三十日行政院令修正發布第九、一一條；並刪除第二、一五、一六條條文

第一條 （訂定依據）

本細則依票據法第一百四十五條規定訂定之。

第二條 （刪除）

第三條 （號碼視同文字記載）

票據上之金額，以號碼代替文字記載，經使用機械辦法防止塗銷者，視同文字記載。

第四條 （禁止請求付款之處分）

票據為不得享有票據上權利或票據權利應受限制之人獲得時，原票據權利人得依假處分程序，聲請法院為禁止占有票據之人向付款人請求付款之處分。

第五條 （掛失止付通知書）

①票據權利人依本法第十八條規定為止付之通知時，應填具掛失止付通知書，載明左列事項、通知付款人。

　一　票據喪失經過。

　二　喪失票據之類別、帳號、號碼、金額及其他有關記載。

　三　通知止付人之姓名、年齡、住所。其為機關、團體者，應於通知書上加蓋正式印信。其為公司、行號者，應加蓋正式印章，並由負責人簽名。個人應記明國民身分證字號。票據權利人為發票人時，並應使用原留印鑑。

②付款人對通知止付之票據，應即查明，對無存款又未經允許墊借票據之止付通知，應予受理。對存款不足或超過付款人允許墊借金額之票據，應先於其存款或允許墊借之額度內，予以止付。其後如再有存款或續允墊借時，仍應就原止付票據金額限度內，繼續予以止付。

③票據權利人就到期日前之票據為止付通知時，付款人應先予登記，

俟到期日後，再依前項規定辦理。其以票載發票日前之支票為止付通知者，亦同。

④通知止付之票據如為業經簽名而未記載完成之空白票據，而於喪失後經補充記載完成者，準依前兩項規定辦理，付款人應就票載金額限度內予以止付。

⑤經止付之金額，應由付款人留存，非依本法第十九條第二項之規定，或經占有票據之人及止付人之同意，不得支付或由發票人另行動用。

第六條　（業經付款票據之遺失）

本法第十八條、第十九條規定，對業經付款人付款之票據不適用之。

第七條　（止付通知之失效）

①票據權利人雖曾依本法第十八條第一項規定，向付款人為公示催告聲請之證明。但其聲請被駁回或撤回者，或其除權判決之聲請被駁回確定或撤回，或逾期未聲請除權判決者，仍有本法第十八條第二項規定之適用。

②依本法第十八條第二項規定止付通知失其效力者，同一人不得對同一票據再為止付之通知。

第八條　（背書之位置與格式）

票據得於其背面或黏單上加印格式，以供背書人填寫。但背書非於票背已無背書地位時，不得於黏單上為之。

第九條　（扣減利息之利率）

依本法第六十五條第三項規定，應扣減之利息，其有約定利率者，依約定利率扣減，未約定利率者，依本法第二十八條第二項規定之利率扣減。

第十條　（分期付款之收據）

分期付款票據，受款人於逐次受領票款及利息時，應分別給予收據，並於票據上記明領取票款之期別、金額及日期。

第十一條　（拒絕事由之調查）

有製作拒絕證書權限者，於受作成拒絕證書之請求時，應就本法第一百零七條第二款之拒絕事由，即時為必要之調查。

第十二條　（拒絕證書抄本）

依本法第一百十三條規定，抄存於作成人事務所之拒絕證書，應載明匯票全文。

第十三條　（刪除）

第十四條　（約定事項之效力）

依本法得為特約或約定之事項，非載明於票據，不得以之對抗善意第三人。

第十五條 （刪除）

第十六條 （刪除）

第十七條 （施行日期）

本細則自發布日施行。

票據交換及銀行間劃撥結算業務管理辦法

民國六十九年十二月二十九日中央銀行令發布
七十一年十一月四日中央銀行令修正發布
七十四年五月三十日中央銀行令修正發布
七十四年十月二十八日中央銀行令修正發布
七十五年十二月三十日中央銀行令修正發布
七十六年十月三十日中央銀行令修正發布
七十七年十月二十八日中央銀行令修正發布
八十二年六月四日中央銀行令修正發布
八十八年七月十四日中央銀行令修正發布
九十年六月二十七日中央銀行令修正發布
九十一年七月三十一日中央銀行令修正發布
九十九年十二月二十二日中央銀行令修正發布全文及法規名稱（原名為「中央銀行管理票據交換業務辦法」）

第一章　總　　則

第一條　（訂定依據）

本辦法依中央銀行法第三十二條規定訂定之。

第二條　（票據交換業務之定義）

本辦法所稱票據交換及銀行間劃撥結算業務，係指辦理金融業者間之票據交換、各金融業者應收或應付金額之劃撥結算及其相關業務。

第二章　票據交換所之設立及運作

第三條　（票據交換業務之機構）

辦理票據交換及銀行間劃撥結算業務之機構為票據交換所；其設立應經中央銀行（以下簡稱本行）許可，並依本辦法之規定，成立財團法人。

第四條　（申請設立許可應提出之文件）

依前條規定申請財團法人之設立，應由全體願任董事提出下列文件一式三份，向本行申請許可：

一　財團法人設立許可申請書。

二　捐助章程正本。

三　捐助財產清冊及其證明文件。

四　捐助人同意於財團法人獲准登記時，將捐助財產移轉為財團法人所有之承諾書。

五　捐助人會議紀錄。

六　董事、監察人名冊及其國民身分證影本。

七　願任董事、監察人同意書。

八　財團法人及董事印鑑或簽名之清冊。

九　董事會成立會議紀錄。

十　業務計畫說明書。

十一　其他經本行指定之文件。

第五條　（捐助章程應記載事項）

捐助章程應記載下列事項：

一　法人名稱、目的及主事務所、分事務所所在地。

二　捐助財產種類、數額及保管運用方法。

三　業務項目及其管理方法。

四　董事及監察人之名額、任期及產生方式。

五　董事會及監察人之組織及職權。

六　解散或廢止許可後剩餘財產之歸屬。

七　定有存立時期者，其時期。

第六條　（聲請登記、變更登記及報送備查）

①經許可設立財團法人者，應自收受許可文書之日起三十日內向該管法院聲請登記，並於收受完成登記通知之日起三十日內，將登記證書影本送本行備查。

②設立許可事項變更時，應於變更事實發生之日起三十日內，檢附有關文件，申請本行許可。其應向該管法院聲請變更登記及報送本行備查之程序，準用前項規定。

第七條　（董事會之召開及決議方式）

①票據交換所董事會每三個月至少開會一次，其會議紀錄應於會議結束後一個月內送本行備查。

②董事會之決議，應有二分之一以上董事出席，及出席董事過半數之

同意。捐助章程另有更嚴格之規定者，從其規定。

第八條 （董事長、總經理等應以專任為原則）

票據交換所董事長、總經理、副總經理或其職責相當之人應以專任為原則。但因特殊需要經本行核准者，不在此限。

第九條 （諮詢委員會之設置）

票據交換所得設諮詢委員會，由參加交換之金融業者指派或推派代表參加，負責有關交換事務、業務發展、法規事務或其他重要事項之研議及諮詢。

第十條 （報酬或待遇之訂定）

票據交換所董事、監察人及各級員工之報酬或待遇，得參照公營金融事業機構標準訂定，並送本行備查。

第十一條 （有關法令及章程所訂定之目的及管理方法應嚴格遵守）

票據交換所及其董事、監察人，應嚴格遵守有關法令及章程所訂定之目的及管理方法，處理財團法人之財產及業務。

第十二條 （得予糾正並限期改善之情形）

票據交換所有下列情形之一者，本行得予糾正並限期改善；逾期不改善者，本行得廢止其許可，並通知辦理財團法人登記之法院：

一　董事會之決議違法或不當。

二　未依業務計畫執行業務或經營許可範圍以外之業務。

三　財務收支未取得合法之憑證或未有完備之會計紀錄。

四　對於業務、財務或其他重要事項為不實之報告。

五　其他違反法令規定。

第十三條 （票據交換所之會計年度）

①票據交換所之會計年度，自每年一月一日起至同年十二月三十一日止。

②票據交換所應在年度開始二個月前，擬編下一年度預算，報本行備查；並應在年度終了二個月內，編具票據交換業務報告書及決算表，報本行備查。

第三章　票據交換及劃撥結算

第十四條 （參加交換）

①凡經核准辦理支票存款業務之金融業者，均得向票據交換所申請參

加票據交換，成為交換單位；交換單位之分支單位應一律參加當地票據交換。但信用合作社及農、漁會所收之票據，由本行指定合作金庫銀行股份有限公司或其他交換單位代理交換。

②未依前項規定申請參加交換之金融業者，得委託交換單位代理票據交換，受託金融業並應向票據交換所申請，經其同意後辦理之。

第十五條　（代理票據交換之責任）

代理票據交換之交換單位，應代負被代理單位有關交換上之一切責任。

第十六條　（交換票據種類）

①依本辦法提出之交換票據種類如下：

　　一　匯票（包括銀行承兌匯票）。

　　二　本票（包括銀行擔當付款本票）。

　　三　支票（包括國（公）庫支票）。

　　四　其他經本行核定可以交換之收、付款憑證。

②前項之交換票據包括書面及電子形式。

第十七條　（開立存款戶）

①交換單位應在本行或本行之代理銀行開立存款戶，其應收、應付之差額在上述存款戶內分別收付之。

②未在本行開立存款戶之交換單位，其應收、應付之差額有必要在本行收付者，得先向票據交換所申請委由其他交換單位在本行所開立之存款戶內代理收付之，並由票據交換所報本行備查。

第十八條　（差額之補足）

①前條交換單位存款戶之餘額如有不敷支付當日應付差額時，應於本行或本行之代理銀行規定時間內補足。

②票據交換所就交換單位違反前項規定，無法支付其應付差額時，如何於當日完成清算作業，訂定因應機制，並報本行備查。

③交換單位無法支付其應付差額，而有嚴重影響票據交換運作之虞者，票據交換所得經董事會決議通過後暫時停止其交換，並報本行備查，另由本行轉知行政院金融監督管理委員會。

第四章　票據交換所之業務章則

第十九條　（訂定參加票據交換規約）

票據交換所應訂定「參加票據交換規約」，載明下列事項：

一　申請為交換單位應具備之資格條件。

二　交換單位應繳保證金之基準及其儲存限制、發還條件。

三　交換單位得接受未參加交換之金融業者委託代理交換。

四　交換單位所收其他交換單位之票據，應提出當地票據交換所進行交換；經提回付款之交換票據，如發生退票，亦應由該付款之交換單位提出當地票據交換所進行退票交換。

五　交換單位之分支機構應一律參加當地之票據交換，其所收其他交換單位之票據，應由該交換單位提出交換並負有關交換上之一切責任。

六　交換單位應在本行或本行之代理銀行開立存款戶；其應收應付之交換差額及退票差額，應依本行同業資金電子化調撥清算業務管理要點及其他有關規定辦理清算。

七　參加票據交換其他應遵守之規範。

第二十條　（訂定收取手續費之基準）

票據交換所應訂定其因提供服務收取各項手續費之基準。

第二十一條　（訂定票據交換處理程序等作業規範）

票據交換所應訂定票據交換處理程序、會計與稽核制度及其他必要之作業規範。

第二十二條　（約定退票等事項之處理規範）

票據交換所應與辦理支票存款業務之金融業者，就退票及其相關事項之處理規範加以約定。

第二十三條　（訂定作業須知）

票據交換所應訂定作業須知，將業務上蒐集之支票存款戶票據信用資訊提供大眾查詢，發生變動者並予以註記，對票據信用顯著不良者之下列資料，並應定期通報各金融業者：

一　個人戶之姓名、身分證統一編號。

二　不具法人人格之行號、團體戶之戶名、負責人姓名及身分證統一編號。

三　法人戶之戶名、公司或商業統一編號或扣繳單位統一編號。

第二十四條　（業務章則等之備查）

票據交換所依前五條訂定之業務章則及會計與稽核制度，應報送本行備查；修正時，亦同。

第五章　附　　則

第二十五條　（票信資訊處理之注意事項）

　　票據交換所對於存款不足退票紀錄等票信資訊之處理，應加強內部作業牽制並注意工作人員之素行。

第二十六條　（違反本辦法或票據交換章則之處理）

　　交換單位違反本辦法或票據交換章則情節重大，而有嚴重影響票據交換運作之虞者，票據交換所得提經董事會決議通過後暫時停止其交換，並報本行備查，另由本行轉知行政院金融監督管理委員會。

第二十七條　（業務、財務等報告之提出及查核）

　　票據交換所應依本行規定或通知定期或不定期提出業務、財務及其他有關報告；本行並得派員查核之。

第二十八條　（施行日期）

　　本辦法自發布日施行。

票據掛失止付處理規範

民國六十三年三月十九日財政部函發布

六十四年五月十日財政部函修正發布

九十年六月四日財政部金融局函修正發布法規名稱（原名為「票據掛失止付處理準則」）並修正第三、四、一四、一五條條文

第一條 （適用範圍）

　　凡票據權利人通知票據掛失止付，悉照本準則規定辦理。

第二條 （票據之定義）

　　前條所稱票據為匯票、本票及支票。

第三條 （掛失止付通知書應載事項）

　　票據權利人為止付之通知時，應填具「掛失止付通知書」及「遺失票據申報書」，載明左列事項，通知付款行庫。付款行庫應即將「掛失止付通知書」影本送交票據交換所，並於掛失止付票據經提示退票時，將該「通知書」及「申報書」一併送達票據交換所。

　　一　票據喪失經過。

　　二　喪失票據之類別、帳號、號碼、金額及其他掛失止付通知書規定應記載之有關事項。

　　三　通知止付人之姓名、年齡、住所。其為機關、團體者，應於通知書上加蓋正式印信；其為公司、行號者，應加蓋正式印章；並均應由負責人簽名，個人應記明國民身分證字號，票據權利人為發票人時，並應使用原留印鑑。

第四條 （公示催告聲請證明之提出）

①通知止付人應於提出止付通知書後五日內，向付款行庫提出已為聲請公示催告之證明，否則止付通知失其效力。嗣後通知止付人不得對同一票據為止付之通知。

②若票據掛失止付通知撤銷或未於規定時間內辦理公示催告，付款行社應通知票據交換所。

第五條 （付款行庫對止付理由認定之免責）

　　付款行庫對於通知掛失止付理由，不負認定之責。

第六條 （已兌付票據之拒絕受理）

　　票據如已兌付，付款行庫應拒絕受理掛失止付。

第七條 （保付支票掛失止付之禁止）

支票經付款行庫保付者，依法不得掛失止付。

第八條 （存款調查）

付款行庫對通知止付之票據應即查明其有無存款，對無存款又未經允許墊借票款之票據，應不予受理。

第九條 （存款不足等之止付限度）

付款行庫對存款不足或超過付款行庫允許墊借票款之票據，應先於其存款或允許墊借之額度內，予以止付，其後如再有存款或續允墊借時，仍應就原止付票據金額限度內，繼續予以止付。

第十條 （期前止付之處理）

票據權利人就到期日前之票據為止付通知時，付款行庫應先予登記，俟到期日後，再依規定辦理。但票據權利人仍應依本準則第四條規定於止付通知後五日內提出已為聲請公示催告之證明。支票在票載發票日屆至前為止付之通知者，亦同。

第十一條 （喪失後補充完成的空白票據止付之辦理）

①通知止付之票據如為業經簽名而未記載完成之空白票據，而於喪失後經補充記載完成者，準照前三條規定辦理，付款行庫應就票載金額限度內予以止付。

②前項票據之止付通知書，票據權利人未能記載之事項，以嗣後提示請求付款之票據所記載之事項，視為止付通知書所記載之事項。

第十二條 （止付金額之留存及其例外）

經止付之金額，應由付款行庫留存，非依本準則第十三條及第十四條之規定或經占有票據之人及止付人之同意，會同填具註銷申請書，不得支付或由發票人另行動用。

第十三條 （止付通知之失效）

通知止付人雖曾向付款行庫提出已為公示催告聲請之證明，但占有票據之人或通知止付人提出該公示催告之聲請被駁回或撤回或其除權判決之聲請被駁回確定或撤回或逾期未聲請除權判決之證明者，止付通知失其效力，該止付之票據恢復付款。

第十四條 （票據權利人止付通知後聲請支付之程序）

①業經通知止付之票據，票據權利人如聲請票據金額之支付，應俟法院除權判決後，具據憑以辦理，但在公示催告程序開始後，而票據業經到期者，得提供確實擔保予以支付，不能提供擔保時，得請求將票據金額依法提存。

②付款行庫對前項但書之聲請應即查明，對聲請時存款不足或超過付款人允許墊借金額之票據，應先於其存款或允許墊借之額度內予以付款，其後如再有存款或續允墊借時，仍應就原止付票據金額限度內，繼續予以付款。

第十五條　（票據占有人止付通知後提示請求之處理）

凡已通知掛失止付票據之占有票據人，提示請求付款，如存款或允許墊借之金額足數票據金額者，以「業經止付」論，如不數票據金額者，以「存款不足及票據經掛失止付」理由處理，如嗣後再有存款或續允墊借，並經占有票據人再提示請求付款時，依再提示付款時之情形予以處理。

第十六條　（未盡事宜之辦理）

本準則未盡事宜，依照法令規定辦理之。

第十七條　（施行日期）

本準則於呈准財政部備案後實施。

票據掛失止付資訊處理須知

民國九十年六月二十九日中央銀行業務局函發布
九十五年十月二十四日中央銀行函同意修正發布
九十七年五月二十七日中央銀行函同意修正發布
九十八年六月二日中央銀行函同意修正第四點

一、 臺灣票據交換所（以下簡稱本所）總所、各分所（以下簡稱總（分）所）為辦理票據掛失止付資訊登錄、撤銷、失效之提供查詢及移送、列管等相關作業，訂定本須知。

二、 本須知所稱票據包括已記載完成之票據、未記載完成之空白票據及完全空白票據。

三、 金融業者受理掛失止付之通知時，除請票據權利人填具「掛失止付通知書」（式樣一之一）（略）及「遺失票據申報書」（式樣一之二）（略）外，並應負責核對該「通知書」與「申報書」上所載通知人及申報人之姓名、出生年月日、職業、地址、國民身分證統一編號等資料與國民身分證或其他足資證明身分之證件所載內容相符後，加蓋具有金融業者名稱、機構代號之戳章及有權人章，將「通知書」第一聯影本於當日退票交換時間前，送達本所總（分）所。

本所總（分）所依據送達之「通知書」影本，將掛失止付票據資料登錄於電腦網站，以供社會大眾查詢。

四、 通知止付人撤銷止付通知或止付失效時，付款之金融業者應將通知人填具之「撤銷票據掛失止付申請書」副本（式樣二）（略）或自行填具「票據掛失止付失效通知書」正本（式樣三）（略）於當日退票交換時間前送達本所總（分）所，憑以註記電腦網站掛失止付資料。

前項規定，於票據權利人就到期日前之票據為止付通知，俟到期日後，若發票人帳戶無存款餘額者，付款金融業者依「票據法施行細則」第五條第三項及「票據掛失止付處理規範」第十條規定不予受理時準用之。

五、 業經掛失止付之票據提示時，付款之金融業者應將「掛失止付通知書」副本一份及「遺失票據申報書」正本一份、副本二份連同

退票理由單第一聯送當地本所總（分）所；提出交換之金融業者應填具「掛失止付票據提示人資料查報表」（式樣四）（略）正副本各一份，連同掛失止付票據正、反面影本，送交付款之金融業者所轄當地本所總（分）所，正本由本所總（分）所留存，副本另送付款之金融業者備查，並將「遺失票據申報書」及上開相關資料，依掛失止付通知書所載之票據喪失事由，將以遺失為由掛失止付票據經提示之案件，送請提示人住所在地警察機關偵查；以被竊、搶奪等為由掛失止付票據經提示之案件，送請發生地之管轄警察機關偵查，本所總（分）所並應函詢該管警察機關偵查告結果。

六、掛失止付票據提示人，認其持有之票據，非拾遺或盜竊或以惡意重大過失所取得，得摘敘被害經過，填具「偽報票據遺失告訴書」正、副本各一份（式樣五）（略），交由往來之金融業者報經本所總（分）所轉請付款金融業者所在之地方法院檢察署依法偵查，本所總（分）所並應以副本檢附上開「告訴書」影本函送第五點之警察機關。

七、依第五或第六點移送地方法院檢察署之案件，本所總（分）所應函請地方法院檢察署於判決確定後通知該所。該所對於因偽報票據遺失經判刑確定者應予通報為拒絕往來戶，遇有查詢時查覆。但經判刑確定者係代理法人申報時，應僅以該法人通報為拒絕往來戶，拒絕往來期間為自通報日起算三年。

八、本須知洽商諮詢委員會意見並由董事會決議通過，報請中央銀行核備後施行；修正時亦同。

臺灣票據交換所票據交換作業處理程序

民國五十四年一月六日中央銀行函訂頒

七十六年四月十六日中央銀行函修正發布

七十七年二月九日中央銀行函修正發布

八十年三月十一日中央銀行函修正發布

八十八年七月九日中央銀行業務局函修正發布

九十年六月十九日中央銀行業務局函修正發布

九十三年十月十五日中央銀行業務局函修正發布

九十五年十一月二日中央銀行函修正發布

九十七年十一月十九日中央銀行函修正發布

九十八年七月一日中央銀行函修正發布全文

一、臺灣票據交換所（以下簡稱本所）總所、各分所（以下簡稱總（分）所）為辦理票據交換作業，訂定本處理程序。

二、金融業者依本所票據交換參加規約申請成為交換單位，應指定交換員辦理票據交換及退票之結算工作。

三、本所總（分）所應指派交換總結算員（以下簡稱總結算員）辦理總結算工作。

四、交換單位提出票據，應於票據正面加蓋「○○銀行提出交換」戳記，其式樣由本所規定。

五、交換單位所有提付交換之票據，其金額一律計算至「元」為止。

六、本所辦理票據交換之作業方式，分為人工作業與電腦作業二種。

七、票據交換人工作業之方式，辦理如下：

　　(一)提示交換：

　　　　1.交換單位應將提出之票據依付款交換單位加以分類，並將其應付票據之張數及金額填入「集計試算表」（格式一）（略），然後套寫「交換票據提出通知單」（格式二）（略）及「交換票據對帳回單」（格式三）（略），並記載於「票據交換結算表」（格式四）（略）之貸方（複寫二份，一份留底，一份送總結算員備用），連同提出之票據由交換員於規定時間內攜至當地分所，送交付款交換單位之交換員點收。

前述「交換票據提出通知單」，應由提出交換單位之交換員
簽章。

2. 付款交換單位之交換員收到「交換票據提出通知單」時，
經核對其票據張數及金額無誤後，即將「交換票據對數回
單」加具簽章退還提出交換單位之交換員，再按每一提出
交換單位分別填入「票據交換結算表」之借方，然後軋計
該交換單位應收或應付差額，加具簽章送總結算員。

3. 總結算員將各交換員提出之「票據交換結算表」核對無誤
後，即登記「票據交換總結算簿」（與格式四（略）同），
並結算其貸借總數及應收應付交換額總數無誤，其交換
差額即為確定。

4. 每次交換總結算之結果，所有應收交換差額之交換單位應
套寫「票據交換差額劃收申請書」（格式五）（略）及「票
據交換差額劃收報單」（格式六）（略），由各該交換單位之
交換員簽章一併送交總結算員，經總結算員核對簽章，再
送由中央銀行或其代理銀行加具有權簽章人員印鑑後，將
「票據交換差額劃收報單」交還各該交換單位交換員留存，
中央銀行或其代理銀行憑「票據交換差額劃收申請書」將
應收交換差額列收各該交換單位存款帳戶。

5. 每次交換總結算之結果，所有應付交換差額之交換單位，
應套寫「票據交換差額劃付申請書」（格式七）（略）及「票
據交換差額劃付報單」（格式八）（略），由各該交換單位之
交換員簽章，一併送總結算員，經總結算員核對簽章，
再送由中央銀行或其代理銀行加具有權簽章人員印鑑後，
將「票據交換差額劃付報單」交還各該交換單位交換員留
存，中央銀行或其代理銀行憑「票據交換差額劃付申請書」，
將應付交換差額列付各該交換單位之存款帳戶。

(二)退票交換：

退票收付結算手續與辦理票據交換同。但所用之「通知單」、
「對數回單」、「結算表」、「申請書」、「報單」等，均應加蓋
「退票」字樣之戳記，以資識別。

八、人工交換單位如因內部電腦系統故障，致無法於規定時間內辦理
退票者，應依下列規定辦理：

(一)應於退票交換開始前，以書面或傳真報請本所當地分所核備，

並副知各交換單位。本所分所同意備查後，立即公告周知。

(二)電腦故障交換單位，仍應於規定時間派員辦理退票交換。該單位未能於當日辦理「存款不足」理由退票者，准予延至次營業日上午九時以前，自行送至提出交換單位補辦退票手續，提出交換單位不得拒收。但經洽提出交換單位同意者，得以電話補辦退票手續。已接受補辦退票之提出交換單位，不得將票款支付予託收人。

(三)補辦退票所結計之應收、應付金額併入次營業日退票交換差額結算，退票理由單應加註「補辦退票」字句後送交本所當地分所。

九、票據交換電腦作業之方式及其因電腦故障致無法於規定時間辦理退票之補救措施，依本所票據交換電腦作業手冊及退票交換電腦作業手冊之相關規定辦理。

十、交換單位收到交換票據後，應即辦理付款手續。對同一支票存款戶同時有二張以上之票據提示時，其付款順序，應依照「支票存款往來約定書」約定事項辦理，未經約定且其餘額僅夠支付部分票據時，依下列方式辦理：

(一)櫃臺憑票領現者，應以所發號牌先後順序付款。

(二)經交換提示或送由銀行內部轉帳者，則應按票據號碼順序支付。

十一、交換單位所收交換票據，不得私相退還，如有應予拒付者，依照下列規定辦理退票手續：

(一)凡應予拒付之票據（含支票、本票），退票交換單位應填具退票理由單（格式九）（略），第三聯留底，第二聯加貼於所退票據上退還原提出之交換單位，同時將第一聯送交當地之本所總（分）所。但參加退票交換人工作業之交換單位應將第一聯及第四聯送交當地分所。

(二)凡以「經掛失止付」、「掛失空白票據」或「存款不足及票據經掛失止付」理由退票者，退票之交換單位，除依規定辦理退票外，應將「掛失止付通知書」及「遺失票據申報書」送交當地之本所總（分）所；提出交換單位應填具「掛失止付票據提示人資料查報表」及所退票據正、反面影本送付款交換單位當地之本所總（分）所。

(三)交換單位對於應退票據，如因處理疏失，未於當日辦理退票，

而該項票款尚未經執票人抵用，經洽提出交換單位同意後，除依照第一款規定填具退票理由單於約定日期補辦退票外，並應立即填製「交換單位補辦退票書面通知單」(格式十)(略)通知本所總（分）所。惟該補退票據除特別約定外，應親送提出交換單位，以利返還執票人。

㈣交換單位退票時未依規定退還原交換票據，或於補辦退票時未經原提出交換單位同意，經原提出交換單位檢具事證向當地之本所總（分）所提出書面申請並經查證屬實者，當地之本所總（分）所得填具「票據交換差額劃收、付申請書」及「票據交換差額劃收、付報單」，送請中央銀行或中央銀行指定代理銀行辦理票據交換差額沖正。

㈤付款交換單位提回之交換票據，如發現其中有顯屬偽（變）造之票據時，可用票據影本及付款交換單位正式公函退票，而將原退票據由付款交換單位移送警察機關偵辦。

凡屬櫃臺提示之付現票據或當地分支機構存戶以聯行票據（含支票、本票）送由內部轉帳者，發生退票時，應一律依照前項第一款及第二款規定填用退票理由單，並將各項資料彙送當地之本所總（分）所合併處理。

交換單位應使用本所統一印製並編具號碼之退票理由單辦理退票，填具退票理由單時，並應依「退票理由代號表」(附表一)(略)及「退票理由單項目及欄位說明表」（附表二）（略）詳實填列。

十二、交換單位提回應付之票據，有下列情事之一者，應填具退票理由單辦理退票手續，原提出交換單位不得拒收：

㈠存款不足。

㈡存款不足——未簽補充條款戶。

㈢存款不足及發票人簽章不符。

㈣存款不足及發票人簽章不符——未簽補充條款戶。

㈤存款不足及票據經掛失止付。

㈥存款不足及票據經掛失止付——未簽補充條款戶。

㈦存款不足及拒絕往來戶。

㈧存款不足及終止契約結清戶。

㈨更改發票日期後重行提示存款不足。

㈩更改發票日期後重行提示存款不足——未簽補充條款戶。

(十一)存款不足及終止擔當付款契約。

㈢存款不足及終止擔當付款契約——未簽補充條款戶。

㈣發票人簽章不符。

㈤發票人簽章不符——未簽補充條款戶。

㈥本票提示期限經過前撤銷付款委託。

㈦本票提示期限經過前撤銷付款委託——未簽補充條款戶。

㈧擅自指定金融業者為本票之擔當付款人。

㈨擅自指定金融業者為本票之擔當付款人——未簽補充條款戶。

㈩金額文字不清。

㈠發票年月日不全或不明。

㈡支票未到票載發票日，本票及匯票未到到期日。

㈢支票發行滿一年。

㈣記名票據未經受款人背書或受款人背書不全、不符。

㈤背書不連續。

㈥記名票據禁止背書轉讓經轉讓。

㈦票據破損致法定要項不全。

㈧票據塗壞。

㈨字經擦改。

㈩更改處未經發票人照原留印鑑簽章。

㈠字跡模糊。

㈡使用易擦拭或易褪色之筆填寫。

㈢保付後字經塗改。

㈣畫線支票未由金融業者提示。

㈤特別畫線支票未由特定金融業者提示。

㈥祇可代收之外埠付款票據。

㈦經掛失止付。

㈧掛失空白票據。

㈨提示期限經過後撤銷付款委託。

㈩經法院禁止提示票據。

㈠非參加交換之金融業者或法定機關印發之票據。

㈡發票人死亡。

㈢未經發票人簽章。

㈣發票人簽章不清。

㈤記名票據受款人背書不清。

(四十五)終止擔當付款契約。

(四十六)其他依法令之規定應予退票之情形。

前項退票理由單，依下列原則填具：

㈠第一款至第十二款退票理由者，以該票據無第十五款至第三十五款、第三十七款至第四十四款及第四十六款所列情形為限。

㈡第十三款、第十四款、第三十六款及第四十五款退票理由者，以發票人無存款不足之情形者為限。

㈢第十五款至第三十五款、第三十七款至第四十四款及第四十六款退票理由者，不問發票人有無存款不足之情形。

十三、交換單位對提出之交換票據應詳加審核，以減少退票之發生；如提出票據因下列理由退票或提回應付之票據因存款不足理由退票者，本所得依「辦理退票及拒絕往來相關事項約定書」第二條之規定，分別對提出或提回交換票據之單位收取手續費：

㈠金額文字不清。

㈡發票年月日不全或不明。

㈢支票未到發票日，本票及匯票未到到期日。

㈣支票發行滿一年。

㈤記名票據未經受款人背書或受款人背書不全、不符。

㈥背書不連續。

㈦記名票據禁止背書轉讓經轉讓。

㈧票據破損致法定要項不全。

㈨票據塗壞。

㈩字經擦改。

(十一)更改處未經發票人照原留印鑑簽章。

(十二)字跡模糊。

(十三)使用易擦拭或易褪色之筆填寫。

(十四)保付後字經塗改。

(十五)畫線支票未由金融業者提示。

(十六)特別畫線支票未由特定金融業者提示。

(十七)祇可代收之外埠付款票據。

(十八)未經發票人簽章。

前項手續費由本所擬訂，報請中央銀行核備。

第一項第三款及第五款理由之退票，其退票張數占所提出交換票

據之總張數比率超過千分之 1.5 且退票張數達 3 張以上者，由本
所函請提出行切實改正；若於半年內，經函請改正達三次者，本
所即報請中央銀行致函各該總機構轉飭其所屬分支單位予以糾
正。

十四、本所依交換單位所送退票理由單，按交換單位分別登記張數、
金額，除按月填列「交換單位票據交換及存款不足毛退票統計
表」（格式十一）（略）陳報中央銀行外，對應予拒絕往來或終
止擔當付款委託契約之支票存款戶並應依「辦理退票及拒絕往
來相關事項約定書」有關規定辦理。

十五、本所將交換票據及退票之張數、金額逐日統計，按月編製「票
據交換及存款不足毛退票比較表」（格式十二）（略）及其他經
指定之各項統計報表陳報中央銀行。本所「票據交換及存款不
足毛退票統計表」（格式十三）（略）並公告於本所網站，提供
社會大眾查閱。

十六、本處理程序如有未盡事宜，悉依其他有關規定辦理。

十七、本處理程序經洽商諮詢委員會意見並由董事會決議通過，報請
中央銀行核備後施行；修正時亦同。

海 商 法

民國十八年十二月三十日國民政府公布

五十一年七月二十五日總統令修正公布

八十八年七月十四日總統令修正公布

八十九年一月二十六日總統令修正公布

九十八年七月八日總統令修正公布第一六、一五三條條文

第一章　通　　則

第一條　（船舶之定義）

本法稱船舶者，謂在海上航行，或在與海相通之水面或水中航行之船舶。

第二條　（船長與海員之定義）

本法稱船長者，謂受船舶所有人僱用主管船舶一切事務之人員；稱海員者，謂受船舶所有人僱用由船長指揮服務於船舶上所有人員。

第三條　（不適用本法之船舶）

下列船舶除因碰撞外，不適用本法之規定：

一　船舶法所稱之小船。

二　軍事建制之艦艇。

三　專用於公務之船舶。

四　第一條規定以外之其他船舶。

第四條　（保全程序）

①船舶保全程序之強制執行，於船舶發航準備完成時起，以迄航行至次一停泊港時止，不得為之。但為使航行可能所生之債務，或因船舶碰撞所生之損害，不在此限。

②國境內航行船舶之保全程序，得以揭示方法為之。

第五條　（法律之適用）

海商事件，依本法之規定，本法無規定者，適用其他法律之規定。

第二章　船　　舶

第一節　船舶所有權

第六條　（動產規定之適用）

船舶除本法有特別規定外，適用民法關於動產之規定。

第七條　（船舶所有權之範圍）

除給養品外，凡於航行上或營業上必需之一切設備及屬具，皆視為船舶之一部。

第八條　（讓與船舶之方式）

船舶所有權或應有部分之讓與，非作成書面並依下列之規定，不生效力：

一　在中華民國，應申請讓與地或船舶所在地航政主管機關蓋印證明。

二　在外國，應申請中華民國駐外使領館、代表處或其他外交部授權機構蓋印證明。

第九條　（移轉登記之效力）

船舶所有權之移轉，非經登記，不得對抗第三人。

第十條　（建造中船舶）

船舶建造中，承攬人破產而破產管理人不為完成建造者，船舶定造人，得將船舶及業經交付或預定之材料，照估價扣除已付定金給償收取之，並得自行出資在原處完成建造。但使用船廠應給與報償。

第十一條　（船舶共有人之內部關係(一)——共同利益事項）

共有船舶之處分及其他與共有人共同利益有關之事項，應以共有人過半數並其應有部分之價值合計過半數之同意為之。

第十二條　（船舶共有人之內部關係(二)——出賣應有部分）

①船舶共有人有出賣其應有部分時，其他共有人，得以同一價格儘先承買。

②因船舶共有權一部分之出賣，致該船舶喪失中華民國國籍時，應得共有人全體之同意。

第十三條　（船舶共有人之內部關係(三)——抵押應有部分）

船舶共有人，以其應有部分供抵押時，應得其他共有人過半數之同意。

第十四條　（船舶共有人之外部關係——船舶利用債務與委棄）

①船舶共有人，對於利用船舶所生之債務，就其應有部分，負比例分擔之責。

②共有人對於發生債務之管理行為，曾經拒絕同意者，關於此項債務，
得委棄其應有部分於他共有人而免其責任。

第十五條 （共有關係之退出）

①船舶共有人為船長而被辭退或解任時，得退出共有關係，並請求返
還其應有部分之資金。

②前項資金數額，依當事人之協議定之，協議不成時，由法院裁判之。

③第一項所規定退出共有關係之權，自被辭退之日起算，經一個月不
行使而消滅。

第十六條 （共有關係終止之例外）

共有關係，不因共有人中一人之死亡、破產或受監護宣告而終止。

第十七條 （共有船舶經理人之選任）

船舶共有人，應選任共有船舶經理人，經營其業務，共有船舶經理
人之選任，應以共有人過半數，並其應有部分之價值合計過半數之
同意為之。

第十八條 （共有船舶經理人之權限㈠──代表權）

共有船舶經理人關於船舶之營運，在訴訟上或訴訟外代表共有人。

第十九條 （共有船舶經理人之權限㈡──處分權之限制）

①共有船舶經理人，非經共有人依第十一條規定之書面委任，不得出
賣或抵押其船舶。

②船舶共有人，對於共有船舶經理人權限所加之限制，不得對抗善意
第三人。

第二十條 （共有船舶經理人之義務）

共有船舶經理人，於每次航行完成後，應將其經過情形，報告於共
有人，共有人亦得隨時檢查其營業情形，並查閱帳簿。

第二十一條 （船舶所有人責任限制之標的、項目及範圍）

①船舶所有人對下列事項所負之責任，以本次航行之船舶價值、運費
及其他附屬費為限：

　　一　在船上、操作船舶或救助工作直接所致人身傷亡或財物毀損
　　　　滅失之損害賠償。

　　二　船舶操作或救助工作所致權益侵害之損害賠償。但不包括因
　　　　契約關係所生之損害賠償。

　　三　沈船或落海之打撈移除所生之債務。但不包括依契約之報酬
　　　　或給付。

　　四　為避免或減輕前二款責任所負之債務。

②前項所稱船舶所有人，包括船舶所有權人、船舶承租人、經理人及營運人。

③第一項所稱本次航行，指船舶自一港至次一港之航程；所稱運費，不包括依法或依約不能收取之運費及票價；所稱附屬費，指船舶因受損害應得之賠償。但不包括保險金。

④第一項責任限制數額如低於下列標準者，船舶所有人應補足之：

一　對財物損害之賠償，以船舶登記總噸，每一總噸為國際貨幣基金，特別提款權五四計算單位，計算其數額。

二　對人身傷亡之賠償，以船舶登記總噸，每一總噸特別提款權一六二計算單位計算其數額。

三　前二款同時發生者，以船舶登記總噸，每一總噸特別提款權一六二計算單位計算其數額。但人身傷亡之賠償優先以船舶登記總噸，每一總噸特別提款權一〇八計算單位計算之數額內賠償，如此數額不足以全部清償時，其不足額再與財物之毀損滅失，共同在現存之責任限制數額內比例分配之。

四　船舶登記總噸不足三百噸者，以三百噸計算。

第二十二條　（船舶所有人責任限制之例外）

前條責任限制之規定，於下列情形不適用之：

一　本於船舶所有人本人之故意或過失所生之債務。

二　本於船長、海員及其他服務船舶之人員之僱用契約所生之債務。

三　救助報酬及共同海損分擔額。

四　船舶運送毒性化學物質或油污所生損害之賠償。

五　船舶運送核子物質或廢料發生核子事故所生損害之賠償。

六　核能動力船舶所生核子損害之賠償。

第二十三條　（船價之證明及估計）

①船舶所有人，如依第二十一條之規定限制其責任者，對於本次航行之船舶價值應證明之。

②船舶價值之估計，以下列時期之船舶狀態為準：

一　因碰撞或其他事變所生共同海損之債權，及事變後以迄於第一到達港時所生之一切債權，其估價依船舶於到達第一港時之狀態。

二　關於船舶在停泊港內發生事變所生之債權，其估價依船舶在停泊港內事變發生後之狀態。

三 關於貨載之債權或本於載貨證券而生之債權，除前二款情形外，其估價依船舶於到達貨物之目的港時，或航行中斷地之狀態，如貨載應送達於數個不同之港埠，而損害係因同一原因而生者，其估價依船舶於到達該數港中之第一港時之狀態。

四 關於第二十一條所規定之其他債權，其估價依船舶航行完成時之狀態。

第二節　海事優先權

第二十四條　（受海事優先權擔保之債權項目及位次）

①下列各款為海事優先權擔保之債權，有優先受償之權：

一 船長、海員及其他在船上服務之人員，本於僱傭契約所生之債權。

二 因船舶操作直接所致人身傷亡，對船舶所有人之賠償請求。

三 救助之報酬、清除沉船費用及船舶共同海損分擔額之賠償請求。

四 因船舶操作直接所致陸上或水上財物毀損滅失，對船舶所有人基於侵權行為之賠償請求。

五 港埠費、運河費、其他水道費及引水費。

②前項海事優先權之位次，在船舶抵押權之前。

第二十五條　（留置權位次）

建造或修繕船舶所生債權，其債權人留置船舶之留置權位次，在海事優先權之後，船舶抵押權之前。

第二十六條　（不適用海事優先權規定之債權）

本法第二十二條第四款至第六款之賠償請求，不適用本法有關海事優先權之規定。

第二十七條　（海事優先權之標的）

依第二十四條之規定，得優先受償之標的如下：

一 船舶、船舶設備及屬具或其殘餘物。

二 在發生優先債權之航行期內之運費。

三 船舶所有人因本次航行中船舶所受損害，或運費損失應得之賠償。

四 船舶所有人因共同海損應得之賠償。

五 船舶所有人在航行完成前，為施行救助所應得之報酬。

第二十八條　（海事優先權標的之擴大）

第二十四條第一項第一款之債權，得就同一僱傭契約期內所得之全部運費，優先受償，不受前條第二款之限制。

第二十九條 （同次航行海事優先權之位次）

①屬於同次航行之海事優先權，其位次依第二十四條各款之規定。

②一款中有數債權者，不分先後，比例受償。

③第二十四條第一項第三款所列債權，如二個以上屬於同一種類，其發生在後者優先受償。救助報酬之發生應以施救行為完成時為準。

④共同海損之分擔，應以共同海損行為發生之時為準。

⑤因同一事變所生第二十四條第一項各款之債權，視為同時發生之債權。

第三十條 （異次航行海事優先權之位次）

不屬於同次航行之海事優先權，其後次航行之海事優先權，先於前次航行之海事優先權。

第三十一條 （海事優先權之物權效力）

海事優先權，不因船舶所有權之移轉而受影響。

第三十二條 （海事優先權之消滅）

第二十四條第一項海事優先權自其債權發生之日起，經一年而消滅。但第二十四條第一項第一款之賠償，自離職之日起算。

第三節　船舶抵押權

第三十三條 （船舶抵押權之設定）

船舶抵押權之設定，應以書面為之。

第三十四條 （建造中船舶之抵押）

船舶抵押權，得就建造中之船舶設定之。

第三十五條 （船舶抵押權設定人）

船舶抵押權之設定，除法律別有規定外，僅船舶所有人或受其特別委任之人始得為之。

第三十六條 （船舶抵押權設定之效力）

船舶抵押權之設定，非經登記，不得對抗第三人。

第三十七條 （抵押權之不可分性）

船舶共有人中一人或數人，就其應有部分所設定之抵押權，不因分割或出賣而受影響。

第三章 運 送

第一節 貨物運送

第三十八條 （貨物運送契約之種類）

貨物運送契約為下列二種：

一 以件貨之運送為目的者。

二 以船舶之全部或一部供運送為目的者。

第三十九條 （傭船契約之方式）

以船舶之全部或一部供運送為目的之運送契約，應以書面為之。

第四十條 （傭船契約應載事項）

前條運送契約應載明下列事項：

一 當事人姓名或名稱，及其住所、事務所或營業所。

二 船名及對船舶之說明。

三 貨物之種類及數量。

四 契約期限或航程事項。

五 運費。

第四十一條 （傭船契約之效力）

以船舶之全部或一部供運送之契約，不因船舶所有權之移轉而受影響。

第四十二條 （法定解除）

運送人所供給之船舶有瑕疵，不能達運送契約之目的時，託運人得解除契約。

第四十三條 （全部傭船契約之解除）

①以船舶之全部供運送時，託運人於發航前得解除契約。但應支付運費三分之一，其已裝載貨物之全部或一部者，並應負擔因裝卸所增加之費用。

②前項如為往返航程之約定者，託運人於返程發航前要求終止契約時，應支付運費三分之二。

③前二項之規定，對於當事人之間，關於延滯費之約定不受影響。

第四十四條 （一部傭船契約之解除）

①以船舶之一部供運送時，託運人於發航前，非支付其運費之全部，不得解除契約。如託運人已裝載貨物之全部或一部者，並應負擔因

裝卸所增加之費用及賠償加於其他貨載之損害。

②前項情形，託運人皆為契約之解除者，各託運人僅負前條所規定之責任。

第四十五條 （繼續性傭船契約解除之禁止）

前二條之規定，對船舶於一定時期內供運送或為數次繼續航行所訂立之契約，不適用之。

第四十六條 （託運人之運送方法）

以船舶之全部於一定時期內供運送者，託運人僅得以約定或以船舶之性質而定之方法，使為運送。

第四十七條 （事變時運費之計算㈠）

①前條託運人，僅就船舶可使用之期間，負擔運費。但因航行事變所生之停止，仍應繼續負擔運費。

②前項船舶之停止，係因運送人或其代理人之行為或因船舶之狀態所致者，託運人不負擔運費，如有損害，並得請求賠償。

③船舶行蹤不明時，託運人以得最後消息之日為止，負擔運費之全部，並自最後消息後，以迄於該次航行通常所需之期間應完成之日，負擔運費之半數。

第四十八條 （貨物缺裝時運費之計算）

以船舶之全部或一部供運送者，託運人所裝載貨物，不及約定之數量時，仍應負擔全部之運費。但應扣除船舶因此所減省費用之全部，及因另裝貨物所取得運費四分之三。

第四十九條 （解約時運費之扣除）

託運人因解除契約，應付全部運費時，得扣除運送人因此減省費用之全部，及另裝貨物所得運費四分之三。

第五十條 （貨物運達之通知）

貨物運達後，運送人或船長應即通知託運人指定之應受通知人或受貨人。

第五十一條 （貨物之寄存）

①受貨人怠於受領貨物時，運送人或船長得以受貨人之費用，將貨物寄存於港埠管理機關或合法經營之倉庫，並通知受貨人。

②受貨人不明或受貨人拒絕受領貨物時，運送人或船長得依前項之規定辦理，並通知託運人及受貨人。

③運送人對於前二項貨物有下列情形之一者，得聲請法院裁定准予拍賣，於扣除運費或其他相關之必要費用後提存其價金之餘額：

一　不能寄存於倉庫。

二　有腐壞之虞。

三　顯見其價值不足抵償運費及其他相關之必要費用。

第五十二條　（裝卸期間之計算）

①以船舶之全部或一部供運送者，運送人非於船舶完成裝貨或卸貨準備時，不得簽發裝貨或卸貨準備完成通知書。

②裝卸期間自前項通知送達之翌日起算，期間內不工作休假日及裝卸不可能之日不算入。但超過合理裝卸期間者，船舶所有人得按超過之日數，請求合理之補償。

③前項超過裝卸期間，休假日及裝卸不可能之日亦算入之。

第五十三條　（載貨證券之發給）

運送人或船長於貨物裝載後，因託運人之請求，應發給載貨證券。

第五十四條　（載貨證券應載事項）

①載貨證券，應載明下列各款事項，由運送人或船長簽名：

一　船舶名稱。

二　託運人之姓名或名稱。

三　依照託運人書面通知之貨物名稱、件數或重量，或其包裝之種類、個數及標誌。

四　裝載港及卸貨港。

五　運費交付。

六　載貨證券之份數。

七　填發之年月日。

②前項第三款之通知事項，如與所收貨物之實際情況有顯著跡象，疑其不相符合，或無法核對時，運送人或船長得在載貨證券內載明其事由或不予載明。

③載貨證券依第一項第三款為記載者，推定運送人依其記載為運送。

第五十五條　（交運貨物通知不確之賠償）

①託運人對於交運貨物之名稱、數量，或其包裝之種類、個數及標誌之通知，應向運送人保證其正確無訛，其因通知不正確所發生或所致之一切毀損、滅失及費用，由託運人負賠償責任。

②運送人不得以前項託運人應負賠償責任之事由，對抗託運人以外之載貨證券持有人。

第五十六條　（貨物受領之效力）

①貨物一經有受領權利人受領，推定運送人已依照載貨證券之記載，

商
法
（第五二～五六條）

·
9

交清貨物。但有下列情事之一者，不在此限：

一　提貨前或當時，受領權利人已將毀損滅失情形，以書面通知
　　運送人者。

二　提貨前或當時，毀損滅失經共同檢定，作成公證報告書者。

三　毀損滅失不顯著而於提貨後三日內，以書面通知運送人者。

四　在收貨證件上註明毀損或滅失者。

②貨物之全部或一部毀損、滅失者，自貨物受領之日或自應受領之日
　起，一年內未起訴者，運送人或船舶所有人解除其責任。

第五十七條　（託運人賠償責任之限制）

運送人或船舶所有人所受之損害，非由於託運人或其代理人受僱人
之過失所致者，託運人不負賠償責任。

第五十八條　（運送人與載貨證券持有人間載貨證券之效力）

①載貨證券有數份者，在貨物目的港請求交付貨物之人，縱僅持有載
貨證券一份，運送人或船長不得拒絕交付。不在貨物目的港時，運
送人或船長非接受載貨證券之全數，不得為貨物之交付。

②二人以上之載貨證券持有人請求交付貨物時，運送人或船長應即將
貨物按照第五十一條之規定寄存，並通知第為請求之各持有人，運
送人或船長，已依第一項之規定，交付貨物之一部後，他持有人請
求交付貨物者，對於其騰餘之部分亦同。

③載貨證券之持有人有二人以上者，其中一人先於他持有人受貨物之
交付時，他持有人之載貨證券對運送人失其效力。

第五十九條　（載貨證券持有人間載貨證券之效力）

載貨證券之持有人有二人以上，而運送人或船長尚未交付貨物者，
其持有先受發送或交付之證券者，得先於他持有人行使其權利。

第六十條　（載貨證券之文義性等）

①民法第六百二十七條至第六百三十條關於提單之規定，於載貨證券
準用之。

②以船舶之全部或一部供運送為目的之運送契約另行簽發載貨證券
者，運送人與託運人以外載貨證券持有人間之關係，依載貨證券之
記載。

第六十一條　（免責約款之限制）

以件貨運送為目的之運送契約或載貨證券記載條款、條件或約定，
以減輕或免除運送人或船舶所有人，對於因過失或本章規定應履行
之義務而不履行，致有貨物毀損、滅失或遲到之責任者，其條款、

條件或約定不生效力。

第六十二條 （船舶適航性、適載性義務）

①運送人或船舶所有人於發航前及發航時，對於下列事項，應為必要之注意及措置：

　　一　使船舶有安全航行之能力。

　　二　配置船舶相當船員、設備及供應。

　　三　使貨艙、冷藏室及其他供載運貨物部分適合於受載、運送與保存。

②船舶於發航後因突失航行能力所致之毀損或滅失，運送人不負賠償責任。

③運送人或船舶所有人為免除前項責任之主張，應負舉證之責。

第六十三條 （承運之注意及處置義務）

運送人對於承運貨物之裝載、卸載、搬移、堆存、保管、運送及看守，應為必要之注意及處置。

第六十四條 （禁運或偷運貨物之拒絕義務）

①運送人知悉貨物為違禁物或不實申報者，應拒絕載運。其貨物之性質足以毀損船舶或危害船舶上人員健康者亦同。但為航運或商業習慣所許者，不在此限。

②運送人知悉貨物之性質具易燃性、易爆性或危險性並同意裝運後，若此貨物對於船舶或貨載有危險之虞時，運送人得隨時將其起岸、毀棄或使之無害，運送人除由於共同海損者外，不負賠償責任。

第六十五條 （未經報明貨物之處置）

①運送人或船長發見未經報明之貨物，得在裝載港將其起岸，或使支付同一航程同種貨物應付最高額之運費，如有損害並得請求賠償。

②前項貨物在航行中發見時，如係違禁物或其性質足以發生損害者，船長得投棄之。

第六十六條 （事變時運費之計算㈡）

船舶發航後，因不可抗力不能到達目的港而將原裝貨物運回時，縱其船約定為去航及歸航之運送，託運人僅負擔去航運費。

第六十七條 （事變時運費之計算㈢）

船舶在航行中，因海上事故而須修繕時，如託運人於到達目的港前提取貨物者，應付全部運費。

第六十八條 （事變時運費之計算㈣）

①船舶在航行中遭難或不能航行，而貨物仍由船長設法運到目地港時，

如其運費較低於約定之運費者，託運人減支兩運費差額之半數。

②如新運費等於約定之運費，託運人不負擔任何費用，如新運費較高於約定之運費，其增高額由託運人負擔之。

第六十九條 （免責事由㈠）

因下列事由所發生之毀損或滅失，運送人或船舶所有人不負賠償責任：

一　船長、海員、引水人或運送人之受僱人，於航行或管理船舶之行為而有過失。

二　海上或航路上之危險、災難或意外事故。

三　非由於運送人本人之故意或過失所生之火災。

四　天災。

五　戰爭行為。

六　暴動。

七　公共敵人之行為。

八　有權力者之拘捕、限制或依司法程序之扣押。

九　檢疫限制。

十　罷工或其他勞動事故。

十一　救助或意圖救助海上人命或財產。

十二　包裝不固。

十三　標誌不足或不符。

十四　因貨物之固有瑕疵，品質或特性所致之耗損或其他毀損滅失。

十五　貨物所有人，託運人或其代理人、代表人之行為或不行為。

十六　船舶雖經注意仍不能發現之隱有瑕疵。

十七　其他非由運送人或船舶所有人本人之故意或過失及非因其代理人、受僱人之過失所致者。

第七十條 （免責事由㈡及每件責任限制）

①託運人於託運時故意虛報貨物之性質或價值，運送人或船舶所有人對於該貨物之毀損或滅失，不負賠償責任。

②除貨物之性質及價值於裝載前，已經託運人聲明並註明於載貨證券者外，運送人或船舶所有人對於貨物之毀損滅失，其賠償責任，以每件特別提款權六六六・六七單位或每公斤特別提款權二單位計算所得之金額，兩者較高者為限。

③前項所稱件數，係指貨物託運之包裝單位。其以貨櫃、墊板或其他方式併裝運送者，應以載貨證券所載其內之包裝單位為件數。但載

貨證券未經載明者，以併裝單位為件數。其使用之貨櫃係由託運人提供者，貨櫃本身得作為一件計算。

④由於運送人或船舶所有人之故意或重大過失所發生之毀損或滅失，運送人或船舶所有人不得主張第二項單位限制責任之利益。

第七十一條　（免責事由㈢）

為救助或意圖救助海上人命、財產，或因其他正當理由偏航者，不得認為違反運送契約，其因而發生毀損或滅失時，船舶所有人或運送人不負賠償責任。

第七十二條　（免責事由㈣）

貨物未經船長或運送人之同意而裝載者，運送人或船舶所有人，對於其貨物之毀損或滅失，不負責任。

第七十三條　（免責事由㈤）

運送人或船長如將貨物裝載於甲板上，致生毀損或滅失時，應負賠償責任。但經託運人之同意並載明於運送契約或航運種類或商業習慣所許者，不在此限。

第七十四條　（載貨證券發給人與連續運送人之責任）

①載貨證券之發給人，對於依載貨證券所記載應為之行為，均應負責。

②前項發給人，對於貨物之各連續運送人之行為，應負保證之責。但各連續運送人，僅對於自己航程中所生之毀損滅失及遲到負其責任。

第七十五條　（連續運送下法律之適用）

①連續運送同時涉及海上運送及其他方法之運送者，其海上運送部分適用本法之規定。

②貨物毀損滅失發生時間不明者，推定其發生於海上運送階段。

第七十六條　（對託運人或第三人得主張抗辯事由等之援用）

①本節有關運送人因貨物滅失、毀損或遲到對託運人或其他第三人所得主張之抗辯及責任限制之規定，對運送人之代理人或受僱人亦得主張之。但經證明貨物之滅失、毀損或遲到，係因代理人或受僱人故意或重大過失所致者，不在此限。

②前項之規定，對從事商港區域內之裝卸、搬運、保管、看守、儲存、理貨、穩固、墊艙者，亦適用之。

第七十七條　（涉外事件之法律適用）

載貨證券所載之裝載港或卸貨港為中華民國港口者，其載貨證券所生之法律關係依涉外民事法律適用法所定應適用法律。但依本法中華民國受貨人或託運人保護較優者，應適用本法之規定。

第七十八條 （涉外事件之管轄及仲裁）

①裝貨港或卸貨港為中華民國港口者之載貨證券所生之爭議，得由我國裝貨港或卸貨港或其他依法有管轄權之法院管轄。

②前項載貨證券訂有仲裁條款者，經契約當事人同意後，得於我國進行仲裁，不受載貨證券內仲裁地或仲裁規則記載之拘束。

③前項規定視為當事人仲裁契約之一部。但當事人於爭議發生後另有書面合意者，不在此限。

第二節　旅客運送

第七十九條 （貨物運送之準用）

旅客之運送，除本節規定外，準用本章第一節之規定。

第八十條 （膳費計算）

對於旅客供膳者，其膳費應包括於票價之內。

第八十一條 （強制保險之規定）

①旅客於實施意外保險之特定航線及地區，均應投保意外險，保險金額載入客票，視同契約，其保險費包括於票價內，並以保險金額為損害賠償之最高額。

②前項特定航線地區及保險金額，由交通部定之。

第八十二條 （任意保險之規定）

旅客除前條保險外，自行另加保意外險者，其損害賠償依其約定。但應以書面為之。

第八十三條 （依約運送義務）

①運送人或船長應依船票所載，運送旅客至目的港。

②運送人或船長違反前項規定時，旅客得解除契約，如有損害，並得請求賠償。

第八十四條 （旅客解約權）

旅客於發航二十四小時前，得給付票價十分之二，解除契約；其於發航前因死亡、疾病或其他基於本身不得已之事由，不能或拒絕乘船者，運送人得請求票價十分之一。

第八十五條 （票價之負擔㈠）

旅客在船舶發航或航程中不依時登船，或船長依職權實行緊急處分迫令其離船者，仍應給付全部票價。

第八十六條 （遲誤發航日之解約）

船舶不於預定之日發航者，旅客得解除契約。

第八十七條　（票價之負擔㈠）
　旅客在航程中自願上陸時，仍負擔全部票價，其因疾病上陸或死亡時，僅按其已運送之航程負擔票價。

第八十八條　（因不可抗力時之運送義務）
　船舶因不可抗力不能繼續航行時，運送人或船長應設法將旅客運送至目的港。

第八十九條　（不能進港時之運送義務）
　旅客之目的港如發生天災、戰亂、瘟疫，或其他特殊事故致船舶不能進港卸客者，運送人或船長得依旅客之意願，將其送至最近之港口或送返乘船港。

第九十條　（修繕時之運送義務）
　運送人或船長在航行中為船舶修繕時，應以同等級船舶完成其航程，旅客在候船期間並應無償供給膳宿。

第九十一條　（依指示離船之義務）
　旅客於船舶抵達目的港後，應依船長之指示即行離船。

第三節　船舶拖帶

第九十二條　（單一拖帶責任）
　拖船與被拖船如不屬於同一所有人時，其損害賠償之責任，應由拖船所有人負擔。但契約另有訂定者，不在此限。

第九十三條　（共同或連接拖帶責任）
　共同或連接之拖船，因航行所生之損害，對被害人負連帶責任。但他拖船對於加害之拖船有求償權。

第四章　船舶碰撞

第九十四條　（船舶碰撞之法律適用）
　船舶之碰撞，不論發生於何地，皆依本章之規定處理之。

第九十五條　（因不可抗力之碰撞）
　碰撞係因不可抗力而發生者，被害人不得請求損害賠償。

第九十六條　（因一船過失之碰撞）
　碰撞係因於一船舶之過失所致者，由該船負損害賠償責任。

第九十七條　（因共同過失船舶碰撞之責任分擔）
　①碰撞之各船舶有共同過失時，各依其過失程度之比例負其責任，不

能判定其過失之輕重時，各方平均負其責任。

②有過失之各船舶，對於因死亡或傷害所生之損害，應負連帶責任。

第九十八條 （因引水人過失之碰撞）

前二條責任，不因碰撞係由引水人之過失所致而免除。

第九十九條 （消滅時效）

因碰撞所生之請求權，自碰撞日起算，經過兩年不行使而消滅。

第一百條 （加害船舶之扣押）

①船舶在中華民國領海、內水、港口、河道內碰撞者，法院對於加害之船舶，得扣押之。

②碰撞不在中華民國領海、內水、港口、河道內，而被害者為中華民國船舶或國民，法院對於加害之船舶進入中華民國領海後，得扣押之。

③前兩項被扣押船舶得提供擔保，請求放行。

④前項擔保，得由適當之銀行或保險人出具書面保證代之。

第一百零一條 （船舶碰撞訴訟之管轄）

關於碰撞之訴訟，得向下列法院起訴：

一 被告之住所或營業所所在地之法院。

二 碰撞發生地之法院。

三 被告船舶船籍港之法院。

四 船舶扣押地之法院。

五 當事人合意地之法院。

第五章　　海難救助

第一百零二條 （一般海難之救助義務）

船長於不甚危害其船舶、海員、旅客之範圍內，對於淹沒或其他危難之人應盡力救助。

第一百零三條 （財物救助之報酬）

①對於船舶或船舶上財物施以救助而有效果者，得按其效果請求相當之報酬。

②施救人所施救之船舶或船舶上貨物，有損害環境之虞者，施救人得向船舶所有人請求與實際支出費用同額之報酬；其救助行為對於船舶或船舶上貨物所造成環境之損害已有效防止或減輕者，得向船舶所有人請求與實際支出費用同額或不超過其費用一倍之報酬。

③施救人同時有前二項報酬請求權者，前項報酬應自第一項可得請求

之報酬中扣除之。

④施救人之報酬請求權，自救助完成日起二年間不行使而消滅。

第一百零四條 （報酬請求權人）

①屬於同一所有人之船舶救助，仍得請求報酬。

②拖船對於被拖船施以救助者，得請求報酬。但以非為履行該拖船契約者為限。

第一百零五條 （報酬金額之決定）

救助報酬由當事人協議定之，協議不成時，得提付仲裁或請求法院裁判之。

第一百零六條 （分配報酬之比例）

前條規定，於施救人與船舶間，及施救人間之分配報酬之比例，準用之。

第一百零七條 （救人之報酬分配權）

於實行施救中救人者，對於船舶及財物之救助報酬金，有參加分配之權。

第一百零八條 （不得請求報酬之事由）

經以正當理由拒絕施救，而仍強為施救者，不得請求報酬。

第一百零九條 （碰撞時之救助義務）

①船舶碰撞後，各碰撞船舶之船長於不甚危害其船舶、海員或旅客之範圍內，對於他船舶船長、海員及旅客，應盡力救助。

②各該船長，除有不可抗力之情形外，在未確知繼續救助為無益前，應停留於發生災難之處所。

③各該船長，應於可能範圍內，將其船舶名稱及船籍港並開來及開往之處所，通知於他船舶。

第六章　共同海損

第一百十條 （共同海損之定義）

稱共同海損者，謂在船舶航程期間，為求共同危險中全體財產之安全所為故意及合理處分，而直接造成之犧牲及發生之費用。

第一百十一條 （共同海損之分擔㈠）

共同海損以各被保存財產價值與共同海損總額之比例，由各利害關係人分擔之。因共同海損行為所犧牲而獲共同海損補償之財產，亦應參與分擔。

第一百十二條 （分擔額之範圍及計算）

①前條各被保存財產之分擔價值，應以航程終止地或放棄共同航程時地財產之實際淨值為準，依下列規定計算之：

一　船舶以到達時地之價格為準。如船舶於航程中已修復者，應扣除在該航程中共同海損之犧牲額及其他非共同海損之損害額。但不得低於其實際所餘殘值。

二　貨物以送交最後受貨人之商業發票所載價格為準，如無商業發票者，以裝船時地之價值為準，並均包括應支付之運費及保險費在內。

三　運費以到付運費之應收額，扣除非共同海損費用為準。

②前項各額之實際淨值，均應另加計共同海損之補償額。

第一百十三條 （補償額之範圍及計算）

共同海損犧牲之補償額，應以各財產於航程終止時地或放棄共同航程時地之實際淨值為準，依下列規定計算之：

一　船舶以實際必要之合理修繕或設備材料之更換費用為準。未經修繕或更換者，以該損失所造成之合理貶值。但不能超過估計之修繕或更換費用。

二　貨物以送交最後受貨人商業發票價格計算所受之損害為準，如無商業發票者，以裝船時地之價值為準，並均包括應支付之運費及保險費在內。受損貨物如被出售者，以出售淨值與前述所訂商業發票或裝船時地貨物淨值之差額為準。

三　運費以貨載之毀損或滅失致減少或全無者為準。但運送人因此減省之費用，應扣除之。

第一百十四條 （共同海損費用）

①下列費用為共同海損費用：

一　為保存共同危險中全體財產所生之港埠、貨物處理、船員工資及船舶維護所必需之燃、物料費用。

二　船舶發生共同海損後，為繼續共同航程所需之額外費用。

三　為共同海損所墊付現金百分之二之報酬。

四　自共同海損發生之日起至共同海損實際收付日止，應行收付金額所生之利息。

②為替代前項第一款、第二款共同海損費用所生之其他費用，視為共同海損之費用。但替代費用不得超過原共同海損費用。

第一百十五條 （共同海損之分擔(二)）

共同海損因利害關係人之過失所致者，各關係人仍應分擔之。但不影響其他關係人對過失之負責人之賠償請求權。

第一百十六條　（共同海損犧牲之除外㈠）

未依航運習慣裝載之貨物經投棄者，不認為共同海損犧牲。但經撈救者，仍應分擔共同海損。

第一百十七條　（共同海損犧牲之除外㈡）

無載貨證券亦無船長收據之貨物，或未記載於目錄之設備屬具，經犧牲者，不認為共同海損。但經撈救者，仍應分擔共同海損。

第一百十八條　（共同海損犧牲之除外㈢）

貨幣、有價證券或其他貴重物品，經犧牲者，除已報明船長者外，不認為共同海損犧牲。但經撈救者，仍應分擔共同海損。

第一百十九條　（不實聲明之分擔額及補償額）

①貨物之性質，於託運時故意為不實之聲明，經犧牲者，不認為共同海損。但經保存者，應按其實在價值分擔之。

②貨物之價值，於託運時為不實之聲明，使聲明價值與實在價值不同者，其共同海損犧牲之補償額以金額低者為準，分擔價值以金額高者為準。

第一百二十條　（不分擔共同海損）

①船上所備糧食、武器、船員之衣物、薪津、郵件及無載貨證券之旅客行李、私人物品皆不分擔共同海損。

②前項物品如被犧牲，其損失應由各關係人分擔之。

第一百二十一條　（共同海損之計算）

共同海損之計算，由全體關係人協議定之。協議不成時，得提付仲裁或請求法院裁判之。

第一百二十二條　（共同海損債權之擔保）

運送人或船長對於未清償分擔額之貨物所有人，得留置其貨物。但提供擔保者，不在此限。

第一百二十三條　（共同海損分擔額之返還）

利害關係人於受分擔額後，復得其船舶或貨物之全部或一部者，應將其所受之分擔額返還於關係人。但得將其所受損害及復得之費用扣除之。

第一百二十四條　（委棄免責權）

應負分擔義務之人，得委棄其存留物而免分擔海損之責。

第一百二十五條　（消滅時效）

因共同海損所生之債權，自計算確定之日起，經過一年不行使而消滅。

第七章　海上保險

第一百二十六條　（海上保險之法律適用）

關於海上保險，本章無規定者，適用保險法之規定。

第一百二十七條　（保險標的）

①凡與海上航行有關而可能發生危險之財產權益，皆得為海上保險之標的。

②海上保險契約，得約定延展加保至陸上、內河、湖泊或內陸水道之危險。

第一百二十八條　（保險期間）

保險期間除契約另有訂定外，關於船舶及其設備屬具，自船舶起錨或解纜之時，以迄目的港投錨或繫泊之時，為其期間；關於貨物，自貨物離岸之時，以迄目的港起岸之時，為其期間。

第一百二十九條　（保險人之責任）

保險人對於保險標的物，除契約另有規定外，因海上一切事變及災害所生之毀損滅失及費用，負賠償責任。

第一百三十條　（保險人對減免損失費用之償還義務）

①保險事故發生時，要保人或被保險人應採取必要行為，以避免或減輕保險標的之損失，保險人對於要保人或被保險人未履行此項義務而擴大之損失，不負賠償責任。

②保險人對於要保人或被保險人，為履行前項義務所生之費用，負償還之責，其償還數額與賠償金額合計雖超過保險標的價值，仍應償還之。

③保險人對於前項費用之償還，以保險金額為限。但保險金額不及保險標的之物之價值時，則以保險金額對於保險標的之價值比例定之。

第一百三十一條　（保險人之免責）

因要保人或被保險人或其代理人之故意或重大過失所致之損失，保險人不負賠償責任。

第一百三十二條　（裝船通知義務）

未確定裝運船舶之貨物保險，要保人或被保險人於知其已裝載於船舶時，應將該船舶之名稱、裝船日期、所裝貨物及其價值，立即通

知於保險人。不為通知者，保險人對未為通知所生之損害，不負賠償責任。

第一百三十三條　（保險契約之終止）

要保人或被保險人於保險人破產時，得終止契約。

第一百三十四條　（船舶之保險價額）

船舶之保險以保險人責任開始時之船舶價格及保險費，為保險價額。

第一百三十五條　（貨物之保險價額）

貨物之保險以裝載時、地之貨物價格、裝載費、稅捐、應付之運費及保險費，為保險價額。

第一百三十六條　（應有利得之保險價額）

貨物到達時應有之佣金、費用或其他利得之保險以保險時之實際金額，為保險價額。

第一百三十七條　（運費之保險價額）

①運費之保險，僅得以運送人如未經交付貨物即不得收取之運費為之，並以被保險人應收取之運費及保險費為保險價額。

②前項保險，得包括船舶之租金及依運送契約可得之收益。

第一百三十八條　（貨物損害之認定）

貨物損害之計算，依其在到達港於完好狀態下所應有之價值，與其受損狀態之價值比較定之。

第一百三十九條　（船舶部分損害之計算）

①船舶部分損害之計算，以其合理修復費用為準。但每次事故應以保險金額為限。

②部分損害未修復之補償額，以船舶因受損所減少之市價為限。但不得超過所估計之合理修復費用。

③保險期間內，船舶部分損害未修復前，即遭遇全損者，不得再行請求前項部分損害未修復之補償額。

第一百四十條　（運費部分損害之計算）

運費部分損害之計算，以所損運費與總運費之比例就保險金額定之。

第一百四十一條　（貨物之損害額）

受損害貨物之變賣，除由於不可抗力或船長依法處理者外，應得保險人之同意。並以變賣淨額與保險價額之差為損害額。但因變賣後所減省之一切費用，應扣除之。

第一百四十二條　（委付之定義）

海上保險之委付，指被保險人於發生第一百四十三條至第一百四十

五條委付原因後，移轉保險標的物之一切權利於保險人，而請求支付該保險標的物全部保險金額之行為。

第一百四十三條 　（委付原因㈠）

① 被保險船舶有下列各款情形之一時，得委付之：

一　船舶被捕獲時。

二　船舶不能為修繕或修繕費用超過保險價額時。

三　船舶行蹤不明已逾二個月時。

四　船舶被扣押已逾二個月仍未放行時。

② 前項第四款所稱扣押，不包含債權人聲請法院所為之查封、假扣押及假處分。

第一百四十四條 　（委付原因㈡）

被保險貨物有下列各款情形之一時，得委付之：

一　船舶因遭難，或其他事變不能航行已逾二個月而貨物尚未交付於受貨人，要保人或被保險人時。

二　裝運貨物之船舶，行蹤不明，已逾二個月時。

三　貨物因應由保險人負保險責任之損害，其回復原狀及繼續或轉運至目的地費用總額合併超過到達目的地價值時。

第一百四十五條 　（委付原因㈢）

運費之委付，得於船舶或貨物之委付時為之。

第一百四十六條 　（委付之範圍）

① 委付應就保險標的物之全部為之。但保險單上僅有其中一種的物發生委付原因時，得就該一種標的物為委付請求其保險金額。

② 委付不得附有條件。

第一百四十七條 　（委付之積極效力）

① 委付經承諾或經判決為有效後，自發生委付原因之日起，保險標的物即視為保險人所有。

② 委付未經承諾前，被保險人對於保險標的物之一切權利不受影響。保險人或被保險人對於保險標的物採取救助、保護或回復之各項措施，不視為已承諾或拋棄委付。

第一百四十八條 　（委付之消極效力）

委付之通知一經保險人明示承諾，當事人均不得撤銷。

第一百四十九條 　（危險發生之通知義務）

要保人或被保險人，於知悉保險之危險發生後，應即通知保險人。

第一百五十條 　（保險金之給付與返還）

①保險人應於收到要保人或被保險人證明文件後三十日內給付保險金額。

②保險人對於前項證明文件如有疑義，而要保人或被保險人提供擔保時，仍應將保險金額全部給付。

③前項情形，保險人之金額返還請求權，自給付後經過一年不行使而消滅。

第一百五十一條　（貨損通知之義務）

要保人或被保險人，自接到貨物之日起，一個月內不將貨物所受損害通知保險人或其代理人時，視為無損害。

第一百五十二條　（委付之消滅時效）

委付之權利，於知悉委付原因發生後，自得為委付之日起，經過二個月不行使而消滅。

第八章　附　　則

第一百五十三條　（施行日期）

①本法自公布日施行。

②本法中華民國九十八年六月十二日修正之條文，自九十八年十一月二十三日施行。

船 員 法

民國八十八年六月二十三日總統令公布

九十一年一月三十日總統令修正公布

九十八年七月八日總統令修正公布

一百年二月一日總統令修正公布

一百年六月二十九日總統令修正公布第五一條條文

第一章 總 則

第一條 （立法目的）

為保障船員權益，維護船員身心健康，加強船員培訓及調和勞雇關係，促進航業發展，並加強遊艇駕駛與動力小船駕駛之培訓及管理，以推動遊艇活動發展，特制定本法。

第二條 （用詞定義）

本法用詞，定義如下：

一　船舶：指在水面或水中供航行之船舶。

二　遊艇：指專供娛樂，不以從事客、貨運送或漁業為目的，以機械為主動力或輔助動力之船舶。

三　動力小船：指裝有機械用以航行，且總噸位未滿二十之動力船舶。

四　雇用人：指船舶所有權人及其他有權僱用船員之人。

五　船員：指船長及海員。

六　船長：指受雇用人僱用，主管船舶一切事務之人員。

七　海員：指受雇用人僱用，由船長指揮服務於船舶上之人員。

八　薪資：指船員於正常工作時間內所獲得之報酬。

九　津貼：指船員薪資以外之航行補貼、固定加班費及其他名義之經常性給付。

十　平均薪資：指船員在船最後三個月薪資總額除以三所得之數額；工作未滿三個月者，以工作期間所得薪資總額除以工作期間總日數，乘以三十所得之數額。

十一　平均薪津：指船員在船最後三個月薪資及津貼總額除以三所得之數額；工作未滿三個月者，以工作期間所得薪資及津貼

　　　　總額除以工作期間總日數，乘以三十所得之數額。

十二　遊艇駕駛：指駕駛遊艇之人員。

十三　動力小船駕駛：指駕駛動力小船之人員。

十四　助手：指隨船協助遊艇或動力小船駕駛處理相關事務之人員。

第三條　（不適用本法規定之船員）

①下列船舶之船員，除有關航行安全及海難處理外，不適用本法之規定：

　　一　軍事建制之艦艇。

　　二　漁船。

②專用於公務用船舶之船員，除有關船員之資格、執業與培訓、航行安全及海難處理外，不適用本法之規定。

第四條　（主管機關）

本法所稱主管機關為交通部。

第二章　船員之資格、執業與培訓

第五條　（船員之最低年齡及船長之資格）

①船員應年滿十六歲。

②船長應為中華民國國民。

第六條　（船員之資格）

①船員資格應符合一九七八年航海人員訓練、發證及當值標準國際公約及其修正案規定，並經航海人員考試及格或船員訓練檢覈合格。

②前項船員訓練、檢覈、證書核發之申請、廢止、撤銷及其他相關事項之辦法，由主管機關定之。

③違反槍砲彈藥刀械管制條例、懲治走私條例或毒品危害防制條例之罪，經判決有期徒刑六個月以上確定者，不得擔任船員。

第七條　（船員之適任證書）

　具有前條資格者，應向交通部申請核發適任證書，始得執業。

第八條　（體格及健康檢查）

①船員應經體格檢查合格，並依規定領有船員服務手冊，始得在船上服務。

②已在船上服務之船員，應接受定期健康檢查；經檢查不合格或拒不接受檢查者，不得在船上服務。

③前項船員健康檢查費用，由僱用人負擔。

④船員體格檢查及健康檢查，應由符合規定條件之醫療機構或本事業單位所設置醫療單位為之；其檢查記錄應予保存。

⑤船員體格檢查、健康檢查辦法及醫療機構條件，由交通部會同中央勞工及衛生主管機關定之。

第九條　（培育教育及學生實習）

①主管機關為培育船員，應請教育部設置或調整海事校院及其有關系科。

②主管機關應協助安排海事校院學生上船實習，船舶所有權人及其他有權僱用船員之人無正當理由不得拒絕。

第十條　（職業訓練）

①主管機關為培養海運技術人才，提高船員工作技能，促進國民就業，應設立船員職業訓練中心或輔導設立相關專業機構，並得自行或委託相關專業機構，辦理船員之職前及在職進修之訓練。

②前項訓練所需經費，除由主管機關編列預算支應外，得由船員或雇用人支付。

第十條之一　（船員訓練相關規則之訂定）

①前條第一項專業機構辦理船員訓練之計畫書、學員與教師資格、訓練課程、設施與費用、證照費收取、訓練管理業務及其他相關事項之規則，由主管機關定之。

②主管機關得派員督導專業機構辦理船員訓練業務，專業機構不得規避、妨礙或拒絕；如有缺失，應命其限期改善。

第十一條　（船員參加訓練或資格考試雇用人之配合）

船員依規定參加交通部辦理之訓練或船員執業資格考試時，雇用人應作適當之配合。

第三章　船員僱用

第十二條　（僱傭契約之簽訂）

雇用人僱用船員，應簽訂書面僱傭契約，送請主管機關備查後，受僱船員始得在船上服務。僱傭契約終止時，亦同。

第十三條　（僱傭契約範本）

雇用人僱用船員僱傭契約範本，由交通部定之。

第十四條　（未成年人之僱用）

雇用人僱用未成年之船員，應得法定代理人之書面允許。

第十五條 （備置法令規章、藥品及醫療設備）

①雇用人應於船上備置有關法令規章、必要之藥品及醫療設備。

②前項備置標準由交通部定之。

第十六條 （備置物品）

雇用人應提供質量適當之食物、臥室、寢具、餐具及工作護具與適應天候之工作服、工作帽與工作鞋等。

第十七條 （船員工作守則之訂定）

①雇用人應訂定船員工作守則，報請主管機關備查。

②船員應遵守雇用人在其業務監督範圍內所為之指示。

第十八條 （服從命令與在船義務）

①上級船員就其監督範圍內所發命令，下級船員有服從之義務。但有意見時，得陳述之。

②船員非經許可，不得擅自離船。

第十九條 （僱傭契約法定終止原因及例外）

①船舶沈沒、失蹤或完全失去安全航行能力者，僱傭契約即告終止。但船員生還者，不在此限。

②船員因施救船舶、人命或貨物之緊急措施必須工作者，其工作期間僱傭契約繼續有效。

③第一項船員生還者，雇用人已無他船或職位可供船員繼續工作時，得終止僱傭契約並依第三十九條之規定發給資遣費。

④船舶於二個月內無存在消息者，以失蹤論。

第二十條 （雇用人得終止僱傭契約之情事）

①船員有下列情事之一者，雇用人得終止僱傭契約：

　　一　訂立僱傭契約時，為虛偽意思表示，使雇用人誤信而有損害之虞。

　　二　對於雇用人、雇用人之代理人、其他共同工作人或以上人員之家屬，實施暴行或有重大侮辱，恐嚇行為。

　　三　受有期徒刑以上刑之宣告確定，而未論知緩刑或易科罰金。

　　四　違反僱傭契約或船員工作守則，情節重大。

　　五　故意損毀或竊取船舶設備、屬具或貨物。

　　六　無正當理由不遵守雇用人或船長之指示上船。

②雇用人依前項規定終止僱傭契約時，應以書面通知船員。

③雇用人依第一項第一款、第二款及第四款至第六款規定終止僱傭契約者，應自知悉其情形之日起，三十日內為之。

第二十一條　（船員得終止僱傭契約之情事）

有下列情事之一者，船員得終止僱傭契約：

一　船舶喪失國籍者。

二　訂定僱傭契約時，雇用人為虛偽意思表示，使船員誤信而有受損害之虞者。

三　船員因傷病經醫師證明不能繼續工作者。

四　雇用人、雇用人之代理人或以上人員之家屬對船員實施暴行或有重大侮辱、恐嚇行為者。

五　工作環境對船員健康有危害之虞，經通知改善而無效果者。

六　雇用人或其代理人違反契約或法令，致有損害船員權益之虞者。

七　雇用人不依契約給付薪津者。

八　船上其他共同工作人患有法定傳染病，有傳染之虞者。

第二十二條　（得預告終止僱傭契約之情形及期間）

①非有下列情形之一者，雇用人不得預告終止僱傭契約：

一　歇業或轉讓時。

二　虧損或業務緊縮時。

三　不可抗力暫停工作在一個月以上時。

四　業務性質變更，有減少船員之必要，又無適當工作可供安置時。

五　對於所擔任之工作確不能勝任時。

②雇用人依前項規定終止僱傭契約，其預告期間依下列各款之規定：

一　繼續工作三個月以上一年未滿者，於十日前預告之。

二　繼續工作一年以上三年未滿者，於二十日前預告之。

三　繼續工作三年以上者，於三十日前預告之。

③船員在產假期間或執行職務致傷病之醫療期間，雇用人不得終止僱傭契約。但雇用人因天災、事變、不可抗力致事業不能繼續或船員沈沒、失蹤或已完全失去安全航行之能力時，不在此限。

④雇用人未依第二項規定期間預告而終止契約者，應給付預告期間之薪資。

⑤不定期僱傭契約之船員終止僱傭契約時，應準用第二項規定預告雇用人或船長。定期僱傭契約之船員終止僱傭契約時，應在一個月前預告雇用人或船長。

⑥雇用人經徵得船員同意，於雇用人所屬船舶間調動，另立新約前，

原僱傭契約仍繼續有效。

第二十三條 （僱期屆滿之終止）

定期僱傭契約，其期限於航行中屆滿者，以船舶到達第一港後經過四十八小時為終止。

第二十四條 （船員工作年資合併計算及例外）

僱傭契約因故停止履行後，繼續履行原約或定期僱傭契約屆滿後，未滿三個月又另訂定新約時，船員前後工作年資應合併計算。船員工作年資之計算應包括船員在同船舶或同一公司法人所屬或經營之不同船舶之工作年資。但曾因僱傭契約終止領取辭退金或退休金者，不在此限。

第二十五條 （外國人僱用我國船員之限制）

外國僱用人僱用中華民國船員，應向交通部申請，經審核許可，始得僱用；其許可辦法由交通部定之。

第二十五條之一 （雇用非我國船員之許可）

雇用人僱用非中華民國籍船員，應向主管機關申請許可，始得僱用；其申請資格與程序、許可條件、廢止、撤銷、職責、僱用、僱傭管理及其他相關事項之規則，由主管機關定之。

第二十五條之二 （各級船員、實習生、見習生上船服務之許可）

各級船員、實習生、見習生上船服務，應向當地航政機關申請許可；其申請資格與程序、許可之廢止、撤銷、僱用、職責、航行應遵守事項管理及其他相關事項之規則，由主管機關定之。

第四章　勞動條件與福利

第二十六條 （船員之報酬）

船員在船上服務，其報酬如下：

一　薪津：包括薪資及津貼，薪資應占薪津總數額百分之五十以上。

二　特別獎金：包括特別工作而獲得之報酬、非固定加班費、年終獎金及因雇用人營運上獲利而發給之獎金。

第二十七條 （船員薪資、岸薪、加班費之最低標準）

①船員之薪資、岸薪及加班費之最低標準，由交通部定之。

②前項最低薪資不得低於勞動基準法基本工作標準所定之工資。

第二十八條 （未滿十八歲及女性船員夜間工作之禁止及例外）

未滿十八歲及女性之船員不得在午後八時至翌晨六時之時間內工作。但有下列情形之一者，不在此限：

一　年滿十六歲以上，經連續九小時休息後。

二　防火操演、救生艇筏操演或其他類似之作業。

三　因意外事故而致船上人手不足有必要擔任職務代工作者。

四　因航行需要參加航行當值輪班者。

五　因船舶進出港必需工作者。

六　因處理海難之必要者。

七　因其他突發事件之必要者。

第二十九條　（懷孕女性船員之僱用及工作）

① 雇用人不得僱用孕婦在船工作。但若經醫師檢查認可者不在此限。

② 在航行中判明女性船員懷孕者仍可從事較輕便工作，以及對航行安全有必要之工作。

第三十條　（僱用產後船員之禁止）

雇用人不得僱用生產未滿八週之女性在船工作。

第三十一條　（從事危險性或有害性工作之禁止）

① 雇用人不得令未滿十八歲之船員或懷孕中或生產後一年以內或在生理期間之女性船員從事有危險性或有害性之工作。

② 前項危險性或有害性工作之認定標準，由交通部定之。

第三十二條　（每週工作總時數及例外）

① 船員正常工作時間，以每週工作總時數四十四小時為準。但因航行需要參加航行當值輪班者，不在此限。

② 船員每週工作總時數超過四十四小時者視為加班，雇用人應給予加班費。

第三十三條　（船員之例假及例外）

① 船員每七日中至少應有一日之休息，作為例假。但因航行需要仍應參加航行當值輪班者，不在此限。

② 前項但書情形，雇用人應另行安排輪休。

第三十四條　（國定假日及航海節工作之加班費）

國定假日及航海節因航行需要，船長得安排船員參加航行當值輪班、進出港、餐勤等必要工作。但雇用人應按平日薪資發給假日加班費。

第三十五條　（延長工作時間）

基於航行需要延長工作時間，船員應於加班前先填寫加班申請單，經船長或部門主管簽認後施行。

第三十六條 (加班費數額之計算)

僱傭契約得約定船員之加班費數額按照船員之平日每小時薪資標準計算,列為固定加班費發給船員。但計算時數,每月至少應等於八十五工作小時。

第三十七條 (有給年休)

①船員在船上服務滿一年,僱用人應給予有給年休三十天。未滿一年者,按其服務月數比例計之。

②僱用人經徵得船員同意於有給年休日工作者,應加發一日薪津。有給年休因年度終結或終止契約而未休者,其應休未休之日數,僱用人應發給薪津。

第三十八條 (在岸候船、受訓、考試之支給薪資)

①船員於簽訂僱傭契約後,在岸上等候派船期間,僱用人應發給相當於薪資之報酬。

②僱用人派遣船員參加訓練或考試期間,應支給相當於薪資之報酬。

第三十九條 (資遣費發給之條件、例外及標準)

僱用人依第二十二條第一項、第三項但書或非可歸責於船員之事由終止僱傭契約時,應依下列規定發給資遣費。但經船員同意在原僱用人所屬船舶間調動時,不在此限:

　一　按月給付報酬者,加給平均薪資三個月。

　二　按航次給付報酬者,發給報酬全額。

　三　船員在同一僱用人所屬船舶繼續工作滿三年者,除依第一款規定給付外,自第四年起每逾一年另加給平均薪資一個月,不足一年部分,比例計給之,未滿一個月者,以一個月計。

第四十條 (護送回僱傭地之義務)

①船員於受僱地以外,其僱傭契約終止時,不論任何原因,僱用人及船長有護送回僱傭地之義務;其因受傷或患病而上岸者,亦同。

②前項護送回僱傭地之義務,包括運送、居住、食物及其他必要費用之負擔。

③船員因個人事由被護送回僱傭地時,僱用人得要求其負擔前項之費用。

第四十一條 (醫療費用之負擔)

船員於服務期間內受傷或患病者,由僱用人負擔醫療費用。但因酗酒、重大過失或不守紀律所致之非職業傷病者,不在此限。

第四十二條 (醫療費用之停止負擔)

船員非因執行職務而受傷或患病已逾三個月者，雇用人得停止醫療費用之負擔。

第四十三條　（傷病支薪）

雇用人負擔醫療費用之期間內，仍應支給原薪津。

第四十四條　（殘廢補助金）

①船員因執行職務而受傷或患病，雖已痊癒而成殘廢或逾二年仍未痊癒者，經符合規定條件之醫療機構診斷，審定其身體遺存殘廢者，雇用人應按其平均薪資及殘廢程度，一次給予殘廢補償；殘廢補償給付標準，依勞工保險條例有關之規定。

②船員之遺存殘廢等級，經指定醫師評定為百分之五十或以上，且同時適合依勞保條例殘廢等級第七級以上或第十一級以上，並證明永久不適任船上任何職位者，應按最高等級給予殘廢補助金。

第四十五條　（死亡補償）

船員在服務期間非因執行職務死亡或非因執行職務受傷、患病而死亡時，雇用人應一次給與其遺屬平均薪津二十個月之死亡補償。

第四十六條　（加給死亡補償）

①船員因執行職務死亡或因執行職務受傷、患病死亡時，雇用人應一次給與其遺屬平均薪津四十個月之死亡補償。

②船舶沈沒或失蹤致船員失蹤時，雇用人應按前項規定給與其遺屬死亡補償。

第四十七條　（受領死亡補償之順位）

船員遺屬受領死亡補償之順位如下：

　一　配偶及子女。

　二　父母。

　三　祖父母。

　四　孫子女。

　五　兄弟姐妹。

第四十八條　（喪葬費）

船員在服務期間死亡者，雇用人應給與平均薪資六個月之喪葬費。

第四十九條　（船長傷、病、死亡之推定）

船長在服務期間受傷、患病或死亡，推定其為執行職務所致。但因其重大過失或不守紀律受傷、患病或死亡者，不適用之。

第五十條　（醫療及喪葬費用、殘廢及死亡補償之請求權）

①第四十一條醫療費用、第四十四條殘廢補償、第四十五條及第四十

六條死亡補償及第四十八條喪葬費，其請求權自得請領之日起，因二年間不行使而消滅。

②前項請求權不因船員之離職而受影響，且不得讓與、抵銷、抵充、扣押或擔保。

第五十一條　（得申請退休之情形）

①船員有下列情形之一，得申請退休：

一　在船服務年資十年以上，年滿五十五歲者。

二　在船服務年資二十年以上者。

②船員有下列情形之一，應強迫退休：

一　年滿六十五歲者。

二　受監護、輔助宣告者。

三　身體殘廢不堪勝任者。

③年滿六十五歲船員，合於船員體格檢查標準，得受僱之。

④本法施行前之船員工作年資，其退休金給與標準，依本法施行前之海商法規定計算。

第五十二條　（投保義務）

為保障船員生活之安定與安全，雇用人應為所僱用之船員及儲備船員投保勞工保險及全民健康保險。

第五十三條　（勞工退休金條例之適用）

①為保障船員退休權益，本國籍船員之退休金事項，適用勞工退休金條例之退休金制度。但依勞工退休金條例第九條規定，未選擇適用勞工退休金條例之退休金制度者，不在此限。

②前項但書人員之退休金給與基準，其屬本法施行前之工作年資，依第五十一條第三項規定計算，其屬本法施行後之工作年資，依勞動基準法第五十五條規定計算。

③船員適用勞工退休金條例之退休金制度後仍受僱於同一雇用人者，其適用前之工作年資，應予保留；其退休金給與基準，屬本法施行前之工作年資，依第五十一條第三項規定計算，屬本法施行後，勞工退休金條例施行前之工作年資，依勞動基準法第五十五條規定計算。

④雇用人應依勞動基準法第五十六條規定，為前二項船員提撥勞工退休準備金。

⑤船員適用勞工退休金條例之退休金制度者，其資遣費仍依第三十九條及第五十四條規定發給。

⑥船員受僱於同一雇用人從事岸上工作之年資，應併計作為退休要件，並各依最後在船、在岸之勞動基準法第二條所定平均工資計算退休金。

⑦船員請領退休金之權利，自退休之次月起，因五年間不行使而消滅。

第五十四條　（各項費用、補償之支給標準）

依本法給與之資遣費、加班費、殘廢補償、死亡補償、傷病治療期間支給之薪津、喪葬費低於勞動基準法所定資遣費、延長工作時間之工資、職業災害補償之給付金額時，依勞動基準法所定標準支給。

第五十五條　（投保責任保險）

雇用人依本法應支付之醫療費用、殘廢補償、死亡補償及喪葬費，應投保責任保險。

第五十六條　（職工福利金）

雇用人依據職工福利金條例提撥職工福利金辦理職工福利事業時，所雇用之船員與儲備船員應予以納入。

第五十七條　（船員福利設施）

主管機關得在適當港口輔導設置包括船員福利、文化、娛樂和資訊設備之船員福利設施。

第五章　船　　長

第五十八條　（船長指揮權）

①船舶之指揮，由船長負責；船長為執行職務，有命令與管理在船海員及在船上其他人員之權。

②船長為維護船舶安全，保障他人生命或身體，對於船上可能發生之危害，得為必要處置。

第五十九條　（緊急處分權）

船長在航行中，為維持船上治安及保障國家法益，得為緊急處分。

第六十條　（文書、文件備置及送驗義務）

①船長在船舶上應置備船舶文書及有關載客載貨之各項文件。

②主管機關依法查閱前項船舶文書及文件時，船長應即送驗。

第六十一條　（檢查船舶及航海準備之義務）

船長於船舶發航前及發航時，應依規定檢查船舶及完成航海準備。

第六十二條　（航程遵守義務）

船長非因事變或不可抗力，不得變更船舶預定航程。

第六十三條 （開艙、卸貨之限制）

　船長除有必要外，不得開艙或卸載貨物。

第六十四條 （航行中船長解除或中止職務之禁止）

　船長在航行中，其僱用期限已屆滿，不得自行解除或中止其職務。

第六十五條 （處置遺物義務）

　在船人員死亡或失蹤時，其遺留於船上之財物，船長應以最有利於繼承人之方法處置之。

第六十六條 （海事報告義務）

①船長遇船舶沈沒、擱淺、碰撞、強迫停泊或其他意外事故及有關船舶貨載、海員或旅客之非常事變時，應作成海事報告，載明實在情況，檢送主管機關。

②前項海事報告，應有海員或旅客之證明，始生效力。但其報告係船長於遭難獨身脫險後作成者，不在此限。

第六十七條 （船長注意義務）

　船長對於執行職務中之過失，應負責任；如主張無過失時，應負舉證之責任。

第六十八條 （船長之代理）

　船舶在航行中，船長死亡或因故不能執行職務而未有繼任人時，應由從事駕駛之海員中職位最高之一人代理執行其職務。

第六章　航行安全與海難處理

第六十九條 （私運貨物之禁止及處理）

①船員不得利用船舶私運貨物，如私運之貨物為違禁品或有致船舶、人員或貨載受害之虞者，船長或僱用人得將貨物投棄。

②船員攜帶武器、爆炸物或其他危險物品上船，船長或僱用人有權處置或投棄。

③前二項處置或投棄，應選擇對海域污染最少之方式及地點為之。

第七十條 （遵守航行避碰規定）

　當值船員，應遵守航行避碰規定，並依規定鳴放音響或懸示信號。

第七十條之一 （船員最低安全配置標準）

①為維護船舶及航行安全，僱用人應依規定配置足夠之合格船員，始得開航。

②前項各航線、種類、大小之航行船舶船員最低安全配置標準，由交

通部定之。

第七十一條　（有礙航行事項之報告義務）

船長於本航次航路上發現油污損害、新生沙灘、暗礁、重大氣象變化或其他事故有礙航行者，應報告主管機關。

第七十二條　（海難或意外事故之處理）

① 船舶發生海難或其他意外事故，船長應立即採取防止危險之緊急措施，並應以優先方法報告主管機關，以便施救。

② 船舶因海難或其他意外事故致擱淺、沈沒或故障時，船長除應依前項規定處理外，並應防止油污排洩，避免海岸及水域遭受油污損害。

第七十三條　（棄船諮詢義務）

① 船舶有急迫危險時，船長應盡力採取必要之措施，救助人命、船舶及貨載。

② 船長在航行中不論遇何危險，非經諮詢各重要海員之意見，不得放棄船舶。但船長有最後決定權。

③ 放棄船舶時，船長應盡力將旅客、海員、船舶文書、郵件、金錢及貴重物救出。

④ 船長違反第一項、第二項規定者，就自己所採措施負其責任。

第七十四條　（船舶發生碰撞之處置）

① 船舶碰撞後，各碰撞船舶之船長於不甚危害其船舶、海員或旅客之範圍內，對於其他船舶、船員及旅客應盡力救助。

② 各該船長除有不可抗力之情形外，在未確知繼續救助為無益前，應停留於發生災難之處所。

③ 各該船長應於可能範圍內，將其船名、船籍港、開來及開往之港口通知他船舶。

第七十五條　（救助危難之人義務）

船長於不甚危害船舶、海員、旅客之範圍內，對於淹沒或其他危難之人，應盡力救助。

第六章之一　　遊艇與動力小船之駕駛及助手

第七十五條之一　（遊艇及動力小船駕駛之年齡限制）

① 遊艇及動力小船駕駛須年滿十八歲，最高年齡不受限制。但營業用動力小船駕駛，最高年齡不得超過六十五歲。

② 助手須年滿十六歲，最高年齡不受限制。

第七十五條之二　（遊艇及動力小船駕駛之資格限制）

① 遊艇及動力小船駕駛應經體格檢查合格，並依規定領有駕駛執照，始得駕駛。

② 違反槍砲彈藥刀械管制條例、懲治走私條例或毒品危害防制條例之罪，經判決有期徒刑六個月以上確定者，不得擔任遊艇及動力小船駕駛。

第七十五條之三　（遊艇及動力小船應配置合格駕駛及助手）

遊艇及動力小船應配置合格駕駛及助手，始得航行。但船舶總噸位未滿五或總噸位五以上之乘客定額未滿十二人者，得不設助手。

第七十五條之四　（遊艇及動力小船駕駛訓練機構之許可籌設）

① 申請辦理遊艇及動力小船駕駛訓練之機構，應擬具營運計畫書，向當地航政機關申請會勘合格後，報請主管機關許可籌設。

② 訓練機構應自許可籌設之日起六個月內完成籌設，並報請當地航政機關核轉主管機關許可營業，始得對外招生。

③ 訓練機構經許可籌設後，因不可歸責於該機構之事由，而未能於六個月內籌設完成時，得於期限屆滿一個月前報請當地航政機關核轉主管機關准予展延一次，並以六個月為限；逾期廢止其籌設許可。

④ 本法中華民國一百年一月十一日修正之條文施行前經主管機關許可辦理動力小船駕駛訓練之機構，得繼續辦理各項動力小船駕駛訓練。

第七十五條之五　（遊艇及動力小船駕駛訓練機構之檢查）

① 當地航政機關得派員檢查遊艇或動力小船駕駛訓練機構之各項人員、訓練、設備及督導其業務，並依據其提報之年度計畫等相關資料，辦理年度評鑑；訓練機構不得規避、妨礙或拒絕。

② 前項年度評鑑內容，應包括行政管理、師資、訓練用船艇、教室、訓練場地、教材、教具、收費情形、學術科上課情形及研究發展等事項。

③ 訓練機構經年度評鑑不合格者，當地航政機關應命其限期改善後，辦理複評，複評未通過前，不得招生或訓練。

第七十五條之六　（遊艇及動力小船駕駛相關規則之訂定）

遊艇與動力小船駕駛之資格、體格檢查基準、訓練、測驗、駕駛執照之核發、證照費收取、安全配額、助手之體格檢查基準、安全配額，及駕駛訓練機構之籌設、許可之申請、廢止、撤銷、開班、招生程序、訓練學員之資格、訓練課程、訓練設施、教師資格、訓練費用收取、退費、年度評鑑、訓練管理業務及其他相關事項之規則，

由主管機關定之。

第七十五條之七 （航行安全規定之準用）

第六十九條、第七十條及第七十一條至第七十五條規定，於遊艇及動力小船駕駛，準用之。

第七章　罰　　則

第七十六條 （罰則㈠）

船員違反第七十三條第三項規定者，處七年以下有期徒刑。因而致人於死者，處三年以上十年以下有期徒刑。

第七十七條 （罰則㈡）

①船員違反本法規定之處罰如下：

一　警告。

二　記點。

三　降級：按其現任職級降低一級僱用，並須實際服務三個月至一年。

四　收回船員服務手冊：三個月至五年。

②前項處罰，處警告三次相當記點一次；二年期間內記點三次者，收回船員服務手冊三個月。

③受收回船員服務手冊之處分時，其有適任證書者，並應收回其適任證書。

④收回船員服務手冊期間，自船員繳交手冊之日起算。

第七十八條 （罰則㈢）

船長違反第六十條至第六十五條、第六十六條第一項或第七十一條規定者，處警告或記點。

第七十九條 （罰則㈣）

船員有下列情事之一者，處警告或記點：

一　違反第八條第一項或第十八條規定。

二　違反依第二十五條之二所定規則中有關上船服務應負職責、航行應遵守事項及管理之規定，情節較輕。

三　違反第六十九條第一項規定，利用船舶私運貨物，情節較輕。

四　違反第七十條規定，情節較輕。

五　發現船上有走私或未依規定完稅之貨物而不報告或舉發。

第八十條 （罰則㈤）

船員有下列情事之一者，處降級、收回船員服務手冊三個月至五年：

一　違反第二十五條之二所定規則中有關上船服務應負職責、航
　　行應遵守事項及管理之規定，情節較重。

二　違反第六十九條第一項規定，利用船舶私運貨物，情節較重。

三　違反第七十條規定，情節較重。

四　違反第七十二條、第七十三條第一項、第二項、第七十四條
　　或第七十五條規定。

五　擾亂船上秩序影響航行安全。

六　冒名頂替執行職務。

七　違反政府有關航行限制之法規。

八　故意破壞船舶、損毀或竊取船舶設備、屬具、貨物或使船舶
　　沈沒。

九　有危及國家安全之行為。

十　私運槍械、彈藥、毒品或協助偷渡人口。

第八十一條　（罰則㈥）

雇用人未依第十九條第三項或第三十九條規定發給資遣費者，處新
臺幣九萬元以下罰金。

第八十二條　（罰則㈦）

雇用人違反第二十八條至第三十一條規定者，處六個月以下有期徒
刑、拘役或科或併科新臺幣六萬元以下罰金。

第八十三條　（刪除）

第八十四條　（罰則㈧）

①雇用人有下列情事之一者，處新臺幣六萬元以上三十萬元以下罰鍰，
　並得處有關船舶三十日以下之停航：

一　違反第八條第三項、第九條第二項、第十二條、第十四條、
　　第十五條第一項、第十七條第一項、第二十二條第一項至第
　　四項、第三十二條、第三十三條、第三十四條但書、第三十
　　七條、第三十八條、第四十條第一項或第二項、第四十一條、
　　第四十三條至第四十六條、第四十八條或第七十條之一第一
　　項規定。

二　有第二十一條第二款、第四款、第五款或第七款情事。

三　違反依第二十七條第一項所定最低標準。

四　擅自僱用不合格船員或不具船員資格人員執行職務。

五　包庇、唆使或以其他非正當方法使船員偷渡人口。

②經許可僱用非中華民國籍船員之僱用人有前各款情事之一，情節重大者，廢止其僱用非中華民國籍船員之許可。

第八十四條之一　（罰則㈨）

雇用人僱用非中華民國籍船員時，違反依第二十五條之一所定規則中有關職責、僱用、許可之廢止、撤銷或僱備管理之規定者，依其情節輕重，停止申請僱用非中華民國籍船員三個月至五年。

第八十四條之二　（罰則㈩）

①遊艇或動力小船駕駛訓練機構有下列情形之一者，應命其限期改善，並得停止開班之全部或一部：

一　規避、妨礙或拒絕依第七十五條之五第一項所為之檢查或經檢查結果發現有缺失。

二　違反依第七十五條之六所定規則中有關開班、招生程序、訓練費用收取、退費或訓練管理業務之規定。

②經依前項規定限期改善，屆期未改善，或未遵守前項停止開班之處分者，廢止其許可。

③第一項所定停止開班期間，以六個月為限。

第八十四條之三　（罰則㈪）

①遊艇或動力小船駕駛有下列情形之一者，處警告或記點：

一　違反第七十五條之七準用第六十九條第一項規定，利用遊艇或動力小船私運貨物。

二　違反第七十五條之七準用第七十條或第七十一條規定。

三　駕駛執照期限屆滿，未換發駕駛執照，擅自開航。

②前項處分，處警告三次相當記點一次；二年期間內記點三次者，收回其駕駛執照三個月。

第八十四條之四　（罰則㈫）

①遊艇或動力小船駕駛有下列情形之一者，收回其駕駛執照：

一　違反第七十五條之七準用第七十二條、第七十三條第一項或第二項、第七十四條或第七十五條規定，致造成人員傷亡或影響航行安全。

二　擾亂船上秩序影響航行安全。

三　私運槍械、彈藥、毒品或協助偷渡人口。

②前項收回駕駛執照期間，自繳交執行之日起算三個月至五年。

第八十四條之五　（罰則㈬）

遊艇或動力小船駕駛有下列情形之一者，處新臺幣六千元以上三萬

元以下罰鍰，並當場禁止其駕駛：

　一　違反第七十五條之二規定，未經體格檢查合格，並領有駕駛
　　　執照，而駕駛遊艇或動力小船。
　二　未領有駕駛執照，教導他人學習駕駛遊艇或動力小船。
　三　其他未依駕駛執照之持照條件規定駕駛遊艇或動力小船。

第八十四條之六　（罰則固）

領有學習駕駛遊艇或動力小船執照，於學習駕駛時，未經持有遊艇
或營業用動力小船駕駛執照之駕駛在旁指導監護者，處新臺幣六千
元以上三萬元以下罰鍰，並當場禁止其駕駛。

第八十四條之七　（罰則固）

①遊艇或動力小船所有人違反第七十五條之三規定擅自開航者，處新
　臺幣八千元以上四萬元以下罰鍰，並命其立即改善；未改善者，處
　違法船舶三十日以下之停航；一年內違反三次者，處違法船舶六個
　月以下之停航。

②遊艇或動力小船所有人有包庇、唆使或以其他非正當方法使遊艇、
　動力小船駕駛或助手偷渡人口者，處新臺幣三萬元以上十五萬元以
　下罰鍰，並處違法船舶三十日以下之停航；一年內違反三次者，處
　違法船舶六個月以下之停航。

第八十五條　（罰則固）

外國船舶運送業違反第二十五條規定者，處新臺幣六萬元以上三十
萬元以下罰鍰，並得定期禁止在中華民國各港口入出港；其已僱用
未經核准上船工作之中華民國船員應強制下船。

第八十六條　（罰鍰之強制執行）

依本法所處罰鍰，經限期繳納逾期未繳納者，移送法院強制執行。

第八章　附　　則

第八十七條　（航往戰區船員之各項保障）

船員隨船前往戰區，應依船員之意願，並簽同意書；其危險津貼、
保險及傷殘死亡給付，由勞雇有關組織協議，報經交通部核定後施
行。

第八十八條　（刪除）

第八十九條　（涉及國際事務之處理）

本法未規定事項，涉及國際事務者，交通部得參照有關國際公約或

協定及其附約所訂規則、辦法、標準、建議或程式，採用發布施行。

第九十條 （委任地方航政機關辦理之事項）

本法有關船員管理、船員訓練與其專業機構管理、遊艇駕駛與助手、動力小船駕駛與助手、遊艇駕駛訓練機構與動力小船駕駛訓練機構管理、僱傭契約審核、海事報告、航行安全、海難處理、船舶檢查及處罰事項，主管機關得委任當地航政機關辦理。

第九十一條 （規費之徵收）

主管機關依本法受理申請許可、核發證照，應收取審查費、證照費；其收費標準，由交通部定之。

第九十二條 （施行細則之擬訂）

本法施行細則，由交通部擬訂，報請行政院核定。

第九十三條 （施行日期）

①本法自公布日施行。

②本法中華民國九十八年六月十二日修正之條文，自九十八年十一月二十三日施行。

船　舶　法

民國十九年十二月四日國民政府公布

五十年一月三十日總統令修正公布

六十三年十一月一日總統令修正公布

七十二年十二月二十八日總統令修正公布

八十五年十月二日總統令修正公布

九十一年一月三十日總統令修正公布

九十九年十二月八日總統令修正公布全文

第一章　通　　則

第一條　（立法目的）

　　為確保船舶航行及人命安全，落實船舶國籍證書、檢查、丈量、載重線及設備之管理，特制定本法。

第二條　（主管機關）

　　本法之主管機關為交通部，其業務由航政機關辦理。

第三條　（用詞定義）

　　本法用詞，定義如下：

　一　小船：指總噸位未滿五十之非動力船舶，或總噸位未滿二十之動力船舶。

　二　客船：指非小船且乘客定額超過十二人，以運送旅客為目的之船舶。

　三　動力船舶：指裝有機械用以航行之船舶。

　四　水翼船：指裝設有水翼，航行時可賴水翼所產生之提昇力，使船身自水面昇起而行駛之特種船舶。

　五　氣墊船：指利用船舶內連續不斷鼓風所形成之空氣墊，對其下方水面產生有效反作用力，使船身自水面昇起，藉噴氣、空氣螺槳、水下螺槳或其他經航政機關認可之推進方式，在水面航行之特種船舶。

　六　高速船：指依國際高速船安全章程設計、建造，且船舶航行時最大船速在參點柒乘以設計水線時排水體積之零點壹陸柒次方以上，以每秒公尺計（公尺／秒）之船舶。

七　遊艇：指專供娛樂，不以從事客、貨運送或漁業為目的，以機械為主動力或輔助動力之船舶。

八　自用遊艇：指專供船舶所有人自用或無償借予他人從事娛樂活動之遊艇。

九　非自用遊艇：指整船出租或以俱樂部型態從事娛樂活動之遊艇。

第四條　（不適用本法之船舶）

在水面或水中供航行之船舶，應適用本法之規定。但下列船舶，不在此限：

一　軍事建制之艦艇。

二　龍舟、獨木舟及非動力帆船。

三　消防及救災機構岸置之公務小船。

四　推進動力未滿十二瓩之非漁業用動力小船。

第五條　（中華民國船舶）

①本法所稱中華民國船舶，指依中華民國法律，經航政機關核准註冊登記之船舶。

②船舶合於下列規定之一者，得申請登記為中華民國船舶：

一　中華民國政府所有。

二　中華民國國民所有。

三　依中華民國法律設立，在中華民國有本公司之下列公司所有：

　(一)無限公司，其股東全體為中華民國國民。

　(二)有限公司，資本二分之一以上為中華民國國民所有，其代表公司之董事為中華民國國民。

　(三)兩合公司，其無限責任股東全體為中華民國國民。

　(四)股份有限公司，其董事長及董事二分之一以上為中華民國國民，且其資本二分之一以上為中華民國國民所有。

四　依中華民國法律設立，在中華民國有主事務所之法人團體所有，其社員三分之二以上及負責人為中華民國國民。

第六條　（懸掛中華民國國旗）

非中華民國船舶，不得懸掛中華民國國旗。但法令另有規定或有下列各款情形之一者，得懸掛中華民國國旗：

一　中華民國國慶日或紀念日。

二　其他應表示慶祝或敬意時。

第七條　（懸掛非中華民國國旗）

中華民國船舶，不得懸掛非中華民國國旗。但法令另有規定或有下列各款情形之一者，得增懸非中華民國國旗：

一　停泊外國港口遇該國國慶或紀念日。

二　其他應表示慶祝或敬意時。

第八條　（非中華民國船舶停泊港灣口岸）

非中華民國船舶，除經中華民國政府特許或為避難者外，不得在中華民國政府公告為國際商港以外之其他港灣口岸停泊。

第九條　（中華民國船舶航行之要件）

中華民國船舶非領有中華民國船舶國籍證書、中華民國臨時船舶國籍證書、遊艇證書或小船執照，不得航行。但有下列各款情形之一者，不在此限：

一　下水或試航。

二　經航政機關許可或指定移動。

三　因緊急事件而作必要之措置。

第十條　（船舶應備之標誌）

①船舶應具備下列各款標誌：

一　船名。

二　船籍港名或小船註冊地名。

三　船舶號數。

四　載重線標誌及吃水尺度。但依第五十一條所定規則及第八十條第一項但書規定，免勘劃載重線或吃水尺度者，不在此限。

五　法令所規定之其他標誌。

②前項標誌不得毀壞或塗抹。但為戰時避免捕獲者，不在此限。

③船舶標誌事項變更時，應依下列時限辦理變更：

一　第一項第一款至第三款標誌事項變更時，於辦理登記或註冊之同時辦理。

二　第一項第四款、第五款標誌事項變更時，自事實發生之日起三個月內變更。

④船舶船名、船籍港名、註冊地名、船舶號數、吃水尺度、載重線標誌、其他標誌設置及其他應遵行事項之規則，由主管機關定之。

第十一條　（船舶應備之文書）

①遊艇應具遊艇證書；小船應具備小船執照。

②前項以外之船舶，應具備下列各款文書：

一　船舶國籍證書或臨時船舶國籍證書。

　　二　船舶檢查證書或依有關國際公約應備之證書。

　　三　船舶噸位證書。

　　四　船員最低安全配額證書。

　　五　船員名冊。

　　六　船舶載重線證書。但依第五十一條所定規則規定，在技術上
　　　　無勘劃載重線必要者，不在此限。

　　七　載有乘客者，其客船安全證書或貨船搭客證書；載有記名乘
　　　　客者，另備乘客名冊。

　　八　裝載大量散裝穀類者，其穀類裝載許可文件；裝載危險品者，
　　　　其核准文件。

　　九　航海記事簿。

　　十　其他經主管機關公告之文書。

③船舶所在地航政機關得隨時查驗前二項船舶文書，經核對不符時，
　應命船舶所有人於一個月內申請變更登記或註冊，或換發船舶相關
　證書。

④前項船舶查驗人員依法執行公務時，應出示有關執行職務之證明文
　件；其未出示者，受查驗者得拒絕之。

⑤第一項及第二項各款文書有效期間在航程中屆滿時，於到達目的港
　前仍屬有效。

第十二條　（船名）

　　船名，由船舶所有人自定，不得與他船船名相同。但小船船名在本
　　法中華民國九十九年十一月十二日修正之條文施行前經核准者，不
　　在此限。

第十三條　（船籍港或註冊地）

　　船舶所有人應自行認定船籍港或註冊地。

第十四條　（證照之補、換發或變更登記、註冊）

　　本法所定之各項證照有遺失、破損，或證照登載事項變更者，船舶
　　所有人應自發覺或事實發生之日起三個月內，申請補發、換發或變
　　更登記、註冊。

第二章　船舶國籍證書

第十五條　（船舶所有權登記）

①船舶所有人於領得船舶檢查證書及船舶噸位證書後，應於三個月內

依船舶登記法規定，向船籍港航政機關為所有權之登記。

②前項船舶檢查證書，得依第三十一條規定，以有效之國際公約證書，及經主管機關委託之驗船機構所發證級證書代之。

第十六條　（船舶國籍證書之核發）

船舶依前條規定登記後，航政機關除依船舶登記法之規定核發登記證書外，並核發船舶國籍證書；必要時，得先行核發臨時船舶國籍證書。

第十七條　（臨時船舶國籍證書核發之申請㈠）

船舶所有人在所認定之船籍港以外港口取得船舶者，得檢附取得船舶或原船籍國之相關證明文件，向船舶所在地或船籍港航政機關申請核發臨時船舶國籍證書，並應自領得該證書之日起三個月內，依第十五條規定申請登記。

第十八條　（臨時船舶國籍證書核發之申請㈡）

①在船籍港以外港口停泊之船舶，遇船舶國籍證書遺失、破損，或證書上登載事項變更者，該船舶之船長或船舶所有人得自覺或事實發生之日起三個月內，向船舶所在地或船籍港航政機關，申請核發臨時船舶國籍證書。

②船舶在航行中發生前項情形時，該船舶之船長或船舶所有人應向到達港或船籍港航政機關為前項申請。

③依前二項規定申請臨時船舶國籍證書者，船舶所有人應自領得該證書之日起三個月內，向船籍港航政機關申請換發或補發船舶國籍證書。

第十九條　（臨時船舶國籍證書之有效期間）

臨時船舶國籍證書之有效期間，在國外航行之船舶不得超過六個月；在國內航行之船舶不得超過三個月。但有正當理由者，得敘明理由，於證書有效期間屆滿前，向船舶所在地或船籍港航政機關重行申請換發；重行換發證書之有效期間，不得超過一個月，並以一次為限。

第二十條　（已登記船舶之所有權廢止登記及船舶國籍證書之繳銷）

①經登記之船舶，遇滅失、報廢、喪失中華民國國籍、失蹤滿六個月或沉沒不能打撈修復者，船舶所有人應自覺或事實發生之日起四個月內，依船舶登記法規定，向船籍港航政機關辦理船舶所有權廢止登記；其船舶國籍證書，除已遺失者外，並應繳銷。

②船舶改裝為小船者，船舶所有人應自改裝完成之日起三個月內，依

規定辦理註冊給照，其原領船舶國籍證書除已遺失者外，應予繳銷。

第二十一條 （廢止登記及繳銷違規之效果）

船舶所有人未依前條第一項規定申請廢止登記及繳銷證書，經船籍港航政機關命其於一個月內辦理，屆期仍不辦理，而無正當理由者，得由航政機關逕行廢止其登記，並註銷其船舶國籍證書。

第二十二條 （船舶國籍證書核發規則之訂定）

船舶國籍證書與臨時船舶國籍證書之核發、換（補）發、廢止、撤銷或繳銷、證書費收取、證書有效期間、管理及其他應行事項之規則，由主管機關定之。

第三章　船舶檢查

第二十三條 （船舶檢查之種類及範圍）

①船舶檢查分特別檢查、定期檢查及臨時檢查。

②船舶檢查之範圍，應包括下列各項：

　一　船舶各部結構強度。

　二　船舶推進所需之主輔機或工具。

　三　船舶穩度。

　四　船舶載重線。但依第五十一條所定規則規定，在技術上無勘劃載重線必要者，不在此限。

　五　船舶艙區劃分。但依第三十六條所定規則規定，免艙區劃分者，不在此限。

　六　船舶防火構造。但依第三十五條所定規則規定，免防火構造者，不在此限。

　七　船舶標誌。

　八　船舶設備。

③船舶未依規定檢查合格，並將設備整理完妥，不得航行。

④船舶檢查之項目、內容、檢查機關、有效期間、申請程序與文件、檢查證書之核發、換（補）發、廢止、撤銷或繳銷、檢查費、證書費之收取及其他應行事項之規則，由主管機關定之。

第二十四條 （船舶設備）

①前條第二項第八款所稱船舶設備，指下列各款設備：

　一　救生設備。

　二　消防設備。

　　三　燈光、音號及旗號設備。

　　四　航行儀器設備。

　　五　無線電信設備。

　　六　居住及康樂設備。

　　七　衛生及醫藥設備。

　　八　通風設備。

　　九　冷藏及冷凍設備。

　　十　貨物裝卸設備。

　十一　防止污染設備。

　十二　操舵、起錨及繫船設備。

　十三　帆裝、纜索設備。

　十四　危險品及大量散裝貨物之裝載儲存設備。

　十五　海上運送之貨櫃及其固定設備。

　十六　其他經主管機關公告應配備之設備。

②前項船舶設備之規範、證書及其他應遵行事項之規則，由主管機關定之。

第二十五條　（船舶申請特別檢查之時機）

①船舶有下列情形之一者，其所有人應向船舶所在地航政機關申請施行特別檢查：

　　一　新船建造。

　　二　自國外輸入。

　　三　船身經修改或換裝推進機器。

　　四　變更使用目的或型式。

　　五　特別檢查有效期間屆滿。

②船舶經特別檢查合格後，航政機關應核發或換發船舶檢查證書，其有效期間以五年為限。

第二十六條　（船舶定期檢查之申請）

①船舶經特別檢查後，於每屆滿一年之前後三個月內，其所有人應向船舶所在地航政機關申請施行定期檢查。

②船舶經定期檢查合格後，航政機關應於船舶檢查證書上簽署。

第二十七條　（船舶申請臨時檢查之時機）

①船舶有下列情形之一者，其所有人應向所在地航政機關申請施行船舶臨時檢查：

　　一　遭遇海難。

二　船身、機器或設備有影響船舶航行、人命安全或環境污染之虞。

三　適航性發生疑義。

②船舶經臨時檢查合格後，航政機關應於船舶檢查證書上註明。

第二十八條　（再檢查之申請）

船舶所有人對檢查結果有不服者，得自各類檢查結束之日起一個月內敘明事由，申請再檢查；再檢查未決定前，不得變更船舶之原狀。

第二十九條　（於國外船舶之檢查）

①第二十五條至第二十七條所定應施行特別檢查、定期檢查或臨時檢查之情形發生於國外時，船舶所有人或船長應向經主管機關委託之船舶所在地本驗船機構申請施行檢查。

②依前項規定特別檢查合格後，船舶所有人應檢附檢查報告，申請船籍港航政機關核發或換發船舶檢查證書。

③依第一項規定定期檢查或臨時檢查合格後，由該驗船機構於船舶檢查證書上簽署或註明之。

第三十條　（適用國際公約船舶之檢查）

適用國際公約之船舶，應依各項國際公約之規定施行檢查，並具備公約規定之證書。

第三十一條　（船舶檢查證書之免發）

①船舶具備國際公約證書，並經主管機關委託之驗船機構檢驗入級者，視為已依本章之規定檢查合格，免發船舶檢查證書。

②總噸位一百以上或乘客超過一百五十人之客船，應具備主管機關委託之驗船機構核發之船級證書。

第三十二條　（自中華民國發航之非中華民國船舶之檢查）

①非中華民國船舶自中華民國國際港口發航者，應由船長向該港之航政機關送驗船舶檢查或檢驗合格證明文件。

②未依前項規定送驗船舶檢查、檢驗合格之證明文件或證明文件有效期間屆滿之非中華民國船舶，該港航政機關得命其限期改善，未改善完成前，不得離港。

③船長不服前項其限期改善或不得離港之處分者，得於五日內向該港航政機關提出申復。

第三十三條　（船舶散裝貨物裝載規則之訂定）

船舶裝載大量散裝貨物，應由船舶所有人或船長向船舶所在地航政機關申請許可，始得航行；其裝載基本條件、申請許可、假定傾側

力矩之計算、防動裝置、穩固設施、裝載檢查費之收取及其他應遵行事項之規則，由主管機關定之。

第三十四條 （船舶危險品裝載規則之訂定）

船舶載運危險品，應由船舶所有人或船長向船舶所在地航政機關申請許可，始得航行；其船舶載運危險品之包裝、申請許可、標記與標籤、裝載文件、裝載運送、裝載檢查與檢查費之收取及其他應遵行事項之規則，由主管機關定之。

第三十五條 （船舶防火構造規則之訂定）

船舶之防火構造，應由船舶所有人或船長向船舶所在地航政機關申請檢查合格後，始得航行；其船舶防火構造之分級、各等級之防火構造及其他應遵行事項之規則，由主管機關定之。

第三十六條 （船舶艙區劃分規則之訂定）

為確保船舶航行安全所需之程度，船舶應經艙區劃分，並由船舶所有人或船長向船舶所在地航政機關申請檢查合格後，始得航行；其艙區劃分許可長度與特別條件、船舶於受損狀態下之程度、艙區劃分之水密裝置及其他應遵行事項之規則，由主管機關定之。

第三十七條 （水翼船、氣墊船及其他高速、特種船舶管理規則之訂定）

水翼船、氣墊船及其他高速、特種船舶，應由船舶所有人或船長向船舶所在地航政機關申請檢查合格，取得證書後，始得航行；其檢查、構造、裝置、設備、乘客艙室、乘客定額、證書之核發、換（補）發、廢止、撤銷或繳銷、檢查費、證書費之收取及其他應遵行事項之規則，由主管機關定之。

第三十八條 （散裝化學液體船及液化氣體船構造與設備等規則之訂定）

載運散裝危險有毒化學液體或液化氣體之化學液體船及液化氣體船，應由船舶所有人或船長向船舶所在地航政機關申請檢查合格後，始得航行；其構造與程度、安全設備、檢查費與證書費之收取及其他應遵行事項之規則，由主管機關定之。

第四章　船舶丈量

第三十九條 （船舶丈量之申請）

船舶所有人應於請領船舶國籍證書前，向船舶所在地航政機關申請

船舶丈量及核發船舶噸位證書。

第四十條 （國外建造船舶之丈量機構）

①船舶在國外建造或取得者，船舶所有人應請經主管機關委託之船舶所在地驗船機構丈量。

②依前項規定丈量後之船舶，應由所有人向航政機關申請核發船舶噸位證書。

第四十一條 （船舶免予重行丈量）

①自國外輸入之船舶，其原丈量程式與中華民國丈量程式相同者，免予重行丈量。

②自國外輸入之船舶，其原丈量程式與中華民國丈量程式不同者，仍應依規定申請丈量；船舶所有人於申請丈量，領有噸位證書前，得憑原船籍國之噸位證明文件，先行申請核發臨時船舶國籍證書。

第四十二條 （船舶重行丈量）

船舶所有人於船舶登記後，遇有船身型式、佈置或容量變更，或察覺丈量及噸位計算有錯誤時，應申請重行丈量並換發船舶噸位證書；其由航政機關察覺者，應由該關重行丈量並換發船舶噸位證書。

第四十三條 （自中華民國發航之非中華民國船舶噸位證書之送驗）

①非中華民國船舶自中華民國港口發航者，應由船長向該港之航政機關，送驗該船舶之噸位證書。

②未依前項規定送驗船舶噸位證書之非中華民國船舶，該港航政機關得命其限期改善，未改善完成前，不得離港。

③船長不服前項命其限期改善或不得離港之處分者，得於五日內向該港航政機關提出申復。

第四十四條 （船舶丈量規則之訂定）

船舶丈量之申請、丈量、總噸位與淨噸位之計算、船舶噸位證書之核發、換（補）發、廢止、撤銷或繳銷、丈量費與證書費之收取及其他應遵行事項之規則，由主管機關定之。

第五章　船舶載重線

第四十五條 （載重之限制）

船舶載重線為最高吃水線，船舶航行時，其載重不得超過該線。

第四十六條 （船舶應備載重線證書）

船舶應具備載重線證書。但依第五十一條所定規則規定，在技術上無勘劃載重線必要者，不在此限。

第四十七條　（載重線之勘劃及證書之發給）

① 船舶所有人應向船舶所在地航政機關申請勘劃載重線後，由該機關核發船舶載重線證書。

② 船舶載重線證書有效期間，以五年為限；船舶所有人應於期滿前重行申請特別檢查，並換領證書。

第四十八條　（載重線之定期檢查）

船舶載重線經勘劃或特別檢查後，船舶所有人應於每屆滿一年之前後三個月內申請施行定期檢查；船舶所在地航政機關應於定期檢查合格後，在船舶載重線證書上簽署。

第四十九條　（船舶航行之限制）

船舶有下列各款情形之一者，不得航行：

一　應勘劃載重線之船舶而未勘劃。

二　船舶載重線證書有效期間屆滿。

三　應重行勘劃載重線而未勘劃。

四　船舶載重超過船舶載重線證書所規定之最高吃水線。

第五十條　（自中華民國發航之非中華民國船舶載重線證書或豁免證書之送驗）

① 依國際載重線公約或船籍國法律之規定應勘劃載重線之非中華民國船舶，自中華民國港口啟航，該船船長應向該港航政機關，送驗該船舶之載重線證書或豁免證書。有下列各款情形之一者，該港航政機關得命其限期改善，未改善完成前，不得離港：

一　未能送驗船舶載重線證書或載重線豁免證書，或證書失效。

二　船舶載重超過船舶載重線證書所規定之最高吃水線。

三　載重線之位置與船舶載重線證書所載不符。

四　應重行勘劃載重線而未勘劃。

② 船長不服前項命其限期改善或不得離港之處分者，得於五日內向該港航政機關提出申復。

第五十一條　（船舶載重線勘劃規則之訂定）

船舶載重線之檢查、勘劃、船舶載重線證書之核發、換（補）發、廢止、撤銷或繳銷、航行國際間船舶勘劃載重線之條件、航行國際間船舶之乾舷、航行國際間裝載木材甲板貨物船舶之載重線、客船艙區劃分載重線、航行國內航線船舶載重線、地帶、區域與季節期

間、勘劃費、證書費之收取及其他應遵行事項之規則，由主管機關定之。

第六章 客 船

第五十二條 （核發客船安全證書之申請）

①客船所有人應向船舶所在地航政機關，申請核發客船安全證書。非領有客船安全證書，不得搭載乘客。

②航政機關依船舶設備、水密艙區及防火構造，核定乘客定額及適航水域，並載明於客船安全證書。

③客船搭載乘客不得超過依前項核定之乘客定額，並不得在依前項核定適航水域以外之水域搭載乘客。

第五十三條 （客船安全證書之有效期間及換發之申請）

①客船安全證書之有效期間以一年為限，由航政機關視其適航性核定。

②客船安全證書記載事項變更或證書之有效期間屆滿前一個月內，客船所有人應申請換發。

③客船安全證書有效期間屆滿，於換發證書前，不得搭載乘客。

第五十四條 （航行國內外客船之發航）

①航行國外之客船，應於發航前，由航政機關查明其適航性後，始得航行。

②航行國內之客船，應由客船所在地航政機關視其適航性，不定期抽查，每年不得少於三次。

第五十五條 （載客客船安全證書之送驗）

①非中華民國船舶在中華民國港口搭載乘客時，該船船長應向船舶所在地航政機關送驗客船安全證書，非經查明適航性，不得搭載乘客。

②未依前項規定送驗客船安全證書之非中華民國船舶，該港航政機關得命其限期改善，未改善完成前，不得離港。

③船長不服前項命其限期改善或不得離港之處分者，得於五日內向該港航政機關提出申復。

第五十六條 （客船管理規則之訂定）

客船之檢查與船前查驗、穩度、乘客艙室、乘客定額、淡水與膳宿、衛生設施、兼載貨物、應急準備、客船安全證書核發、換（補）發、廢止、撤銷或繳銷、檢查費與證書費之收取及其他應遵行事項之規則，由主管機關定之。

第五十七條　（貨船載客管理規則之訂定）

貨船應由船舶所有人或船長向航政機關申請核准後，始得兼搭載乘客；其乘客定額、乘客房艙、貨船搭客證書核發、換（補）發、廢止、撤銷或繳銷、檢查、收費與管理及其他應遵行事項之規則，由主管機關定之。

第七章　遊　　艇

第五十八條　（遊艇檢查、丈量及登記、註冊之辦理）

①遊艇之檢查、丈量經主管機關認可之國內外機構驗證後，由遊艇所在地之航政機關辦理；其登記或註冊、發證，由遊艇船籍港或註冊地航政機關辦理。

②自國外輸入之遊艇或現成船舶使用目的變更為遊艇者，其船齡不得超過依第七十一條所定規則規定之年限。

第五十九條　（遊艇檢查之種類及航行之條件）

①遊艇檢查分特別檢查、定期檢查、臨時檢查及自主檢查。

②遊艇符合下列規定者，始得航行：

　　一　檢查合格。

　　二　全船乘員人數未逾航政機關核定之定額。

　　三　依規定將設備整理完妥。

第六十條　（遊艇載重線之勘劃）

非自用遊艇，應依第五章規定勘劃載重線；自用遊艇，免勘劃載重線。

第六十一條　（遊艇申請特別檢查之時機）

①遊艇有下列情形之一者，其所有人應申請施行特別檢查：

　　一　新船建造完成後。

　　二　自國外輸入。

　　三　船身經修改或換裝推進機器。

　　四　變更使用目的或型式。

　　五　特別檢查有效期間屆滿。

②遊艇經特別檢查合格後，航政機關應核發或換發遊艇證書，其有效期間，以五年為限。但全長未滿二十四公尺之自用遊艇，其遊艇證書無期間限制。

第六十二條　（申請丈量遊艇船舶容積之時機）

遊艇所有人依前條第一項第一款至第三款規定，申請施行特別檢查時，應依規定同時申請丈量船舶之容積。

第六十三條 （申請遊艇特別檢查及丈量應檢送之文件與量產製造遊艇之檢驗規定）

①遊艇所有人申請前條特別檢查及丈量，應檢送承造船廠之出廠證明或遊艇來源證明。

②前項證明，包括船體結構相關圖說及主機、推進機、引擎、輔機等機器來源證明。

③量產製造之遊艇，經造船技師辦理簽證，遊艇所在地航政機關得不經特別檢查，逕依該造船技師簽發之出廠證明合格證明登記或註冊，並發給遊艇證書。

第六十四條 （遊艇及新建遊艇特別檢查之範圍）

遊艇之特別檢查，應包括對船身、穩度、推進機器及軸系及安全設備之檢查。但新建遊艇之特別檢查，應依據遊艇製造廠商之設計圖及安全設備檢查。

第六十五條 （遊艇定期檢查之申請）

①下列遊艇之所有人，應自特別檢查合格之日起，每屆滿二年六個月之前後三個月內，向遊艇所在地航政機關申請施行定期檢查：

　　一　非自用遊艇。

　　二　全長二十四公尺以上之自用遊艇。

　　三　全長未滿二十四公尺，且乘員人數十二人以上之自用遊艇。

②遊艇船齡在十二年以上者，應於船齡每屆滿一年前後三個月內，申請實施定期檢查。

③遊艇經定期檢查合格後，航政機關應於遊艇證書上簽署。

第六十六條 （自用遊艇之自主檢查及備查）

①全長未滿二十四公尺，且乘員人數未滿十二人自用遊艇之所有人，應自遊艇特別檢查合格之日每屆滿一年之前一個月內，自主檢查並填報自主檢查表，併遊艇證書送船籍港或註冊地航政機關備查。

②自用遊艇未依前項規定辦理者，不得航行。

③遊艇經依第二十七條第一項規定臨時檢查合格後，航政機關應於遊艇證書註明。

第六十七條 （依遊艇順位辦理登記或註冊）

①遊艇於檢查合格及丈量後，所有人應於三個月內依下列規定，向航政機關申請登記或註冊：

一　總噸位二十以上之遊艇，依船舶登記法規定辦理登記。

　　二　總噸位未滿二十之遊艇，依第七十一條所定規則辦理註冊。

②前項第一款遊艇登記後，航政機關應核發船舶登記證書。

第六十八條　（遊艇廢止登記或註冊之手續）

經登記或註冊之遊艇，遇滅失、報廢、喪失中華民國國籍、失蹤滿六個月或沉沒不能打撈修復者，遊艇所有人應自覺或事實發生之日起四個月內，向船籍港或註冊地航政機關辦理遊艇廢止登記或註冊；其遊艇證書及船舶登記證書，除已遺失者外，並應繳銷。

第六十九條　（廢止登記或註冊及繳銷違規之處置）

遊艇所有人未依前條規定申請廢止登記或註冊及繳銷證照，經船籍港或註冊地航政機關命於一個月內辦理，屆期仍不辦理而無正當理由者，得由該機關逕行廢止其登記或註冊，並註銷其遊艇證書及船舶登記證書。

第七十條　（遊艇經營用途之限制及入出境程序）

①遊艇不得經營客、貨運送、漁業，或供娛樂以外之用途。但得從事非漁業目的之釣魚活動。

②遊艇活動未涉及入出境者，於出海前填具相關船舶、航行及人員等資訊，向出海港之海岸巡防機關以電子郵件、傳真或現場等方式報備，其相關表格、程序由海岸巡防機關定之。

③遊艇入出國境涉及關務、入出境、檢疫、安全檢查程序之辦法，由主管機關會商相關機關定之。

④外國籍遊艇入境應於四十八小時內提出申請，內政部應於申請後二十四小時內為准駁處分。

第七十一條　（遊艇應投保及管理規則之訂定）

①遊艇所有人應依主管機關所定保險金額，投保責任保險，未投保者，不得出港。

②遊艇之檢查、丈量、設備、限載乘員人數、投保金額、船齡年限、適航水域、遊艇證書、註冊、相關規費之收取及其他應遵行事項之規則，由主管機關定之。

③各級商港、漁港、海岸、河川轄管機關，應於轄區適當地點設置遊艇停泊及遊艇拖吊升降區域，並依相關法令規劃建設及管理。

第七十二條　（遊艇適用本法之範圍）

①自用遊艇，除本章、第一章、第二十三條第二項、第二十四條第一項、第二十七條第一項、第二十八條、第二十九條第一項、第三十

條、第三十二條、第四十條第一項、第四十一條第一項與第二項前段、第八十四條第一項、第八十九條、第九十一條至第九十五條、第九十七條第一款及第九十九條至第一百零二條規定外，不適用本法之規定。

② 非自用遊艇，除本章、第一章、第二十三條第二項、第二十四條第一項、第二十七條第一項、第二十八條、第二十九條第一項、第三十條、第三十二條、第四十條第一項、第四十一條第一項與第二項前段、第五章、第八十四條第一項、第八十九條、第九十一條至第九十五條、第九十七條第一款及第九十九條至第一百零二條規定外，不適用本法之規定。

第八章　小　　船

第七十三條　（小船檢查等之辦理）

① 小船之檢查、丈量，由小船所在地航政機關辦理；其註冊、給照，由小船註冊地航政機關辦理；非經領有航政機關核發之小船執照，不得航行。

② 主管機關因業務需要，得將小船檢查、丈量業務，委託驗船機構或領有執照之合格造船技師辦理。

③ 造船技師為小船之設計者，應迴避檢查、丈量同一般小船；未迴避委託檢查、丈量者，除應終止委託外，其檢查、丈量結果無效。

④ 第一項由航政機關辦理之規定，其施行日期，由行政院定之。

第七十四條　（小船檢查之類別）

① 小船之檢查，分特別檢查、定期檢查及臨時檢查。

② 小船符合下列規定者，始得航行：

　　一　檢查合格。

　　二　載客人數未逾航政機關依第八十一條規定核定之定額。

　　三　依規定將設備整理完妥。

第七十五條　（小船特別檢查之情形）

① 小船有下列情形之一者，其所有人應申請施行特別檢查：

　　一　新船建造。

　　二　自國外輸入。

　　三　船身經修改或換裝推進機器。

　　四　變更使用目的或型式。

　　五　特別檢查有效期間屆滿。

②小船經特別檢查合格後，航政機關應核發或換發小船執照。

第七十六條　（新船建造之丈量）

　　小船有前條第一項第一款或第二款情形，應申請丈量；經丈量之小船，因船身修改致船體容量變更者，應重行申請丈量。

第七十七條　（新船建造之註冊、給照）

①新建造或自國外輸入之小船，經特別檢查合格及丈量後，所有人應檢附檢查丈量證明文件，向航政機關申請註冊、給照。

②量產製造之小船，經主管機關委託之驗船機構辦理小船製造工廠認可、型式認可及產品認可者，小船所在地航政機關得不經特別檢查，逕依該驗船機構簽發之出廠檢驗合格證明註冊，並發給執照。

第七十八條　（定期檢查）

①小船經特別檢查後，其所有人應依下列時限，申請施行定期檢查：

　　一　載客動力小船：應於每屆滿一年之前後三個月內。

　　二　非載客動力小船：應於每屆滿二年之前後三個月內。

　　三　非動力小船：應於每屆滿三年之前後三個月內。

②小船經定期檢查合格後，航政機關應於小船執照簽署。

③小船經依第二十七條第一項規定臨時檢查合格後，航政機關應於小船執照註明。

第七十九條　（檢查、丈量之申請）

　　小船所有人申請檢查、丈量，航政機關應派員前往就地實施或通知至指定港口辦理。

第八十條　（最高吃水尺度之勘劃）

①供載運客貨之小船，應勘劃最高吃水尺度，標明於船身舯部兩舷外板上。但因設計、構造、型式、用途或性能特殊，未能勘劃，經航政機關核准者，不在此限。

②小船經勘劃有最高吃水尺度者，航行時，其載重不得超過該尺度。

第八十一條　（載運乘客之要件）

　　載客小船由其所有人向航政機關申請檢查；經航政機關檢查合格，核定乘客定額及適航水域，並於小船執照上註明後，始得載運乘客。

第八十二條　（小船適用本法之範圍）

　　小船，除本章、第一章、第二十三條第二項、第二十四條第一項、第二十七條第一項、第二十八條、第四十條第一項、第四十一條第一項與第二項前段、第八十九條、第九十條第二項、第九十二條至

第九十四條、第九十七條第一款及第九十八條至第一百零二條規定
外，不適用本法之規定。

第八十三條　（小船管理及檢查規則之訂定）

①小船之乘客定額、應急準備、註冊、小船執照之核發、換（補）發、
廢止或繳銷、規費之收取及其他應遵行事項之規則，由主管機關定
之。

②小船船體、主機、副機與艉軸系、電機設備、排水設備、舵機、錨
機與繫泊設備、救生設備、消防設備與防火措施、起居與逃生設備、
航海用具與其他附屬用具之檢查、丈量、檢查費與丈量費之收取及
其他應遵行事項之規則，由主管機關定之。

第九章　驗船機構及驗船師

第八十四條　（驗船機構辦理事項）

①主管機關因業務需要，得委託驗船機構辦理下列事項：

　一　船舶檢查、丈量及證書之發給。

　二　各項國際公約規定之船舶檢驗及證書之發給。

　三　船舶載重線之勘劃、查驗及證書之發給。

②驗船機構受委託執行前項業務時，應僱用驗船師主持並簽證。

第八十五條　（驗船師執業資格及執業期間限制）

①中華民國國民經驗船師考試及格，向航政機關申請發給執業證書，
始得執業。

②驗船師執業期間，不得同時從事公民營船舶運送業、船務代理業或
造船廠等與驗船師職責有關之工作。

第八十六條　（驗船師執業證書之有效期間及證書之換發程序）

驗船師執業證書有效期五年；領有該執業證書之驗船師，應於執
業執照有效期間屆滿一個月前，檢具原領執業證書及服務經歷證明
文件，申請換發執業證書。

第八十七條　（驗船師之消極要件）

有下列各款情形之一者，不得為驗船師；其已充任驗船師者，撤銷
或廢止其驗船師執業證書：

　一　犯內亂、外患罪，經判決確定。

　二　因業務上有關之犯罪行為，受一年有期徒刑以上刑之判決確
　　　定，而未宣告緩刑。

　三　依考試法規定，經撤銷或廢止考試及格資格。

　四　罹患精神疾病或身心狀況違常，經主管機關委請相關專科醫師認定不能執行業務。

　五　受監護或輔助之宣告，尚未撤銷。

　六　受破產之宣告，尚未復權。

　七　年逾六十五歲。

第八十八條　（驗船師執業證書之核發等事項辦法之訂定）

　驗船師執業證書之核發、換（補）發、廢止、撤銷或繳銷、規費之收取及其他應遵行事項之辦法，由主管機關定之。

第十章　罰　則

第八十九條　（違規停泊港口之處罰）

　違反第八條規定者，由航政機關處船舶所有人、船長、遊艇駕駛或小船駕駛新臺幣三萬元以上三十萬元以下罰鍰，並得命其立即離港。

第九十條　（罰則㈠）

①違反第五十二條第三項規定者，由航政機關處客船所有人或船長新臺幣一萬五千元以上十五萬元以下罰鍰，並命其禁止航行及限期改善；改善完成後，始得放行。

②違反第七十四條第二項第二款規定者，由航政機關處小船所有人或小船駕駛新臺幣一萬五千元以上十五萬元以下罰鍰，並命其禁止航行及限期改善；改善完成後，始得放行。

第九十一條　（遊艇違規超載或經營客貨運送以外用途或未依規定自主檢查之處罰）

①違反第五十九條第二項第二款或第七十條第一項規定者，由航政機關處遊艇所有人或遊艇駕駛新臺幣一萬五千元以上十五萬元以下罰鍰，並命其禁止航行及限期改善；改善完成後，始得放行。

②違反第六十六條第一項或第二項規定者，由航政機關處遊艇所有人或遊艇駕駛新臺幣三千元以上三萬元以下罰鍰，並命其禁止航行及限期改善；改善完成後，始得放行。

第九十二條　（罰則㈡）

　違反第十五條第一項、第二十三條第三項、第二十五條第一項、第二十六條第一項、第二十七條第一項、第三十條、第三十九條、第四十二條前段、第四十九條、第五十二條第一項、第五十三條第二

項或第三項規定者，由航政機關處船舶所有人、船長、遊艇駕駛或小船駕駛新臺幣六千元以上六萬元以下罰鍰，並命其禁止航行及限期改善；改善完成後，始得放行。

第九十三條 （無船舶相關證書擅自航行之處罰）

違反第九條、第十一條第一項或第二項規定者，由航政機關處船舶所有人、船長、遊艇駕駛或小船駕駛新臺幣六千元以上六萬元以下罰鍰，並得命其限期改善。

第九十四條 （罰則㈢）

有下列情形之一者，由航政機關處船舶所有人、船長、遊艇駕駛或小船駕駛新臺幣六千元以上六萬元以下罰鍰：

一　違反第六條、第七條或第二十條第二項規定。

二　未依第十一條第三項所定期限申請船舶變更登記或註冊，或換發船舶相關證書。

三　違反停止航行命令者。

第九十五條 （遊艇未依規定申請特別檢查、丈量等之處罰）

違反第六十一條第一項、第六十二條、第六十五條第一項、第二項、第六十七條第一項或第六十八條規定者，由航政機關處遊艇所有人或遊艇駕駛新臺幣六千元以上六萬元以下罰鍰。

第九十六條 （驗船師違法執業等之處罰）

驗船師違反第八十五條或第八十六條規定者，由航政機關處新臺幣六千元以上六萬元以下罰鍰。

第九十七條 （罰則㈣）

有下列情形之一者，由航政機關處船舶所有人或遊艇駕駛新臺幣三千元以上三萬元以下罰鍰：

一　違反第十條第一項至第三項或第十四條規定而未申請變更、註冊者。

二　違反第十七條規定，未於領得臨時船舶國籍證書之日起三個月內為船舶所有權登記。

三　違反第十八條規定，未於領得臨時船舶國籍證書之日起三個月內申請換發或補發船舶國籍證書。

四　違反第三十三條前段、第三十四條前段、第三十五條前段、第三十六條前段、第三十七條前段、第三十八條前段或第五十七條前段規定，未經航政機關許可、檢查合格，或核准而航行或兼搭載乘客。

　　　五　違反第五十九條第二項第一款及第三款規定。

第九十八條　（罰則㈤）

有下列情形之一者，由航政機關處小船所有人或小船駕駛新臺幣三千元以上三萬元以下罰鍰：

　　一　違反第七十三條第一項後段規定，未經領有航政機關核發之小船執照而航行。

　　二　違反第七十四條第二項第一款、第三款、第七十五條第一項、第七十六條、第七十七條第一項、第七十八條第一項、第八十條第二項或第八十一條規定。

第九十九條　（停航處分）

同一船舶所有人、船長、遊艇駕駛或小船駕駛在一年內，有第九十條至第九十二條、第九十四條、第九十五條、第九十七條或第九十八條所列同一行為，經航政機關處分二次以上者，得併予該船七日以上一個月以下之停航處分。

第一百條　（準用範圍）

①本法關於船長或駕駛之處罰，於代理船長、駕駛或執行其職務者，準用之。

②本法關於船舶所有人之處罰，於船舶租用人，準用之。

第十一章　附　　　則

第一百零一條　（有關船舶技術與管理規則或辦法之訂定）

其他有關船舶技術與管理規則或辦法，主管機關得參照有關國際公約或協定及其附約所訂標準、建議、辦法或程式，予以採用，並發布施行。

第一百零二條　（施行日期）

本法除另定施行日期者外，自公布日施行。

船舶登記法

民國十九年十二月五日國民政府公布
三十五年八月二日國民政府修正公布
三十六年九月二十九日國民政府修正公布
六十四年六月五日總統令修正公布全文

第一章　總　則

第一條　（船舶之範圍）

本法所稱船舶，依船舶法之規定。

第二條　（主管機關）

船舶登記，以船籍港航政機關為主管機關。但建造中船舶之抵押權登記，以建造地航政機關為主管機關。

第三條　（登記範圍）

船舶關於左列權利之保存、設定、移轉、變更、限制、處分或消滅，均應登記：

一　所有權。

二　抵押權。

三　租賃權。

第四條　（登記之對抗效力）

船舶應行登記之事項，非經登記，不得對抗第三人。

第五條　（小船不適用本法）

小船不適用本法之規定。

第二章　申請登記程序

第六條　（登記申請人）

①登記應由登記權利人及登記義務人或其代理人，共同向主管機關申請之。

②由代理人申請登記時，應提出本人簽名之授權書。

第七條　（權利人一方申請登記）

因判決確定或繼承遺產之登記，應取具證明文件，由登記權利人一

方申請之。

第八條 （政府機關等為登記權利人之登記申請）

政府機關或自治團體為登記權利人時，由登記權利人取具登記義務人之承諾字據或他項證據，申請登記。

第九條 （政府機關等為登記義務人之登記申請）

政府機關或自治團體為登記義務人時，登記權利人取具該機關或自治團體證明登記原因之文件，得申請登記。

第十條 （因政府機關等執行拍賣為所有權移轉之登記申請）

因政府機關或自治團體執行拍賣為所有權移轉之登記時，登記權利人取具該機關或自治團體證明登記原因之文件，得申請登記。

第十一條 （申請登記應附送之文件）

①申請登記應附送左列文件：

一　申請書。

二　證明登記原因之文件。

三　曾經登記者，其登記證書。

四　登記原因與第三人有關係者，其證明文件。

五　登記義務人之權利登記證明文件。

②證明登記原因之文件，如係有執行力之判決時，無須提出前項第四款及第五款之文件。

第十二條 （申請書應開具之事項）

申請書應開具左列事項，由申請人簽名：

一　船舶種類、名稱及其噸位。

二　船籍港。

三　登記原因及其年、月、日。

四　登記之目的。

五　證明登記原因文件之件數。

六　登記費之數額。

七　登記之機關。

八　申請之年、月、日。

九　申請人之姓名、籍貫、住、居所、職業；申請人如為法人時，其名稱及事務所。

十　有船舶經理人時，其經理人之姓名、籍貫、住、居所。

十一　由代理人申請時，代理人之姓名、籍貫、住、居所、職業。

第十三條 （特約之敘明）

登記原因附有特約者，應於申請書內一併敘明。

第十四條 （應有部分之載明）

登記權利人不止一人時，申請書內應載明各人應有部分。

第十五條 （保證書之取具及申請書副本之添具）

①登記原因本無文件，或雖有而不能提出者，應於申請書內敘明事由，取具保證書並添具申請書副本。

②前項保證書，應敘明申請人確無假冒及原文件不能提出之實情，由二人以上之保證人簽名，其保證人以在同一主管機關管轄區域內已有船舶所有權登記之成年人為限。

第十六條 （數船舶同時登記之申請）

數船舶同時申請登記，其登記原因及登記目的均屬相同者，得以同一申請書申請之。

第十七條 （權利證明文件滅失時之敘明）

登記義務人之權利登記證明文件滅失時，應於申請書內敘明其事由，並由登記義務人，取具保證書二份，連同申請書一併附送。

第十八條 （要件之審查及補正）

申請登記，遇有左列情形之一者，應予駁回。但經通知補正而依限補正者，仍應依原次序登記之：

一　申請事件不在管轄之內者。

二　申請事件不在應行登記之列者。

三　代理人權限不明者。

四　申請書不合程式者。

五　申請書所載當事人船舶或權利之標示，或關於登記原因之事項，與登記簿或證明登記原因之文件不符。

六　申請時必要之文件未備者。

七　未繳納登記費者。

第十九條 （登記證書之發給及其記載事項）

①主管機關登記完畢，應即發給登記證書於申請人。

②登記證書應記載左列各款及登記完畢字樣，並蓋用主管機關印信：

一　登記人姓名、住、居所。

二　登記號數。

三　收件年、月、日及號數。

四　船舶之標示。

五　船籍港。

六 登記原因及其年、月、日。

七 登記目的。

八 權利先後欄數。

九 登記年、月、日。

第二十條 （通知登記義務人）

由登記權利人一方申請登記時，主管機關登記完畢，應即用登記通知書通知登記義務人。

第二十一條 （通知雙方當事人）

主管機關登記完畢後，發現登記有錯誤或遺漏時，應速通知登記權利人及登記義務人。

第二十二條 （暫時登記之範圍）

因左列情形之一，未能正式登記者，得為暫時登記：

一 未具備申請登記程序上必要之條件時。

二 預為保留以船舶權利之設定、移轉、變更或消滅為目的之請求權時。

三 請求權附有期限或條件，或有將來始行確定之情形時。

第二十三條 （暫時登記之申請）

暫時登記得由登記權利人取具登記義務人之承諾字據申請之；不能取具承諾字據者，應聲明事由，並提出證明登記原因之文件。

第二十四條 （附記登記之申請㈠）

登記人之姓名、名稱、住、居所或事務所及籍貫等有變更時，應取具證明文件，連同申請書申請附記登記。

第二十五條 （附記登記之申請㈡）

權利變更之登記，與第三人有利害關係時，應添具第三人之承諾字據，連同申請書，申請附記登記。

第二十六條 （更正登記之申請）

申請更正登記，與第三人有利害關係時，準用前條之規定。

第二十七條 （登記及註明）

主管機關受理設定抵押權、租賃權或權利變更之申請時，除分別登記外，應於所有權登記證書上註明之。

第二十八條 （登記簿滅失時為回復登記之申請）

登記簿一部或全部滅失時，應由主管機關報請交通部酌定三個月以上之期限，由該主管機關公告登記權利人，為回復登記之申請；依限申請者，仍保持其原有登記次序。

第二十九條 （回復登記之申請）

為前條回復登記之申請時，得僅由登記權利人檢具原登記證書申請之。

第三十條 （同種權利之次序）

①同一船舶有二個以上之同種權利登記者，其權利先後除法令別有規定外，以登記之先後為準。

②登記之先後在登記簿中為同部者，以權利先後欄為準；為異部者，以收件號數為準。

第三十一條 （暫時登記權利之次序及效力）

已為暫時登記者，其正式登記之次序，應依暫時登記之次序。但在正式登記以前，其暫時登記不發生登記之效力。

第三十二條 （附記登記權利之次序）

附記登記之次序，應依主登記之次序。但附記登記間之次序，應依其登記之先後。

第三章　所有權登記

第三十三條 （所有人證明文件之取具）

初次申請登記所有權者，應取具證明其為所有人之證明文件。但無須附送第十一條第二款、第三款及第五款所列之文件。

第三十四條 （各種船舶證書之取具）

初次申請登記所有權者，應依船舶法第十四條規定，取具船舶噸位證書、船舶檢查證書或有效之國際公約證書、及經交通部認可之驗船機構所發船級證書，連同申請書一併附送；其在本國建造之船舶，如設有抵押權者，應取具船舶建造地航政機關所給之登記抵押權證明文件，連同申請書一併附送。

第三十五條 （中華民國國籍之聲明）

申請登記所有權時，登記權利人之國籍有疑義者，應出具書面，聲明確無冒認中華民國國籍情事，連同申請書一併附送。

第三十六條 （申請書船舶標示欄應記載事項）

①初次申請登記所有權時，應記載左列各款於申請書船舶標示欄內：

　　一　船舶之種類及名稱。

　　二　自國外取得者，其取得國籍之年、月、日。

　　三　船質。

四　總噸位。

五　淨噸位。

六　建造完成之年、月、日。

七　主機之種類、數目及馬力。

八　推進器之種類及其數目。

②非動力船舶，除載明前項第一款至第六款外，如係帆船，應載明帆檣數目。

第三十七條　（法人為所有權登記之申請）

申請登記所有權，登記權利人如為法人，應將法人成立之登記憑證或其影本，連同申請書一併附送。

第三十八條　（共有船舶為所有權登記之申請）

①初次申請登記所有權時，如其船舶為二人以上共有者，申請書內應載明各人之應有部分及船舶經理人姓名、住、居所。

②登記後船舶所有人，如將其所有權之一部分移轉於他人時，準用前項之規定。

第三十九條　（船籍港等變更時為附記登記之申請）

①第三十六條所載各款或船籍港、船舶經理人有變更時，均應檢具所有權登記證書，申請附記登記。

②前項情形，如該船舶已登記有抵押權或租賃權時，應取具該登記權利人之承諾字據，連同申請書一併附送。

第四十條　（主管機關為附記登記申請時之註明）

主管機關受理前條申請時，除為附記登記外，應於所有權登記證書上註明之。

第四十一條　（船籍港變更登記之申請）

因變更船籍港而申請登記時，應檢具舊船籍港主管機關所給之登記簿影本，連同申請書一併附送。

第四十二條　（船舶經理人變更登記之申請）

船舶經理人變更之登記，由原登記人申請之。

第四十三條　（船舶經理人姓名等變更登記之申請）

船舶經理人之姓名、住、居所或籍貫變更之登記，應取具證明文件，自行申請之。

第四章　抵押權及租賃權登記

第四十四條 （債權數額等之記明）

因抵押權之設定而申請登記者，申請書內應記明債權數額；其訂有清償時期及利息或附帶條件或其他特約者，均應一併記明。

第四十五條 （已有抵押權登記在前之記明）

因抵押權之設定而申請登記者，如已有抵押權之登記在前時，申請書內應記明其已登記之抵押權。

第四十六條 （設定人非債務人其登記之申請）

因抵押權之設定而申請登記者，如設定人非為債務人時，申請書內應載明債務人之姓名、年齡、籍貫、住、居所。

第四十七條 （擔保債權非金錢債權其登記之申請）

因抵押權之設定而申請登記者，如所擔保之債權非金錢債權時，申請書內應記明債權之估價。

第四十八條 （數船舶共同擔保債權其登記之申請）

① 以數船舶共同擔保債權而申請登記者，應另具共同擔保目錄，將各船舶分任擔保之部分，詳細列明，由申請人簽名。

② 共同擔保目錄如有數頁，每頁騎縫處均應簽名；申請人不止一人時，得由一人為之。

第四十九條 （抵押權移轉登記之申請）

因抵押權之移轉而申請登記者，如其移轉係因一部債權之讓與或代為清償時，申請書內應記明其讓與或代為清償之債額。

第五十條 （建造中船舶抵押申請書應載事項）

① 登記建造中船舶之抵押權，應記載左列各款於申請書，向建造地航政主管機關申請之：

　一　船舶之種類。

　二　計畫之長度、寬度及深度。

　三　計畫之容量。

　四　建造地。

　五　造船者之姓名、住、居所；如造船者為法人時，其名稱及事務所。

　六　登記原因及其年、月、日。

　七　登記之目的。

　八　登記之機關。

　九　申請之年、月、日。

　十　申請人之姓名、年齡、籍貫、住、居所；如係法人時，其名

　　　稱及事務所。

　十一　由代理人申請時，代理人之姓名、年齡、籍貫、住、居所。

②前項第一款至第五款應附送造船者所給之證明文件。

第五十一條　（設定租賃權登記之申請）

①因租賃權之設定而申請登記時，申請書內應記明租金數額，其定有存續期間、付租時期、許可轉租或其他之特約者，均應記明。

②因轉租而申請登記者，如其轉租之許可未經登記時，申請書內除前項所列事項外，並應檢具原出租人承諾字據。

第五十二條　（建造中船舶已有抵押權登記時為所有權登記之申請）

　　為登記所有權之船舶，如在建造中已有抵押權之登記者，其船籍港不屬於登記抵押權之主管機關管轄時，申請書內應附具登記抵押權之影本及登記抵押權權利人之承諾字據。

第五章　註銷登記

第五十三條　（船舶經理人登記之註銷）

　　所有權移轉之登記，如共有關係因而消滅時，應申請註銷船舶經理人之登記。

第五十四條　（所有權登記人申請註銷登記）

　　有左列情事之一時，所有權之登記人，應聲明事由，檢具證明文件，申請註銷登記：

　　一　船舶滅失或報廢時。

　　二　船舶喪失中華民國國籍時。

　　三　船舶失蹤歷六個月或沉沒不能打撈修復時。

第五十五條　（登記權利人申請註銷登記㈠）

　　遇有前項第一款或第三款情形而登記義務人死亡時，應由登記權利人檢具登記義務人之死亡證明書申請註銷登記。

第五十六條　（登記權利人申請註銷登記㈡）

　　登記權利人因登記義務人蹤跡不明，不能共同為註銷登記之申請時，登記權利人得申請主管機關，酌定相當期間公告之；公告期滿後，得僅由登記權利人申請註銷登記。

第五十七條　（註銷暫時登記之申請）

　　註銷暫時登記，由暫時登記人申請之。但利害關係人檢具暫時登記

人之承諾字據或其他證明文件者，亦得申請之。

第五十八條 （於第三人有利害關係時之註銷登記）

註銷登記於第三人有利害關係時，申請人應檢具第三人之承諾字據或其他證明文件。

第五十九條 （抵押權或租賃權消滅時之註銷登記）

抵押權或租賃權依法消滅時，由抵押權或租賃權利人會同抵押權或租賃權義務人向主管機關申請抵押權或租賃權註銷登記，並繳還抵押權或租賃權登記證書。但抵押權或租賃權依法院裁判消滅者，得僅由抵押權或租賃權義務人申請註銷之。

第六章 登 記 費

第六十條 （登記費㈠）

①申請船舶登記時，應依左列各款，分別繳納登記費：

  一　因遺產繼承或贈與取得所有權者，減除其已繳遺產稅或贈與稅外，按船舶價值千分之一計算。但公益或公用事業因捐贈而取得所有權者，按千分之零點二。

  二　因前款以外之原因取得所有權者，按船舶價值千分之二。

  三　為所有權之保存或共有船舶之分割者，按船舶價值千分之零點五；船舶價值超過二千萬元者，其超過部分，按千分之零點二五計算。

  四　租賃權存續期間未滿十年者，按船舶價值千分之零點五；存續期間十年以上者，按船舶價值千分之一；存續期間無定者，按船舶價值千分之零點五；因租賃權轉租而登記者，其已經過之期間，應自存續期間中扣除，以其餘期間視為存續期間，計算登記費。

  五　取得抵押權者，每件一百元。

  六　暫時、附記、變更、更正、回復及註銷之登記，每件二十元。

②前項登記，屬於公務船舶者，免繳登記費。

③第一項第一款規定之事項，航政主管機關得通知船舶所有人，繳納適當保證金額後，辦理所有權登記。

第六十一條 （登記費㈡）

①申請移轉或註銷船籍港時，應依左列各款分別繳納登記費：

  一　轉籍　每十噸二元。

二　銷籍　每十噸一元。

②前項噸數依總噸數計算，不足十噸者，以十噸計。

第六十二條　（抄錄費及郵費）

申請給與登記簿影本或節本者，應繳納抄錄費；其申請郵寄者，並應繳納郵費。

第六十三條　（閱覽費）

申請閱覽登記簿或其附屬文件者，應繳納閱覽費。

第七章　附　則

第六十四條　（訴願或行政訴訟）

申請人或利害關係人，對於處理登記之主管機關，認為有違法或不當之處分時，得依法提起訴願或行政訴訟。

第六十五條　（施行細則之訂定）

本法施行細則，由交通部定之。

第六十六條　（施行日期）

本法自公布日施行。

保 險 法

民國十八年十二月三十日國民政府公布

二十六年一月十一日國民政府修正公布

五十二年九月二日總統令修正公布

六十三年十一月三十日總統令修正公布

八十一年二月二十六日總統令修正公布

八十一年四月二十日總統令修正公布

八十六年五月二十八日總統令修正公布

八十六年十月二十九日總統令修正公布

九十年七月九日總統令修正公布

九十二年一月二十二日總統令修正公布

九十三年二月四日總統令修正公布

九十四年五月十八日總統令修正公布

九十五年五月三十日總統令修正公布

九十六年一月十日總統令修正公布

九十六年七月十八日總統令修正公布

九十九年二月一日總統令修正公布

九十九年十二月八日總統令修正公布

一百年六月二十九日總統令修正公布第五章第四節節名、一六三、一六五、一六七之一、一六七之二、一七七、一七八條；刪除第一六四條；並增訂第一六四之一、一六七之三～一六七之五、一七七之一條條文

第一章 總 則

第一節 定義及分類

第一條 （定義㈠——保險）

①本法所稱保險，謂當事人約定，一方交付保險費於他方，他方對於因不可預料或不可抗力之事故所致之損害，負擔賠償財物之行為。

②根據前項所訂之契約，稱為保險契約。

第二條 （定義㈡——保險人）

本法所稱保險人，指經營保險事業之各種組織，在保險契約成立時，

有保險費之請求權；在承保危險事故發生時，依其承保之責任，負擔賠償之義務。

第三條　　（定義□——要保人）

本法所稱要保人，指對保險標的具有保險利益，向保險人申請訂立保險契約，並負有交付保險費義務之人。

第四條　　（定義四——被保險人）

本法所稱被保險人，指於保險事故發生時，遭受損害，享有賠償請求權之人；要保人亦得為被保險人。

第五條　　（定義五——受益人）

本法所稱受益人，指被保險人或要保人約定享有賠償請求權之人，要保人或被保險人均得為受益人。

第六條　　（定義六——保險業）

①本法所稱保險業，指依本法組織登記，以經營保險為業之機構。

②本法所稱外國保險業，指依外國法律組織登記，並經主管機關許可，在中華民國境內經營保險為業之機構。

第七條　　（定義七——保險業負責人）

本法所稱保險業負責人，指依公司法或合作社法應負責之人。

第八條　　（定義八——保險代理人）

本法所稱保險代理人，指根據代理契約或授權書，向保險人收取費用，並代理經營業務之人。

第八條之一　　（定義九——保險業務員）

本法所稱保險業務員，指為保險業、保險經紀人公司、保險代理人公司，從事保險招攬之人。

第九條　　（定義十——保險經紀人）

本法所稱保險經紀人，指基於被保險人之利益，洽訂保險契約或提供相關服務，而收取佣金或報酬之人。

第十條　　（定義圭——公證人）

本法所稱公證人，指向保險人或被保險人收取費用，為其辦理保險標的之查勘、鑑定及估價與賠款之理算、洽商，而予證明之人。

第十一條　　（定義圭——各種準備金）

本法所定各種準備金，包括責任準備金、未滿期保費準備金、特別準備金、賠款準備金及其他經主管機關規定之準備金。

第十二條　　（定義圭——主管機關）

本法所稱主管機關為行政院金融監督管理委員會。但保險合作社除

其經營之業務，以行政院金融監督管理委員會為主管機關外，其社
務以合作社之主管機關為主管機關。

第十三條 （保險之種類）

①保險分為財產保險及人身保險。

②財產保險，包括火災保險、海上保險、陸空保險、責任保險、保證
保險及經主管機關核准之其他保險。

③人身保險，包括人壽保險、健康保險、傷害保險及年金保險。

第二節　保險利益

第十四條 （財產上之現有與期待利益）

要保人對於財產上之現有利益，或因財產上之現有利益而生之期待
利益，有保險利益。

第十五條 （財產上之責任利益）

運送人或保管人對於所運送或保管之貨物，以其所負之責任為限，
有保險利益。

第十六條 （人身保險之保險利益）

要保人對於左列各人之生命或身體，有保險利益：

　　一　本人或其家屬。

　　二　生活費或教育費所仰給之人。

　　三　債務人。

　　四　為本人管理財產或利益之人。

第十七條 （保險利益之效力）

要保人或被保險人，對於保險標的物無保險利益者，保險契約失其
效力。

第十八條 （保險利益之移轉）

被保險人死亡或保險標的物所有權移轉時，保險契約除另有訂定外，
仍為繼承人或受讓人之利益而存在。

第十九條 （保險利益之讓與）

合夥人或共有人聯合為被保險人時，其中一人或數人讓與保險利益
於他人者，保險契約不因之而失效。

第二十條 （有效契約之利益）

凡基於有效契約而生之利益，亦得為保險利益。

第三節　保　險　費

第二十一條 （保費之交付）

保險費分一次交付及分期交付兩種。保險契約規定一次交付，或分期交付之第一期保險費，應於契約生效前交付之。但保險契約簽訂時，保險費未能確定者，不在此限。

第二十二條 （交付保費之義務人）

①保險費應由要保人依約規定交付。信託業依信託契約有交付保險費義務者，保險費應由信託業代為交付之。

②要保人為他人利益訂立之保險契約，保險人對於要保人所得為之抗辯，亦得以之對抗受益人。

第二十三條 （善意複保險保費之返還）

①以同一保險利益，同一保險事故，善意訂立數個保險契約，其保險金額之總額超過保險標的之價值者，在危險發生前，要保人得依超過部分，要求比例返還保險費。

②保險契約因第三十七條之情事而無效時，保險人於不知情之時期內，仍取得保險費。

第二十四條 （契約相對無效與終止保費之返還）

①保險契約因第五十一條第二項之情事，而保險人不受拘束時，保險人得請求償還費用。其已收受之保險費，無須返還。

②保險契約因第五十一條第三項之情事而要保人不受拘束時，保險人不得請求保險費及償還費用。其已收受者，應返還之。

③保險契約因第六十條或第八十一條之情事而終止，或部分終止時，除保險費非以時間為計算基礎者外，終止後之保險費已交付者，應返還之。

第二十五條 （契約解除保費之返還）

保險契約因第六十四條第二項之情事而解除時，保險人無須返還其已收受之保險費。

第二十六條 （保費之減少與契約終止之返還）

①保險費依保險契約所載增加危險之特別情形計算者，其情形在契約存續期間內消滅時，要保人得按訂約時保險費率，自其情形消滅時起算，請求比例減少保險費。

②保險人對於前項減少保險費不同意時，要保人得終止契約。其終止後之保險費已交付者，應返還之。

第二十七條 （保險人破產時契約終止保費之返還）

保險人破產時，保險契約於破產宣告之日終止，其終止後之保險費，

已交付者，保險人應返還之。

第二十八條 （要保人破產時契約終止保費之返還）

要保人破產時，保險契約仍為破產債權人之利益而存在。但破產管理人或保險人得於破產宣告三個月內終止契約。其終止後之保險費已交付者，應返還之。

第四節　保險人之責任

第二十九條 （事變與要保人等之過失責任）

①保險人對於由不可預料或不可抗力之事故所致之損害，負賠償責任。但保險契約內有明文限制者，不在此限。

②保險人對於由要保人或被保險人之過失所致之損害，負賠償責任。但出於要保人或被保險人之故意者，不在此限。

第三十條 （道義損害之責任）

保險人對於因履行道德上之義務所致之損害，應負賠償責任。

第三十一條 （受僱人或動物等損害之責任）

保險人對於因要保人或被保險人之受僱人，或其所有之物或動物所致之損害，應負賠償責任。

第三十二條 （兵險責任）

保險人對於因戰爭所致之損害，除契約有相反之訂定外，應負賠償責任。

第三十三條 （減免損失費用之償還責任）

①保險人對於要保人或被保險人，為避免或減輕損害之必要行為所生之費用，負償還之責。其償還數額與賠償金額，合計雖超過保險金額，仍應償還。

②保險人對於前項費用之償還，以保險金額對於保險標的之價值比例定之。

第三十四條 （賠償金額之給付期限）

①保險人應於要保人或被保險人交齊證明文件後，於約定期限內給付賠償金額。無約定期限者，應於接到通知後十五日內給付之。

②保險人因可歸責於自己之事由致未在前項規定期限內為給付者，應給付遲延利息年利一分。

第五節　複　保　險

第三十五條 （複保險之定義）

複保險，謂要保人對於同一保險利益，同一保險事故，與數保險人分別訂立數個保險之契約行為。

第三十六條　（複保險之通知）

複保險，除另有約定外，要保人應將他保險人之名稱及保險金額通知各保險人。

第三十七條　（惡意複保險無效）

要保人故意不為前條之通知，或意圖不當得利而為複保險者，其契約無效。

第三十八條　（善意複保險之效力）

善意之複保險，其保險金額之總額超過保險標的之價值者，除另有約定外，各保險人對於保險標的之全部價值，僅就其所保金額負比例分擔之責。但賠償總額，不得超過保險標的之價值。

第六節　再　保　險

第三十九條　（再保險之定義）

再保險，謂保險人以其所承保之危險，轉向他保險人為保險之契約行為。

第四十條　（原被保險人與再保險人之關係）

原保險契約之被保險人，對於再保險人無賠償請求權。但原保險契約及再保險契約另有約定者，不在此限。

第四十一條　（再保險人與原要保人關係）

再保險人不得向原保險契約之要保人，請求交付保險費。

第四十二條　（原保險人與原被保險人關係）

原保險人不得以再保險人不履行再保險金額給付之義務為理由，拒絕或延遲履行其對於被保險人之義務。

第二章　保險契約

第一節　通　　則

第四十三條　（保險單、暫保單）

保險契約，應以保險單或暫保單為之。

第四十四條　（保險人之同意）

①保險契約，由保險人於同意要保人聲請後簽訂。

②利害關係人，均得向保險人請求保險契約之謄本。

第四十五條 （第三人利益契約）
　　要保得不經委任，為他人之利益訂立保險契約。受益人有疑義時，推定要保人為自己之利益而訂立。

第四十六條 （保險契約代訂之方式）
　　保險契約由代理人訂立者，應載明代訂之意旨。

第四十七條 （保險契約代訂之效力）
　　保險契約由合夥人或共有人中之一人或數人訂立，而其利益及於全體合夥人或共有人者，應載明為全體合夥人或共有人訂立之意旨。

第四十八條 （共保條款）
①保險人得約定保險標的物之一部分，應由要保人自行負擔由危險而生之損失。
②有前項約定時，要保人不得將未經保險之部分，另向他保險人訂立保險契約。

第四十九條 （契約之方式與抗辯之援用）
①保險契約除人身保險外，得為指示式或無記名式。
②保險人對於要保人所得為之抗辯，亦得以之對抗保險契約之受讓人。

第五十條 （不定值及定值保險契約）
①保險契約分不定值保險契約，及定值保險契約。
②不定值保險契約，為契約上載明保險標的之價值，須至危險發生後估計而訂之保險契約。
③定值保險契約，為契約上載明保險標的一定價值之保險契約。

第五十一條 （危險已發生或已消滅之契約）
①保險契約訂立時，保險標的之危險已發生或已消滅者，其契約無效。但為當事人雙方所不知者，不在此限。
②訂約時，僅要保人知危險已發生者，保險人不受契約之拘束。
③訂約時，僅保險人知危險已消滅者，要保人不受契約之拘束。

第五十二條 （受益人之確定）
　　為他人利益訂立之保險契約，於訂約時，該他人未確定者，由要保人或保險契約所載可得確定之受益人，享受其利益。

第五十三條 （保險人之當然代位權）
①被保險人因保險人應負保險責任之損失發生，而對於第三人有損失賠償請求權者，保險人得於給付賠償金額後，代位行使被保險人對於第三人之請求權。但其所請求之數額，以不逾賠償金額為限。

②前項第三人為被保險人之家屬或受僱人時，保險人無代位請求權。但損失係由其故意所致者，不在此限。

第五十四條 （強制規定與契約疑義之解釋）

①本法之強制規定，不得以契約變更之。但有利於被保險人者，不在此限。

②保險契約之解釋，應探求契約當事人之真意，不得拘泥於所用之文字；如有疑義時，以作有利於被保險人之解釋為原則。

第五十四條之一 （契約顯失公平之部分無效）

保險契約中有左列情事之一，依訂約時情形顯失公平者，該部分之約定無效：

一　免除或減輕保險人依本法應負之義務者。

二　使要保人、受益人或被保險人拋棄或限制其依本法所享之權利者。

三　加重要保人或被保險人之義務者。

四　其他於要保人、受益人或被保險人有重大不利益者。

第二節　基本條款

第五十五條 （基本條款）

保險契約，除本法另有規定外，應記載左列各款事項：

一　當事人之姓名及住所。

二　保險之標的物。

三　保險事故之種類。

四　保險責任開始之日、時及保險期間。

五　保險金額。

六　保險費。

七　無效及失權之原因。

八　訂約之年、月、日。

第五十六條 （變更或恢復效力之通知）

變更保險契約或恢復停止效力之保險契約時，保險人於接到通知後十日內不為拒絕者，視為承諾。但本法就人身保險有特別規定者，從其規定。

第五十七條 （怠於通知之解約）

當事人之一方對於他方應通知之事項而怠於通知者，除不可抗力之事故外，不問是否故意，他方得據為解除保險契約之原因。

第五十八條　（危險發生之通知義務）

要保人、被保險人或受益人，遇有保險人應負保險責任之事故發生，除本法另有規定，或契約另有訂定外，應於知悉後五日內通知保險人。

第五十九條　（危險增加之通知義務）

①要保人對於保險契約內所載增加危險之情形應通知者，應於知悉後通知保險人。

②危險增加，由於要保人或被保險人之行為所致，其危險達於應增加保險費或終止契約之程度者，要保人或被保險人應先通知保險人。

③危險增加，不由於要保人或被保險人之行為所致者，要保人或被保險人應於知悉後十日內通知保險人。

④危險減少時，被保險人得請求保險人重新核定保費。

第六十條　（危險增加之效果）

①保險遇有前條情形，得終止契約，或提議另定保險費。要保人對於另定保險費不同意者，其契約即為終止。但因前條第二項情形終止契約時，保險人如有損失，並得請求賠償。

②保險人知危險增加後，仍繼續收受保險費，或於危險發生後給付賠償金額，或其他維持契約之表示者，喪失前項之權利。

第六十一條　（危險增加通知義務之例外）

危險增加如有左列情形之一時，不適用第五十九條之規定：

一　損害之發生不影響保險人之負擔者。
二　為防護保險人之利益者。
三　為履行道德上之義務者。

第六十二條　（不負通知義務者）

當事人之一方對於左列各款，不負通知之義務：

一　為他方所知者。
二　依通常注意為他方所應知，或無法諉為不知者。
三　一方對於他方經聲明不必通知者。

第六十三條　（怠於通知之賠償）

要保人或被保險人不於第五十八條、第五十九條第三項所規定之期限內為通知者，對於保險人因此所受之損失，應負賠償責任。

第六十四條　（據實說明義務及違反之法律效力）

①訂立契約時，要保人對於保險人之書面詢問，應據實說明。

②要保人故意隱匿，或因過失遺漏，或為不實之說明，足以變更或減

少保險人對於危險之估計者，保險人得解除契約；其危險發生後亦同。但要保人證明危險之發生未基於其說明或未說明之事實時，不在此限。

③前項解除契約權，自保險人知有解除之原因後，經過一個月不行使而消滅；或契約訂立後經過二年，即有可以解除之原因，亦不得解除契約。

第六十五條　（消滅時效）

由保險契約所生之權利，自得為請求之日起，經過二年不行使而消滅。有左列各款情形之一者，其期限之起算，依各該款之規定：

一　要保人或被保險人對於危險之說明，有隱匿、遺漏或不實者，自保險人知情之日起算。

二　危險發生後，利害關係人能證明其非因疏忽而不知情者，自其知情之日起算。

三　要保人或被保險人對於保險人之請求，係由於第三人之請求而生者，自要保人或被保險人受請求之日起算。

第三節　特約條款

第六十六條　（特約條款之定義）

特約條款，為當事人於保險契約基本條款外，承認履行特種義務之條款。

第六十七條　（特約條款內容）

與保險契約有關之一切事項，不問過去、現在或將來，均得以特約條款定之。

第六十八條　（違背特約條款之效力）

①保險契約當事人之一方違背特約條款時，他方得解除契約；其危險發生後亦同。

②第六十四條第三項之規定，於前項情形準用之。

第六十九條　（未來事項特約條款之效力）

關於未來事項之特約條款，於未屆履行期前危險已發生，或其履行為不可能，或在訂約地為不合法而未履行者，保險契約不因之而失效。

第三章　財產保險

第一節　火災保險

第七十條　（火災保險人之責任）

①火災保險人，對於由火災所致保險標的物之毀損或滅失，除契約另有訂定外，負賠償之責。

②因救護保險標的物，致保險標的物發生損失者，視同所保危險所生之損失。

第七十一條　（集合保險契約之責任）

①就集合之物而總括為保險者，被保險人家屬、受僱人或同居人之物，亦得為保險標的，載明於保險契約，在危險發生時，就其損失享受賠償。

②前項保險契約，視同並為第三人利益而訂立。

第七十二條　（保險金額之作用）

保險金額，為保險人在保險期內，所負責任之最高額度。保險人應於承保前，查明保險標的物之市價，不得超額承保。

第七十三條　（保險標的——定值或不定值保險）

①保險標的，得由要保人，依主管機關核定之費率及條款，作定值或不定值約定之要保。

②保險標的，以約定價值為保險金額者，發生全部損失或部分損失時，均按約定價值為標準計算賠償。

③保險標的未經約定價值者，發生損失時，按保險事故發生時實際價值為標準，計算賠償，其賠償金額，不得超過保險金額。

第七十四條　（全損之定義）

第七十三條所稱全部損失，係指保險標的全部滅失或毀損，達於不能修復或其修復之費用，超過保險標的之恢復原狀所需者。

第七十五條　（標的物價值之約定）

保險標的物不能以市價估計者，得由當事人約定其價值。賠償時從其約定。

第七十六條　（超額保險）

①保險金額超過保險標的之價值之契約，係由當事人一方之詐欺而訂立者，他方得解除契約。如有損失，並得請求賠償；無詐欺情事者，除定值保險外，其契約僅於保險標的之價值之限度內為有效。

②無詐欺情事之保險契約，經當事人一方將超過價值之事實通知他方後，保險金額及保險費，均應按照保險標的之價值比例減少。

第七十七條　（一部保險）

保險金額不及保險標的物之價值者，除契約另有訂定外，保險人之負擔，以保險金額對於保險標的物之價值比例定之。

第七十八條　（損失估計遲延之責任）

損失之估計，因可歸責於保險人之事由而遲延者，應自被保險人交出損失清單一個月後加給利息。損失清單交出二個月後損失尚未完全估定者，被保險人得請求先行交付其所應得之最低賠償金額。

第七十九條　（估計損失費用之負擔）

①保險人或被保險人為證明及估計損失所支出之必要費用，除契約另有訂定外，由保險人負擔之。

②保險金額不及保險標的物之價值時，保險人對於前項費用，依第七十七條規定比例負擔之。

第八十條　（標的物變更之禁止）

損失未估定前，要保人或被保險人除為公共利益或避免擴大損失外，非經保險人同意，對於保險標的物不得加以變更。

第八十一條　（標的物全損時契約之終止）

保險標的物非因保險契約所載之保險事故而完全滅失時，保險契約即為終止。

第八十二條　（標的物分損時契約之終止）

①保險標的物受部分之損失者，保險人與要保人均有終止契約之權。終止後，已交付未損失部分之保險費應返還之。

②前項終止契約權，於賠償金額給付後，經過一個月不行使而消滅。

③保險人終止契約時，應於十五日前通知要保人。

④要保人與保險人均不終止契約時，除契約另有訂定外，保險人對於以後保險事故所致之損失，其責任以賠償保險金額之餘額為限。

第八十二條之一　（準用）

①第七十三條至第八十一條之規定，於海上保險、陸空保險、責任保險、保證保險及其他財產保險準用之。

②第一百二十三條及第一百二十四條之規定，於超過一年之財產保險準用之。

第二節　海上保險

第八十三條　（海上保險人之責任）

海上保險人對於保險標的物，除契約另有規定外，因海上一切事變

及災害所生之毀損、減失及費用，負賠償之責。

第八十四條 （適用海商法之規定）

關於海上保險，適用海商法海上保險章之規定。

第三節　陸空保險

第八十五條 （陸空保險人之責任）

陸上、內河及航空保險人，對於保險標的物，除契約另有訂定外，因陸上、內河及航空一切事變及災害所致之毀損、減失及費用，負賠償之責。

第八十六條 （貨物保險之期間）

關於貨物之保險，除契約另有訂定外，自交運之時以迄於其目的地收貨之時為其期間。

第八十七條 （保險契約應載事項）

保險契約，除記載第五十五條規定事項外，並應載明左列事項：

一　運送路線及方法。

二　運送人姓名或商號名稱。

三　交運及取貨地點。

四　運送有期限者，其期限。

第八十八條 （暫停或變更運路或方法之效力）

因運送上之必要，暫時停止或變更運送路線或方法時，保險契約除另有訂定外，仍繼續有效。

第八十九條 （海上保險之準用）

航行內河船舶運費及裝載貨物之保險，除本節另有規定外，準用海上保險有關條文之規定。

第四節　責任保險

第九十條 （責任保險人之責任）

責任保險人於被保險人對於第三人，依法應負賠償責任，而受賠償之請求時，負賠償之責。

第九十一條 （必要費用之負擔）

①被保險人因受第三人之請求而為抗辯，所支出之訴訟上或訴訟外之必要費用，除契約另有訂定外，由保險人負擔之。

②被保險人得請求保險人墊給前項費用。

第九十二條 （第三人利益契約）

保險契約係為被保險人所營事業之損失賠償責任而訂立者，被保險人之代理人、管理人或監督人所負之損失賠償責任，亦享受保險之利益，其契約視同並為第三人之利益而訂立。

第九十三條　（保險人之參與權）

保險人得約定被保險人對於第三人就其責任所為之承認、和解或賠償，未經其參與者，不受拘束。但經要保人或被保險人通知保險人參與而無正當理由拒絕或藉故遲延者，不在此限。

第九十四條　（向被保險人給付賠償金之限制）

①保險人於第三人由被保險人應負責任事故所致之損失，未受賠償以前，不得以賠償金額之全部或一部給付被保險人。

②被保險人對第三人應負損失賠償責任確定時，第三人得在保險金額範圍內，依其應得之比例，直接向保險人請求給付賠償金額。

第九十五條　（向第三人給付賠償金）

保險人得經被保險人通知，直接對第三人為賠償金額之給付。

第四節之一　保證保險

第九十五條之一　（保證保險人之責任）

保證保險人於被保險人因其受僱人之不誠實行為或其債務人之不履行債務所致損失，負賠償之責。

第九十五條之二　（保證保險契約應載事項㈠）

以受僱人之不誠實行為為保險事故之保證保險契約，除記載第五十五條規定事項外，並應載明左列事項：

　　一　被保險人之姓名及住所。

　　二　受僱人之姓名、職稱或其他得以認定為受僱人之方式。

第九十五條之三　（保證保險契約應載事項㈡）

以債務人之不履行債務為保險事故之保證保險契約，除記載第五十五條規定事項外，並應載明左列事項：

　　一　被保險人之姓名及住所。

　　二　債務人之姓名或其他得以認定為債務人之方式。

第五節　其他財產保險

第九十六條　（其他財產保險之定義）

其他財產保險為不屬於火災保險、海上保險、陸空保險、責任保險及保證保險之範圍，而以財物或無形利益為保險標的之各種保險。

第九十七條 （標的物查勘權）

　　保險人有隨時查勘保險標的物之權，如發現全部或一部分處於不正常狀態，經建議要保人或被保險人修復後，再行使用。如要保人或被保險人不接受建議時，得以書面通知終止保險契約或其有關部分。

第九十八條 （未盡保護義務之責任）

①要保人或被保險人，對於保險標的物未盡約定保護責任所致之損失，保險人不負賠償之責。

②危險事故發生後，經鑑定係因要保人或被保險人未盡合理方法保護標的物，因而增加之損失，保險人不負賠償之責。

第九十九條 （保險契約之變動）

　　保險標的物受部分之損失，經賠償或回復原狀後，保險契約繼續有效。但與原保險情況有異時，得增減其保險費。

第一百條 （刪除）

第四章　人身保險

第一節　人壽保險

第一百零一條 （人壽保險人之責任）

　　人壽保險人於被保險人在契約規定年限內死亡，或屆契約規定年限而仍生存時，依照契約，負給付保險金額之責。

第一百零二條 （保險金額）

　　人壽保險之保險金額，依保險契約之所定。

第一百零三條 （保險人代位之禁止）

　　人壽保險之保險人，不得代位行使要保人或受益人因保險事故所生對於第三人之請求權。

第一百零四條 （契約之代訂）

　　人壽保險契約，得由本人或第三人訂立之。

第一百零五條 （他人死亡保險代訂之限制）

①由第三人訂立之死亡保險契約，未經被保險人書面同意，並約定保險金額，其契約無效。

②被保險人依前項所為之同意，得隨時撤銷之。其撤銷之方式應以書面通知保險人及要保人。

③被保險人依前項規定行使其撤銷權者，視為要保人終止保險契約。

第一百零六條 （他人人壽保約訂立之限制）

由第三人訂立之人壽保險契約，其權利之移轉或出質，非經被保險人以書面承認者，不生效力。

第一百零七條 （死亡給付之限制）

①以未滿十五歲之未成年人為被保險人訂立之人壽保險契約，其死亡給付於被保險人滿十五歲之日起發生效力；被保險人滿十五歲前死亡者，保險人得加計利息退還所繳保險費，或返還投資型保險專設帳簿之帳戶價值。

②前項利息之計算，由主管機關另定之。

③訂立人壽保險契約時，以精神障礙或其他心智缺陷，致不能辨識其行為或欠缺依其辨識而行為之能力者為被保險人，除喪葬費用之給付外，其餘死亡給付部分無效。

④前項喪葬費用之保險金額，不得超過遺產及贈與稅法第十七條有關遺產稅喪葬費扣除額之一半。

⑤第一項至第四項規定，於其他法律另有規定者，從其規定。

第一百零八條 （保約之應載事項）

人壽保險契約，除記載第五十五條規定事項外，並應載明左列事項：

一　被保險人之姓名、性別、年齡及住所。

二　受益人姓名及與被保險人之關係或確定受益人之方法。

三　請求保險金額之保險事故及時期。

四　依第一百十八條之規定，有減少保險金額之條件者，其條件。

第一百零九條 （故意自殺）

①被保險人故意自殺者，保險人不負給付保險金額之責任。但應將保險之保單價值準備金返還於應得之人。

②保險契約載有被保險人故意自殺，保險人仍應給付保險金額之條款者，其條款於訂約二年後始生效力。恢復停止效力之保險契約，其二年期限應自恢復停止效力之日起算。

③被保險人因犯罪處死或拒捕或越獄致死者，保險人不負給付保險金額之責任。但保險費已付足二年以上者，保險人應將其保單價值準備金返還於應得之人。

第一百十條 （受益人之指定）

①要保人得通知保險人，以保險金額之全部或一部，給付其所指定之受益人一人或數人。

②前項指定之受益人，以於請求保險金額時生存者為限。

第一百十一條 （受益人之變更）
①受益人經指定後，要保人對其保險利益，除聲明放棄處分權外，仍得以契約或遺囑處分。
②要保人行使前項處分權，非經通知，不得對抗保險人。

第一百十二條 （受益人之權利）
保險金額約定於被保險人死亡時給付於其所指定之受益人者，其金額不得作為被保險人之遺產。

第一百十三條 （法定受益人）
死亡保險契約未指定受益人者，其保險金額作為被保險人之遺產。

第一百十四條 （受益權之轉讓）
受益人非經要保人之同意，或保險契約載明允許轉讓者，不得將其利益轉讓他人。

第一百十五條 （保費之代付）
利害關係人，均得代要保人交付保險費。

第一百十六條 （保費未付之效力㈠）
①人壽保險之保險費到期未交付者，除契約另有訂定外，經催告到達後屆三十日仍不交付時，保險契約之效力停止。
②催告應送達於要保人，或負有交付保險費義務之人之最後住所或居所，保險費經催告後，應於保險人營業所交付之。
③第一項停止效力之保險契約，於停止效力之日起六個月內清償保險費、保險契約約定之利息及其他費用後，翌日上午零時起，開始恢復其效力。要保人於停止效力之日起六個月後申請恢復效力者，保險人得於要保人申請恢復效力之日起五日內要求要保人提供被保險人之可保證明，除被保險人之危險程度有重大變更已達拒絕承保外，保險人不得拒絕其恢復效力。
④保險人未於前項規定期限內要求要保人提供可保證明或於收到前項可保證明後十五日內不為拒絕者，視為同意恢復效力。
⑤保險契約所定申請恢復效力之期限，自停止效力之日起不得低於二年，並不得遲於保險期間之屆滿日。
⑥保險人於前項所規定之期限屆滿後，有終止契約之權。
⑦保險契約終止時，保險費已付足二年以上，如有保單價值準備金者，保險人應返還其保單價值準備金。
⑧保險契約約定由保險人墊繳保險費者，於墊繳之本息超過保單價值準備金時，其停止效力及恢復效力之申請準用第一項至第六項規定。

第一百十七條　（保費未付之效力㈡）

①保險人對於保險費，不得以訴訟請求交付。

②以被保險人終身為期，不附生存條件之死亡保險契約，或契約訂定於若干年後給付保險金額或年金者，如保險費已付足二年以上而有不交付時，於前條第五項所定之期限屆滿後，保險人僅得減少保險金額或年金。

第一百十八條　（減少保險金額或年金之辦法）

①保險人依前條規定，或因要保人請求，得減少保險金額或年金。其條件及可減少之數額，應載明於保險契約。

②減少保險金額或年金，應以訂原約時之條件，訂立同類保險契約為計算標準。其減少後之金額，不得少於原契約終止時已有之保單價值準備金，減去營業費用，而以之作為保險費一次交付所能得之金額。

③營業費用以原保險金額百分之一為限。

④保險金額之一部，係因其保險費全數一次交付而訂定者，不因其他部分之分期交付保險費之不交付而受影響。

第一百十九條　（解約金之償付）

①要保人終止保險契約，而保險費已付足一年以上者，保險人應於接到通知後一個月內償付解約金；其金額不得少於要保人應得保單價值準備金之四分之三。

②償付解約金之條件及金額，應載明於保險契約。

第一百二十條　（以保約為質借款）

①保險費付足一年以上者，要保人得以保險契約為質，向保險人借款。

②保險人於接到要保人之借款通知後，得於一個月以內之期間，貸給可得質借之金額。

③以保險契約為質之借款，保險人應於借款本息超過保單價值準備金之日之三十日前，以書面通知要保人返還借款本息，要保人未於該超過之日前返還者，保險契約之效力自借款本息超過保單價值準備金之日停止。

④保險人未依前項規定為通知時，於保險人以書面通知要保人返還借款本息之日起三十日內要保人未返還者，保險契約之效力自該三十日之次日起停止。

⑤前二項停止效力之保險契約，其恢復效力之申請準用第一百十六條第三項至第六項規定。

第一百二十一條 （保險人之免責事由）

①受益人故意致被保險人於死或雖未致死者，喪失其受益權。

②前項情形，如因該受益人喪失受益權，而致無受益人受領保險金額時，其保險金額作為被保險人遺產。

③要保人故意致被保險人於死者，保險人不負給付保險金額之責。保險費付足二年以上者，保險人應將其保單價值準備金給付與應得之人，無應得之人時，應解交國庫。

第一百二十二條 （年齡不實之效力）

①被保險人年齡不實，而其真實年齡已超過保險人所定保險年齡限度者，其契約無效。

②因被保險人年齡不實，致所付之保險費少於應付數額者，保險金額應按照所付之保險費與被保險人之真實年齡比例減少。

第一百二十三條 （當事人破產之處置）

①保險人破產時，受益人對於保險人得請求之保險金額之債權，以其保單價值準備金按訂約時之保險費率比例計算之。要保人破產時，保險契約訂有受益人者，仍為受益人之利益而存在。

②投資型保險契約之投資資產，非各該投資型保險之受益人不得主張，亦不得請求扣押或行使其他權利。

第一百二十四條 （保單價值準備金之優先受償權）

人壽保險之要保人、被保險人、受益人，對於被保險人之保單價值準備金，有優先受償之權。

第二節　健康保險

第一百二十五條 （健康保險人之責任）

健康保險人於被保險人疾病、分娩及其所致殘廢或死亡時，負給付保險金額之責。

第一百二十六條 （健康檢查）

①保險人於訂立保險契約前，對於被保險人得施以健康檢查。

②前項檢查費用，由保險人負擔。

第一百二十七條 （保險人免責事由㈠）

保險契約訂立時，被保險人已在疾病或妊娠情況中者，保險人對是項疾病或分娩，不負給付保險金額之責任。

第一百二十八條 （保險人免責事由㈡）

被保險人故意自殺或墮胎所致疾病、殘廢、流產或死亡，保險人不

負給付保險金額之責。

第一百二十九條　（代訂之保險契約應記載事項）

被保險人不與要保人為同一人時，保險契約除載明第五十五條規定事項外，並應載明左列各款事項：

一　被保險人之姓名、年齡及住所。

二　被保險人與要保人之關係。

第一百三十條　（保險金額、代位禁止、契約之代訂與保險費之代付準用人壽保險之規定）

第一百零二條至第一百零五條、第一百十五條、第一百十六條、第一百二十三條及第一百二十四條，於健康保險準用之。

第三節　傷害保險

第一百三十一條　（傷害保險人之責任）

①傷害保險人於被保險人遭受意外傷害及其所致殘廢或死亡時，負給付保險金額之責。

②前項意外傷害，指非由疾病引起之外來突發事故所致者。

第一百三十二條　（傷害保險契約應記載事項）

傷害保險契約，除記載第五十五條規定事項外，並應載明左列事項：

一　被保險人之姓名、年齡、住所及與要保人之關係。

二　受益人之姓名及與被保險人之關係或確定受益人之方法。

三　請求保險金額之事故及時期。

第一百三十三條　（保險人之免責事由）

被保險人故意自殺，或因犯罪行為，所致傷害、殘廢或死亡，保險人不負給付保險金額之責任。

第一百三十四條　（受益權之喪失與撤銷）

①受益人故意傷害被保險人者，無請求保險金額之權。

②受益人故意傷害被保險人未遂時，被保險人得撤銷其受益權利。

第一百三十五條　（人壽保險規定之準用）

第一百零二條至第一百零五條、第一百零七條、第一百十條至第一百十六條、第一百二十三條及第一百二十四條，於傷害保險準用之。

第四節　年金保險

第一百三十五條之一　（年金保險人之責任）

年金保險人於被保險人生存期間或特定期間內，依照契約負一次或

分期給付一定金額之責。

第一百三十五條之二　（年金保險契約應載事項）

年金保險契約，除記載第五十五條規定事項外，並應載明左列事項：

一　被保險人之姓名、性別、年齡及住所。

二　年金金額或確定年金金額之方法。

三　受益人之姓名及與被保險人之關係。

四　請求年金之期間、日期及給付方法。

五　依第一百十八條規定，有減少年金之條件者，其條件。

第一百三十五條之三　（年金保險之受益人）

①受益人於被保險人生存期間為被保險人本人。

②保險契約載有於被保險人死亡後給付年金者，其受益人準用第一百十條至第一百十三條規定。

第一百三十五條之四　（準用規定）

第一百零三條、第一百零四條、第一百零六條、第一百十四條至第一百二十四條規定，於年金保險準用之。但於年金給付期間，要保人不得終止契約或以保險契約為質，向保險人借款。

第五章　保　險　業

第一節　通　　則

第一百三十六條　（保險業之組織及專業）

①保險業之組織，以股份有限公司或合作社為限。但經主管機關核准者，不在此限。

②非保險業不得兼營保險或類似保險之業務。

③違反前項規定者，由主管機關或目的事業主管機關會同司法警察機關取締，並移送法辦；如屬法人組織，其負責人對有關債務，應負連帶清償責任。

④執行前項任務時，得依法搜索扣押被取締者之會計帳簿及文件，並得撤除其標誌等設施或為其他必要之處置。

⑤保險業之組織為股份有限公司者，除其他法律另有規定或經主管機關許可外，其股票應辦理公開發行。

第一百三十七條　（內外國保險業之設立要件）

①保險業非經主管機關許可，並依法為設立登記，繳存保證金，領得

營業執照後，不得開始營業。

②保險業申請設立許可應具備之條件、程序、應檢附之文件、發起人、董事、監察人與經理人應具備之資格條件、廢止許可、分支機構之設立、保險契約轉讓、解散及其他應遵行事項之辦法，由主管機關定之。

③外國保險業非經主管機關許可，並依法為設立登記，繳存保證金，領得營業執照後，不得開始營業。

④外國保險業，除本法另有規定外，準用本法有關保險業之規定。

⑤外國保險業申請設立許可應具備之條件、程序、應檢附之文件、廢止許可、營業執照核發、增設分公司之條件、營業項目變更、撤換負責人之情事、資金運用及其他應遵行事項之辦法，由主管機關定之。

⑥依其他法律設立之保險業，除各該法律另有規定外，準用本法有關保險業之規定。

第一百三十七條之一　（保險業負責人之資格）

保險業負責人應具備之資格，由主管機關定之。

第一百三十八條　（保險業營業範圍之限制）

①財產保險業經營財產保險，人身保險業經營人身保險，同一保險業不得兼營財產保險及人身保險業務。但財產保險業經主管機關核准經營傷害保險及健康保險者，不在此限。

②財產保險業依前項但書規定經營傷害保險及健康保險業務應具備之條件、業務範圍、申請核准應檢附之文件及其他應遵行事項之辦法，由主管機關定之。

③保險業不得兼營本法規定以外之業務。但經主管機關核准辦理其他與保險有關業務者，不在此限。

④保險業辦理前項與保險有關業務，涉及外匯業務之經營者，須經中央銀行之許可。

⑤保險合作社不得經營非社員之業務。

第一百三十八條之一　（共保住宅地震險）

①財產保險業應承保住宅地震危險，以主管機關建立之危險分散機制為之。

②前項危險分散機制，應成立財團法人住宅地震保險基金負責管理，就超過財產保險業共保承擔限額部分，由該基金承擔、向國內、外為再保險、以主管機關指定之方式為之或由政府承受。

③前二項有關危險分散機制之承擔限額、保險金額、保險費率、各種準備金之提存及其他應遵行事項之辦法,由主管機關定之。

④財團法人住宅地震保險基金之捐助章程、業務範圍、資金運用及其他管理事項之辦法,由主管機關定之。

⑤因發生重大震災,致住宅地震保險基金累積之金額不足支付應攤付之賠款,為保障被保險人之權益,必要時,該基金得請求主管機關會同財政部報請行政院核定後,由國庫提供擔保,以取得必要之資金來源。

第一百三十八條之二　（保險金信託）

①保險業經營人身保險業務,保險契約得約定保險金一次或分期給付。

②人身保險契約中屬死亡或殘廢之保險金部分,要保人於保險事故發生前得預先洽訂信託契約,由保險業擔任該保險信託之受託人,其中要保人與被保險人應為同一人,該信託契約之受益人並應為保險契約之受益人,且以被保險人、未成年人、心神喪失或精神耗弱之人為限。

③前項信託給付屬本金部分,視為保險給付。

④保險業辦理保險金信託業務應設置信託專戶,並以信託財產名義表彰。

⑤前項信託財產為應登記之財產者,應依有關規定為信託登記。

⑥第四項信託財產為有價證券者,保險業設置信託專戶,並以信託財產名義表彰;其以信託財產為交易行為時,得對抗第三人,不適用信託法第四條第二項規定。

⑦保險業辦理保險金信託,其資金運用範圍以下列為限:

　　一　現金或銀行存款。

　　二　公債或金融債券。

　　三　短期票券。

　　四　其他經主管機關核准之資金運用方式。

第一百三十八條之三　（保險金信託之申請）

①保險業經營保險金信託業務,應經主管機關許可,其營業及會計必須獨立。

②保險業為擔保其因違反受託人義務而對委託人或受益人所負之損害賠償、利益返還或其他責任,應提存賠償準備。

③保險業申請許可經營保險金信託業務應具備之條件、應檢附之文件、廢止許可、應提存賠償準備額度、提存方式及其他應遵行事項之辦

法，由主管機關定之。

第一百三十九條　（最低資本或基金）

各種保險業資本或基金之最低額，由主管機關，審酌各地經濟實況，及各種保險業務之需要，分別呈請行政院核定之。

第一百三十九條之一　（持有有表決權股份之申報）

①同一人或同一關係人單獨、共同或合計持有同一保險公司已發行有表決權股份總數超過百分之五者，自持有之日起十日內，應向主管機關申報；持股超過百分之五後累積增減逾一個百分點者，亦同。

②同一人或同一關係人擬單獨、共同或合計持有同一保險公司已發行有表決權股份總數超過百分之十、百分之二十五或百分之五十者，均應分別事先向主管機關申請核准。

③第三人為同一人或同一關係人以信託、委任或其他契約、協議、授權等方法持有股份者，應併計入同一關係人範圍。

④中華民國九十九年十一月十二日修正之條文施行前，同一人或同一關係人單獨、共同或合計持有同一保險公司已發行有表決權股份總數超過百分之五者，應自施行之日起六個月內向主管機關申報。於申報後第一次增減持股比率而增減後持股比率超過百分之十者，應事先向主管機關申請核准；第二次以後之增減持股比率，依第一項及第二項規定辦理。

⑤同一人或同一關係人依第二項或前項規定申請核准應具備之適格條件、應檢附之書件、擬取得股份之股數、目的、資金來源、持有股票之出質情形、持股數與其他重要事項變動之申報、公告及其他應遵行事項之辦法，由主管機關定之。

⑥未依第一項、第二項或第四項規定向主管機關申報或經核准而持有保險公司已發行有表決權之股份者，其超過部分無表決權，並由主管機關命其限期內處分。

⑦同一人或本人與配偶、未成年子女合計持有同一保險公司已發行有表決權股份總數百分之一以上者，應由本人通知保險公司。

第一百三十九條之二　（同一人及同一關係人之定義與其持有股份之計算）

①前條所稱同一人，指同一自然人或同一法人。

②前條所稱同一關係人，指同一自然人或同一法人之關係人，其範圍如下：

　　一　同一自然人之關係人：

㈠同一自然人與其配偶及二親等以內血親。

㈡前目之人持有已發行有表決權股份或資本額合計超過三分之一之企業。

㈢第一目之人擔任董事長、總經理或過半數董事之企業或財團法人。

二　同一法人之關係人：

㈠同一法人與其董事長、總經理，及該董事長、總經理之配偶與二親等以內血親。

㈡同一法人及前目之自然人持有已發行有表決權股份或資本額合計超過三分之一之企業，或擔任董事長、總經理或過半數董事之企業或財團法人。

㈢同一法人之關係企業。關係企業適用公司法第三百六十九條之一至第三百六十九條之三、第三百六十九條之九及第三百六十九條之十一規定。

③計算前二項同一人或同一關係人持有同一保險公司之股份，不包括下列各款情形所持有之股份：

一　證券商於承銷有價證券期間所取得，且於主管機關規定期間內處分之股份。

二　金融機構因承受擔保品所取得，且自取得日起未滿四年之股份。

三　因繼承或遺贈所取得，且自繼承或受贈日起未滿二年之股份。

第一百四十條　（簽訂參加保單紅利之保險契約）

①保險公司得簽訂參加保單紅利之保險契約。

②保險合作社簽訂之保險契約，以參加保單紅利者為限。

③前二項保單紅利之計算基礎及方法，應於保險契約中明訂之。

第一百四十一條　（保證金之繳存）

保險業應按資本或基金實收總額百分之十五，繳存保證金於國庫。

第一百四十二條　（保證金之標的）

①保證金之繳存應以現金為之。但經主管機關之核准，得以公債或庫券代繳之。

②前項繳存保證金，非俟宣告停業依法完成清算，不予發還。

③以有價證券抵繳保證金者，其息票部分，在宣告停業依法清算時，得准移充清算費用。

第一百四十三條　（保證金之補足與借款）

保險業不得向外借款，為保證人或以其財產提供為他人債務之擔保。但保險業有下列情形之一，報經主管機關核准向外借款者，不在此限：

一　為給付鉅額保險金、大量解約或大量保單貸款之周轉需要。

二　因合併或承受經營不善同業之有效契約。

三　為強化財務結構，發行具有資本性質之債券。

第一百四十三條之一　（安定基金之提撥）

① 為保障被保險人之基本權益，並維護金融之安定，財產保險業及人身保險業應分別提撥資金，設置財團法人安定基金。

② 財團法人安定基金之組織及管理等事項之辦法，由主管機關定之。

③ 安定基金由各保險業者提撥；其提撥比率，由主管機關審酌經濟、金融發展情形及保險業承擔能力定之，並不得低於各保險業者總保險費收入之千分之一。

④ 安定基金累積之金額不足保障被保險人權益，且有嚴重危及金融安定之虞時，得報經主管機關同意，向金融機構借款。

第一百四十三條之二　（刪除）

第一百四十三條之三　（安定基金之辦理事項）

① 安定基金辦理之事項如下：

一　對經營困難保險業之貸款。

二　保險業因與經營不善同業進行合併或承受其契約，致遭受損失時，安定基金得予以低利貸款或補助。

三　保險業依第一百四十九條第四項規定被接管、勒令停業清理或命令解散，或經接管人依第一百四十九條之二第三項規定向法院聲請重整時，安定基金於必要時應代該保險業墊付要保人、被保險人及受益人依有效契約所得為之請求，並就其墊付金額取得並行使該要保人、被保險人及受益人對該保險業之請求權。

四　保險業依本法規定進行重整時，為保障被保險人權益，協助重整程序之迅速進行，要保人、被保險人及受益人除提出書面反對意見者外，視為同意安定基金代理其出席關係人會議及行使重整相關權利。安定基金執行代理行為之程序及其他應行事項，由安定基金訂定，報請主管機關備查。

五　受主管機關委託擔任接管人、清理人或清算人職務。

六　經主管機關核可承接不具清償能力保險公司之保險契約。

七　其他為安定保險市場或保障被保險人之權益，經主管機關核定之事項。

②安定基金辦理前項第一款至第三款及第七款事項，其資金動用時點、範圍及限額，由安定基金擬訂，報請主管機關核定。

③保險業與經營不善同業進行合併或承受其契約致遭受損失，依第一項第二款規定申請安定基金補助者，其金額不得超過安定基金依同項第三款規定墊付之總額。

第一百四十三條之四　（自有資本與風險資本之比率）

①保險業自有資本與風險資本之比率，不得低於百分之二百；必要時，主管機關得參照國際標準調整比率。

②保險業自有資本與風險資本之比率未達前項規定之比率者，不得分配盈餘，主管機關並得視其情節輕重為其他必要之處置或限制。

③前二項所定自有資本與風險資本之範圍、計算方法、管理、必要處置或限制之方式及其他應遵行事項之辦法，由主管機關定之。

第一百四十四條　（精算人員之聘用）

①保險業之各種保險單條款、保險費及其他相關資料，由主管機關視各種保險之發展狀況，分別規定銷售前應採行之程序、審核或內容有錯誤、不實或違反規定之處置等事項之準則。

②為健全保險業務之經營，保險業應聘用精算人員並指派其中一人為簽證精算人員，負責保險費率之釐訂、各種準備金之核算簽證及辦理其他經主管機關指定之事項；其資格條件、簽證內容、教育訓練、懲處及其他應遵行事項之辦法，由主管機關定之。

③前項簽證精算人員之指派應經董（理）事會同意，並報主管機關備查。

④簽證精算人員應本公正及公平原則向其所屬保險業之董（理）事會及主管機關提供各項簽證報告；其簽證報告內容有虛偽、隱匿、遺漏或錯誤情事者，主管機關得視其情節輕重為警告、停止於一年以內期間簽證或廢止其簽證精算人員資格。

第一百四十四條之一　（得以共保方式承保之情形）

有下列情形之一者，保險業得以共保方式承保：

一　有關巨災損失之保險者。

二　配合政府政策需要者。

三　基於公共利益之考量者。

四　能有效提昇對投保大眾之服務者。

五 其他經主管機關核准者。

第一百四十五條 （準備金之提存及比率）

①保險業於營業年度屆滿時，應分別保險種類，計算其應提存之各種準備金，記載於特設之帳簿。

②前項所稱各種準備金之提存比率、計算方式及其他應遵行事項之辦法，由主管機關定之。

第一百四十五條之一 （盈餘公積之提撥）

①保險業於完納一切稅捐後，分派盈餘時，應先提百分之二十為法定盈餘公積。但法定盈餘公積，已達其資本總額或基金總額時，不在此限。

②保險業得以章程規定或經股東會或社員大會決議，另提特別盈餘公積。主管機關於必要時，亦得命其提列。

③第一項規定，自本法中華民國九十六年六月十四日修正之條文生效之次一會計年度施行。

第一百四十六條 （保險業資金之運用及其限制）

①保險業資金之運用，除存款外，以下列各款為限：

一 有價證券。

二 不動產。

三 放款。

四 辦理經主管機關核准之專案運用、公共及社會福利事業投資。

五 國外投資。

六 投資保險相關事業。

七 從事衍生性商品交易。

八 其他經主管機關核准之資金運用。

②前項所定資金，包括業主權益及各種準備金。

③第一項所定存款，其存放於每一金融機構之金額，不得超過該保險業資金百分之十。但經主管機關核准者，不在此限。

④第一項第六款所稱保險相關事業，指保險、金融控股、銀行、票券、信託、信用卡、融資性租賃、證券、期貨、證券投資信託、證券投資顧問事業及其他經主管機關認定之保險相關事業。

⑤保險業經營投資型保險業務、勞工退休金年金保險業務應專設帳簿，記載其投資資產之價值。

⑥投資型保險業務專設帳簿之管理、保存、投資資產之運用及其他應遵行事項之辦法，由主管機關定之，不受第一項、第三項、第一百

四十六條之一、第一百四十六條之二、第一百四十六條之四、第一百四十六條之五及第一百四十六條之七規定之限制。

⑦依第五項規定應專設帳簿之資產，如要保人以保險契約委任保險業全權決定運用標的，且將該資產運用於證券交易法第六條規定之有價證券者，應依證券投資信託及顧問法申請兼營全權委託投資業務。

⑧保險業依第一項第七款規定從事衍生性商品交易之條件、交易範圍、交易限額、內部處理程序及其他應遵行事項之辦法，由主管機關定之。

第一百四十六條之一　（保險業資金得購買之有價證券）

①保險業資金得購買下列有價證券：

一　公債、國庫券。

二　金融債券、可轉讓定期存單、銀行承兌匯票、金融機構保證商業本票；其總額不得超過該保險業資金百分之三十五。

三　經依法核准公開發行之公司股票；其購買每一公司之股票總額，不得超過該保險業資金百分之五及該發行股票之公司實收資本額百分之十。

四　經依法核准公開發行之有擔保公司債，或經評等機構評定為相當等級以上之公司所發行之公司債；其購買每一公司之公司債總額，不得超過該保險業資金百分之五及該發行公司債之公司實收資本額百分之十。

五　經依法核准公開發行之證券投資信託基金及共同信託基金受益憑證；其投資總額不得超過該保險業資金百分之十及每一基金已發行之受益憑證總額百分之十。

六　證券化商品及其他經主管機關核准保險業購買之有價證券；其總額不得超過該保險業資金百分之十。

②前項第三款及第四款之投資總額，合計不得超過該保險業資金百分之三十五。

③保險業依第一項第三款投資，不得有下列情事之一：

一　以保險業或其代表人擔任被投資公司董事、監察人。

二　行使表決權支持其關係人或關係人之董事、監察人、職員擔任被投資金融機構董事、監察人。

三　指派人員獲聘為被投資公司經理人。

④保險業依第一項第三款至第六款規定投資於公開發行之未上市、未上櫃有價證券、私募之有價證券；其應具備之條件、投資範圍、內

容、投資規範及其他應遵行事項之辦法，由主管機關定之。

第一百四十六條之二 　（投資不動產之限制）

①保險業對不動產之投資，以所投資不動產即時利用並有收益者為限；其投資總額，除自用不動產外，不得超過其資金百分之三十。但購買自用不動產總額不得超過其業主權益之總額。

②保險業不動產之取得及處分，應經合法之不動產鑑價機構評價。

第一百四十六條之三 　（保險業辦理放款之限制）

①保險業辦理放款，以下列各款為限：

　　一　銀行或主管機關認可之信用保證機構提供保證之放款。

　　二　以動產或不動產為擔保之放款。

　　三　以合於第一百四十六條之一之有價證券為質之放款。

　　四　人壽保險業以各該保險業所簽發之人壽保險單為質之放款。

②前項第一款至第三款放款，每一單位放款金額不得超過該保險業資金百分之五；其放款總額，不得超過該保險業資金百分之三十五。

③保險業依第一項第一款、第二款及第三款對其負責人、職員或主要股東，或對與其負責人或辦理授信之職員有利害關係者，所為之擔保放款，應有十足擔保，其條件不得優於其他同類放款對象，如放款達主管機關規定金額以上者，並應經三分之二以上董事之出席及出席董事四分之三以上同意；其利害關係人之範圍、限額、放款總餘額及其他應遵行事項之辦法，由主管機關定之。

④保險業依第一百四十六條之一第一項第三款及第四款對每一公司股票及公司債之投資與依第一項第三款以該公司發行之股票及公司債為質之放款，合併計算不得超過其資金百分之十與該發行股票及公司債之公司實收資本額百分之十。

第一百四十六條之四 　（保險業資金辦理國外投資之限制）

①保險業資金辦理國外投資，以下列各款為限：

　　一　外匯存款。

　　二　國外有價證券。

　　三　設立或投資國外保險公司、保險代理人公司、保險經紀人公司或其他經主管機關核准之保險相關事業。

　　四　其他經主管機關核准之國外投資。

②保險業資金依前項規定辦理國外投資總額，由主管機關視各保險業之經營情況核定之，最高不得超過各該保險業資金百分之四十五。

③保險業資金辦理國外投資之投資規範、投資額度、審核及其他應遵

行事項之辦法，由主管機關定之。

第一百四十六條之五　（保險業資金之專案運用與公共建設）

①保險業資金辦理專案運用、公共及社會福利事業投資應申請主管機關核准；其申請核准應具備之文件、程序、運用或投資之範圍、限額及其他應行事項之辦法，由主管機關定之。

②前項資金運用方式為投資公司股票時，準用第一百四十六條之一第三項規定；其投資之條件及比率，不受第一百四十六條之一第一項第三款規定之限制。

第一百四十六條之六　（投資保險相關事業之核准）

①保險業業主權益，超過第一百三十九條規定最低資本或基金最低額者，得經主管機關核准，投資保險相關事業所發行之股票，不受第一百四十六條之一第一項第三款及第三項規定之限制；其投資總額，最高不得超過該保險業業主權益。

②保險業依前項規定投資而與被投資公司具有控制與從屬關係者，其投資總額，最高不得超過該保險業業主權益百分之四十。

③保險業依第一項規定投資保險相關事業，其控制與從屬關係之範圍、投資申報方式及其他應行事項之辦法，由主管機關定之。

第一百四十六條之七　（企業放款限制）

①主管機關對於保險業就同一人、同一關係人或同一關係企業之放款或其他交易得予限制；其限額、其他交易之範圍及其他應行事項之辦法，由主管機關定之。

②前項所稱同一人，指同一自然人或同一法人；同一關係人之範圍，包含本人、配偶、二親等以內之血親及以本人或配偶為負責人之事業；同一關係企業之範圍，適用公司法第三百六十九條之一至第三百六十九條之三、第三百六十九條之九及第三百六十九條之十一規定。

③主管機關對於保險業與其利害關係人從事放款以外之其他交易得予限制；其利害關係人及交易之範圍、決議程序、限額及其他應行事項之辦法，由主管機關定之。

第一百四十六條之八　（放款規定之適用）

①第一百四十六條之三第三項所列舉之放款對象，利用他人名義向保險業申請辦理之放款，適用第一百四十六條之三第三項規定。

②向保險業申請辦理之放款，其款項為利用他人名義之人所使用，或其款項移轉為利用他人名義之人所有時，推定為前項所稱利用他人

名義之人向保險業申請辦理之放款。

第一百四十六條之九 　（保險業行使股東權利之限制）

① 保險業因持有有價證券行使股東權利時，不得有股權交換或利益輸送之情事，並不得損及要保人、被保險人或受益人之利益。

② 保險業於出席被投資公司股東會前，應將行使表決權之評估分析作業作成說明，並應於各該次股東會後，將行使表決權之書面紀錄，提報董事會。

③ 保險業及其從屬公司，不得擔任被投資公司之委託書徵求人或委託他人擔任委託書徵求人。

第一百四十七條 　（主管機關訂定辦法）

保險業辦理再保險之分出、分入或其他危險分散機制業務之方式、限額及其他應遵行事項之辦法，由主管機關定之。

第一百四十七條之一 　（專營再保險業務之規範）

① 保險業專營再保險業務者，為專業再保險業，不適用第一百三十八條第一項、第一百四十三條之一、第一百四十三條之三及第一百四十四條第一項規定。

② 前項專業再保險業之業務、財務及其他相關管理事項之辦法，由主管機關定之。

第一百四十八條 　（檢查業務）

① 主管機關得隨時派員檢查保險業之業務及財務狀況，或令保險業於限期內報告營業狀況。

② 前項檢查，主管機關得委託適當機構或專業經驗人員擔任；其費用，由受檢之保險業負擔。

③ 前二項檢查人員執行職務時，得為下列行為，保險業負責人及相關人員不得規避、妨礙或拒絕：

　　一　令保險業提供第一百四十八條之一第一項所定各項書表，並提出證明文件、單據、表冊及有關資料。

　　二　詢問保險業相關業務之負責人及相關人員。

　　三　評估保險業資產及負債。

④ 第一項及第二項檢查人員執行職務時，基於調查事實及證據之必要，於取得主管機關許可後，得為下列行為：

　　一　要求受檢查保險業之關係企業提供財務報告，或檢查其有關之帳冊、文件，或向其有關之職員詢問。

　　二　向其他金融機構查核該保險業與其關係企業及涉嫌為其利用

名義交易者之交易資料。

⑤前項所稱關係企業之範圍，適用公司法第三百六十九條之一至第三百六十九條之三、第三百六十九條之九及第三百六十九條之十一規定。

第一百四十八條之一　（營業狀況之備查）

①保險業每屆營業年度終了，應將其營業狀況連同資金運用情形，作成報告書，併同資產負債表、損益表、股東權益變動表、現金流量表及盈餘分配或虧損撥補之議案及其他經主管機關指定之項目，先經會計師查核簽證，並提經股東會或社員代表大會承認後，十五日內報請主管機關備查。

②保險業除依前項規定提報財務業務報告外，主管機關並得視需要，令保險業於規定期限內，依規定之格式及內容，將業務及財務狀況彙報主管機關或其指定之機構，或提出帳簿、表冊、傳票或其他有關財務業務文件。

③前二項財務報告之編製準則，由主管機關定之。

第一百四十八條之二　（財務、業務說明文件之編製、公開）

①保險業應依規定據實編製記載有財務及業務事項之說明文件提供公開查閱。

②保險業於有攸關消費大眾權益之重大訊息發生時，應於二日內以書面向主管機關報告，並主動公開說明。

③第一項說明文件及前項重大訊息之內容、公開時期及方式，由主管機關定之。

第一百四十八條之三　（內部控制、稽核制度之建立）

①保險業應建立內部控制及稽核制度；其辦法，由主管機關定之。

②保險業對資產品質之評估、各種準備金之提存、逾期放款、催收款之清理、呆帳之轉銷及保單之招攬核保理賠，應建立內部處理制度及程序；其辦法，由主管機關定之。

第一百四十九條　（保險業違法之處分）

①保險業違反法令、章程或有礙健全經營之虞時，主管機關除得予以糾正或命其限期改善外，並得視情況為下列處分：

　一　限制其營業或資金運用範圍。

　二　命其停售保險商品或限制其保險商品之開辦。

　三　命其增資。

　四　命其解除經理人或職員之職務。

②保險業不遵行前項處分，主管機關應依情節，分別為下列處分：
　　一　撤銷法定會議之決議。
　　二　解除董（理）事、監察人（監事）職務或停止其於一定期間內執行職務。
　　三　其他必要之處置。

③依前項第二款規定解除董（理）事、監察人（監事）職務時，由主管機關通知公司（合作社）登記之主管機關註銷其董（理）事、監察人（監事）登記。

④保險業因業務或財務狀況顯著惡化，不能支付其債務，或無法履行契約責任或有損及被保險人權益之虞時，主管機關得依情節之輕重，分別為下列處分：
　　一　監管。
　　二　接管。
　　三　勒令停業清理。
　　四　命令解散。

⑤依前項規定監管、接管、停業清理或解散者，主管機關得委託其他保險業、保險相關機構或具有專業經驗人員擔任監管人、接管人、清理人或清算人；其有涉及安定基金補償事項時，並應通知安定基金配合辦理。

⑥前項經主管機關委託之相關機構或個人，於辦理受委託事項時，不適用政府採購法之規定。

⑦保險業受接管或被勒令停業清理時，不適用公司法有關臨時管理人或檢查人之規定，除依本法規定聲請之重整外，其他重整、破產、和解之聲請及強制執行程序當然停止。

⑧接管人依本法規定聲請重整，就該受接管保險業於受接管前已聲請重整者，得聲請法院合併審理或裁定；必要時，法院得於裁定前訊問利害關係人。

⑨保險業經主管機關依第四項第一款規定為監管處分時，非經監管人同意，保險業不得為下列行為：
　　一　支付款項或處分財產，超過主管機關規定之限額。
　　二　締結契約或重大義務之承諾。
　　三　其他重大影響財務之事項。

⑩監管人執行監管職務時，準用第一百四十八條有關檢查之規定。

⑪保險業監管或接管之程序、監管人與接管人之職權、費用負擔及其

他應遵行事項之辦法，由主管機關定之。

第一百四十九條之一　（接管處分之效力）

①保險業收受主管機關接管處分之通知後，應將其業務之經營及財產之管理處分權移交予接管人。原有股東會、董事、監察人或類似機構之職權即行停止。

②保險業之董事、經理人或類似機構應將有關業務及財務上一切帳冊、文件與財產列表移交與接管人。董事、監察人、經理人或其他職員，對於接管人所為關於業務或財務狀況之詢問，有答復之義務。

第一百四十九條之二　（接管人之職務）

①保險業於受接管期間內，主管機關對其新業務之承接、受理有效保險契約之變更或終止、受理要保人以保險契約為質之借款或償付保險契約之解約金，得予以限制。

②接管人執行職務而有下列行為時，應事先取得主管機關許可：

　　一　增資或減資後再增資。

　　二　讓與全部或部分營業、資產或負債。

　　三　與其他保險業合併。

　　四　其他經主管機關指定之重要事項。

③接管人接管保險業後三個月內未將全部營業、資產或負債移轉者，除有重建更生之可能應向法院聲請重整外，應報請主管機關為清理之處分。上述期限，必要時接管人得向主管機關申請展延。

④法院受理接管人依本法規定之重整聲請時，得逕依主管機關所提出之財務業務檢查報告及意見於三十日內為裁定。

⑤依保險契約所生之權利於保險業重整時，有優先受償權，並免為重整債權之申報。

⑥接管人依本法聲請重整之保險業，不以公開發行股票或公司債之公司為限，且其重整除本法另有規定外，準用公司法有關重整之規定。

⑦受接管保險業依第二項第二款規定讓與全部或部分營業、資產或負債時，如受接管保險業之有效保險契約之保險費率與當時情況有顯著差異，非調高其保險費率或降低其保險金額，其他保險業不予承接者，接管人得報經主管機關核准，調整其保險費率或保險金額。

第一百四十九條之三　（監管、接管期限與監管、接管之終止）

①監管、接管之期限，由主管機關定之。在監管、接管期間，監管、接管原因消失時，監管人、接管人應報請主管機關終止監管、接管。

②接管期間屆滿或雖未屆滿而經主管機關決定終止接管時，接管人應

將經營之有關業務及財務上一切帳冊、文件與財產，列表移交與該保險業之代表人。

第一百四十九條之四　　（解散後之清算程序）

依第一百四十九條為解散之處分者，其清算程序，除本法另有規定外，其為公司組織者，準用公司法關於股份有限公司清算之規定；其為合作社組織者，準用合作社法關於清算之規定。但有公司法第三百三十五條特別清算之原因者，均應準用公司法關於股份有限公司特別清算之程序為之。

第一百四十九條之五　　（監管人、接管人、清理人與清算人之報酬）

①監管人、接管人、清理人或清算人之報酬及因執行職務所生之費用，由受監管、接管、清理、清算之保險業負擔，並優先於其他債權受清償。

②前項報酬，應報請主管機關核定。

第一百四十九條之六　　（保險人出境之限制）

保險業經主管機關依第一百四十九條第四項規定為監管、接管、勒令停業清理或命令解散之處分時，主管機關對該保險業及其負責人或有違法嫌疑之職員，得通知有關機關或機構禁止其財產為移轉、交付或設定他項權利，並得函請入出境許可之機關限制其出境。

第一百四十九條之七　　（受讓受接管保險業之適用規定）

①股份有限公司組織之保險業受讓依第一百四十九條之二第二項第二款受接管保險業讓與之營業、資產或負債時，適用下列規定：

一　　股份有限公司受讓全部營業、資產或負債時，應經代表已發行股份總數過半數股東出席之股東會，以出席股東表決權過半數之同意行之；不同意之股東不得請求收買股份，免依公司法第一百八十五條至第一百八十七條規定辦理。

二　　債權讓與之通知以公告方式辦理之，免依民法第二百九十七條之規定辦理。

三　　承擔債務時免依民法第三百零一條債權人承認之規定辦理。

四　　經主管機關認為有緊急處理之必要，且對市場競爭無重大不利影響時，免依公平交易法第十一條第一項規定向行政院公平交易委員會申報結合。

②保險業依第一百四十九條之二第二項第三款與受接管保險業合併時，除適用前項第一款及第四款規定外，解散或合併之通知得以公

告方式辦理之，免依公司法第三百十六條第四項規定辦理。

第一百四十九條之八　（清理人之職務）

① 保險業之清理，主管機關應指定清理人為之，並得派員監督清理之進行。

② 清理人之職務如下：

　　一　了結現務。

　　二　收取債權，清償債務。

③ 保險業經主管機關為勒令停業清理之處分時，準用第一百四十九條之一、第一百四十九條之二第一項及第七項規定。

④ 清理人執行第二項職務，有代表保險業為訴訟上及訴訟外一切行為之權。但將保險業營業、資產或負債予以轉讓，或與其他保險業合併時，應報經主管機關核准。

⑤ 其他保險業受讓受清理保險業之營業、資產或負債或與其合併時，應依前條規定辦理。

⑥ 清理人執行職務聲請假扣押、假處分時，得免提供擔保。

第一百四十九條之九　（清理人之職務）

① 清理人就任後，應即於保險業所在地之日報為三日以上之公告，催告債權人於三十日內申報其債權，並應聲明屆期不申報者，不列入清理。但清理人所明知之債權，不在此限。

② 清理人應即查明保險業之財產狀況，於申報期限屆滿後三個月內造具資產負債表及財產目錄，並擬具清理計畫，報請主管機關備查，並將資產負債表於保險業所在地日報公告之。

③ 清理人於第一項所定申報期限內，不得對債權人為清償。但對已屆清償期之職員薪資，不在此限。

第一百四十九條之十　（清理債權）

① 保險業經主管機關勒令停業進行清理時，第三人對該保險業之債權，除依訴訟程序確定其權利者外，非依前條第一項規定之清理程序，不得行使。

② 前項債權因涉訟致分配有稽延之虞時，清理人得按照清理分配比例提存相當金額，而將所餘財產分配於其他債權人。

③ 下列各款債權，不列入清理：

　　一　債權人參加清理程序為個人利益所支出之費用。

　　二　保險業停業日後債務不履行所生之損害賠償及違約金。

　　三　罰金、罰鍰及追繳金。

④在保險業停業日前，對於保險業之財產有質權、抵押權或留置權者，就其財產有別除權；有別除權之債權人不依清理程序而行使其權利。但行使別除權後未能受清償之債權，得依清理程序申報列入清理債權。

⑤清理人因執行清理職務所生之費用及債務，應先於清理債權，隨時由受清理保險業財產清償之。

⑥依前條第一項規定申報之債權或為清理人所明知而列入清理之債權，其請求權時效中斷，自清理完結之日起重行起算。

⑦債權人依清理程序已受清償者，其債權未能受清償之部分，對該保險業之請求權視為消滅。清理完結後，如復發現可分配之財產時，應追加分配，於列入清理程序之債權人受清償後，有剩餘時，第三項之債權人仍得請求清償。

第一百四十九條之十一　（清理完結）

①清理人應於清理完結後十五日內造具清理期內收支表、損益表及各項帳冊，並將收支表及損益表於保險業所在地之新聞紙及主管機關指定之網站公告後，報主管機關廢止保險業許可。

②前項經廢止許可之保險業，自停業時起視為解散，原有清理程序視為清算。

第一百五十條　（解散後執照之繳銷）

保險業解散清算時，應將其營業執照繳銷。

第二節　保險公司

第一百五十一條　（適用股份有限公司之規定）

保險公司除本法另有規定外，適用公司法關於股份有限公司之規定。

第一百五十二條　（股票不得為無記名式）

保險公司之股票，不得為無記名式。

第一百五十三條　（負責人之責任）

①保險公司違反保險法令經營業務，致資產不足清償債務時，其董事長、董事、監察人、總經理及負責決定該項業務之經理，對公司之債權人應負連帶無限清償責任。

②主管機關對前項應負連帶無限清償責任之負責人，得通知有關機關或機構禁止其財產為移轉、交付或設定他項權利，並得函請入出境許可之機關限制其出境。

③第一項責任，於各該負責人卸職登記之日起滿三年解除。

第一百五十四條　（刪除）
第一百五十五條　（刪除）

第三節　保險合作社

第一百五十六條　（合作社法令之適用）

保險合作社除依本法規定外，適用合作社法及其有關法令之規定。

第一百五十七條　（股金與基金之籌足）

①保險合作社，除依合作社法籌集股金外，並依本法籌足基金。

②前項基金非俟公積金積至與基金總額相等時，不得發還。

第一百五十八條　（社員出社時之責任）

保險合作社於社員出社時，其現存財產不足抵償債務，出社之社員仍負擔出社前應負之責任。

第一百五十九條　（競業禁止）

保險合作社之理事，不得兼任其他合作社之理事、監事或無限責任社員。

第一百六十條　（刪除）

第一百六十一條　（抵銷之禁止）

保險合作社之社員，對於保險合作社應付之股金及基金，不得以其對保險合作社之債權互相抵銷。

第一百六十二條　（社員最低額之限制）

財產保險合作社之預定社員人數不得少於三百人；人身保險合作社之預定社員人數不得少於五百人。

第四節　保險代理人、經紀人、公證人

第一百六十三條　（保險輔助人執業之限制及責任）

①保險代理人、經紀人、公證人應經主管機關許可，繳存保證金並投保相關保險，領有執業證照後，始得經營或執行業務。

②前項所定相關保險，於保險代理人、公證人為責任保險；於保險經紀人為責任保險及保證保險。

③第一項繳存保證金、投保相關保險之最低金額及實施方式，由主管機關考量保險代理人、經紀人、公證人經營業務與執行業務範圍及規模等因素定之。

④保險代理人、經紀人、公證人之資格取得、申請許可應具備之條件、程序、應檢附之文件、董事、監察人與經理人應具備之資格條件、

止許可及其他應遵行事項之管理規則，由主管機關定之。

⑤中華民國一百年六月十四日修正之本條文施行前，已領有執業證照之保險代理人、經紀人、公證人，應於修正施行之日起六個月內繳存保證金並投保相關保險；屆期未辦理者，由主管機關廢止其許可，並註銷執業證照。

第一百六十四條 （刪除）

第一百六十四條之一 （違反法令或有礙健全經營之管制處分）

①保險代理人、經紀人、公證人違反法令或有礙健全經營之虞時，主管機關除得予以糾正或命其限期改善外，並得視情節之輕重為下列處分：

　一　限制其經營或執行業務之範圍。

　二　命公司解除經理人或職員之職務。

　三　解除公司董事、監察人職務或停止其於一定期間內執行職務。

　四　其他必要之處置。

②依前項第三款規定解除公司董事或監察人職務時，由主管機關通知公司登記之主管機關註銷其董事或監察人登記。

第一百六十五條 （執業證照及管理制度）

①保險代理人、經紀人、公證人，應有固定業務處所，並專設帳簿記載業務收支。

②兼有保險代理人、經紀人、公證人資格者，僅得擇一申領執業證照。

③保險代理人公司、經紀人公司具一定規模者，應建立內部控制、稽核制度與招攬處理制度及程序；其辦法，由主管機關定之。

④第一百四十二條、第一百四十八條於保險代理人、經紀人、公證人準用之。

第四節之一　同業公會

第一百六十五條之一 （強制加入同業公會）

保險業、保險代理人公司、保險經紀人公司、保險公證人公司非加入同業公會，不得營業；同業公會非有正當理由，不得拒絕其加入，或就其加入附加不當之條件。

第一百六十五條之二 （同業公會應辦理事項）

①同業公會為會員之健全經營及維護同業之聲譽，應辦理下列事項：

　一　訂定共同性業務規章、自律規範及各項實務作業規定，並報

　　　　請主管機關備查後供會員遵循。
　二　就會員所經營業務，為必要指導或協調其間之糾紛。
　三　主管機關規定或委託辦理之事項。
　四　其他為達成保險業務發展及公會任務之必要業務。
②同業公會為辦理前項事項，得要求會員提供有關資料或提出說明。

第一百六十五條之三　（同業公會應遵行事項之訂定）

　　同業公會之業務、財務規範與監督、章程應記載事項、負責人與業務人員之資格條件及其他應遵行事項之規則，由主管機關定之。

第一百六十五條之四　（主管機關之監督）

　　同業公會之理事、監事有違反法令、怠於遵守該會章程、規章、濫用職權或違背誠實信用原則之行為者，主管機關得予以糾正或命令同業公會予以解任。

第一百六十五條之五　（同業公會資訊之公開）

　　主管機關為健全保險市場或保護被保險人之權益，必要時，得命令同業公會變更其章程、規章、規範或決議，或提供參考、報告之資料，或為其他一定之行為。

第一百六十五條之六　（同業公會之自治事項）

　　同業公會得依章程之規定，對會員或其會員代表違反章程、規章、自律規範、會員大會或理事會決議等事項時，為必要之處置。

第一百六十五條之七　（章程及會議紀錄之備查）

　　同業公會章程之變更及理事會、監事會會議紀錄，應報請主管機關備查。

第五節　罰　則

第一百六十六條　（罰則㈠）

　　未依第一百三十七條規定，經主管機關核准經營保險業務者，應勒令停業，並處新臺幣三百萬元以上一千五百萬元以下罰鍰。

第一百六十七條　（罰則㈡）

①非保險業經營保險或類似保險業務者，處三年以上十年以下有期徒刑，得併科新臺幣一千萬元以上二億元以下罰金。其犯罪所得達新臺幣一億元以上者，處七年以上有期徒刑，得併科新臺幣二千五百萬元以上五億元以下罰金。
②法人犯前項之罪者，處罰其行為負責人。

第一百六十七條之一　（罰則㈢）

① 為非本法之保險業或外國保險業代理，經紀或招攬保險業務者，處
　三年以下有期徒刑，得併科新臺幣三百萬元以上二千萬元以下罰金；
　情節重大者，得由主管機關對保險代理人、經紀人、公證人予以勒
　令停業或廢止其許可，並註銷執業證照。

② 法人犯前項之罪者，處罰其行為負責人。

③ 未領有第一百六十三條第一項執業證照而經營或執行保險代理人、
　經紀人、公證人業務者，處新臺幣九十萬元以上四百五十萬元以下
　罰鍰。

第一百六十七條之二 　（罰則四）

違反第一百六十三條第四項所定管理規則中有關業務或財務管理之
規定，或違反第一百六十五條第一項規定者，應限期改正，或併處
新臺幣六十萬元以上三百萬元以下罰鍰；情節重大者，廢止其許可，
並註銷執業證照。

第一百六十七條之三 　（罰則五）

保險代理人公司、經紀人公司違反第一百六十五條第三項規定，未
建立或未確實執行內部控制、稽核制度、招攬處理制度或程序者，
處新臺幣六十萬元以上三百萬元以下罰鍰。

第一百六十七條之四 　（罰則六）

① 主管機關依第一百六十五條第四項準用第一百四十八條規定派員，
　或委託適當機構或專業經驗人員，檢查保險代理人、經紀人或公證
　人之業務及財務狀況或令其於限期內報告營業狀況時，保險代理人、
　經紀人或公證人本人或其負責人、職員有下列情形之一者，處保險
　代理人、經紀人或公證人新臺幣三十萬元以上一百五十萬元以下罰
　鍰：

　　一　拒絕檢查或拒絕開啟金庫或其他庫房。
　　二　隱匿或毀損有關業務或財務狀況之帳冊文件。
　　三　無故對檢查人員之詢問不為答復或答復不實。
　　四　屆期未提報財務報告、財產目錄或其他有關資料及報告，或
　　　　提報不實，不全或未於規定期限內繳納查核費用。

② 保險代理人、經紀人或公證人之關係企業或其他金融機構，於主管
　機關依第一百六十五條第四項準用第一百四十八條第四項規定派員
　檢查時，怠於提供財務報告、帳冊、文件或相關交易資料者，處新
　臺幣三十萬元以上一百五十萬元以下罰鍰。

第一百六十七條之五 　（罰則七）

保險業與第一百六十七條之一第三項之人為代理、經紀或公證業務往來者，處新臺幣一百五十萬元以上四百五十萬元以下罰鍰。

第一百六十八條　（罰則（八））

①保險業違反第一百三十八條第一項、第三項、第五項或第二項所定辦法中有關業務範圍之規定者，處新臺幣九十萬元以上四百五十萬元以下罰鍰。

②保險業違反第一百三十八條之二第二項、第四項、第五項、第七項、第一百三十八條之三第一項、第二項或第三項所定辦法中有關賠償準備金提存額度、提存方式之規定者，處新臺幣九十萬元以上四百五十萬元以下罰鍰；其情節重大者，並得廢止其經營保險金信託業務之許可。

③保險業違反第一百四十三條者，處新臺幣九十萬元以上四百五十萬元以下罰鍰。

④保險業資金之運用有下列情形之一者，處新臺幣九十萬元以上四百五十萬元以下罰鍰或勒令撤換其負責人；其情節重大者，並得撤銷其營業執照：

　一　違反第一百四十六條第一項、第三項、第五項、第七項或第六項所定辦法中有關專設帳簿之管理、保存及投資資產運用之規定，或違反第八項所定辦法中有關保險業從事衍生性商品交易之條件、交易範圍、交易限額、內部處理程序之規定。

　二　違反第一百四十六條之一第一項、第二項、第三項或第四項所定辦法中有關投資條件、投資範圍、內容及投資規範之規定。

　三　違反第一百四十六條之二規定。

　四　違反第一百四十六條之三第一項、第二項或第四項規定。

　五　違反第一百四十六條之四第一項、第二項或第三項所定辦法中有關投資規範或投資額度之規定。

　六　違反第一百四十六條之五第一項前段規定、同條後段所定辦法中有關投資範圍或限額之規定。

　七　違反第一百四十六條之六第一項、第二項或第三項所定辦法中有關投資申報方式之規定。

　八　違反第一百四十六條之七第一項所定辦法中有關放款或其他交易限額之規定，或第三項所定辦法中有關決議程序或限額之規定。

　　九　違反第一百四十六條之九第一項、第二項或第三項規定。

⑤保險業依第一百四十六條之三第三項或第一百四十六條之八第一項規定所為之放款無十足擔保或條件優於其他同類放款對象者，其行為負責人，處三年以下有期徒刑或拘役，得併科新臺幣二千萬元以下罰金。

⑥保險業依第一百四十六條之三第三項或第一百四十六條之八第一項規定所為之擔保放款達主管機關規定金額以上，未經董事會三分之二以上董事之出席及出席董事四分之三以上同意者，或違反第一百四十六條之三第三項所定辦法中有關放款限額、放款總餘額之規定者，其行為負責人，處新臺幣二百萬元以上一千萬元以下罰鍰。

第一百六十八條之一　（罰則㈨）

①主管機關依第一百四十八條規定派員，或委託適當機構或專業經驗人員，檢查保險業之業務及財務狀況或令保險業於限期內報告營業狀況時，保險業之負責人或職員有下列情形之一者，處新臺幣一百八十萬元以上九百萬元以下罰鍰：

　　一　拒絕檢查或拒絕開啟金庫或其他庫房。

　　二　隱匿或毀損有關業務或財務狀況之帳冊文件。

　　三　無故對檢查人員之詢問不為答復或答復不實。

　　四　逾期提報財務報告、財產目錄或其他有關資料及報告，或提報不實、不全或未於規定期限內繳納查核費用者。

②保險業之關係企業或其他金融機構，於主管機關依第一百四十八條第四項派員檢查時，怠於提供財務報告、帳冊、文件或相關交易資料者，處新臺幣一百八十萬元以上九百萬元以下罰鍰。

第一百六十八條之二　（罰則㈩）

①保險業負責人或職員或以他人名義投資而直接或間接控制該保險業之人事、財務或業務經營之人，意圖為自己或第三人不法之利益，或損害保險業之利益，而為違背保險業經營之行為，致生損害於保險業之財產或利益者，處三年以上十年以下有期徒刑，得併科新臺幣一千萬元以上二億元以下罰金。其犯罪所得達新臺幣一億元以上者，處七年以上有期徒刑，得併科新臺幣二千五百萬元以上五億元以下罰金。

②保險業負責人或職員或以他人名義投資而直接或間接控制該保險業之人事、財務或業務經營之人，二人以上共同實施前項犯罪之行為者，得加重其刑至二分之一。

③第一項之未遂犯罰之。

第一百六十八條之三 （減輕、免除或加重其刑之規定）

①犯第一百六十七條或第一百六十八條之二之罪，於犯罪後自首，如有犯罪所得並自動繳交全部所得財物者，減輕或免除其刑；並因而查獲其他正犯或共犯者，免除其刑。

②犯第一百六十七條或第一百六十八條之二之罪，在偵查中自白，如有犯罪所得並自動繳交全部所得財物者，減輕其刑；並因而查獲其他正犯或共犯者，減輕其刑至二分之一。

③犯第一百六十七條或第一百六十八條之二之罪，其犯罪所得利益超過罰金最高額時，得於所得利益之範圍內加重罰金；如損及保險市場穩定者，加重其刑至二分之一。

第一百六十八條之四 （沒收）

犯本法之罪，因犯罪所得財物或財產上利益，除應發還被害人或得請求損害賠償之人外，屬於犯人者，沒收之。如全部或一部不能沒收時，追徵其價額或以其財產抵償之。

第一百六十八條之五 （易科罰金）

犯本法之罪，所科罰金達新臺幣五千萬元以上而無力完納者，易服勞役期間為二年以下，其折算標準以罰金總額與二年之日數比例折算；所科罰金達新臺幣一億元以上而無力完納者，易服勞役期間為三年以下，其折算標準以罰金總額與三年之日數比例折算。

第一百六十八條之六 （得撤銷之情形）

①第一百六十八條之二第一項之保險業負責人、職員或以他人名義投資而直接或間接控制該保險業之人事、財務或業務經營之人所為之無償行為，有害及保險業之權利者，保險業得聲請法院撤銷之。

②前項之保險業負責人、職員或以他人名義投資而直接或間接控制該保險業之人事、財務或業務經營之人所為之有償行為，於行為時明知有損害於保險業之權利，且受益之人於受益時亦知其情事者，保險業得聲請法院撤銷之。

③依前二項規定聲請法院撤銷時，得並聲請命受益之人或轉得人回復原狀。但轉得人於轉得時不知有撤銷原因者，不在此限。

④第一項之保險業負責人、職員或以他人名義投資而直接或間接控制該保險業之人事、財務或業務經營之人與其配偶、直系親屬、同居親屬、家長或家屬間所為之處分其財產行為，均視為無償行為。

⑤第一項之保險業負責人、職員或以他人名義投資而直接或間接控制

該保險業之人事、財務或業務經營之人與前項以外之人所為之處分其財產行為，推定為無償行為。

⑥第一項及第二項之撤銷權，自保險業知有撤銷原因時起，一年間不行使，或自行為時起經過十年而消滅。

第一百六十八條之七 　（重大犯罪之法規適用）

第一百六十八條之二第一項之罪，為洗錢防制法第三條第一項所定之重大犯罪，適用洗錢防制法之相關規定。

第一百六十九條 　（罰則㈩）

保險業違反第七十二條規定超額承保者，除違反部分無效外，處新臺幣四十五萬元以上二百二十五萬元以下罰鍰。

第一百六十九條之一 　（刪除）

第一百六十九條之二 　（罰則㈪）

保險業對於安定基金之提撥，如未依限或拒絕繳付者，主管機關得視情節之輕重，處新臺幣二十四萬元以上一百二十萬元以下罰鍰，或勒令撤換其負責人。

第一百七十條 　（刪除）

第一百七十條之一 　（罰則㈫）

①保險業辦理再保險業務違反第一百四十七條所定辦法中有關再保險之出分、分入、其他危險分散機制業務之方式或限額之規定者，處新臺幣九十萬元以上四百五十萬元以下罰鍰。

②專業再保險業違反第一百四十七條之一第二項所定辦法中有關業務範圍或財務管理之規定者，處新臺幣九十萬元以上四百五十萬元以下罰鍰。

第一百七十一條 　（罰則㈬）

保險業違反第一百四十四條、第一百四十五條規定者，處新臺幣六十萬元以上三百萬元以下罰鍰，並得撤換其核保或精算人員。

第一百七十一條之一 　（罰則㈭）

①保險業違反第一百四十八條之一第一項或第二項規定者，處新臺幣六十萬元以上三百萬元以下罰鍰。

②保險業違反第一百四十八條之二第一項規定，未提供說明文件供查閱、或所提供之說明文件未依規定記載，或所提供之說明文件記載不實，處新臺幣六十萬元以上三百萬元以下罰鍰。

③保險業違反第一百四十八條之二第二項規定，未依限向主管機關報告或主動公開說明，或向主管機關報告或公開說明之內容不實，處

新臺幣三十萬元以上一百五十萬元以下罰鍰。

④保險業違反第一百四十八條之三第一項規定，未建立或未執行內部控制或稽核制度，處新臺幣六十萬元以上三百萬元以下罰鍰。

⑤保險業違反第一百四十八條之三第二項規定，未建立或未執行內部處理制度或程序，處新臺幣六十萬元以上三百萬元以下罰鍰。

第一百七十一條之二　（罰則（夫））

①保險公司股東持股違反第一百三十九條之一第一項、第二項或第四項規定，未向主管機關申報或經核准而持有股份者，處該股東新臺幣四十萬元以上四百萬元以下罰鍰。

②保險公司股東違反主管機關依第一百三十九條之一第五項所定辦法中有關持股數與其他重要事項變動之申報或公告規定，或未於主管機關依同條第六項所定期限內處分股份者，處該股東新臺幣四十萬元以上四百萬元以下罰鍰。

③保險公司股東違反第一百三十九條之一第七項規定未為通知者，處該股東新臺幣十萬元以上一百萬元以下罰鍰。

第一百七十二條　（罰則（七））

保險業經撤銷登記延不清算者，得處負責人各新臺幣六十萬元以上三百萬元以下罰鍰。

第一百七十二條之一　（罰則（夫））

保險業於主管機關監管、接管或勒令停業清理時，其董（理）事、監察人（監事）、經理人或其他職員有下列情形之一者，處一年以上七年以下有期徒刑，得併科新臺幣二千萬元以下罰金：

一　拒絕將保險業業務財務有關之帳冊、文件、印章及財產等列表移交予監管人、接管人或清理人或不為全部移交。

二　隱匿或毀損與業務有關之帳冊、隱匿或毀棄該保險業之財產，或為其他不利於債權人之處分。

三　捏造債務，或承認不真實之債務。

四　無故拒絕監管人、接管人或清理人之詢問，或對其詢問為虛偽之答覆，致影響被保險人或受益人之權益者。

第一百七十二條之二　（加倍處罰）

保險業經依本規定處罰後，於規定限期內仍不予改正者，得對其同一事實或行為，再予加一倍至五倍處罰。

第一百七十三條　（刪除）

第六章　附　　則

第一百七十四條　（社會保險之訂定）

社會保險另以法律定之。

第一百七十四條之一　（專業法庭或專人辦理）

法院為審理違反本法之犯罪案件，得設立專業法庭或指定專人辦理。

第一百七十五條　（施行細則之訂定）

本法施行細則，由主管機關定之。

第一百七十五條之一　（合作條約或協定之簽訂）

①為促進我國與其他國家保險市場主管機關之國際合作，政府或其授權之機構依互惠原則，得與外國政府、機構或國際組織，就資訊交換、技術合作、協助調查等事項，簽訂合作條約或協定。

②除有妨害國家利益或投保大眾權益者外，主管機關依前項簽訂之條約或協定，得洽請相關機關、機構依法提供必要資訊，並基於互惠及保密原則，提供予與我國簽訂條約或協定之外國政府、機構或國際組織。

第一百七十六條　（保險業管理辦法之內容）

保險業之設立、登記、轉讓、合併及解散清理，除依公司法規定外，應將詳細程序明訂於管理辦法內。

第一百七十七條　（保險業務管理規則之訂定）

保險業務員之資格取得、登錄、撤銷或廢止登錄、教育訓練、懲處及其他應行事項之管理規則，由主管機關定之。

第一百七十七條之一　（蒐集、處理個資之特定範圍）

①符合下列各款規定之一者，於經本人書面同意，得蒐集、處理或利用病歷、醫療、健康檢查之個人資料：

一　依本法經營或執行業務之保險業、保險代理人、經紀人、公證人。

二　協助保險契約義務之確定或履行而受保險業委託之法人。

三　辦理爭議處理、車禍受害人補償業務而經主管機關許可設立之保險事務財團法人。

②前項書面同意方式、第一款業務範圍及其應行事項，由主管機關訂定辦法管理之。

③保險業為執行核保或理賠作業需要，處理、利用依法所蒐集保險契

約受益人之姓名、出生年月日、國民身分證統一編號及聯絡方式，得免為個人資料保護法第九條第一項之告知。

④中華民國一百年六月十四日修正之本條文施行前，第一項各款之人已依法蒐集之病歷、醫療、健康檢查之個人資料，於修正施行後，得繼續處理及為符合蒐集之特定目的必要範圍內利用。

第一百七十八條　（施行日期）

本法除中華民國九十五年五月三十日修正公布之條文自九十五年七月一日施行，及一百年六月十四日修正之第一百七十七條之一施行日期由行政院定之外，自公布日施行。

保險法施行細則

民國五十七年二月十日行政院令發布
六十一年二月八日行政院令修正發布
六十四年八月十九日行政院令修正發布
六十八年六月二十五日行政院令修正發布
八十二年二月二十四日行政院令修正發布
八十四年十一月一日行政院令修正發布
八十九年十一月一日行政院令修正發布
八十九年十一月三十日行政院令修正發布
九十二年七月二日行政院令修正發布
九十七年六月十三日行政院金融監督管理委員會令發布刪除第一二條條文

第一條 （訂定依據）

　　本細則依保險法（以下簡稱本法）第一百七十五條規定訂定之。

第二條 （保險業及外國保險業之定義）

　　本法所稱保險業及外國保險業，包括依本法第六條規定設立，專以經營本法第三十九條所稱再保險為業之專業再保險業。

第三條 （收取保費應簽發收據）

　　保險人收取保險費，應由其總公司（社）或分公司（分社）簽發正式收據。

第四條 （保費之交付與責任之提前）

①依本法第四十三條規定簽發保險單或暫保單，須與交付保險費全部或一部同時為之。

②財產保險之要保人在保險人簽發保險單或暫保單前，先交付保險費而發生應予賠償之保險事故時，保險人應負保險責任。

③人壽保險人於同意承保前，得預收相當於第一期保險費之金額。保險人應負之保險責任，以保險人同意承保時，溯自預收相當於第一期保險費金額時開始。

第五條 （保單條款之文字）

　　保險業經營各種保險之保險單條款，應使用中文。但因業務需要，得使用外文，並附中文譯本或節譯本。

第六條 （藝術品等之保險價額）

要保人以其所有之藝術品、古玩品及不能依市價估定價值之物品要保者，應依本法第七十三條及第七十五條規定約定價值，為定值之保險。

第七條　（有爭議時之理賠）

保險人與被保險人或受益人，對於賠款金額或給付金額有爭議時，保險人應就其已認定賠付或給付部分，依照契約規定期限，先行賠付或給付；契約內無期限規定者，應自證明文件交齊之日起十五日內先行賠付或給付。

第八條　（全損火保費之返還）

①因本法第八十一條所載之原因而終止之火災保險契約，自終止事故發生之日起，其已交付未到期之保險費，應返還之。

②前項保險費之返還，除契約另有約定者外，保險人得按短期保險費之規定扣除保險契約有效期間之保險費後返還之。但前項終止契約之原因不可歸責於被保險人者，應將自原因發生之日起至滿期日止之保險費，按日數比例返還之。

第九條　（責任保險人之對抗事由）

第三人依本法第九十四條第二項規定，直接向保險人請求給付賠償金額時，保險人基於保險契約所得對抗被保險人之事由，皆得以之對抗第三人。

第十條　（適用之法律）

本法第一百零五條及第一百零七條之適用，依保險契約訂定時之法律。

第十一條　（保單價值準備金之定義）

本法所稱保單價值準備金，指人身保險業以計算保險契約簽單保險費之利率及危險發生率為基礎，並依主管機關規定方式計算之準備金。

第十二條　（刪除）

第十三條　（人身保險保費之返還）

保險期間為一年期以下之人身保險終止契約時，其已交付未到期之保險費，應返還之。

第十四條　（投資型保險之定義）

本法第一百二十三條第二項及第一百四十六條第五項所稱投資型保險，指保險人將要保人所繳保險費，依約定方式扣除保險人各項費用，並依其同意或指定之投資分配方式，置於專設帳簿中，而由要

保人承擔全部或部分投資風險之人身保險。

第十五條 （合作社之定義）

本法第一百三十六條第一項所稱合作社，指有限責任合作社。

第十六條 （其他合作社之定義）

本法第一百五十九條所稱其他合作社，指保險或信用合作社。

第十七條 （施行日期）

本細則自發布日施行。

強制汽車責任保險法

民國八十五年十二月二十七日總統令公布

九十四年二月五日總統令修正公布

九十九年五月十九日總統令修正公布第一九、二五、三五、四七～四九條；並增訂第四七之一條條文

第一章　總　　則

第一條　（立法目的）

為使汽車交通事故所致傷害或死亡之受害人，迅速獲得基本保障，並維護道路交通安全，特制定本法。

第二條　（法律之適用）

強制汽車責任保險（以下簡稱本保險）依本法之規定；本法未規定者，適用保險法之規定。

第三條　（主管機關）

本法之主管機關為行政院金融監督管理委員會。

第四條　（有關資料之提供）

主管機關為調查本保險之汽車交通事故理賠、精算統計及補償業務，得向保險人、警政、交通監理及其他與本保險相關之機關（構），要求提供有關資料。

第五條　（汽車之定義）

①本法所稱汽車，係指公路法第二條第八款規定之汽車及行駛道路之動力機械。

②另第三十八條及第四十九條所稱之機車，亦為公路法第二條第八款所定義之汽車。

③除前二項所稱汽車外，亦包括特定之非依軌道行駛，具有運輸功能之陸上動力車輛；其範圍及應訂立本保險契約之汽車種類，由主管機關會同中央交通主管機關訂定公告之。

第六條　（保險契約之訂立）

①應訂立本保險契約之汽車所有人應依本法規定訂立本保險契約。軍用汽車於非作戰期間，亦同。

②前項汽車所有人未訂立本保險契約者，推定公路監理機關登記之所

有人為投保義務人。

③第一項汽車有下列情形之一者，以其使用人或管理人為投保義務人：

一　汽車牌照已繳還、繳銷或註銷。

二　汽車所有人不明。

三　因可歸責於汽車使用人或管理人之事由，致汽車所有人無法管理或使用汽車。

④本保險之投保義務人應維持保險契約之有效性，於保險契約終止前或經保險人依第十八條第一項規定拒絕承保時，應依本法規定再行訂立本保險契約。

第七條　（保險賠償）

因汽車交通事故致受害人傷害或死亡者，不論加害人有無過失，請求權人得依本法規定向保險人請求保險給付或向財團法人汽車交通事故特別補償基金（以下簡稱特別補償基金）請求補償。

第八條　（保險人之定義）

①本法所稱保險人，指經主管機關許可，得經營本保險之保險業。

②前項保險業申請許可應具備之資格條件、應檢附文件、廢止許可事由及其他應遵行事項之辦法，由主管機關會同中央交通主管機關定之。

第九條　（要保人之定義）

①本法所稱要保人，指依第六條規定向保險人申請訂立本保險契約，並負有交付保險費義務之人。

②本法所稱被保險人，指經保險人承保之要保人及經該要保人同意使用或管理被保險汽車之人。

第十條　（加害人、受害人之定義）

①本法所稱加害人，指因使用或管理汽車造成汽車交通事故之人。

②本法所稱受害人，指因汽車交通事故遭致傷害或死亡之人。

第十一條　（請求權人之定義）

①本法所稱請求權人，指下列得向保險人請求保險給付或向特別補償基金請求補償之人：

一　因汽車交通事故遭致傷害者，為受害人本人。

二　因汽車交通事故死亡者，為受害人之遺屬；其順位如下：

　　㈠父母、子女及配偶。

　　㈡祖父母。

　　㈢孫子女。

㈣兄弟姐妹。

②同一順位之遺屬有數人時，按人數平均分配保險給付或補償。

③受害人死亡，無第一項第二款所定之請求權人時，為其支出殯葬費之人於殯葬費數額範圍內，得向保險人請求給付或向特別補償基金請求補償。保險給付扣除殯葬費後有餘額時，其餘額歸特別補償基金所有。受害人死亡，無第一項第二款所定之請求權人，亦無支出殯葬費之人時，保險給付歸特別補償基金所有。

④前項殯葬費之項目及金額，由主管機關訂定公告之。

第十二條　（被保險汽車之定義）

①本法所稱被保險汽車，指應依本法規定訂立本保險契約之汽車。保險人接到要保書後，逾十日未為承保或拒絕承保之意思表示者，該要保書所載之汽車視為被保險汽車。

②本保險保險證（以下簡稱保險證）所記載之汽車，推定為被保險汽車。

③本法所稱未保險汽車，指應依本法規定訂立本保險契約而未訂立之汽車。

第十三條　（汽車交通事故之定義）

本法所稱汽車交通事故，指使用或管理汽車致乘客或車外第三人傷害或死亡之事故。

第十四條　（請求權之時效）

①請求權人對於保險人之保險給付請求權，自知有損害發生及保險人時起，二年間不行使而消滅。自汽車交通事故發生時起，逾十年者，亦同。

②前項時效完成前，請求權人已向保險人為保險給付之請求者，自請求發生效力之時起，至保險人為保險給付決定之通知到達時止，不計入時效期間。

③請求權人對於保險人保險給付請求權，有時效中斷、時效不完成或前項不計入消滅時效期間之情事者，在保險金額範圍內，就請求權人對於被保險人之損害賠償請求權，亦生同一效力。請求權人對被保險人之損害賠償請求權，有時效中斷或時效不完成之情事者，就請求權人對於保險人之保險給付請求權，亦生同一效力。

④前三項規定，於關於本法所生請求特別補償基金補償之權利，除其請求權消滅時效之起算依下列規定外，準用之：

　　一　事故汽車無法查究者，自知有損害及確認肇事汽車無法查究

時起算。

二　事故汽車為未保險汽車者，自知有損害及確認肇事汽車為未保險汽車時起算。

三　事故汽車係未經被保險人同意使用或管理之被保險汽車者，自知有損害發生及確認被保險汽車係未經同意使用或管理之事實起算。

四　事故汽車為無須訂立本保險契約之汽車者，自知有損害發生及確認加害汽車為無須訂立本保險契約之汽車時起算。

第十五條　（續保之通知）

保險人應於保險期間屆滿三十日前通知要保人續保，其急於通知而於原保險期間屆滿後三十日內發生保險事故者，如要保人辦妥續保手續，並將其始期追溯自原保險期間屆滿之時，保險人仍須負給付責任。

第二章　保險契約

第一節　契約之成立

第十六條　（以每一個別汽車為單位投保）

①應訂立本保險契約之汽車所有人於申請發給牌照、臨時通行證或本保險期間屆滿前，應以每一個別汽車為單位，向保險人申請訂立本保險契約。

②公路監理機關對於有下列情事之汽車，不得發給牌照、臨時通行證、換發牌照、異動登記或檢驗：

一　應訂立本保險契約而未訂立。

二　本保險有效期間不滿三十日。但申請臨時牌照或臨時通行證者，不適用之。

第十七條　（訂立契約之據實說明）

要保人申請訂立本保險契約時，對於下列事項應據實說明：

一　汽車種類。

二　使用性質。

三　汽車號牌號碼、引擎號碼或車身號碼。

四　投保義務人姓名、性別、出生年月日、住所及國民身分證統一編號。汽車所有人為法人、非法人團體或機關時，其名稱、

營利事業統一編號或財稅機關編發之統一編號、營業所或事務所所在地及代表人之姓名。

第十八條　（保險人得拒絕承保之情形）

①除要保人未交付保險費或有違反前條規定之據實說明義務外，保險人不得拒絕承保。

②保險人依前項規定拒絕承保時，應於接到要保書之日起十日內以書面為意思表示；屆期未以書面表示者，視為同意承保。

第十九條　（保險證之簽發及保險契約書之交付）

①保險人於本保險契約成立後，應將載有保險條款之文書、保險證及保險標章交予要保人。

②保險人應於本保險契約成立後四個工作日內，將承保資料傳輸至主管機關及中央交通主管機關指定之機關（構）。

③保險證上記載之被保險人、保險期間、被保險汽車及保險證號碼有變更時，要保人應通知保險人更正。

第二十條　（保險人解約之禁止及終止契約之限制）

①保險人不得解除保險契約。

②除有下列情事之一者外，保險人不得終止保險契約：

　　一　要保人違反第十七條之據實說明義務。

　　二　要保人未依約定交付保險費。

③保險人依前項規定終止保險契約前，應以書面通知要保人於通知到達後十日內補正；要保人於終止契約通知到達前補正者，保險人不得終止契約。

④保險契約終止，保險人應於三日內通知被保險汽車之轄屬公路監理機關、主管機關及中央交通主管機關指定之機關（構）。

⑤保險人應返還要保人終止契約後未到期之保險費；保險費未返還前，視為保險契約存續中。

第二十一條　（要保人解約之禁止及終止契約之限制）

①要保人不得解除保險契約。

②除有下列情事之一者外，要保人不得終止保險契約：

　　一　被保險汽車之牌照已繳銷或因吊銷、註銷、停駛而繳銷。

　　二　被保險汽車報廢。

　　三　被保險汽車因所有權移轉且移轉後之投保義務人已投保本保險契約致發生重複投保情形。

③保險契約依前項規定終止後，保險費已交付者，保險人應返還終止

後未到期之保險費；未交付者，要保人應支付終止前已到期之保險費。

第二十二條 （重複訂約之撤銷）

①要保人重複訂立本保險契約者，要保人或保險契約生效在後之保險人得撤銷生效在後之保險契約。汽車交通事故發生後，亦同。

②前項撤銷權之行使，應於重複訂立事實發生之時起，至生效在先之保險契約期間屆滿前為之。

③保險契約經撤銷者，保險人應將保險費扣除保險人之業務費用及為健全本保險費用之餘額，返還要保人。

第二十三條 （移轉所有權）

被保險汽車所有權移轉時，應先辦理本保險契約之訂立或變更手續；未辦理前，公路監理機關不得辦理過戶登記。

第二十四條 （書面進行主義）

要保人、被保險人或請求權人對保險人之通知及要保人申請變更保險契約，應以書面為之；保險人對要保人、被保險人、請求權人之通知或同意變更保險契約，亦同。

第二節　保險範圍

第二十五條 （保險人之保險給付責任）

①保險人於被保險汽車發生汽車交通事故時，依本法規定對請求權人負保險給付之責。

②保險人應於被保險人或請求權人交齊相關證明文件之次日起十個工作日內給之；相關證明文件之內容，由主管機關會商相關機關(構)訂定公告之。

③保險人因可歸責於自己之事由致未在前項規定期限內為給付者，自期限屆滿之次日起，應按年利一分給付遲延利息。

④第一項請求權人請求保險給付之權利及未經請求權人具領之保險給付，不得扣押、讓與或提供擔保。

第二十六條 （保險期間之訂定）

本保險之保險期間，由主管機關會同中央交通主管機關視實際需要定之。

第二十七條 （保險給付之項目）

①本保險之給付項目如下：

　　一　傷害醫療費用給付。

二　殘廢給付。

三　死亡給付。

②前項給付項目之等級、金額及審核等事項之標準，由主管機關會同中央交通主管機關視社會及經濟實際情況定之。

③前項標準修正時，於修正生效日後發生之汽車交通事故，保險人應依修正後之規定辦理保險給付。

第二十八條　（不負保險給付責任之情形）

①受害人或其他請求權人有下列情事之一，致被保險汽車發生汽車交通事故者，保險人不負保險給付責任：

一　故意行為所致。

二　從事犯罪行為所致。

②前項其他請求權人有數人，其中一人或數人有故意或從事犯罪之行為者，保險人應將扣除該一人或數人應分得部分之餘額，給付於其他請求權人。

第二十九條　（代位權之行使）

①被保險人有下列情事之一，致被保險汽車發生汽車交通事故者，保險人仍應依本法規定負保險給付之責。但得在給付金額範圍內，代位行使請求權人對被保險人之請求權：

一　飲用酒類或其他類似物後駕駛汽車，其吐氣或血液中所含酒精濃度超過道路交通管理法規規定之標準。

二　駕駛汽車，經測試檢定有吸食毒品、迷幻藥、麻醉藥品或其他相類似管制藥品。

三　故意行為所致。

四　從事犯罪行為或逃避合法拘捕。

五　違反道路交通管理處罰條例第二十一條或第二十一條之一規定而駕車。

②前項保險人之代位權，自保險人為保險給付之日起，二年間不行使而消滅。

第三十條　（保險人之不受拘束）

請求權人對被保險人之和解、拋棄或其他約定，有妨礙保險人依前條規定代位行使請求權人對於被保險人之請求權，而未經保險人同意者，保險人不受其拘束。

第三節　請求權之行使

第三十一條 （保險金額之扣除）

①被保險汽車發生汽車交通事故，被保險人已為一部之賠償者，保險人僅於本法規定之保險金額扣除該賠償金額之餘額範圍內，負給付責任。但請求權人與被保險人約定不得扣除者，從其約定。

②前項被保險人先行賠償之金額，保險人於本法規定之保險金額範圍內給付被保險人。但前項但書之情形，不在此限。

第三十二條 （保險金視為損害賠償金額之一部）

保險人依本法規定所為之保險給付，視為被保險人損害賠償金額之一部分；被保險人受賠償請求時，得扣除之。

第三十三條 （代位權之行使）

①汽車交通事故之發生，如可歸責於被保險人以外之第三人，保險人於保險給付後，得代位行使被保險人對於第三人之請求權。但其所得請求之數額，以不逾保險給付為限。

②前項第三人為被保險人或請求權人之配偶、家長、家屬、四親等內血親或三親等內姻親者，保險人無代位求償之權利。但汽車交通事故由其故意所致者，不在此限。

第三十四條 （交通事故發生時之辦理規定）

①被保險汽車發生交通事故時，應依下列規定辦理：

一　被保險人或加害人應自行或請他人立即將受害人護送至當地或附近之醫療院所急救。但依當時情形顯然無法施救者，不在此限。

二　被保險人或加害人應立即報請當地警、憲機關處理，並應於五日內以書面通知保險人。請求權人亦得直接以書面通知保險人。

三　被保險人、加害人及請求權人應與保險人合作，提供人證、物證有關資料及文件。

②被保險人、加害人及請求權人違反前項規定之義務者，保險人仍負保險給付之責任。但因其故意或過失致生保險人之損害者，應負賠償責任。

第三十五條 （暫時性保險金）

①因汽車交通事故死亡者，請求權人得提出證明文件，請求保險人暫先給付相當於保險給付二分之一之金額。

②因汽車交通事故殘廢者，請求權人得提出證明文件，就保險人已審定之殘廢等級，請求保險人暫先給付其保險金。

③保險人應於請求權人依前二項規定提出證明文件之次日起十個工作日內給付之。保險人因可歸責於自己之事由致未在期限內為給付者，自期限屆滿時起，應按年利一分給付遲延利息。

④保險人暫先給付之保險金額超過其應為之保險給付時，就超過部分，得向請求權人請求返還。

第三十六條　（同一汽車交通事故牽涉數汽車之處理）

①同一汽車交通事故牽涉數汽車時，依下列規定處理：

　　一　事故汽車全部為被保險汽車者，請求權人得請求各應負給付義務之保險人連帶為保險給付。

　　二　事故汽車全部為第四十條第一項所定之汽車者，請求權人得請求特別補償基金補償。

　　三　事故汽車部分為被保險汽車，部分為第四十條第一項所定之汽車者，請求權人得請求各應負給付義務之保險人與特別補償基金連帶為保險給付或補償。

②前項保險人間或保險人與特別補償基金間，按其所應給付或補償之事故汽車數量比例，負分擔之責。

第三十七條　（保險競合）

　　請求權人依本法規定請求保險給付者，保險人不得以其有本保險以外之其他種類保險而拒絕或減少給付。

第三章　汽車交通事故特別補償基金

第三十八條　（特別補償基金之設置）

①為使汽車交通事故之受害人均能依本法規定獲得基本保障及健全本保險制度，應設置特別補償基金，並依汽、機車分別列帳，作為計算費率之依據。

②前項特別補償基金為財團法人；其捐助章程及基金管理辦法，由主管機關會同中央交通主管機關定之。

第三十九條　（特別補償基金之來源）

　　特別補償基金之來源如下：

　　一　本保險之保險費所含特別補償基金分擔額。

　　二　依第四十二條第二項規定代位求償之所得。

　　三　基金之孳息。

　　四　依第十一條第三項規定之所得。

五　其他收入。

第四十條　（特別補償基金之請求）

①汽車交通事故發生時，請求權人因下列情事之一，未能依本法規定向保險人請求保險給付者，得於本法規定之保險金額範圍內，向特別補償基金請求補償：

一　事故汽車無法查究。

二　事故汽車為未保險汽車。

三　事故汽車係未經被保險人同意使用或管理之被保險汽車。

四　事故汽車全部或部分為無須訂立本保險契約之汽車。

②前項第三款規定未經被保險人同意使用或管理認定如有疑義，在確認前，應由被保險汽車之保險人暫先給付保險金。

③第一項第四款所定事故汽車，全部為無須訂立本保險契約之汽車之情形，各事故汽車之駕駛人不得向特別補償基金請求補償。

④特別補償基金依第一項第一款規定為補償後，事故汽車經查明係本保險之被保險汽車者，得向其保險人請求返還。

⑤保險人依前項規定對特別補償基金為返還者，視為已依本法之規定向請求權人為保險給付。

⑥汽車交通事故之請求權人，依第一項規定申請特別補償基金補償者，準用第二十五條第二項至第四項、第二十七條、第二十八條、第三十五條及第三十七條規定。但準用第二十七條規定補償之傷害醫療費用給付，不包括全民健康保險之給付金額。

第四十一條　（未保險或無須訂立保險契約之準用）

未保險汽車或無須訂立本保險契約之汽車發生交通事故時，準用第三十四條規定。

第四十二條　（特別補償基金視為損害賠償金之一部）

①特別補償基金依第四十條規定所為之補償，視為損害賠償義務人損害賠償金額之一部分；損害賠償義務人受賠償請求時，得扣除之。

②特別補償基金於給付補償金額後，得代位行使請求權人對於損害賠償義務人之請求權。但其所得請求之數額，以補償金額為限。

③前項之請求權，自特別補償基金為補償之日起，二年間不行使而消滅。

④損害賠償義務人為請求權人之配偶、家長、家屬、四親等內血親或三親等內姻親者，特別補償基金不得代位求償之權利。但損害賠償義務人有第二十九條第一項各款情事之一者，不在此限。

第四十三條 （特別補償基金之不受拘束）

①請求權人對損害賠償義務人之和解、拋棄或其他約定，有妨礙特別補償基金代位行使請求權人對損害賠償義務人請求權，而未經特別補償基金同意者，特別補償基金不受其拘束。

②請求權人自損害賠償義務人獲有賠償者，特別補償基金於補償時，應扣除之。如有應扣除而未扣除者，特別補償基金得於該應扣除之範圍內請求返還之。

第四章　保險業之監理

第四十四條 （保險費之結構）

①本保險之保險費結構如下：

 一　預期損失。

 二　保險人之業務費用。

 三　安定基金。

 四　特別補償基金之分擔額。

 五　費率精算、研究發展、查詢服務、資訊傳輸等健全本保險之費用。

②前項各款之比率、金額及內容，由主管機關會同中央交通主管機關訂定公告之。

第四十五條 （保險費率之擬訂）

①本保險費率，由主管機關會同中央交通主管機關擬訂，提經社會公正人士組成之費率審議委員會審議通過後發布之。

②前項費率擬訂工作，得委託適當專業機構辦理。

③保險費率之訂定，以兼採從人因素及從車因素為原則。但得視社會實際情形擇一採用之。

④保險人應依主管機關會同中央交通主管機關依第一項規定發布之保險費率計收保險費。

⑤主管機關得委託專業機構辦理保險費及其他相關資訊之查詢服務。

第四十六條 （保險人之義務）

 保險人經營本保險，應正確記載承保資料及辦理理賠；承保資料應記載內容、理賠程序與第十五條通知之方式及其他應遵行事項之辦法，由主管機關定之。

第四十七條 （獨立會計之設立）

①保險人應設立獨立會計，記載本保險之業務及財務狀況。

②保險人辦理本保險之保險費，屬於第四十四條第一項第一款規定之預期損失者，應專供本保險理賠及提存各種準備金之用，其預期損失與實際損失之差額，應提存為特別準備金，除因調整保險費率、調高保險金額、彌補純保險費虧損或依第三項所定辦法處理外，不得收回、移轉或供其他用途。

③保險人辦理本保險之會計處理與業務財務資料陳報、各種準備金之提存、保管、運用、收回、移轉及其他應遵行事項之辦法，由主管機關會商中央交通主管機關定之。

第四十七條之一 　（非基於本法取得之債權）

①保險人之債權人，非基於本法所取得之債權，不得對本保險之相關資產聲請扣押或行使其他權利。

②前項相關資產之項目及範圍，於前條第三項之辦法定之。

第五章　罰　　則

第四十八條 　（罰則㈠）

①保險業違反第八條第一項規定者，由主管機關處新臺幣三百萬元以上一千五百萬元以下罰鍰。

②保險人違反第十八條第一項或第二十條規定者，由主管機關處新臺幣二十萬元以上一百萬元以下罰鍰。

③保險人違反第四十五條第四項、第四十七條第一項、第二項或依第三項所定辦法中有關本保險之會計處理與業務財務資料陳報、各種準備金提存、保管、運用、收回及移轉之規定者，由主管機關處新臺幣六十萬元以上三百萬元以下罰鍰。

④保險人違反第十五條、第十九條第一項、第二項或依第四十六條所定辦法中有關正確記載承保資料、辦理理賠或第十五條通知方式之規定者，由主管機關處新臺幣六萬元以上三十萬元以下罰鍰。

⑤主管機關為前四項處分時，得命其限期改正，屆期未改正者，按次處罰，並得視情節輕重為下列處分：

　一　命其解除經理人或職員之職務。

　二　解除董事、監察人職務或停止其於一定期間內執行職務。

　三　停止於一定期間內接受本保險之投保。

　四　撤銷或廢止經營本保險之許可。

第四十九條 （罰則(二)）

①投保義務人未依本法規定訂立本保險契約，或本保險期間屆滿前未再行訂立者，其處罰依下列各款規定：

　　一　經公路監理機關或警察機關攔檢稽查舉發者，由公路監理機關處以罰鍰。為汽車者，處新臺幣三千元以上一萬五千元以下罰鍰；為機車者，處新臺幣一千五百元以上三千元以下罰鍰。

　　二　未投保汽車肇事，由公路監理機關處新臺幣六千元以上三萬元以下罰鍰，並扣留車輛牌照至其依規定投保後發還。

②依前項規定所處罰鍰，得分期繳納；其申請條件、分期期數、不依期限繳納之處理等事項之辦法，由中央交通主管機關會同主管機關定之。

第五十條 （舉發與裁決）

①公路監理機關於執行路邊稽查或警察機關於執行交通勤務時，應查驗保險證。對於未依規定投保本保險者，應予舉發。

②投保義務人接獲違反本保險事件通知單後，應於十五日內到達指定處所聽候裁決；屆期未到案者，公路監理機關得逕行裁決之。但投保義務人認為舉發之事實與違規情形相符者，得不經裁決，逕依公路監理機關所處罰鍰，自動向指定之處所繳納結案。

第五十一條 （罰鍰未繳之效果及強制執行）

①依本法所處之罰鍰未繳納前，公路監理機關不予受理應訂立本保險契約之汽車辦理換發牌照、異動登記或檢驗。

②前項罰鍰經限期繳納，屆期未繳納者，依法移送強制執行。

第六章　附　　則

第五十二條 （施行細則之訂定）

　本法施行細則，由主管機關會同中央交通主管機關定之。

第五十三條 （施行日期）

　本法自公布日施行。

強制汽車責任保險法施行細則

民國八十六年十二月三十一日財政部交通部令發布

九十四年九月八日行政院金融監督管理委員會交通部令修正發布

九十九年十一月八日行政院金融監督管理委員會交通部令修正發布第九條；並增訂第四之一條條文

第一條　（訂定依據）

本細則依強制汽車責任保險法（以下簡稱本法）第五十二條規定訂定之。

第二條　（駕駛人或車輛等相關資料之提供與查詢）

①主管機關為精算強制汽車責任保險（以下簡稱本保險）費率或計算保險費需要，得依本法第四條規定向中央交通、警政主管機關要求提供駕駛人或車輛之車籍、肇事紀錄及違規紀錄有關資料。

②前項資料之蒐集、處理或利用，主管機關得委託專業機構為之。

③保險人為計算保險費需要，得於取得要保人書面同意後，向前項之專業機構查詢相關資訊。

第三條　（代位權之行使）

全民健康保險之保險人，依全民健康保險法第八十二條規定，向本保險之保險人代位請求之金額，以傷害醫療費用給付總金額扣除應給付請求權人金額後之餘額為限。

第四條　（辦理本保險相關書件之報准義務）

保險人辦理本保險之要保書、保險條款、保險證及保險標章，均應先報經主管機關核准；修正時，亦同。

第四條之一　（本法第二十五條第二項及第三十五條第三項之適用）

本法第二十五條第二項及第三十五條第三項之適用，分別依被保險人或請求權人交齊或提出相關文件之日之本法規定。

第五條　（未到期之保險費計算方式）

①本法第二十條第五項及第二十一條第三項所定未到期之保險費，其計算方式如下：

一　未到期之保險期間未超過一年者，保險人應以扣除當年度保險人之業務費用及為健全本保險費用後剩餘之保險費，按未

到期日數與保險期間之比例計算。

二　未到期之保險期間等於或超過一年者，保險人應將超過保險期間第一年以後之保險費全數退還，其他剩餘之未到期保險期間應退還之保險費，依照前項退費方式辦理。

②保險人依前項規定返還未到期之保險費後，其所含安定基金及特別補償基金之分攤額，得分別向財團法人財產保險安定基金及財團法人汽車交通事故特別補償基金（以下簡稱特別補償基金）請求歸還。

③依第一項規定計算之金額尾數不滿新臺幣一元者，按四捨五入計算。

第六條　（報廢）

本法第二十一條第二項第二款所稱報廢，指經公路監理機關辦理報廢登記。

第七條　（事故汽車無法查究之認定）

本法第四十條第一項第一款所定事故汽車無法查究之事實，特別補償基金得對前述請求權人提供之下列文件資料認定之：

一　警憲機關處理交通事故之有關文件。

二　檢察機關之相驗屍體證明書或起訴書。

三　其他足以證明事故汽車無法查究之證據或資料。

第八條　（保險人特別補償基金分攤額之繳存）

保險人應於每月底前，將上月承保本保險之保險費中所含特別補償基金分攤額，繳存特別補償基金指定之專戶；保險人因作業遲延未能於月底前匯入分攤額時，應即通知特別補償基金，至遲並應於次月底前匯入。

第九條　（處罰之執行機關）

本法第四十九條第一項各款規定之處罰，處罰對象為汽車所有人時，以其車籍所在地之公路監理機關為處罰機關；處罰對象為汽車使用人或管理人時，以其戶籍所在地之公路監理機關為處罰機關。

第十條　（隨車攜帶保險證之義務）

①本保險之保險證應隨車攜帶備查。

②汽車駕駛人於公路監理機關執行路邊稽查或警察機關執行交通勤務，依本法第五十條第一項規定查驗本保險之保險證時，應配合提示。

③汽車駕駛人未依前項規定配合提示保險證者，稽查人員應於舉發違反道路交通管理事件通知單保險證欄勾記或以其他方式通知公路監理機關。

第十一條 （公路監理機關對於投保義務人相關資料之查證）

①公路監理機關接獲前條第三項規定之通知後，應向主管機關及中央交通主管機關依本法第十九條第二項規定指定之機關（構）查證投保義務人之姓名或名稱、牌照、引擎或車身號碼、保險證號碼、保險期間及保險人等投保資料。

②投保義務人接獲違反本保險事件通知單後，到達指定處所聽候裁決時，其提供之投保資料與前項查證資料不符時，公路監理機關得依投保義務人提供之保險證及投保證明，認定其是否投保；無法認定時，應向主管機關查證後認定之。

第十二條 （施行日期）

本細則自發布日施行。

全民健康保險法

民國八十三年八月九日總統令公布

八十三年十月三日總統令修正公布

八十八年七月十五日總統令修正公布

九十年一月三十日總統令修正公布

九十一年七月十七日總統令修正公布

九十二年六月十八日總統令修正公布

九十四年五月十八日總統令修正公布

九十九年一月二十七日總統令修正公布

一百年一月二十六日總統令修正公布

一百年六月二十九日總統令修正公布第一一一條條文

第一章　總　　則

第一條　（立法目的）

① 為增進全體國民健康，辦理全民健康保險（以下稱本保險），以提供醫療服務，特制定本法。

② 本保險為強制性之社會保險，於保險對象在保險有效期間，發生疾病、傷害、生育事故時，依本法規定給與保險給付。

第二條　（用詞定義）

本法用詞，定義如下：

一　保險對象：指被保險人及其眷屬。

二　眷屬：

　　㈠被保險人之配偶，且無職業者。

　　㈡被保險人之直系血親尊親屬，且無職業者。

　　㈢被保險人二親等內直系血親卑親屬未滿二十歲且無職業，或年滿二十歲無謀生能力或仍在學就讀且無職業者。

三　扣費義務人：指所得稅法所定之扣繳義務人。

四　保險給付支出：指醫療給付費用總額扣除保險對象就醫時依本法應自行負擔費用後之餘額。

五　保險經費：指保險給付支出及應提列或增列之安全準備。

六　就醫輔導：指保險對象有重複就醫、多次就醫或不當醫療利

用情形時，針對保險對象進行就醫行為瞭解、適當醫療衛教、就醫安排及協助。

第三條 （經費之負擔及編列）

①政府每年度負擔本保險之總經費，不得少於每年度保險經費扣除法定收入後金額之百分之三十六。

②政府依法令規定應編列本保險相關預算之負擔不足每年度保險經費扣除法定收入後金額之百分之三十六部分，由主管機關編列預算撥補之。

第四條 （主管機關）

本保險之主管機關為行政院衛生署。

第五條 （健保會辦理之事項）

①本保險下列事由由全民健康保險會（以下稱健保會）辦理：

一 保險費率之審議。

二 保險給付範圍之審議。

三 保險醫療給付費用總額之對等協議訂定及分配。

四 保險政策、法規之研究及諮詢。

五 其他有關保險業務之監理事項。

②健保會為前項之審議或協議訂定，有減少保險收入或增加保險支出之情事時，應請保險人同時提出資源配置及財務平衡方案，併案審議或協議訂定。

③健保會於審議、協議本保險有關事項，應於會議七日前公開議程，並於會議後十日內公開會議實錄；於審議、協議重要事項前，應先蒐集民意，必要時，並得辦理相關之公民參與活動。

④健保會由被保險人、雇主、保險醫事服務提供者、專家學者、公正人士及有關機關代表組成之；其中保險付費者代表之名額，不得少於二分之一；且被保險人代表不得少於全部名額之三分之一。

⑤前項代表之名額、產生方式、議事規範、代表利益之自我揭露及資訊公開等有關事項之辦法，由主管機關定之。

⑥健保會審議、協議訂定事項，應由主管機關核定或轉報行政院核定；其由行政院核定事項，並應送立法院備查。

第六條 （爭議之審議）

①本保險保險對象、投保單位、扣費義務人及保險醫事服務機構對保險人核定案件有爭議時，應先申請審議，對於爭議審議結果不服時，得依法提起訴願或行政訴訟。

②前項爭議之審議，由全民健康保險爭議審議會辦理。

③前項爭議事項審議之範圍、申請審議或補正之期限、程序及審議作業之辦法，由主管機關定之。

第二章　保險人、保險對象及投保單位

第七條　（承保機關）

本保險以行政院衛生署中央健康保險局為保險人，辦理保險業務。

第八條　（保險對象㈠）

①具有中華民國國籍，符合下列各款資格之一者，應參加本保險為保險對象：

　　一　最近二年內曾有參加本保險紀錄且在臺灣地區設有戶籍，或參加本保險前六個月繼續在臺灣地區設有戶籍。

　　二　參加本保險時已在臺灣地區設有戶籍之下列人員：

　　　　㈠政府機關、公私立學校專任有給人員或公職人員。

　　　　㈡公民營事業、機構之受僱者。

　　　　㈢前二目被保險人以外有一定雇主之受僱者。

　　　　㈣在臺灣地區出生之新生嬰兒。

　　　　㈤因公派駐國外之政府機關人員與其配偶及子女。

②曾有參加本保險紀錄而於本法中華民國一百年一月四日修正之條文施行前已出國者，於施行後一年內首次返國時，得於設籍後即參加本保險，不受前項第一款六個月之限制。

第九條　（保險對象㈡）

除前條規定者外，在臺灣地區領有居留證明文件，並符合下列各款資格之一者，亦應參加本保險為保險對象：

　　一　在臺居留滿六個月。

　　二　有一定雇主之受僱者。

第十條　（被保險人之類別）

①被保險人區分為下列六類：

　　一　第一類：

　　　　㈠政府機關、公私立學校之專任有給人員或公職人員。

　　　　㈡公、民營事業、機構之受僱者。

　　　　㈢前二目被保險人以外有一定雇主之受僱者。

　　　　㈣雇主或自營業主。

　　（五）專門職業及技術人員自行執業者。

　二　第二類

　　（一）無一定雇主或自營作業而參加職業工會者。

　　（二）參加海員總工會或船長公會為會員之外僱船員。

　三　第三類

　　（一）農會及水利會會員，或年滿十五歲以上實際從事農業工作
　　　者。

　　（二）無一定雇主或自營作業而參加漁會為甲類會員，或年滿十
　　　五歲以上實際從事漁業工作者。

　四　第四類

　　（一）應服役期及應召在營期間逾二個月之受徵集及召集在營服
　　　兵役義務者、國軍軍事學校軍費學生、經國防部認定之無
　　　依軍眷及在領卹期間之軍人遺族。

　　（二）服替代役期間之役齡男子。

　　（三）在矯正機關接受刑之執行或接受安處分、管訓處分之執
　　　行者。但其應執行之期間，在二個月以下或接受保護管束
　　　處分之執行者，不在此限。

　五　第五類：合於社會救助法規定之低收入戶成員。

　六　第六類：

　　（一）榮民、榮民遺眷之家戶代表。

　　（二）第一款至第五款及本款前目被保險人及其眷屬以外之家戶
　　　戶長或代表。

②前項第三款第一目實際從事農業工作者及第二目實際從事漁業工作
　者，其認定標準及資格審查辦法，由中央農業主管機關會同主管機
　關定之。

第十一條　（被保險人之限制）

①第一類被保險人不得為第二類及第三類被保險人；第二類被保險人
　不得為第三類被保險人；第一類至第三類被保險人不得為第四類及
　第六類被保險人。但僱用勞工合力從事海洋漁撈工作之漁會甲類會
　員，其僱用人數十人以下，且其仍實際從事海洋漁撈工作者，自中
　華民國九十一年一月二十一日起，得以第三類被保險人身分參加本
　保險。

②具有被保險人資格者，並不得以眷屬身分投保。

第十二條　（被保險人眷屬之隨同辦理）

符合第二條規定之被保險人眷屬,應隨同被保險人辦理投保及退保。但有遭受家庭暴力等難以隨同被保險人辦理投保及退保之情形,經主管機關認定者,不在此限。

第十三條　(保險對象之消極資格)

有下列情形之一者,非屬本保險保險對象;已參加者,應予退保:

一　失蹤滿六個月者。

二　不具第八條或第九條所定資格者。

第十四條　(保險效力之起迄)

①保險效力之開始,自合於第八條及第九條所定資格之日起算。

②保險效力之終止,自發生前條所定情事之日起算。

第十五條　(投保單位)

①各類被保險人之投保單位如下:

一　第一類及第二類被保險人,以其服務機關、學校、事業、機構、雇主或所屬團體為投保單位。但國防部所屬被保險人之投保單位,由國防部指定。

二　第三類被保險人,以其所屬或戶籍所在地之基層農會、水利會或漁會為投保單位。

三　第四類被保險人:

　(一)第十條第一項第四款第一目被保險人,以國防部指定之單位為投保單位。

　(二)第十條第一項第四款第二目被保險人,以內政部指定之單位為投保單位。

　(三)第十條第一項第四款第三目被保險人,以法務部及國防部指定之單位為投保單位。

四　第五類及第六類被保險人,以其戶籍所在地之鄉(鎮、市、區)公所為投保單位。但安置於公私立社會福利服務機構之被保險人,得以該機構為投保單位。

②第十條第一項第六款第二目規定之被保險人及其眷屬,得徵得其共同生活之其他類被保險人所屬投保單位同意後,以其為投保單位。但其保險費應依第二十三條規定分別計算。

③第一項第四款規定之投保單位,應設置專責單位或置專人,辦理本保險有關事宜。

④在政府登記有案之職業訓練機構或考試訓練機關接受訓練之第六類保險對象,應以該訓練機構(關)為投保單位。

⑤投保單位欠繳保險費二個月以上者，保險人得洽定其他投保單位為其保險對象辦理有關本保險事宜。

⑥投保單位應於保險對象合於投保條件之日起三日內，向保險人辦理投保；並於退保原因發生之日起三日內，向保險人辦理退保。

第十六條　（全民健康保險憑證之製發）

①保險人得製發具電子資料處理功能之全民健康保險憑證（以下稱健保卡），以存取及傳送保險對象資料。但不得存放非供醫療使用目的及與保險對象接受本保險醫療服務無關之內容。

②前項健保卡之換發及補發，保險人得酌收本費；其製發、換發、補發、得存放及傳送之資料內容與其運用、使用管理及其他有關事項之辦法，由保險人擬訂，報主管機關核定發布。

第三章　保險財務

第十七條　（保險經費之分擔）

本保險保險經費於扣除其他法定收入後，由中央政府、投保單位及保險對象分擔之。

第十八條　（保險費之計算及保險費率之上限）

①第一類至第三類被保險人及其眷屬之保險費，依被保險人之投保金額及保險費率計算之；保險費率，以百分之六為上限。

②前項眷屬之保險費，由被保險人繳納；超過三口者，以三口計。

第十九條　（投保金額分級表）

①第一類至第三類被保險人之投保金額，由主管機關擬訂分級表，報請行政院核定之。

②前項投保金額分級表之下限與中央勞工主管機關公布之基本工資相同；基本工資調整時，該下限亦調整之。

③投保金額分級表最高一級投保金額與最低一級投保金額應維持五倍以上之差距，該表並應自基本工資調整之次月調整之。適用最高一級投保金額之被保險人，其人數超過被保險人總人數之百分之三，並持續十二個月時，主管機關應自次月調整投保金額分級表，加高其等級。

第二十條　（第一、二類被保險人投保金額基準）

①第一類及第二類被保險人之投保金額，依下列各款定之：

　　一　受僱者：以其薪資所得為投保金額。

二　雇主及自營業主：以其營利所得為投保金額。

三　自營作業者及專門職業及技術人員自行執業者：以其執行業務所得為投保金額。

②第一類及第二類被保險人為無固定所得者，其投保金額，由該被保險人依投保金額分級表所定數額自行申報，並由保險人查核；如申報不實，保險人得逕予調整。

第二十一條　（第一、二類被保險人投保金額之調整）

①第一類及第二類被保險人依前條規定之所得，如於當年二月至七月調整時，投保單位應於當年八月底前將調整後之投保金額通知保險人；如於當年八月至次年一月調整時，應於次年二月底前通知保險人，均自通知之次月一日生效。

②前項被保險人之投保金額，除已達本保險最高一級者外，不得低於其勞工退休金月提繳工資及參加其他社會保險之投保薪資；如有本保險投保金額較低之情形，投保單位應同時通知保險人予以調整，保險人亦得逕予調整。

第二十二條　（第三類被保險人投保金額之計算）

第三類被保險人之投保金額，以第十條第一項第一款第二目、第三目及第二款所定被保險人之平均投保金額計算之。但保險人得視該類被保險人及其眷屬之經濟能力，調整投保金額等級。

第二十三條　（第四至六類被保險人保險費之計算）

①第四類至第六類保險對象之保險費，以依第十八條規定精算結果之每人平均保險費計算之。

②前項眷屬之保險費，由被保險人繳納；超過三口者，以三口計。

第二十四條　（保險費率之審議）

①第十八條被保險人及其每一眷屬之保險費率應由保險人於健保會協議訂定醫療給付費用總額後一個月提請審議。但以上限費率計收保險費，無法與當年度協議訂定之醫療給付費用總額達成平衡時，應重新協議訂定醫療給付費用總額。

②前項審議前，健保會應邀集精算師、保險財務專家、經濟學者及社會公正人士提供意見。

③第一項之審議，應於年度開始一個月前依協議訂定之醫療給付費用總額，完成該年度應計之收支平衡費率之審議，報主管機關轉報行政院核定後由主管機關公告之。不能於期限內完成審議時，由主管機關逕行報行政院核定後公告。

第二十五條 （保險財務之精算週期）

本保險財務，由保險人至少每五年精算一次；每次精算二十五年。

第二十六條 （應擬訂調整保險給付範圍方案之情形）

本保險有下列情形之一時，由保險人擬訂調整保險給付範圍方案，提健保會審議，報主管機關轉報行政院核定後，由主管機關公告：

一　本保險之安全準備低於一個月之保險給付總額。

二　本保險增減給付項目、給付內容或給付標準，致影響保險財務之平衡。

第四章　保險費之收繳及計算

第二十七條 （各類被保險人之保險費負擔比例）

第十八條及第二十三條規定之保險費負擔，依下列規定計算之：

一　第一類被保險人：

　(一)第十條第一項第一款第一目被保險人及其眷屬自付百分之三十，投保單位負擔百分之七十。但私立學校教職員之保險費，由被保險人及其眷屬自付百分之三十，學校負擔百分之三十五，其餘百分之三十五，由中央政府補助。

　(二)第十條第一項第一款第二目及第三目被保險人及其眷屬自付百分之三十，投保單位負擔百分之六十，其餘百分之十，由中央政府補助。

　(三)第十條第一項第一款第四目及第五目被保險人及其眷屬自付全額保險費。

二　第二類被保險人及其眷屬自付百分之六十，其餘百分之四十，由中央政府補助。

三　第三類被保險人及其眷屬自付百分之三十，其餘百分之七十，由中央政府補助。

四　第四類被保險人：

　(一)第十條第一項第四款第一目被保險人，由其所屬機關全額補助。

　(二)第十條第一項第四款第二目被保險人，由中央役政主管機關全額補助。

　(三)第十條第一項第四款第三目被保險人，由中央矯正主管機關及國防部全額補助。

五　第五類被保險人，由中央社政主管機關全額補助。

六　第十條第一項第六款第一目之被保險人所應付之保險費，由行政院國軍退除役官兵輔導委員會補助；眷屬之保險費自付百分之三十，行政院國軍退除役官兵輔導委員會補助百分之七十。

七　第十條第一項第六款第二目之被保險人及其眷屬自付百分之六十，中央政府補助百分之四十。

第二十八條　（各級政府須提出還款計畫）

各級政府於本法中華民國一百年一月四日修正之條文施行前，未依修正前之第二十九條規定將所應負擔之保險費撥付保險人者，須即向保險人提出還款計畫，其還款期限不得逾八年，保險人並應依修正前之第三十條規定向其徵收利息。

第二十九條　（第一類第一目至第三目被保險人所屬之投保單位或政府應負擔之眷屬人數之計算）

第一類第一目至第三目被保險人所屬之投保單位或政府應負擔之眷屬人數，依第一類第一目至第三目被保險人實際眷屬人數平均計算之。

第三十條　（保險費之繳納方式及期間）

① 第十八條及第二十三條規定之保險費，依下列規定，按月繳納：

一　第一類被保險人應自付之保險費，由投保單位負責扣、收繳，並須於次月底前，連同投保單位應負擔部分，一併向保險人繳納。

二　第二類、第三類及第六類被保險人應自付之保險費，按月向其投保單位繳納，投保單位應於次月底前，負責彙繳保險人。

三　第五類被保險人之保險費，由應補助保險費之中央社政主管機關，於當月五日前撥付保險人。

四　第一類至第四類及第六類保險對象之保險費，應由各機關補助部分，每半年一次於一月底及七月底前預撥保險人，於年底時結算。

② 前項保險費，應於被保險人投保當月繳納全月保險費，退保當月免繳保險費。

第三十一條　（補充保險費之計收）

① 第一類至第四類及第六類保險對象有下列各類所得，應依規定之補充保險費率計收補充保險費，由扣費義務人於給付時扣取，並於給

付日之次月底前向保險人繳納。但單次給付金額逾新臺幣一千萬元之部分及未達一定金額者,免予扣取:

一　所屬投保單位給付全年累計逾當月投保金額四倍部分之獎金。

二　非所屬投保單位給付之薪資所得。但第二類被保險人之薪資所得,不在此限。

三　執行業務收入。但依第二十條規定以執行業務所得為投保金額者之執行業務收入,不在此限。

四　股利所得。但已列入投保金額計算保險費部分,不在此限。

五　利息所得。

六　租金收入。

②扣費義務人因故不及於規定期限內扣繳時,應先行墊繳。

③第一項所稱一定金額、扣取與繳納補充保險費之方式及其他應遵行事項之辦法,由主管機關定之。

第三十二條　（免扣取補充保險費之情形）

未具投保資格、喪失投保資格或保險對象有前條所定免由扣費義務人扣取補充保險費之情形者,應於受領給付前,主動告知扣費義務人,得免扣取補充保險費。

第三十三條　（補充保險費率之調整及公告）

第三十一條之補充保險費率,於本法中華民國一百年一月四日修正之條文施行第一年,以百分之二計算;自第二年起,應依本保險保險費率之成長率調整,其調整後之比率,由主管機關逐年公告。

第三十四條　（投保單位補充保險費之負擔）

第一類第一目至第三目被保險人之投保單位,每月支付之薪資所得總額逾其受僱者當月投保金額總額時,應按其差額及前條比率計算應負擔之補充保險費,併同其依第二十七條規定應負擔之保險費,按月繳納。

第三十五條　（逾期繳納保險費之寬限期、滯納金計算方式與追繳程序）

①投保單位、保險對象或扣費義務人未依本法所定繳納期限繳納保險費時,得寬限十五日;屆寬限期仍未繳納者,自寬限期間屆至翌日起至完納前一日止,每逾一日加徵其應納費額百分之零點一滯納金,其上限如下:

一　於投保單位、扣費義務人為其應納費額之百分之十五。

　　二　於保險對象為其應納費額之百分之五。

②前項滯納金，於主管機關公告之一定金額以下時，免予加徵。

③第一項之保險費及滯納金，於投保單位、扣費義務人應繳納之日起，逾三十日未繳納時，保險人得將其移送行政執行；於保險對象逾一百五十日未繳納時，亦同。

第三十六條　（分期繳納保險費之申請）

①有經濟上之困難，未能一次繳納保險費、滯納金或應自行負擔之費用者，得向保險人申請分期繳納，或依第九十九條之規定申請貸款或補助；保險人並應主動協助之，必要時應會同社政單位或委託民間相關專業團體，尋求社會資源協助。

②前項申請之條件、審核程序、分期繳納期限及其他應遵行事項之辦法，由保險人擬訂，報主管機關核定發布。

第三十七條　（暫行停止保險給付之情形及例外）

①保險人於投保單位或保險對象未繳清保險費及滯納金前，經查證及輔導後，得對有能力繳納，拒不繳納之保險對象暫行停止保險給付。但被保險人應繳部分之保險費已由投保單位扣繳、已繳納於投保單位、經依前條規定經保險人核定其得分期繳納，或保險對象於依家庭暴力防治法之規定受保護期間時，不在此限。

②前項暫行停止保險給付期間內之保險費仍應予計收。

第三十八條　（負責人或主持人應負清償責任）

　　投保單位、扣費義務人積欠保險費或滯納金，無財產可供執行或其財產不足清償時，其負責人或主持人應負清償責任。

第三十九條　（保險費、滯納金優先於普通債權）

　　本保險之保險費、滯納金，優先於普通債權。

第五章　保險給付

第四十條　（保險醫療辦法）

①保險對象發生疾病、傷害事故或生育時，保險醫事服務機構提供保險醫療服務，應依第二項訂定之醫療辦法、第四十一條第一項、第二項訂定之醫療服務給付項目及支付標準、藥物給付項目及支付標準之規定辦理。

②前項保險對象就醫程序、就醫輔導、保險醫療服務提供方式及其他醫療服務必要事項之醫療辦法，由主管機關定之。保險對象收容於

矯正機關者，其就醫時間與處所之限制，及戒護、轉診、保險醫療提供方式等相關事項之管理辦法，由主管機關會同法務部定之。

第四十一條　（醫療服務給付項目及支付標準之擬訂發布）

①醫療服務給付項目及支付標準，由保險人與相關機關、專家學者、被保險人、雇主及保險醫事服務提供者等代表共同擬訂，報主管機關核定發布。

②藥物給付項目及支付標準，由保險人與相關機關、專家學者、被保險人、雇主、保險醫事服務提供者等代表共同擬訂，並得邀請藥物提供者及相關專家、病友等團體代表表示意見，報主管機關核定發布。

③前二項標準之擬訂，應依被保險人之醫療需求及醫療給付品質為之；其會議內容實錄及代表利益之自我揭露等相關資訊應予公開。於保險人辦理醫療科技評估時，其結果並應於擬訂前公開。

④第一項及第二項共同擬訂之程序與代表名額、產生方式、任期、利益之揭露及資訊公開等相關事項之辦法，由主管機關定之。

第四十二條　（醫療服務給付項目及支付標準之訂定原則）

①醫療服務給付項目及支付標準之訂定，應以相對點數反應各項服務成本及以同病、同品質同酬為原則，並得以論量、論病例、論品質、論人或論日等方式訂定之。

②前項醫療服務給付項目及支付標準之訂定，保險人得先辦理醫療科技評估，並應考量人體健康、醫療倫理、醫療成本效益及本保險財務；藥物給付項目及支付標準之訂定，亦同。

③醫療服務及藥物屬高危險、昂貴或有不當使用之虞者，應於使用前報經保險人審查同意。但情況緊急者，不在此限。

④前項應於使用前審查之項目、情況緊急之認定與審查方式、基準及其他相關事項，應於醫療服務給付項目及支付標準、藥物給付項目及支付標準中定之。

第四十三條　（保險對象門診費用等自行負擔之比率）

①保險對象應自行負擔門診或急診費用之百分之二十，居家照護醫療費用之百分之五。但不經轉診，於地區醫院、區域醫院、醫學中心門診就醫者，應分別負擔其百分之三十、百分之四十及百分之五十。

②前項應自行負擔之費用，於醫療資源缺乏之地區，得予減免。

③第一項應自行負擔之費用，主管機關於必要時，得依診所及各級醫院前一年平均門診費用及第一項所定比率，以定額方式收取，並每

年公告其金額。

④第一項之轉診實施辦法及第二項醫療資源缺乏地區之條件，由主管機關定之。

第四十四條 （家庭責任醫師制度之訂定）

①保險人為促進預防醫學、落實轉診制度，並提升醫療品質與醫病關係，應訂定家庭責任醫師制度。

②前項家庭責任醫師制度之給付，應採論人計酬為實施原則，並依照顧對象之年齡、性別、疾病等校正後之人頭費，計算當年度之給付總額。

③第一項家庭責任醫師制度之實施辦法及時程，由主管機關定之。

第四十五條 （特殊材料之給付上限及保險醫事服務機構得收取差額之上限）

①本保險給付之特殊材料，保險人得訂定給付上限及保險醫事服務機構得收取差額之上限；屬於同功能類別之特殊材料，保險人得支付同一價格。

②保險對象得於經保險醫事服務機構之醫師認定有醫療上需要時，選用保險人定有給付上限之特殊材料，並自付其差額。

③前項自付差額之特殊材料品項，應由其許可證持有者向保險人申請，經保險人同意後，併同其實施日期，提健保會討論，報主管機關核定公告。

第四十六條 （藥品價格之調整）

①保險人應依市場交易情形合理調整藥品價格；藥品逾專利期第一年起開始調降，於五年內依市場交易情形逐步調整至合理價格。

②前項調整作業程序及有關事項之辦法，由主管機關定之。

第四十七條 （保險對象住院費用自行負擔之比率）

①保險對象應自行負擔之住院費用如下：

　　一　急性病房：三十日以內，百分之十；逾三十日至第六十日，百分之二十；逾六十日起，百分之三十。

　　二　慢性病房：三十日以內，百分之五；逾三十日至第九十日，百分之十；逾九十日至第一百八十日，百分之二十；逾一百八十日起，百分之三十。

②保險對象於急性病房住院三十日以內或於慢性病房住院一百八十日以內，同一疾病每次住院應自行負擔費用之最高金額及全年累計應自行負擔費用之最高金額，由主管機關公告之。

第四十八條 （保險對象自行負擔費用之除外條件）

①保險對象有下列情形之一者，免依第四十三條及前條規定自行負擔
費用：

一　重大傷病。

二　分娩。

三　山地離島地區之就醫。

②前項免自行負擔費用範圍、重大傷病之項目、申請重大傷病證明之
程序及其他相關事項之辦法，由主管機關定之。

第四十九條 （低收入戶之費用補助）

符合社會救助法規定之低收入戶成員就醫，依第四十三條及第四
十七條規定應自行負擔之費用，由中央社政主管機關編列預算補助。
但不經轉診於各級醫院門診就醫者，除情況特殊者外，不予補助。

第五十條 （暫行拒絕保險給付之要件）

①保險對象依第四十三條及第四十七條規定應自行負擔之費用，應向
保險醫事服務機構繳納。

②保險醫事服務機構對保險對象未依前項規定繳納之費用，催繳後仍
未繳納時，得通知保險人；保險人於必要時，經查證及輔導後，得
對有能力繳納，拒不繳納之保險對象暫行停止保險給付。但保險對
象於依家庭暴力防治法之規定受保護期間時，不適用之。

第五十一條 （不列入給付範圍之項目）

下列項目不列入本保險給付範圍：

一　依其他法令應由各級政府負擔費用之醫療服務項目。

二　預防接種及其他由各級政府負擔費用之醫療服務項目。

三　藥癮治療、美容外科手術、非外傷治療性齒列矯正、預防性
手術、人工協助生殖技術、變性手術。

四　成藥、醫師藥師藥劑生指示藥品。

五　指定醫師、特別護士及護理師。

六　血液。但因緊急傷病經醫師診斷認為必要之輸血，不在此限。

七　人體試驗。

八　日間住院。但精神病照護，不在此限。

九　管灌飲食以外之膳食、病房費差額。

十　病人交通、掛號、證明文件。

十一　義齒、義眼、眼鏡、助聽器、輪椅、拐杖及其他非具積極治
療性之裝具。

十二　其他由保險人擬訂，經健保會審議，報主管機關核定公告之
　　　診療服務及藥物。

第五十二條　（不屬承保之範圍）

因戰爭變亂，或經行政院認定並由各級政府專款補助之重大疫情及
嚴重之地震、風災、水災、火災等天災所致之保險事故，不適用本
保險。

第五十三條　（不予保險給付之事項）

保險人就下列事項，不予保險給付：

一　住院治療經診斷並通知出院，而繼續住院之部分。

二　有不當重複就醫或其他不當使用醫療資源之保險對象，未依
　　保險人輔導於指定之保險醫事服務機構就醫。但情況緊急時
　　不在此限。

三　使用經事前審查，非屬醫療必要之診療服務或藥物。

四　違反本保險規定之有關就醫程序。

第五十四條　（未依本法提供醫療服務者，不得向保險對象收取費用）

保險醫事服務機構對保險對象之醫療服務，經保險人審查認定不符
合本法規定者，其費用不得向保險對象收取。

第五十五條　（得申請核退自墊醫療費用之情形）

保險對象有下列情形之一者，得向保險人申請核退自墊醫療費用：

一　於臺灣地區內，因緊急傷病或分娩，須在非保險醫事服務機
　　構立即就醫。

二　於臺灣地區外，因罹患保險人公告之特殊傷病、發生不可預
　　期之緊急傷病或緊急分娩，須在當地醫事服務機構立即就醫；
　　其核退之金額，不得高於主管機關規定之上限。

三　於保險人暫行停止給付期間，在保險醫事服務機構診療或分
　　娩，並已繳清保險費等相關費用；其在非保險醫事服務機構
　　就醫者，依前二款規定辦理。

四　保險對象於保險醫事服務機構診療或分娩，因不可歸責於保
　　險對象之事由，致自墊醫療費用。

五　依第四十七條規定自行負擔之住院費用，全年累計超過主管
　　機關所定最高金額之部分。

第五十六條　（申請核退自墊醫療費用之期限）

①保險對象依前條規定申請核退自墊醫療費用，應於下列期限內為之：

一 依第一款、第二款或第四款規定申請者，為門診、急診治療當日或出院之日起六個月內。但出海作業之船員，為返國入境之日起六個月內。

二 依第三款規定申請者，為繳清相關費用之日起六個月內，並以最近五年發生者為限。

三 依第五款規定申請者，為次年六月三十日前。

②保險對象申請核退自墊醫療費用應檢具之證明文件、核退基準與核退程序及其他應遵行事項之辦法，由主管機關定之。

第五十七條 （不得以同一事故重複申請或受領核退自墊醫療費用）

保險對象不得以同一事故重複申請或受領核退自墊醫療費用。

第五十八條 （退保之處理辦法）

保險對象依第十三條規定應退保者，自應退保之日起，不予保險給付；保險人應退還其溢繳之保險費。已受領保險給付者，應返還保險人所支付之醫療費用。

第五十九條 （保險對象受領核退自墊醫療費用之權利）

保險對象受領核退自墊醫療費用之權利，不得讓與、抵銷、扣押或供擔保。

第六章 醫療費用支付

第六十條 （擬訂醫療給付費用總額之範圍）

本保險每年度醫療給付費用總額，由主管機關於年度開始六個月前擬訂其範圍，經諮詢健保會後，報行政院核定。

第六十一條 （醫療給付費用總額及分配方式之協定）

①健保會應於各年度開始三個月前，在前條行政院核定之醫療給付費用總額範圍內，協議訂定本保險之醫療給付費用總額及其分配方式，報主管機關核定；不能於期限內協議訂定時，由主管機關決定。

②前項醫療給付費用總額，得分地區訂定門診及住院費用之分配比率。

③前項門診醫療給付費用總額，得依醫師、中醫師、牙醫師門診診療服務、藥事人員藥事服務及藥品費用，分別設定分配比率及醫藥分帳制度。

④第一項醫療給付費用總額訂定後，保險人應遴聘保險付費者代表、保險醫事服務提供者代表及專家學者，研商及推動總額支付制度。

⑤前項研商應於七日前，公告議程；並於研商後十日內，公開出席名單及會議實錄。

⑥第二項所稱地區之範圍由保險人擬訂，報主管機關核定發布。

第六十二條 （醫療服務之點數及藥物費用之申報）

①保險醫事服務機構應依據醫療服務給付項目及支付標準、藥物給付項目及支付標準，向保險人申報其所提供之醫療服務之點數及藥物費用。

②前項費用之申報，應自保險醫事服務機構提供醫療服務之次月一日起六個月內為之。但有不可抗力因素時，得於事實消滅後六個月內為之。

③保險人應依前條分配後之醫療給付費用總額及經其審查後之醫療服務總點數，核算每點費用；並按各保險醫事服務機構經其審查之點數，核付其費用。

④藥品費用經保險人審查後，核付各保險醫事服務機構，其支付之費用，超出預先設定之藥品費用分配比率目標時，超出目標之額度，保險人於次一年度修正藥物給付項目及支付標準；其超出部分，應自當季之醫療給付費用總額中扣除，並依支出目標調整核付各保險醫事服務機構之費用。

第六十三條 （醫療費用之核付）

①保險人對於保險醫事服務機構辦理本保險之醫療服務項目、數量及品質，應遴聘具有臨床或相關經驗之醫藥專家進行審查，並據以核付費用；審查業務得委託相關專業機構、團體辦理之。

②前項醫療服務之審查得採事前、事後及實地審查方式辦理，並得以抽樣或檔案分析方式為之。

③醫療費用申報、核付程序與時程及醫療服務審查之辦法，由主管機關定之。

④第一項得委託之項目、受委託機構、團體之資格條件、甄選與變更程序、監督及權利義務等有關事項之辦法，由保險人擬訂，報主管機關核定發布。

第六十四條 （醫療服務不給付費用之核減）

醫師開立處方交由其他保險醫事服務機構調劑、檢驗、檢查或處置，經保險人核定不予給付，且可歸責於該醫師時，該費用應自該醫師所屬之醫療機構申報之醫療費用中核減之。

第六十五條 （醫藥分帳制度等實施日期之訂定）

第六十一條第三項及第六十二條第四項之規定得分階段實施，其實施日期，由主管機關定之；未實施前，醫療服務給付項目及支付標準之每點支付金額，由主管機關定之。

第七章　保險醫事服務機構

第六十六條　（保險醫事服務機構之申請）

①醫事服務機構得申請保險人同意特約為保險醫事服務機構，得申請特約為保險醫事服務機構之醫事服務機構種類與申請特約之資格、程序、審查基準、不予特約之條件、違約之處理及其他有關事項之辦法，由主管機關定之。

②前項醫事服務機構，限位於臺灣、澎湖、金門、馬祖。

第六十七條　（保險病房之設置及比率）

①特約醫院設置病房，應符合保險病房設置基準；保險病房設置基準及應占總病床比率，由主管機關定之。

②特約醫院應每日公布各保險病床使用情形。

③保險人應每月公布各特約醫院之保險病房設置比率，並每季查核之。

第六十八條　（保險醫事服務機構不得自立名目收費）

保險醫事服務機構對本保險所提供之醫療給付，除本法另有規定外，不得自立名目向保險對象收取費用。

第六十九條　（保險醫事服務機構負查核保險資格之責）

保險醫事服務機構應於保險對象就醫時，查核其健保卡；未經查核者，保險人得不予支付醫療費用；已領取醫療費用者，保險人應予追還。但不可歸責於保險醫事服務機構者，不在此限。

第七十條　（保險對象就醫之權益）

保險醫事服務機構於保險對象發生保險事故時，應依專長及設備提供適當醫療服務或協助其轉診，不得無故拒絕其以保險對象身分就醫。

第七十一條　（提供資料之義務）

①保險醫事服務機構於診療保險對象後，應交付處方予保險對象，於符合規定之保險醫事服務機構調劑、檢驗、檢查或處置。

②保險對象門診診療之藥品處方及重大檢驗項目，應放於健保卡內。

第七十二條　（保險醫療資源耗用改善方案之擬訂）

為減少無效醫療等不當耗用保險醫療資源之情形，保險人每年度應

擬訂抑制資源不當耗用之改善方案，提健保會討論後，報主管機關核定。

第七十三條 （保險醫事服務機構應提供財務報告）

①保險醫事服務機構當年領取之保險醫療費用超過一定數額者，應於期限內向保險人提報經會計師簽證或審計機關審定之全民健康保險業務有關之財務報告，保險人並應公開之。

②前項之一定數額、期限、財務報告之提供程序、格式及內容之辦法，由保險人擬訂，提健保會討論後，報主管機關核定發布。

③第一項之財務報告應至少包括下列各項報表：

一　資產負債表。

二　收支餘絀表。

三　淨值變動表。

四　現金流量表。

五　醫務收入明細表。

六　醫務成本明細表。

第七十四條 （資訊公開之義務）

①保險人及保險醫事服務機構應定期公開與本保險有關之醫療品質資訊。

②前項醫療品質資訊之範圍內容、公開方式及其他應遵行事項之辦法，由保險人擬訂，提健保會討論後，報主管機關核定發布。

第七十五條 （保險醫事服務機構與藥商之交易應簽訂書面契約）

①保險醫事服務機構申報之保險藥品費用逾主管機關公告之金額者，其與藥商間之藥品交易，除為罕見疾病用藥採購或有主管機關公告之特殊情事外，應簽訂書面契約，明定其權利義務關係。

②主管機關應會同行政院公平交易委員會訂定前項書面契約之定型化契約範本及其應記載及不得記載事項。

第八章　安全準備及行政經費

第七十六條 （安全準備之來源）

①本保險為平衡保險財務，應提列安全準備，其來源如下：

一　本保險每年度收支之結餘。

二　本保險之滯納金。

三　本保險安全準備所運用之收益。

　　四　政府已開徵之菸、酒健康福利捐。

　　五　依其他法令規定之收入。

②本保險年度收支發生短絀時，應由本保險安全準備先行填補。

第七十七條　（保險基金之運用方式）

本保險之基金，得以下列方式運用：

　　一　公債、庫券及公司債之投資。

　　二　存放於公營銀行或主管機關指定之金融機構。

　　三　其他經主管機關核准有利於本保險之投資。

第七十八條　（保險安全準備總額之額度）

本保險安全準備總額，以相當於最近精算一個月至三個月之保險給付支出為原則。

第九章　相關資料及文件之蒐集、查閱

第七十九條　（資料之提供及保存）

①保險人為辦理本保險業務所需之必要資料，得請求相關機關提供之；各該機關不得拒絕。

②保險人依前項規定所取得之資料，應盡善良管理人之注意義務；相關資料之保存、利用等事項，應依個人資料保護法之規定為之。

第八十條　（據實陳述之義務）

①主管機關為審議保險爭議事項或保險人為辦理各項保險業務，得請保險對象、投保單位、扣費義務人及保險醫事服務機構提供所需之帳冊、簿據、病歷、診療紀錄、醫療費用成本等文件或有關資料，或對其訪查、查詢。保險對象、投保單位、扣費義務人及保險醫事服務機構不得規避、拒絕、妨礙或作虛偽之證明、報告或陳述。

②前項相關資料之範圍、調閱程序與訪查、查詢等相關事項之辦法，由主管機關定之。

第十章　罰　　則

第八十一條　（罰則㈠）

①以不正當行為或以虛偽之證明、報告、陳述而領取保險給付、申請核退或申報醫療費用者，處以其領取之保險給付、申請核退或申報之醫療費用二倍至二十倍之罰鍰；其涉及刑責者，移送司法機關辦

理。保險醫事服務機構因該事由已領取之醫療費用，得在其申報之應領醫療費用內扣除。

②保險醫事服務機構有前項規定行為，其情節重大者，保險人應公告其名稱、負責醫事人員或行為人姓名及違法事實。

第八十二條 （罰則(二)）

保險醫事服務機構違反第六十八條之規定者，應退還已收取之費用，並按所收之費用處以五倍之罰鍰。

第八十三條 （罰則(三)）

保險醫事服務機構違反第六十八條規定，或有第八十一條第一項規定行為，保險人除依第八十一條及前條規定處罰外，並得視其情節輕重，限定其於一定期間不予特約或永不特約。

第八十四條 （罰則(四)）

①投保單位未依第十五條規定，為所屬被保險人或其眷屬辦理投保手續者，除追繳保險費外，並按應繳納之保險費，處以二倍至四倍之罰鍰。

②前項情形非可歸責於投保單位者，不適用之。

③投保單位未依規定負擔所屬被保險人及其眷屬之保險費，而由被保險人自行負擔者，投保單位除應退還該保險費予被保險人外，並按應負擔之保險費，處以二倍至四倍之罰鍰。

第八十五條 （罰則(五)）

扣費義務人未依第三十一條規定扣繳保險對象應負擔之補充保險費者，保險人得限期令其補繳外，並按應扣繳之金額處一倍之罰鍰；未於限期內補繳者，處三倍之罰鍰。

第八十六條 （罰則(六)）

特約醫院之保險病房未達第六十七條所定設置基準或應占總病床之比率者，依其不足每床處新臺幣一萬元以上五萬元以下罰鍰，保險人並應令其限期改善；屆期未改善者，按次處罰。

第八十七條 （罰則(七)）

保險醫事服務機構違反第七十五條第一項規定，未簽訂書面契約，或違反主管機關依第七十五條第二項規定所定應記載及不得記載事項規定者，處新臺幣二萬元以上十萬元以下罰鍰，保險人並得令其限期改善；屆期未改善者，按次處罰。

第八十八條 （罰則(八)）

①保險對象違反第十一條規定參加本保險者，除追繳短繳之保險費外，

並處新臺幣三千元以上一萬五千元以下罰鍰。

②前項追繳短繳之保險費，以最近五年內之保險費為限。

第八十九條 （罰則（九））

有下列情形之一者，除追繳短繳之保險費外，並按其短繳之保險費金額處以二倍至四倍之罰鍰：

一　第一類被保險人之投保單位，將被保險人投保金額以多報少者。

二　第二類及第三類被保險人，將其投保金額以多報少者。

第九十條 （罰則（十））

違反第七十條或第八十條第一項規定者，處新臺幣二萬元以上十萬元以下罰鍰。

第九十一條 （罰則（十一））

保險對象不依本法規定參加本保險者，處新臺幣三千元以上一萬五千元以下罰鍰，並追溯自合於投保條件之日起補辦投保，於罰鍰及保險費未繳清前，暫予保險給付。

第九十二條 （罰鍰之執行機關）

本法所定之罰鍰，由保險人處罰之。

第十一章　附　　則

第九十三條 （假扣押免提供擔保）

投保單位、保險對象或保險醫事服務機構積欠本保險相關費用，有隱匿或移轉財產、逃避執行之情事者，保險人得聲請法院就其財產實施假扣押，並得免提供擔保。

第九十四條 （職業災害保險給付）

①被保險人參加職業災害保險者，其因職業災害事故所發生之醫療費用，由職業災害保險給付。

②保險人得接受勞工保險保險人之委託，辦理職業災害保險之醫療給付事宜。

③前項職業災害保險醫療給付委託之範圍、費用償付及其他相關事項之辦法，由主管機關會同中央勞工保險主管機關定之。

第九十五條 （保險人之代位行使損害賠償請求權）

①保險對象發生對第三人有損害賠償請求權之保險事故，本保險之保險人於提供保險給付後，得依下列規定，代位行使損害賠償請求權：

　　一　汽車交通事故：向強制汽車責任保險保險人請求。

　　二　公共安全事故：向第三人依法規應強制投保之責任保險保險人請求。

　　三　其他重大之交通事故、公害或食品中毒事件：第三人已投保責任保險者，向其保險人請求；未投保者，向第三人請求。

②前項第三款所定重大交通事故、公害及食品中毒事件之求償範圍、方式及程序等事項之辦法，由主管機關定之。

第九十六條　（財務收支之辦理）

本保險之財務收支，由保險人以作業基金方式列入年度預算辦理。

第九十七條　（免課稅捐之項目）

本保險之一切帳冊、單據及業務收支，均免課稅捐。

第九十八條　（有關滯納金等規定之排除適用）

第三十五條、第三十七條、第五十條第二項及第九十一條有關滯納金，暫行停止給付或罰鍰之規定，於被保險人經濟困難資格期間，不適用之。

第九十九條　（紓困基金之設置）

①主管機關得編列預算設置紓困基金，供經濟困難，無力繳納保險費之保險對象無息申貸或補助本保險保險費及應自行負擔之費用。

②前項申貸，除申貸人自願提前清償外，每月償還金額，不得高於開始申貸當時之個人保險費之二倍。

③第一項基金之申貸及補助資格、條件、貸款償還期限與償還方式及其他應遵行事項之辦法，由主管機關定之。

第一百條　（經濟困難認定標準之訂定）

前二條所定經濟困難，其認定標準，由主管機關參考社會救助相關標準定之。

第一百零一條　（申請延緩繳納保險費或清償貸款被保險人清償能力之查核）

依本法中華民國一百年一月四日修正施行前第八十七條之四第一項及第二項規定申請延緩繳納保險費或清償貸款者，保險人應定期查核被保險人之清償能力。

第一百零二條　（累計財務短絀金額分年編列預算撥補）

本法中華民國一百年一月四日修正之條文施行前，本保險之累計財務短絀金額，由中央主管機關分年編列預算撥補之。

第一百零三條　（施行細則之訂定）

本法施行細則，由主管機關定之。

第一百零四條　（施行日期）

本法施行日期，由行政院定之。

就業保險法

民國九十一年五月十五日總統令公布
九十六年一月二十九日總統令修正公布
九十八年四月二十二日總統令修正公布
九十八年五月十三日總統令修正公布
一百年四月二十七日總統令修正公布第三八條條文

第一章 總 則

第一條 （立法目的）

為提昇勞工就業技能，促進就業，保障勞工職業訓練及失業一定期間之基本生活，特制定本法；本法未規定者，適用其他法律之規定。

第二條 （主管機關）

就業保險（以下簡稱本保險）之主管機關：在中央為行政院勞工委員會；在直轄市為直轄市政府；在縣（市）為縣（市）政府。

第三條 （監理機關）

①本保險業務，由勞工保險監理委員會監理。

②被保險人及投保單位對保險人核定之案件發生爭議時，應先向勞工保險監理委員會申請審議；對於爭議審議結果不服時，得依法提起訴願及行政訴訟。

第二章 保險人、投保對象及投保單位

第四條 （辦理機關）

本保險由中央主管機關委任勞工保險局辦理，並為保險人。

第五條 （被保險人及投保單位）

①年滿十五歲以上，六十五歲以下之下列受僱勞工，應以其雇主或所屬機構為投保單位，參加本保險為被保險人：

一 具中華民國國籍。

二 與在中華民國境內設有戶籍之國民結婚，且獲准居留依法在臺灣地區工作之外國人、大陸地區人民、香港居民或澳門居民。

②前項所列人員有下列情形之一者，不得參加本保險：

一　依法應參加公教人員保險或軍人保險。

二　已領取勞工保險老年給付或公教人員保險養老給付。

三　受僱於依法免辦登記且無核定課稅或依法免辦登記且無統一發票購票證之雇主或機構。

③受僱於二個以上雇主者，得擇一參加本保險。

第六條　（本保險之生效規定）

①本法施行後，依前條規定應參加本保險為被保險人之勞工，自投保單位申報參加勞工保險生效之日起，取得本保險被保險人身分；自投保單位申報勞工保險退保效力停止之日起，其保險效力即行終止。

②本法施行前，已參加勞工保險之勞工，自本法施行之日起，取得被保險人身分；其依勞工保險條例及勞工保險失業給付實施辦法之規定，繳納失業給付保險費之有效年資，應合併計算本保險之保險年資。

③依前條規定應參加本保險為被保險人之勞工，其雇主或所屬團體或所屬機構未為其申報參加勞工保險者，各投保單位應於本法施行之當日或勞工到職之當日，為所屬勞工申報參加本保險；於所屬勞工離職之當日，列表通知保險人。其保險效力之開始或停止，均自應為申報或通知之當日起算。但投保單位非於本法施行之當日或勞工到職之當日為其申報參加本保險者，除依本法第三十八條規定處罰外，其保險效力之開始，均自申報或通知之翌日起算。

第七條　（必要之調查）

主管機關、保險人及公立就業服務機構為查核投保單位勞工工作情況、薪資或離職原因，必要時，得查對其員工名冊、出勤工作紀錄及薪資帳冊等相關資料，投保單位不得規避、妨礙或拒絕。

第三章　保險財務

第八條　（保險費率之核定）

本保險之保險費率，由中央主管機關按被保險人當月之月投保薪資百分之一至百分之二擬訂，報請行政院核定之。

第九條　（保險費率之精算）

①本保險之保險費率，保險人每三年應至少精算一次，並由中央主管機關聘請精算師、保險財務專家、相關學者及社會公正人士九人至

十五人組成精算小組審查之。

②有下列情形之一者，中央主管機關應於前條規定之保險費率範圍內調整保險費率：

  一　精算之保險費率，其前三年度之平均值與當年度保險費率相差幅度超過正負百分之五。

  二　本保險累存之基金餘額低於前一年度保險給付平均月給付金額之六倍或高於前一年度保險給付平均月給付金額之九倍。

  三　本保險增減給付項目、給付內容、給付標準或給付期限，致影響保險財務。

第四章　保險給付

第十條　（保險給付之種類）

①本保險之給付，分下列五種：

  一　失業給付。

  二　提早就業獎助津貼。

  三　職業訓練生活津貼。

  四　育嬰留職停薪津貼。

  五　失業之被保險人及隨同被保險人辦理加保之眷屬全民健康保險保險費補助。

②前項第五款之補助對象、補助條件、補助標準、補助期間之辦法，由中央主管機關定之。

第十一條　（保險給付之請領條件）

①本保險各種保險給付之請領條件如下：

  一　失業給付：被保險人於非自願離職辦理退保當日前三年內，保險年資合計滿一年以上，具有工作能力及繼續工作意願，向公立就業服務機構辦理求職登記，自求職登記之日起十四日內仍無法推介就業或安排職業訓練。

  二　提早就業獎助津貼：符合失業給付請領條件，於失業給付請領期間屆滿前受僱工作，並參加本保險三個月以上。

  三　職業訓練生活津貼：被保險人非自願離職，向公立就業服務機構辦理求職登記，經公立就業服務機構安排參加全日制職業訓練。

  四　育嬰留職停薪津貼：被保險人之保險年資合計滿一年以上，

　　　　子女滿三歲前，依性別工作平等法之規定，辦理育嬰留職停薪。

②被保險人因定期契約屆滿離職，逾一個月未能就業，且離職前一年內，契約期間合計滿六個月以上者，視為非自願離職，並準用前項之規定。

③本法所稱非自願離職，指被保險人因投保單位關廠、遷廠、休業、解散、破產宣告離職；或因勞動基準法第十一條、第十三條但書、第十四條及第二十條規定各款情事之一離職。

第十二條 （就業促進服務）

①公立就業服務機構為促進失業之被保險人再就業，得提供就業諮詢、推介就業或參加職業訓練。

②前項業務得由主管機關或公立就業服務機構委任或委託其他機關（構）、學校、團體或法人辦理。

③中央主管機關對於就業保險年度應收保險費百分之十及歷年經費執行賸餘額度之範圍內提撥經費，辦理下列事項：

　　一　被保險人之在職訓練。

　　二　被保險人失業後之職業訓練、創業協助及其他促進就業措施。

　　三　被保險人之僱用安定措施。

　　四　雇主僱用失業勞工之獎助。

④辦理前項各款所定事項之對象、職類、資格條件、項目、方式、期間、給付標準、給付限制、經費管理、運用及其他應行事項之辦法，由中央主管機關定之。

⑤第一項所稱就業諮詢，指提供選擇職業、轉業或職業訓練之資訊與服務、就業促進研習活動或協助工作適應之專業服務。

第十三條 （仍得請領失業給付之情形㈠）

申請人對公立就業服務機構推介之工作，有下列各款情事之一而不接受者，仍得請領失業給付：

　　一　工資低於其每月得請領之失業給付數額。

　　二　工作地點距離申請人日常居住處所三十公里以上。

第十四條 （仍得請領失業給付之情形㈡）

①申請人對公立就業服務機構安排之就業諮詢或職業訓練，有下列情事之一而不接受者，仍得請領失業給付：

　　一　因傷病診療，持有證明而無法參加者。

　　二　為參加職業訓練，需要變更現在住所，經公立就業服務機構

認定顯有困難者。

②申請人因前項各款規定情事之一，未參加公立就業服務機構安排之就業諮詢或職業訓練，公立就業服務機構在其請領失業給付期間仍得擇期安排。

第十五條　（失業給付申請之拒絕）

被保險人有下列情形之一者，公立就業服務機構應拒絕受理失業給付之申請：

一　無第十三條規定情事之一不接受公立就業服務機構推介之工作。

二　無前條規定情事之一不接受公立就業服務機構之安排，參加就業諮詢或職業訓練。

第十六條　（失業給付發放之辦理）

①失業給付按申請人離職辦理本保險退保之當月起前六個月平均月投保薪資百分之六十按月發給，最長發給六個月。但申請人離職辦理本保險退保時已年滿四十五歲或領有社政主管機關核發之身心障礙證明者，最長發給九個月。

②中央主管機關於經濟不景氣致大量失業或其他緊急情事時，於審酌失業率及其他情形後，得延長前項之給付期間最長至九個月，必要時得再延長之，但最長不得超過十二個月。但延長給付期間不適用第十三條及第十八條之規定。

③前項延長失業給付期間之認定標準、請領對象、請領條件、實施期間、延長時間及其他相關事項之辦法，由中央主管機關擬訂，報請行政院核定之。

④受領失業給付未滿前三項給付期間再參加本保險後非自願離職者，得依規定申領失業給付。但合併原已領取之失業給付月數及依第十八條規定領取之提早就業獎助津貼，以發給前三項所定給付期間為限。

⑤依前四項規定領滿給付期間者，自領滿之日起二年內再次請領失業給付，其失業給付以發給原給付期間之二分之一為限。

⑥依前五項規定領滿失業給付之給付期間者，本保險年資應重行起算。

第十七條　（失業期間另有工作）

①被保險人於失業期間另有工作，其每月工作收入超過基本工資者，不得請領失業給付；其每月工作收入未超過基本工資者，其該月工作收入加上失業給付之總額，超過其平均月投保薪資百分之八十部

分，應自失業給付中扣除。但總額低於基本工資者，不予扣除。

②領取勞工保險傷病給付、職業訓練生活津貼、臨時工作津貼、創業貸款利息補貼或其他促進就業相關津貼者，領取相關津貼期間，不得同時請領失業給付。

第十八條　（提早就業獎助津貼）

符合失業給付請領條件，於失業給付請領期限屆滿前受僱工作，並依規定參加本保險為被保險人滿三個月以上者，得向保險人申請，按其尚未請領之失業給付金額之百分之五十，一次發給提早就業獎助津貼。

第十九條　（職業訓練生活津貼之發放）

①被保險人非自願離職，向公立就業服務機構辦理求職登記，經公立就業服務機構安排參加全日制職業訓練，於受訓期間，每月按申請人離職辦理本保險退保之當月起前六個月平均月投保薪資百分之六十發給職業訓練生活津貼，最長發給六個月。

②職業訓練單位應於申請人受訓之日，通知保險人發放職業訓練生活津貼。中途離訓或經訓練單位退訓者，訓練單位應即通知保險人停止發放職業訓練生活津貼。

第十九條之一　（扶養眷屬之給付或津貼）

①被保險人非自願離職退保後，於請領失業給付或職業訓練生活津貼期間，有受其扶養之眷屬者，每一人按申請人離職辦理本保險退保之當月起前六個月平均月投保薪資百分之十加給給付或津貼，最多計至百分之二十。

②前項所稱受扶養眷屬，指受被保險人扶養之無工作收入之配偶、未成年子女或身心障礙子女。

第十九條之二　（育嬰留職停薪津貼之請領標準）

①育嬰留職停薪津貼，以被保險人育嬰留職停薪之當月起前六個月平均月投保薪資百分之六十計算，於被保險人育嬰留職停薪期間，按月發給津貼，每一子女合計最長發給六個月。

②前項津貼，於同時撫育子女二人以上之情形，以發給一人為限。

③父母同為被保險人者，應分別請領育嬰留職停薪津貼，不得同時為之。

第二十條　（失業給付之起算）

①失業給付自向公立就業服務機構辦理求職登記之第十五日起算。

②職業訓練生活津貼自受訓之日起算。

第二十一條 （違法辦理參加保險手續）

投保單位故意為不合本法規定之人員辦理參加保險手續，領取保險給付者，保險人應通知限期返還，屆期未返還者，依法移送強制執行。

第二十二條 （權利之限制）

被保險人領取各種保險給付之權利，不得讓與、抵銷、扣押或供擔保。

第二十三條 （因離職發生勞資爭議之失業給付）

①申請人與原雇主間因離職事由發生勞資爭議者，仍得請領失業給付。

②前項爭議結果，確定申請人不符失業給付請領規定時，應於確定之日起十五日內，將已領之失業給付返還。屆期未返還者，依法移送強制執行。

第二十四條 （請求權期間）

領取保險給付之請求權，自得請領之日起，因二年間不行使而消滅。

第五章　申請及審核

第二十五條 （求職登記、失業認定及就業諮詢之辦理）

①被保險人於離職退保後二年內，應檢附離職或定期契約證明文件及國民身分證或其他足資證明身分之證件，親自向公立就業服務機構辦理求職登記、申請失業認定及接受就業諮詢，並填寫失業認定、失業給付申請書及給付收據。

②公立就業服務機構受理求職登記後，應辦理就業諮詢，並自求職登記之日起十四日內推介就業或安排職業訓練。未能於該十四日內推介就業或安排職業訓練時，公立就業服務機構應於翌日完成失業認定，並轉請保險人核發失業給付。

③第一項離職證明文件，指由投保單位或直轄市、縣（市）主管機關發給之證明；其取得有困難者，得經公立就業服務機構之同意，以書面釋明理由代替之。

④前項文件或書面，應載明申請人姓名、投保單位名稱及離職原因。

⑤申請人未檢齊第一項規定文件者，應於七日內補正；屆期未補正者，視為未申請。

第二十六條 （申請人之文件提供）

公立就業服務機構為辦理推介就業及安排職業訓練所需，得要求申

請人提供下列文件：

一　最高學歷及經歷證書影本。

二　專門職業及技術人員證照或執業執照影本。

三　曾接受職業訓練之結訓證書影本。

第二十七條　（就業與否回覆卡之檢送）

①申請人應於公立就業服務機構推介就業之日起七日內，將就業與否回覆卡檢送公立就業服務機構。

②申請人未依前項規定辦理者，公立就業服務機構應停止辦理當次失業認定或再認定。已辦理認定者，應撤銷其認定。

第二十八條　（失業認定）

職業訓練期滿未能推介就業者，職業訓練單位應轉請公立就業服務機構完成失業認定；其未領取或尚未領滿失業給付者，並應轉請保險人核發失業給付，合併原已領取之失業給付，仍以第十六條規定之給付期間為限。

第二十九條　（失業再認定）

①繼續請領失業給付者，應於前次領取失業給付期間末日之翌日起二年內，每個月親自前往公立就業服務機構申請失業再認定。但因傷病診療期間無法親自辦理者，得提出醫療機構出具之相關證明文件，以書面陳述理由委託他人辦理之。

②未經公立就業服務機構為失業再認定者，應停止發給失業給付。

第三十條　（求職紀錄之提供）

領取失業給付者，應於辦理失業再認定時，至少提供二次以上之求職紀錄，始得繼續請領。未檢附求職紀錄者，應於七日內補正；屆期未補正者，停止發給失業給付。

第三十一條　（失業期間或受領失業給付期間另有其他工作收入者之告知義務）

失業期間或受領失業給付期間另有其他工作收入者，應於申請失業認定或辦理失業再認定時，告知公立就業服務機構。

第三十二條　（領取失業給付者之通知義務）

領取失業給付者，應自再就業之日起三日內，通知公立就業服務機構。

第六章　基金及行政經費

第三十三條 （就業保險基金之來源）

①就業保險基金之來源如下：

一　本保險開辦時，中央主管機關自勞工保險基金提撥之專款。

二　保險費與其孳息收入及保險給付支出之結餘。

三　保險費滯納金。

四　基金運用之收益。

五　其他有關收入。

②前項第一款所提撥之專款，應一次全數撥還勞工保險基金。

第三十四條 （就業保險基金之運用）

①就業保險基金，經勞工保險監理委員會之通過，得為下列之運用：

一　對於公債、庫券及公司債之投資。

二　存放於公營銀行或中央主管機關指定之金融機構及買賣短期票券。

三　其他經中央主管機關核准有利於本基金收益之投資。

②前項第三款所稱其他有利於本基金收益之投資，不得為權益證券及衍生性金融商品之投資。

③就業保險基金除作為第一項運用、保險給付支出、第十二條第三項規定之提撥外，不得移作他用或轉移處分。基金之收支、運用情形及其積存數額，應由保險人報請中央主管機關按年公告之。

第三十五條 （經費編列）

辦理本保險所需之經費，由保險人以當年度保險費收入預算總額百分之三點五為上限編列，由中央主管機關編列預算撥付之。

第七章　罰　　則

第三十六條 （詐欺或其他不正當行為之處罰）

以詐欺或其他不正當行為領取保險給付或為虛偽之證明、報告、陳述者，除按其領取之保險給付處以二倍罰鍰外，並應依民法請求損害賠償；其涉及刑責者，移送司法機關辦理。

第三十七條 （勞工違反本規定之處罰）

勞工違反本法規定不參加就業保險及辦理就業保險手續者，處新臺幣一千五百元以上七千五百元以下罰鍰。

第三十八條 （投保單位違反本法規定之處罰）

①投保單位違反本法規定，未為其所屬勞工辦理投保手續者，按自僱

用之日起，至參加保險之前一日或勞工離職日止應負擔之保險費金額，處十倍罰鍰。勞工因此所受之損失，並應由投保單位依本法規定之給付標準賠償之。

②投保單位未依本法之規定負擔被保險人之保險費，而由被保險人負擔者，按應負擔之保險費金額，處二倍罰鍰。投保單位並應退還該保險費與被保險人。

③投保單位違反本法規定，將投保薪資金額以多報少或以少報多者，自事實發生之日起，按其短報或多報之保險費金額，處四倍罰鍰，其溢領之給付金額，經保險人通知限期返還，屆期未返還者，依法移送強制執行，並追繳其溢領之給付金額。勞工因此所受損失，應由投保單位賠償之。

④投保單位違反第七條規定者，處新臺幣一萬元以上五萬元以下罰鍰。

⑤本法中華民國九十八年三月三十一日修正之條文施行前，投保單位經依規定加徵滯納金至應納費額上限，其應繳之保險費仍未向保險人繳納，且未經保險人處以罰鍰或處以罰鍰而未執行者，不再裁處或執行。

第三十九條 （罰鍰之強制執行）

依本法所處之罰鍰，經保險人通知限期繳納，屆期未繳納者，依法移送強制執行。

第八章 附 則

第四十條 （其他法規之準用）

本保險保險效力之開始及停止、月投保薪資、投保薪資調整、保險費負擔、保險費繳納、保險費寬限期與滯納金之徵收及處理、基金之運用與管理，除本法另有規定外，準用勞工保險條例及其相關規定辦理。

第四十一條 （勞工保險條例部分條文之不再適用）

①勞工保險條例第二條第一款有關普通事故保險失業給付部分及第七十四條規定，自本法施行之日起，不再適用。

②自本法施行之日起，本法被保險人之勞工保險普通事故保險費率應按被保險人當月之月投保薪資百分之一調降之，不受勞工保險條例第十三條第二項規定之限制。

第四十二條 （免課稅捐）

本保險之一切帳冊、單據及業務收支，均免課稅捐。

第四十三條 （施行細則之訂定）

本法施行細則，由中央主管機關定之。

第四十四條 （施行日期）

①本法之施行日期，由行政院定之。

②本法中華民國九十八年四月二十一日修正之第三十五條條文，自中華民國九十九年一月一日施行。

附註

中華民國九十一年五月十五日制定公布之全文，定自中華民國九十二年一月一日施行。

中華民國九十六年一月二十九日修正公布條文，定自中華民國九十六年一月三十一日施行。

公教人員保險法

民國四十七年一月二十九日總統令公布

六十三年一月二十九日總統令修正公布

八十四年一月二十八日總統令修正公布

八十八年五月二十九日總統令修正公布全文及法規名稱（原名為「公務人員保險法」）

八十九年一月二十六日總統令修正公布

九十一年六月二十六日總統令修正公布

九十四年一月十九日總統令修正公布

九十八年七月八日總統令修正公布第三、四、一○、一八、二六條；並增訂第一七之一條條文

第一條　（立法目的）

　　為安定公教人員生活，辦理公教人員保險（以下簡稱本保險），特制定本法；本法未規定者，適用其他有關法律。

第二條　（保險之對象）

本保險之保險對象包括下列人員：

一　法定機關編制內之有給專任人員。

二　公立學校編制內之有給專任教職員。

三　依私立學校法規定，辦妥財團法人登記，並經主管教育行政機關核准立案之私立學校編制內之有給專任教職員。

第三條　（保險項目）

　　本保險包括殘廢、養老、死亡、眷屬喪葬及育嬰留職停薪五項。

第四條　（主管機關）

①本保險之主管機關為銓敘部。

②為監督本保險業務，由銓敘部邀請有關機關、專家學者及被保險人代表組織監理委員會；其組織規程由考試院會同行政院定之。

③前項監理委員會由政府代表、被保險人代表及專家學者各占三分之一為原則。

第五條　（承保機關）

①本保險業務由考試院會同行政院指定之機關（構）（以下稱承保機關）辦理。保險財務如有虧損，其屬於中華民國八十八年五月三十日以

前之虧損及潛藏負債部分，由財政部審核撥補；其屬於中華民國八十八年五月三十一日以後之虧損部分，應調整費率挹注。

②本保險財務收支結餘，全部提列為保險準備金；其管理及運用辦法，由主管機關定之。

③承保機關辦理本保險所需事務費，由中央政府編列預算撥付，其金額不得超過年度保險費總額百分之三點五。

第六條　（保險對象之強制加保）

①符合第二條規定之保險對象，應一律參加本保險為被保險人，其保險期間自承保之日起至離職之日止。

②被保險人應在其支領全額俸（薪）給之機關加保，不得重複參加本保險。

③重複參加本保險所繳之保險費，概不退還。但非可歸責於服務機關學校或被保險人之事由所致者，不在此限。

④重複參加軍人保險、勞工保險或農民健康保險者，除本法另有規定外，依前項規定辦理。

⑤同一保險給付，不得因同一事故而重複請領。

第七條　（受益人）

被保險人之受益人為其本人或其法定繼承人；如無法定繼承人時，得指定受益人。

第八條　（保險費率）

①本保險之保險費率為被保險人每月保險俸（薪）給百分之四點五至百分之九。

②前項費率，應由承保機關聘請精算師或委託精算機構定期精算；主管機關評估保險實際收支情形及精算結果，如需調整費率，應報請考試院會同行政院覈實釐定。

③第一項所稱每月保險俸（薪）給，係依公務人員及公立學校教職員俸（薪）給法規所定本俸（薪）或年功俸（薪）為準。私立學校教職員比照公立同級同類學校同薪級教職員保險薪給為準釐定。

第九條　（保險費之給付與補助）

①本保險之保險費，按月繳付，由被保險人自付百分之三十五，政府補助百分之六十五。但私立學校教職員由政府及學校各補助百分之三十二點五。

②前項政府補助私立學校教職員之保險費，由各級主管教育行政機關分別編列預算核撥之。

第十條　（應自付之保險費）

① 被保險人應自付之保險費，由各該服務機關學校於每月發薪時代扣，連同補助之保險費，一併於當月彙繳承保機關；逾期未繳者，承保機關得俟其繳清後，始予辦理各項給付。其因而致使被保險人或其受益人蒙受損失時，由服務機關學校負責。

② 被保險人依法徵服兵役而保留原職時，在服役期間，其應自付部分保險費，由政府負擔。但私立學校教職員，由學校負擔。

③ 前項規定以外之留職停薪被保險人，在申請留職停薪時，應選擇於留職停薪期間退保或自付全部保險費繼續加保，一經選定後不得變更。但於本法增定育嬰留職停薪津貼生效時，原以育嬰辦理留職停薪選擇退保者，得在子女滿三歲前，於繼續留職停薪期間，再依規定選擇一次。

④ 依前項規定選擇者，服務機關學校應俟被保險人填寫同意書後，辦理其退保或續保手續；其選擇繼續加保者，保險俸（薪）給，依同等級公教人員保險俸（薪）給調整。

⑤ 第一項及第三項繳納保險費之規定，身心障礙者權益保障法或性別工作平等法另有規定者，應依其規定。

第十一條　（免繳保險費）

本法修正施行前，原參加公務人員保險或私立學校教職員保險，已繳付保險費滿三十年或繳付保險費未滿三十年，繼續繳付本保險保險費屆滿三十年之被保險人，在本保險有效期間，其保險費及參加全民健康保險之保險費全部由各級政府或各私立要保學校負擔；如發生第三條所列保險事故時，仍得依本法規定，享受保險給付之權利。

第十二條　（保險金支付標準）

被保險人在保險有效期間，發生殘廢、養老、死亡、眷屬喪葬四項保險事故時，予以現金給付；其給付金額，以被保險人當月保險俸（薪）給為計算給付標準。

第十三條　（殘廢給付）

① 被保險人發生傷害事故或罹患疾病，醫治終止後，身體仍遺留無法改善之障礙，符合殘廢標準，並經中央衛生主管機關評鑑合格地區醫院以上之醫院鑑定為永久殘廢者，按其確定成殘當月之保險俸（薪）給數額，依下列規定予以殘廢給付：

　一　因執行公務或服兵役致成全殘廢者，給付三十六個月；半殘

　　廢者，給付十八個月；部分殘廢者，給付八個月。

二　因疾病或意外傷害致成全殘廢者，給付三十個月；半殘廢者，給付十五個月；部分殘廢者，給付六個月。

②前項所稱全殘廢、半殘廢、部分殘廢之標準，由主管機關定之。

③承保機關對請領殘廢給付之案件，得加以調查、複驗、鑑定。

第十三條之一　　（殘廢給付之審核辦理）

殘廢給付依下列規定審核辦理：

一　在加入本保險前原已殘廢者，不得申領本保險殘廢給付。

二　同一部位之殘廢，同時適用二種以上殘廢程度者，依最高標準給付，不得合併或分別申領。

三　不同部位之殘廢，無論同時或先後發生者，其合計給付月數，以三十個月為限，因公者以三十六個月為限。

四　原已殘廢部位，復因再次發生疾病、傷害，致加重其殘廢程度者，按二種標準差額給付。

五　除手術切除器官，存活期滿一個月外，被保險人死亡前一個月內或彌留狀態或不治死亡後，所出具之殘廢證明書，不得據以請領殘廢給付。

第十四條　　（養老給付）

①被保險人依法退休、資遣者或繳付保險費滿十五年並年滿五十五歲而離職退保者，予以一次養老給付。依其保險年資每滿一年給付一點二個月，最高以三十六個月為限。畸零月數按比例發給。

②被保險人於中華民國八十八年五月三十一日本法修正施行前後之保險年資應予合併計算發給養老給付，並受最高三十六個月之限制；其於修正施行前之保險年資，仍依原公務人員保險法或原私立學校教職員保險條例規定標準計算，其未滿五年者，每滿一年給付一個月，未滿一年之畸零月數，按比例發給；其於修正施行後之保險年資，依前項規定標準計算。

③被保險人於中華民國八十八年五月三十一日本法修正施行前後保險年資合計十二年六個月以上者，如其平均養老給付月數未達一年一點二個月時，以一年一點二個月計算；其保險年資合計未滿十二年六個月者，如其養老給付月數未達原公務人員保險法或原私立學校教職員保險條例規定標準時，補其差額月數。

④前項規定，自中華民國八十八年五月三十一日施行。

⑤被保險人請領養老給付後，如再重行參加本保險時，原領養老給付

無庸繳回，其原有保險年資，不得合併計算，各次所領養老給付合計月數，最高仍以三十六個月為限。未達最高月數者，補足其差額，其已達最高月數者，不再增給。

⑥被保險人已領養老給付最高月數後，重行參加本保險，日後退休或離職退保時，不再發給養老給付。但重行加保期間未領取本保險其他給付者，其自付部分之保險費，加計利息發還。

⑦被保險人於中華民國八十四年三月一日以後八十八年五月三十日以前繳付保險費滿十五年並年滿五十五歲而離職退保者，依原公務人員保險法或原私立學校教職員保險條例規定標準，予以一次養老給付。

第十五條　（保險年資之計算）

①本法修正施行前原參加公務人員保險及私立學校教職員保險之年資，得合併計算。其養老給付月數最高以三十六個月為限。

②被保險人在本法修正施行前，已依公務人員保險法規定請領養老給付，並再參加私立學校教職員保險者，或已依私立學校教職員保險條例規定請領養老給付，並再參加公務人員保險者，其重行參加各該保險之年資，依前條規定請領養老給付。

第十五條之一　（保險年資之保留）

被保險人退休改參加勞工保險或軍人保險，不合請領本保險養老給付條件者，其原有保險年資予以保留，俟其於參加勞工保險或軍人保險期間依法退職（伍）時，得經由原服務機關學校，依第十四條規定標準，按其退保當月保險俸（薪）給，請領本保險養老給付。但保留年資已領取補償金者，不適用之。

第十六條　（死亡給付）

①被保險人發生死亡事故時，依下列規定，予以死亡給付：

　　一　因公死亡者，給付三十六個月。

　　二　病故或意外死亡者，給付三十個月。但繳付保險費二十年以上者，給付三十六個月。

②依前項規定請領死亡給付者，如曾領取本保險或公務人員保險或私立學校教職員保險之養老給付，應扣除已領養老給付月數。

第十六條之一　（致成殘廢及因公死亡之情形）

①第十三條所稱因執行公務或服兵役致成殘廢及前條所稱因公死亡者，指有下列情事之一者而言：

　　一　因執行職務所生之危險，以致殘廢或死亡。

二　因盡力職務積勞過度，以致殘廢或死亡。

三　因公差遭遇意外危險或罹病，以致殘廢或死亡。

四　因辦公往返或在辦公場所遇意外危險，以致殘廢或死亡。

五　奉召入營或服役期滿在途中遭遇意外危險，以致殘廢或死亡。

六　在服役期內因服役積勞過度，以致殘廢或死亡。

七　在演習中遇意外危險，以致殘廢或死亡。

②前項第二款及第六款所稱積勞過度，應由服務機關學校列舉因公積勞之具體事實負責出具證明書，並繳驗醫療診斷書。

第十七條　（眷屬死亡喪葬津貼）

①被保險人之眷屬因疾病或意外傷害而致死亡者，依下列標準津貼其喪葬費：

一　父母及配偶津貼三個月。

二　子女之喪葬津貼如下：

　　㈠年滿十二歲未滿二十五歲者二個月。

　　㈡年滿十二歲及已為出生登記者一個月。

②前項眷屬喪葬津貼，如子女或父母同為被保險人時，以任擇一人報領為限。

第十七條之一　（育嬰留職停薪津貼）

①被保險人加保年資滿一年以上，養育三足歲以下子女，辦理育嬰留職停薪並選擇繼續加保者，得請領育嬰留職停薪津貼。

②前項津貼，以被保險人育嬰留職停薪當月起，前六個月平均保險俸（薪）給百分之六十計算，自留職停薪之日起，按月發給；最長發給六個月。但留職停薪期間未滿六個月者，以實際留職停薪月數發給；未滿一個月之畸零日數，按實際留職停薪日數計算。

③同時撫育子女二人以上者，以請領一人之津貼為限。

④夫妻同為本保險被保險人者，在不同時間分別辦理同一子女之育嬰留職停薪並選擇繼續加保時，得分別請領。

第十八條　（保險給付）

被保險人或其受益人領取各項保險給付之權利，不得作為讓與、抵銷、扣押或供擔保之標的。但被保險人欠繳之保險費，或依法遞延繳納之自付部分保險費或曾溢領或誤領之保險給付，承保機關得自其現金給付、津貼或發還之保險費中扣抵。

第十九條　（領取保險給付之請求權）

領取保險給付之請求權，自得請領之日起，經過五年不行使而消滅。

但因不可抗力之事由，致不能行使者，自該請求權可行使時起算。

第二十條　（不予給付之原因）

被保險人有下列情形之一者，不予給付：

一　犯罪被執行死刑者。

二　因戰爭致成死亡或殘廢者。

第二十一條　（詐欺取得保險給付之處分）

本保險之各項給付，如有以詐欺行為領得者，除依法治罪外，並追繳其領得保險給付之本息。

第二十二條　（各項給付之支付期限）

依本法支付之各項給付，經承保機關核定後，應在十五日內給付之；如逾期給付歸責於承保機關者，其逾期部分應加給利息。

第二十三條　（免課稅捐之優惠）

本保險之一切帳冊、單據及業務收支，均免課稅捐。

第二十四條　（本法適用之人員）

法定機關編制內有給之公職人員，準用本法之規定。

第二十四條之一　（仍在保辦法之訂定）

中華民國七十四年七月一日前已參加退休人員保險，而於本法修正施行時仍在保者，得繼續參加該保險；其辦法由考試院會同行政院定之。

第二十五條　（施行細則之訂定）

本法施行細則，由考試院會同行政院訂定之。

第二十六條　（施行日期）

①本法除另定施行日期者外，自公布日施行。

②本法中華民國九十八年六月十二日修正之條文，其施行日期由考試院會同行政院定之。

勞工保險條例

民國四十七年七月二十一日總統令公布
五十七年七月二十三日總統令修正公布
六十二年四月二十五日總統令修正公布
六十八年二月十九日總統令修正公布
七十七年二月三日總統令修正公布
八十四年二月二十八日總統令修正公布
八十九年七月十九日總統令修正公布
九十年十二月十九日總統令修正公布
九十二年一月二十日總統令修正公布
九十二年一月二十九日總統令修正公布
九十七年五月十四日總統令修正公布
九十七年八月十三日總統令修正公布
九十八年一月二十三日總統令修正公布
九十八年四月二十二日總統令修正公布
九十八年十一月二十五日總統令修正公布
一百年四月二十七日總統令修正公布第一五、四四、七二、七九條條文

第一章　總　則

第一條　（立法目的）
　　為保障勞工生活，促進社會安全，制定本條例；本條例未規定者，適用其他有關法律。

第二條　（勞工保險之分類及給付種類）
　　勞工保險之分類及其給付種類如下：
　　一　普通事故保險：分生育、傷病、失能、老年及死亡五種給付。
　　二　職業災害保險：分傷病、醫療、失能及死亡四種給付。

第三條　（免稅規定）
　　勞工保險之一切帳冊、單據及業務收支，均免課稅捐。

第四條　（主管機關）
　　勞工保險之主管機關：在中央為行政院勞工委員會；在直轄市為直轄市政府。

第二章　保險人、投保單位及被保險人

第五條　（勞工保險局及勞工保險監理委員會）

①中央主管機關統籌全國勞工保險業務，設勞工保險局為保險人，辦理勞工保險業務。為監督勞工保險業務及審議保險爭議事項，由有關政府代表、勞工代表、資方代表及專家各占四分之一為原則，組織勞工保險監理委員會行之。

②勞工保險局之組織及勞工保險監理委員會之組織，另以法律定之。

③勞工保險爭議事項審議辦法，由中央主管機關擬訂，報請行政院核定之。

第六條　（強制保險之被保險人）

①年滿十五歲以上，六十歲以下之左列勞工，應以其雇主或所屬團體或所屬機構為投保單位，全部參加勞工保險為被保險人：

　　一　受僱於僱用勞工五人以上之公、民營工廠、礦場、鹽場、農場、牧場、林場、茶場之產業勞工及交通、公用事業之員工。

　　二　受僱於僱用五人以上公司、行號之員工。

　　三　受僱於僱用五人以上之新聞、文化、公益及合作事業之員工。

　　四　依法不得參加公務人員保險或私立學校教職員保險之政府機關及公、私立學校之員工。

　　五　受僱從事漁業生產之勞動者。

　　六　在政府登記有案之職業訓練機構接受訓練者。

　　七　無一定雇主或自營作業而參加職業工會者。

　　八　無一定雇主或自營作業而參加漁會之甲類會員。

②前項規定，於經主管機關認定其工作性質及環境無礙身心健康之未滿十五歲勞工亦適用之。

③前二項所稱勞工，包括在職外國籍員工。

第七條　（勞工人數減少不影響繼續參加保險義務）

　　前條第一項第一款至第三款規定之勞工參加勞工保險後，其投保單位僱用勞工減至四人以下時，仍應繼續參加勞工保險。

第八條　（自願參加保險）

①左列人員得準用本條例之規定，參加勞工保險：

　　一　受僱於第六條第一項各款規定各業以外之員工。

　　二　受僱於僱用未滿五人之第六條第一項第一款至第三款規定各

業之員工。

三　實際從事勞動之雇主。

四　參加海員總工會或船長公會為會員之外僱船員。

②前項人員參加保險後，非依本條例規定，不得中途退保。

③第一項第三款規定之雇主，應與其受僱員工，以同一投保單位參加勞工保險。

第九條　（繼續參加勞工保險㈠）

被保險人有左列情形之一者，得繼續參加勞工保險：

一　應徵召服兵役者。

二　派遣出國考察、研習或提供服務者。

三　因傷病請假致留職停薪，普通傷病未超過一年，職業災害未超過二年者。

四　在職勞工，年逾六十歲繼續工作者。

五　因案停職或被羈押，未經法院判決確定者。

第九條之一　（繼續參加勞工保險㈡）

①被保險人參加保險，年資合計滿十五年，被裁減資遣而自願繼續參加勞工保險者，由原投保單位為其辦理參加普通事故保險，至符合請領老年給付之日止。

②前項被保險人繼續參加勞工保險及保險給付辦法，由中央主管機關定之。

第十條　（強制保險勞工所屬事業之義務㈠）

①各投保單位應為其所屬勞工，辦理投保手續及其他有關保險事務，並備僱用員工或會員名冊。

②前項投保手續及其他有關保險事務，投保單位得委託其所隸屬團體或勞工團體辦理之。

③保險人為查核投保單位勞工人數、工作情況及薪資，必要時，得查對其員工或會員名冊、出勤工作紀錄及薪資帳冊。

④前項規定之表冊，投保單位應自被保險人離職、退會或結（退）訓之日起保存五年。

第十一條　（強制保險勞工所屬事業之義務㈡）

符合第六條規定之勞工，各投保單位應於其所屬勞工到職、入會、到訓、離職、退會、結訓之當日，列表通知保險人；其保險效力之開始或停止，均自應為通知之當日起算。但投保單位非於勞工到職、入會、到訓之當日列表通知保險人者，除依本條例第七十二條規定

處罰外，其保險效力之開始，均自通知之翌日起算。

第十二條 （保險年資之計算）

① 被保險人退保後再參加保險時，其原有保險年資應予併計。

② 被保險人於八十八年十二月九日以後退職者，且本條例六十八年二月二十一日修正前停保滿二年或七十七年二月五日修正前停保滿六年者，其停保前之保險年資應予併計。

③ 前項被保險人已領取老年給付者，得於本條施行後二年內申請補發併計年資後老年給付之差額。

第三章 保 險 費

第十三條 （保險費之計算）

① 本保險之保險費，依被保險人當月投保薪資及保險費率計算。

② 普通事故保險費率，為被保險人當月投保薪資百分之七點五至百分之十三；本條例中華民國九十七年七月十七日修正之條文施行時，保險費率定為百分之七點五，施行後第三年調高百分之零點五，其後每年調高百分之零點五至百分之十，並自百分之十當年起，每兩年調高百分之零點五至上限百分之十三。但保險基金餘額足以支付未來二十年保險給付時，不予調高。

③ 職業災害保險費率，分為行業別災害費率及上、下班災害費率二種，每三年調整一次，由中央主管機關擬訂，報請行政院核定，送請立法院查照。

④ 僱用員工達一定人數以上之投保單位，前項行業別災害費率採實績費率，按其前三年職業災害保險給付總額占應繳職業災害保險費總額之比率，由保險人依下列規定，每年計算調整之：

　一　超過百分之八十者，每增加百分之十，加收其適用行業之職業災害保險費率之百分之五，並以加收至百分之四十為限。

　二　低於百分之七十者，每減少百分之十，減收其適用行業之職業災害保險費率之百分之五。

⑤ 前項實績費率實施之辦法，由中央主管機關定之。

⑥ 職業災害保險之會計，保險人應單獨辦理。

第十四條 （月投保薪資之定義）

① 前條所稱月投保薪資，係指由投保單位按被保險人之月薪資總額，依投保薪資分級表之規定，向保險人申報之薪資；被保險人薪資以

件計算者，其月投保薪資，以由投保單位比照同一工作等級勞工之月薪資總額，按分級表之規定申報者為準。被保險人為第六條第一項第七款、第八款及第八條第一項第四款規定之勞工，其月投保薪資由保險人就投保薪資分級表範圍內擬訂，報請中央主管機關核定適用之。

②被保險人之薪資，如在當年二月至七月調整時，投保單位應於當年八月底前將調整後之月投保薪資通知保險人；如在當年八月至次年一月調整時，應於次年二月底前通知保險人。其調整均自通知之次月一日生效。

③第一項投保薪資分級表，由中央主管機關擬訂，報請行政院核定之。

第十四條之一　（投保單位申報投保薪資不實之處理）

①投保單位申報被保險人投保薪資不實者，由保險人按照同一行業相當等級之投保薪資額逕行調整通知投保單位，調整後之投保薪資與實際薪資不符時，應以實際薪資為準。

②依前項規定逕行調整之投保薪資，自調整之次月一日生效。

第十四條之二　（雇主申報投保薪資之限制）

依第八條第一項第三款規定加保，其所得未達投保薪資分級表最高一級者，得自行舉證申報其投保薪資。但最低不得低於所屬員工申報之最高投保薪資適用之等級。

第十五條　（保險費之計算）

勞工保險保險費之負擔，依下列規定計算之：

一　第六條第一項第一款至第六款及第八條第一項第一款至第三款規定之被保險人，其普通事故保險費由被保險人負擔百分之二十，投保單位負擔百分之七十，其餘百分之十，由中央政府補助；職業災害保險費全部由投保單位負擔。

二　第六條第一項第七款規定之被保險人，其普通事故保險費及職業災害保險費，由被保險人負擔百分之六十，其餘百分之四十，由中央政府補助。

三　第六條第一項第八款規定之被保險人，其普通事故保險費及職業災害保險費，由被保險人負擔百分之二十，其餘百分之八十，由中央政府補助。

四　第八條第一項第四款規定之被保險人，其普通事故保險費及職業災害保險費，由被保險人負擔百分之八十，其餘百分之二十，由中央政府補助。

　　五　第九條之一規定之被保險人，其保險費由被保險人負擔百分之八十，其餘百分之二十，由中央政府補助。

第十六條　（勞工保險費之扣收方法及繳納期限）

①勞工保險保險費依左列規定，按月繳納：

　　一　第六條第一項第一款至第六款及第八條第一項第一款至第三款規定之被保險人，其應自行負擔之保險費，由投保單位負責扣、收繳，並須於次月底前，連同投保單位負擔部分，一併向保險人繳納。

　　二　第六條第一項第七、八款及第八條第一項第四款規定之被保險人，其自行負擔之保險費，應按月向其所屬投保單位繳納，於次月底前繳清，所屬投保單位應於再次月底前，負責彙繳保險人。

　　三　第九條之一規定之被保險人，其應繳之保險費，應按月向其原投保單位或勞工團體繳納，由原投保單位或勞工團體於次月底前負責彙繳保險人。

②勞工保險之保險費一經繳納，概不退還。但非歸責於投保單位或被保險人之事由所致者，不在此限。

第十七條　（保險費逾期繳納之處置）

①投保單位對應繳納之保險費，未依前條第一項規定限期繳納者，得寬限十五日；如在寬限期間仍未向保險人繳納者，自寬限期滿之翌日起至完納前一日止，每逾一日加徵其應納費額百分之零點一滯納金；加徵之滯納金額，以至應納費額之百分之二十為限。

②加徵前項滯納金十五日後仍未繳納者，保險人應就其應繳之保險費及滯納金，依法訴追。投保單位如無財產可供執行或其財產不足清償時，其主持人或負責人對逾期繳納有過失者，應負損害賠償責任。

③保險人於訴追之日起，在保險費及滯納金未繳清前，暫行拒絕給付。但被保險人應繳部分之保險費已扣繳或繳納於投保單位者，不在此限。

④第六條第一項第七款、第八款及第八條第一項第四款規定之被保險人，依第十五條規定負擔之保險費，應按期送交所屬投保單位彙繳。如逾寬限期間十五日而仍未送交者，其投保單位得適用第一項規定，代為加收滯納金彙繳保險人；加徵滯納金十五日後仍未繳納者，暫行拒絕給付。

⑤第九條之一規定之被保險人逾二個月未繳保險費者，以退保論。其

於欠繳保險費期間發生事故所領取之保險給付，應依法追還。

第十八條 （保險費之免繳）

①被保險人發生保險事故，於其請領傷病給付或住院醫療給付未能領取薪資或喪失收入期間，得免繳被保險人負擔部分之保險費。

②前項免繳保險費期間之年資，應予承認。

第四章　保險給付

第一節　通　則

第十九條 （保險給付）

①被保險人於保險效力開始後停止前，發生保險事故者，被保險人或其受益人得依本條例規定，請領保險給付。

②以現金發給之保險給付，其金額按被保險人平均月投保薪資及給付標準計算。被保險人同時受僱於二個以上投保單位者，其普通事故保險給付之月投保薪資得合併計算，不得超過勞工保險投保薪資分級表最高一級。但連續加保未滿三十日者，不予合併計算。

③前項平均月投保薪資之計算方式如下：

一　年金給付及老年一次金給付之平均月投保薪資：按被保險人加保期間最高六十個月之月投保薪資予以平均計算；參加保險未滿五年者，按其實際投保年資之平均月投保薪資計算。但依第五十八條第二項規定選擇一次請領老年給付者，按其退保之當月起前三年之實際月投保薪資平均計算；參加保險未滿三年者，按其實際投保年資之平均月投保薪資計算。

二　其他現金給付之平均月投保薪資：按被保險人發生保險事故之當月起前六個月之實際月投保薪資平均計算；其以日為給付單位者，以平均月投保薪資除以三十計算。

④第二項保險給付標準之計算，於保險年資未滿一年者，依其實際加保月數按比例計算；未滿三十日者，以一個月計算。

⑤被保險人如為漁業生產勞動者或航空、航海員工或坑內工，除依本條例規定請領保險給付外，於漁業、航空、航海或坑內作業中，遭遇意外事故致失蹤時，自失蹤之日起，按其平均月投保薪資百分之七十，給付失蹤津貼；於每滿三個月之期末給付一次，至生還之前一日或失蹤滿一年之前一日或受死亡宣告判決確定死亡時之前一日

止。

⑥被保險人失蹤滿一年或受死亡宣告判決確定死亡時，得依第六十四條規定，請領死亡給付。

第二十條 （保險效力停止後得請領之給付）

①被保險人在保險有效期間發生傷病事故，於保險效力停止後一年內，得請領同一傷病及其引起之疾病之傷病給付、失能給付、死亡給付或職業災害醫療給付。

②被保險人在保險有效期間懷孕，且符合本條例第三十一條第一項第一款或第二款規定之參加保險日數，於保險效力停止後一年內，因同一懷孕事故而分娩或早產者，得請領生育給付。

第二十條之一 （職業災害保險失能給付之請領）

①被保險人退保後，經診斷確定於保險有效期間罹患職業病者，得請領職業災害保險失能給付。

②前項得請領失能給付之對象、職業病種類、認定程序及給付金額計算等事項之辦法，由中央主管機關定之。

第二十一條 （刪除）

第二十一條之一 （刪除）

第二十二條 （保險給付重複請領之禁止）

同一種保險給付，不得因同一事故而重複請領。

第二十三條 （故意不賠）

被保險人或其受益人或其他利害關係人，為領取保險給付，故意造成保險事故者，保險人除給與喪葬津貼外，不負發給其他保險給付之責任。

第二十四條 （故意將不合本條例規定之人員加入保險領取保險給付）

投保單位故意為不合本條例規定之人員辦理參加保險手續，領取保險給付者，保險人應依法追償；並取消該被保險人之資格。

第二十五條 （享有保險給付權利之消極要件）

被保險人無正當理由，不接受保險人特約醫療院、所之檢查或補具應繳之證件，或受益人不補具應繳之證件者，保險人不負發給給付之責任。

第二十六條 （不包括危險——犯罪行為及戰爭）

因戰爭變亂或因被保險人或其父母、子女、配偶故意犯罪行為，以致發生保險事故者，概不給與保險給付。

第二十七條 （被保險人之養子女享有保險給付權利之限制）

被保險人之養子女，其收養登記在保險事故發生時未滿六個月者，不得享有領取保險給付之權利。

第二十八條 （保險人調查之權利）

保險人為審核保險給付或勞工保險監理委員會為審議爭議案件認有必要者，得向被保險人、受益人、投保單位、各該醫院、診所或領有執業執照之醫師、助產士等要求提出報告，或調閱各該醫院、診所及投保單位之病歷、薪資帳冊、檢查化驗紀錄或放射線診斷攝影片（X光照片）及其他有關文件，被保險人、受益人、投保單位、各該醫院、診所及領有執業執照之醫師或助產士均不得拒絕。

第二十九條 （保險給付受領權之專屬性）

①被保險人、受益人或支出殯葬費之人領取各種保險給付之權利，不得讓與、抵銷、扣押或供擔保。

②被保險人已領取之保險給付，經保險人撤銷或廢止，應繳還而未繳還者，保險人得以其本人或其受益人請領之保險給付扣減之。

③被保險人有未償還第六十七條第一項第四款之貸款本息者，於被保險人或其受益人請領保險給付時逕予扣減之。

④前項未償還之貸款本息，不適用下列規定，並溯自中華民國九十二年一月二十二日施行：

　　一　消費者債務清理條例有關債務免責之規定。

　　二　破產法有關債務免責之規定。

　　三　其他法律有關請求權消滅時效規定。

⑤第二項及第三項有關扣減保險給付之種類、方式及金額等事項之辦法，由中央主管機關定之。

⑥保險人應每年書面通知有未償還第六十七條第一項第四款貸款本息之被保險人或其受益人之積欠金額，並請其依規定償還。

第三十條 （保險給付受領權之消滅時效）

領取保險給付之請求權，自得請領之日起，因二年間不行使而消滅。

第二節　生育給付

第三十一條 （生育給付之請領）

①被保險人合於左列情形之一者，得請領生育給付：

　　一　參加保險滿二百八十日後分娩者。

　　二　參加保險滿一百八十一日後早產者。

三　參加保險滿八十四日後流產者。

②被保險人之配偶分娩、早產或流產者，比照前項規定辦理。

第三十二條　（生育給付之標準）

①生育給付標準，依左列各款辦理：

一　被保險人或其配偶分娩或早產者，按被保險人平均月投保薪資一次給與分娩費三十日，流產者減半給付。

二　被保險人分娩或早產者，除給與分娩費外，並按其平均月投保薪資一次給與生育補助費三十日。

三　分娩或早產為雙生以上者，分娩費比例增給。

②被保險人難產已申領住院診療給付者，不再給與分娩費。

第三節　傷病給付

第三十三條　（普通傷病補助費）

被保險人遭遇普通傷害或普通疾病住院診療，不能工作，以致未能取得原有薪資，正在治療中者，自不能工作之第四日起，發給普通傷害補助費或普通疾病補助費。

第三十四條　（職業傷病補償費）

①被保險人因執行職務而致傷害或職業病不能工作，以致未能取得原有薪資，正在治療中者，自不能工作之第四日起，發給職業傷害補償費或職業病補償費。職業病種類表如附表一（略）。

②前項因執行職務而致傷病之審查準則，由中央主管機關定之。

第三十五條　（普通傷病補助費之發給標準）

普通傷害補助費及普通疾病補助費，均按被保險人平均月投保薪資半數發給，每半個月給付一次，以六個月為限。但傷病事故前參加保險之年資合計已滿一年者，增加給付六個月。

第三十六條　（職業傷病補償費之發給標準）

職業傷害補償費及職業病補償費，均按被保險人平均月投保薪資百分之七十發給，每半個月給付一次；如經過一年尚未痊癒者，其職業傷害或職業病補償費減為平均月投保薪資之半數，但以一年為限。

第三十七條　（痊癒後傷病給付之請領）

被保險人在傷病期間，已領足前二條規定之保險給付者，於痊癒後繼續參加保險時，仍得依規定請領傷病給付。

第三十八條　（刪除）

第四節　醫療給付

第三十九條　（醫療給付之種類）

　醫療給付分門診及住院診療。

第三十九條之一　（職業病預防）

①為維護被保險人健康，保險人應訂定辦法，辦理職業病預防。

②前項辦法，應報請中央主管機關核定之。

第四十條　（門診醫療給付）

　被保險人罹患傷病時，應向保險人自設或特約醫療院、所申請診療。

第四十一條　（門診給付範圍）

①門診給付範圍如左：

　　一　診察（包括檢驗及會診）。

　　二　藥劑或治療材料。

　　三　處置、手術或治療。

②前項費用，由被保險人自行負擔百分之十。但以不超過中央主管機關規定之最高負擔金額為限。

第四十二條　（住院診療給付）

　被保險人合於左列規定之一，經保險人自設或特約醫療院、所診斷必須住院治療者，由其投保單位申請住院診療。但緊急傷病，須直接住院診療者，不在此限：

　　一　因職業傷害者。

　　二　因罹患職業病者。

　　三　因普通傷害者。

　　四　因罹患普通疾病，於申請住院診療前參加保險之年資合計滿四十五日者。

第四十二條之一　（職業傷病醫療書單）

①被保險人罹患職業傷病時，應由投保單位填發職業傷病門診單或住院申請書（以下簡稱職業傷病醫療書單）申請診療；投保單位未依規定填發者，被保險人得向保險人請領，經查明屬實後發給。

②被保險人未檢具前項職業傷病醫療書單，經醫師診斷罹患職業病者，得由醫師開具職業病門診單；醫師開具資格之取得、喪失及門診單之申領、使用辦法，由保險人擬訂，報請中央主管機關核定發布。

第四十三條　（住院診療給付範圍）

①住院診療給付範圍如左：

一　診察（包括檢驗及會診）。

二　藥劑或治療材料。

三　處置、手術或治療。

四　膳食費用三十日內之半數。

五　勞保病房之供應，以公保病房為準。

②前項第一款至第三款及第五款費用，由被保險人自行負擔百分之五。但以不超過中央主管機關規定之最高負擔金額為限。

③被保險人自願住較高等病房者，除依前項規定負擔外，其超過之勞保病房費用，由被保險人自擔。

④第二項及第四十一條第二項之實施日期及辦法，應經立法院審議通過後實施之。

第四十四條　（醫療給付之除外不保項目）

醫療給付不包括法定傳染病、麻醉藥品嗜好症、接生、流產、美容外科、義齒、義眼、眼鏡或其他附屬品之裝置、病人運輸、特別護士看護、輸血、掛號費、證件費、醫療院、所無設備之診療及第四十一條、第四十三條未包括之項目。但被保險人因緊急傷病，經保險人自設或特約醫療院、所診斷必須輸血者，不在此限。

第四十五條　（每月辦理申請繼續住院手續一次）

①被保險人因傷病住院診療，住院日數超過一個月者，每一個月應由醫院辦理繼續住院手續一次。

②住院診療之被保險人，經保險人自設或特約醫院診斷認為可出院療養時，應即出院；如拒不出院時，其繼續住院所需費用，由被保險人負擔。

第四十六條　（醫院選擇權）

被保險人有自由選擇保險人自設或特約醫療院、所診療之權利，但有特殊規定者，從其規定。

第四十七條　（刪除）

第四十八條　（醫療給付與其他保險給付請求權之併存）

被保險人在保險有效期間領取醫療給付者，仍得享有其他保險給付之權利。

第四十九條　（醫療費用之支付）

被保險人診療所需之費用，由保險人逕付其自設或特約醫療院、所，被保險人不得請領現金。

第五十條　（門診醫療院所或醫院之指定）

①在本條例施行區域內之各級公立醫療院、所符合規定者，均應為勞工保險之特約醫療院、所。各投保單位附設之醫療院、所及私立醫療院、所符合規定者，均得申請為勞工保險之特約醫療院、所。

②前項勞工保險特約醫療院、所特約及管理辦法，由中央主管機關會同中央衛生主管機關定之。

第五十一條　（診療費用之支付標準及其審核）

①各特約醫療院、所辦理門診或住院診療業務，其診療費用，應依照勞工保險診療費用支付標準表及用藥種類與價格表支付之。

②前項勞工保險診療費用支付標準表及用藥種類與價格表，由中央主管機關會同中央衛生主管機關定之。

③保險人為審核第一項診療費用，應聘請各科醫藥專家組織診療費用審查委員會審核之；其辦法由中央主管機關定之。

第五十二條　（事業單位之償還全部門診或住院診療費用）

①投保單位填具之門診就診單或住院申請書，不合保險給付、醫療給付、住院診療之規定，或虛偽不實或交非被保險人使用者，其全部診療費用應由投保單位負責償付。

②特約醫療院、所對被保險人之診療不屬於醫療給付範圍者，其診療費用應由醫療院、所或被保險人自行負責。

第五節　失能給付

第五十三條　（普通傷害或普通疾病失能補償費之請領）

①被保險人遭遇普通傷害或罹患普通疾病，經治療後，症狀固定，再行治療仍不能期待其治療效果，經保險人自設或特約醫院診斷為永久失能，並符合失能給付標準規定者，得按其平均月投保薪資，依規定之給付標準，請領失能補助費。

②前項被保險人或被保險人為身心障礙者權益保障法所定之身心障礙者，經評估為終身無工作能力者，得請領失能年金給付。其給付標準，依被保險人之保險年資計算，每滿一年，發給其平均月投保薪資之百分之一點五五；金額不足新臺幣四千元者，按新臺幣四千元發給。

③前項被保險人具有國民年金保險年資者，得依各保險規定分別核計相關之年金給付，並由保險人合併發給，其所需經費由各保險分別支應。

④本條例中華民國九十七年七月十七日修正之條文施行前有保險年資

者，於符合第二項規定條件時，除依前二項規定請領年金給付外，亦得選擇一次請領失能給付，經保險人核定後，不得變更。

第五十四條　（職業傷害或職業病失能補償費之請領）

① 被保險人遭遇職業傷害或罹患職業病，經治療後，症狀固定，再行治療仍不能期待其治療效果，經保險人自設或特約醫院診斷為永久失能，並符合失能給付標準規定發給一次金者，得按其平均月投保薪資，依規定之給付標準，增給百分之五十，請領失能補償費。

② 前項被保險人經評估為終身無工作能力，並請領失能年金給付者，除依第五十三條規定發給年金外，另按其平均月投保薪資，一次發給二十個月職業傷病失能補償一次金。

第五十四條之一　（失能審核標準之訂定）

① 前二條失能種類、狀態、等級、給付額度、開具診斷書醫療機構層級及審核基準等事項之標準，由中央主管機關定之。

② 前項標準，應由中央主管機關建立職業輔導評量及個別化之專業評估機制，作為失能年金給付之依據。

③ 前項職業輔導評量及個別化之專業評估機制，應於本條例中華民國九十七年七月十七日修正之條文公布後五年施行。

第五十四條之二　（請領失能年金者之眷屬之補助）

① 請領失能年金給付者，同時有符合下列條件之眷屬時，每一人加發依第五十三條規定計算後金額百分之二十五之眷屬補助，最多加計百分之五十：

　　一　配偶應年滿五十五歲且婚姻關係存續一年以上。但有下列情形之一者，不在此限：

　　　　㈠無謀生能力。

　　　　㈡扶養第三款規定之子女。

　　二　配偶應年滿四十五歲且婚姻關係存續一年以上，且每月工作收入未超過投保薪資分級表第一級。

　　三　子女應符合下列條件之一。但養子女須有收養關係六個月以上：

　　　　㈠未成年。

　　　　㈡無謀生能力。

　　　　㈢二十五歲以下，在學，且每月工作收入未超過投保薪資分級表第一級。

② 前項所稱無謀生能力之範圍，由中央主管機關定之。

③第一項各款眷屬有下列情形之一時，其加給眷屬補助應停止發給：
　　一　配偶：
　　　　㈠再婚。
　　　　㈡未滿五十五歲，且其扶養之子女不符合第一項第三款所定請領條件。
　　　　㈢不符合第一項第二款所定請領條件。
　　二　子女不符合第一項第三款所定之請領條件。
　　三　入獄服刑、因案羈押或拘禁。
　　四　失蹤。
④前項第三款所稱拘禁，指受拘留、留置、觀察勒戒、強制戒治、保安處分或感訓處分裁判之宣告，在特定處所執行中，其人身自由受剝奪或限制者。但執行保護管束、僅受通緝尚未到案、保外就醫及假釋中者，不包括在內。

第五十五條　（失能程度加重之給付標準）

①被保險人之身體原已局部失能，再因傷病致身體之同一部位失能程度加重或不同部位發生失能者，保險人應按其加重部分之失能程度，依失能給付標準計算發給失能給付。但合計不得超過第一等級之給付標準。

②前項被保險人符合失能年金給付條件，並請領失能年金給付者，保險人應按月發給失能年金給付金額之百分之八十，至原已局部失能程度依失能給付標準所計算之失能一次金給付金額之半數扣減完畢為止。

③前二項被保險人在保險有效期間原已局部失能，而未請領失能給付者，保險人應按其加重後之失能程度，依失能給付標準計算發給失能給付。但合計不得超過第一等級之給付標準。

第五十六條　（失能給付之審核）

①保險人於審核失能給付，認為有複檢必要時，得另行指定醫院或醫師複檢，其費用由保險基金負擔。

②被保險人領取失能年金給付後，保險人應至少每五年審核其失能程度。但經保險人認為無須審核者，不在此限。

③保險人依前項規定審核領取失能年金給付者之失能程度，認為已減輕至不符合失能年金請領條件時，應停止發給其失能年金給付，另發給失能一次金。

第五十七條　（終身無工作能力之退保）

被保險人經評估為終身無工作能力，領取失能給付者，應由保險人退予退保。

第六節　老年給付

第五十八條　（老年年金給付之條件）

①年滿六十歲有保險年資者，得依下列規定請領老年給付：

一　保險年資合計滿十五年者，請領老年年金給付。

二　保險年資合計未滿十五年者，請領老年一次金給付。

②本條例中華民國九十七年七月十七日修正之條文施行前有保險年資者，於符合下列規定之一時，除依前項規定請領老年給付外，亦得選擇一次請領老年給付，經保險人核定後，不得變更：

一　參加保險之年資合計滿一年，年滿六十歲或女性被保險人年滿五十五歲退職者。

二　參加保險之年資合計滿十五年，年滿五十五歲退職者。

三　在同一投保單位參加保險之年資合計滿二十五年退職者。

四　參加保險之年資合計滿二十五年，年滿五十歲退職者。

五　擔任具有危險、堅強體力等特殊性質之工作合計滿五年，年滿五十五歲退職者。

③依前二項規定請領老年給付者，應辦理離職退保。

④被保險人請領老年給付者，不受第三十條規定之限制。

⑤第一項老年給付之請領年齡，於本條例中華民國九十七年七月十七日修正之條文施行之日起，第十年提高一歲，其後每二年提高一歲，以提高至六十五歲為限。

⑥被保險人已領取老年給付者，不得再行參加勞工保險。

⑦被保險人擔任具有危險、堅強體力等特殊性質之工作合計滿十五年，年滿五十五歲，並辦理離職退保者，得請領老年年金給付，且不適用第五項及第五十八條之二規定。

⑧第二項第五款及前項具有危險、堅強體力等特殊性質之工作，由中央主管機關定之。

第五十八條之一　（老年年金給付之計算）

老年年金給付，依下列方式擇優發給：

一　保險年資合計每滿一年，按其平均月投保薪資之百分之零點七七五計算，並加計新臺幣三千元。

二　保險年資合計每滿一年，按其平均月投保薪資之百分之一點

五五計算。

第五十八條之二 （老年年金給付之延後請領）

①符合第五十八條第一項第一款及第五項所定請領老年年金給付條件而延後請領者，於請領時應發給展延老年年金給付。每延後一年，依前條規定計算之給付金額增給百分之四，最多增給百分之二十。

②被保險人保險年資滿十五年，未符合第五十八條第一項及第五項所定請領年齡者，得提前五年請領老年年金給付，每提前一年，依前條規定計算之給付金額減給百分之四，最多減給百分之二十。

第五十九條 （老年年金給付一次請領之計算）

①依第五十八條第一項第二款請領老年一次金給付或同條第二項規定一次請領老年給付者，其保險年資合計每滿一年，按其平均月投保薪資發給一個月；其保險年資合計超過十五年者，超過部分，每滿一年發給二個月，最高以四十五個月為限。

②被保險人逾六十歲繼續工作者，其逾六十歲以後之保險年資，最多以五年計，合併六十歲以前之一次請領老年給付，最高以五十個月為限。

第六十條 （刪除）

第六十一條 （刪除）

第七節　死亡給付

第六十二條 （父母、配偶、子女死亡時之喪葬津貼）

被保險人之父母，配偶或子女死亡時，依左列規定，請領喪葬津貼：

一　被保險人之父母、配偶死亡時，按其平均月投保薪資，發給三個月。

二　被保險人之子女年滿十二歲死亡時，按其平均月投保薪資，發給二個半月。

三　被保險人之子女未滿十二歲死亡時，按其平均月投保薪資，發給一個半月。

第六十三條 （遺屬年金給付之請領）

①被保險人在保險有效期間死亡時，除由支出殯葬費之人請領喪葬津貼外，遺有配偶、子女、父母、祖父母、受其扶養之孫子女或受其扶養之兄弟、姊妹者，得請領遺屬年金給付。

②前項遺屬請領遺屬年金給付之條件如下：

一　配偶符合第五十四條之二第一項第一款或第二款規定者。

二　子女符合第五十四條之二第一項第三款規定者。

三　父母、祖父母年滿五十五歲，且每月工作收入未超過投保薪資分級表第一級者。

四　孫子女符合第五十四條之二第一項第三款第一目至第三目規定情形之一者。

五　兄弟、姊妹符合下列條件之一：

　(一)有第五十四條之二第一項第三款第一目或第二目規定情形。

　(二)年滿五十五歲，且每月工作收入未超過投保薪資分級表第一級。

③第一項被保險人於本條例中華民國九十七年七月十七日修正之條文施行前有保險年資者，其遺屬除得依前項規定請領年金給付外，亦得選擇一次請領遺屬津貼，不受前項條件之限制，經保險人核付後，不得變更。

第六十三條之一　　（請領遺屬年金給付之對象）

①被保險人退保，於領取失能年金給付或老年年金給付期間死亡者，其符合前條第二項規定之遺屬，得請領遺屬年金給付。

②前項被保險人於本條例中華民國九十七年七月十七日修正之條文施行前有保險年資者，其遺屬除得依前項規定請領年金給付外，亦得選擇一次請領失能給付或老年給付，扣除已領年金給付總額之差額，不受前條第二項條件之限制，經保險人核付後，不得變更。

③被保險人保險年資滿十五年，並符合第五十八條第二項各款所定之條件，於未領取老年給付前死亡者，其符合前條第二項規定之遺屬，得請領遺屬年金給付。

④前項被保險人於本條例中華民國九十七年七月十七日修正之條文施行前有保險年資者，其遺屬除得依前項規定請領年金給付外，亦得選擇一次請領老年給付，不受前條第二項條件之限制，經保險人核付後，不得變更。

第六十三條之二　　（喪葬津貼、遺屬年金及遺屬津貼給付標準）

①前二條所定喪葬津貼、遺屬年金及遺屬津貼給付標準如下：

一　喪葬津貼：按被保險人平均月投保薪資一次發給五個月。但其遺屬不符合請領遺屬年金給付或遺屬津貼條件，或無遺屬者，按其平均月投保薪資一次發給十個月。

二　遺屬年金：

㈠依第六十三條規定請領遺屬年金者：依被保險人之保險年資合計每滿一年，按其平均月投保薪資之百分之一點五五計算。

㈡依前條規定請領遺屬年金者：依失能年金或老年年金給付標準計算後金額之半數發給。

三　遺屬津貼：
　㈠參加保險年資合計未滿一年者，按被保險人平均月投保薪資發給十個月。
　㈡參加保險年資合計已滿一年而未滿二年者，按被保險人平均月投保薪資發給二十個月。
　㈢參加保險年資合計已滿二年者，按被保險人平均月投保薪資發給三十個月。

②前項第二款之遺屬年金給付金額不足新臺幣三千元者，按新臺幣三千元發給。

③遺屬年金給付於同一順序之遺屬有二人以上時，每多一人加發依第一項第二款及前項規定計算後金額之百分之二十五，最多加計百分之五十。

第六十三條之三　（二人以上請領者之限制）

①遺屬具有受領二個以上遺屬年金給付之資格時，應擇一請領。

②本條例之喪葬津貼、遺屬年金給付及遺屬津貼，以一人請領為限。符合請領條件有二人以上時，應共同具領，未共同具領或保險人核定前如另有他人提出請領，保險人應通知各申請人協議其中一人代表請領，未能協議者，喪葬津貼應以其中較計之最高給付金額，遺屬津貼及遺屬年金給付按總給付金額平均發給各申請人。

③同一順序遺屬有二人以上，有其中一人請領遺屬年金時，應發給遺屬年金給付。但經共同協議依第六十三條第三項、第六十三條之一第二項及第四項規定一次請領給付者，依其協議辦理。

④保險人依前二項規定發給遺屬給付後，尚有未具名之其他當序遺屬時，應由具領之遺屬負責分與之。

第六十三條之四　（停止發給遺屬年金給付之情形）

領取遺屬年金給付者，有下列情形之一時，其年金給付應停止發給：

一　配偶：
　㈠再婚。
　㈡未滿五十五歲，且其扶養之子女不符合第六十三條第二項

第二款所定請領條件。

㈢不符合第六十三條第二項第一款所定請領條件。

二　子女、父母、祖父母、孫子女、兄弟、姊妹，於不符合第六十三條第二項第二款至第五款所定請領條件者。

三　有第五十四條之二第三項第三款、第四款規定之情形。

第六十四條　（因職業災害死亡者之遺屬之補償）

①被保險人因職業災害致死亡者，除由支出殯葬費之人依第六十三條之二第一項第一款規定請領喪葬津貼外，有符合第六十三條第二項規定之遺屬者，得請領遺屬年金給付及按被保險人平均月投保薪資，一次發給十個月職業災害死亡補償一次金。

②前項被保險人之遺屬依第六十三條第三項規定一次請領遺屬津貼者，按被保險人平均月投保薪資發給四十個月。

第六十五條　（受領遺屬年金給付及遺屬津貼之順序）

①受領遺屬年金給付及遺屬津貼之順序如下：

一　配偶及子女。

二　父母。

三　祖父母。

四　孫子女。

五　兄弟、姊妹。

②前項當序受領遺屬年金給付或遺屬津貼者存在時，後順序之遺屬不得請領。

③前項第一順序之遺屬全部不符合請領條件，或有下列情形之一且無同順序遺屬符合請領條件時，第二順序之遺屬得請領遺屬年金給付：

一　在請領遺屬年金給付期間死亡。

二　行蹤不明或於國外。

三　提出放棄請領書。

四　於符合請領條件起一年內未提出請領者。

④前項遺屬年金嗣第一順序之遺屬主張請領或再符合請領條件時，即停止發給，並由第一順序之遺屬請領；但已發放予第二順位遺屬之年金不得請求返還，第一順序之遺屬亦不予補償。

第八節　年金給付之申請及核發

第六十五條之一　（年金給付請領之申請）

①被保險人或其受益人符合請領年金給付條件者，應填具申請書及檢

附相關文件向保險人提出申請。

②前項被保險人或其受益人，經保險人審核符合請領規定者，其年金給付自申請之當月起，按月發給，至應停止發給之當月止。

③遺屬年金之受益人未於符合請領條件之當月提出申請者，其提出請領之日起前五年得領取之給付，由保險人依法追溯補給之。但已經其他受益人請領之部分，不適用之。

第六十五條之二　（年金給付請領之查證）

①被保險人或其遺屬請領年金給付時，保險人得予以查證，並得於查證期間停止發給，經查證符合給付條件者，應補發查證期間之給付，並依規定繼續發給。

②領取年金給付者不符合給付條件或死亡時，本人或其法定繼承人應自事實發生之日起三十日內，檢具相關文件資料，通知保險人，自事實發生之次月起停止發給年金給付。

③領取年金給付者死亡，應發給之年金給付未及撥入其帳戶時，得由其法定繼承人檢附申請人死亡戶籍謄本及法定繼承人戶籍謄本請領之；法定繼承人有二人以上時，得檢附共同委任書及切結書，由其中一人請領。

④領取年金給付者或其法定繼承人未依第二項規定通知保險人致溢領年金給付者，保險人應以書面命令溢領人於三十日內繳還；保險人並得自匯發年金給付帳戶餘額中追回溢領之年金給付。

第六十五條之三　（失能、老年給付或遺屬津貼之擇一請領）

被保險人或其受益人符合請領失能年金、老年年金或遺屬年金給付條件時，應擇一請領失能、老年給付或遺屬津貼。

第六十五條之四　（年金給付金額之調整）

本保險之年金給付金額，於中央主計機關發布之消費者物價指數累計成長率達正負百分之五時，即依該成長率調整之。

第六十五條之五　（處理保險業務所需資料之取得與利用）

①保險人或勞工保險監理委員會為處理本保險業務所需之必要資料，得洽請相關機關提供之，各該機關不得拒絕。

②保險人或勞工保險監理委員會依規定所取得之資料，應盡善良管理人之注意義務，確實辦理資訊安全稽核作業，其保有、處理及利用，並應遵循電腦處理個人資料保護法之規定。

第五章　保險基金及經費

第六十六條　（保險基金之來源）

勞工保險基金之來源如左：

一　創立時政府一次撥付之金額。

二　當年度保險費及其孳息之收入與保險給付支出之結餘。

三　保險費滯納金。

四　基金運用之收益。

第六十七條　（勞工保險基金之運用）

①勞工保險基金，經勞工保險監理委員會之通過，得為左列之運用：

一　對於公債、庫券及公司債之投資。

二　存放於公營銀行或中央主管機關指定之金融機構。

三　自設勞保醫院之投資及特約公立醫院勞保病房整修之貸款；其辦法，由中央主管機關定之。

四　對於被保險人之貸款。

五　政府核准有利於本基金收入之投資。

②勞工保險基金除作為前項運用及保險給付支出外，不得移作他用或轉移處分；其管理辦法，由中央主管機關定之。基金之收支、運用情形及其積存數額，應由保險人報請中央主管機關按年公告之。

③第一項第四款對於被保險人之貸款資格、用途、額度、利率、期限及還款方式等事項，應由保險人報請中央主管機關公告之。

第六十八條　（保險事務費之金額及來源）

勞工保險機構辦理本保險所需之經費，由保險人按編製預算之當年六月份應收保險費百分之五點五全年伸算數編列預算，經勞工保險監理委員會審議通過後，由中央主管機關撥付之。

第六十九條　（虧損之審核撥補）

勞工保險如有虧損，在中央勞工保險局未成立前，應由中央主管機關審核撥補。

第六章　罰　則

第七十條　（以不正方法領取保險給付等之民、刑事責任）

以詐欺或其他不正當行為領取保險給付或為虛偽之證明、報告、陳

述及申報診療費用者，除按其領取之保險給付或診療費用處以二倍罰鍰外，並應依民法請求損害賠償；其涉及刑責者，移送司法機關辦理。特約醫療院、所因此領取之診療費用，得在其已報應領費用內扣除。

第七十一條 （勞工不依法加入勞工保險及辦理勞工保險手續之行政責任）

勞工違背本條例規定，不參加勞工保險及辦理勞工保險手續者，處一百元以上、五百元以下罰鍰。

第七十二條 （投保單位未依法辦理勞工保險之責任）

①投保單位違反本條例規定，未為其所屬勞工辦理投保手續者，按自僱用之日起，至參加保險之前一日或勞工離職日止應負擔之保險費金額，處四倍罰鍰。勞工因此所受之損失，並應由投保單位依本條例規定之給付標準賠償之。

②投保單位未依本條例之規定負擔被保險人之保險費，而由被保險人負擔者，按應負擔之保險費金額，處二倍罰鍰。投保單位並應退還該保險費與被保險人。

③投保單位違反本條例規定，將投保薪資金額以多報少或以少報多者，自事實發生之日起，按其短報或多報之保險費金額，處四倍罰鍰，並追繳其溢領給付金額。勞工因此所受損失，應由投保單位賠償之。

④投保單位於保險人依第十條第三項規定為查對時，拒不出示者，或違反同條第四項規定者，處新臺幣六千元以上一萬八千元以下罰鍰。

⑤投保單位於本條例中華民國九十七年五月十六日修正生效前，依第十七條第一項規定加徵滯納金至應納費額一倍者，其應繳之保險費仍未向保險人繳納，且未經保險人處以罰鍰或處以罰鍰未執行者，不再裁處或執行。

第七十三條 （罰鍰之強制執行）

本條例所規定之罰鍰，經催告送達後，無故逾三十日，仍不繳納者，移送法院強制執行。

第七章 附 則

第七十四條 （失業保險費率及其實施地區、時間、辦法之訂定）

失業保險之保險費率、實施地區、時間及辦法，由行政院以命令定之。

第七十四條之一 　（施行前發生保險事故之辦理）

被保險人於本條例中華民國九十七年七月十七日修正之條文施行前發生失能、老年或死亡保險事故，其本人或其受益人領取保險給付之請求權未超過第三十條所定之時效者，得選擇適用保險事故發生時或請領保險給付時之規定辦理。

第七十四條之二 　（勞工保險與國民年金保險之同時請領）

①本條例中華民國九十七年七月十七日修正之條文施行後，被保險人符合本保險及國民年金保險老年給付請領資格者，得向任一保險人同時請領，並由受請求之保險人按其各該保險之年資，依規定分別計算後合併發給；屬他保險應負擔之部分，由其保險人撥還。

②前項被保險人於各該保險之年資，未達請領老年年金給付之年限條件，而併計他保險之年資後已符合者，亦得請領老年年金給付。

③被保險人發生失能或死亡保險事故，被保險人或其遺屬同時符合國民年金保險給付條件時，僅得擇一請領。

第七十五條 　（刪除）

第七十六條 　（轉投軍保、公保、私立學校教職員保險時老年給付之保留）

①被保險人於轉投軍人保險、公務人員保險或私立學校教職員保險時，不合請領老年給付條件者，其依本條例規定參加勞工保險之年資應予保留，於其年老依法退職時，得依本條例第五十九條規定標準請領老年給付。

②前項年資之保留辦法，由中央主管機關擬訂，報請行政院核定之。

第七十六條之一 　（全民健保施行後停止適用之規定）

本條例第二條、第三十一條、第三十二條及第三十九條至第五十二條有關生育給付分娩費及普通事故保險醫療給付部分，於全民健康保險施行後，停止適用。

第七十七條 　（施行細則之擬訂）

本條例施行細則，由中央主管機關擬訂，報請行政院核定之。

第七十八條 　（施行區域）

本條例施行區域，由行政院以命令定之。

第七十九條 　（施行日期）

①本條例自公布日施行。

②本條例中華民國九十七年七月十七日修正條文施行日期，除另定施行日期者外，由行政院定之。

③本條例中華民國一百年四月八日修正之第十五條之施行日期，由行
　政院定之。

保險業設立許可及管理辦法

九十七年一月九日行政院金融監督管理委員會令發布
九十八年十一月二十日行政院金融監督管理委員會令修正發布第八、三○條條文

第一章 通 則

第一條 （訂定依據）

本辦法依保險法（以下簡稱本法）第一百三十七條第二項及第一百七十六條規定訂定之。

第二章 設 立

第二條 （最低實收資本額）

申請設立保險公司，其最低實收資本額為新臺幣二十億元。發起人及股東之出資以現金為限。

第三條 （申請設立許可須繳足之股款比例）

保險公司之設立，發起人應於申請設立許可時，按最低實收資本額繳足至少百分之二十之股款，並依第七條第一項規定專戶存儲。

第四條 （發起人、董事、監察人及經理人之資格條件）

①保險公司之董事、監察人及經理人應符合保險業負責人應具備資格條件準則（以下簡稱本準則）規定；有上述準則第三條第一項所列情事之一者，不得充任保險公司之發起人。

②發起人、董事或監察人為法人者，其代表或被指定代表行使職務者，準用前項規定。

第五條 （營業前完成主要業務電腦作業）

保險公司經許可設立者，除經主管機關專案核准外，應於開始營業前完成主要業務之電腦作業，並經主管機關或其指定機構認定合格。

第六條 （申請設立許可應檢附之書件）

①保險公司之設立，發起人應檢附下列書件各三份，向主管機關申請設立許可：

　　一 保險公司設立許可申請書（格式如附件一）（略）。

二　營業計畫書：載明業務之範圍、業務之原則與方針及具體執行之方法，包括場所設施、內部組織分工、人員招募培訓、業務發展計畫、未來五年財務預測、再保險政策。

三　發起人名冊及證明文件（格式如附件二）（略）。

四　發起人會議紀錄。

五　發起人等無本準則第三條第一項各款情事之書面聲明（格式如附件三）（略）。

六　發起人已依第三條規定繳足股款之證明。

七　發起人之資金來源說明（格式如附件三之一）（略）。

八　公開招募之招股章程。

九　預定總經理、副總經理及協理之資格證明。

十　公司章程。

十一　會計師、律師及精算人員之審查意見。

十二　董事會之職責與經理部門職權之劃分。

十三　其他經主管機關規定應提出之文件。

②前項書件之記載事項如有不完備或不充分者，駁回其申請案件；其情形可補正，經主管機關限期補正而未辦理者，駁回其申請。

③保險公司許可設立後經發現其檢送第一項之書件有不實記載者，主管機關得撤銷許可。

第七條　（動支股款之限制）

①保險公司之設立，應委託金融機構代收股款，並以籌備處名義開立專戶存儲。

②前項專戶存儲之股款，於開始營業前不得動支。但於取得設立許可後，有下列情形之一者，不在此限：

一　經發起人會議或創立會選出之董事及監察人全體同意，就發起人所繳股款範圍內購置營業上必要之固定資產及支付開辦費。

二　辦理公司設立登記後依本法第一百四十一條規定繳存保證金之用或依本法第一百四十六條及第一百四十六條之一規定運用於存款或購買公債、國庫券、可轉讓定期存單、銀行承兌匯票、金融機構保證商業本票。

第八條　（設立登記前發起人變更）

①保險公司之設立，於公司設立登記前，發起人有變更者，主管機關得廢止其許可。但有下列情形之一於事實發生後二週內報請主管機

關核准變更者，不在此限：

一　發起人失蹤、死亡。

二　發起人經監護之宣告。

三　發起人於提出設立申請後經發現有本準則第三條第一項各款情事之一。

四　發起人為公司，經法院裁定重整，或有其他重大喪失債信情事。

②發起人以外之事項有變更者，應載明正當理由，事先報請主管機關核准。但依其情形不能事先報請核准者，應於事實發生後二週內報請主管機關核准。

③前二項情形，經主管機關核准者，保險公司籌備處應於全國性之日報公告，並刊登於顯著之部位。

第九條　（應於規定期限內繳足所認全部股款）

①保險公司之設立，發起人應自許可設立之日起二個月內繳足所認全部股款，其公開招募股份者，並應於上述期限內依規定向主管機關申請核准公開招募股份。

②未依前項規定辦理或申請公開招募未經主管機關核准者，主管機關得廢止其許可。但有正當理由者，在前項期限屆滿前得申請主管機關延展一個月。

第十條　（申請公司設立登記之期限）

①保險公司之設立，自收足實收資本額全部股款之日起三個月內，應依法向經濟部申請公司設立之登記。

②未依前項規定期限內向經濟部提出申請，或未經經濟部核准者，主管機關得廢止其許可。但有正當理由者，得在前項期限屆滿前向主管機關申請延展一個月。

第十一條　（申請核發營業執照應提出之期限與文件）

①設立保險公司者，應於辦妥公司設立登記後三個月內，依規定繳交各項費用並檢同下列書件各三份，向主管機關申請核發營業執照：

一　營業執照申請書（格式如附件四）（略）。

二　公司登記證件。

三　驗資證明文件。

四　已依本法第一百四十一條規定繳存保證金之證明。

五　公司章程。

六　發起人會議紀錄或創立會會議記錄。

七　股東名冊。

八　董事名冊（格式如附件五）（略）及董事會會議紀錄。

九　常務董事名冊（格式如附件五）（略）及常務董事會會議紀錄。

十　監察人名冊（格式如附件五）（略）及監察人報告書或會議紀錄。

十一　經理人、精算人員、核保人員、理賠人員、總稽核及法令遵循主管等重要職員名冊（格式如附件五）（略）。

十二　公司章則及業務流程。

十三　發起人本準則第三條第一項各款情事之書面聲明（格式如附件三）（略）。

十四　股東所認股份逾擬發行股份總數百分之十五時，需填具資金來源說明表（格式如附件六）（略）。

十五　其他經主管機關規定提出之文件。

②前項規定期限屆滿前，如有正當理由，得申請延展，延展期限不得超過三個月，並以一次為限，未經核准延展者，主管機關得廢止其許可。

第十二條 （公司章則應包括之項目）

前條第一項第十二款所稱公司章則，包括下列項目：

一　組織結構與部門職掌。

二　人員配置、管理與培訓。

三　內部控制制度。

四　營業之原則與政策。

五　作業手冊及權責劃分。

六　其他事項。

第十三條 （不予核發營業執照之情形）

保險公司經設立許可後核發營業執照前有下列情形之一者，主管機關不予核發營業執照：

一　發起人有本準則第三條第一項各款情事之一。

二　負責人資格不符合本準則規定。

三　董事、監察人違反本準則之規定。

四　不符合第五條之規定。

五　未提出應具備文件。

六　其他經主管機關認為無法健全有效經營保險業務之虞。

第十四條 （違反開業期限之效力）

保險公司經核發營業執照後滿六個月尚未開始營業者，主管機關應廢止其設立之許可，限期繳銷執照，並通知經濟部。但有正當理由經主管機關核准者，得予延展，延展期限不得超過六個月，並以一次為限。

第十五條 （防杜申請事項不實）

主管機關就保險公司設立之有關事宜，得隨時派員，或請適當機構派員查核，並得令申請設立保險公司者於限期內提出必要之文件、資料或指定人員前來說明。

第十六條 （得同時申請設立分公司）

①保險公司之設立，得同時申請設立分公司。

②前項設立家數及地區，由主管機關視其營業計畫內容、人員配置及地區情況等因素審核之。

第三章 管　理

第十七條 （限期申請變更登記並同時換發營業執照）

保險業之所在地、業務範圍、資本或基金總額及董事長（理事主席）、總經理、董事（理事）、監察人（監事）有變更時，應於變更後十五日內向主管機關申請變更營業登記，並於變更後，依法向有關機關辦理變更登記；其屬營業執照所載事項之變更者，應同時申請換發營業執照。

第十八條 （單一股東持股異動逾一定比例時之通知）

保險業之單一股東增加持股致所持股數逾已發行股份總數百分之十五者，應通知該保險業，並由該保險業檢具資金來源說明表（格式如附件六）（略），報主管機關備查。

第十九條 （國外分公司適用之法規）

保險業在國外設有分公司，受所在國法律限制者，其在國外資金之運用，得依當地政府有關法令之規定辦理。

第二十條 （繳存保證金）

保險業應依本法第一百四十一條及第一百四十二條規定，繳存保證金於國庫。遇有增資情事，應同時繳足保證金。

第二十一條 （廣告及宣傳禁止誇大不實或引人錯誤）

保險業經營業務或招聘人員不得有誇大不實或引人錯誤之廣告及宣傳。

第二十二條 （電子文件方式簽發之保險單或暫保單）

①依本法第四十三條規定簽發之保險單或暫保單，得以電子文件方式為之。

②以電子文件方式簽發保險單或暫保單，應以數位簽章簽署；其紀錄保存、內部安全控制及契約範本等作業管理規範，並應事先由保險商業同業公會訂定，報主管機關備查。

第二十三條 （收取保費之限制）

保險業收取保費，不得有錯價、放佣情事，或以不真實之支出入帳，藉達錯價、放佣之目的。

第二十四條 （資金、業主權益、各種準備金之計算）

保險業依本法第一百四十六條至第一百四十六條之七及其相關規定辦理資金運用時，其資金、業主權益、各種準備金之計算，以最近一期經會計師簽證或核閱之決（結）算數額為準。但保險業之增資取得主管機關規定之驗資證明者，准予計入業主權益及相關項目。

第二十五條 （保險業之解散）

保險業決議解散前，應先擬訂維護其保險契約要保人、被保險人及受益人權益之具體計畫，報請主管機關核准。

第二十六條 （保險契約之轉讓）

①保險業得以契約將其全部或一部保險契約轉讓與其他保險業。

②保險業依前項規定轉讓保險契約，併為財產之轉讓者，主管機關得因保護債權與保險業之債權人，要求其保留一部分之財產。

③保險業停止營業達六個月以上者，應辦理解散，並將其營業執照繳銷。但經主管機關下令停業清理者不在此限。

第二十七條 （合作社組織之保險業的解散及清算）

合作社組織之保險業解散時，其解散及清算，依本辦法及合作社法之規定辦理。

第二十八條 （經營各種商業性保險業務者之準用）

依據其他法律經營各種商業性保險業務者，準用本法之規定，並依本辦法管理之。

第二十九條 （規費）

主管機關依本法規定受理保險業申請營業登記、變更營業登記、核發、換發營業執照等事項，應繳納規費。

第三十條 （施行日期）

①本辦法自發布日施行。

②本辦法中華民國九十八年十一月二十日修正之第八條第一項第二款
　規定，自九十八年十一月二十三日施行。

證券交易法

民國五十七年四月三十日總統令公布

七十年十一月十三日總統令修正公布

七十二年五月十一日總統令修正公布

七十七年一月二十九日總統令修正公布

八十六年五月七日總統令修正公布

八十九年七月十九日總統令修正公布

九十年十一月十四日總統令修正公布

九十一年二月六日總統令修正公布

九十一年六月十二日總統令修正公布

九十三年四月二十八日總統令修正公布

九十四年五月十八日總統令修正公布

九十五年一月十一日總統令修正公布

九十五年五月三十日總統令修正公布

九十八年六月十日總統令修正公布

九十九年一月十三日總統令修正公布

九十九年六月二日總統令修正公布第二之一、三六、一五七之一、一七一、一
七七、一七八、一八三條條文

九十九年十一月二十四日總統令公布增訂第一四之六條條文

第一章　總　　則

第一條 （立法目的）

　　為發展國民經濟，並保障投資，特制定本法。

第二條 （法律之適用）

　　有價證券之募集、發行、買賣，其管理、監督依本法之規定；本法
未規定者，適用公司法及其他有關法律之規定。

第三條 （主管機關）

　　本法所稱主管機關，為行政院金融監督管理委員會。

第四條 （公司之定義）

　　本法所稱公司，謂依公司法組織之股份有限公司。

第五條 （發行人）

本法所稱發行人，謂募集及發行有價證券之公司，或募集有價證券之發起人。

第六條　（有價證券之定義）

①本法所稱有價證券，指政府債券、公司股票、公司債券及經主管機關核定之其他有價證券。

②新股認購權利證書、新股權利證書及前項各種有價證券之價款繳納憑證或表明其權利之證書，視為有價證券。

③前二項規定之有價證券，未印製表示其權利之實體有價證券者，亦視為有價證券。

第七條　（募集之定義）

①本法所稱募集，謂發起人於公司成立前或發行公司於發行前，對非特定人公開招募有價證券之行為。

②本法所稱私募，謂已依本法發行股票之公司依第四十三條之六第一項及第二項規定，對特定人招募有價證券之行為。

第八條　（發行之定義）

①本法所稱發行，謂發行人於募集後製作並交付，或以帳簿劃撥方式交付有價證券之行為。

②前項以帳簿劃撥方式交付有價證券之發行，得不印製實體有價證券。

第九條　（刪除）

第十條　（承銷）

本法所稱承銷，謂依約定包銷或代銷發行人發行有價證券之行為。

第十一條　（證券交易所）

本法所稱證券交易所，謂依本法之規定，設置場所及設備，以供給有價證券集中交易市場為目的之法人。

第十二條　（有價證券集中交易市場）

本法所稱有價證券集中交易市場，謂證券交易所為供有價證券之競價買賣所開設之市場。

第十三條　（公開說明書）

本法所稱公開說明書，謂發行人為有價證券之募集或出賣，依本法之規定，向公眾提出之說明文書。

第十四條　（財務報告）

①本法所稱財務報告，指發行人及證券商、證券交易所依法令規定，應定期編送主管機關之財務報告。

②前項財務報告之內容、適用範圍、作業程序、編製及其他應遵行事

項之準則，由主管機關定之。

③第一項財務報告應經董事長、經理人及會計主管簽名或蓋章，並出具財務報告內容無虛偽或隱匿之聲明。

④前項會計主管應具備一定之資格條件，並於任職期間內持續專業進修；其資格條件、持續專業進修之最低進修時數及辦理進修機構應具備條件等事項之辦法，由主管機關定之。

第十四條之一　（財務、業務內部控制制度之建立）

①公開發行公司、證券交易所、證券商及第十八條所定之事業應建立財務、業務之內部控制制度。

②主管機關得訂定前項公司或事業內部控制制度之準則。

③第一項之公司或事業，除經主管機關核准者外，應於每會計年度終了後四個月內，向主管機關申報內部控制聲明書。

第十四條之二　（獨立董事之設置）

①已依本法發行股票之公司，得依章程規定設置獨立董事。但主管機關應視公司規模、股東結構、業務性質及其他必要情況，要求其設置獨立董事，人數不得少於二人，且不得少於董事席次五分之一。

②獨立董事應具備專業知識，其持股及兼職應予限制，且於執行業務範圍內應保持獨立性，不得與公司有直接或間接之利害關係。獨立董事之專業資格、持股與兼職限制、獨立性之認定、提名方式及其他應遵行事項之辦法，由主管機關定之。

③有下列情事之一者，不得充任獨立董事，其已充任者，當然解任：

　　一　有公司法第三十條各款情事之一。

　　二　依公司法第二十七條規定以政府、法人或其代表人當選。

　　三　違反依前項所定獨立董事之資格。

④獨立董事持股轉讓，不適用公司法第一百九十七條第一項後段及第三項規定。

⑤獨立董事因故解任，致人數不足第一項或章程規定者，應於最近一次股東會補選。獨立董事均解任時，公司應自事實發生之日起六十日內，召開股東臨時會補選之。

第十四條之三　（選任獨立董事之公司應提董事會決議之事項）

已依前條第一項規定選任獨立董事之公司，除經主管機關核准者外，下列事項應提董事會決議通過；獨立董事如有反對意見或保留意見，應於董事會議事錄載明：

　　一　依第十四條之一規定訂定或修正內部控制制度。

二　依第三十六條之一規定訂定或修正取得或處分資產、從事衍生性商品交易、資金貸與他人、為他人背書或提供保證之重大財務業務行為之處理程序。

三　涉及董事或監察人自身利害關係之事項。

四　重大之資產或衍生性商品交易。

五　重大之資金貸與、背書或提供保證。

六　募集、發行或私募具有股權性質之有價證券。

七　簽證會計師之委任、解任或報酬。

八　財務、會計或內部稽核主管之任免。

九　其他經主管機關規定之重大事項。

第十四條之四　（審計委員會或監察人之設置）

①已依本法發行股票之公司，應擇一設置審計委員會或監察人。但主管機關得視公司規模、業務性質及其他必要情況，命令設置審計委員會替代監察人；其辦法，由主管機關定之。

②審計委員會應由全體獨立董事組成，其人數不得少於三人，其中一人為召集人，且至少一人應具備會計或財務專長。

③公司設置審計委員會者，本法、公司法及其他法律對於監察人之規定，於審計委員會準用之。

④公司法第二百條、第二百十三條至第二百十五條、第二百十六條第一項、第三項、第四項、第二百十八條第一項、第二項、第二百十八條之一、第二百十八條之二第二項、第二百二十條、第二百二十三條至第二百二十六條、第二百二十七條但書及第二百四十五條第二項規定，對審計委員會之獨立董事成員準用之。

⑤審計委員會及其獨立董事成員對前二項所定職權之行使及相關事項之辦法，由主管機關定之。

⑥審計委員會之決議，應有審計委員會全體成員二分之一以上之同意。

第十四條之五　（應經審計委員會同意並提董事會決議之事項）

①已依本法發行股票之公司設置審計委員會者，下列事項應經審計委員會全體成員二分之一以上同意，並提董事會決議，不適用第十四條之三規定：

一　依第十四條之一規定訂定或修正內部控制制度。

二　內部控制制度有效性之考核。

三　依第三十六條之一規定訂定或修正取得或處分資產、從事衍生性商品交易、資金貸與他人、為他人背書或提供保證之重

　　　　大財務業務行為之處理程序。

四　涉及董事自身利害關係之事項。

五　重大之資產或衍生性商品交易。

六　重大之資金貸與、背書或提供保證。

七　募集、發行或私募具有股權性質之有價證券。

八　簽證會計師之委任、解任或報酬。

九　財務、會計或內部稽核主管之任免。

十　年度財務報告及半年度財務報告。

十一　其他公司或主管機關規定之重大事項。

②前項各款事項除第十款外，如未經審計委員會全體成員二分之一以上同意者，得由全體董事三分之二以上同意行之，不受前項規定之限制，並應於董事會議事錄載明審計委員會之決議。

③公司設置審計委員會者，不適用第三十六條第一項財務報告應經監察人承認之規定。

④第一項及前條第六項所稱審計委員會全體成員及第二項所稱全體董事，以實際在任者計算之。

第十四條之六　（薪資報酬委員會之設置）

①股票已在證券交易所上市或於證券商營業處所買賣之公司應設置薪資報酬委員會；其成員專業資格、所定職權之行使及相關事項之辦法，由主管機關定之。

②前項薪資報酬應包括董事、監察人及經理人之薪資、股票選擇權與其他具有實質獎勵之措施。

第十五條　（證券業務種類）

依本法經營之證券業務，其種類如左：

一　有價證券之承銷及其他經主管機關核准之相關業務。

二　有價證券之自行買賣及其他經主管機關核准之相關業務。

三　有價證券買賣之行紀、居間、代理及其他經主管機關核准之相關業務。

第十六條　（證券商之種類）

經營前條各款業務之一者為證券商，並依左列各款定其種類：

一　經營前條第一款規定之業務者，為證券承銷商。

二　經營前條第二款規定之業務者，為證券自營商。

三　經營前條第三款規定之業務者，為證券經紀商。

第十七條　（刪除）

第十八條 　（核准主義）

①經營證券金融事業、證券集中保管事業或其他證券服務事業，應經主管機關之核准。

②前項事業之設立條件、申請核准之程序、財務、業務與管理及其他應遵行事項之規則，由主管機關定之。

第十八條之一 　（準用規定）

①第三十八條、第三十九條及第六十六條之規定，於前條之事業準用之。

②第五十三條、第五十四條及第五十六條之規定，於前條事業之人員準用之。

第十八條之二 　（刪除）

第十八條之三 　（刪除）

第十九條 　（契約方式）

凡依本法所訂立之契約，均應以書面為之。

第二十條 　（誠實義務及損害賠償責任）

①有價證券之募集、發行、私募或買賣，不得有虛偽、詐欺或其他足致他人誤信之行為。

②發行人依本法規定申報或公告之財務報告及財務業務文件，其內容不得有虛偽或隱匿之情事。

③違反第一項規定者，對於該有價證券之善意取得人或出賣人因而所受之損害，應負賠償責任。

④委託證券經紀商以行紀名義買入或賣出之人，視為前項之取得人或出賣人。

第二十條之一 　（財務報告等文件之誠實義務及損害賠償責任）

①前條第二項之財務報告及財務業務文件或依第三十六條第一項公告申報之財務報告，其主要內容有虛偽或隱匿之情事，下列各款之人，對於發行人所發行有價證券之善意取得人、出賣人或持有人因而所受之損害，應負賠償責任：

　　一　發行人及其負責人。

　　二　發行人之職員，曾在財務報告或財務業務文件上簽名或蓋章者。

②前項各款之人，除發行人、發行人之董事長、總經理外，如能證明已盡相當注意，且有正當理由可合理確信其內容無虛偽或隱匿之情事者，免負賠償責任。

③會計師辦理第一項財務報告或財務業務文件之簽證，有不正當行為或違反或廢弛其業務上應盡之義務，致第一項之損害發生者，負賠償責任。

④前項會計師之賠償責任，有價證券之善意取得人、出賣人或持有人得聲請法院調閱會計師工作底稿並請求閱覽或抄錄，會計師及會計師事務所不得拒絕。

⑤第一項各款及第三項之人，除發行人、發行人之董事長、總經理外，因其過失致第一項損害之發生者，應依其責任比例，負賠償責任。

⑥前條第四項規定，於第一項準用之。

第二十一條　（損害賠償請求權之期限）

本法規定之損害賠償請求權，自有請求權人知有得受賠償之原因時起二年間不行使而消滅；自募集、發行或買賣之日起逾五年者亦同。

第二十一條之一　（合作條約或協定之簽訂）

①為促進我國與其他國家證券市場主管機關之國際合作，政府或其授權之機構依互惠原則，得與外國政府、機構或國際組織，就資訊交換、技術合作、協助調查等事項，簽訂合作條約或協定。

②除有妨害國家利益或投資大眾權益者外，主管機關依前項簽訂之條約或協定，得洽請相關機關或要求有關之機構、法人、團體或自然人依該條約或協定提供必要資訊，並基於互惠及保密原則，提供予與我國簽訂條約或協定之外國政府、機構或國際組織。

③為促進證券市場國際合作，對於有違反外國金融管理法律之虞經外國政府調查、追訴或進行司法程序者，於外國政府依第一項簽訂之條約或協定請求協助調查時，主管機關得要求與證券交易有關之機構、法人、團體或自然人，提示相關之帳簿、文據或到達辦公處所說明；必要時，並得請該外國政府派員協助調查事宜。

④前項被要求到達辦公處所說明者，得選任律師、會計師、其他代理人或經主管機關許可偕同輔佐人到場。

⑤第二項及第三項規定之機構、法人、團體或自然人，對於主管機關要求提供必要資訊、提示相關帳簿、文據或到達辦公處所說明，不得規避、妨礙或拒絕。

第二章　有價證券之募集、發行、私募及買賣

第一節　有價證券之募集、發行及買賣

第二十二條　（有價證券之募集與發行）

①有價證券之募集及發行，除政府債券或經主管機關核定之其他有價
　證券外，非向主管機關申報生效後，不得為之。

②已依本法發行股票之公司，於依公司法之規定發行新股時，除依第
　四十三條之六第一項及第二項規定辦理者外，仍應依前項規定辦理。

③第一項規定，於出售其所持有之公司股票、公司債券或其價款繳納憑
　證、表明其權利之證書或新股認購權利證書、新股權利證書，而公
　開招募者，準用之。

④依前三項規定申報生效應具備之條件、應檢附之書件、審核程序及
　其他應行事項之準則，由主管機關定之。

⑤前項準則有關外匯事項之規定，主管機關於訂定或修正時，應洽商
　中央銀行同意。

第二十二條之一　（增資發行新股）

①已依本法發行股票之公司，於增資發行新股時，主管機關得規定其
　股權分散標準。

②公開發行股票公司股務處理準則，由主管機關定之。

第二十二條之二　（董事、監察人等股票之轉讓方式）

①已依本法發行股票公司之董事、監察人、經理人或持有公司股份超
　過股份總額百分之十之股東，其股票之轉讓，應依左列方式之一為
　之：

　　一　經主管機關核准或自申報主管機關生效日後，向非特定人為
　　　　之。

　　二　依主管機關所定持有期間及每一交易日得轉讓數量比例，於
　　　　向主管機關申報之日起三日後，在集中交易市場或證券商營
　　　　業處所為之。但每一交易日轉讓股數未超過一萬股者，免予
　　　　申報。

　　三　於向主管機關申報之日起三日內，向符合主管機關所定條件
　　　　之特定人為之。

②經由前項第三款受讓之股票，受讓人在一年內欲轉讓其股票，仍須
　依前項各款所列方式之一為之。

③第一項之人持有之股票，包括其配偶、未成年子女及利用他人名義
　持有者。

第二十三條 （新股認購權利證書轉讓限期）

新股認購權利證書之轉讓，應於原股東認購新股限期前為之。

第二十四條 （依本法發行新股後未依法發行股份地位之擬制）

公司依本法發行新股者，其以前未依本法發行之股份，視為已依本法發行。

第二十五條 （董事、監察人等持有股票之申報）

①公開發行股票之公司於登記後，應即將其董事、監察人、經理人及持有股份超過股份總額百分之十之股東，所持有之本公司股票種類及股數，向主管機關申報並公告之。

②前項股票持有人，應於每月五日以前將上月份持有股數變動之情形，向公司申報，公司應於每月十五日以前，彙總向主管機關申報。必要時，主管機關得命令其公告之。

③第二十二條之二第三項之規定，於計算前二項持有股數準用之。

④第一項之股票經設定質權者，出質人應即通知公司；公司應於其質權設定後五日內，將其出質情形，向主管機關申報並公告之。

第二十五條之一 （委託書管理規則）

公開發行股票公司出席股東會使用委託書，應予限制、取締或管理；其徵求人、受託代理人與代為處理徵求事務者之資格條件、委託書之格式、取得、徵求與受託方式、代理之股數、統計驗證、使用委託書代理表決權不予計算之情事，應申報與備置之文件、資料提供及其他應行事項之規則，由主管機關定之。

第二十六條 （董事、監察人持有記名股票數額之最低成數）

①凡依本法公開募集及發行有價證券之公司，其全體董事及監察人二者所持有記名股票之股份總額，各不得少於公司已發行股份總額一定之成數。

②前項董事、監察人股權成數及查核實施規則，由主管機關以命令定之。

第二十六條之一 （召集股東會應列舉主要內容之情形）

已依本法發行有價證券之公司召集股東會時，關於公司法第二百零九條第一項、第二百四十條第一項及第二百四十一條第一項之決議事項，應在召集事由中列舉並說明其主要內容，不得以臨時動議提出。

第二十六條之二 （對小額記名股票股東會之通知期間）

已依本法發行股票之公司，對於持有記名股票未滿一千股股東，其

股東常會之召集通知得於開會三十日前；股東臨時會之召集通知得於開會十五日前，以公告方式為之。

第二十六條之三　　（發行股票公司董事之限制）

①已依本法發行股票之公司董事會，設置董事不得少於五人。

②政府或法人為公開發行公司之股東時，除經主管機關核准者外，不得由其代表人同時選任或擔任公司之董事及監察人，不適用公司法第二十七條第二項規定。

③公司除經主管機關核准者外，董事間應有超過半數之席次，不得具有下列關係之一：

　　一　配偶。

　　二　二親等以內之親屬。

④公司除經主管機關核准者外，監察人間或監察人與董事間，應至少一席以上，不得具有前項各款關係之一。

⑤公司召開股東會選任董事及監察人，原當選人不符前二項規定時，應依下列規定決定當選之董事或監察人：

　　一　董事間不符規定者，不符規定之董事中所得選票代表選舉權較低者，其當選失其效力。

　　二　監察人間不符規定者，準用前款規定。

　　三　監察人與董事間不符規定者，不符規定之監察人中所得選票代表選舉權較低者，其當選失其效力。

⑥已充任董事或監察人違反第三項或第四項規定者，準用前項規定當然解任。

⑦董事因故解任，致不足五人者，公司應於最近一次股東會補選之。但董事缺額達章程所定席次三分之一者，公司應自事實發生之日起六十日內，召開股東臨時會補選之。

⑧公司應訂定董事會議事規範；其主要議事內容、作業程序、議事錄應載明事項、公告及其他應遵行事項之辦法，由主管機關定之。

第二十七條　　（每股金額之高低限與更改）

①主管機關對於公開發行之股票，得規定其每股之最低或最高金額。但規定前已准發行者，得仍照原金額；其增資發行之新股，亦同。

②公司更改其每股發行價格，應向主管機關申報。

第二十八條　　（刪除）

第二十八條之一　　（公開發行股票公司提撥發行新股總額之比率）

①股票未在證券交易所上市或未於證券商營業處所買賣之公開發行股

票公司，其股權分散未達主管機關依第二十二條之一第一項所定標準者，於現金發行新股時，除主管機關認為無須或不適宜對外公開發行者外，應提撥發行新股總額之一定比率，對外公開發行，不受公司法第二百六十七條第三項關於原股東儘先分認規定之限制。

②股票已在證券交易所上市或於證券商營業處所買賣之公開發行股票公司，於現金發行新股時，主管機關得規定提撥發行新股總額之一定比率，以時價向外公開發行，不受公司法第二百六十七條第三項關於原股東儘先分認規定之限制。

③前二項提撥比率定為發行新股總額之百分之十。但股東會另有較高比率之決議者，從其決議。

④依第一項或第二項規定提撥向外公開發行時，同次發行由公司員工承購或原有股東認購之價格，應與向外公開發行之價格相同。

第二十八條之二 （股份之買回）

①股票已在證券交易所上市或於證券商營業處所買賣之公司，有左列情事之一者，得經董事會三分之二以上董事之出席及出席董事超過二分之一同意，於有價證券集中交易市場或證券商營業處所依第四十三條之一第二項規定買回其股份，不受公司法第一百六十七條第一項規定之限制：

一　轉讓股份予員工。

二　配合附認股權公司債、附認股權特別股、可轉換公司債、可轉換特別股或認股權憑證之發行，作為股權轉換之用。

三　為維護公司信用及股東權益所必要而買回，並辦理銷除股份者。

②前項公司買回股份之數量比例，不得超過該公司已發行股份總數百分之十；收買股份之總金額，不得逾保留盈餘加發行股份溢價及已實現之資本公積之金額。

③公司依第一項規定買回其股份之程序、價格、數量、方式、轉讓方法及應申報公告事項，由主管機關以命令定之。

④公司依第一項規定買回之股份，除第三款部分應於買回之日起六個月內辦理變更登記外，應於買回之日起三年內將其轉讓；逾期未轉讓者，視為公司未發行股份，並應辦理變更登記。

⑤公司依第一項規定買回之股份，不得質押；於未轉讓前，不得享有股東權利。

⑥公司於有價證券集中交易市場或證券商營業處所買回其股份者，該

公司其依公司法第三百六十九條之一規定之關係企業或董事、監察人、經理人之本人及其配偶，未成年子女或利用他人名義所持有之股份，於該公司買回之期間內不得賣出。

⑦第一項董事會之決議及執行情形，應於最近一次之股東會報告；其因故未買回股份者，亦同。

第二十八條之三 （認股權之行使）

①募集、發行認股權憑證、附認股權特別股或附認股權公司債之公開發行公司，於認股權人依公司所定認股辦法行使認股權時，有核給股份之義務，不受公司法第一百五十六條第七項價格應歸一律與第二百六十七條第一項、第二項及第三項員工、原股東儘先分認規定之限制。

②前項依公司所定認股辦法之可認購股份數額，應先於公司章程中載明，不受公司法第二百七十八條第一項及第二項規定之限制。

第二十八條之四 （公司債發行總額）

已依本法發行股票之公司，募集與發行有擔保公司債、轉換公司債或附認股權公司債，其發行總額，除經主管機關徵詢目的事業中央主管機關同意者外，不得逾全部資產減去全部負債餘額之百分之二百，不受公司法第二百四十七條規定之限制。

第二十九條 （公司債由金融機構擔任保證人之發行）

公司債之發行如由金融機構擔任保證人者，得視為有擔保之發行。

第三十條 （申請審核應備之文書）

①公司募集、發行有價證券，於申請審核時，除依公司法所規定記載事項外，應另行加具公開說明書。

②前項公開說明書，其應記載之事項，由主管機關以命令定之。

③公司申請其有價證券在證券交易所上市或於證券商營業處所買賣者，準用第一項之規定；其公開說明書應記載事項之準則，分別由證券交易所與證券櫃檯買賣中心擬訂，報請主管機關核定。

第三十一條 （公開說明書之交付）

①募集有價證券，應先向認股人或應募人交付公開說明書。

②違反前項之規定者，對於善意之相對人因而所受之損害，應負賠償責任。

第三十二條 （公開說明書虛偽或隱匿之責任）

①前條之公開說明書，其應記載之主要內容有虛偽或隱匿之情事者，左列各款之人，對於善意之相對人，因而所受之損害，應就其所應

負責部分與公司負連帶賠償責任：

一　發行人及其負責人。

二　發行人之職員，曾在公開說明書上簽章，以證實其所載內容之全部或一部者。

三　該有價證券之證券承銷商。

四　會計師、律師、工程師或其他專門職業或技術人員，曾在公開說明書上簽章，以證實其所載內容之全部或一部，或陳述意見者。

②前項第一款至第三款之人，除發行人外，對於未經前項第四款之人簽證部分，如能證明已盡相當之注意，並有正當理由確信其主要內容無虛偽、隱匿情事或對於簽證之意見有正當理由確信其為真實者，免負賠償責任；前項第四款之人，如能證明已經合理調查，並有正當理由確信其簽證或意見為真實者，亦同。

第三十三條　（股款或債款之繳納）

①認股人或應募人繳納股款或債款，應將款項連同認股書或應募書向代收款項之機構繳納之；代收機構收款後，應向各該繳款人交付經由發行人簽章之股款或債款之繳納憑證。

②前項繳納憑證及其存根，應由代收機構簽章，並將存根交還發行人。

③已依本法發行有價證券之公司發行新股時，如依公司法第二百七十三條公告之股款繳納期限在一個月以上者，認股人逾期不繳納股款，即喪失其權利，不適用公司法第二百六十六條第三項準用同法第一百四十二條之規定。

第三十四條　（股票或公司債券之交付）

①發行人應於依公司法得發行股票或公司債券之日起三十日內，對認股人或應募人憑前條之繳納憑證，交付股票或公司債券，並應於交付前公告之。

②公司股款、債款繳納憑證之轉讓，應於前項規定之限期內為之。

第三十五條　（簽證）

公司發行股票或公司債券應經簽證，其簽證規則，由主管機關定之。

第三十六條　（年度財務報告之申報）

①已依本法發行有價證券之公司，除經主管機關核准者外，應依下列規定公告並向主管機關申報：

一　於每會計年度終了後三個月內，公告並申報經會計師查核簽證、董事會通過及監察人承認之年度財務報告。

二　於每半會計年度終了後二個月內，公告並申報經會計師查核簽證、董事會通過及監察人承認之財務報告。

三　於每會計年度第一季及第三季終了後一個月內，公告並申報經會計師核閱之財務報告。

四　於每月十日以前，公告並申報上月份營運情形。

②前項公司有下列情事之一者，應於事實發生之日起二日內公告並向主管機關申報：

一　股東常會承認之年度財務報告與公告並向主管機關申報之年度財務報告不一致。

二　發生對股東權益或證券價格有重大影響之事項。

③第一項之公司，應編製年報，於股東常會分送股東；其應記載之事項，由主管機關定之。

④第一項及第二項公告、申報事項與前項年報，有價證券已在證券交易所上市買賣者，應以抄本送證券交易所；有價證券已在證券商營業處所買賣者，應以抄本送主管機關指定之機構供公眾閱覽。

⑤公司在重整期間，第一項所定董事會及監察人之職權，由重整人及重整監督人行使。

⑥股票已在證券交易所上市或於證券商營業處所買賣之公司股東常會，應於每會計年度終了後六個月內召開；不適用公司法第一百七十條第二項但書規定。

⑦股票已在證券交易所上市或於證券商營業處所買賣之公司董事及監察人任期屆滿之年，董事會未依前項規定召開股東常會改選董事、監察人者，主管機關得依職權限期召開；屆期仍不召開者，自限期屆滿時，全體董事及監察人當然解任。

第三十六條之一　（公開發行公司所為各種業務準則之訂定）

公開發行公司取得或處分資產、從事衍生性商品交易、資金貸與他人、為他人背書或提供保證及揭露財務預測資訊等重大財務業務行為，其適用範圍、作業程序、應公告、申報及其他應行事項之處理準則，由主管機關定之。

第三十七條　（會計師查核簽證之管理）

①會計師辦理第三十六條財務報告之查核簽證，應經主管機關之核准；其準則，由主管機關定之。

②會計師辦理前項查核簽證，除會計師法及其他法律另有規定者外，應依主管機關所定之查核簽證規則辦理。

③會計師辦理第一項簽證，發生錯誤或疏漏者，主管機關得視情節之輕重，為左列處分：

一　警告。

二　停止其二年以內辦理本法所定之簽證。

三　撤銷簽證之核准。

④第三十六條第一項之財務報告，應備置於公司及其分支機構，以供股東及公司債權人之查閱或抄錄。

第三十八條　（有價證券募集或發行之保護措施）

①主管機關為有價證券募集或發行之核准，因保護公益或投資人利益，對發行人、證券承銷商或其他關係人，得命令其提出參考或報告資料，並得直接檢查其有關書表、帳冊。

②有價證券發行後，主管機關得隨時命令發行人提出財務、業務報告或直接檢查財務、業務狀況。

第三十八條之一　（主管機關之檢查）

主管機關認為必要時，得隨時指定會計師、律師、工程師或其他專門職業或技術人員，檢查發行人、證券承銷商或其他關係人之財務、業務狀況及有關書表、帳冊，並向主管機關提出報告或表示意見，其費用由被檢查人負擔。

第三十九條　（發行人不合法令之處罰）

主管機關於審查發行人所申報之財務報告，其他參考或報告資料時，或於檢查其財務、業務狀況時，發現發行人有不符合法令規定之事項，除得以命令糾正外，並得依本法處罰。

第四十條　（藉核准為宣傳之禁止）

對於有價證券募集之核准，不得藉以作為證實申請事項或保證證券價值之宣傳。

第四十一條　（命令另提特別盈餘公積）

①主管機關認為有必要時，對於已依本法發行有價證券之公司，得以命令規定其於分派盈餘時，除依法提出法定盈餘公積外，並應另提一定比率之特別盈餘公積。

②已依本法發行有價證券之公司，申請以法定盈餘公積或資本公積撥充資本時，應先填補虧損；其以資本公積撥充資本者，應以其一定比率為限。

第四十二條　（發行審核程序之補辦）

①公司對於未依本法發行之股票，擬在證券交易所上市或於證券商營

業處所買賣者，應先向主管機關申請補辦本法規定之有關發行審核程序。

②未依前項規定補辦發行審核程序之公司股票，不得為本法之買賣，或為買賣該種股票之公開徵求或居間。

第四十三條　（有價證券買賣之給付或交割）

①在證券交易所上市或證券商營業處所買賣之有價證券之給付或交割應以現款、現貨為之。其交割期間及預繳買賣證據金數額，得由主管機關以命令定之。

②證券集中保管事業保管之有價證券，其買賣之交割，得以帳簿劃撥方式為之；其作業辦法，由主管機關定之。

③以證券集中保管事業保管之有價證券為設質標的者，其設質之交付，得以帳簿劃撥方式為之，並不適用民法第九百零八條之規定。

④證券集中保管事業以混合保管方式保管之有價證券，由所有人按其送存之種類數量分別共有；領回時，並得以同種類、同數量之有價證券返還之。

⑤證券集中保管事業為處理保管事務，得就保管之股票、公司債以該證券集中保管事業之名義登載於股票發行公司股東名簿或公司債存根簿。證券集中保管事業於股票、公司債發行公司召開股東會、債權人會議，或決定分派股息及紅利或其他利益，或還本付息前，將所保管股票及公司債所有人之本名或名稱、住所或居所及所持有數額通知該股票及公司債之發行公司時，視為已記載於公司股東名簿、公司債存根簿或已將股票、公司債存交公司，不適用公司法第一百六十五條第一項、第一百七十六條、第二百六十條及第二百六十三條第三項之規定。

⑥前二項規定於政府債券及其他有價證券準用之。

第二節　有價證券之收購

第四十三條之一　（取得超過公開發行公司已發行股份總額百分之十之申報）

①任何人單獨或與他人共同取得任一公開發行公司已發行股份總額超過百分之十之股份者，應於取得後十日內，向主管機關申報其取得股份之目的、資金來源及主管機關所規定應行申報之事項；申報事項如有變動時，並隨時補正之。

②不經由有價證券集中交易市場或證券商營業處所，對非特定人為公

開收購公開發行公司之有價證券者，除左列情形外，應先向主管機關申報並公告後，始得為之：

一　公開收購人預定公開收購數量，加計公開收購人與其關係人已取得公開發行公司有價證券總數，未超過該公開發行公司已發行有表決權股份總數百分之五。

二　公開收購人公開收購其持有已發行有表決權股份總數超過百分之五十之公司之有價證券。

三　其他符合主管機關所定事項。

③任何人單獨或與他人共同預定取得公開發行公司已發行股份總額達一定比例者，除符合一定條件外，應依公開收購方式為之。

④依第二項規定收購有價證券之範圍、條件、期間、關係人及申報公告事項與前項之一定比例及條件，由主管機關定之。

第四十三條之二　（公開收購之要件）

①公開收購人應以同一收購條件為公開收購，且不得為左列公開收購條件之變更：

一　調降公開收購價格。

二　降低預定公開收購有價證券數量。

三　縮短公開收購期間。

四　其他經主管機關規定之事項。

②違反前項以同一收購條件公開收購者，公開收購人應於最高收購價格與對應賣人公開收購價格之差額乘以應募股數之限額內，對應賣人負損害賠償責任。

第四十三條之三　（公開收購期間行為之限制）

①公開收購人及其關係人自申報並公告之日起至公開收購期間屆滿日止，不得於集中交易市場、證券商營業處所、其他任何場所或以其他方式，購買同種類之公開發行公司有價證券。

②違反前項規定者，公開收購人應就另行購買有價證券之價格與公開收購價格之差額乘以應募股數之限額內，對應賣人負損害賠償責任。

第四十三條之四　（公開收購說明書）

①公開收購人除依第二十八條之二規定買回本公司股份者外，應於應賣人請求時或應賣人向受委任機構交存有價證券時，交付公開收購說明書。

②前項公開收購說明書，其應記載之事項，由主管機關定之。

③第三十一條第二項及第三十二條之規定，於第一項準用之。

第四十三條之五　（不得停止公開收購）

①公開收購人進行公開收購後，除有下列情事之一，並經主管機關核准者外，不得停止公開收購之進行：

一　被收購有價證券之公開發行公司，發生財務、業務狀況之重大變化，經公開收購人提出證明者。

二　公開收購人破產、死亡、受監護或輔助宣告或經裁定重整者。

三　其他經主管機關所定之事項。

②公開收購人所申報及公告之內容有違反法令規定之情事者，主管機關為保護公益之必要，得命令公開收購人變更公開收購申報事項，並重行申報及公告。

③公開收購人未於收購期間完成預定收購數量或經主管機關核准停止公開收購之進行者，除有正當理由並經主管機關核准者外，公開收購人於一年內不得就同一被收購公司進行公開收購。

④公開收購人與其關係人於公開收購後，所持有被收購公司已發行股份總數超過該公司已發行股份總數百分之五十者，得以書面記明提議事項及理由，請求董事會召集股東臨時會，不受公司法第一百七十三條第一項規定之限制。

第三節　有價證券之私募及買賣

第四十三條之六　（有價證券之私募）

①公開發行股票之公司，得以代表已發行股份總數過半數股東之出席，出席股東表決權三分之二以上之同意，對左列之人進行有價證券之私募，不受第二十八條之一、第一百三十九條第二項及公司法第二百六十七條第一項至第三項規定之限制：

一　銀行業、票券業、信託業、保險業、證券業或其他經主管機關核准之法人或機構。

二　符合主管機關所定條件之自然人、法人或基金。

三　該公司或其關係企業之董事、監察人及經理人。

②前項第二款及第三款之應募人總數，不得超過三十五人。

③普通公司債之私募，其發行總額，除經主管機關徵詢目的事業中央主管機關同意者外，不得逾全部資產減去全部負債餘額之百分之四百，不受公司法第二百四十七條規定之限制。並得於董事會決議之日起一年內分次辦理。

④該公司應第一項第二款之人之合理請求，於私募完成前負有提供與

本次有價證券私募有關之公司財務、業務或其他資訊之義務。

⑤該公司應於股款或公司債等有價證券之價款繳納完成日起十五日內，檢附相關書件，報請主管機關備查。

⑥依第一項規定進行有價證券之私募者，應在股東會召集事由中列舉並說明左列事項，不得以臨時動議提出：

  一　價格訂定之依據及合理性。

  二　特定人選擇之方式。其已洽定應募人者，並說明應募人與公司之關係。

  三　辦理私募之必要理由。

⑦依第一項規定進行有價證券私募，並依前項各款規定於該次股東會議案中列舉及說明分次私募相關事項者，得於該股東會決議之日起一年內，分次辦理。

第四十三條之七　（一般性廣告或公開勸誘行為之禁止）

①有價證券之私募及再行賣出，不得為一般性廣告或公開勸誘之行為。

②違反前項規定者，視為對非特定人公開招募之行為。

第四十三條之八　（再行賣出之禁止）

①有價證券私募之應募人及購買人除有左列情形外，不得再行賣出：

  一　第四十三條之六第一項第一款之人持有私募有價證券，該私募有價證券無同種類之有價證券於證券集中交易市場或證券商營業處所買賣，而轉讓予具有相同資格者。

  二　自該私募有價證券交付日起滿一年以上，且自交付日起第三年期間內，依主管機關所定持有期間及交易數量之限制，轉讓予符合第四十三條之六第一項第一款及第二款之人。

  三　自該私募有價證券交付日起滿三年。

  四　基於法律規定所生效力之移轉。

  五　私人間之直接讓受，其數量不超過該證券一個交易單位，前後二次之讓受行為，相隔不少於三個月。

  六　其他經主管機關核准者。

②前項有關私募有價證券轉讓之限制，應於公司股票以明顯文字註記，並於交付應募人或購買人之相關書面文件中載明。

第三章　證　券　商

第一節 通　則

第四十四條　（營業之許可及分支機構設立之許可）

①證券商須經主管機關之許可及發給許可證照，方得營業；非證券商不得經營證券業務。

②證券商分支機構之設立，應經主管機關許可。

③外國證券商在中華民國境內設立分支機構，應經主管機關許可及發給許可證照。

④證券商及其分支機構之設立條件、經營業務種類、申請程序、應檢附書件等事項之設置標準與其財務、業務及其他應遵行事項之規則，由主管機關定之。

⑤前項規則有關外匯業務經營之規定，主管機關於訂定或修正時，應洽商中央銀行意見。

第四十五條　（證券商不得經營之業務）

①證券商應依第十六條規定，分別依其種類經營證券業務，不得經營其本身以外之業務。但經主管機關核准者，不在此限。

②證券商不得由他業兼營。但金融機構得經主管機關之許可，兼營證券業務。

③證券商非經主管機關核准，不得投資於其他證券商。

第四十六條　（兼營買賣之區別）

證券商依前條第一項但書之規定，兼營證券自營商及證券經紀商者，應於每次買賣時，以書面文件區別其為自行買賣或代客買賣。

第四十七條　（證券商之資格）

證券商須為依法設立登記之公司。但依第四十五條第二項但書規定兼營者，不在此限。

第四十八條　（證券商之最低資本額）

①證券商應有最低之資本額，由主管機關依其種類以命令分別定之。

②前項所稱之資本，為已發行股份總額之金額。

第四十九條　（證券商之負債總額）

①證券商之對外負債總額，不得超過其資本淨值之規定倍數；其流動負債總額，不得超過其流動資產總額之規定成數。

②前項倍數及成數，由主管機關以命令分別定之。

第五十條　（證券商公司名稱之使用）

①證券商之公司名稱，應標明證券之字樣。但依第四十五條第二項但

書之規定為證券商者，不在此限。

②非證券商不得使用類似證券商之名稱。

第五十一條　（證券商之董事、監察人及經理人兼任職務之限制）

證券商之董事、監察人及經理人，不得兼任其他證券商之任何職務。但因投資關係，並經主管機關核准者，得兼任被投資證券商之董事或監察人。

第五十二條　（刪除）

第五十三條　（董事、監察人或經理人資格之限制與解任）

有左列情事之一者，不得充任證券商之董事、監察人或經理人；其已充任者，解任之，並由主管機關函請經濟部撤銷其董事、監察人或經理人登記：

一　有公司法第三十條各款情事之一者。

二　曾任法人宣告破產時之董事、監察人、經理人或其他地位相等之人，其破產終結未滿三年或調協未履行者。

三　最近三年內在金融機構有拒絕往來或喪失債信之紀錄者。

四　依本法之規定，受罰金以上刑之宣告，執行完畢、緩刑期滿或赦免後未滿三年者。

五　違反第五十一條之規定者。

六　受第五十六條及第六十六條第二款解除職務之處分，未滿三年者。

第五十四條　（業務員資格之限制）

①證券商僱用對於有價證券營業行為直接有關之業務人員，應年滿二十歲，並具備有關法令所規定之資格條件，且無下列各款情事之一：

一　受破產之宣告尚未復權，受監護宣告或受輔助宣告尚未撤銷。

二　兼任其他證券商之職務。但因投資關係，並經主管機關核准兼任被投資證券商之董事或監察人者，不在此限。

三　（刪除）

四　曾犯詐欺、背信罪或違反工商管理法律，受有期徒刑以上刑之宣告，執行完畢、緩刑期滿或赦免後未滿三年。

五　有前條第二款至第四款或第六款情事之一。

六　違反主管機關依本法所發布之命令。

②前項業務人員之職稱，由主管機關定之。

第五十五條　（營業保證金）

①證券商於辦理公司設立登記後，應依主管機關規定，提存營業保證

金。

②因證券商特許業務所生債務之債權人，對於前項營業保證金，有優先受清償之權。

第五十六條 （違法證券商之處分㈠）

主管機關發現證券商之董事、監察人及受僱人，有違背本法或其他有關法令之行為，足以影響證券業務之正常執行者，除得隨時命令該證券商停止其一年以下業務之執行或解除其職務外，並得視其情節之輕重，對證券商處以第六十六條所定之處分。

第五十七條 （特許或許可之撤銷㈠）

證券商取得經營證券業務之特許，或設立分支機構之許可後，經主管機關發覺有違反法令或虛偽情事者，得撤銷其特許或許可。

第五十八條 （證券商開始或停止營業之申報）

證券商或其分支機構於開始或停止營業時，應向主管機關申報備查。

第五十九條 （特許或許可之撤銷㈡）

①證券商自受領證券業務特許證照，或其分支機構經許可並登記後，於三個月內未開始營業，或雖已開業而自行停止營業連續三個月以上時，主管機關得撤銷其特許或許可。

②前項所定期限，如有正當事由，證券商得申請主管機關核准延展之。

第六十條 （證券商應經核准之業務）

①證券商非經主管機關核准，不得為下列之業務：

　　一　有價證券買賣之融資或融券。

　　二　有價證券買賣融資融券之代理。

　　三　有價證券之借貸或為有價證券借貸之代理或居間。

　　四　因證券業務借貸款項或為借貸款項之代理或居間。

　　五　因證券業務受客戶委託保管及運用其款項。

②證券商依前項規定申請核准辦理有關業務應具備之資格條件、人員、業務及風險管理等事項之辦法，由主管機關定之。

第六十一條 （有價證券買賣融資融券之額度等之訂定）

有價證券買賣融資融券之額度、期限及融資比率、融券保證金成數，由主管機關商經中央銀行同意後定之；有價證券得為融資融券標準，由主管機關定之。

第六十二條 （受託或自行買賣有價證券之限制）

①證券經紀商或證券自營商，在其營業處所受託或自行買賣有價證券者，非經主管機關核准不得為之。

②前項買賣之管理辦法，由主管機關定之。

③第一百五十六條及第一百五十七條之規定，於第一項之買賣準用之。

第六十三條　（規定之準用）

第三十六條關於編製、申報及公告財務報告之規定，於證券商準用之。

第六十四條　（保護措施）

主管機關為保護公益或投資人利益，得隨時命令證券商提出財務或業務之報告資料，或檢查其營業、財產、帳簿、書類或其他有關物件；如發現有違反法令之重大嫌疑者，並得封存或調取其有關證件。

第六十五條　（違法之糾正）

主管機關於調查證券商之業務、財務狀況時，發現該證券商有不符合規定之事項，得隨時以命令糾正之。

第六十六條　（違法證券商之處分㈡）

證券商違反本法或依本法所發布之命令者，除依本法處罰外，主管機關並得視情節之輕重，為左列處分：

一　警告。

二　命令該證券商解除其董事、監察人或經理人職務。

三　對公司或分支機構就其所營業務之全部或一部為六個月以內之停業。

四　對公司或分支機構營業許可之撤銷。

第六十七條　（業務之了結）

證券商經主管機關依本法之規定撤銷其特許或命令停業者，該證券商應了結其被撤銷前或停業前所為有價證券之買賣或受託之事務。

第六十八條　（資格存續之擬制）

經撤銷證券業務特許之證券商，於了結前條之買賣或受託之事務時，就其了結目的之範圍內，仍視為證券商；因命令停業之證券商，於其了結停業前所為有價證券之買賣或受託事務之範圍內，視為尚未停業。

第六十九條　（解散或歇業之申報）

①證券商於解散或部分業務歇業時，應由董事會陳明事由，向主管機關申報之。

②第六十七條及第六十八條之規定，於前項情事準用之。

第七十條　（負責人與業務人員管理事項之訂定）

證券商負責人與業務人員之管理事項，由主管機關以命令定之。

第二節　證券承銷商

第七十一條　（包銷之方法及效力）

①證券承銷商包銷有價證券，於承銷契約所訂定之承銷期間屆滿後，對於約定包銷之有價證券，未能全數銷售者，其賸餘數額之有價證券，應自行認購之。

②證券承銷商包銷有價證券，得先行認購後再行銷售或於承銷契約訂明保留一部分自行認購。

③證券承銷商辦理前項之包銷，其應具備之條件，由主管機關定之。

第七十二條　（代銷）

證券承銷商代銷有價證券，於承銷契約所訂定之承銷期間屆滿後，對於約定代銷之有價證券，未能全數銷售者，其賸餘數額之有價證券，得退還發行人。

第七十三條　（刪除）

第七十四條　（承銷商自己取得之禁止）

證券承銷商除依第七十一條規定外，於承銷期間內，不得為自己取得所包銷或代銷之有價證券。

第七十五條　（自行認購之有價證券出售辦法之訂定）

證券承銷商出售依第七十一條規定所取得之有價證券，其辦法由主管機關定之。

第七十六條　（刪除）

第七十七條　（刪除）

第七十八條　（刪除）

第七十九條　（公開說明書之代理交付）

證券承銷商出售其所承銷之有價證券，應依第三十一條第一項之規定，代理發行人交付公開說明書。

第八十條　（刪除）

第八十一條　（包銷總金額之規定）

①證券承銷商包銷有價證券者，其包銷之總金額，不得超過其流動資產減流動負債後餘額之一定倍數；其標準由主管機關以命令定之。

②共同承銷者，每一證券承銷商包銷總金額之計算，依前項之規定。

第八十二條　（包銷之報酬與代銷之手續費標準）

證券承銷商包銷之報酬或代銷之手續費，其最高標準，由主管機關以命令定之。

第三節　證券自營商

第八十三條　（證券自營之資格）

　證券自營商得為公司股份之認股人或公司債之應募人。

第八十四條　（兼營者之限制）

　證券自營商由證券承銷商兼營者，應受第七十四條規定之限制。

第四節　證券經紀商

第八十五條　（手續費費率之核定）

①證券經紀商受託於證券集中交易市場，買賣有價證券，其向委託人收取手續費之費率，由證券交易所申報主管機關核定之。

②證券經紀商非於證券集中交易市場，受託買賣有價證券者，其手續費費率，由證券商同業公會申報主管機關核定之。

第八十六條　（報告書及對帳單）

①證券經紀商受託買賣有價證券，應於成交時作成買賣報告書交付委託人，並應於每月底編製對帳單分送各委託人。

②前項報告書及對帳單之記載事項，由主管機關以命令定之。

第八十七條　（委託書）

①證券經紀商應備置有價證券購買及出售之委託書，以供委託人使用。

②前項委託書之記載事項，由主管機關以命令定之。

第八十八條　（書件之保存）

　第八十六條第一項及第八十七條第一項之書件，應保存於證券經紀商之營業處所。

第四章　證券商同業公會

第八十九條　（同業公會之加入）

　證券商非加入同業公會，不得開業。

第九十條　（章程主要內容及業務之指導與監督）

　證券商同業公會章程之主要內容，及其業務之指導與監督，由主管機關以命令定之。

第九十一條　（保護措施）

　主管機關為保障有價證券買賣之公正，或保護投資人，必要時得命令證券商同業公會變更其章程、規則、決議或提供參考、報告之資

料，或為其他一定之行為。

第九十二條 （理事或監事之違法行為）

　　證券商同業公會之理事，監事有違反法令或怠於實施該會章程、規則，濫用職權，或違背誠實信用原則之行為者，主管機關得予糾正，或命令證券商同業公會予以解任。

第五章　證券交易所

第一節　通　則

第九十三條 （設立之特許或許可）

　　證券交易所之設立，應於登記前先經主管機關之特許或許可，其申請程序及必要事項，由主管機關以命令定之。

第九十四條 （證券交易所之組織）

　　證券交易所之組織，分會員制及公司制。

第九十五條 （證交所設置標準之訂定）

①證券交易所之設置標準，由主管機關定之。

②每一證券交易所，以開設一個有價證券集中交易市場為限。

第九十六條 （經營資格之限制）

　　非依本法不得經營類似有價證券集中交易市場之業務；其以場所或設備供給經營者亦同。

第九十七條 （名稱）

　　證券交易所名稱，應標明證券交易所字樣；非證券交易所，不得使用類似證券交易所之名稱。

第九十八條 （業務之限制）

　　證券交易所以經營供給有價證券集中交易市場為其業務，非經主管機關核准，不得經營其他業務或對其他事業投資。

第九十九條 （營業保證金）

　　證券交易所應向國庫繳存營業保證金，其金額由主管機關以命令定之。

第一百條 （特許或許可之撤銷⊜）

　　主管機關於特許或許可證券交易所設立後，發現其申請書或加具之文件有虛偽之記載，或有其他違反法令之行為者，得撤銷其特許或許可。

第一百零一條 （刪除）

第一百零二條 （指導、監督與管理）

　　證券交易所業務之指導、監督及其負責人與業務人員管理事項，由主管機關以命令定之。

第二節　會員制證券交易所

第一百零三條 （會員制證券交易所之性質與會員資格）

①會員制證券交易所，為非以營利為目的之社團法人，除依本法規定外，適用民法之規定。

②前項證券交易所之會員，以證券自營商及證券經紀商為限。

第一百零四條 （會員人數之限制）

　　會員制證券交易所之會員，不得少於七人。

第一百零五條 （章程規定）

　　會員制證券交易所之章程，應記載左列事項：

　　一　目的。

　　二　名稱。

　　三　主事務所所在地，及其開設有價證券集中交易市場之場所。

　　四　關於會員資格之事項。

　　五　關於會員名額之事項。

　　六　關於會員紀律之事項。

　　七　關於會員出資之事項。

　　八　關於會員請求退會之事項。

　　九　關於董事、監事之事項。

　　十　關於會議之事項。

　　十一　關於會員存置、交割清算基金之事項。

　　十二　關於會員經費之分擔事項。

　　十三　關於業務之執行事項。

　　十四　關於解散時賸餘財產之處分事項。

　　十五　關於會計事項。

　　十六　公告之方法。

　　十七　關於主管機關規定之其他事項。

第一百零六條 （刪除）

第一百零七條 （退會）

　　會員得依章程之規定請求退會，亦得因左列事由之一而退會：

一 會員資格之喪失。

二 會員公司之解散或撤銷。

三 會員之除名。

第一百零八條 （交割結算基金與交易經手費之繳付）

會員應依章程之規定，向證券交易所繳存交割結算基金，及繳付證券交易經手費。

第一百零九條 （出資與責任）

會員應依章程之規定出資，其對證券交易所之責任，除依章程規定分擔經費外，以其出資額為限。

第一百十條 （會員違法行為之處罰）

①會員制證券交易所對會員有左列行為之一者，應課以違約金，並得警告或停止或限制其有價證券集中交易市場為買賣或予以除名：

一 違反法令或本於法令之行政處分者。

二 違反證券交易所章程、業務規則、受託契約準則或其他章則者。

三 交易行為違背誠實信用，足致他人受損害者。

②前項規定，應於章程中訂定之。

第一百十一條 （除名）

會員制證券交易所依前條之規定，對會員予以除名者，應報經主管機關核准；其經核准者，主管機關並得撤銷其證券商業務之特許。

第一百十二條 （退會或停止買賣後買賣之了結）

①會員退會或被停止買賣時，證券交易所應依章程之規定，責令本人或指定其他會員了結於有價證券集中交易市場所為之買賣，其本人於了結該買賣目的之範圍內，視為尚未退會，或未被停止買賣。

②依前項之規定，經指定之其他會員於了結該買賣目的之範圍內，視為與本人間已有委任契約之關係。

第一百十三條 （董、監事之人數與資格）

①會員制證券交易所至少應置董事三人，監事一人，依章程之規定，由會員選任之。但董事中至少應有三分之一，監事至少應有一人就非會員之有關專家中選任之。

②董事、監事之任期均為三年，連選得連任。

③董事應組織董事會，由董事過半數之同意，就非會員董事中選任一人為董事長。

④董事長應為專任。但交易所設有其他全權主持業務之經理人者，不

在此限。

⑤第一項之非會員董事及監事之選任標準及辦法，由主管機關定之。

第一百十四條 （第五十三條之準用於董、監事或經理人）

①第五十三條之規定，於會員制證券交易所之董事、監事或經理人準用之。

②董事、監事或經理人違反前項之規定者，當然解任。

第一百十五條 （兼任之禁止）

會員制證券交易所之董事、監事或經理人，不得為他證券交易所之董事、監事、監察人或經理人。

第一百十六條 （圖利之禁止）

①會員制證券交易所之會員董事或監事之代表人，非會員董事或其他職員，不得為自己用任何名義自行或委託他人在證券交易所買賣有價證券。

②前項人員，不得對該證券交易所之會員供給資金，分擔盈虧或發生營業上之利害關係。但會員董事或監事之代表人，對於其所代表之會員為此項行為者，不在此限。

第一百十七條 （董、監事或經理人違法之解任）

主管機關發現證券交易所之董事、監事之當選有不正當之情事者，或董事、監事、經理人有違反法令、章程或本於法令之行政處分時，得通知該證券交易所令其解任。

第一百十八條 （公司法規定之準用）

會員制證券交易所之董事、監事或經理人，除本法有規定者外，準用公司法關於董事、監察人或經理人之規定。

第一百十九條 （交割結算基金之運用）

會員制證券交易所，除左列各款外，非經主管機關核准，不得以任何方法運用交割結算基金：

　　一　政府債券之買進。

　　二　銀行存款或郵政儲蓄。

第一百二十條 （交易秘密洩漏之禁止）

會員制證券交易所之董事、監事及職員，對於所知有關有價證券交易之秘密，不得洩漏。

第一百二十一條 （董、監事規定之準用於會員董、監事之代表人）

本節關於董事、監事之規定，對於會員董事、監事之代表人準用之。

第一百二十二條 （解散事由）

①會員制證券交易所因左列事由之一而解散：

　一　章程所定解散事由之發生。

　二　會員大會之決議。

　三　會員不滿七人時。

　四　破產。

　五　證券交易所設立許可之撤銷。

②前項第二款之解散，非經主管機關核准，不生效力。

第一百二十三條 （規定之準用）

　會員制證券交易所僱用業務人員應具備之條件及解除職務，準用第五十四條及第五十六條之規定。

第三節　公司制證券交易所

第一百二十四條 （公司制證券交易所之組織）

　公司制證券交易所之組織，以股份有限公司為限。

第一百二十五條 （章程規定）

①公司制證券交易所章程，除依公司法規定者外，並應記載左列事項：

　一　在交易所集中交易之經紀商或自營商之名額及資格。

　二　存續期間。

②前項第二款之存續期間，不得逾十年。但得視當地證券交易發展情形，於期滿三個月前，呈請主管機關核准延長之。

第一百二十六條 （證券商及其股東或經理人兼任之禁止）

①證券商之董事、監察人，股東或受僱人不得為公司制證券交易所之經理人。

②公司制證券交易所之董事、監察人至少應有三分之一，由主管機關指派非股東之有關專家任之；不適用公司法第一百九十二條第一項及第二百十六條第一項之規定。

③前項之非股東董事、監察人之選任標準及辦法，由主管機關定之。

第一百二十七條 （股票交易之限制）

　公司制證券交易所發行之股票，不得於自己或他人開設之有價證券集中交易市場，上市交易。

第一百二十八條 （無記名股票發行之禁止）

①公司制證券交易所不得發行無記名股票；其股份轉讓之對象，以依本法許可設立之證券商為限。

②每一證券商得持有證券交易所股份之比率，由主管機關定之。

第一百二十九條 　（供給使用契約之訂立）

在公司制證券交易所交易之證券經紀商或證券自營商，應由交易所與其訂立供給使用有價證券集中交易市場之契約，並檢同有關資料，申報主管機關核備。

第一百三十條 　（契約之終止事由）

前條所訂之契約，除因契約所訂事項終止外，因契約當事人一方之解散或證券自營商、證券經紀商業務特許之撤銷或歇業而終止。

第一百三十一條 　（刪除）

第一百三十二條 　（交割結算基金與交易經手費之繳存）

①公司制證券交易所於其供給使用有價證券集中交易市場之契約內，應訂立由證券自營商或證券經紀商繳存交割結算基金，及繳付證券交易經手費。

②前項交割結算基金金額標準，由主管機關以命令定之。

③第一項之經手費費率，應由證券交易所會同證券商同業公會擬訂，申報主管機關核定之。

第一百三十三條 　（違反第一百條之處罰）

公司制證券交易所應於契約內訂明對使用其有價證券集中交易市場之證券自營商或證券經紀商有第一百十條各款規定之情事時，應繳納違約金或停止或限制其買賣或終止契約。

第一百三十四條 　（終止契約之準用）

公司制證券交易所依前條之規定，終止證券自營商或證券經紀商之契約者，準用第一百十一條之規定。

第一百三十五條 　（依約了結他人買賣之義務）

公司制證券交易所於其供給使用有價證券集中交易市場之契約內，應比照本法第一百十二條之規定，訂明證券自營商或證券經紀商於被指定了結他證券自營商或證券經紀商所為之買賣時，有依約履行之義務。

第一百三十六條 　（了結義務）

證券自營商或證券經紀商依第一百三十三條之規定終止契約，或被停止買賣時，對其在有價證券集中交易市場所為之買賣，有了結之義務。

第一百三十七條 　（準用規定）

第四十一條、第四十八條、第五十三條第一款至第四款及第六款、

第五十八條、第五十九條、第一百十五條、第一百十七條、第一百十九條至第一百二十一條及第一百二十三條之規定，於公司制證券交易所準用之。

第四節　有價證券之上市及買賣

第一百三十八條　（業務規則或營業細則應訂定事項）

①證券交易所除分別訂定各項準則外，應於其業務規則或營業細則中，將有關左列各款事項詳細訂定之：

一　有價證券之上市。

二　有價證券集中交易市場之使用。

三　證券經紀商或證券自營商之買賣受託。

四　市場集會之開閉與停止。

五　買賣種類。

六　證券自營商或證券經紀商間進行買賣有價證券之程序，及買賣契約成立之方法。

七　買賣單位。

八　價格升降單位及幅度。

九　結算及交割日期與方法。

十　買賣有價證券之委託數量、價格、撮合成交情形等交易資訊之即時揭露。

十一　其他有關買賣之事項。

②前項各款之訂定，不得違反法令之規定；其有關證券商利益事項，並應先徵詢證券商同業公會之意見。

第一百三十九條　（有價證券上市之申請）

①依本法發行之有價證券，得由發行人向證券交易所申請上市。

②股票已上市之公司，再發行新股者，其新股股票於向股東交付之日起上市買賣。但公司有第一百五十六條第一項各款情事之一時，主管機關得限制其上市買賣。

③前項發行新股上市買賣之公司，應於新股上市後十日內，將有關文件送達證券交易所。

第一百四十條　（上市審查準則與上市契約準則之訂定）

證券交易所應訂定有價證券上市審查準則及上市契約準則，申請主管機關核定之。

第一百四十一條　（上市契約之訂立與核准）

證券交易所應與上市有價證券之公司訂立有價證券上市契約，其內容不得牴觸上市契約準則之規定，並應申報主管機關核准。

第一百四十二條　（非核准不得買賣）

發行人發行之有價證券，非於其上市契約經前條之核准，不得於證券交易所之有價證券集中交易市場為買賣。

第一百四十三條　（上市費用與費率）

有價證券上市費用，應於上市契約中訂定；其費率由證券交易所申報主管機關核定之。

第一百四十四條　（上市之終止㈠）

證券交易所得依法令或上市契約之規定，報經主管機關核准，終止有價證券上市。

第一百四十五條　（上市之終止㈡）

①於證券交易所上市之有價證券，其發行人得依上市契約申請終止上市。

②證券交易所對於前項申請之處理，應經主管機關核准。

第一百四十六條　（終止日期）

主管機關為前條之核准時，應指定生效日期，並視為上市契約終止之日期。

第一百四十七條　（停止或回復買賣之核准）

證券交易所依法令或上市契約之規定，或為保護公眾之利益，就上市有價證券停止或回復其買賣時，應申報主管機關核准。

第一百四十八條　（停止買賣或終止上市之處罰）

於證券交易所上市有價證券之公司，有違反本法或依本法發布之命令時，主管機關為保護公益或投資人利益，得命令該證券交易所停止該有價證券之買賣或終止上市。

第一百四十九條　（政府債券之上市）

政府發行之債券，其上市由主管機關以命令行之，不適用本法有關上市之規定。

第一百五十條　（有價證券之買賣場所及其例外）

上市有價證券之買賣，應於證券交易所開設之有價證券集中交易市場為之。但左列各款不在此限：

　一　政府所發行債券之買賣。

　二　基於法律規定所生之效力，不能經由有價證券集中交易市場之買賣而取得或喪失證券所有權者。

　　三　私人間之直接讓受，其數量不超過該證券一個成交單位；前
　　　　後兩次之讓受行為，相隔不少於三個月者。
　　四　其他符合主管機關所定事項者。

第一百五十一條　（於有價證券集中交易市場為買賣者之資格）

　　於有價證券集中交易市場為買賣者，在會員制證券交易所限於會員；
　　在公司制證券交易所限於訂有使用有價證券集中交易市場契約之證
　　券自營商或證券經紀商。

第一百五十二條　（停止或回復集會之申報）

　　證券交易所有價證券集中交易市場，因不可抗拒之偶發事故，臨
　　時停止集會，應向主管機關申報；回復集會時亦同。

第一百五十三條　（不履行交付義務之處置）

　　證券交易所之會員或證券經紀商、證券自營商在證券交易所市場買
　　賣證券，買賣一方不履行交付義務時，證券交易所應指定其他會員
　　或證券經紀商或證券自營商代為交付。其因此所生價金差額及一切
　　費用，證券交易所應先動用交割結算基金代償之；如有不足，再由
　　證券交易所代為支付，均向不履行交割之一方追償之。

第一百五十四條　（賠償準備金與優先受償權）

①證券交易所得就其證券交易經手費提存賠償準備金，備供前條規定
　之支付；其攤提方法、攤提比率、停止提存之條件及其保管、運用
　之方法，由主管機關以命令定之。

②因有價證券集中交易市場買賣所生之債權，就第一百零八條及第一
　百三十二條之交割結算基金有優先受償之權，其順序如左：
　　一　證券交易所。
　　二　委託人。
　　三　證券經紀商、證券自營商。

③交割結算基金不敷清償時，其未受清償部分，得依本法第五十五條
　第二項之規定受償之。

第一百五十五條　（對上市有價證券之禁止行為）

①對於在證券交易所上市之有價證券，不得有下列各款之行為：
　　一　在集中交易市場委託買賣或申報買賣，業經成交而不履行交
　　　　割，足以影響市場秩序。
　　二　（刪除）
　　三　意圖抬高或壓低集中交易市場某種有價證券之交易價格，與
　　　　他人通謀，以約定價格於自己出售，或購買有價證券時，使

約定人同時為購買或出售之相對行為。

四　意圖抬高或壓低集中交易市場某種有價證券之交易價格，自行或以他人名義，對該有價證券，連續以高價買入或以低價賣出。

五　意圖造成集中交易市場某種有價證券交易活絡之表象，自行或以他人名義，連續委託買賣或申報買賣而相對成交。

六　意圖影響集中交易市場有價證券交易價格，而散布流言或不實資料。

七　直接或間接從事其他影響集中交易市場有價證券交易價格之操縱行為。

②前項規定，於證券商營業處所買賣有價證券準用之。

③違反前二項規定者，對於善意買入或賣出有價證券之人所受之損害，應負賠償責任。

④第二十條第四項規定，於前項準用之。

第一百五十六條　（影響市場秩序或損害公益之處置）

主管機關對於已在證券交易所上市之有價證券，發生下列各款情事之一，而有影響市場秩序或損害公益之虞者，得命令停止其一部或全部之買賣，或對證券自營商、證券經紀商之買賣數量加以限制：

一　發行該有價證券之公司遇有訴訟事件或非訟事件，其結果足使公司解散或變動其組織、資本、業務計畫、財務狀況或停頓生產。

二　發行該有價證券之公司，遇有重大災害，簽訂重要契約，發生特殊事故，改變業務計畫之重要內容或退票，其結果足使公司之財務狀況有顯著重大之變更。

三　發行該有價證券公司之行為，有虛偽不實或違法情事，足以影響其證券價格。

四　該有價證券之市場價格，發生連續暴漲或暴跌情事，並使他種有價證券隨同為非正常之漲跌。

五　其他重大情事。

第一百五十七條　（歸入權）

①發行股票公司董事、監察人、經理人或持有公司股份超過百分之十之股東，對公司之上市股票，於取得後六個月內再行賣出，或於賣出後六個月內再行買進，因而獲得利益者，公司應請求將其利益歸於公司。

②發行股票公司董事會或監察人不為公司行使前項請求權時，股東得以三十日之限期，請求董事或監察人行使之；逾期不行使時，請求之股東得為公司行使前項請求權。

③董事或監察人不行使第一項之請求以致公司受損害時，對公司負連帶賠償之責。

④第一項之請求權，自獲得利益之日起二年間不行使而消滅。

⑤第二十二條之二第三項之規定，於第一項準用之。

⑥關於公司發行具有股權性質之其他有價證券，準用本條規定。

第一百五十七條之一　（禁止為股票買入或賣出之人及其違反之效果）

①下列各款之人，實際知悉發行股票公司有重大影響其股票價格之消息時，在該消息明確後，未公開前或公開後十八小時內，不得對該公司之上市或在證券商營業處所買賣之股票或其他具有股權性質之有價證券，自行或以他人名義買入或賣出：

一　該公司之董事、監察人、經理人及依公司法第二十七條第一項規定受指定代表行使職務之自然人。

二　持有該公司之股份超過百分之十之股東。

三　基於職業或控制關係獲悉消息之人。

四　喪失前三款身分後，未滿六個月者。

五　從前四款所列之人獲悉消息之人。

②前項各款所定之人，實際知悉發行股票公司有重大影響其支付本息能力之消息時，在該消息明確後，未公開前或公開後十八小時內，不得對該公司之上市或在證券商營業處所買賣之非股權性質之公司債，自行或以他人名義賣出。

③違反第一項或前項規定者，對於當日善意從事相反買賣之人買入或賣出該證券之價格，與消息公開後十個營業日收盤平均價格之差額，負損害賠償責任；其情節重大者，法院得依善意從事相反買賣之人之請求，將賠償額提高至三倍；其情節輕微者，法院得減輕賠償金額。

④第一項第五款之人，對於前項損害賠償，應與第一項第一款至第四款提供消息之人，負連帶賠償責任。但第一項第一款至第四款提供消息之人有正當理由相信消息已公開者，不負賠償責任。

⑤第一項所稱有重大影響其股票價格之消息，指涉及公司之財務、業務或該證券之市場供求、公開收購，其具體內容對其股票價格有重

大影響，或對正當投資人之投資決定有重要影響之消息；其範圍及公開方式等相關事項之辦法，由主管機關定之。

⑥第二項所定有重大影響其支付本息能力之消息，其範圍及公開方式等相關事項之辦法，由主管機關定之。

⑦第二十二條之二第三項規定，於第一項第一款、第二款，準用之；其於身分喪失後未滿六個月者，亦同。第二十條第四項規定，於第三項從事相反買賣之人準用之。

第五節　有價證券買賣之受託

第一百五十八條　（受託契約準則）

①證券經紀商接受於有價證券集中交易市場為買賣之受託契約，應依證券交易所所訂受託契約準則訂定之。

②前項受託契約準則之主要內容，由主管機關以命令定之。

第一百五十九條　（全權委託之禁止）

證券經紀商不得接受對有價證券買賣代為決定種類、數量、價格或買入、賣出之全權委託。

第一百六十條　（委託場所之限定）

證券經紀商不得於其本公司或分支機構以外之場所，接受有價證券買賣之委託。

第六節　監　　督

第一百六十一條　（保護措施㈠）

主管機關為保護公益或投資人利益，得以命令通知證券交易所變更其章程、業務規則、營業細則、受託契約準則及其他章則或停止、禁止、變更、撤銷其決議案或處分。

第一百六十二條　（保護措施㈡）

主管機關對於證券交易所之檢查及命令提出資料，準用第六十四條之規定。

第一百六十三條　（證券交易所違法之處分）

①證券交易所之行為，有違反法令或本於法令之行政處分，或妨害公益或擾亂社會秩序時，主管機關得為左列之處分：

一　解散證券交易所。

二　停止或禁止證券交易所之全部或一部業務。但停止期間，不得逾三個月。

三　以命令解任其董事、監事、監察人或經理人。

四　糾正。

②主管機關為前項第一款或第二款之處分時，應先報經行政院核准。

第一百六十四條　（監理人員）

主管機關得於各該證券交易所派駐監理人員，其監理辦法，由主管機關以命令定之。

第一百六十五條　（監理人員所為指示之遵行）

證券交易所及其會員，或與證券交易所訂有使用有價證券集中交易市場契約之證券自營商、證券經紀商，對監理人員本於法令所為之指示，應切實遵行。

第六章　仲　裁

第一百六十六條　（約定仲裁與強制仲裁）

①依本法所為有價證券交易所生之爭議，當事人得依約定進行仲裁。但證券商與證券交易所或證券商相互間，不論當事人間有無訂立仲裁契約，均應進行仲裁。

②前項仲裁，除本法規定外，依商務仲裁條例之規定。

第一百六十七條　（妨訴抗辯）

爭議當事人之一造違反前條規定，另行提起訴訟時，他造得據以請求法院駁回其訴。

第一百六十八條　（仲裁人之產生）

爭議當事人之仲裁人不能依協議推定另一仲裁人時，由主管機關依申請或以職權指定之。

第一百六十九條　（仲裁之判斷或和解不履行之處罰）

證券商對於仲裁之判斷，或依商務仲裁條例第二十八條成立之和解，延不履行時，除有商務仲裁條例第二十三條情形，經提起撤銷判斷之訴者外，在其未履行前，主管機關得以命令停止其業務。

第一百七十條　（仲裁事項之訂明）

證券商同業公會及證券交易所應於章程或規則內，訂明有關仲裁之事項。但不得抵觸本法及商務仲裁條例。

第七章　罰　則

第一百七十一條 （罰則㈠）

① 有下列情事之一者，處三年以上十年以下有期徒刑，得併科新臺幣一千萬元以上二億元以下罰金：

一　違反第二十條第一項、第二項、第一百五十五條第一項、第二項、第一百五十七條之一第一項或第二項規定。

二　已依本法發行有價證券公司之董事、監察人、經理人或受僱人，以直接或間接方式，使公司為不利益之交易，且不合營業常規，致公司遭受重大損害。

三　已依本法發行有價證券公司之董事、監察人或經理人，意圖為自己或第三人之利益，而為違背其職務之行為或侵占公司資產。

② 犯前項之罪，其犯罪所得金額達新臺幣一億元以上者，處七年以上有期徒刑，得併科新臺幣二千五百萬元以上五億元以下罰金。

③ 犯第一項或第二項之罪，於犯罪後自首，如有犯罪所得並自動繳交全部所得財物者，減輕或免除其刑；並因而查獲其他正犯或共犯者，免除其刑。

④ 犯第一項或第二項之罪，在偵查中自白，如有犯罪所得並自動繳交全部所得財物者，減輕其刑；並因而查獲其他正犯或共犯者，減輕其刑至二分之一。

⑤ 犯第一項或第二項之罪，其犯罪所得利益超過罰金最高額時，得於所得利益之範圍內加重罰金；如損及證券市場穩定者，加重其刑至二分之一。

⑥ 犯第一項或第二項之罪者，其因犯罪所得財物或財產上利益，除應發還被害人、第三人或應負損害賠償金額者外，以屬於犯人者為限，沒收之。如全部或一部不能沒收時，追徵其價額或以其財產抵償之。

第一百七十二條 （罰則㈡）

① 證券交易所之董事、監察人或受僱人，對於職務上之行為，要求期約或收受不正利益者，處五年以下有期徒刑、拘役或科或併科新臺幣二百四十萬元以下罰金。

② 前項人員對於違背職務之行為，要求期約或收受不正利益者，處七年以下有期徒刑，得併科新臺幣三百萬元以下罰金。

③ 犯前二項之罪者，所收受之財物沒收之；如全部或一部不能沒收時，追徵其價額。

第一百七十三條 （罰則㈢）

①對於前條人員關於違背職務之行為，行求期約或交付不正利益者，處三年以下有期徒刑、拘役或科或併科新臺幣一百八十萬元以下罰金。

②犯前項之罪而自首者，得免除其刑。

第一百七十四條　（罰則四）

①有下列情事之一者，處一年以上七年以下有期徒刑，得併科新臺幣二千萬元以下罰金：

　一　於依第三十條、第四十四條第一項至第三項或第九十三條規定之申請事項為虛偽之記載者。

　二　對有價證券之行情或認募核准之重要事項為虛偽之記載而散布於眾者。

　三　發行人或其負責人、職員有第三十二條第一項之情事，而無同條第二項免責事由者。

　四　發行人、公開收購人或其關係人、證券商或其委託人、證券商同業公會、證券交易所或第十八條所定之事業，對於主管機關命令提出之帳簿、表冊、文件或其他參考或報告資料之內容有虛偽之記載者。

　五　發行人、公開收購人、證券商、證券商同業公會、證券交易所或第十八條所定之事業，於依法或主管機關基於法律所發布之命令規定之帳簿、表冊、傳票、財務報告或其他有關業務文件之內容有虛偽之記載者。

　六　於前款之財務報告上簽章之經理人或主辦會計人員，為財務報告內容虛偽之記載者。但經他人檢舉、主管機關或司法機關進行調查前，已提出更正意見並提供證據向主管機關報告者，減輕或免除其刑。

　七　就發行人或某種有價證券之交易，依據不實之資料，作投資上之判斷，而以報刊、文書、廣播、電影或其他方法表示之者。

　八　發行人之董事、經理人或受僱人違反法令、章程或逾越董事會授權之範圍，將公司資金貸與他人，或為他人以公司資產提供擔保、保證或為票據之背書，致公司遭受重大損害者。

　九　意圖妨礙主管機關檢查或司法機關調查，偽造、變造、湮滅、隱匿、掩飾工作底稿或有關紀錄、文件者。

②有下列情事之一者，處五年以下有期徒刑，得科或併科新臺幣一千

五百萬元以下罰金：

　　一　律師對公司有關證券募集、發行或買賣之契約、報告書或文件，出具虛偽或不實意見書者。

　　二　會計師對公司申報或公告之財務報告、文件或資料有重大虛偽不實或錯誤情事，未善盡查核責任而出具虛偽不實報告或意見；或會計師對於內容存有重大虛偽不實或錯誤情事之公司財務報告，未依有關法規規定、一般公認審計準則查核，致未予敘明者。

③犯前項之罪，如有嚴重影響股東權益或損及證券交易市場穩定者，得加重其刑至二分之一。

④發行人之職員、受僱人犯第一項第六款之罪，其犯罪情節輕微者，得減輕其刑。

⑤主管機關對於有第二項第二款情事之會計師，應予以停止執行簽證工作之處分。

第一百七十四條之一　（得撤銷之情形）

①第一百七十一條第一項第二款、第三款或前條第一項第八款之已依本法發行有價證券公司之董事、監察人、經理人或受僱人所為之無償行為，有害及公司之權利者，公司得聲請法院撤銷之。

②前項之公司董事、監察人、經理人或受僱人所為之有償行為，於行為時明知有損害於公司之權利，且受益人於受益時亦知其情事者，公司得聲請法院撤銷之。

③依前二項規定聲請法院撤銷時，得並聲請命受益人或轉得人回復原狀。但轉得人於轉得時不知有撤銷原因者，不在此限。

④第一項之公司董事、監察人、經理人或受僱人與其配偶、直系親屬、同居親屬、家長或家屬間所為之處分其財產行為，均視為無償行為。

⑤第一項之公司董事、監察人、經理人或受僱人與前項以外之人所為之處分其財產行為，推定為無償行為。

⑥第一項及第二項之撤銷權，自公司知有撤銷原因時起，一年間不行使，或自行為時起經過十年而消滅。

第一百七十四條之二　（重大犯罪之法規適用）

　　第一百七十一條第一項第二款、第三款及第一百七十四條第一項第八款之罪，為洗錢防制法第三條第一項所定之重大犯罪，適用洗錢防制法之相關規定。

第一百七十五條　（罰則㈤）

違反第十八條第一項、第二十二條、第二十八條之二第一項、第四十三條第一項、第四十三條之一第二項、第三項、第四十三條之五第二項、第三項、第四十三條之六第一項、第四十四條第一項至第三項、第六十條第一項、第六十二條第一項、第九十三條、第九十六條至第九十八條、第一百十六條、第一百二十條或第一百六十條之規定者，處二年以下有期徒刑、拘役或科或併科新臺幣一百八十萬元以下罰金。

第一百七十六條 （刪除）

第一百七十七條 （罰則（六））

有下列情事之一者，處一年以下有期徒刑、拘役或科或併科新臺幣一百二十萬元以下罰金：

一 違反第三十一條第一項、第三十四條、第四十條、第四十三條之四第一項、第四十三條之八第一項、第四十五條、第四十六條、第五十條第二項、第一百十九條、第一百五十條或第一百六十五條規定。

二 違反主管機關依第六十一條所為之規定。

第一百七十七條之一 （罰則（七））

違反第七十四條或第八十四條之規定者，處相當於所取得有價證券價金額以下之罰鍰。但不得少於新臺幣十二萬元。

第一百七十八條 （罰則（八））

①有下列情事之一者，處新臺幣二十四萬元以上二百四十萬元以下罰鍰：

一 違反第二十二條之二第一項、第二項、第二十六條之一、第一百四十一條、第一百四十四條、第一百四十五條第二項、第一百四十七條或第一百五十二條規定。

二 違反第十四條第三項、第十四條之一第一項、第三項、第十四條之二第一項、第五項、第十四條之三、第十四條之四第一項、第二項、第十四條之五第一項、第二項、第二十一條之一第五項、第二十五條第一項、第二項、第四項、第二十六條之三第一項、第七項、第三十六條第四項、第六項、第四十一條、第四十三條之一第一項、第四十三條之六第五項至第七項、第五十八條、第六十九條第一項、第七十九條或第一百五十九條規定。

三 發行人、公開收購人或其關係人、證券商或其委託人、證券

商同業公會、證券交易所或第十八條第一項所定之事業，對於主管機關命令提出之帳簿、表冊、文件或其他參考或報告資料，屆期不提出，或對於主管機關依法所為之檢查予以拒絕、妨礙或規避。

四　發行人、公開收購人、證券商、證券商同業公會、證券交易所或第十八條第一項所定之事業，於依本法或主管機關基於本法所發布之命令規定之帳簿、表冊、傳票、財務報告或其他有關業務之文件，不依規定製作、申報、公告、備置或保存。

五　違反主管機關依第二十五條之一所定規則有關徵求人、受託代理人與代為處理徵求事務者之資格條件、委託書徵求與取得之方式、召開股東會公司應遵守之事項及對於主管機關要求提供之資料拒絕提供之規定。

六　違反主管機關依第二十六條第二項所定公開發行公司董事、監察人股權成數及查核實施規則有關通知及查核之規定。

七　違反第二十六條之三第八項規定未訂定議事規範或違反主管機關依同條項所定辦法有關重要議事內容、作業程序、議事錄應載明事項及公告之規定，或違反主管機關依第三十六條之一所定準則有關取得或處分資產、從事衍生性商品交易、資金貸與他人、為他人背書或提供保證及揭露財務預測資訊等重大財務業務行為之適用範圍、作業程序、應公告及申報之規定。

八　違反第二十八條之二第二項、第四項至第七項或主管機關依第三項所定辦法有關買回股份之程序、價格、數量、方式、轉讓方法及應申報公告事項之規定。

九　違反第四十三條之二第一項、第四十三條之三第一項、第四十三條之五第一項或主管機關依第四十三條之一第四項所定辦法有關收購有價證券之範圍、條件、期間、關係人及申報公告事項之規定。

②有前項第二款至第七款規定情事之一，主管機關除依前項規定處罰鍰外，並應令其限期辦理；屆期仍不辦理者，得繼續限期令其辦理，並按次各處新臺幣四十八萬元以上四百八十萬元以下罰鍰，至辦理為止。

③檢舉違反第二十五條之一案件因而查獲者，應予獎勵；其辦法由主

管機關定之。

第一百七十九條 （罰則(九)——法人之處罰）

法人違反本法之規定者,依本章各條之規定處罰其為行為之負責人。

第一百八十條 （刪除）

第一百八十條之一 （易服勞役）

犯本章之罪所科罰金達新臺幣五千萬元以上而無力完納者,易服勞役期間為二年以下,其折算標準以罰金總額與二年之日數比例折算;所科罰金達新臺幣一億元以上而無力完納者,易服勞役期間為三年以下,其折算標準以罰金總額與三年之日數比例折算。

第八章 附 則

第一百八十一條 （公開發行之擬制）

本法施行前已依證券商管理辦法公開發行之公司股票或公司債券,視同依本法公開發行。

第一百八十一條之一 （專業法庭或專人辦理）

法院為審理違反本法之犯罪案件,得設立專業法庭或指定專人辦理。

第一百八十一條之二 （獨立董事、審計委員會或董事、監察人解任者之適用時期）

經主管機關依第十四條之二第一項但書規定要求設置獨立董事及依第十四條之四第一項但書規定命令設置審計委員會,或第二十六條之三施行時依同條第六項規定董事、監察人應當然解任者,得自現任董事或監察人任期屆滿時,始適用之。

第一百八十二條 （刪除）

第一百八十二條之一 （施行細則之訂定）

本法施行細則,由主管機關定之。

第一百八十三條 （施行日期）

本法施行日期,除中華民國八十九年七月十九日修正公布之第五十四條、第九十五條及第一百二十八條自九十年一月十五日施行,九十四年十二月二十日修正之第十四條之二至第十四條之五、第二十六條之三自九十六年一月一日施行,九十五年五月五日修正之條文自九十五年七月一日施行,九十八年五月二十六日修正之條文自九十八年十一月二十三日施行,及九十九年五月四日修正之第三十六條自一百零一年一月一日施行外,自公布日施行。

證券交易法施行細則

民國七十七年八月六日財政部令發布

八十八年十一月十九日財政部令修正發布

九十年六月二十一日財政部令修正發布

九十一年一月三十一日財政部令修正發布

九十一年三月二十五日財政部令修正發布

九十七年一月八日行政院金融監督管理委員會令修正發布第九、一一條；並刪除第八、一二條條文

第一條 （訂定依據）

本細則依證券交易法（以下簡稱本法）第一百八十二條之一規定訂定之。

第二條 （利用他人名義持有股票之定義）

本法第二十二條之二第三項所定利用他人名義持有股票，指具備下列要件：

一 直接或間接提供股票與他人或提供資金與他人購買股票。

二 對該他人所持有之股票，具有管理、使用或處分之權益。

三 該他人所持有股票之利益或損失全部或一部歸屬於本人。

第三條 （依公司法得發行股票之日之定義）

本法第三十四條第一項所定依公司法得發行股票之日，指核准公司設立或發行新股變更登記執照送達公司之日。

第四條 （公告財務報告應載明事項）

依本法第三十六條第一項公告財務報告時，應載明下列事項：

一 年度及半年度財務報告應載明查核會計師姓名及其查核意見為「無保留意見」、「修正式無保留意見」、「保留意見」、「無法表示意見」或「否定意見」之字樣；其非屬「無保留意見」查核報告者，並應載明其理由。

二 季財務報告應載明核閱會計師姓名及核閱報告所特別敘明事項。

三 財務報告屬簡明報表者，應載明「會計師查核（核閱）之財務報告已備置公司供股東查閱或抄錄」之字樣。

第五條 （公告並申報之營運情形之內容）

本法第三十六條第一項第三款所定公告並申報之營運情形，指下列事項：

一　開立發票總金額及營業收入額。

二　為他人背書及保證之金額。

三　其他主管機關所定之事項。

第六條　（公告並申報之財務報告之自行更正等）

①依本法第三十六條所公告並申報之財務報告，有未依有關法令編製而應予更正者，應經主管機關所定期限自行更正，並依下列規定辦理：

一　更正稅後損益金額在新臺幣一千萬元以上，且達原決算營業收入淨額百分之一或實收資本額百分之五以上者，應重編財務報告，並重行公告。

二　更正稅後損益金額未達前款標準者，得不重編財務報告。但應列為保留盈餘之更正數。

②依前項第一款規定重行公告時，應扼要說明更正理由及與前次公告之主要差異處。

第七條　（對股東權益或證券價格有重大影響之事項）

本法第三十六條第二項第二款所定發生對股東權益或證券價格有重大影響之事項，指下列事項之一：

一　存款不足之退票、拒絕往來或其他喪失債信情事者。

二　因訴訟、非訟、行政處分、行政爭訟、保全程序或強制執行事件，對公司財務或業務有重大影響者。

三　嚴重減產或全部或部分停工、公司廠房或主要設備出租，全部或主要部分資產質押，對公司營業有影響者。

四　有公司法第一百八十五條第一項所定各款情事之一者。

五　經法院依公司法第二百八十七條第一項第五款規定其股票為禁止轉讓之裁定者。

六　董事長、總經理或三分之一以上董事發生變動者。

七　變更簽證會計師者。但變更事由係會計師事務所內部調整者，不包括在內。

八　重要備忘錄、策略聯盟或其他業務合作計畫或重要契約之簽訂、變更、終止或解除、改變業務計畫之重要內容，完成新產品開發、試驗之產品已開發成功且正式進入量產階段、收購他人企業、取得或出讓專利權、商標專用權、著作權或其

他智慧財產權之交易，對公司財務或業務有重大影響者。

九　其他足以影響公司繼續營運之重大情事者。

第八條　（刪除）

第八條之一　（一般性廣告或公開勸誘之行為）

本法第四十三條之七所定一般性廣告或公開勸誘之行為，係指以公告、廣告、廣播、電傳視訊、網際網路、信函、電話、拜訪、詢問、發表會、說明會或其他方式，向本法第四十三條之六第一項以外之非特定人為要約或勸誘之行為。

第九條　（對於有價證券營業行為直接有關之業務人員等之範圍）

本法第五十四條第一項及第十八條之一第二項所定對於有價證券營業行為直接有關之業務人員及第十八條事業之人員，指下列業務之人員：

一　在證券承銷商為辦理有價證券承銷、買賣接洽或執行之人員。

二　在證券自營商為辦理有價證券自行買賣、結算交割、代辦股務或衍生性金融商品風險管理或操作之人員。

三　在證券經紀商為辦理有價證券買賣之開戶、徵信、招攬、推介、受託、申報、結算、交割、融資融券或為款券之收付、保管之人員。

四　在證券金融事業為融資融券業務之開戶、徵信、結算交割、帳務處理或為款券收付之人員。

五　在證券集中保管事業為執行有價證券保管或帳簿劃撥登錄業務之人員。

六　前五款所列證券商或證券服務事業之主辦會計、投資分析人員或內部稽核人員。

第十條　（前後兩次之讓受行為相隔不少於三個月之認定）

本法第一百五十條第三款所定前後兩次之讓受行為相隔不少於三個月，依下列規定認定之：

一　私人間之直接出讓與受讓行為，應各算一次。

二　讓受行為之起算，應以讓受行為之日為準，無法證明時，以受讓人向公司申請變更股東名簿記載之日為準。

第十一條　（具有股權性質之其他有價證券之定義及計算獲得利益之方式）

①本法第一百五十七條第六項及第一百五十七條之一第一項所稱具有股權性質之其他有價證券，指可轉換公司債、附認股權公司債、認

股權憑證、認購（售）權證、股款繳納憑證、新股認購權利證書、新股權利證書、債券換股權利證書、臺灣存託憑證及其他具有股權性質之有價證券。

② 本法第一百五十七條第一項所定獲得利益，其計算方式如下：

一　取得及賣出之有價證券，其種類均相同者，以最高賣價與最低買價相配，次取次高賣價與次低買價相配，依序計算所得之差價，虧損部分不予計入。

二　取得及賣出之有價證券，其種類不同者，除普通股以交易價格及股數核計外，其餘有價證券，以各該證券取得或賣出當日普通股收盤價格為買價或賣價，並以得行使或轉換普通股之股數為計算標準；其配對計算方式，準用前款規定。

三　列入前二款計算差價利益之交易股票所獲配之股息。

四　列入第一款、第二款計算差價利益之最後一筆交易日起或前款獲配現金股利之日起，至交付公司時，應依民法第二百零三條所規定年利率百分之五，計算法定利息。

③ 列入前項第一款、第二款計算差價利益之買賣所支付證券商之手續費及證券交易稅，得自利益中扣除。

第十二條　（刪除）

第十三條　（施行日期）

本細則自發布日施行。

期貨交易法

民國八十六年三月二十六日總統令公布

九十一年六月十二日總統令修正公布

九十九年六月九日總統令修正公布第四條條文

第一章　總　則

第一條　（立法目的）

　為健全發展期貨市場，維護期貨交易秩序，特制定本法。

第二條　（法律之適用）

　期貨交易之管理，依本法之規定；本法未規定者，適用其他有關法律之規定。

第三條　（名詞定義）

①本法所稱期貨交易，指依國內外期貨交易所或其他期貨市場之規則或實務，從事衍生自商品、貨幣、有價證券、利率、指數或其他利益之下列契約之交易：

　一　期貨契約：指當事人約定，於未來特定期間，依特定價格及數量等交易條件買賣約定標的物，或於到期前或到期時結算差價之契約。

　二　選擇權契約：指當事人約定，選擇權買方支付權利金，取得購入或售出之權利，得於特定期間內，依特定價格及數量等交易條件買賣約定標的物；選擇權賣方於買方要求履約時，有依約履行義務；或雙方同意於到期前或到期時結算差價之契約。

　三　期貨選擇權契約：指當事人約定，選擇權買方支付權利金，取得購入或售出之權利，得於特定期間內，依特定價格數量等交易條件買賣期貨契約；選擇權賣方，於買方要求履約時，有依選擇權約定履行義務；或雙方同意於到期前或到期時結算差價之契約。

　四　槓桿保證金契約：指當事人約定，一方支付價金一定成數之款項或取得他方授與之一定信用額度，雙方於未來特定期間內，依約定方式結算差價或交付約定物之契約。

②非在期貨交易所進行之期貨交易，基於金融、貨幣、外匯、公債等
政策考量，得經財政部於主管事項範圍內或中央銀行於掌理事項範
圍內公告，不適用本法之規定。

第四條 （主管機關）

本法所稱主管機關，為行政院金融監督管理委員會。

第五條 （期貨交易之種類及交易所）

期貨商受託從事之期貨交易，其種類及交易所以主管機關公告者為
限。

第六條 （合作協定之簽訂）

①主管機關得經行政院核准，與外國政府機關、機構或國際組織，就
資訊交換、技術合作、協助調查等事項，簽訂合作協定。

②前項合作協定，主管機關得經行政院核准，授權其他機關、機構或
團體簽訂之。

③除有妨害國家利益或投資大眾權益者外，主管機關得請求相關目的
事業主管機關或金融機構提供必要資訊與紀錄，並基於互惠及保密
原則提供與簽訂合作協定之外國政府機關、機構或國際組織。

第二章　期貨交易所

第一節　通　　則

第七條 （設立宗旨及組織型態）

①期貨交易所之設立，應以促進公共利益及確保期貨市場交易之公正
為宗旨。

②期貨交易所之組織，分會員制及公司制。

第八條 （許可主義）

①期貨交易所之設立，應經主管機關之許可並發給許可證照。

②前項設立標準及管理規則，由主管機關定之。

第九條 （目的事業之限制）

期貨交易所以提供期貨集中交易市場為其業務，非經主管機關核准，
不得經營其他業務或投資其他事業。

第十條 （期貨交易契約之場所限制）

①期貨交易契約非經主管機關核准，不得在期貨交易所交易。但涉及
新臺幣與外幣間兌換之貨幣期貨交易契約，主管機關於核准時，應

先會商中央銀行同意。

②前項主管機關准駁之期間，除有特殊情形外，不得超過六個月。

第十一條　（契約經核准後得撤銷之事由）

期貨交易契約經主管機關核准後，有下列情事之一者，主管機關得撤銷之：

一　喪失經濟效益。

二　不符公共利益。

三　經期貨交易所申請。

第十二條　（期貨交易之進行場所）

期貨交易應在期貨交易所進行。但本法或其他法律另有規定或經主管機關核准者，不在此限。

第十三條　（經營期貨交易所或其業務之法律依據）

①非依本法不得經營期貨交易所或期貨交易所業務。

②任何人不得以場所、設備或資訊，提供他人經營前項非法業務。

第十四條　（營業保證金）

期貨交易所應向國庫繳存營業保證金；其金額及辦法由主管機關關定之。

第十五條　（業務規則絕對必要記載事項）

①期貨交易所應於其業務規則中，規定下列事項：

一　期貨交易市場之使用。

二　交易制度。

三　結算制度。

四　保證金、權利金計算之方法。

五　期貨商之管理。

六　期貨交易市場之監視。

七　緊急處理措施。

八　違約事項之處理及罰則。

九　其他依主管機關規定之事項。

②前項業務規則規定事項之訂定及變更，應經主管機關核定。

第十六條　（交易資訊之公布及預防影響市場秩序之措施）

期貨交易所於執行前條第一項第六款之市場監視，發現期貨交易達到交易異常標準者，得公布交易資訊；其有嚴重影響市場交易秩序之虞者，並得對該期貨交易採取下列措施：

一　調整保證金額度或收取時限。

二　限制全部或部分期貨商受託買賣數量。

三　限制期貨交易數量或持有部位。

四　暫停或停止該期貨交易。

五　其他為維護市場秩序或保護期貨交易人之必要措施。

第十七條　　（得撤銷許可之事由）

期貨交易所有下列情事之一者，主管機關得撤銷其許可：

一　設立或許可證照之申請事項有虛偽情事者。

二　自受領許可證照後，於三個月內未開始營業，或雖已開業而自行停止營業連續三個月以上者。但有正當理由申請主管機關核准延長者，不在此限。

第十八條　　（開始或停止營業之核備）

期貨交易所於開始或停止營業時，應向主管機關申報核備。

第十九條　　（守密義務）

期貨交易所之董事、監察人或其代表人、經理人、職員對於執行職務所知悉有關期貨交易之秘密，不得洩漏。

第二十條　　（人員之資格條件及管理事項之訂定）

期貨交易所之負責人與業務人員之資格條件及管理事項，由主管機關定之。

第二節　　會員制期貨交易所

第二十一條　　（性質）

會員制期貨交易所，為非以營利為目的之社團法人。

第二十二條　　（人數限制）

會員制期貨交易所之會員，不得少於七人。

第二十三條　　（章程絕對必要記載事項）

會員制期貨交易所之發起人應以全體之同意訂立章程，載明下列各款事項簽名蓋章：

一　目的。

二　名稱。

三　主事務所所在地。

四　組織及職掌。

五　會員種類及資格。

六　會員名額。

七　會員入會及退會。

八　會員出資及退費。

九　會員紀律。

十　董事、監察人之名額、職權、任期及選任與解任。

十一　結算、交割之事項。

十二　違約金之課處。

十三　會員交易經手費之事項。

十四　會員經費之分擔。

十五　解散時賸餘財產之處分。

十六　會計。

十七　章程修改之程序。

十八　公告之方法。

十九　主管機關規定之其他事項。

二十　訂定章程之年、月、日。

第二十四條　（會員之出資及責任）

①會員應依章程之規定出資；其最低出資額，由主管機關依會員種類分別定之。

②除依章程規定分擔經費及前條應繳之款項外，各會員對於期貨交易所之責任，以其出資額之十倍為限。

③第一項會員之出資，以現金為之。

第二十五條　（違法行為之處罰）

①會員制期貨交易所對會員有下列行為之一者，應課以違約金，並得警告或停止或限制其於期貨交易所為交易；其情節重大者，並得予以除名：

　　一　違反法令或經主管機關本於法令為行政處分仍不遵行者。

　　二　違反期貨交易所章程、業務規則、受託契約準則或其他章則者。

　　三　交易行為違背誠實信用，足致他人受損害者。

②依前項規定對會員予以除名者，應申報主管機關備查。

第二十六條　（交易之了結）

①會員退會或被停止交易時，會員制期貨交易所應依章程之規定，責令本人或指定其他會員了結於期貨交易所所為之交易，其本人於了結該交易目的範圍內，視為尚未退會或未被停止交易。

②依前項之規定，經指定之其他會員於了結該交易目的範圍內，視為與本人間有委任之關係。

第二十七條 （董事、監察人之設置）

①會員制期貨交易所至少應置董事三人，監察人一人，依章程之規定，由會員選任之。但董事中至少應有四分之一由非會員之有關專家擔任之，其中半數由主管機關指派，餘由董事會遴選，經主管機關核定後擔任之；其遴選辦法，由主管機關定之。

②董事、監察人之任期均為三年，連選、連派得連任。

③董事應組織董事會，由董事過半數之同意，選任一人為董事長。

④董事長應為專任。但會員制期貨交易所設有其他全權主持業務之經理人者，不在此限。

第二十八條 （發起人等之消極資格）

①有下列各款情事之一者，不得充任會員制期貨交易所之發起人、董事、監察人、經理人，其已充任者，解任之：

　一　有公司法第三十條各款情事之一者。

　二　曾任法人宣告破產時之董事、監察人、經理人或與其地位相等之人，其破產終結未滿三年或調協未履行者。

　三　最近三年內在金融機構使用票據有拒絕往來紀錄者。

　四　受第一百零一條第一項、證券交易法第五十六條或第六十六條第二款解除職務處分，未滿五年者。

　五　違反本法、國外期貨交易法、公司法、證券交易法、銀行法、管理外匯條例、保險法或信用合作社法規定，經受罰金以上刑之宣告及執行完畢、緩刑期滿或赦免後未滿五年者。

　六　受第一百條第一項第二款撤換職務處分，未滿五年者。

　七　經查明受他人利用充任會員制期貨交易所之發起人、董事、監察人或經理人者。

②發起人、董事或監察人為法人者，前項規定，對於該法人代表人或指定代表行使職務者，準用之。

第二十九條 （交易資格及限制）

①會員制期貨交易所之會員董事或監察人之代表人，非會員董事、監察人或其他職員，不得為自己用任何名義自行或委託他人在該期貨交易所交易。

②前項人員，不得對該期貨交易所之會員供給資金，分擔盈虧或發生營業上之利害關係。但會員董事或監察人之代表人，對於其所代表之會員為此項行為者，不在此限。

第三十條 （董、監、經理人違法行為之處分）

主管機關發現會員制期貨交易所之董事、監察人之當選有不正當之情事者，或董事、監察人、經理人有違反法令、章程或經主管機關本於法令為行政處分仍不遵行時，得通知該期貨交易所令其解任。

第三十一條 （準用公司法）

會員制期貨交易所之董事、監察人或經理人，除本法有規定者外，準用公司法關於董事、監察人或經理人之規定。

第三十二條 （準用規定）

本節關於董事、監察人之規定，對於會員董事、監察人之代表人準用之。

第三十三條 （解散事由）

①會員制期貨交易所因下列事由之一而解散：

　一　章程所定解散事由之發生。

　二　會員大會之決議。

　三　會員不滿七人時。

　四　破產。

　五　期貨交易所設立許可之撤銷。

②前項第二款之解散，非經主管機關核准，不生效力。

第三節　公司制期貨交易所

第三十四條 （組織型態及持股限制）

公司制期貨交易所之組織，以股份有限公司為限；其單一股東持股比例不得超過實收資本額百分之五。但有特殊情形經主管機關核准者，不在此限。

第三十五條 （章程相對必要記載事項）

①公司制期貨交易所之章程，應依公司法之規定。下列各款事項，非經載明於章程，不生效力：

　一　股東之資格與股份轉讓之限制。

　二　交易者之資格。

　三　結算部門之設置。

　四　主管機關規定之事項。

②依前項第一款規定設有限制者，不適用公司法第一百六十三條及第二百六十七條之規定。

第三十六條 （董事、監察人之指派、遴選）

公司制期貨交易所之董事、監察人至少四分之一由非股東之相關專

家擔任之，其中半數由主管機關指派，餘由董事會遴選，經主管機關核定後擔任之；其遴選辦法，由主管機關定之，不適用公司法第一百九十二條第一項、第二百零六條第一項規定。

第三十七條　（無記名股票發行之禁止及股份轉讓之限制）

① 公司制期貨交易所不得發行無記名股票。

② 公司制期貨交易所依第三十五條第一項第一款規定，於章程中設有股東資格之限制者，其股票轉讓、出質之對象以章程所定之資格者為限。

第三十八條　（業務委員會及紀律委員會之設置）

① 公司制期貨交易所應設業務委員會及紀律委員會，其成員至少應有三分之一為在該交易所交易之期貨商。

② 前項委員會之組織及職掌，應報主管機關核定。

第三十九條　（使用集中市場契約之應載事項）

① 在公司制期貨交易所交易之期貨商，應與交易所訂立使用期貨集中交易市場之契約，並應訂明下列各款事項：

一　期貨交易經手費標準。

二　期貨商有第二十五條第一項各款規定之情事時，應繳納違約金或停止或限制其交易或終止契約。

三　期貨商於被指定代為了結他期貨商所為之交易時，有依約履行之義務。

② 前項使用期貨集中交易市場之契約，並應由期貨交易所檢同有關資料，申報主管機關核備。

第四十條　（契約終止之事由）

前條所訂之契約，除因契約所訂事項終止外，因契約當事人一方之解散或業務許可之撤銷或歇業而終止。

第四十一條　（契約之備查）

公司制期貨交易所依第三十九條第一項第二款規定，終止期貨商之契約者，應申報主管機關備查。

第四十二條　（交易了結之義務）

期貨商依第四十條規定終止契約，或被停止交易時，對其在期貨集中交易市場所為之交易，有了結之義務。

第四十三條　（盈餘公積之提撥）

① 主管機關認為有必要時，得以命令規定公司制期貨交易所於分派盈餘時，除依法提出法定盈餘公積外，並應另提一定比率之特別盈餘

公積。

②前項特別盈餘公積每年提列之比率，由主管機關視其盈餘狀況指定
之。

第四十四條 （準用規定）

第二十八條、第三十條及第三十二條之規定，於公司制期貨交易所
準用之。

第三章　期貨結算機構

第四十五條 （許可主義）

①期貨結算機構之設立，應經主管機關之許可並發給許可證照；其由
期貨交易所或其他機構兼營者，亦同。

②期貨結算機構之營業、財務及會計應予獨立；其組織形態、設置標
準及管理規則，由主管機關定之。

第四十六條 （交易結算之辦理）

①期貨交易之結算，除經主管機關核准者外，應由期貨結算會員向期
貨結算機構辦理之。

②前項結算會員之資格，應由期貨結算機構訂定，報請主管機關核定
之。

第四十七條 （業務規則絕對必要記載事項）

①期貨結算機構應於其業務規則中，規定下列事項：

　　一　結算與交割之程序及方法。

　　二　結算確認、登錄與報告書。

　　三　結算之保證金或權利金事項。

　　四　到期交割之處理。

　　五　交割結算基金之繳存、保管及運用。

　　六　期貨交易市場之監視。

　　七　服務費事項。

　　八　違約事項之處理及罰則。

　　九　緊急處理措施。

　　十　其他依主管機關規定之事項。

②前項業務規則規定事項之訂定及變更，應報經主管機關核定之。

第四十八條 （預防影響市場秩序之措施）

①期貨結算機構於執行前條第一項第六款之市場監視，發現有影響期

貨市場秩序之虞者，得對結算會員採取下列必要之措施：

一　調整結算保證金之金額。

二　同一交易日內多次追繳結算保證金。

三　命令了結全部或部分期貨交易契約。

四　其他為維護市場秩序或保護期貨交易之必要措施。

②前項影響期貨市場秩序之標準，由期貨結算機構訂定，報請主管機關核定。

第四十九條　（不履行交割義務之支應順序）

①期貨結算機構於其結算會員不履行結算交割義務時，依下列順序支應：

一　違約期貨結算會員繳存之結算保證金。

二　違約期貨結算會員之交割結算基金。

三　其他期貨結算會員之交割結算基金。

四　期貨結算機構之賠償準備金。

五　其他期貨結算會員依期貨結算機構所定比例分擔。

②前項第五款期貨結算機構所定分擔之比例，應先報經主管機關核定。

③依第一項第三款至第五款之支應，均得向違約期貨結算會員追償。

第五十條　（保證金）

①期貨結算機構應向期貨結算會員收取結算保證金，其結算保證金得以現金或經主管機關核定之有價證券抵繳；其以有價證券抵繳者，抵繳之有價證券占應繳結算保證金總額之比例，由主管機關定之。

②前項結算保證金之收取方式、標準及有價證券抵繳之折扣比率，由期貨結算機構訂定，報請主管機關核定之。

第五十一條　（分離存放原則）

①期貨結算機構收取之結算保證金，應與其自有資產分離存放。

②期貨結算機構、結算保證金存放機構或期貨結算會員之債權人，非依本法之規定，不得對結算保證金請求扣押或行使其他權利。

③期貨結算機構應將結算會員所繳交之結算保證金，依自營與經紀分離處理。

第五十二條　（優先受償權及受償順序）

期貨結算會員因期貨結算所生之債務，其債權人對該結算會員之交割結算基金有優先受償之權，其債權人優先受償順序如下：

一　期貨結算機構。

二　期貨交易人。

三　期貨結算會員。

第五十三條　（賠償準備金之提存）

期貨結算機構應提存賠償準備金；其攤提條件及保管、運用之方法，由主管機關定之。

第五十四條　（會員破產、解散、停業或不履行結算交割義務之處置）

①期貨結算機構，於其會員有破產、解散、停業或不履行結算交割義務時，得將該會員及其與期貨交易人之相關帳戶，移轉於與該會員訂有承受契約之其他會員；必要時，並得指定移轉於未與該會員訂有承受契約之其他會員。

②期貨結算機構對於拒絕承受前項帳戶之結算會員，得課以違約金或撤銷其會員資格或為其他必要之處置。

第五十五條　（準用規定）

第二章期貨交易所之規定，除本章另有規定及第三十四條後段規定外，於期貨結算機構準用之。

第四章　期　貨　業

第一節　期　貨　商

第五十六條　（許可主義）

①非期貨商除本法另有規定者外，不得經營期貨交易業務。

②期貨商須經主管機關之許可並發給許可證照，始得營業。

③外國期貨商須經中華民國政府認許，且經主管機關之許可並發給許可證照，始得營業。

④期貨商之分支機構，非經主管機關許可並發給許可證照，不得設立或營業。

⑤期貨商之組織形態、設置標準及管理規則，由主管機關定之。

第五十七條　（兼營之禁止）

①期貨商非經主管機關核准，不得兼營他業。

②期貨商不得由他業兼營。但證券商兼營證券相關期貨業務或經目的事業主管機關核准者，不在此限。其兼營標準，由主管機關定之。

③依前項經營期貨業務者，應設立獨立部門專責辦理期貨業務，該部門之營業及會計必須獨立。

第五十八條 （名稱之標明）

期貨商之名稱應標明期貨之字樣。但依前條第二項但書之規定為期貨商者，不在此限。

第五十九條 （資本額或指撥營運資金）

期貨商之資本額或指撥營運資金，由主管機關定之。

第六十條 （營業保證金之繳存）

①期貨商應於開始營業前向主管機關指定之金融機構繳存營業保證金，其金額由主管機關定之。

②期貨商因期貨業務所生債務之債權人，對於前項營業保證金有優先受清償之權。

③期貨商因履行前項責任，致營業保證金低於第一項所定額度時，應予補足。

第六十一條 （資格條件及管理事項之訂定）

期貨商負責人、業務員或其他業務輔助人之資格條件及其管理事項，由主管機關定之。

第六十二條 （準用規定）

第二十八條之規定，於期貨商之負責人或業務員準用之。

第六十三條 （禁止規定）

期貨商之負責人、業務員或其他從業人員，不得有下列行為：

一　洩漏期貨交易人委託事項及職務上所獲悉之秘密。

二　對期貨交易人作獲利之保證。

三　與期貨交易人約定分享利益或共同承擔損失。

四　利用期貨交易人帳戶或名義為自己從事交易。

五　利用他人或自己之帳戶或名義供期貨交易人從事交易。

六　為誇大、偏頗之宣傳或散布不實資訊。

第六十四條 （委託程序及受託契約）

①期貨商受託從事期貨交易，應評估客戶從事期貨交易之能力，如經評估其信用狀況及財力有逾越其從事期貨交易能力者，除提供適當之擔保外，應拒絕其委託。

②期貨商受託從事期貨交易，於辦理開戶時，應與期貨交易人簽訂受託契約。受託契約之主要內容，由主管機關定之。

第六十五條 （風險告知義務）

①期貨商接受期貨交易人開戶時，應由具有業務員資格者為之；在開戶前應告知各種期貨商品之性質、交易條件及可能之風險，並應將

風險預告書交付期貨交易人。

②前項風險預告書之記載事項及格式，由主管機關定之。

第六十六條 （僱用業務員之限制）

①期貨商不得僱用非業務員接受期貨交易人委託進行期貨交易事宜。

②期貨商僱用業務員最低人數及委託書應記載事項，由主管機關定之。

第六十七條 （受託契約的有償性）

期貨商受委託進行期貨交易時，應向期貨交易人收取交易保證金或權利金，並設置客戶明細帳，逐日計算其餘額。

第六十八條 （報告義務）

①期貨商受託從事期貨交易，應於成交後即作成買賣報告書交付期貨交易人，並應於每月底編製對帳單分送各期貨交易人。

②前項買賣報告書及對帳單之記載事項，由主管機關定之。

第六十九條 （自行買賣及受託買賣之區別）

期貨商兼營期貨自營及經紀業務者，應於每次買賣時，以書面文件區別其為自行買賣或受託買賣。

第七十條 （分離存放原則）

①期貨商應於主管機關指定之機構開設客戶保證金專戶，存放期貨交易人之交易保證金或權利金，並與自有資產分離存放。

②前項期貨商或指定機構之債權人，非依本法規定，不得對客戶保證金專戶之款項請求扣押或行使其他權利。

第七十一條 （提取保證金專戶款項之事由）

期貨商除有下列情形之一者外，不得自客戶保證金專戶內提取款項：

一　依期貨交易人之指示交付騰餘保證金、權利金。

二　為期貨交易人支付必須支付之保證金、權利金或清算差額。

三　為期貨交易人支付期貨經紀商之佣金、利息或其他手續費。

四　經主管機關核准者。

第七十二條 （申報義務）

①期貨商之業主權益低於最低實收資本額一定成數，或調整後淨資本額少於期貨交易人未沖銷部位所需之客戶保證金總額之一定比例時，應即向主管機關申報，主管機關應限期命其改善；未如期改善者，主管機關得視情節輕重限制其部分業務或撤銷其許可。

②前項成數、調整後淨資本之計算、比例及相關申報、限期改善事宜，由主管機關定之。

第七十三條 （全權委託之禁止）

①期貨商不得接受全權委託代為決定種類、數量、價格之期貨交易。但符合主管機關規定者，不在此限。

②期貨商不得為期貨交易人進行非必要之交易。其依前項規定經全權委託者，亦同。

第七十四條　（期貨商行為之限制）

期貨商不得有下列各款行為：

一　未依期貨交易人委託事項或條件從事交易。

二　未經期貨交易人授權而擅自為其進行期貨交易。

第七十五條　（交易權利義務之承受）

①期貨商有破產、解散、停業或依法令應停止收受期貨交易人訂單時，除期貨商為結算會員，依第五十四條規定處理者外，主管機關得命其將所屬期貨交易人之相關帳戶，移轉於與該期貨商訂有承受契約之其他期貨商。

②期貨商於接獲主管機關之命令時，除有正當理由報經主管機關核准者外，應於二個營業日內，將客戶保證金專戶內款項餘額及所屬期貨交易人之交易明細表，移交前項之其他期貨商，因移轉所生之費用，應由移轉之期貨商負擔。

③期貨商應於開業後二個月內，將其他期貨商同意於第一項所定情事發生時，承受所屬期貨交易人相關帳戶之契約書影本，報主管機關備查。

第七十六條　（禁止繼續營業之了結義務）

期貨商經主管機關依本法規定撤銷其營業許可或命令停業者，應了結被撤銷或停業前所為期貨交易事務。

第七十七條　（了結中期貨商之擬制）

經撤銷營業許可之期貨商於了結期貨交易事務時，就其了結目的之範圍內，仍視為期貨商；因命令停業之期貨商，於了結期貨交易事務之範圍內，視為未停業。

第七十八條　（解散或歇業之申報義務）

①期貨商於解散或部分業務歇業時，應由負責人陳明事由，向主管機關申報。

②前二條之規定，於前項情事準用之。

第七十九條　（準用規定）

第十七條、第十八條之規定，於期貨商準用之。

第二節　槓桿交易商

第八十條　（許可主義）

①槓桿交易商非經主管機關核准，不得經營期貨交易業務。

②槓桿交易商須經主管機關之許可並發給許可證照，始得營業。

③槓桿交易商之分支機構，非經主管機關許可並發給許可證照，不得設立或營業。

④槓桿交易商之設置標準及管理規則，由主管機關定之。

第八十一條　（準用規定）

第十七條、第十八條及第五十七條至第七十八條之規定，於槓桿交易商準用之。

第三節　期貨服務事業

第八十二條　（許可主義）

①經營期貨信託事業、期貨經理事業、期貨顧問事業或其他期貨服務事業，須經主管機關之許可並發給許可證照，始得營業。

②期貨服務事業之分支機構，非經主管機關許可並發給許可證照，不得設立或營業。

③期貨服務事業之設置標準及管理規則，由主管機關定之。

第八十三條　（法律之適用）

期貨信託事業之管理，除依本法或本法所發布命令之規定者外，適用信託及信託業管理之法律。

第八十四條　（信託基金募集之核准）

①期貨信託事業於募集期貨信託基金，非經主管機關核准，不得為之。

②期貨信託事業於募集期貨信託基金應提出公開說明書；其應記載之事項，由主管機關定之。

第八十五條　（財產獨立原則）

①期貨信託事業募集之期貨信託基金，應與其事業及基金保管機構之自有財產分別獨立。

②期貨信託基金管理辦法，由主管機關定之。

第八十六條　（責任分離原則）

期貨信託事業及基金保管機構就自有財產所負債務，其債權人不得對於基金資產請求扣押或行使其他權利。

第八十七條　（風險告知義務及締約要式性）

①期貨經理事業接受特定人委任經理期貨交易時，應於委任前告知期貨交易之性質及可能之風險、交付風險預告書，並與客戶簽訂書面委任契約。

②前項書面契約及風險預告書應記載之事項與格式，由主管機關定之。

③期貨經理事業向非特定人募集資金從事期貨交易，準用第八十四條至第八十六條之規定。

第八十八條　（準用規定）

第十七條、第十八條、第五十七條至第六十一條、第六十三條至第六十六條及第七十四條之規定，於期貨服務事業準用之。

第五章　同業公會

第八十九條　（參與同業公會之義務）

①期貨業非加入同業公會，不得開業。但該所屬區域未組織同業公會者，應暫時加入主管機關指定之同業公會。

②前項同業公會之設立、組織及監督，除本法另有規定者外，適用商業團體法之規定。

第九十條　（同業公會之組成）

①全國期貨商業同業公會聯合會由下列成員組成之：

一　期貨交易所。

二　期貨結算機構。

三　省商業同業公會聯合會或直轄市商業同業公會。

四　其他經主管機關指定者。

②全國期貨商業同業公會聯合會之設立，於向內政部登記前，應先經主管機關許可。

第九十一條　（必要費用之收取）

全國期貨商業同業公會聯合會為發揮自律功能及配合期貨市場之發展，得向其會員收取商業團體法所規定經費以外之必要費用；其種類及費率，由該聯合會擬訂，報請主管機關核定之。

第九十二條　（理、監事之選任）

①全國期貨商業同業公會聯合會至少應置理事三人，監事一人，依章程之規定，由會員選任。但理事、監事中至少應有四分之一由有關專家擔任之，其中半數由主管機關指派，餘由理、監事會遴選，經主管機關核定後擔任之；其遴選辦法，由主管機關定之。

②理事、監事之任期均為三年，連選得連任。理事長之連任，以一次為限。

第九十三條 （同業公會管理事項之訂定）

期貨業商業同業公會及全國期貨商業同業公會聯合會章程應記載事項、業務之指導與監督，及其負責人與業務人員管理事項，由主管機關定之。

第九十四條 （依章程處分之權利）

同業公會得依章程之規定對會員及其會員代表為必要之處分。

第六章　監督與管理

第一節　監　督

第九十五條 （市場監視準則之訂定）

主管機關為保障公益及維護市場秩序，應訂定市場監視準則。

第九十六條 （特別加以管制之事由）

主管機關於期貨市場或期貨交易發生下列各款情事之一時，得以命令調整保證金額度、限制期貨交易人交易數量或持有部位或採取其他必要措施；其情況特殊者，得停止一部或全部之期貨交易：

　一　期貨市場或期貨交易有被操縱或壟斷或其有此危險之虞者。

　二　本國或他國政府措施，足以影響期貨市場、期貨交易或某種期貨交易標的者。

　三　國內外市場因天災、戰禍、暴動或其他不可抗力之災變致市場發生重大波動，足以嚴重妨礙期貨市場、期貨交易或某種期貨交易標的者。

　四　其他足以嚴重影響期貨市場秩序或損害公益之情事。

第九十七條 （財務報告之申報）

①期貨交易所、期貨結算機構、期貨業、同業公會應定期向主管機關申報經會計師查核簽證或核閱之財務報告，並保存交易及業務上之紀錄。

②前項財務報告之編製準則、申報程序、公告事項及紀錄保存事項，由主管機關定之。

第九十七條之一 （財務、業務內部控制制度之建立）

①期貨交易所、期貨結算機構及期貨業，應建立財務、業務之內部控

制制度。

②主管機關得訂定前項公司或機構內部控制制度之準則。

③第一項之公司或機構，除經主管機關核准者外，應於每會計年度終了後四個月內，向主管機關申報內部控制聲明書。

第九十八條 （財務資料之命令提出與檢查）

①主管機關為保障公益或維護市場秩序，得隨時命令期貨交易所、期貨結算機構、期貨業、同業公會或與其有財務或業務往來之關係人，提出財務或業務報告資料，或檢查其營業、財產、帳簿、書類或其他有關物件；如發現有違反法令之重大嫌疑者，並得封存或調取其有關證件。

②前項關係人之範圍，由主管機關定之。

第九十九條 （財務資料之提示與說明義務）

①主管機關為維護公眾利益或市場秩序，對於有違反本法行為之虞者，得要求期貨交易之有關機關、團體或個人，提示有關帳簿、文據或通知有關人員到達辦公處所說明；其作業辦法，由主管機關定之。

②前項被請求人得選任律師、會計師或其他依法得為辯護之人到場。

第一百條 （違法之處分）

①期貨交易所、期貨結算機構、期貨業違反本法或本法所發布之命令者，除依本法處罰外，主管機關得視情節輕重，為下列之處分，並得限期命其改正：

一　警告。

二　撤換其負責人或其他有關人員。

三　命令為停止六個月以內全部或一部之營業。

四　撤銷營業許可。

②依前項限期改正逾期仍不改正者，主管機關得再依前項各款連續或加重其處分，至其改正為止。

第一百零一條 （負責人或受僱人違法之處分）

①期貨交易所、期貨結算機構或期貨業之負責人或受僱人，有違反本法或依本法所發布之命令者，除依本法處罰外，主管機關並得視情節輕重，命令停止其六個月以下業務之執行或解除其職務；並得對期貨交易所、期貨結算機構、期貨業處以前條所定之處分。

②前項人員於解除職務後，應由期貨交易所、期貨結算機構、期貨業申報主管機關。

第一百零二條 （業務規則等之命令變更）

主管機關為保護公益，得以命令通知期貨交易所、期貨結算機構或同業公會變更其章程、業務規則、受託契約準則及其他章則或停止、禁止、變更、撤銷其決議或處分。

第一百零三條　（監理辦法之訂定）

主管機關得於期貨交易所、期貨結算機構派員監理；其監理辦法，由主管機關定之。

第二節　管　理

第一百零四條　（交易數量或持有部位之限制及申報）

①主管機關得限制期貨交易人之期貨交易數量或持有部位。

②期貨交易人應申報其期貨交易數量與持有部位；其申報範圍、內容及程序，由主管機關定之。

第一百零五條　（委託之禁止）

任何人不得委託未經主管機關核准經營期貨業之人從事期貨交易。

第一百零六條　（意圖影響價格之禁止）

對於期貨交易，不得意圖影響期貨交易價格而為下列行為之一：

　　一　自行或與他人共謀，連續提高、維持或壓低期貨或其相關現貨交易價格者。

　　二　自行或與他人共謀，提高、維持或降低期貨部位或其相關現貨之供需者。

　　三　自行或與他人共謀，傳述或散布不實之資訊者。

　　四　直接或間接影響期貨或其相關現貨交易價格之操縱行為者。

第一百零七條　（內線交易之禁止）

①下列各款之人，直接或間接獲悉足以重大影響期貨交易價格之消息時，於該消息未公開前，不得自行或使他人從事與該消息有關之期貨或其相關現貨交易行為。但有正當理由相信該消息已公開者，不在此限：

　　一　期貨交易所、期貨結算機構、期貨業或期貨業同業公會或其他相關機構之董事、監察人、經理人、受僱人或受任人。

　　二　主管機關或其他目的事業主管機關之公職人員、受僱人或受任人。

　　三　前二款受任人之董事、監察人、經理人或受僱人。

　　四　從前三款所列之人獲悉消息之人。

②前項規定於董事、監察人之代表人準用之。

第一百零八條 （引人錯誤之禁止）

①從事期貨交易，不得有對作、虛偽、詐欺、隱匿或其他足生期貨交易人或第三人誤信之行為。

②前項所稱對作，指下列之行為：

一　場外沖銷。

二　交叉交易。

三　擅為交易相對人。

四　配合交易。

第七章　仲　裁

第一百零九條 （爭議之仲裁）

①依本法所為期貨交易所生之爭議，當事人得依約進行仲裁。

②前項仲裁，除本法另有規定外，依商務仲裁條例之規定。

第一百十條 （仲裁人之指定）

爭議當事人選定之仲裁人不能依協議指定第三仲裁人時，主管機關得依申請或依職權指定之。

第一百十一條 （仲裁之履行）

期貨業對於仲裁之判斷，或對於依商務仲裁條例第二十八條成立之和解、第二十八條之一成立之調解，遲不履行時，除有商務仲裁條例第二十三條情形，經提起撤銷仲裁判斷之訴者外，在其未履行前，主管機關得命令其停業或為其他必要之處分。

第八章　罰　則

第一百十二條 （罰則㈠）

有下列情事之一者，處七年以下有期徒刑，得併科新臺幣三百萬元以下罰金：

一　未經許可，擅自經營期貨交易所或期貨交易所業務者。

二　未經許可，擅自經營期貨結算機構者。

三　違反第五十六條第一項之規定者。

四　未經許可，擅自經營槓桿交易商者。

五　未經許可，擅自經營期貨信託事業、期貨經理事業、期貨顧問事業或其他期貨服務事業者。

六　期貨信託事業違反第八十四條第一項規定募集期貨信託基金者。

七　違反第一百零六條、第一百零七條或第一百零八條第一項之規定者。

第一百十三條　（罰則（二））

①期貨交易所、期貨結算機構及期貨信託事業之董事、監事、監察人、經理人、受任人或受僱人，對於職務上之行為，要求期約或收受不正利益者，處五年以下有期徒刑、拘役或併科新臺幣二百四十萬元以下罰金。

②前項人員對於違背職務之行為，要求期約或收受不正利益者，處七年以下有期徒刑、拘役或科或併科新臺幣三百萬元以下罰金。

③犯前二項之罪者，所收受之財物沒收之；如全部或一部不能沒收者，追徵其價額。

第一百十四條　（罰則（三））

①對於前條人員關於違背職務之行為，行求期約或交付不正利益者，處三年以下有期徒刑、拘役或科或併科新臺幣二百萬元以下罰金。

②犯前項之罪而自首者，得免除其刑。

第一百十五條　（罰則（四））

有下列情事之一者，處三年以下有期徒刑、拘役或科或併科新臺幣二百四十萬元以下罰金：

一　依第八條第一項、第四十五條第一項、第五十六條第二項至第四項、第八十條第二項、第三項、第八十二條第一項、第二項或第八十四條第一項規定之申請事項為隱匿或虛偽之記載者。

二　違反第七十一條之規定者。

三　槓桿交易商違反第八十一條準用第七十一條之規定者。

四　主管機關依第九十八條命令提出之帳簿、書類或其他有關物件或報告資料之內容有虛偽之記載者。

五　期貨交易所、期貨結算機構、期貨業或同業公會，於依法或主管機關基於法律所發布之命令規定之帳簿、文據、財務報告或其他有關業務文件之內容有虛偽之記載者。

第一百十六條　（罰則（五））

有下列情事之一者，處三年以下有期徒刑、拘役或科或併科新臺幣二百萬元以下罰金：

一　違反第五條或第六十三條之規定者。

二　違反第十三條第二項之規定者。但提供人不知其非法經營期
　　貨交易所或期貨交易所業務者，不適用之。

三　槓桿交易商負責人、業務員或其他從業人員違反第八十一條
　　準用第六十三條之規定者。

四　期貨服務事業負責人、業務員或其他從業人員違反第八十八
　　條準用第六十三條之規定者。

第一百十七條　（罰則⑹）

有下列情事之一者，處一年以下有期徒刑、拘役或科或併科新臺幣
一百八十萬元以下罰金：

一　違反第十二條、第十九條或第二十九條之規定者。

二　期貨結算機構違反第五十五條準用第十九條或第二十九條之
　　規定者。

第一百十八條　（罰則⑺）

①法人之代表人、代理人、業務員或其他從業人員，因執行業務有下
列情事之一者，除依第一百十六條、第一百十七條處罰其行為人外，
對該法人亦科以各該條之罰金：

一　違反第十九條、第二十九條或第六十三條之規定者。

二　違反第五十五條準用第十九條或第二十九條之規定者。

三　違反第八十一條或第八十八條準用第六十三條之規定者。

②犯前項之罪被發覺前，該法人提出告訴或告發者，得減輕或免除其
刑。

第一百十九條　（罰則⑻）

①有下列情形之一者，處新臺幣十二萬元以上六十萬元以下罰鍰：

一　違反第十條、第十八條、第四十五條第二項前段、第五十六
　　條第四項、第五十七條第一項、第六十四條、第六十五條第
　　一項、第六十六條第一項、第六十七條、第七十條第一項、
　　第七十二條第一項、第七十三條、第七十四條、第七十八條
　　第一項、第八十條第三項、第八十二條第二項、第八十五條
　　第一項、第八十七條第一項、第九十七條之一第一項、第三
　　項、第一百零四條第二項或第一百零五條之規定者。

二　違反依第八條第二項、第四十五條第二項後段、第五十六條
　　第五項、第八十條第四項、第八十二條第三項或第八十五條
　　第二項所發布之命令者。

三　期貨結算機構違反第五十五條準用第十八條之規定者。

四　期貨商違反第七十九條準用第十八條之規定者。

五　槓桿交易商違反第八十一條準用第十八條、第五十七條第一項、第六十四條、第六十五條第一項、第六十六條第一項、第六十七條、第七十條第一項、第七十二條第一項、第七十三條、第七十四條或第七十八條第一項之規定者。

六　期貨服務事業違反第八十八條準用第十八條、第五十七條第一項、第六十四條、第六十五條第一項、第六十六條第一項或第七十四條之規定者。

七　主管機關依第九十八條命令提出之帳簿、書類或其他有關物件或報告資料，逾期不提出，或對於主管機關依法所為之檢查予以拒絕或妨礙者。

八　期貨交易所、期貨結算機構、期貨業、同業公會，於依法或主管機關基於法律所發布之命令規定之帳簿、文據、財務報告或其他有關業務之文件，不為製作、申報、公告、備置或保存者。

九　拒絕主管機關依第九十九條所為之調查，或拒不提供有關資料文件或經主管機關通知到達辦公處所備詢，無正當理由而拒不到達者。

②有前項第一款或第三款至第八款規定之情事，經主管機關處罰鍰，並責令限期辦理；逾期仍不辦理者，得繼續限令其辦理，並按次連續各處新臺幣二十四萬元以上一百二十萬元以下罰鍰，至辦理為止。

第一百二十條　（罰鍰之強制執行）

依本法所處之罰鍰，經限期繳納，逾期未繳納者，移送法院強制執行。

第九章　附　　則

第一百二十一條　（外國法適用之停止）

自本法施行之日起，國外期貨交易法不再適用。

第一百二十二條　（證照或資格證書之換發或核發）

本法施行前依國外期貨交易法、證券交易法及其相關規定所取得之證照或資格證書，與本法之規定不符者，應於本法施行後一年內依

本法之規定申請換發或核發。

第一百二十三條 （主管機關之名稱）

本法施行後，第四條之主管機關，於財政部證券管理委員會組織條例修正為財政部證券暨期貨管理委員會前，仍沿用財政部證券管理委員會之名稱。

第一百二十四條 （施行細則之訂定）

本法施行細則，由財政部定之。

第一百二十五條 （施行日期）

①本法施行日期，由行政院定之。

②本法修正條文自公布日施行。

期貨交易法施行細則

民國八十六年十一月十一日財政部令發布全文

第一條 （訂定依據）

本細則依期貨交易法（以下簡稱本法）第一百二十四條規定訂定之。

第二條 （非必要之交易之考量因素）

本法第七十三條第二項所定非必要之交易，由主管機關考量下列因素認定之：

一 佣金占期貨交易人權益之比例。

二 當日沖銷之比例。

三 期貨交易人帳戶之款項是否足以支付其期貨交易保證金或權利金。

第三條 （負責人之定義）

本法第七十八條第一項所稱負責人，指下列之人：

一 本國期貨商屬公司形態者，依公司法第八條規定定之；非屬公司形態者，依相關法律定之。

二 外國期貨商者，為其在中華民國境內指定之訴訟及非訴訟代理人。

第四條 （槓桿交易商之定義）

本法第八十條所稱槓桿交易商，指經營槓桿保證金契約交易之事業。

第五條 （其他相關機構與其他目的事業主管機關之定義）

①本法第一百零七條第一項第一款所稱其他相關機構，指與期貨交易有關之現貨相關機構。

②本法第一百零七條第一項第二款所稱其他目的事業主管機關，指與期貨交易相關之金融或其他現貨之主管機關。

第六條 （場外沖銷、交叉交易、擅為交易相對人、配合交易之定義）

①本法第一百零八條第二項第一款所稱場外沖銷，指期貨商接受期貨交易人委託後，未至期貨交易所從事期貨交易，而直接或間接私自承受或居間與其他期貨交易人為交易之行為。

②本法第一百零八條第二項第二款所稱交叉交易，指期貨商為使特定期貨交易人成為另一期貨交易人期貨交易之他方當事人，未依公開

競價方式，而直接或間接私自居間所為期貨交易之行為。

③本法第一百零八條第二項第三款所稱擅為交易相對人，指期貨商未經期貨交易人事前書面同意，且未依期貨交易所規則之規定，而成為該期貨交易人賣出委託之買方或該期貨交易人買進委託之賣方。

④本法第一百零八條第二項第四款所稱配合交易，指期貨商或其他任何人，未依公開競價方式，而以直接或間接方式相互配合所為期貨交易之行為。

⑤前四項規定，不包括依法令得不在期貨交易所進行之期貨交易。

第七條 （施行日期）

本細則自發布日施行。

銀 行 法

民國二十年三月二十八日國民政府公布
三十六年九月一日國民政府修正公布
三十九年六月十六日總統令修正公布
五十七年十一月十一日總統令修正公布
六十四年七月四日總統令修正公布
六十六年十二月二十九日總統令修正公布
六十七年七月十九日總統令修正公布
六十八年十二月五日總統令修正公布
六十九年十二月五日總統令修正公布
七十年七月十七日總統令修正公布
七十四年五月二十日總統令修正公布
七十八年七月十七日總統令修正公布
八十一年十月三十日總統令修正公布
八十四年六月二十九日總統令修正公布
八十六年五月七日總統令修正公布
八十九年十一月一日總統令修正公布
九十三年二月四日總統令修正公布
九十四年五月十八日總統令修正公布
九十五年五月十七日總統令修正公布
九十五年五月三十日總統令修正公布
九十六年三月二十一日總統令修正公布
九十七年十二月三十日總統令修正公布第一九、二五、三三之三、三五之二、四二、四四、四八、五〇、六二～六二之五、六二之七、六二之九、一二八、一二九、一三一、一三三條；並增訂第二五之一、四四之一、四四之二、一二九之二條條文

第一章 通 則

第一條 （立法目的）

　　為健全銀行業務經營，保障存款人權益，適應產業發展，並使銀行信用配合國家金融政策，特制定本法。

第二條 （銀行之定義）

本法稱銀行，謂依本法組織登記，經營銀行業務之機構。

第三條 （銀行經營之業務）

銀行經營之業務如左：

　一　收受支票存款。

　二　收受其他各種存款。

　三　受託經理信託資金。

　四　發行金融債券。

　五　辦理放款。

　六　辦理票據貼現。

　七　投資有價證券。

　八　直接投資生產事業。

　九　投資住宅建築及企業建築。

　十　辦理國內外匯兌。

　十一　辦理商業匯票承兌。

　十二　簽發信用狀。

　十三　辦理國內外保證業務。

　十四　代理收付款項。

　十五　承銷及自營買賣或代客買賣有價證券。

　十六　辦理債券發行之經理及顧問事項。

　十七　擔任股票及債券發行簽證人。

　十八　受託經理各種財產。

　十九　辦理證券投資信託有關業務。

　二十　買賣金塊、銀塊、金幣、銀幣及外國貨幣。

　二一　辦理與前列各款業務有關之倉庫、保管及代理服務業務。

　二二　經中央主管機關核准辦理之其他有關業務。

第四條 （業務項目之核定）

各銀行得經營之業務項目，由中央主管機關按其類別，就本法所定之範圍內分別核定，並於營業執照上載明之。但其有關外匯業務之經營，須經中央銀行之許可。

第五條 （授信之分類）

銀行依本法辦理授信，其期限在一年以內者，為短期信用；超過一年而在七年以內者，為中期信用；超過七年者，為長期信用。

第五條之一 （收受存款之定義）

本法稱收受存款，謂向不特定多數人收受款項或吸收資金，並約定返還本金或給付相當或高於本金之行為。

第五條之二 （授信之定義）

本法稱授信，謂銀行辦理放款、透支、貼現、保證、承兌及其他經中央主管機關指定之業務項目。

第六條 （支票存款）

本法稱支票存款，謂依約定憑存款人簽發支票，或利用自動化設備委託支付隨時提取不計利息之存款。

第七條 （活期存款）

本法稱活期存款，謂存款人憑存摺或依約定方式，隨時提取之存款。

第八條 （定期存款）

本法稱定期存款，謂有一定時期之限制，存款人憑存單或依約定方式提取之存款。

第八條之一 （定期存款之質借及中途解約）

①定期存款到期前不得提取。但存款人得以之質借，或於七日以前通知銀行中途解約。

②前項質借及中途解約辦法，由主管機關洽商中央銀行定之。

第九條 （刪除）

第十條 （信託資金）

本法稱信託資金，謂銀行以受託人地位，收受信託款項，依照信託契約約定之條件，為信託人指定之受益人之利益而經營之資金。

第十一條 （金融債券）

本法稱金融債券，謂銀行依照本法有關規定，為供給中期或長期信用，報經中央主管機關核准發行之債券。

第十二條 （擔保授信）

本法稱擔保授信，謂對銀行之授信，提供左列之一為擔保者：

一　不動產或動產抵押權。

二　動產或權利質權。

三　借款人營業交易所發生之應收票據。

四　各級政府公庫主管機關、銀行或經政府核准設立之信用保證機構之保證。

第十二條之一 （徵取保證人之限制）

①銀行辦理自用住宅放款及消費性放款，已取得前條所定之足額擔保時，不得以任何理由要求借款人提供連帶保證人。

②銀行辦理授信徵取保證人時，除前項規定外，應以一定金額為限。

③未來求償時，應先就借款人進行求償，其求償不足部分得就連帶保
證人平均求償之。但為取得執行名義或保全程序者，不在此限。

第十三條 （無擔保授信）

本法稱無擔保授信，謂無前條各款擔保之授信。

第十四條 （中、長期分期償還放款）

本法稱中、長期分期償還放款，謂銀行依據借款人償債能力，經借
貸雙方協議，於放款契約內訂明分期還本付息辦法及借款人應遵守
之其他有關條件之放款。

第十五條 （商業票據、商業承兌匯票、銀行承兌匯票、貼現）

①本法稱商業票據，謂依國內外商品交易或勞務提供而產生之匯票或
本票。

②前項匯票以出售商品或提供勞務之相對人為付款人而經其承兌者，
謂商業承兌匯票。

③前項相對人委託銀行為付款人而經其承兌者，謂銀行承兌匯票。出
售商品或提供勞務之人，依交易憑證於交易價款內簽發匯票，委託
銀行為付款人而經其承兌者，亦同。

④銀行對遠期匯票或本票，以折扣方式預收利息而購入者，謂貼現。

第十六條 （信用狀）

本法稱信用狀，謂銀行受客戶之委任，通知並授權指定受益人，在
其履行約定條件後，得依照一定款式，開發一定金額以內之匯票或
其他憑證，由該行或其指定之代理銀行負責承兌或付款之文書。

第十七條 （刪除）

第十八條 （銀行負責人）

本法稱銀行負責人，謂依公司法或其他法律或其組織章程所定應負
責之人。

第十九條 （主管機關）

本法之主管機關為行政院金融監督管理委員會。

第二十條 （銀行之種類）

①銀行分為下列三種：

一　商業銀行。

二　專業銀行。

三　信託投資公司。

②銀行之種類或其專業，除政府設立者外，應在其名稱中表示之。

③非銀行，不得使用第一項名稱或易使人誤認其為銀行之名稱。

第二十一條 （非經設立不得營業）

銀行及其分支機構，非經完成第二章所定之設立程序，不得開始營業。

第二十二條 （營業範圍之限制）

銀行不得經營未經中央主管機關核定經營之業務。

第二十三條 （銀行資本最低額）

①各種銀行資本之最低額，由中央主管機關將全國劃分區域，審酌各區域人口、經濟發展情形，及銀行之種類，分別核定或調整之。

②銀行資本未達前項調整後之最低額者，中央主管機關應指定期限，命其辦理增資；逾期未完成增資者，應撤銷其許可。

第二十四條 （貨幣單位）

銀行資本應以國幣計算。

第二十五條 （記名式股票及持有股份總數之限制）

①銀行股票應為記名式。

②同一人或同一關係人單獨、共同或合計持有同一銀行已發行有表決權股份總數超過百分之五者，自持有之日起十日內，應向主管機關申報；持股超過百分之五後累積增減逾一個百分點者，亦同。

③同一人或同一關係人擬單獨、共同或合計持有同一銀行已發行有表決權股份總數超過百分之十、百分之二十五或百分之五十者，均應分別事先向主管機關申請核准。

④第三人為同一人或同一關係人以信託、委任或其他契約、協議、授權等方法持有股份者，應併計入同一關係人範圍。

⑤本法中華民國九十七年十二月九日修正之條文施行前，同一人或同一關係人單獨、共同或合計持有同一銀行已發行有表決權股份總數超過百分之五而未超過百分之十五者，應自修正施行之日起六個月內向主管機關申報，於該期限內向主管機關申報者，得維持申報時之持股比率。但原持股比率超過百分之十者，於第一次擬增加持股時，應事先向主管機關申請核准。

⑥同一人或同一關係人依第三項或前項但書規定申請核准應具備之適格條件、應檢附之書件、擬取得股份之股數、目的、資金來源及其他應遵行事項之辦法，由主管機關定之。

⑦未依第二項、第三項或第五項規定向主管機關申報或經核准而持有銀行已發行有表決權之股份者，其超過部分無表決權，並由主管機

關命其於限期內處分。

⑧同一人或本人與配偶、未成年子女合計持有同一銀行已發行有表決權股份總數百分之一以上者，應由本人通知銀行。

第二十五條之一　（同一人及同一關係人之定義）

①前條所稱同一人，指同一自然人或同一法人。

②前條所稱同一關係人，指同一自然人或同一法人之關係人，其範圍如下：

 一　同一自然人之關係人：

  ㈠同一自然人與其配偶及二親等以內血親。

  ㈡前目之人持有已發行有表決權股份或資本額合計超過三分之一之企業。

  ㈢第一目之人擔任董事長、總經理或過半數董事之企業或財團法人。

 二　同一法人之關係人：

  ㈠同一法人與其董事長、總經理，及該董事長、總經理之配偶與二親等以內血親。

  ㈡同一法人及前目之自然人持有已發行有表決權股份或資本額合計超過三分之一之企業，或擔任董事長、總經理或過半數董事之企業或財團法人。

  ㈢同一法人之關係企業。關係企業適用公司法第三百六十九條之一至第三百六十九條之三、第三百六十九條之九及第三百六十九條之十一規定。

③計算前二項同一人或同一關係人持有銀行之股份，不包括下列各款情形所持有之股份：

 一　證券商於承銷有價證券期間所取得，且於主管機關規定期間內處分之股份。

 二　金融機構因承受擔保品所取得，且自取得日起未滿四年之股份。

 三　因繼承或遺贈所取得，且自繼承或受贈日起未滿二年之股份。

第二十六條　（增設銀行之限制）

中央主管機關得視國內經濟、金融情形，於一定區域內限制銀行或其分支機構之增設。

第二十七條　（設立國外分支機構之核准）

銀行在國外設立分支機構，應由中央主管機關洽商中央銀行後核准

辦理。

第二十八條 （信託或證券業務之經營）

① 商業銀行及專業銀行經營信託或證券業務，其營業及會計必須獨立；其營運範圍及風險管理規定，得由主管機關定之。

② 銀行經營信託及證券業務，應指撥營運資金專款經營，其指撥營運資金之數額，應經主管機關核准。

③ 除其他法律另有規定者外，銀行經營信託業務，準用第六章之規定辦理。

④ 銀行經營信託及證券業務之人員，關於客戶之往來、交易資料，除其他法律或主管機關另有規定外，應保守秘密；對銀行其他部門之人員，亦同。

第二十九條 （非銀行經營收受存款等業務之禁止及其處罰）

① 除法律另有規定者外，非銀行不得經營收受存款、受託經理信託資金、公眾財產或辦理國內外匯兌業務。

② 違反前項規定者，由主管機關或目的事業主管機關會同司法警察機關取締，並移送法辦；如屬法人組織，其負責人對有關債務，應負連帶清償責任。

③ 執行前項任務時，得依法搜索扣押被取締者之會計帳簿及文件，並得拆除其標誌等設施或為其他必要之處置。

第二十九條之一 （視為收受存款）

以借款、收受投資、使加入為股東或其他名義，向多數人或不特定之人收受款項或吸收資金，而約定或給付與本金顯不相當之紅利、利息、股息或其他報酬者，以收受存款論。

第三十條 （抵押權登記或移轉質物占有之免緩）

① 銀行辦理放款、開發信用狀或提供保證，其借款人、委任人或被保證人為股份有限公司之企業，如經董事會決議，向銀行出具書面承諾，以一定財產提供擔保，及不再以該項財產提供其他債權人設定質權或抵押權者，得免辦或緩辦不動產或動產抵押權登記或質物之移轉占有。但銀行認有必要時，債務人仍應於銀行指定之期限內補辦之。

② 借款人、委任人或被保證人違反前項承諾者，其參與決定此項違反承諾行為之董事及行為人應連帶賠償責任。

第三十一條 （信用狀或承兌業務）

① 銀行開發信用狀或擔任商業匯票之承兌，其與客戶間之權利、義務

關係，以契約定之。

②銀行辦理前項業務，如需由客戶提供擔保者，其擔保依第十二條所列各款之規定。

第三十二條　（對其持有實收資本之企業等放款之限制㈠）

①銀行不得對其持有實收資本總額百分之三以上之企業，或本行負責人、職員、或主要股東，或對與本行負責人或辦理授信之職員有利害關係者，為無擔保授信。但消費者貸款及對政府貸款不在此限。

②前項消費者貸款額度，由中央主管機關定之。

③本法所稱主要股東係指持有銀行已發行股份總數百分之一以上者；主要股東為自然人時，本人之配偶與其未成年子女之持股應計入本人之持股。

第三十三條　（對其持有實收資本之企業等放款之限制㈡）

①銀行對其持有實收資本總額百分之五以上之企業，或本行負責人、職員、或主要股東，或對與本行負責人或辦理授信之職員有利害關係者為擔保授信，應有十足擔保，其條件不得優於其他同類授信對象，如授信達中央主管機關規定金額以上者，並應經三分之二以上董事之出席及出席董事四分之三以上同意。

②前項授信限額、授信總餘額、授信條件及同類授信對象，由中央主管機關洽商中央銀行定之。

第三十三條之一　（有利害關係之情形）

前二條所稱有利害關係者，謂有左列情形之一而言：

一　銀行負責人或辦理授信之職員之配偶、三親等以內之血親或二親等以內之姻親。

二　銀行負責人、辦理授信之職員或前款有利害關係者獨資、合夥經營之事業。

三　銀行負責人、辦理授信之職員或第一款有利害關係者單獨或合計持有超過公司已發行股份總數或資本總額百分之十之企業。

四　銀行負責人、辦理授信之職員或第一款有利害關係者為董事、監察人或經理人之企業。但其董事、監察人或經理人係因投資關係，經中央主管機關核准而兼任者，不在此限。

五　銀行負責人、辦理授信之職員或第一款有利害關係者為代表人、管理人之法人或其他團體。

第三十三條之二　（對往來銀行負責人等放款之限制）

銀行不得交互對其往來銀行負責人、主要股東，或對該負責人為負責人之企業為無擔保授信，其為擔保授信應依第三十三條規定辦理。

第三十三條之三 （對同一人、同一關係人或同一關係企業授信或其他交易之限制）

①主管機關對於銀行就同一人、同一關係人或同一關係企業之授信或其他交易得予限制，其限額、其他交易之範圍及其他應遵行事項之辦法，由主管機關定之。

②前項授信或其他交易之同一人、同一關係人或同一關係企業範圍如下：

　　一　同一人為同一自然人或同一法人。

　　二　同一關係人包括本人、配偶、二親等以內之血親，及以本人或配偶為負責人之企業。

　　三　同一關係企業適用公司法第三百六十九條之一至第三百六十九條之三、第三百六十九條之九及第三百六十九條之十一規定。

第三十三條之四 （利用他人名義向銀行辦理授信之限制）

①第三十二條、第三十三條或第三十三條之二所列舉之授信對象，利用他人名義向銀行申請辦理之授信，亦有上述規定之適用。

②向銀行申請辦理之授信，其款項為利用他人名義之人所使用；或其款項移轉為利用他人名義之人所有時，視為前項所稱利用他人名義之人向銀行申請辦理之授信。

第三十三條之五 （銀行持有企業出資額之計算）

①計算第三十二條第一項、第三十三條第一項有關銀行持有實收資本總額百分之三以上或百分之五以上之企業之出資額，應連同下列各款之出資額一併計入：

　　一　銀行之從屬公司單獨或合計持有該企業之出資額。

　　二　第三人為銀行而持有之出資額。

　　三　第三人為銀行之從屬公司而持有之出資額。

②前項所稱銀行之從屬公司之範圍，適用公司法第三百六十九條之二第一項規定。

第三十四條 （吸收存款方法之限制）

銀行不得於規定利息外，以津貼、贈與或其他給與方法吸收存款。但對於信託資金依約定發給紅利者，不在此限。

第三十五條 （行員收受不當利益之禁止）

銀行負責人及職員不得以任何名義，向存戶、借款人或其他顧客收受佣金、酬金或其他不當利益。

第三十五條之一　（競業禁止）

銀行之負責人及職員不得兼任其他銀行任何職務。但因投資關係，並經中央主管機關核准者，得兼任被投資銀行之董事或監察人。

第三十五條之二　（銀行負責人之資格）

①銀行負責人應具備之資格條件、兼職限制及應遵行事項之準則，由主管機關定之。

②未具備前項準則所定之資格條件者，不得充任銀行負責人；已充任者，當然解任。

第三十六條　（無擔保放款或保證之限制）

①中央主管機關於必要時，經洽商中央銀行後，得對銀行無擔保之放款或保證，予以適當之限制。

②中央主管機關於必要時，經洽商中央銀行後，得就銀行主要資產與主要負債之比率、主要負債與淨值之比率，規定其標準。凡實際比率未符規定標準之銀行，中央主管機關除依規定處罰外，並得限制其分配盈餘。

③前項所稱主要資產及主要負債，由中央主管機關斟酌各類銀行之業務性質規定之。

第三十七條　（擔保物放款值之決定與最高放款率之規定）

①借款人所提質物或抵押物之放款值，由銀行根據其時值、折舊率及銷售性，覈實決定。

②中央銀行因調節信用，於必要時得選擇若干種類之質物或抵押物，規定其最高放款率。

第三十八條　（購屋或建築之放款）

銀行對購買或建造住宅或企業用建築，得辦理中、長期放款，其最長期限不得超過三十年。但對於無自用住宅者購買自用住宅之放款，不在此限。

第三十九條　（中期放款或貼現）

銀行對個人購置耐久消費品得辦理中期放款；或對買受人所簽發經承銷商背書之本票，辦理貼現。

第四十條　（中、長期分期償還放款方式之適用）

前二條放款，均得適用中、長期分期償還放款方式；必要時，中央銀行得就其付現條件及信用期限，予以規定並管理之。

第四十一條 （銀行利率之基準及其揭示）

銀行利率應以年率為準，並於營業場所揭示。

第四十二條 （存款、負債準備金比率）

①銀行各種存款及其他各種負債，應依中央銀行所定比率提準備金。

②前項其他各種負債之範圍，由中央銀行洽商主管機關定之。

第四十二條之一 （現金儲值卡之發行及其定義）

①銀行發行現金儲值卡應經主管機關許可，並依中央銀行之規定提列準備金；其許可及管理辦法，由主管機關洽商中央銀行定之。

②前項所稱現金儲值卡，謂發卡人以電子、磁力或光學形式儲存金錢價值，持卡人得以所儲存金錢價值之全部或一部交換貨物或勞務，並得作為多用途之支付使用者。

第四十三條 （流動資產與負債比率之最低標準）

為促使銀行對其資產保持適當之流動性，中央銀行經洽商中央主管機關後，得隨時就銀行流動資產與各項負債之比率，規定其最低標準。未達最低標準者，中央主管機關應通知限期調整之。

第四十四條 （銀行自有資本與風險性資產比率之規定）

①銀行自有資本與風險性資產之比率，不得低於一定比率。銀行經主管機關規定應編製合併報表時，其合併後之自有資本與風險性資產之比率，亦同。

②銀行依自有資本與風險性資產之比率，劃分下列資本等級：

　一　資本適足。

　二　資本不足。

　三　資本顯著不足。

　四　資本嚴重不足。

③前項第四款所稱資本嚴重不足，指自有資本與風險性資產之比率低於百分之二。銀行淨值占資產總額比率低於百分之二者，視為資本嚴重不足。

④第一項所稱一定比率、銀行自有資本與風險性資產之範圍、計算方法、第二項等級之劃分、審核等事項之辦法，由主管機關定之。

第四十四條之一 （不得以現金分配盈餘或買回股份之情形）

①銀行有下列情形之一者，不得以現金分配盈餘或買回其股份：

　一　資本等級為資本不足、顯著不足或嚴重不足。

　二　資本等級為資本適足者，如以現金分配盈餘或買回股份，有致其資本等級降為前款等級之虞。

②前項第一款之銀行，不得對負責人發放報酬以外之給付。但經主管機關核准者，不在此限。

第四十四條之二 （銀行資本等級之措施）

①主管機關應依銀行資本等級，採取下列措施之一部或全部：

一 資本不足者：

(一)命令銀行或其負責人限期提出資本重建或其他財務業務改善計畫。對未依命令提出資本重建或財務業務改善計畫，或未依其計畫確實執行者，得採取次一資本等級之監理措施。

(二)限制新增風險性資產或為其他必要處置。

二 資本顯著不足者：

(一)適用前款規定。

(二)解除負責人職務，並通知公司登記主管機關於登記事項註記。

(三)命令取得或處分特定資產，應先經主管機關核准。

(四)命令處分特定資產。

(五)限制或禁止與利害關係人相關之授信或其他交易。

(六)限制轉投資、部分業務或命令限期裁撤分支機構或部門。

(七)限制存款利率不得超過其他銀行可資比較或同性質存款之利率。

(八)命令對負責人之報酬予以降低，降低後之報酬不得超過該銀行成為資本顯著不足前十二個月內對該負責人支給之平均報酬之百分之七十。

(九)派員監管或為其他必要處置。

三 資本嚴重不足者：除適用前款規定外，應採取第六十二條第二項之措施。

②銀行依前項規定執行資本重建或財務業務改善計畫之情形，主管機關得隨時查核，必要時得洽商有關機關或機構之意見，並得委請專業機構協助辦理；其費用由銀行負擔。

③銀行經主管機關派員監管者，準用第六十二條之二第三項規定。

④銀行業務經營有嚴重不健全之情形，或有調降資本等級之虞者，主管機關得對其採取次一資本等級之監理措施；有立即危及其繼續經營或影響金融秩序穩定之虞者，主管機關應重新審核或調整其資本等級。

⑤第一項監管之程序、監管人職權、費用負擔及其他應遵行事項之辦法，由主管機關定之。

第四十五條 （中央主管機關之檢查權）

①中央主管機關得隨時派員，或委託適當機構，或令地方主管機關派員，檢查銀行或其他關係人之業務、財務及其他有關事項，或令銀行或其他關係人於限期內據實提報財務報告、財產目錄或其他有關資料及報告。

②中央主管機關於必要時，得指定專門職業及技術人員，就前項規定應行檢查事項、報表或資料予以查核，並向中央主管機關據實提出報告，其費用由銀行負擔。

第四十五條之一 （銀行內部控制及稽核制度之建立）

①銀行應建立內部控制及稽核制度；其目的、原則、政策、作業程序、內部稽核人員應具備之資格條件、委託會計師辦理內部控制查核之範圍及其他應遵行事項之辦法，由主管機關定之。

②銀行對資產品質之評估、損失準備之提列、逾期放款催收款之清理及呆帳之轉銷，應建立內部處理制度及程序；其辦法，由主管機關定之。

③銀行作業委託他人處理者，其對委託事項範圍、客戶權益保障、風險管理及內部控制原則，應訂定內部作業制度及程序；其辦法，由主管機關定之。

第四十五條之二 （加強安全維護辦法之訂定）

①銀行對其營業處所、金庫、出租保管箱（室）、自動櫃員機及運鈔業務等應加強安全之維護；其辦法，由主管機關定之。

②銀行對存款帳戶應負善良管理人責任。對類似不法或顯屬異常交易之存款帳戶，得予暫停存入或提領、匯出款項。

③前項疑似不法或顯屬異常交易帳戶之認定標準，及暫停帳戶之作業程序及辦法，由主管機關定之。

第四十六條 （存款保險組織）

為保障存款人之利益，得由政府或銀行設立存款保險之組織。

第四十七條 （同業間借貸組織）

銀行為相互調劑準備，並提高貨幣信用之效能，得訂定章程，成立同業間之借貸組織。

第四十七條之一 （經營貨幣市場業務或信用卡業務之許可及其管理辦法之訂定）

經營貨幣市場業務或信用卡業務之機構，應經中央主管機關之許可；其管理辦法，由中央主管機關洽商中央銀行定之。

第四十七條之二　（經營貨幣市場業務機構之準用）

第四條、第三十二條至第三十三條之四、第三十五條至第三十五條之二、第三十六條、第四十五條、第四十五條之一、第四十九條至第五十一條、第五十八條至第六十二條之九、第六十四條至第六十九條及第七十六條之規定，於經營貨幣市場業務之機構準用之。

第四十七條之三　（經營銀行相關業務服務事業之許可）

① 經營銀行間資金移轉帳務清算之金融資訊服務事業，應經主管機關許可。但涉及大額資金移轉帳務清算之業務，並應經中央銀行許可；其許可及管理辦法，由主管機關洽商中央銀行定之。

② 經營銀行間徵信資料處理交換之服務事業，應經主管機關許可；其許可及管理辦法，由主管機關定之。

第四十八條　（銀行接受第三人請求之限制及存放款資料之保密）

① 銀行非依法院之裁判或其他法律之規定，不得接受第三人有關停止給付存款或匯款、扣留擔保物或保管物或其他類似之請求。

② 銀行對於客戶之存款、放款或匯款等有關資料，除有下列情形之一者外，應保守秘密：

　　一　法律另有規定。

　　二　對同一客戶逾期債權已轉銷呆帳者，累計轉銷呆帳金額超過新臺幣五千萬元，或貸放後半年內發生逾期累計轉銷呆帳金額達新臺幣三千萬元以上，其轉銷呆帳資料。

　　三　依第一百二十五條之二、第一百二十五條之三或第一百二十七條之一規定，經檢察官提起公訴之案件，與其有關之逾期放款或催收款資料。

　　四　其他經主管機關規定之情形。

第四十九條　（表冊之呈報公告義務）

① 銀行每屆營業年度終了，應編製年報，並應將營業報告書、財務報表、盈餘分配或虧損撥補之決議及其他經主管機關指定之項目，於股東會承認後十五日內；無股東會之銀行於董事會通過後十五日內，分別報請主管機關及中央銀行備查。年報應記載事項，由主管機關定之。

② 銀行除應將財務報表及其他經主管機關指定之項目於其所在地之日報或依主管機關指定之方式公告外，並應備置於每一營業處所之顯

著位置以供查閱。但已符合證券交易法第三十六條規定者，得免辦理公告。

③前項應行公告之報表及項目，應經會計師查核簽證。

第五十條 （提列法定盈餘公積之義務與最高現金盈餘分配之限制）

①銀行於完納一切稅捐後分派盈餘時，應先提百分之三十為法定盈餘公積；法定盈餘公積未達資本總額前，其最高現金盈餘分配，不得超過資本總額之百分之十五。

②銀行法定盈餘公積已達其資本總額時，或財務業務健全並依公司法提法定盈餘公積者，得不受前項規定之限制。

③除法定盈餘公積外，銀行得於章程規定或經股東會決議，另提特別盈餘公積。

④第二項所定財務業務健全應具備之資本適足率、資產品質及守法性等事項之標準，由主管機關定之。

第五十一條 （銀行營業時間及休假日）

銀行之營業時間及休假日，得由中央主管機關規定，並公告之。

第五十一條之一 （辦理金融研究訓練發展事宜之資金提撥）

為培育金融專業人才，銀行應提撥資金，專款專用於辦理金融研究訓練發展事宜；其資金之提撥方法及運用管理原則，由中華民國銀行商業同業公會全國聯合會擬訂，報請主管機關核定之。

第二章　銀行之設立、變更、停業、解散

第五十二條 （銀行之組織與設立標準）

①銀行為法人，其組織除法律另有規定或本法修正施行前經專案核准者外，以股份有限公司為限。

②銀行股票應公開發行。但經主管機關許可者，不在此限。

③依本法或其他法律設立之銀行或金融機構，其設立標準，由主管機關定之。

第五十三條 （設立許可事項）

設立銀行者，應載明左列各款，報請中央主管機關許可：

一　銀行之種類、名稱及其公司組織之種類。

二　資本總額。

三　營業計畫。

四　本行及分支機構所在地。

五　發起人姓名、籍貫、住居所、履歷及認股金額。

第五十四條　（申請核發營業執照）

①銀行經許可設立者，應依公司法規定設立公司；於收足資本全額並辦妥公司登記後，再檢同下列各件，申請主管機關核發營業執照：

一　公司登記證件。

二　驗資證明書。

三　銀行章程。

四　股東名冊及股東會會議紀錄。

五　董事名冊及董事會會議紀錄。

六　常務董事名冊及常務董事會會議紀錄。

七　監察人名冊及監察人會議紀錄。

②銀行非公司組織者，得於許可設立後，準用前項規定，逕行申請核發營業執照。

第五十五條　（開始營業之公告事項）

銀行開始營業時，應將中央主管機關所發營業執照記載之事項，於本行及分支機構所在地公告之。

第五十六條　（撤銷許可）

中央主管機關核發營業執照後，如發現原申請事項有虛偽情事，其情節重大者，應即撤銷其許可。

第五十七條　（增設分支機構）

①銀行增設分支機構時，應開具分支機構營業計畫及所在地，申請中央主管機關許可，並核發營業執照。遷移或裁撤時，亦應申請中央主管機關核准。

②銀行設置、遷移或裁撤非營業用辦公場所或營業場所外自動化服務設備，應事先申請，於申請經過一定時間，且未經中央主管機關表示禁止者，即可逕行設置、遷移或裁撤。但不得於申請後之等候時間內，進行其所申請之事項。

③前二項之管理辦法，由中央主管機關定之。

第五十八條　（合併或變更之許可、登記與公告）

①銀行之合併或對於依第五十三條第一款、第二款或第四款所申報之事項擬予變更者，應經中央主管機關許可，並辦理公司變更登記及申請換發營業執照。

②前項合併或變更，應於換發營業執照後十五日內，在本行及分支機

構所在地公告之。

第五十九條　（勒令停業㈠）

銀行違反前條第一項規定者，主管機關應命限期補正，屆期不補正，其情節重大者，得勒令其停業。

第六十條　（刪除）

第六十一條　（決議解散）

①銀行經股東會決議解散者，應申敘理由，附具股東會紀錄及清償債務計畫，申請主管機關核准後進行清算。

②主管機關依前項規定核准解散時，應即撤銷其許可。

第六十一條之一　（銀行違反法令、章程或有礙健全經營之虞時，主管機關之處置）

①銀行違反法令、章程或有礙健全經營之虞時，主管機關除得予以糾正、命其限期改善外，並得視情節之輕重，為下列處分：

　　一　撤銷法定會議之決議。

　　二　停止銀行部分業務。

　　三　命令銀行解除經理人或職員之職務。

　　四　解除董事、監察人職務或停止其於一定期間內執行職務。

　　五　其他必要之處置。

②依前項第四款解除董事、監察人職務時，由主管機關通知經濟部撤銷其董事、監察人登記。

③為改善銀行之營運缺失而有業務輔導之必要時，主管機關得指定機構辦理之。

第六十二條　（勒令停業㈡）

①銀行因業務或財務狀況顯著惡化，不能支付其債務或有損及存款人利益之虞時，主管機關應派員接管、勒令停業清理或為其他必要之處置，必要時得通知有關機關或機構禁止其負責人財產為移轉、交付或設定他項權利，函請入出國管理機關限制其出國。

②銀行資本等級經列入嚴重不足者，主管機關應自列入之日起九十日內派員接管。但經主管機關命令限期完成資本重建或限期合併而未依限完成者，主管機關應自期限屆滿之次日起九十日內派員接管。

③前二項接管之程序、接管人職權、費用負擔及其他應遵行事項之辦法，由主管機關定之。

④第一項勒令停業之銀行，其清理程序視為公司法之清算。

⑤法院對於銀行破產之聲請，應即將聲請書狀副本，檢送主管機關，

並徵詢其關於應否破產之具體意見。

第六十二條之一　（銀行之保全）

銀行經主管機關派員接管或勒令停業清理時，其股東會、董事會、董事、監察人或審計委員會之職權當然停止；主管機關對銀行及其負責人或有違法嫌疑之職員，得通知有關機關或機構禁止其財產為移轉、交付或設定他項權利，並得函請入出國管理機關限制其出國。

第六十二條之二　（接管之處分程序）

①銀行經主管機關派員接管者，銀行之經營權及財產之管理處分權均由接管人行使之。

②前項接管人，有代表受管銀行為訴訟上及訴訟外一切行為之權責，並得指派自然人代表行使職務。接管人因執行職務，不適用行政執行法第十七條之規定。

③銀行負責人或職員於接管處分書送達銀行時，應將銀行業務、財務有關之一切帳冊、文件、印章及財產等列表移交予接管人，並應將債權、債務有關之必要事項告知或應其要求為配合接管之必要行為；銀行負責人或職員對其就有關事項之查詢，不得拒絕答覆或為虛偽陳述。

④銀行於受接管期間，不適用民法第三十五條、公司法第二百零八條之一、第二百十一條、第二百四十五條、第二百八十二條至第三百十四條及破產法之規定。

⑤銀行受接管期間，自主管機關派員接管之日起為二百七十日；必要時經主管機關核准得予延長一次，延長期限不得超過一百八十日。

⑥接管人執行職務聲請假扣押、假處分時，得免提供擔保。

第六十二條之三　（接管人對受接管銀行之處置，應報經主管機關核准之情形）

①接管人對受接管銀行為下列處置時，應研擬具體方案，報經主管機關核准：

　　一　委託其他銀行、金融機構或中央存款保險公司經營全部或部分業務。

　　二　增資、減資或減資後再增資。

　　三　讓與全部或部分營業及資產負債。

　　四　與其他銀行或金融機構合併。

　　五　其他經主管機關指定之重要事項。

②接管人為維持營運及因執行職務所生之必要費用及債務，應由受接

管銀行負擔，隨時由受接管銀行財產清償之；其必要費用及債務種類，由主管機關定之。

③前項費用及債務未受清償者，於受接管銀行經主管機關勒令停業清理時，應先於清理債權，隨時由受清理銀行財產清償之。

第六十二條之四 （銀行或金融機構受讓營業及資產負債之適用）

①銀行或金融機構依前條第一項第三款受讓營業及資產負債時，適用下列規定：

一 股份有限公司經代表已發行股份總數過半數股東出席之股東會，以出席股東表決權過半數之同意行之；不同意之股東不得請求收買股份，免依公司法第一百八十五條至第一百八十八條規定辦理。

二 債權讓與之通知以公告方式辦理之，免依民法第二百九十七條規定辦理。

三 承擔債務時，免依民法第三百零一條經債權人之承認規定辦理。

四 經主管機關認為有緊急處理之必要，且對金融市場競爭無重大不利影響時，免依公平交易法第十一條第一項規定向行政院公平交易委員會申報。

②銀行依前條第一項第三款規定讓與營業及資產負債時，免依大量解僱勞工保護法第五條第二項規定辦理。

③銀行或其他金融機構依前條第一項第四款規定與受接管銀行合併時，除適用第一項第四款規定外，並適用下列規定：

一 股份有限公司經代表已發行股份總數過半數股東出席之股東會，以出席股東表決權過半數之同意行之；不同意之股東不得請求收買股份；信用合作社經社員（代表）大會以全體社員（代表）二分之一以上之出席，出席社員（代表）二分之一以上之同意行之；不同意之社員不得請求返還股金，免依公司法第三百十六條第一項至第三項、第三百十七條及信用合作社法第二十九條第一項規定辦理。

二 解散或合併之通知以公告方式辦理之，免依公司法第三百十六條第四項規定辦理。

④銀行、金融機構或中央存款保險公司依前條第一項第一款受託經營業務時，適用第一項第四款規定。

第六十二條之五 （銀行之清理）

①銀行之清理，主管機關應指定清理人為之，並得派員監督清理之進行；清理人執行職務，準用第六十二條之二第一項至第三項及第六項規定。

②清理人之職務如下：

一　了結現務。

二　收取債權、清償債務。

③清理人執行前項職務，將受清理銀行之營業及資產負債讓與其他銀行或金融機構，或促成其與其他銀行或金融機構合併時，應報經主管機關核准。

④其他銀行或金融機構受讓受清理銀行之營業及資產負債或與其合併時，應依前條第一項及第三項規定辦理。

第六十二條之六　（清理人就任後之應為行為）

①清理人就任後，應即於銀行總所在地之日報為三日以上之公告，催告債權人於三十日內申報其債權，並應聲明逾期不申報者，不列入清理。但清理人所明知之債權，不在此限。

②清理人應即查明銀行之財產狀況，於申報期限屆滿後三個月內造具資產負債表及財產目錄，並擬具清理計畫，報請主管機關備查，並將資產負債表於銀行總所在地日報公告之。

③清理人於第一項所定申報期限內，不得對債權人為清償。但對信託財產、受託保管之財產、已屆清償期之職員薪資及依存款保險條例規定辦理清償者，不在此限。

第六十二條之七　（銀行清理之程序）

①銀行經主管機關勒令停業清理時，第三人對該銀行之債權，除依訴訟程序確定其權利者外，非依前條第一項規定之清理程序，不得行使。

②前項債權因涉訟致分配有稽延之虞時，清理人得按照清理分配比例提存相當金額，而將剩餘財產分配於其他債權。

③銀行清理期間，其重整、破產、和解、強制執行等程序當然停止。

④受清理銀行已訂立之契約尚未履行或尚未完全履行者，清理人得終止或解除契約，他方當事人所受之損害，得依清理債權行使權利。

⑤下列各款債權，不列入清理：

一　銀行停業日後之利息。

二　債權人參加清理程序為個人利益所支出之費用。

三　銀行停業日後債務不履行所生之損害賠償及違約金。

　　四　罰金、罰鍰及追繳金。

⑥在銀行停業日前，對於銀行之財產有質權、抵押權或留置權者，就其財產有別除權；有別除權之債權人不依清理程序而行使其權利。但行使別除權後未能受清償之債權，得依清理程序申報列入清理債權。

⑦清理人因執行清理職務所生之費用及債務，應先於清理債權，隨時由受清理銀行財產清償之。

⑧依前條第一項規定申報之債權或為清理人所明知而列入清理之債權，其請求權時效中斷，自清理完結之日起重行起算。

⑨債權人依清理程序已受清償者，其債權未能受清償之部分，請求權視為消滅。清理完結後，如復發現可分配之財產時，應追加分配，於列入清理程序之債權人受清償後，有剩餘時，第五項之債權人仍得請求清償。

⑩依前項規定清償債務後，如有剩餘財產，應依公司法分派各股東。

第六十二條之八　（清理完成之處理）

　清理人應於清理完結後十五日內造具清理期內收支表、損益表及各項帳冊，並將收支表及損益表於銀行總行所在地之日報公告後，報主管機關撤銷銀行許可。

第六十二條之九　（執行輔導、監管任務所生之費用及債務之負擔）

　主管機關指定機構或派員執行輔導、監管任務所生之費用及債務，應由受輔導、監管之銀行負擔。

第六十三條　（刪除）

第六十三條之一　（依其他法律設立之銀行或金融機構之適用）

　第六十一條之一、第六十二條之一至第六十二條之九之規定，對於依其他法律設立之銀行或金融機構適用之。

第六十四條　（勒令停業（三））

①銀行虧損逾資本三分之一者，其董事或監察人應即申報中央主管機關。

②中央主管機關對具有前項情形之銀行，應於三個月內，限期命其補足資本；逾期未經補足資本者，應派員接管或勒令停業。

第六十四條之一　（停業清理清償債務之進行）

①銀行或金融機構經營不善，需進行停業清理清償債務時，存款債務應優先於非存款債務。

②前項所稱存款債務係指存款保險條例第四條所稱存款；非存款債務
則指該要保機構存款債務以外之負債項目。

第六十五條 （補正）

銀行經勒令停業，並限期命其就有關事項補正；逾期不為補正者，
應由中央主管機關撤銷其許可。

第六十六條 （撤銷許可之效力）

銀行經中央主管機關撤銷許可者，應即解散，進行清算。

第六十七條 （繳銷、註銷執照）

銀行經核准解散或撤銷許可者，應限期繳銷執照；逾期不繳銷者，
由中央主管機關公告註銷之。

第六十八條 （特別清算之監督）

法院為監督銀行之特別清算，應徵詢主管機關之意見；必要時得請
主管機關推薦清算人，或派員協助清算人執行職務。

第六十九條 （退還股本或分配股利之限制）

銀行進行清算後，非經清償全部債務，不得以任何名義，退還股本
或分配股利。銀行清算時，關於信託資金及信託財產之處理，依信
託契約之約定。

第三章　商業銀行

第七十條 （商業銀行之定義）

本法稱商業銀行，謂以收受支票存款、活期存款、定期存款，供給
短期、中期信用為主要任務之銀行。

第七十一條 （商業銀行之業務）

商業銀行經營下列業務：

　　一　收受支票存款。

　　二　收受活期存款。

　　三　收受定期存款。

　　四　發行金融債券。

　　五　辦理短期、中期及長期放款。

　　六　辦理票據貼現。

　　七　投資公債、短期票券、公司債券、金融債券及公司股票。

　　八　辦理國內外匯兌。

　　九　辦理商業匯票之承兌。

十　簽發國內外信用狀。

十一　保證發行公司債券。

十二　辦理國內外保證業務。

十三　代理收付款項。

十四　代銷公債、國庫券、公司債券及公司股票。

十五　辦理與前十四款業務有關之倉庫、保管及代理服務業務。

十六　經主管機關核准辦理之其他有關業務。

第七十二條　（中期放款總餘額之限制）

商業銀行辦理中期放款之總餘額，不得超過其所收定期存款總餘額。

第七十二條之一　（商業銀行金融債券之發行）

商業銀行得發行金融債券，其開始還本期限不得低於兩年，並得約定此種債券持有人之受償順序次於銀行其他債權人；其發行辦法及最高發行餘額，由主管機關洽商中央銀行定之。

第七十二條之二　（商業銀行辦理住宅建築及企業建築放款總額之限制及其例外情形）

①商業銀行辦理住宅建築及企業建築放款之總額，不得超過放款時所收存款總餘額及金融債券發售額之和之百分之三十。但下列情形不在此限：

一　為鼓勵儲蓄協助購置自用住宅，經主管機關核准辦理之購屋儲蓄放款。

二　以中央銀行提撥之郵政儲金轉存款辦理之購屋放款。

三　以行政院經濟建設委員會中長期資金辦理之輔助人民自購住宅放款。

四　以行政院開發基金管理委員會及行政院經濟建設委員會中長期資金辦理之企業建築放款。

五　受託代辦之獎勵投資興建國宅放款、國民住宅放款及輔助公教人員購置自用住宅放款。

②主管機關於必要時，得規定銀行辦理前項但書放款之最高額度。

第七十三條　（證券資金之融通）

①商業銀行得就證券之發行與買賣，對有關證券商或證券金融公司予以資金融通。

②前項資金之融通，其管理辦法由中央銀行定之。

第七十四條　（投資之限制㈠）

①商業銀行得向主管機關申請投資於金融相關事業。主管機關自申請

書件送達之次日起十五日內，未表示反對者，視為已核准。但於前揭期間內，銀行不得進行所申請之投資行為。

②商業銀行為配合政府經濟發展計畫，經主管機關核准者，得投資於非金融相關事業。但不得參與該相關事業之經營。主管機關自申請書件送達之次日起三十日內，未表示反對者，視為已核准。但於前揭期間內，銀行不得進行所申請之投資行為。

③前二項之投資須符合下列規定：

一　投資總額不得超過投資時銀行實收資本總額扣除累積虧損之百分之四十，其中投資非金融相關事業之總額不得超過投資時銀行實收資本總額扣除累積虧損之百分之十。

二　商業銀行投資金融相關事業，其屬同一業別者，除配合政府政策，經主管機關核准者外，以一家為限。

三　商業銀行投資非金融相關事業，對每一事業之投資金額不得超過被投資事業實收資本總額或已發行股份總數之百分之五。

④第一項及前項第二款所稱金融相關事業，指銀行、票券、證券、期貨、信用卡、融資性租賃、保險、信託事業及其他經主管機關認定之金融相關事業。

⑤為利銀行與被投資事業之合併監督管理，並防止銀行與被投資事業間之利益衝突，確保銀行之健全經營，銀行以投資為跨業經營方式應遵守之事項，由主管機關另定之。

⑥被投資事業之經營，有顯著危及銀行健全經營之虞者，主管機關得命銀行於一定期間內處分所持有該被投資事業之股份。

⑦本條修正前，投資總額及對非金融相關事業之投資金額超過第三項第一款、第三款所定比率者，在符合所定比率之金額前，其投資總額占銀行實收資本總額扣除累積虧損之比率及對各該事業投資比率，經主管機關核准者，得維持原投資金額。二家或二家以上銀行合併前，個別銀行已投資同一事業部分，於銀行申請合併時，經主管機關核准者，亦得維持原投資金額。

第七十四條之一　　（商業銀行投資有價證券）

商業銀行得投資有價證券；其種類及限制，由主管機關定之。

第七十五條　　（投資之限制□）

①商業銀行對自用不動產之投資，除營業用倉庫外，不得超過其於投資該項不動產時之淨值；投資營業用倉庫，不得超過其投資於該項

倉庫時存款總餘額百分之五。

② 商業銀行不得投資非自用不動產。但下列情形不在此限：

　　一　營業所在地不動產主要部分為自用者。

　　二　為短期內自用需要而預購者。

　　三　原有不動產就地重建主要部分為自用者。

③ 商業銀行依前項但書規定投資非自用不動產總金額不得超過銀行淨值之百分之二十，且與自用不動產投資合計之總金額不得超過銀行於投資該項不動產時之淨值。

④ 商業銀行與其持有實收資本總額百分之三以上之企業，或與本行負責人、職員或主要股東，或與第三十三條之一銀行負責人之利害關係人為不動產交易時，須合於營業常規，並應經董事會三分之二以上董事之出席及出席董事四分之三以上同意。

第七十六條　（處分因行使擔保物權而取得之不動產或股票之限制）

　　商業銀行因行使抵押權或質權而取得之不動產或股票，除符合第七十四條或第七十五條規定者外，應自取得之日起四年內處分之。但經主管機關核准者，不在此限。

第四章　　（刪除）

第七十七條　（刪除）

第七十八條　（刪除）

第七十九條　（刪除）

第八十條　　（刪除）

第八十一條　（刪除）

第八十二條　（刪除）

第八十三條　（刪除）

第八十四條　（刪除）

第八十五條　（刪除）

第八十六條　（刪除）

第五章　專業銀行

第八十七條　（專業銀行之設立與指定）

為便利專業信用之供給，中央主管機關得許可設立專業銀行，或指定現有銀行，擔任該項信用之供給。

第八十八條　（專業信用之分類）

前條所稱專業信用，分為左列各類：

一　工業信用。

二　農業信用。

三　輸出入信用。

四　中小企業信用。

五　不動產信用。

六　地方性信用。

第八十九條　（主管機關就專業銀行得經營業務項目之調整）

① 專業銀行得經營之業務項目，由主管機關根據其主要任務，並參酌經濟發展之需要，就第三條所定範圍規定之。

② 第七十三條至第七十六條之規定，除法律或主管機關另有規定者外，於專業銀行準用之。

第九十條　（專業銀行金融債券之發行）

① 專業銀行以供給中期及長期信用為主要任務者，除主管機關另有規定外，得發行金融債券，其發行應準用第七十二條之一規定。

② 專業銀行依前項規定發行金融債券募得之資金，應全部用於其專業之投資及中、長期放款。

第九十一條　（工業銀行）

① 供給工業信用之專業銀行為工業銀行。

② 工業銀行以供給工、礦、交通及其他公用事業所需中、長期信用為主要業務。

③ 工業銀行得投資生產事業；生產事業之範圍，由主管機關定之。

④ 工業銀行收受存款，應以其投資、授信之公司組織客戶、依法設立之保險業與財團法人及政府機關為限。

⑤ 工業銀行之設立標準、辦理授信、投資有價證券、投資企業、收受存款、發行金融債券之範圍、限制及其管理辦法，由主管機關定之。

第九十一條之一　（工業銀行直接投資之限制）

① 工業銀行對有下列各款情形之生產事業直接投資，應經董事會三分之二以上董事出席及出席董事四分之三以上同意；且其投資總餘額不得超過該行上一會計年度決算後淨值百分之五：

一　本行主要股東、負責人及其關係企業者。

二　本行主要股東、負責人及其關係人獨資、合夥經營者。

三　本行主要股東、負責人及其關係人單獨或合計持有超過公司已發行股份總額或實收資本總額百分之十者。

四　本行主要股東、負責人及其關係人為董事、監察人或經理人者。但其董事、監察人或經理人係因銀行投資關係而兼任者，不在此限。

②前項第一款所稱之關係企業，適用公司法第三百六十九條之一至第三百六十九條之三、第三百六十九條之九及第三百六十九條之十一規定。

③第一項第二款至第四款所稱關係人，包括本行主要股東及負責人之配偶、三親等以內之血親及二親等以內之姻親。

第九十二條　（農業銀行之任務）

①供給農業信用之專業銀行為農業銀行。

②農業銀行以調劑農村金融，及供應農、林、漁、牧之生產及有關事業所需信用為主要任務。

第九十三條　（農業銀行之業務）

為加強農業信用調節功能，農業銀行得透過農會組織吸收農村資金，供應農業信用及辦理有關農民家計金融業務。

第九十四條　（輸出入銀行之任務）

①供給輸出入信用之專業銀行為輸出入銀行。

②輸出入銀行以供給中、長期信用，協助拓展外銷及輸入國內工業所必需之設備與原料為主要任務。

第九十五條　（輸出入銀行之業務）

輸出入銀行為便利國內工業所需要原料之供應，經中央主管機關核准，得提供業者向國外進行生產重要原料投資所需信用。

第九十六條　（中小企業銀行之任務）

①供給中小企業信用之專業銀行為中小企業銀行。

②中小企業銀行以供給中小企業中、長期信用，協助其改善生產設備及財務結構，暨健全經營管理為主要任務。

③中小企業之範圍，由中央經濟主管機關擬訂，報請行政院核定之。

第九十七條　（不動產信用銀行之任務）

①供給不動產信用之專業銀行為不動產信用銀行。

②不動產信用銀行以供給土地開發、都市改良、社區發展、道路建設、觀光設施及房屋建築等所需中、長期信用為主要任務。

第九十八條 （國民銀行之任務）

①供給地方性信用之專業銀行為國民銀行。

②國民銀行以供給地區發展及當地國民所需短、中期信用為主要任務。

第九十九條 （國民銀行設立區域之劃分與放款總額之限制）

①國民銀行應分區經營，在同一地區內以設立一家為原則。

②國民銀行對每一客戶之放款總額，不得超過一定之金額。

③國民銀行設立區域之劃分，與每戶放款總額之限制，由中央主管機關定之。

第六章　信託投資公司

第一百條　（信託投資公司之定義）

①本法稱信託投資公司，謂以受託人之地位，按照特定目的，收受、經理及運用信託資金與經營信託財產，或以投資中間人之地位，從事與資本市場有關特定目的之投資之金融機構。

②信託投資公司之經營管理，依本法之規定；本法未規定者，適用其他有關法律之規定；其管理規則，由中央主管機關定之。

第一百零一條　（信託投資公司之業務）

①信託投資公司經營左列業務：

　一　辦理中、長期放款。

　二　投資公債、短期票券、公司債券、金融債券及上市股票。

　三　保證發行公司債券。

　四　辦理國內外保證業務。

　五　承銷及自營買賣或代客買賣有價證券。

　六　收受、經理及運用各種信託資金。

　七　募集共同信託基金。

　八　受託經管各種財產。

　九　擔任債券發行受託人。

　十　擔任債券或股票發行簽證人。

　十一　代理證券發行、登記、過戶及股息紅利之發放事項。

　十二　受託執行遺囑及管理遺產。

　十三　擔任公司重整監督人。

　十四　提供證券發行、募集之顧問服務，及辦理與前列各款業務有關之代理服務事項。

十五　經中央主管機關核准辦理之其他有關業務。

②經中央主管機關核准，得以非信託資金辦理對生產事業直接投資或投資住宅建築及企業建築。

第一百零二條　（專款之指撥及存放）

信託投資公司經營證券承銷商或證券自營商業務時，至少應指撥相當於其上年度淨值百分之十專款經營，該項專款在未動用時，得以現金貯存，存放於其他金融機構或購買政府債券。

第一百零三條　（信託資金準備之繳存）

①信託投資公司應以現金或中央銀行認可之有價證券繳存中央銀行，作為信託資金準備。其準備與各種信託資金契約總值之比率，由中央銀行在百分之十五至二十之範圍內定之。但其繳存總額最低不得少於實收資本總額百分之二十。

②前項信託資金準備，在公司開業時期，暫以該公司實收資本總額百分之二十為準，俟公司經營一年後，再照前項標準於每月月底調整之。

第一百零四條　（信託契約）

信託投資公司收受、經理或運用各種信託資金及經營信託財產，應與信託人訂立信託契約，載明左列事項：

一　資金營運之方式及範圍。

二　財產管理之方法。

三　收益之分配。

四　信託投資公司之責任。

五　會計報告之送達。

六　各項費用收付之標準及其計算之方法。

七　其他有關協議事項。

第一百零五條　（注意義務）

信託投資公司受託經理信託資金或信託資產，應盡善良管理人之注意。

第一百零六條　（經營、管理人員之資格）

信託投資公司之經營與管理，應由具有專門學識與經驗之財務人員為之；並應由合格之法律、會計及各種業務上所需之技術人員協助辦理。

第一百零七條　（連帶賠償責任）

①信託投資公司違反法令或信託契約，或因其他可歸責於公司之事由，

致信託人受有損害者，其應負責之董事及主管人員應與公司連帶負損害賠償之責。

②前項連帶責任，自各該應負責之董事或主管人員卸職登記之日起二年間，未經訴訟上之請求而消滅。

第一百零八條 （交易行為之禁止與限制）

①信託投資公司不得為左列行為。但因裁判之結果，或經信託人書面同意，並依市價購讓，或雖未經信託人同意，而係由集中市場公開競價購讓者，不在此限：

一　承受信託財產之所有權。

二　於信託財產上設定或取得任何權益。

三　以自己之財產或權益讓售與信託人。

四　從事於其他與前三項有關之交易。

五　就信託財產或運用信託資金與公司之董事、職員或與公司經營之信託資金有利益關係之第三人為任何交易。

②信託投資公司依前項但書所為之交易，除應依規定報請主管機關核備外，應受左列規定之限制：

一　公司決定從事交易時，與該項交易所涉及之信託帳戶、信託財產或證券有直接或間接利益關係之董事或職員，不得參與該項交易行為之決定。

二　信託投資公司為其本身或受投資人之委託辦理證券承銷、證券買賣交易或直接投資業務時，其董事或職員如同時為有關證券發行公司之董事、職員或與該項證券有直接間接利害關係者，不得參與該交易行為之決定。

第一百零九條 （信託戶資金存放之限制）

信託投資公司在未依信託契約營運前，或依約營運收回後尚未繼續營運前，其各信託戶之資金，應以存放商業銀行或專業銀行為限。

第一百十條 （信託資金之經營與本金損失之賠償）

①信託投資公司得經營左列信託資金：

一　由信託人指定用途之信託資金。

二　由公司確定用途之信託資金。

②信託投資公司對由公司確定用途之信託資金，得以信託契約約定，由公司負責，賠償其本金損失。

③信託投資公司對應賠償之本金損失，應於每會計年度終了時確實評審，依信託契約之約定，由公司以特別準備金撥付之。

④前項特別準備金，由公司每年在信託財產收益項下依主管機關核定之標準提撥。

⑤信託投資公司經依規定十足撥補本金損失後，如有剩餘，作為公司之收益；如有不敷，應由公司以自有資金補足。

第一百十一條 （記帳與借入款項之限制）

①信託投資公司應對每一信託戶及每種信託資金設立專帳；並應將公司自有財產與受託財產，分別記帳，不得流用。

②信託投資公司不得為信託資金借入款項。

第一百十二條 （債權人對信託財產行使權利之禁止）

信託投資公司之債權人對信託財產不得請求扣押或對之行使其他權利。

第一百十三條 （信託財產評審委員會）

信託投資公司應設立信託財產評審委員會，將各信託戶之信託財產每三個月評審一次；並將每一信託帳戶審查結果，報告董事會。

第一百十四條 （定期會計報告）

信託投資公司應依照信託契約之約定及中央主管機關之規定，分別向每一信託人及中央主管機關作定期會計報告。

第一百十五條 （募集共同信託基金之核准與管理）

①信託投資公司募集共同信託基金，應先擬具發行計畫，報經中央主管機關核准。

②前項共同信託基金管理辦法，由中央主管機關定之。

第一百十五條之一 （信託投資公司之準用）

第七十四條、第七十五條及第七十六條之規定，於信託投資公司準用之。但經主管機關依第一百零一條第二項核准之業務，不在此限。

第七章　外國銀行

第一百十六條 （外國銀行之定義）

本法稱外國銀行，謂依照外國法律組織登記之銀行，經中華民國政府認許，在中華民國境內依公司法及本法登記營業之分行。

第一百十七條 （外國銀行之設立）

①外國銀行在中華民國境內設立，應經主管機關之許可，依公司法申請認許及辦理登記，並應依第五十四條申請核發營業執照後始得營業；在中華民國境內設置代表人辦事處者，應經主管機關核准。

②前項設立及管理辦法，由主管機關定之。

第一百十八條 （外國銀行設立地區之指定）

中央主管機關得按照國際貿易及工業發展之需要，指定外國銀行得設立之地區。

第一百十九條 （刪除）

第一百二十條 （營業資金）

外國銀行應專撥其在中華民國境內營業所用之資金，並準用第二十三條及第二十四條之規定。

第一百二十一條 （外國銀行得經營之業務）

外國銀行得經營之業務，由主管機關洽商中央銀行後，於第七十一條及第一百零一條第一項所定範圍內以命令定之。其涉及外匯業務者，並應經中央銀行之許可。

第一百二十二條 （貨幣限制）

外國銀行收付款項，除經中央銀行許可收受外國貨幣存款者外，以中華民國國幣為限。

第一百二十三條 （外國銀行之準用）

外國銀行準用第一章至第三章及第六章之規定。

第一百二十四條 （刪除）

第八章 罰　　則

第一百二十五條 （罰則（一））

①違反第二十九條第一項規定者，處三年以上十年以下有期徒刑，得併科新臺幣一千萬元以上二億元以下罰金。其犯罪所得達新臺幣一億元以上者，處七年以上有期徒刑，得併科新臺幣二千五百萬元以上五億元以下罰金。

②經營銀行間資金移轉帳務清算之金融資訊服務事業，未經主管機關許可，而擅自營業者，依前項規定處罰。

③法人犯前二項之罪者，處罰其行為負責人。

第一百二十五條之一 （罰則（二））

散布流言或以詐術損害銀行、外國銀行、經營貨幣市場業務機構或經營銀行間資金移轉帳務清算之金融資訊服務事業之信用者，處五年以下有期徒刑，得併科新臺幣一千萬元以下罰金。

第一百二十五條之二 （罰則（三））

①銀行負責人或職員，意圖為自己或第三人不法之利益，或損害銀行之利益，而為違背其職務之行為，致生損害於銀行之財產或其他利益者，處三年以上十年以下有期徒刑，得併科新臺幣一千萬元以上二億元以下罰金。其犯罪所得達新臺幣一億元以上者，處七年以上有期徒刑，得併科新臺幣二千五百萬元以上五億元以下罰金。

②銀行負責人或職員，二人以上共同實施前項犯罪之行為者，得加重其刑至二分之一。

③第一項之未遂犯罰之。

④前三項規定，於外國銀行或經營貨幣市場業務機構之負責人或職員，適用之。

第一百二十五條之三　（罰則四）

①意圖為自己或第三人不法之所有，以詐術使銀行將銀行或第三人之財物交付，或以不正方法將虛偽資料或不正指令輸入銀行電腦或其相關設備，製作財產權之得喪、變更紀錄而取得他人財產，其犯罪所得達新臺幣一億元以上者，處三年以上十年以下有期徒刑，得併科新臺幣一千萬元以上二億元以下罰金。

②以前項方法得財產上不法之利益或使第三人得之者，亦同。

③前二項之未遂犯罰之。

第一百二十五條之四　（減輕、免除或加重其刑之規定）

①犯第一百二十五條、第一百二十五條之二或第一百二十五條之三之罪，於犯罪後自首，如有犯罪所得並自動繳交全部所得財物者，減輕或免除其刑；並因而查獲其他正犯或共犯者，免除其刑。

②犯第一百二十五條、第一百二十五條之二或第一百二十五條之三之罪，在偵查中自白，如有犯罪所得並自動繳交全部所得財物者，減輕其刑；並因而查獲其他正犯或共犯者，減輕其刑至二分之一。

③犯第一百二十五條第一項、第一百二十五條之二第一項及第一百二十五條之三第一項、第二項之罪，其犯罪所得利益超過罰金最高額時，得於所得利益之範圍內加重罰金；如損及金融市場穩定者，加重其刑至二分之一。

第一百二十五條之五　（得撤銷之情形）

①第一百二十五條之二第一項之銀行負責人、職員或第一百二十五條之三第一項之行為人所為之無償行為，有害及銀行之權利者，銀行得聲請法院撤銷之。

②前項之銀行負責人、職員或行為人所為之有償行為，於行為時明知

有損害於銀行之權利，且受益人於受益時亦知其情事者，銀行得聲請法院撤銷之。

③依前二項規定聲請法院撤銷時，得並聲請命受益人或轉得人回復原狀。但轉得人於轉得時不知有撤銷原因者，不在此限。

④第一項之銀行負責人、職員或行為人與其配偶、直系親屬、同居親屬、家長或家屬間所為之處分其財產行為，均視為無償行為。

⑤第一項之銀行負責人、職員或行為人與前項以外之人所為之處分其財產行為，推定為無償行為。

⑥第一項及第二項之撤銷權，自銀行知有撤銷原因時起，一年間不行使，或自行為時起經過十年而消滅。

⑦前六項規定，於第一百二十五條之二第四項之外國銀行負責人或職員適用之。

第一百二十五條之六　（重大犯罪之法規適用）

第一百二十五條之二第一項、第一百二十五條之二第四項適用同條第一項及第一百二十五條之三第一項之罪，為洗錢防制法第三條第一項所定之重大犯罪，適用洗錢防制法之相關規定。

第一百二十六條　（罰則㈤）

股份有限公司違反其依第三十條所為之承諾者，其參與決定此項違反承諾行為之董事及行為人，處三年以下有期徒刑、拘役或科或併科新臺幣一百八十萬元以下罰金。

第一百二十七條　（罰則㈥）

①違反第三十五條規定者，處三年以下有期徒刑、拘役或科或併科新臺幣五百萬元以下罰金。但其他法律有較重之處罰規定者，依其規定。

②違反第四十七條之二或第一百二十三條準用第三十五條規定者，依前項規定處罰。

第一百二十七條之一　（罰則㈦）

①銀行違反第三十二條、第三十三條、第三十三條之二或適用第三十三條之四第一項而有違反前三條規定或違反第九十一條之一規定者，其行為負責人，處三年以下有期徒刑、拘役或科或併科新臺幣五百萬元以上二千五百萬元以下罰金。

②銀行依第三十三條辦理授信達主管機關規定金額以上，或依第九十一條之一辦理生產事業直接投資，未經董事會三分之二以上董事之出席及出席董事四分之三以上同意或違反主管機關依第三十三條

第二項所定有關授信限額、授信總餘額之規定或違反第九十一條之一有關投資總餘額不得超過銀行上一會計年度決算後淨值百分之五者，其行為負責人處新臺幣二百萬元以上一千萬元以下罰鍰，不適用前項規定。

③經營貨幣市場業務之機構違反第四十七條之二準用第三十二條、第三十三條、第三十三條之二或第三十三條之四規定者或外國銀行違反第一百二十三條準用第三十二條、第三十三條、第三十三條之二或第三十三條之四規定者，其行為負責人依前二項規定處罰。

④前三項規定於行為負責人在中華民國領域外犯罪者，適用之。

第一百二十七條之二　（罰則（八）)

①違反主管機關依第六十二條第一項規定所為之處置，足以生損害於公眾或他人者，其行為負責人處一年以上七年以下有期徒刑，得併科新臺幣二千萬元以下罰金。

②銀行負責人或職員於主管機關指定機構派員監管或接管或勒令停業進行清理時，有下列情形之一者，處一年以上七年以下有期徒刑，得併科新臺幣二千萬元以下罰金：

　一　於主管機關指定期限內拒絕將銀行業務、財務有關之帳冊、文件、印章及財產等列表移交予主管機關指定之監管人、接管人或清理人，或拒絕將債權、債務有關之必要事項告知或拒絕其要求不為進行監管、接管或清理之必要行為。

　二　隱匿或毀損有關銀行業務或財務狀況之帳冊文件。

　三　隱匿或毀棄銀行財產或為其他不利於債權人之處分。

　四　對主管機關指定之監管人、接管人或清理人詢問無正當理由不為答復或為虛偽之陳述。

　五　捏造債務或承認不真實之債務。

③違反主管機關依第四十七條之二或第一百二十三條準用第六十二條第一項、第六十二條之二或第六十二條之五規定所為之處置，有前二項情形者，依前二項規定處罰。

第一百二十七條之三　（罰則（九））

①銀行負責人或職員違反第三十五條之一規定兼職者，處新臺幣二百萬元以上一千萬元以下罰鍰。其兼職係經銀行指派者，受罰人為銀行。

②經營貨幣市場業務機構之負責人或職員違反第四十七條之二準用第三十五條之一規定兼職者，或外國銀行負責人或職員違反第一百二

十三條準用第三十五條之一規定兼職者，依前項規定處罰。

第一百二十七條之四 （罰則卅）

①法人之負責人、代理人、受僱人或其他職員，因執行業務違反第一百二十五條至第一百二十七條之二規定之一者，除依各該條規定處罰其行為負責人外，對該法人亦科以各該條之罰鍰或罰金。

②前項規定，於外國銀行準用之。

第一百二十七條之五 （罰則卅一）

①違反第二十條第三項規定者，處三年以下有期徒刑、拘役或科或併科新臺幣五百萬元以下罰金。

②法人犯前項之罪者，處罰其行為負責人。

第一百二十八條 （罰則卅二）

①銀行之董事或監察人違反第六十四條第一項規定怠於申報，或信託投資公司之董事或職員違反第一百零八條規定參與決定者，各處新臺幣二百萬元以上一千萬元以下罰鍰。

②外國銀行負責人或職員違反第一百二十三條準用第一百零八條規定參與決定者，依前項規定處罰。

③銀行股東持股違反第二十五條第二項、第三項或第五項規定未向主管機關申報或經核准而持有股份者，處該股東新臺幣二百萬元以上一千萬元以下罰鍰。

④經營銀行間資金移轉帳務清算之金融資訊服務事業或銀行間徵信資料處理交換之服務事業，有下列情形之一者，處新臺幣二百萬元以上一千萬元以下罰鍰：

　　一　主管機關派員或委託適當機構，檢查其業務、財務及其他有關事項或令其於限期內提報財務報告或其他有關資料時，拒絕檢查、隱匿毀損有關資料、對檢查人員詢問無正當理由不為答復或答復不實、適期提報資料或提報不實或不全。

　　二　未經主管機關許可，擅自停止其業務之全部或一部。

　　三　除其他法律或主管機關另有規定者外，無故洩漏因職務知悉或持有他人之資料。

⑤經營銀行間徵信資料處理交換之服務事業，未經主管機關許可，而擅自營業者，依前項規定處罰。

第一百二十九條 （罰則卅三）

有下列情事之一者，處新臺幣二百萬元以上一千萬元以下罰鍰：

　　一　違反第二十一條、第二十二條或第五十七條或違反第一百二

十三條準用第二十一條、第二十二條或第五十七條規定。

二　違反第二十五條第一項規定發行股票。

三　違反第二十八條第一項至第三項或違反第一百二十三條準用第二十八條第一項至第三項規定。

四　違反主管機關依第三十三條之三或第三十六條或依第一百二十三條準用第三十三條之三或第三十六條規定所為之限制。

五　違反主管機關依第四十三條或依第一百二十三條準用第四十三條規定所為之通知，未於限期內調整。

六　違反第四十四條之一或主管機關依第四十四條之二第一項所為措施。

七　未依第四十五條之一或未依第一百二十三條準用第四十五條之一規定建立內部控制與稽核制度、內部處理制度與程序、內部作業制度與程序或未確實執行。

八　未依第一百零八條第二項或未依第一百二十三條準用第一百零八條第二項規定報核。

九　違反第一百十條第四項或違反第一百二十三條準用第一百十條第四項規定，未提足特別準備金。

十　違反第一百十五條第一項或違反第一百二十三條準用第一百十五條第一項募集共同信託基金。

十一　違反第四十八條規定。

第一百二十九條之一　（罰則㈦）

①銀行或其他關係人之負責人或職員於主管機關依第四十五條規定，派員或委託適當機構，或令地方主管機關派員，或指定專門職業及技術人員，檢查業務、財務及其他有關事項，或令銀行或其他關係人於限期內據實提報財務報告、財產目錄或其他有關資料及報告時，有下列情形之一者，處新臺幣二百萬元以上一千萬元以下罰鍰：

一　拒絕檢查或拒絕開啟金庫或其他庫房者。

二　隱匿或毀損有關業務或財務狀況之帳冊文件者。

三　對檢查人員詢問無正當理由不為答復或答復不實者。

四　逾期提報財務報告、財產目錄或其他有關資料及報告，或提報不實、不全或未於規定期限內繳納查核費用者。

②經營貨幣市場業務機構或外國銀行之負責人、職員或其他關係人於主管機關依第四十七條之二或第一百二十三條準用第四十五條規定，派員或委託適當機構，或指定專門職業及技術人員，檢查業務、

財務及其他有關事項，或令其他關係人於限期內據實提報財務報告、財產目錄或其他有關資料及報告時，有前項所列各款情形之一者，依前項規定處罰。

第一百二十九條之二　（罰則（茜））

銀行負責人違反第四十四條之二第一項規定，未依限提出或未確實執行資本重建或其他財務業務改善計畫者，處新臺幣二百萬元以上一千萬元以下罰鍰。

第一百三十條　（罰則（夫））

有下列情事之一者，處新臺幣一百萬元以上五百萬元以下罰鍰：

一　違反中央銀行依第四十條或依第一百二十三條準用第四十條所為之規定而放款者。

二　違反第七十二條或違反第一百二十三條準用第七十二條或違反主管機關依第九十九條第三項所為之規定而放款者。

三　違反第七十四條或違反第八十九條第二項、第一百十五條之一或第一百二十三條準用第七十四條之規定而為投資者。

四　違反第七十四條之一、第七十五條或違反第八十九條第二項準用第七十四條之一或違反第八十九條第二項、第一百十五條之一或第一百二十三條準用第七十五條之規定而為投資者。

五　違反第七十六條，或違反第四十七條之二、第八十九條第二項、第一百十五條之一或第一百二十三條準用第七十六條之規定者。

六　違反第九十一條或主管機關依第九十一條所為授信、投資、收受存款及發行金融債券之範圍、限制及其管理辦法者。

七　違反第一百零九條或違反第一百二十三條準用第一百零九條之規定運用資金者。

八　違反第一百十一條或違反第一百二十三條準用第一百十一條之規定者。

第一百三十一條　（罰則（モ））

有下列情事之一者，處新臺幣五十萬元以上二百五十萬元以下罰鍰：

一　違反第二十五條第八項規定未為通知。

二　違反第三十四條或違反第一百二十三條準用第三十四條之規定吸收存款。

三　任用未具備第三十五條之二第一項準則所定資格條件者擔任

負責人或負責人違反同準則所定兼職之限制。

四　違反第四十九條或違反第一百二十三條準用第四十九條之規定。

五　違反第一百十四條或違反第一百二十三條準用第一百十四條之規定。

六　未依第五十條第一項規定提撥法定盈餘公積。

七　違反主管機關依第五十一條或依第一百二十三條準用第五十一條所為之規定。

八　違反主管機關依第五十一條之一所為之規定，拒絕繳付。

第一百三十二條　（罰則（大））

違反本法或本法授權所定命令中有關強制或禁止規定或應為一定行為而不為者，除本法另有處以罰鍰規定而應從其規定外，處新臺幣五十萬元以上二百五十萬元以下罰鍰。

第一百三十三條　（受罰人及其求償權）

①第一百二十九條、第一百二十九條之一、第一百三十條、第一百三十一條第二款至第八款及第一百三十二條所定罰鍰之受罰人為銀行或其分行。

②銀行或其分行經依前項受罰後，對應負責之人應予求償。

第一百三十四條　（罰則（九））

①本法所定罰鍰，由主管機關處罰。

②違反第四十條依第一百三十條第一款所定之罰鍰，及違反第三十七條第二項、第四十二條或第七十三條第二項授權中央銀行訂定之強制或禁止規定，而依第一百三十二條應處之罰鍰，由中央銀行處罰，並通知主管機關。

③前二項罰鍰之受罰人不服者，得依訴願及行政訴訟程序，請求救濟。在訴願及行政訴訟期間，得命提供適額保證，停止執行。

第一百三十五條　（罰鍰之加收滯納金及強制執行）

罰鍰經限期繳納而逾期不繳納者，自逾期之日起，每日加收滯納金百分之一；屆三十日仍不繳納者，移送強制執行，並得由主管機關勒令該銀行或分行停業。

第一百三十六條　（罰則（十））

銀行經依本章規定處罰後，於規定期限內仍不予改正者，得對其同一事實或行為按原處罰鍰按日連續處罰，至依規定改正為止；其情節重大者，並得責令限期撤換負責人或撤銷其許可。

第一百三十六條之一 （罰則㈣）

犯本法之罪，因犯罪所得財物或財產上利益，除應發還被害人或得請求損害賠償之人外，屬於犯人者，沒收之。如全部或一部不能沒收時，追徵其價額或以其財產抵償之。

第一百三十六條之二 （罰則㈤）

犯本法之罪，所科罰金達新臺幣五千萬元以上而無力完納者，易服勞役期間為二年以下，其折算標準以罰金總額與二年之日數比例折算；所科罰金達新臺幣一億元以上而無力完納者，易服勞役期間為三年以下，其折算標準以罰金總額與三年之日數比例折算。

第九章　附　　則

第一百三十七條 （施行前未申請許可者之補辦設立程序）

本法施行前，未經申請許可領取營業執照之銀行，或其他經營存放款業務之類似銀行機構，均應於中央主管機關指定期限內，依本法規定，補行辦理設立程序。

第一百三十八條 （限令調整）

本法公布施行後，現有銀行或類似銀行機構之種類及其任務，與本法規定不相符合者，中央主管機關應依本法有關規定，指定期限命其調整。

第一百三十八條之一 （專業法庭或專人辦理）

法院為審理違反本法之犯罪案件，得設立專業法庭或指定專人辦理。

第一百三十九條 （其他金融機構之適用本法）

①依其他法律設立之銀行或其他金融機構，除各該法律另有規定者外，適用本法之規定。

②前項其他金融機構之管理辦法，由行政院定之。

第一百三十九條之一 （施行細則之訂定）

本法施行細則，由中央主管機關定之。

第一百四十條 （施行日期）

①本法自公布日施行。

②本法中華民國八十六年五月七日修正公布之第四十二條施行日期，由行政院定之；中華民國九十五年五月五日修正之條文，自中華民國九十五年七月一日施行。

附註

中華民國八十六年五月七日修正公布之第四十二條，定自中華民國
八十八年七月七日施行。

銀行法施行細則

民國八十三年七月二十六日財政部令發布全文
九十一年八月二十七日財政部令修正發布第七條條文

第一條 （訂定依據）

本細則依銀行法（以下簡稱本法）第一百三十九條之一規定訂定之。

第二條 （票據、銀行保證等之定義）

①本法第十二條第三款所稱票據，係指本法第十五條第一項所稱之商業票據。

②本法第十二條第四款所稱銀行之保證，係指授信銀行以外之本國銀行、信託投資公司、外國銀行在華分行或經財政部認可之其他國內外金融機構之保證。

③本法第十二條第四款所稱經政府核准設立之信用保證機構，係指財團法人中小企業信用保證基金、財團法人農業信用保證基金、財團法人華僑貸款信用保證基金或其他經財政部核准設立或認可之信用保證機構。

第三條 （負責人之範圍）

①非屬公司組織型態之銀行及其他金融機構，應在其組織章程內載明負責人之範圍。

②前項負責人之範圍，在銀行應包括董（理）事、監察人（監事）、總經理（局長）、副總經理（副局長、協理）、經理、副經理。在農會信用部或漁會信用部應包括農會或漁會之總幹事、信用部（分部）主任；理事、監事涉及信用部業務時，亦為負責人。

第四條 （企業之定義）

本法第三十二條及第三十三條所稱之企業，不包括銀行經財政部核准單獨或合計投資百分之五十以上之國外金融機構。

第五條 （鑑價標準之訂定）

銀行依本法第三十七條第一項規定對擔保品覈實鑑價，應訂定擔保品鑑價標準。

第六條 （資產負債表之編製格式）

銀行依本法第四十九條公告之資產負債表，應按財政部規定之格式編製。

第七條 （資本總額或資本之定義）

①本法所稱資本、資本總額及資本全額，除第二十四條所稱資本不限於實收資本外，其餘指實收資本。

②股份有限公司組織之銀行，於收足本法第五十四條第一項所定之資本全額後，適用公司法第一百五十六條第二項規定。

第八條 （外文名稱之報准）

本國銀行、信託投資公司及其經財政部核准單獨或合計投資百分之五十以上之國外金融機構，其外文名稱應報財政部核准；其有變更者，亦同。

第九條 （淨值之定義）

本法所稱淨值，係指上會計年度決算後淨值。銀行於年度中之現金增資，准予計入淨值計算，並以取得中央銀行驗資證明書為計算基準日。

第十條 （集中列帳）

①外國銀行專撥其在中華民國境內營業所用之資金，應由申請認許時所設分行或財政部所指定分行集中列帳。

②前項規定集中列帳之分行，依本法第四十九條規定函報及公告有關財務報表時，應包括中華民國境內各分行之合併財務報表及其總行之財務報表。

第十一條 （施行日期）

本細則自發布日施行。

金融機構合併法

民國八十九年十二月十三日總統令公布全文

第一條 （立法目的）

為規範金融機構之合併，擴大金融機構經濟規模、經濟範疇與提升經營效率，及維護適當之競爭環境，特制定本法。

第二條 （法律之適用）

① 金融機構之合併，依本法之規定。

② 非屬公司組織金融機構之合併，除依本法規定外，並準用公司法有關股份有限公司合併之規定。

③ 銀行業依銀行法及存款保險條例規定，由輔導人、監管人、接管人或清理人為合併者，其合併之程序優先適用銀行法、存款保險條例及其相關之規定。

④ 本法未規定者，依其他有關法令之規定，其他有關法令未規定者，由主管機關另定之。

第三條 （主管機關）

本法之主管機關為財政部。

第四條 （用詞定義）

本法用詞定義如下：

一　金融機構：指下列銀行業、證券及期貨業、保險業所包括之機構，及其他經主管機關核定之機構：

　　㈠銀行業：包括銀行、信用合作社、農會信用部、漁會信用部、票券金融公司、信用卡業務機構及郵政儲金匯業局。

　　㈡證券及期貨業：包括證券商、證券投資信託事業、證券投資顧問事業、證券金融事業、期貨商、槓桿交易商、期貨信託事業、期貨經理事業及期貨顧問事業。

　　㈢保險業：包括保險公司及保險合作社。

　　㈣信託業等。

二　合併：指二家或二家以上之金融機構合為一家金融機構。

三　消滅機構：指因合併而消滅之金融機構。

四　存續機構：指因合併而存續之金融機構。

五　新設機構：指因合併而另立之金融機構。

第五條 （合併之申請與存續機構）

①非農、漁會信用部之金融機構合併，應由擬合併之機構共同向主管機關申請許可。但法令規定不得兼營者，不得合併。

②銀行業之銀行與銀行業之其他金融機構合併，其存續機構或新設機構應為銀行。

③證券及期貨業之證券商與證券及期貨業之其他金融機構合併，其存續機構或新設機構應為證券商。

④保險業之產物保險公司與保險合作社合併，其存續機構或新設機構應為產物保險公司。

第六條 （許可合併應審酌之因素）

主管機關為合併之許可時，應審酌下列因素：

一　對擴大金融機構經濟規模、提升經營效率及提高國際競爭力之影響。

二　對金融市場競爭因素之影響。

三　存續機構或新設機構之財務狀況、管理能力及經營之健全性。

四　對增進公共利益之影響，包括促進金融安定、提升金融服務品質、提供便利性及處理問題金融機構。

第七條 （逾越法令之限期調整及期限）

①金融機構經主管機關許可合併後，因合併而有逾越法令規定範圍者，主管機關應命其限期調整。

②前項同一業別金融機構合併時，調整期限最長為二年。但逾越銀行法令有關關係人授信或同一人、同一關係人或同一關係企業授信規定者，調整期限最長為五年。必要時，均得申請延長一次，並以二年為限。

第八條 （合併契約書）

①非農、漁會信用部之金融機構合併時，董（理）事會應就合併有關事項作成合併契約書，並附具經會計師查核簽證且經監察人（監事）核對之資產負債表、損益表及財產目錄，提出於股東會、社員（代表）大會決議同意之。

②前項合併契約書，應記載下列事項：

一　合併之金融機構名稱、存續機構或新設機構之名稱、總機構地址、業務區域及發行股份（社股）之總數、種類及數量。

二　存續機構或新設機構對消滅機構之股東（社員）配發股票（社股）之總數、種類及數量與配發之方法及其他有關事項。

三　存續機構或新設機構對債權人、基金受益人、證券投資人或
期貨交易人之保障方式。

四　存續機構之章程變更事項或新設機構之章程。

第九條　（對債權人等公告之事項、時間、方式及效果）

①非農、漁會信用部之金融機構合併時，除公開發行股票之公司應依
證券交易法第三十六條第二項規定，於事實發生之日起二日內辦理
公告並申報外，應依前條規定為合併之決議後，於十日內公告決議
內容及合併契約書應記載事項，得不適用公司法第七十三條第二項
及其他法令有關分別通知之規定，該公告應指定三十日以上之一定
期間，聲明債權人、基金受益人、證券投資人或期貨交易人，得於
期限內以書面提出合併將損害其權益之異議。

②前項公告，應於全部營業處所連續公告至少七日，並於當地日報連
續公告至少五日。

③金融機構不為第一項公告或公告不符前項之規定，或對於在其指定
期間內對提出異議之債權人、基金受益人、證券投資人或期貨交易
人，不為清償、了結或不提供相當之擔保者，不得以其合併對抗債
權人、基金受益人、證券投資人或期貨交易人。

第十條　（合併之決議）

①信用合作社或保險合作社辦理合併時，其決議應有全體社員或社員
代表四分之三以上出席，出席社員或社員代表三分之二以上之同意。

②前項之決議，如由社員代表大會行之者，信用合作社及保險合作社
應將決議內容及合併契約書應記載事項以書面通知非社員代表之社
員或依前項第二項規定方式公告，並指定三十日以上之一定期間為
異議期間。不同意之社員應於指定期間內以書面聲明異議，異議之
社員達三分之一以上時，原決議失效。逾期未聲明異議者，視為同
意。

第十一條　（農、漁會之讓售）

①農、漁會讓售其信用部與銀行業者，應有農、漁會全體會員或會員
代表三分之二以上出席，出席會員或會員代表三分之二以上之同意，
並由銀行業向主管機關申請許可；主管機關為許可處分前，應先洽
農、漁會中央主管機關之意見。

②農、漁會為前項之決議，如由會員代表大會行之者，農、漁會應將
決議內容及讓售契約書應記載事項以書面通知非會員代表之會員或
依第九條第二項規定方式公告，並指定三十日以上之一定期間為異

議期間。不同意之會員應於指定期間內以書面聲明異議，異議之會員達三分之一以上時，原決議失效。逾期未聲明異議者，視為同意。

③銀行業及農、漁會依第一項規定為受讓或讓售農、漁會信用部之決議時，董（理）事會應就有關事項作成契約書，並附具經會計師查核簽證且經監察人（監事會）核對之資產負債表、損益表及財產目錄，提出於股東會、會員（代表）大會。

④前項契約書，應記載下列事項：

 一　金融機構名稱，受讓銀行業之名稱、總行地址及業務區域。

 二　農、漁會信用部資產與負債之評價及分割之方式與程序。

 三　對農、漁會信用部債權人之權益保障方式。

 四　受讓銀行業之章程變更事項。

⑤農、漁會為第一項規定之決議後，應於十日內公告決議內容及契約書應記載事項，該公告應指定三十日以上之一定期間，聲明債權人得於期限內以書面提出農、漁會讓售信用部與銀行業將損害其權益之異議。

⑥前項公告，應於全部營業處所連續公告至少七日，並於當地日報連續公告至少五日。

⑦農、漁會不為第一項公告或公告不符前項之規定，或對於在其指定期間內提出異議之債權人不為清償或不提供相當之擔保者，不得以其信用部讓與銀行業對抗債權人。

第十二條　（農、漁會投資銀行之程序）

①農、漁會投資銀行或以其信用部作價投資銀行者，應由銀行向主管機關申請許可；主管機關為許可處分前，應先洽農、漁會中央主管機關之意見。

②農、漁會為前項投資，其決議程序、契約書及公告程序等有關事項，準用前條第一項至第三項及第五項至第七項之規定。

③第一項之銀行，應準用前條第三項之規定辦理。

④第二項及前項之契約書，應記載下列事項：

 一　金融機構名稱、被投資或新設銀行之名稱、總行地址、業務區域及發行股份之總數、種類及數量。

 二　農、漁會信用部資產與負債之評價及分割之方式與程序。

 三　對農、漁會信用部債權人之權益保障方式。

 四　被投資銀行之章程變更事項或新設銀行之章程。

⑤農、漁會投資新設銀行或以其信用部作價投資新設銀行者，發起人

得為農、漁會，不受公司法第一百二十八條第三項但書規定之限制。

農、漁會投資新設銀行或以其信用部作價投資新設銀行之程序及銀行設立之標準，由主管機關洽農、漁會中央主管機關另定之。

第十三條 （農、漁會之強制讓與）

① 農、漁會信用部因業務或財務狀況顯著惡化，不能支付其債務或調整淨值為負數時，主管機關得洽農、漁會中央主管機關後，停止農、漁會會員代表、理事、監事或總幹事全部職權或其對信用部之職權，不適用農會法第四十五條及第四十六條、漁會法第四十八條及第四十九條之規定；其被停止之職權並得由主管機關指派適當人員行使之。

② 主管機關執行前項處分，必要時，得洽農、漁會中央主管機關後，命令農、漁會將其信用部及其營業所必需之財產讓與銀行，不適用農會法第三十七條及漁會法第三十九條之規定。

③ 股份有限公司組織之銀行依前項規定受讓農、漁會信用部者，適用下列規定：

　　一　經代表已發行股份總數過半數股東出席之股東會，以出席股東表決權過半數之同意行之；不同意之股東不得請求收買股份，免依公司法第一百八十五條至第一百八十八條規定辦理。

　　二　經主管機關認為有緊急處理之必要，且對金融市場競爭無重大不利影響時，免依公平交易法第十一條第一項規定向行政院公平交易委員會申請許可。

④ 非屬股份有限公司組織之銀行依第二項規定受讓農、漁會信用部者，準用前項之規定。

第十四條 （撤銷農、漁會信用部及例外）

① 農、漁會依第十一條至第十三條規定，讓與信用部或以信用部作價投資銀行業者，原有之信用部本部或分部得經主管機關之核准，改為該銀行業者之分支機構。

② 前項銀行業者申請撤銷農、漁會信用部改制之分支機構，導致組織區域內除郵政儲金匯業局以外，無其他銀行業提供金融服務，組織區域之農、漁會得依農、漁會法設立信用部，辦理會員金融事業。

③ 農、漁會依第十一條至第十三條規定，讓與信用部或以信用部作價投資銀行業者，致其推廣經費不足時，由農、漁會中央主管機關依實際需要編列預算支應之。

第十五條 （處理不良債權之方法）

①以收購金融機構不良債權為目的之資產管理公司，其處理金融機構之不良債權，得依下列方式辦理：

一 受讓金融機構不良債權時，適用第十八條第三項規定。

二 金融機構讓與其不良債權時，就該債權對債務人或保證人已取得之執行名義，其效力及於資產管理公司。

三 資產管理公司就已取得執行名義之債權，得就其債務人或第三人所提供第一順位抵押權之不動產，委託經主管機關認可之公正第三人公開拍賣，並不適用民法債編施行法第二十八條之規定。公開拍賣所得價款經清償應收帳款後，如有剩餘應返還債務人。但有資產管理公司以外之其他第二順位以下抵押權人時，應提存法院。

四 資產管理公司已取得執行名義而有第一順位以下順位債權人之債權者，主管機關得請法院委託前款經主管機關認可之公正第三人，準用強制執行法之規定拍賣之。

五 法院受理對金融機構不良債權之債務人破產聲請或公司重整聲請時，應徵詢該資產管理公司之意見。如金融機構為該債務人之最大債權人者，法院並應選任該資產管理公司為破產管理人或重整人。

六 於金融機構之不良債權之債務人受破產宣告前或重整裁定前，已受讓之債權或已開始強制執行之債權，於該債務人破產宣告後或裁定重整後，得繼續使債權並繼續強制執行，不受公司法及破產法規定之限制。

②前項第三款之認可辦法及公正第三人公開拍賣程序，由主管機關定之。

③資產管理公司或第一項第三款經主管機關認可之公正第三人，得受強制執行機關之委託及監督，依強制執行法辦理金融機構聲請之強制執行事件。

④第一項資產管理公司處理金融機構之不良債權，適用銀行業之營業稅稅率。

⑤金融機構出售予資產管理公司之不良債權，因出售所受之損失，得於五年內認列損失。

第十六條 （合併申請之書件）

①擬合併之金融機構向主管機關申請許可時，應提出合併申請書，並附具下列書件：

一　合併計畫書：載明合併計畫內容（含合併方式、經濟效益評估、合併後業務區域概況、業務項目、業務發展計畫及未來三年財務預測等事項）、預期進度、可行性、必要性、合理性與適法性及第六條審酌因素之評估等分析。

二　合併或讓售或投資契約書：除應記載事項外，尚應包括對受僱人之權益處理等重要事項。

三　存續機構及消滅機構股東大會、社（會）員（代表）大會會議紀錄。

四　金融機構合併之決議內容及相關契約書應記載事項之公告（通知）等證明文件。

五　請求收買股份之股東或退還股金之社員資料及其股金金額清冊。

六　會計師對合併換股比率或讓售信用部或以信用部作價投資之評價合理性之意見書。

七　合併前一個月月底擬制性合併自有資本適足明細申報表。

八　合併換股或讓售或投資基準日會計師查核簽證之資產負債表、損益表、財產目錄、股東權益變動表及現金流量表。

九　律師之法律意見書。

十　其他經主管機關規定應提出之文件。

②因合併擬成立新設機構者，除應依前項規定辦理外，並應由新設機構之發起人檢附下列書件，向主管機關申請設立之許可：

一　發起人名冊。

二　發起人會議紀錄。

三　總經理、副總經理、協理之資格證明。

四　新設機構之章程。

五　其他經主管機關規定應提出之文件。

③前二項規定所需之書件格式，由主管機關定之。

第十七條　（規費及稅賦之減免）

①金融機構經主管機關許可合併者，其存續機構或新設機構於申請對消滅機構所有不動產、應登記之動產及各項擔保物權之變更登記時，得憑主管機關證明逕行辦理登記，免繳納登記規費，並依下列各款規定辦理：

一　因合併而發生之印花稅及契稅，一律免徵。

二　原供消滅機構直接使用之土地隨同移轉時，經依土地稅法審

核確定其現值後，即予辦理土地所有權移轉登記，其應繳納之土地增值稅准予記存，由該存續機構或新設機構於該項土地再移轉時一併繳納之；其破產或解散時，經記存之土地增值稅，應優先受償。

三　消滅機構依銀行法第七十六條規定承受之土地，因合併而隨同移轉予存續機構或新設機構時，免徵土地增值稅。

四　因合併產生之商譽得於五年內攤銷之。

五　因合併產生之費用得於十年內攤銷。

六　因合併出售不良債權所受之損失，得於十五年內認列損失。

②前項合併之金融機構，虧損及申報扣除年度，會計帳冊簿據完備，均使用所得稅法第七十七條所稱之藍色申報書或經會計師查核簽證，且如期辦理申報並繳納所得稅額者，合併後存續機構或新設機構於辦理營利事業所得結算申報時，得將各該辦理合併之金融機構於合併前，經該管稽徵機關核定之前五年內各期虧損，按各該辦理合併之金融機構股東（社員）因合併而持有合併後存續機構或新設機構股權之比例計算之金額，自虧損發生年度起五年內，從當年度純益額中扣除。

第十八條　（概括承受或概括讓與之準用）

①金融機構概括承受或概括讓與者，準用本法之規定。外國金融機構與本國金融機構合併、概括承受或概括讓與者，亦同。但外國金融機構於合併、概括承受或概括讓與前，於中華民國境內所發生之損失，不得依前條第二項規定辦理扣除。

②金融機構依銀行法、存款保險條例及保險法規定，由輔導人、監管人、接管人、清理人或監理人為概括承受、概括讓與、分次讓與或讓與主要部分之營業及資產負債者，除優先適用銀行法、存款保險條例、保險法及其相關之規定外，準用本法之規定。

③金融機構為概括承受、概括讓與、分次讓與或讓與主要部分之營業及資產負債，或依第十一條至第十三條規定辦理者，債權讓與之通知得以公告方式代之，承擔債務時免經債權人之承認，不適用民法第二百九十七條及第三百零一條之規定。

④第一項外國金融機構與本國金融機構合併、概括承受或概括讓與辦法，由主管機關另定之。

第十九條　（員工權益之準用）

金融機構依本法合併、改組或轉讓時，其員工得享有之權益，依勞

動基準法之規定辦理。

第二十條 （施行日期）

本法自公布日施行。

金融資產證券化條例

民國九十一年七月二十四日總統令公布全文

第一章　總　　則

第一條　（立法目的）

為發展國民經濟，透過證券化提高金融資產之流動性，並保障投資，特制定本條例。

第二條　（法律之適用）

①特殊目的信託之成立及法律關係，依本條例之規定；本條例未規定者，依其他法律之規定。

②特殊目的公司之設立、管理及監督，依本條例之規定；本條例未規定者，依其他法律之規定。

第三條　（主管機關）

本條例之主管機關為銀行法之主管機關。

第四條　（用詞定義）

①本條例用詞定義如下：

　　一　創始機構：指依本條例之規定，將金融資產（以下簡稱資產）信託與受託機構或讓與特殊目的公司，由受託機構或特殊目的公司以該資產為基礎，發行受益證券或資產基礎證券之金融機構或其他經主管機關核定之機構。

　　二　資產：指由創始機構收益及處分之下列資產：

　　　　㈠汽車貸款債權或其他動產擔保貸款債權及其擔保物權。

　　　　㈡房屋貸款債權或其他不動產擔保貸款債權及其擔保物權。

　　　　㈢租賃債權、信用卡債權、應收帳款債權或其他金錢債權。

　　　　㈣創始機構以前三目所定資產與信託業成立信託契約所生之受益權。

　　　　㈤其他經主管機關核定之債權。

　　三　證券化：指創始機構依本條例之規定，將資產信託與受託機構或讓與特殊目的公司，由受託機構或特殊目的公司以該資產為基礎，發行受益證券或資產基礎證券，以獲取資金之行為。

四　特殊目的信託：指依本條例之規定，以資產證券化為目的而
　　成立之信託關係。

五　特殊目的公司：指依本條例之規定，經主管機關許可設立，
　　以經營資產證券化業務為目的之股份有限公司。

六　受益證券：指特殊目的信託之受託機構依資產信託證券化計
　　畫所發行，以表彰受益人享有該信託財產本金或其所生利益、
　　孳息及其他收益之受益權持分（以下分別簡稱本金持分、收
　　益持分）之權利憑證或證書。

七　資產基礎證券：指特殊目的公司依資產證券化計畫所發行，
　　以表彰持有人對該讓與資產所享權利之權利憑證或證書。

八　資產池：指創始機構信託與受託機構或讓與特殊目的公司之
　　資產組群。

九　殘值受益人：指受益證券或資產基礎證券清償後，對資產池
　　之賸餘財產享有利益之人。

十　監督機構：指為保護資產基礎證券持有人之權益，由特殊目
　　的公司依資產證券化計畫之規定所選任之銀行或信託業。

十一　服務機構：指受受託機構之委任，或特殊目的公司之委任或
　　　信託，以管理及處分信託財產或受讓資產之機構。

十二　金融機構：指下列機構：
　　　㈠銀行法所稱之銀行、信用卡業務機構及票券金融管理法所
　　　　稱之票券金融公司。
　　　㈡依保險法以股份有限公司組織設立之保險業。
　　　㈢證券商：指依證券交易法設立之證券商。
　　　㈣其他經主管機關核定之金融相關機構。

十三　信託監察人：指由受託機構依特殊目的信託契約之約定或經
　　　受益人會議決議所選任，而為受益人之利益，行使本條例所
　　　定權利之人。

②前項所稱受託機構，以信託業法所稱之信託業，並經主管機關認可
　之信用評等機構評等達一定等級以上者為限。

第五條　（創始機構公告方式）

①創始機構應於主管機關依第九條第一項或第七十三條第一項規定為
核准或申報生效後，資產信託或讓與前，將其依本條例規定信託與
受託機構或讓與特殊目的公司之主要資產之種類、數量及內容，於
其本機構所在地日報或依主管機關規定之方式連續公告三日。

②前項公告之格式及內容，由主管機關定之。

③創始機構不為第一項公告或公告不符主管機關之規定者，不得以其信託或讓與對抗第三人。

第六條 （信託設定對抗債務人之要件）

①創始機構依本條例之規定，將資產信託與受託機構或讓與特殊目的之公司時，債權之讓與，除有下列情形外，非通知債務人或向債務人寄發已為前條第一項所定公告之證明書，對於債務人不生效力：

　一　創始機構仍受受託機構或特殊目的公司委任或信託擔任服務機構，向債務人收取債權，並已依前條第一項規定為公告者。

　二　創始機構與債務人於契約中約定得以其他方式，取代通知或寄發前條第一項所定公告之證明書者。

②創始機構將資產信託與受託機構或讓與特殊目的公司時，民法第三百零一條所定之承認，創始機構與債務人得於契約中約定以其他方式代之。

③第一項所定公告證明書之格式及內容，由主管機關定之。

第七條 （受益證券及資產基礎證券之票券性質）

受益證券及資產基礎證券，除經主管機關核定為短期票券者外，為證券交易法第六條規定經財政部核定之其他有價證券。

第八條 （創始機構提供資料之規定）

①創始機構依資產信託證券化計畫或資產證券化計畫，對受託機構或監督機構提供信託財產或受讓資產相關資料，不適用銀行法第四十八條第二項之規定。

②受託機構、特殊目的之公司、信託監察人、監督機構、服務機構及其負責人或職員，對於因信託財產或受讓資產所獲悉之創始機構客戶之往來、交易資料及其他相關資料，除其他法律、主管機關另有規定者外，應保守私密。

第二章　特殊目的信託

第一節　資產信託證券化計畫及特殊目的信託契約

第九條 （受託機構發行受益證券處理準則之訂定）

①受託機構發行受益證券，應檢具申請書或申報書及下列文件，向主管機關申請核准或申報生效；其處理準則，由主管機關定之：

一　資產信託證券化計畫。

二　特殊目的信託契約書。

三　信託財產之管理及處分方法說明書。如委任服務機構管理及處分信託財產時，該委任契約書或其他證明文件。

四　有關之避險計畫與文件。

五　其他經主管機關規定之文件。

②受託機構非經主管機關核准或向主管機關申報生效，不得發行受益證券。

③受託機構應依主管機關核准或向主管機關申報生效之資產信託證券化計畫，經營特殊目的信託業務。

④創始機構與受託機構不得為同一關係企業，並應將信託財產相關書件及資料，提供受託機構，不得有虛偽或隱匿之情事。

⑤創始機構違反前項規定，對於受益證券取得人或受讓人因而所受之損害，應負賠償責任。

⑥第四項同一關係企業之範圍，適用公司法第三百六十九條之一至第三百六十九條之三、第三百六十九條之九及第三百六十九條之十一規定。

第十條　（資產信託證券化計畫記載事項）

資產信託證券化計畫，應記載下列事項：

一　創始機構之名稱、地址。

二　特殊目的信託契約之存續期間。

三　信託財產之種類、名稱、數量、價額、平均收益率、期限及信託時期。

四　與受益證券有關之下列事項：

　　㈠信託財產本金或其所生利益、孳息及其他收益分配之方法。

　　㈡發行各種種類或期間之受益證券，其本金持分、收益持分、受償順位及期間等事項。

五　信託財產管理處分之方法，與受委任管理及處分該財產之服務機構。

六　受託機構及信託監察人之職權及義務。

七　為處理特殊目的信託事務所為借入款項及費用負擔之相關事項。

八　如有信用評等或信用增強者，其有關證明文件。

九　信託財產之評價方法、基本假設及專家意見。

十　其他主管機關規定之事項。

第十一條　（資產信託證券化計畫變更檢附之文件）

①受託機構於發行受益證券後，非經受益人會議決議及申經主管機關核准或向主管機關申報生效，不得變更資產信託證券化計畫。但其變更對受益人之權益無重大影響者，申經主管機關核准或向主管機關申報生效後即得變更之。

②前項申請或申報，應以申請書或申報書載明變更之內容及理由，並檢附下列文件為之：

一　變更前、後之資產信託證券化計畫及其對照表。

二　受益人會議議事錄。如屬前項但書規定之變更者，免附。

三　對受益人之權益有無重大影響之評估及專家意見。

四　其他主管機關規定之文件。

第十二條　（檢具結算書及報告書申報）

受託機構應於資產信託證券化計畫執行完成之日起三十日內，檢具該計畫之結算書及報告書，向主管機關申報。

第十三條　（特殊目的信託契約記載事項）

特殊目的信託契約，應記載下列事項：

一　信託目的。

二　委託人之義務及應告知受託機構之事項。

三　受託機構支出費用之償還及損害賠償之事項。

四　受託機構之報酬、種類、計算方法、支付時期及方法。

五　第五條第一項公告之方式。

六　信託財產之管理及處分方法。受託機構如將該財產委任服務機構管理及處分者，該機構之名稱。

七　信託財產本金或其所生利益、孳息及其他收益分配之方法。

八　各種種類或期間之受益證券，其本金持分、收益持分、受償順位及期間。

九　受益證券之發行方式及其轉讓限制。

十　受託機構於處理信託事務時，關於借入款項、費用負擔及閒置資金之運用方法。

十一　受託機構應召集受益人會議之事由。

十二　受託機構應選任信託監察人之事由及其專門學識或經驗。

十三　信託業法第十九條第一項及主管機關規定之其他事項。

第十四條　（閒置資金運用範圍㈠）

①受託機構不得以信託財產借入款項。但資產信託證券化計畫另有規定者，不在此限。

②前項資產信託證券化計畫所定借入款項之目的，應以配發利益、孳息或其他收益為限。

③特殊目的信託中屬於信託財產之閒置資金，其運用範圍以下列各款規定為限：

　　一　銀行存款。

　　二　購買政府債券或金融債券。

　　三　購買國庫券或銀行可轉讓定期存單。

　　四　購買經主管機關規定一定評等等級以上銀行之保證、承兌或一定等級以上信用評等之商業票據。

　　五　經主管機關核准之其他運用方式。

第二節　受益證券之發行及轉讓

第十五條　（各種受益證券種類及期間之發行）

①受託機構得依資產信託證券化計畫，發行各種種類及期間之受益證券。

②受益證券清償後，資產池之賸餘財產應依資產信託證券化計畫，分配與殘值受益人。

第十六條　（受益證券之簽證）

①受益證券應編號，載明下列事項及由受託機構之代表人簽名、蓋章，並經發行簽證機構簽證後發行之：

　　一　表明其為特殊目的信託受益證券之文字。

　　二　發行日及到期日。

　　三　受益證券發行總金額。

　　四　受益證券之發行申經主管機關核准或申報生效之文號及日期。

　　五　創始機構及受託機構之名稱、地址。

　　六　受益人之姓名或名稱。

　　七　受益證券關於本金持分、收益持分、受償順位、期間及其他受益權相關內容。

　　八　特殊目的信託契約之存續期間。

　　九　受託機構支出費用之償還及損害賠償之事項。

　　十　受託機構之報酬、種類、計算方法、支付時期及方法。

十一　受益證券轉讓對象如有限制者，其限制內容及其效力。

十二　特殊目的信託契約所定受益人行使權利之限制。

十三　其他主管機關規定之事項。

②前項受益證券之簽證，準用公開發行公司發行股票及公司債券簽證規則之規定。

第十七條　（公開說明書、投資說明書之提供）

①受託機構依資產信託證券化計畫，對非特定人公開招募受益證券時，受託機構應依證券主管機關規定之方式，向應募人或購買人提供公開說明書。

②受託機構辦理前項公開招募時，應向證券主管機關申請核准或申報生效，其處理準則及公開說明書之記載事項，由證券主管機關洽商主管機關定之。

③受託機構向特定人私募受益證券時，受託機構應依主管機關規定之方式，向應募人或購買人提供投資說明書，並應於受益證券以明顯文字註記，於提供應募人或購買人之相關書面文件中載明。

④前項特定人之範圍、投資說明書之內容及受益證券轉讓之限制，由主管機關定之。

⑤特定人出售所持有之受益證券，而對非特定人公開招募者，準用第一項及第二項之規定。

⑥第一項之公開說明書或第三項投資說明書之內容，除依證券主管機關或主管機關之規定外，應充分揭露下列事項：

一　受益證券與創始機構之存款或其他負債無關，亦不受中央存款保險公司存款保險之保障。

二　受託機構不保證信託財產之價值。

三　受益證券持有人之可能投資風險，以及其相關權利。

四　特殊目的信託契約之重要事項。

第十八條　（受益證券權益之行使及轉讓）

除殘值受益人外，特殊目的信託受益權之行使及轉讓，應以表彰該受益權之受益證券為之。

第十九條　（受益證券為記名式及其轉讓方式）

①受益證券應為記名式，其轉讓並應以背書方式為之；且非將受讓人之姓名或名稱、住所通知受託機構，不得對抗受託機構。

②受益證券之轉讓，非將受讓人之姓名或名稱記載於該受益證券，不得對抗第三人。

③受益證券以帳簿劃撥方式交付有價證券之發行者，得不印製實體有價證券；其轉讓、買賣之交割、設質之交付等事項，依證券交易法或票券金融管理法之相關規定辦理。

第二十條 （受益人名冊記載事項）

①受託機構應設置受益人名冊，並記載下列事項：

一　受益人之姓名或名稱、住所或居所。

二　受益人之受益權種類及其本金持分、收益持分。

三　受益證券之編號。

四　受益證券取得之日期。

②採電腦作業或機器處理者，前項資料得以附表補充之。

第二十一條 （受益證券轉讓之效力）

受益證券之受讓人，依該受益證券所表彰受益權之本金持分數，承受特殊目的信託契約委託人之權利及義務。但特殊目的信託契約就委託人之義務另有約定者，不在此限。

第二十二條 （公示催告之聲請）

①受益證券喪失時，受益人得為公示催告之聲請。

②公示催告程序開始後，聲請人得提供相當擔保，請求受託機構履行關於該受益證券之債務。

第三節　受益人會議

第二十三條 （受益人權利）

①特殊目的信託受益人及委託人權利之行使，應經受益人會議決議或由信託監察人為之。但下列之受益人權利，不在此限：

一　受領受託機構基於特殊目的信託契約所負債務之清償。

二　其他僅為受益人自身利益之行為。

②受益人會議經決議，選任信託監察人。信託監察人經選任者，於受益人會議召開時，應出席受益人會議。

第二十四條 （受益人會議之召集）

①受益人會議，由受託機構或信託監察人召集之。

②持有本金持分總數百分之三以上之受益人，為受益人之共同利益事項，得以書面記明提議事項及理由，請求前項有召集權之人召集受益人會議。

③前項請求提出後十五日內，有召集權之人不為召集或因其他理由不能召集時，持有本金持分總數百分之三以上之受益人，得報經主管

機關許可後自行召集。

④受託人會議之召集，應於開會二十日前，通知各受益人。

⑤前項通知應載明召集事由、全部表決權總數及各受益人表決權所占之比例。關於受託機構之辭任及解任、新受託機構之指定、信託監察人之選任、辭任及解任、特殊目的信託契約變更或終止之事項，應於召集事由中列舉，不得以臨時動議提出。

第二十五條　（表決權）

①受益人會議之決議，除本條例另有規定或特殊目的信託契約另有約定者外，應有表決權總數二分之一以上受益人之出席，出席受託人表決權過半數之同意行之。

②受益人依其受益權之本金持分數享有相對應比例之表決權。但特殊目的信託契約另有約定者，從其所定。

③受益人委託代理人行使表決權者，準用公司法第一百七十七條及證券交易法第二十五條之一之規定。

④受益人對於會議之事項有自身利害關係，致信託財產有受損害之虞時，不得加入表決，並不得代理其他受益人行使其表決權。

⑤受託機構以自有財產持有之受益權，無表決權。

第二十六條　（受益人會議決議之承認）

①資產信託證券化計畫區分各種類受益人時，如受益人會議之決議有損害特定種類受益人之權利時，其決議應經該特定種類受益人會議決議之承認。

②前項決議之承認，應有該特定種類受益人表決權總數二分之一以上出席，出席受益人表決權三分之二以上之同意行之。

③本節有關受益人會議之規定，於特定種類受益人會議準用之。

④信託監察人應出席特定種類受益人會議，並陳述其意見。

第二十七條　（受益人會議決議之執行）

①受益人會議之決議，由信託監察人或受益人會議所選定之人執行。

②受益人會議所選定之人，得以自己名義，為受益人為有關信託之訴訟上或訴訟外之行為。

第四節　信託監察人

第二十八條　（信託監察人之選任）

①受託機構為保護受益人之權益，得依特殊目的信託契約之約定，選任信託監察人。

②信託監察人得以自己名義，為受益人及委託人為有關信託之訴訟上或訴訟外之行為。但下列權利，不適用之：

一　解除受託機構之責任。

二　變更或終止特殊目的信託契約。

三　同意受託機構之辭任、解任受託機構或聲請法院解任受託機構。

四　指定或聲請法院選任新受託機構。

五　其他依特殊目的信託契約約定信託監察人不得行使之權利。

③受託機構依第一項規定選任信託監察人時，應自選任之日起十日內以書面通知各受益人。

第二十九條　（信託監察人職務之決議）

信託監察人有數人時，其職務之執行除特殊目的信託契約另有約定或受益人會議另有決議外，以過半數決之。

第三十條　（信託監察人之消極資格）

受託機構之利害關係人、職員、受雇人或創始機構，不得擔任信託監察人。

第三十一條　（共同利益之請求）

①持有本金持分總數百分之三以上之受益人，得為受益人之共同利益事項，以書面請求信託監察人行使其權利。

②信託監察人對於前項之請求，除該權利之行使有礙特殊目的信託事務之執行，有損害受益人之共同利益，或有其他正當事由者外，不得拒絕。

第三十二條　（信託監察人之報酬）

信託監察人之報酬、因處理事務所支出之必要費用及非可歸責於自己事由所受損害之補償，得由受託機構以信託財產充之。

第三十三條　（請求停止行為）

受託機構之行為違反法令或特殊目的信託契約，致有損害信託財產之虞時，信託監察人得為信託財產之利益，請求受託機構停止其行為。

第五節　受託機構之權利義務

第三十四條　（信託契約書及受益人名冊之備置）

①受託機構應於本機構，備置特殊目的信託契約書之副本或謄本及受益人名冊。

②各受益人、信託監察人或因受託機構處理特殊目的信託事務所生債務之債權人，得請求閱覽、抄錄或影印前項之文書。

第三十五條　（受託機構之服務義務）

①受託機構得將信託財產之管理及處分，委任服務機構代為處理。但以資產信託證券化計畫有載明者為限。

②服務機構應定期收取信託財產之本金、或其利益、孳息及其他收益，提供受託機構轉交受益人並將信託財產相關債務人清償、待催收與呆帳情形及其他重大訊息，提供受託機構。

③服務機構無法履行其服務義務時，得依資產信託證券化計畫規定或報經主管機關核准後，由備位服務機構繼續提供資產管理處分之服務。

第六節　特殊目的信託之計算、稅捐及相關事項

第三十六條　（書表之製作）

①受託機構應分別於每營業年度終了及資產信託證券化計畫執行完成後四個月內，就特殊目的信託之信託財產作成下列書表，向信託監察人報告，並通知各受益人：

一　資產負債表。

二　損益表。

三　信託財產管理及運用之報告書。

②前項書表之內容，不得有虛偽或隱匿之情事。

第三十七條　（利益分配）

特殊目的信託之利益分配，應按各受益人本金持分之比例為之。但資產信託證券化計畫另有規定者，不在此限。

第三十八條　（資產移轉相關稅費之辦理）

①依本條例規定申請核准或申報生效之資產信託證券化計畫所為之資產移轉，其相關稅費依下列規定辦理：

一　因移轉資產而生之印花稅、契稅及營業稅，除受託機構處分不動產時應繳納之契稅外，一律免徵。

二　不動產、不動產抵押權、應登記之動產及各項擔保物權之變更登記，得憑主管機關之證明向登記主管機關申請辦理登記，免繳納登記規費。

三　因實行抵押權而取得土地者，其辦理變更登記，免附土地增值稅完稅證明，移轉時應繳稅額依法仍由原土地所有權人負

擔。但於受託機構處分該土地時，稅捐稽徵機關就該土地處分所得價款中，得於原土地所有權人應繳稅額範圍內享有優先受償權。

②受託機構依資產信託證券化計畫，將其信託財產讓與其他特殊目的公司時，其資產移轉之登記及各項稅捐，準用前項規定。

第三十九條　（買賣稅率）

受益證券除經主管機關核定為短期票券者外，其買賣按公司債之稅率課徵證券交易稅。

第四十條　（特殊目的信託財產收入之適用）

特殊目的信託財產之收入，適用銀行業之營業稅稅率。

第四十一條　（受益人所得課稅）

①特殊目的信託財產之收入，減除成本及必要費用後之收益，為受益人之所得，按利息所得課稅，不計入受託機構之營利事業所得額。

②前項利息所得於實際分配時，應以受託機構為扣繳義務人，依規定之扣繳率扣繳稅款分離課稅，不併計受益人之綜合所得額或營利事業所得額。

第四十二條　（請求閱覽、抄錄或影印帳簿等之除外情形）

①持有本金持分總數百分之三以上之受益人，得以書面附具理由，向受託機構請求閱覽、抄錄或影印其依本條例及信託法第三十一條規定編具之帳簿、文書及表冊。

②前項請求，除有下列事由外，受託機構不得拒絕：

一　非為確保受益人之權利者。

二　有礙特殊目的信託事務之執行，或妨害受益人之共同利益者。

三　請求人從事或經營之事業與特殊目的信託業務具有競爭關係者。

四　請求人係為將閱覽、抄錄或影印之資料告知第三人，或於請求前二年內有將其閱覽、抄錄或影印之資料告知第三人之紀錄者。

第七節　特殊目的信託契約之變更與終止

第四十三條　（特殊目的信託契約之變更）

①特殊目的信託契約非經受益人會議決議及受託機構之同意，不得變更。

②前項受益人會議之決議，應有表決權總數二分之一以上受益人之出

席，出席受益人表決權三分之二以上之同意行之。

第四十四條　（受益證券之收買）

①特殊目的信託契約之變更內容涉及資產信託證券化計畫之應記載事項之變更，受益人於受益人會議為前條第一項之決議前，已以書面通知受託機構對該項行為之意思表示並於受益人會議為反對者，除特殊目的信託契約另有約定，且於公開說明書或投資說明書載明其處理方法者外，得請求受託機構以當時公平價格，收買其所持有之受益證券。

②前項收買所支出之對價及其他必要費用，得由受託機構以信託財產充之。

③受益人之受益權，除特殊目的信託契約另有約定或受益人會議另定有處理方法外，經受託機構收買其受益證券而消滅。

④受益證券之收買，準用公司法第一百八十七條及第一百八十八條之規定。

第四十五條　（契約變更之決議）

①特殊目的信託契約之受益權種類有不具本金持分者，其依第四十三條第一項規定為特殊目的信託契約之變更時，並應經該特定種類受益人會議之決議。

②第三節有關受益人會議之規定，於前項特定種類受益人會議準用之。

第四十六條　（責任解除之決議）

①受託機構依特殊目的信託契約之約定，對受益人所負之責任，除其有違反法令者外，應經受益人會議決議，始得解除。

②前項受益人會議之決議，應有表決權總數二分之一以上受益人之出席，出席受益人表決權三分之二以上之同意行之。

第四十七條　（聲請辭任、解任）

①受託機構非經受益人會議之決議，不得辭任。但有不得已之事由時，得聲請法院許可其辭任。

②受託機構違反法令或特殊目的信託契約、違背其職務或有其他重大事由時，受益人會議得決議將其解任；法院亦得因持有本金持分總數十分之一以上受益人之聲請將其解任。

③前二項情形，除特殊目的信託契約另有約定外，受益人會議得指定新受託機構；法院亦得因持有本金持分總數十分之一以上受益人之聲請，選任新受託機構。

④第一項及第二項之決議，應有表決權總數二分之一以上受益人之出

席，出席受益人表決權三分之二以上之同意行之。

第四十八條 　（辭任或解任之請求承認）

①受託機構依前條規定辭任或解任時，應即作成信託財產之資產負債表、損益表及管理運用報告書，提出於受益人會議請求承認；並應立即將該等書表連同信託財產移交與新受託機構。

②前項承認，於設有信託監察人時，由信託監察人為之。

第四十九條 　（特殊目的信託契約之終止）

①特殊目的信託契約之終止，應經受益人會議之決議。

②前項決議，應有表決權總數二分之一以上受益人之出席，出席受益人表決權三分之二以上之同意行之。

第五十條 　（聲請法院終止特殊目的信託契約）

受託機構執行信託事務有顯著困難，就信託財產之管理不當或違反信託本旨處分信託財產，致信託財產有受重大損害之虞時，持有本金持分總數十分之一以上之受益人，得聲請法院終止特殊目的信託契約。

第五十一條 　（特殊目的信託契約終止之事由）

特殊目的信託契約因下列事由而終止：

一　信託法第六十二條所定之事由發生時。

二　受益人會議之決議。

三　法院所為終止特殊目的信託契約之裁判。

四　其他主管機關基於保障受益人權益所定之事由發生時。

第五十二條 　（信託財產之處分）

①特殊目的信託契約終止時，受託機構應儘速處分信託財產，並將處分所得之現金依資產信託證券化計畫分配。

②特殊目的信託契約因前條所定事由而終止時，受託機構處分信託財產，應依信託法第三十五條規定辦理。但特殊目的信託契約另有約定者，不在此限。

第五十三條 　（特殊目的信託適用範圍）

信託法第六條第三項、第十六條、第三十二條、第三十六條第一項至第三項及第五十二條之規定，於特殊目的信託，不適用之。

第三章　特殊目的公司

第一節　通　則

第五十四條　（特殊目的公司）

①特殊目的公司應由金融機構組織設立，為股份有限公司，其股東人數以一人為限。

②前項之金融機構與創始機構不得為同一關係企業。

③金融機構經主管機關之核准，得於外國成立特殊目的公司辦理資產證券化業務。其核准辦法，由主管機關另定之。

④特殊目的公司應於其名稱中標明特殊目的公司之字樣。

⑤非特殊目的公司，不得使用特殊目的公司之名稱或易於使人誤認其為特殊目的公司之名稱。

第五十五條　（特殊目的公司適用範圍㈠）

公司法第二十七條之規定，於特殊目的公司，不適用之。

第二節　特殊目的公司之許可設立

第五十六條　（特殊目的公司之設立）

①設立特殊目的公司者，應提出申請書，載明下列各款事項，報請主管機關許可：

　　一　特殊目的公司之名稱。

　　二　公司章程。

　　三　資本總額。

　　四　公司所在地。

　　五　發起人之姓名及住所。

　　六　其他經主管機關規定之事項。

②特殊目的公司之設立及許可準則，由主管機關定之。

③特殊目的公司之章程除載明公司法第一百二十九條所定之事項外，尚應載明下列各款事項：

　　一　以經營資產證券化業務為公司目的之意旨。

　　二　公司之存續期間及解散事由。

　　三　其他經主管機關規定之事項。

④下列各款事項，非經記載於章程者，不生效力：

　　一　發起人所得受之特別利益及受益者之姓名。

　　二　發起人領有報酬者，其金額。

　　三　應由特殊目的公司負擔之設立費用。

第五十七條 （特殊目的公司報請備查）

①發起人應認足章程所載之股份總額，並即按所認股份繳足股款後，選任董事及監察人。

②特殊目的公司經許可設立者，應於收足資本總額並辦妥公司登記後，檢同下列文件，報請主管機關備查：

一 公司登記文件。

二 公司章程。

三 股東名簿。

四 董事及監察人名冊。

第五十八條 （特殊目的公司適用範圍㈡）

公司法第一百三十條、第一百三十一條第一項、第一百三十二條至第一百三十九條、第一百四十一條至第一百四十九條、第一百五十一條至第一百五十三條之規定，於特殊目的公司，不適用之。

第三節　股東之權利義務

第五十九條 （股份總數不得分次發行）

特殊目的公司之章程所載之股份總數，不得分次發行。

第六十條 （股份轉讓之限制）

股東除經主管機關核准外，不得將股份轉讓於他人。

第六十一條 （特殊目的公司適用範圍㈢）

公司法第一百五十六條第一項後段「一部得為特別股；其種類，由章程定之」、第二項至第七項、第一百五十七條至第一百六十九條之規定，於特殊目的公司，不適用之。

第四節　特殊目的公司之組織

第六十二條 （特殊目的公司適用範圍㈣）

公司法第五章第三節之規定，於特殊目的公司，不適用之。

第六十三條 （董事之消極資格）

①特殊目的公司應至少設置董事一人，最多設置董事三人。

②有下列情事之一者，不得充任董事：

一 有公司法第三十條所定事由者。

二 資產證券化計畫所定之創始機構及其負責人。

三 資產證券化計畫所定負責管理及處分該資產之服務機構及其負責人。

四　資產證券化計畫所定監督機構及其負責人。

五　資產證券化計畫所定之資產為信託受益權時，該受託之信託業及其負責人。

六　曾經主管機關解除職務者。

第六十四條　（董事之忠實義務）

①董事應以善良管理人之注意，為特殊目的公司處理事務，並負忠實義務。

②董事執行業務有違反法令、章程、股東會決議或資產證券化計畫時，參與決議之董事，對於特殊目的公司負賠償之責任。但經表示異議之董事，有紀錄或書面聲明可證者，免其責任。

③董事執行業務有違反法令、章程、資產證券化計畫之行為，或經營登記範圍以外之業務時，股東得請求董事停止其行為。

④董事之報酬，應以章程明訂之。

第六十五條　（董事對外代表公司）

①特殊目的公司之董事對外代表特殊目的公司。董事有數人時，得以章程特定一人對外代表公司。

②除本條例另有規定者外，公司法有關董事會之職權及應負責事項，由特殊目的公司之董事行使及辦理之。董事有數人時，由全體董事以過半數之決議行使。

③董事為前所定決議時，準用公司法第二百零六條第二項之規定，並應作成議事錄。

④前項議事錄，準用公司法第一百八十三條之規定。

第六十六條　（提起訴訟）

①股東得以書面請求監察人為特殊目的公司對董事提起訴訟。

②監察人自有前項之請求三十日內不提起訴訟時，股東得為公司提起訴訟。

第六十七條　（特殊目的公司之董事適用範圍）

公司法第一百九十二條第一項、第二項、第一百九十三條至第二百零一條、第二百零三條至第二百一十二條、第二百一十四條及第二百一十五條之規定，於特殊目的公司之董事，不適用之。

第六十八條　（監察人之設置）

特殊目的公司應至少設置監察人一人，最多設置監察人三人。

第六十九條　（監察人監督董事執行之職務）

監察人應以善良管理人之注意，為特殊目的公司監督董事所執行之

職務。

第七十條 （董事違法之通知）

董事執行業務有違反法令、章程、資產證券化計畫之行為，或經營登記範圍以外之業務時，監察人應即通知董事停止其行為。

第七十一條 （特殊目的公司之監察人適用範圍）

公司法第二百十六條第一項、第二項、第二百十七條、第二百十七條之一、第二百十八條之二、第二百二十七條所定有關第二百十四條之規定，於特殊目的公司之監察人，不適用之。

第七十二條 （監察人準用規定）

本條例第六十三條第二項、第六十四條第四項及第六十六條之規定，於監察人準用之。但第六十六條對監察人之請求，應向董事為之。

第五節 資產證券化計畫

第七十三條 （資產基礎證券處理準則之訂定）

①特殊目的公司發行資產基礎證券，應檢具申請書或申報書及下列文件，載明下列事項，向主管機關申請核准或申報生效；其處理準則，由主管機關定之：

一 資產證券化計畫。

二 受讓資產之契約或其他證明文件。

三 特殊目的公司之名稱、公司章程及所在地。

四 董事之姓名及住所。

五 董事決議之日期及其證明文件。

六 受讓資產之管理及處分方法說明書。如委任或信託與服務機構管理及處分受讓資產時，該委任或信託契約書或其他證明文件。

七 有關之避險計畫與文件。

八 其他經主管機關規定之事項。

②特殊目的公司非經主管機關核准或向主管機關申報生效，不得發行資產基礎證券。

③特殊目的公司應依主管機關核准或向主管機關申報生效之資產證券化計畫，經營證券化業務。

④創始機構與特殊目的公司不得為同一關係企業，並應將受讓資產相關書件及資料，提供特殊目的公司，不得有虛偽或隱匿之情事。

⑤創始機構違反前項規定，對於資產基礎證券取得人或受讓人因而所

受之損害，應負賠償責任。

⑥第四項同一關係企業之範圍，適用公司法第三百六十九條之一至第三百六十九條之三、第三百六十九條之九及第三百六十九條之十一規定。

第七十四條 （資產證券化計畫記載事項）

資產證券化計畫，應記載下列事項：

一　創始機構之名稱及地址。

二　受讓資產之種類、名稱、數量、價額、平均收益率、期限及受讓時期。

三　資產證券化計畫之執行期間及相關事項。

四　資產基礎證券之總金額、票面利率或權利內容，以及本金、利益、孳息或其他收益償還或配發之時期及方法。如有發行不同種類或期間之資產基礎證券者，其就特殊目的公司所受讓之資產或其所生之利益、孳息或其他收益，所得受償之順位。

五　受讓資產管理處分之方法，與受委任或信託管理及處分該資產之服務機構。

六　監督機構之名稱、職權及義務。

七　為經營資產證券化計畫業務所為借入款項及費用負擔之相關事項。

八　如有信用評等或信用增強者，其有關證明文件。

九　為發行資產基礎證券所支出之必要費用及其攤銷方式。

十　受讓資產之評價方法、基本假設及專家意見。

十一　其他主管機關規定之事項。

第六節　資產基礎證券之發行及轉讓

第七十五條 （資產基礎證券之簽證發行）

①資產基礎證券應編號、載明下列事項，由特殊目的公司之全體董事簽名、蓋章，並經發行簽證機構簽證後發行之：

一　表明其為資產基礎證券之文字。

二　發行日及到期日。

三　發行總金額。

四　資產基礎證券之發行申請經主管機關核准或申報生效之文號及日期。

　　五　創始機構及特殊目的公司之名稱、地址。

　　六　持有人之姓名或名稱。

　　七　資產基礎證券之票面利率、受償順位及期間。

　　八　特殊目的公司之義務及責任。

　　九　資產基礎證券持有人之權利及其行使方法。

　　十　資產基礎證券轉讓對象如有限制者，其限制內容及其效力。

　十一　監督機構之名稱、地址。

　十二　其他主管機關規定之事項。

②前項資產基礎證券之簽證，準用公開發行公司發行股票及公司債券簽證規則之規定。

第七十六條　（特殊目的公司適用範圍㈤）

　　公司法第五章第七節、第八節之規定，於特殊目的公司，不適用之。

第七十七條　（監督機構）

　　特殊目的公司發行資產基礎證券時，為保護資產基礎證券持有人之權益，應依資產證券化計畫之規定，選任監督機構，並簽訂監督契約。但不得選任該資產證券化計畫所載之創始機構或服務機構為監督機構。

第七十八條　（監督機構之忠實義務）

①資產基礎證券持有人有受領特殊目的公司依資產證券化計畫配發或償還之本金、利息、孳息或其他收益之權利。

②監督機構應以善良管理人之注意義務，為資產基礎證券持有人之利益，依本條例之規定行使權限及履行義務，並負忠實義務。

③監督機構得以自己名義，為資產基礎證券持有人為訴訟上或訴訟外之行為。

④監督機構非經資產基礎證券持有人會議決議，並經法院認可，不得為免除或減輕特殊目的公司依資產證券化計畫所應負之給付責任及義務，或與特殊目的公司為訴訟上或訴訟外之和解。

⑤監督機構為前項所定之行為時，應公告及通知各資產基礎證券持有人。

⑥監督機構得隨時查核特殊目的公司及服務機構關於資產證券化之業務、財務狀況及其簿冊文件，並得請求特殊目的公司之董事提出報告。

⑦監督機構違反第二項所定之義務時，應對資產基礎證券持有人負損害賠償之責任。

第七十九條 （資產基礎證券持有人會議之召集及決議）

①監督機構、持有同次資產基礎證券單位總數百分之三以上之持有人或特殊目的公司，得為資產基礎證券持有人之共同利益事項，召集同次資產基礎證券持有人會議。

②前項會議之召集，應於十日前通知各資產基礎證券持有人，並以監督機構所指派之代表人為主席。

③第一項會議之決議，應有持有資產基礎證券單位總數三分之二以上之持有人出席，以出席持有人表決權單位二分之一以上同意行之，並按每一資產基礎證券單位，有一表決權。但特殊目的公司發行不同種類及期間之資產基礎證券者，應分別按不同種類及期間之資產基礎證券持有人，分組行使其表決權。

④前項資產基礎證券持有人會議之決議，應製成議事錄，由主席簽名，經申報特殊目的公司所在地之法院認可並公告後，對全體資產基礎證券持有人發生效力，並由監督機構執行之。但資產基礎證券持有人會議另有指定者，從其所定。

⑤資產基礎證券持有人會議之決議有下列情事之一者，法院不予認可：

　　一　召集資產基礎證券持有人會議之程序或決議方法，違反法令之規定者。

　　二　決議違反資產基礎證券持有人之一般利益者。

　　三　修正或變更資產證券化計畫而未經主管機關核准者。

　　四　不同種類及期間之資產基礎證券持有人分組行使其表決權時，未獲各分組一致決議通過者。

第八十條 （資產價值顯著惡化之會議召開）

特殊目的公司受讓之資產價值顯著惡化，不能支付其債務或有損及持有人利益之虞者，監督機構應依第七十九條之規定，召開資產基礎證券持有人會議。

第八十一條 （受償順位）

①資產基礎證券持有人就特殊目的公司所受讓資產或其所生之利益、孳息或其他收益，除依資產證券化計畫所載之借入款項外，有優先於特殊目的公司之其他債權人及股東受償之權利。

②特殊目的公司依資產證券化計畫發行不同種類及期間之資產基礎證券時，各不同種類或期間之資產基礎證券持有人之受償順位，依資產證券化計畫之記載定之。

第八十二條 （資產基礎證券持有人名冊之備置及記載事項）

①特殊目的公司應備置資產基礎證券持有人名冊，並記載下列事項：
　　一　持有人之姓名或名稱，住所或居所。
　　二　持有人所持有之資產基礎證券單位總數。
　　三　資產基礎證券之編號。
　　四　資產基礎證券取得之年、月、日。
②採電腦作業或機器處理者，前項資料得以附表補充之。

第七節　資產之移轉與管理

第八十三條　　（資產之移轉）

①特殊目的公司於發行資產基礎證券後，創始機構與特殊目的公司應於資產證券化計畫所載之受讓期間內，辦理資產之移轉手續，不得有拖延或虛偽之行為。

②前項資產之移轉，其會計處理應符合一般公認會計原則。

③創始機構依前二項規定辦理資產移轉，並依資產證券化計畫取得讓與資產之對價者，推定為民法第二百四十四條第二項所定之有償行為。

第八十四條　　（受讓資產之管理及處分）

①特殊目的公司除所受讓之資產為依第四條第一項第二款第四目之信託受益權外，應將受讓資產之管理及處分，委任或信託服務機構代為處理。

②服務機構應將前項資產與其自有財產分別管理，其債權人對該資產不得為任何之請求或行使其他權利。

③服務機構管理及處分特殊目的公司之受讓資產，應定期收取該受讓資產之本金，或其利益、孳息及其他收益，提供監督機構轉交資產基礎證券持有人，並將受讓資產相關債務人清償、待催收與呆帳情形及其他重大訊息，提供監督機構。

④服務機構無法履行其服務義務時，得依資產證券化計畫規定或報經主管機關核准，由備位服務機構繼續提供資產管理處分之服務。

第八節　特殊目的公司之業務規範

第八十五條　　（不得將所受讓之資產出質、讓與、互易、供擔保或為其他處分）

除本條例或資產證券化計畫另有規定者外，特殊目的公司不得將所受讓之資產出質、讓與、互易、供擔保或為其他處分。

第八十六條 （不得兼營其他業務）

特殊目的公司除經營資產證券化業務外，不得兼營其他業務。

第八十七條 （閒置資金運用範圍㈡）

特殊目的公司之自有財產及因其所受讓之資產而生閒置資金，其運用範圍以下列各款為限，不適用公司法第十三條及第十五條之規定：

一　銀行存款。

二　購買政府債券或金融債券。

三　購買國庫券或銀行可轉讓定期存單。

四　購買經主管機關規定一定評等等級以上之銀行保證、承兌或經一定等級以上信用評等之商業票據。

五　其他經主管機關核准之運用方式。

第八十八條 （除另有規定外，不得借入款項）

①除本條例或資產證券化計畫另有規定者外，特殊目的公司不得借入款項。

②前項借入款項之目的，應以依資產證券化計畫配發或償還利益、本金、利息或其他收益為限，並經全體董事同意後為之。

第八十九條 （賠償責任）

①特殊目的公司不得為任何人保證或背書，不適用公司法第十六條之規定。

②公司負責人違反前項規定時，應自負保證及背書責任，如公司或資產基礎證券持有人受有損害時，亦應負賠償責任。

第九十條 （負責人不得就募集或發行，為有關經紀或居間買賣行為）

特殊目的公司之負責人，不得就資產基礎證券之募集或發行，為有關經紀或居間買賣資產基礎證券之行為。

第九節　特殊目的公司之會計

第九十一條 （帳簿之設置）

①特殊目的公司應按資產證券化計畫，就不同種類或期間資產基礎證券之發行條件，分別設置帳簿，就所受讓資產之管理及處分情形作成紀錄，計算其損益及分配金額，並應定期就受讓資產之帳面餘額、已收回之本金或其他利益、待催收與呆帳情形及其他重大訊息，作成報告書，向監督機構報告，並通知各資產基礎證券持有人。

②前項書表之內容，不得有虛偽或隱匿之情事。

第九十二條 （營業報告書及財務報告之申報）

①特殊目的公司每會計年度終了，應編年報，並應將經監察人查核之營業報告書及財務報告，於董事決議通過後十五日內，向主管機關申報及送交監督機構。

②特殊目的公司公開招募資產基礎證券者，並應適用證券交易法第三十六條之規定辦理申報及公告。其適用範圍由證券主管機關定之。

③特殊目的公司向特定人發行資產基礎證券者，應依投資說明書之規定，向資產基礎證券持有人寄發財務報告。

④特殊目的公司依資產證券化計畫受讓資產時，其會計處理符合第八十三條第二項規定者，特殊目的公司及其控制公司，不適用公司法第三百六十九條之十二第一項及第二項之規定。

第九十三條 （檢具書面理由）

①持有同次資產基礎證券單位總數百分之三以上之持有人，得檢具書面理由，請求監督機構檢查特殊目的公司之業務及財務狀況。

②持有同次資產基礎證券單位總數百分之三以上之持有人，得以書面附具理由，向特殊目的公司請求閱覽、影印或抄錄其依前條所編製之報告書及財務報告。

第九十四條 （特殊目的公司適用範圍㈥）

公司法第五章第六節之規定，於特殊目的公司，不適用之。

第十節　特殊目的公司之變更、解散及清算

第九十五條 （章程變更應經許可）

特殊目的公司之章程變更，應經主管機關許可。

第九十六條 （解散事由）

①特殊目的公司有下列事由之一者，應予解散：

　一　章程所定解散事由。

　二　破產。

　三　主管機關之撤銷或廢止許可。

　四　公司登記主管機關之命令解散或法院之裁定解散。

　五　其他經主管機關規定之事由。

②特殊目的公司之經營，有顯著困難或重大損害時，法院得據持有同次資產基礎證券單位總數十分之一以上持有人之聲請，於徵詢主管機關意見，並通知公司提出答辯後，裁定解散。

第九十七條 （債權人及會議之權限）

公司法第五章第十二節第二目有關特別清算之規定，其有關債權人之權限，由資產基礎證券持有人行使之；其有關債權人會議之權限，由資產基礎證券持有人或監督機構行使之。

第九十八條 （清償債務後賸餘財產之分派）

清算人依資產證券化計畫所定之順位清償債務後，其賸餘之財產，應分派於股東，不適用公司法第三百三十條之規定。

第九十九條 （清算完結之申報）

清算完結時，清算人應於提請股東承認後十五日內，向主管機關申報。

第一百條 （特殊目的公司適用範圍(七)）

公司法第五章第十節、第十一節之規定，於特殊目的公司，不適用之。

第一百零一條 （準用規定）

第十一條、第十二條、第十五條、第十七條、第十九條、第二十二條、第三十八條至第四十一條、第四十二條第二項之規定，於特殊目的公司準用之。

第四章　信用評等及信用增強

第一百零二條 （信用評等）

特殊目的公司或受託機構依本條例對非特定人公開招募之資產基礎證券或受益證券，應經主管機關認可之信用評等機構評定其評等等級。

第一百零三條 （信用增強）

受託機構或特殊目的公司依本條例發行之受益證券或資產基礎證券，得依資產信託證券化計畫或資產證券化計畫之規定，由創始機構或金融機構以擔保、信用保險、超額資產、更換部分資產或其他方式，以增強其信用。

第一百零四條 （信用評等結果及信用增強方式之說明）

受託機構或特殊目的公司依本條例發行之受益證券或資產基礎證券，有經信用評等機構評定其等級或增強其信用之情形者，應於公開說明書、投資說明書或主管機關規定之其他文件，說明其信用評等之結果及信用增強之方式，不得有虛偽或隱匿之情事。

第五章　監　　督

第一百零五條　（委託專門職業及技術人員查核報告）

①主管機關得隨時派員或委託適當機構，就資產信託證券化計畫或資產證券化計畫之執行狀況及其他相關事項，檢查受託機構、特殊目的公司、創始機構、服務機構或其他關係人之業務、財務或其他有關事項，或令其於限期內據實提報財務報告、財產目錄或其他有關資料及報告。

②主管機關於必要時，得委託專門職業及技術人員，就前項規定應行檢查事項、報表或資料予以查核，並向主管機關據實提出報告，其費用由被查核人負擔。

③前項委託專門職業及技術人員查核之辦法，由主管機關定之。

第一百零六條　（特殊目的公司違反計畫之處分）

①受託機構違反本條例或資產信託證券化計畫者，主管機關得命其將該業務及信託財產移轉與其他受託機構，或準用信託業法第四十四條之規定。

②特殊目的公司違反本條例、章程或資產證券化計畫或財務或業務顯著惡化，不能支付其債務或有損及持有人利益之虞者，主管機關除得予以糾正、命其限期改善外，並得視情節之輕重，為下列處分：

  一　撤銷或廢止許可。

  二　限期停止全部或部分業務。

  三　解除董事、監察人之職務。

  四　將其業務及受讓資產移轉與其他指定之人。

  五　停止發行資產基礎證券。

  六　其他必要之處置。

③依前項第三款解除董事、監察人之職務時，由主管機關通知公司登記主管機關廢止其董事、監察人登記。

第一百零七條　（特殊目的信託業務準用規定及公告方式）

①受託機構辦理特殊目的信託業務有下列情事之一者，準用信託業法第四十一條之規定：

  一　依本條例之規定召集受益人會議。

  二　未依資產信託證券化計畫按時分配信託利益。

  三　其他足以影響受益人權益之重大情事。

② 受託機構辦理特殊目的信託業務有信託業法第四十一條及前項所定之情事者，如特殊目的信託設有信託監察人時，並應通知信託監察人。

③ 特殊目的公司有下列情事之一者，應於事實發生之日起二個營業日內，向主管機關申報及通知監督機構，並應於本公司所在地日報或依主管機關所指定之方式公告：

　　一　存款不足之退票、拒絕往來或其他喪失債信事者。

　　二　因訴訟、非訟、行政處分或行政爭訟事件，對公司財務或業務有重大影響者。

　　三　有依本條例召集資產基礎證券持有人會議之情事者。

　　四　董事、監察人發生變動者。

　　五　未依資產證券化計畫按時配發或償還利益、本金、利息或其他收益者。

　　六　有本條例所定應予解散事由者。

　　七　其他足以影響特殊目的公司之營運或資產基礎證券持有人權益之重大情事者。

第六章　罰　　則

第一百零八條　（罰則㈠）

　　有下列情事之一者，其行為負責人處一年以上七年以下有期徒刑，得併科新臺幣一千萬元以下罰金：

　　一　非第四條第二項規定之受託機構而擔任受託機構，且發行受益證券。

　　二　違反第九條第二項規定，受託機構未經主管機關核准或向主管機關申報生效，而發行受益證券。

　　三　違反第七十三條第二項規定，未經主管機關核准或向主管機關申報生效，而發行資產基礎證券。

第一百零九條　（罰則㈡）

　　有下列情事之一致生損害於公眾、他人、信託財產或受讓資產者，其行為負責人處六月以上五年以下有期徒刑，得併科新臺幣三百萬元以下罰金：

　　一　依第九條第一項規定所檢附之文件有虛偽或不實之記載。

　　二　創始機構違反第九條第四項規定，提供受託機構之書件或資

料有虛偽或隱匿之情事。

三　依第十七條第一項或第三項規定提供之公開說明書或投資說明書應記載之主要內容有虛偽或隱匿之情事。

四　信託監察人或受益人會議依第二十七條第一項規定選定之人，於執行受益人會議決議時，意圖為自己或第三人不法之利益而為違背職務之行為，致生損害於信託財產。

五　違反第三十六條第二項規定。

六　依第七十三條第一項規定所檢附之文件有虛偽或不實之記載。

七　創始機構違反第七十三條第四項規定，提供特殊目的公司之書件或資料有虛偽或隱匿之情事。

八　違反第九十一條第二項規定。

九　依第一百零一條準用第十七條第一項或第三項規定提供之公開說明書或投資說明書應記載之主要內容有虛偽或隱匿之情事。

十　違反第一百零四條規定，有虛偽或隱匿之情事。

第一百十條　（罰則㈢）

有下列情事之一者，其行為負責人處三年以下有期徒刑、拘役或科或併科新臺幣三百萬元以下罰金：

一　違反第十七條第二項或第五項準用第二項規定，對非特定人公開招募受益證券。

二　違反第一百零一條準用第十七條第二項或第五項規定，對非特定人公開招募資產基礎證券。

第一百十一條　（罰則㈣）

有下列情事之一者，其行為負責人處一年以下有期徒刑、拘役或科或併科新臺幣三百萬元以下罰金：

一　違反第十七條第一項或第三項規定，未依證券主管機關或主管機關規定之方式提供公開說明書或投資說明書。

二　違反第一百零一條準用第十七條第一項或第三項規定，未依證券主管機關或主管機關規定之方式提供公開說明書或投資說明書。

第一百十二條　（罰則㈤）

有下列情事之一者，處新臺幣二百萬元以上一千萬元以下罰鍰：

一　違反第十一條第一項規定。

二　違反第十四條規定。

三　信託監察人違反第二十三條第二項規定，無正當理由，未出席受益人會議。

四　信託監察人違反第二十六條第四項規定，無正當理由，未出席特定種類受益人會議。

五　違反第二十八條第二項規定。

六　違反第三十條規定擔任信託監察人。

七　信託監察人違反第三十一條第二項規定，無正當事由，拒絕為受益人行使其權利。

八　違反第八十七條規定。

九　違反第一百零一條準用第十一條第一項規定。

第一百十三條　（罰則㈥）

有下列情事之一者，處新臺幣一百萬元以上五百萬元以下罰鍰：

一　違反第十二條規定，未於期限內向主管機關申報。

二　違反第二十八條第三項規定，未於期限內為書面通知。

三　違反第三十四條第一項規定。

四　違反第三十五條第一項或第二項規定。

五　違反第四十二條第二項規定，拒絕請求。

六　違反第四十八條第一項規定。

七　違反第八十四條第一項或第三項規定。

八　違反第一百零一條準用第十二條規定，未於期限內向主管機關申報。

九　違反第一百零一條準用第四十二條第二項規定，拒絕請求。

第一百十四條　（罰則㈦）

有下列情事之一者，處新臺幣六十萬元以上三百萬元以下罰鍰：

一　違反第九條第三項規定。

二　違反第三十六條第一項規定，未向信託監察人報告。

三　違反第三十七條規定。

四　違反第九十一條第一項規定，未向監督機構報告。

五　對於主管機關依第一百零五條第一項規定所為之檢查，有規避、拒絕或妨礙之行為，或未於期限內據實提報資料或報告。

六　違反主管機關依第一百零六條第一項或第二項規定所為之處分或準用信託業法第四十四條規定所為之處分。

七　未依第一百零七條第一項準用信託業法第四十一條辦理申報

或公告，或未依第一百零七條第二項規定為通知，或未依第一百零七條第三項規定為申報、通知或公告。

第一百十五條 （罰則（八））

違反本條例或依本條例授權所定命令中有關強制或禁止規定，或應為一定行為而不為者，除本條例或相關稅法另有處罰規定而應從其規定者外，處新臺幣六十萬元以上三百萬元以下罰鍰。

第一百十六條 （罰則（九））

法人之負責人、代理人、受雇人或其他職員，因執行業務違反本條例規定，除依本章規定處罰該行為人外，對於該法人亦科以該條之罰鍰或罰金。

第一百十七條 （罰鍰之強制執行）

依本條例所處之罰鍰，經限期繳納而屆期不繳納者，自逾期之日起，每日加收滯納金百分之一；屆三十日仍不繳納者，依法移送強制執行。

第七章 附　則

第一百十八條 （施行細則之訂定）

本條例施行細則，由主管機關定之。

第一百十九條 （施行日期）

本條例自公布日施行。

票券金融管理法

民國九十年七月九日總統令公布
九十三年二月四日總統令修正公布
九十四年五月十八日總統令修正公布
九十五年五月三十日總統令修正公布
九十九年六月九日總統令修正公布第三條條文

第一章　總　　則

第一條　（立法目的）

為加強票券商之監督及管理，配合國家金融政策，促進貨幣市場之健全發展，並保障市場交易人之權益，特制定本法。

第二條　（法律之適用）

票券商及票券金融相關事項之管理，依本法之規定；本法未規定者，適用其他有關法律之規定。

第三條　（主管機關）

本法所稱主管機關，為行政院金融監督管理委員會。

第四條　（用詞定義）

本法用詞定義如下：

一　短期票券：指期限在一年期以內之下列短期債務憑證：

　㈠國庫券。

　㈡可轉讓銀行定期存單。

　㈢公司及公營事業機構發行之本票或匯票。

　㈣其他經主管機關核准之短期債務憑證。

二　票券金融業務：指短期票券之簽證、承銷、經紀或自營業務。

三　票券金融公司：指經主管機關許可，為經營票券金融業務而設立之股份有限公司。

四　票券商：指票券金融公司及經主管機關許可兼營票券金融業務之金融機構。

五　簽證：指票券商接受發行人之委託，對於其發行之短期票券、債券，核對簽章，並對應記載事項加以審核，簽章證明之行為。

六　承銷：指票券商接受發行人之委託，依約定包銷或代銷其發行之短期票券、債券之行為。

七　經紀：指票券商接受客戶之委託，以行紀或居間買賣短期票券、債券之行為。

八　自營：指以交易商之名義，為自己之計算，與客戶從事買賣短期票券、債券之行為。

九　附買回或附賣回條件交易：指買賣雙方約定，由出賣人或買受人於約定日依約定價格買回或賣回原短期票券、債券之交易。

第五條　（不得簽證、承銷等之票券及其除外規定）

票券商不得簽證、承銷、經紀或買賣發行人未經信用評等機構評等之短期票券。但下列票券，不在此限：

一　國庫券。

二　基於商品交易或勞務提供而產生，且經受款人背書之本票或匯票。

三　經金融機構保證，且該金融機構經信用評等機構評等之短期票券。

第六條　（非票券商之禁止規定）

非票券商，不得經營短期票券之簽證、承銷、經紀或自營業務。

第七條　（經營短期票券機構之申請許可及應遵行事項辦法之訂定）

①經營短期票券集中保管、結算、清算之機構，應經主管機關許可。但涉及大額資金移轉帳務清算之業務，並應經中央銀行許可。

②前項申請許可之條件與程序、廢止許可之條件、業務、財務與人員之管理及其他應遵行事項之辦法，由主管機關會商中央銀行定之。

第八條　（名稱專用權）

①非票券商，不得使用易於使人誤認其為票券商之名稱。

②票券金融公司應於其名稱中標明「票券金融」之文字。

第九條　（最低實收資本額及增資）

①票券金融公司之最低實收資本額，由主管機關審酌經濟發展情形核定或調整之。

②票券金融公司之最低實收資本額未達主管機關依前項規定核定或調整之金額者，主管機關應限期命其辦理增資；屆期未完成增資者，廢止其許可。

第十條 （大股東股權變更情形之申報）

①票券金融公司之董事、監察人、經理人及持有票券金融公司已發行有表決權股份總數超過百分之十者，應於每月五日以前，將其上月份持股之變動情形通知公司；公司應於每月十五日以前，彙總向主管機關或主管機關指定之機構申報。

②前項規定之人持有之股份，包括其配偶、未成年子女及利用他人名義持有者在內。

③第一項之股票經設定質權者，出質人應即通知公司；公司應於其質權設定後五日內，將其出質情形，向主管機關或主管機關指定之機構申報。

第十一條 （負責人及職員之資格及職務上之禁止規定）

①票券商負責人應具備之資格條件及其他應遵行事項，由主管機關以準則定之。

②票券商負責人及職員不得以任何名義，向被保證人、交易對象或其他客戶收受佣金、酬金或其他不當利益。

③票券金融公司負責人及職員，不得兼任其他票券金融公司或金融機構任何職務。但因投資關係，並經主管機關核准者，得兼任其他票券金融公司或金融機構之董事或監察人。

第十二條 （業務人員之資格及執行職務）

①票券商業務人員非經向票券金融商業同業公會登記，不得執行職務。

②票券商業務人員應具備之資格條件、登記、訓練及其他管理事項，由主管機關以規則定之。

③本法施行前已擔任票券商業務人員者，應自本法施行之日起六個月內，向票券金融商業同業公會辦理登記，始得繼續執行職務；屆期未辦理登記者，不得繼續執行職務。

④已依前項規定登記繼續執行職務之票券商業務人員，應自本法施行之日起三年內，取得第二項規則所定應具備之資格條件；屆期未取得者，由票券金融商業同業公會廢止其登記。

第二章　設立及變更

第十三條 （申請書記載之事項）

設立票券金融公司者，應填具申請書，載明下列事項，申請主管機關許可：

一 票券金融公司之名稱。

二 實收資本總額。

三 營業計畫。

四 本公司及分公司所在地。

五 發起人姓名、住（居）所、履歷及認股金額。

第十四條 （申請設立標準）

依前條規定申請許可之條件、程序、最低實收資本額、發起人之資格條件、營業計畫及其他應遵行事項，由主管機關以設立標準定之。

第十五條 （核發營業執照之程序）

經主管機關許可設立票券金融公司者，應依公司法之規定設立公司；並於收足資本全額及辦妥公司登記後，再檢附下列書件，申請主管機關核發營業執照：

一 公司登記證件。

二 驗資證明書。

三 繳存保證金之證明。

四 公司章程。

五 股東名冊及股東會會議紀錄。

六 董事名冊及董事會會議紀錄。設有常務董事者，其常務董事名冊及常務董事會會議紀錄。

七 監察人名冊及監察人會議紀錄。

八 其他經主管機關規定應提出之書件。

第十六條 （分公司及非營業用辦公場所之核准）

①票券金融公司本公司及其分公司非經主管機關核發營業執照，不得開始營業。

②票券金融公司分公司之設立、遷移、停業、復業或裁撤，應經主管機關核准；其辦法，由主管機關定之。

③票券金融公司非營業用辦公場所之設立、遷移或裁撤，應經主管機關核准；其辦法，由主管機關定之。

第十七條 （金融機構兼營票券業務之許可）

金融機構兼營票券金融業務者，應申請主管機關許可；申請許可之條件、應備文件、業務範圍及其他應遵行事項之辦法，由主管機關定之。

第十八條 （營業執照記載事項之公告）

票券金融公司本公司或其分公司開始營業時，應將主管機關所發營

業執照記載之事項，於其所在地公告之。

第十九條　（變更之核准）

票券金融公司下列事項之變更，應經主管機關核准：

一　公司名稱。

二　實收資本額。

三　總經理。

四　本公司所在地。

五　主管機關指定之其他事項。

第二十條　（營業執照之換發）

票券金融公司營業執照所載事項有變更者，應向主管機關申請換發。

第三章　業　　務

第二十一條　（業務範圍）

①票券金融公司得經營之業務項目，由主管機關於下列範圍內就其本公司、分公司分別核定，並於營業執照載明之：

一　短期票券之簽證、承銷業務。

二　金融債券之簽證、承銷業務。

三　短期票券之經紀、自營業務。

四　金融債券之經紀、自營業務。

五　政府債券之經紀、自營業務。

六　短期票券之保證、背書業務。

七　企業財務之諮詢服務業務。

八　經主管機關核准辦理之其他有關業務。

②前項業務，涉及外匯業務之經營者，應經中央銀行許可；涉及政府債券或公司債者，應經證券主管機關許可。

③票券金融公司不得經營未經主管機關核定之業務。

第二十二條　（相關資料之記錄）

①票券金融公司辦理前條第一項短期票券或債券之簽證、承銷、經紀或自營業務，應詳實記錄交易之時間、種類、數量、金額及顧客名稱。

②兼營票券金融業務之金融機構辦理票券金融業務，準用前項之規定。

第二十三條　（短期票券最低買賣面額及經票券商承銷本票發行面額之訂定）

①票券商從事短期票券之買賣，其最低買賣面額，由主管機關會商中央銀行定之。

②經票券商承銷之本票；其發行面額，由主管機關會商中央銀行定之。

第二十四條　（票券金融公司之義務）

①票券金融公司辦理第二十一條第一項短期票券或債券之自營業務，應依主管機關規定之方式揭露買賣價格。

②票券金融公司對買賣價格及額度已承諾者，負有依該價格及額度進行交易之義務。

③前二項規定，於兼營票券金融業務之金融機構辦理短期票券之自營業務，準用之。

第二十五條　（保密原則）

票券商辦理短期票券或債券之簽證、承銷、經紀、自營、保證、背書或其他業務等，對於顧客之財務、業務或交易有關資料，除其他法律或主管機關另有規定者外，應守秘密。

第二十六條　（短期票券之發行）

①短期票券得以債券或登記形式發行。

②票券商出售債券形式發行之短期票券，應於交易當日，將債券交付買受人，或將其交由買受人委託之其他銀行或集中保管機構保管，票券商不得代為保管。

③前項集中保管機構保管之短期票券，其買賣之交割，得以帳簿劃撥方式為之；其作業辦法，由主管機關會商中央銀行定之。

④以集中保管機構保管之短期票券為設質之標的者，其設質之交付，得以帳簿劃撥方式為之，不適用民法第九百零八條之規定。

⑤短期票券以登記形式發行者，其買賣之交割，得以帳簿劃撥方式為之；其發行、登記及帳簿劃撥作業辦法，由主管機關會商中央銀行定之。

⑥前項以登記形式發行之短期票券，其轉讓、繼承或設定質權，非依主管機關依前項所定辦法之規定辦理登記，不得對抗第三人。

第二十七條　（簽證）

①票券商辦理簽證，應盡善良管理人之注意。

②應經票券商簽證之短期票券種類，由主管機關定之。

第二十八條　（短期票券之買賣條件、同類交易對象、持有總額及一定等級之限制）

①票券商買賣或持有下列企業所發行之短期票券、債券，其買賣條件

不得優於其他同類交易對象，且應經由信用評等機構評等為一定等級以上之其他金融機構保證或承兌；未經保證或承兌者，其發行人應經信用評等機構評等為一定等級以上；其持有總額並應受一定之限制。但銀行發行之可轉讓定期存單及金融債券，不在此限：

一　以法人身分或推由其代表人當選為票券商董事或監察人之企業。

二　持有票券商實收資本額百分之三以上之股東或票券商負責人擔任董事、監察人或經理人之企業。

②前項買賣條件、同類交易對象、持有總額限制及一定等級之標準，由主管機關會商中央銀行定之。

第二十九條　（徵信調查）

票券商辦理本票之承銷、保證或背書時，應對發行本票之公司詳實辦理徵信調查，查證其發行計畫及償還財源，並取得經會計師查核簽證之財務報表及查核報告書，以決定承銷、保證或背書金額。但承銷之本票經其他金融機構保證者，不在此限。

第三十條　（同一企業、同一關係人、同一關係企業之範圍）

①主管機關對於票券金融公司就同一企業、同一關係人或同一關係企業辦理短期票券之保證、背書，得予合理限制；其限額，由主管機關定之。

②前項所稱同一關係企業之範圍，依公司法第三百六十九條之一至第三百六十九條之三、第三百六十九條之九及第三百六十九條之十一規定；所稱同一關係人，指票券金融公司為保證之企業及與該企業有下列各款關係之一之他企業：

一　該企業與他企業之董事長或總經理為同一人，或有配偶、直系血親關係者。

二　該企業與他企業之保證人或擔保品提供者為同一人或有二人以上相同者。

三　他企業為該企業之保證人或擔保品提供者。

③前項第二款所稱同一人，指同一自然人或同一法人；第二款及第三款所稱保證人，不包括各級政府公庫主管機關或經政府核准設立之信用保證機構。

第三十一條　（短期票券之保證及背書總餘額之訂定及限制）

①票券金融公司辦理短期票券之保證、背書總餘額，由主管機關會商中央銀行定之。

②為健全票券金融公司之經營，主管機關於必要時，經會商中央銀行後，得限制票券金融公司對特定行業所發行短期票券保證、背書之總餘額。

第四章　財　務

第三十二條　（票券金融公司內部處理制度及程序之建立）

票券金融公司對資產品質之評估、損失準備之提列、逾期授信催收款之清理及呆帳之轉銷，應建立內部處理制度及程序；其辦法，由主管機關定之。

第三十三條　（票券商業務、財務比率之上下限）

①為健全票券商財務結構，主管機關於必要時，經會商中央銀行後，得就票券商各項業務、財務比率，定其上限或下限。

②票券商各項業務、財務實際比率未符主管機關依前項規定所定上限或下限者，主管機關得限制其盈餘分配或為其他必要之處置。

第三十四條　（法定盈餘公積、特別盈餘公積）

①票券金融公司完納一切稅捐後分派盈餘時，應先提百分之三十為法定盈餘公積。法定盈餘公積未達實收資本額前，其最高現金盈餘分配，不得超過實收資本額之百分之十五。

②法定盈餘公積已達其實收資本額時，得不受前項規定之限制。

③除法定盈餘公積外，票券金融公司得於章程規定或經股東會決議，另提特別盈餘公積。

第三十五條　（年報之編製、公告及簽證）

①票券金融公司每屆營業年度終了，應編製年報，並應將營業報告書、資產負債表、財產目錄、損益表、股東權益變動表、現金流量表、盈餘分配或虧損撥補之決議及其他經主管機關指定之項目，於股東會承認後十五日內，分別報請主管機關及中央銀行備查；年報應記載事項，由主管機關定之。

②票券金融公司應將資產負債表、損益表、股東權益變動表、現金流量表及其他經主管機關指定之項目，於其本公司所在地之日報或依主管機關指定之方式公告。但已符合證券交易法第三十六條規定者，得免辦理公告。

③前項應行公告之報表及項目，應經會計師查核簽證。

第三十六條　（保證金之範圍及管理）

票券商應以現金、政府債券、經中央銀行認可之金融債券、公司債或其他債、票券，存儲於中央銀行或中央銀行指定之銀行作為保證金；保證金之金額、用途及管理事項，由主管機關會商中央銀行定之。

第三十七條 （拆款或融資之期限及總餘額）

票券金融公司向其他金融機構拆款或融資之期限及總餘額，由主管機關會商中央銀行定之。

第三十八條 （條件交易）

①票券商以附買回或附賣回條件方式所辦理之交易，應以書面約定交易條件，並訂定買回或賣回之日期。

②前項以附買回或附賣回條件方式辦理之交易餘額，由主管機關會商中央銀行定之。

第三十九條 （公司債總額之訂定）

票券金融公司發行公司債之總額，由主管機關會商中央銀行定之，不受公司法第二百四十七條及證券交易法第二十八條之四規定之限制。

第四十條 （投資之管理）

①票券金融公司不得投資於其他企業。但為配合政府經濟發展計畫或金融政策，經主管機關核准投資於金融相關事業、與其業務密切關聯之企業或於本法施行前經主管機關核准投資者，不在此限；其投資之對象、限額、管理及其他應遵行事項之辦法，由主管機關定之。

②票券金融公司投資債券及從事衍生性金融商品交易之種類、限額、管理及其他應遵行事項之辦法，由主管機關會商中央銀行定之。

③票券金融公司對自用不動產之投資，不得超過其於投資該項不動產時淨值之百分之三十。

④票券金融公司不得投資非自用不動產。但下列情形不在此限：

　　一　營業所在地不動產主要部分為自用者。

　　二　為短期內自用需要而預購者。

　　三　原有不動產就地重建主要部分為自用者。

⑤票券金融公司依前項但書規定投資非自用不動產總金額，不得超過其淨值之百分之十，且與自用不動產投資合計之總金額，不得超過其於投資該項不動產時淨值之百分之三十。

⑥票券金融公司與其持有實收資本總額百分之三以上之企業，或與本公司負責人、職員或主要股東，或與本公司負責人之利害關係人為

不動產交易時，須合於營業常規，並應經董事會三分之二以上董事之出席及出席董事四分之三以上同意。

第四十一條 （自有資本與風險性資產）

①票券金融公司自有資本與風險性資產之比率，不得低於百分之八；票券金融公司經主管機關規定應編製合併報表時，其合併後之自有資本與風險性資產之比率，亦同。

②前項自有資本與風險性資產之範圍及計算方法，由主管機關以辦法定之。為健全票券金融公司之經營，主管機關於必要時，得對票券金融公司之風險性資產予以限制。

③票券金融公司自有資本與風險性資產之實際比率低於第一項規定者，主管機關得限制其盈餘分配，並為其他必要之處置或限制；其辦法，由主管機關定之。

第四十二條 （會計制度之訂定與備查）

票券商之會計制度，應由票券金融商業同業公會依有關法令之規定訂定，並報請主管機關備查。

第五章　票券商之監督及管理

第四十三條 （內部控制及稽核制度之建立）

票券商應建立內部控制及稽核制度；其實施辦法，由主管機關定之。

第四十四條 （資料提供義務）

①票券商應依主管機關或中央銀行之要求，於限期內據實提供有關其營運狀況之表報、報告或資料。

②主管機關於必要時，得命票券商之關係人，於限期內據實提報財務報告、財產目錄或其他有關資料及報告。

第四十五條 （檢查之實施）

①主管機關得隨時派員，或委託適當機構，檢查票券商或其關係人之業務、財務及其他有關事項。

②主管機關於必要時，得指定專門職業及技術人員，為前項規定事項之檢查，並向主管機關據實提出報告；其費用，由票券商負擔。

第四十六條 （缺失或改善情形之提報及追蹤）

①票券商對於主管機關對其缺失所為之處分或命其改善事項，應即研提具體改善措施，並將已執行情形或預計執行事項，提報董事會。

②前項會議應通知監察人列席，並責其追蹤考核。

③前二條及前二項規定，於第七條第一項之機構準用之。

第四十七條 （財務報表及虧損之函報）

①票券金融公司累積虧損逾實收資本額五分之一者，應即將財務報表及虧損原因，函報主管機關及中央銀行。

②主管機關對有前項情形之票券金融公司，得限期命其補足資本，或限制其營業；屆期未補足者，得勒令其停業。

第四十八條 （減資及限制認購）

①票券金融公司經主管機關核准，得以含當年度虧損之累積虧損，於當年度辦理減少資本，銷除股份。

②票券金融公司於主管機關派員監管、接管或勒令停業進行清理期間發行新股，主管機關得限制原有股東之認購比率。

第四十九條 （授信業務之準用）

票券金融公司辦理短期票券保證、背書之授信業務，準用銀行法第三十二條至第三十三條之二、第三十三條之四及第三十三條之五規定。

第五十條 （處分期限之準用）

票券金融公司因行使質權或抵押權而取得之股票或不動產，除符合第四十條規定者外，其處分期限準用銀行法第七十六條規定。

第五十一條 （違反法令章程之準用）

票券金融公司違反法令、章程或有礙健全經營之虞時，準用銀行法第六十一條之一規定。

第五十二條 （不能支付債務或有損客戶利益之準用）

票券金融公司因業務或財務狀況顯著惡化，不能支付其債務或有損及客戶利益之虞時，準用銀行法第六十二條至第六十二條之九規定。

第五十三條 （停業解散之準用）

票券金融公司之停業、解散，準用銀行法第六十一條及第六十五條至第六十九條規定。

第六章 票券金融商業同業公會

第五十四條 （加入公會）

票券商應申請加入票券金融商業同業公會；公會非有正當理由，不得拒絕其加入，或就其加入附加不當之條件。

第五十五條 （公會辦理之事項）

票券金融商業同業公會為會員之健全經營及維護同業聲譽，應辦理下列事項：

一　協助主管機關推行、研究金融政策及法令。

二　訂定共同性業務規章或自律公約，並報請主管機關備查。

三　就會員所經營業務，為必要指導或調處其間之糾紛。

四　主管機關指定辦理之事項。

五　其他為達成公會任務之必要業務。

第五十六條　（公會之監督）

①票券金融商業同業公會之業務，應受主管機關之指導及監督。

②票券金融商業同業公會之理事、監事有違反法令、章程，怠於實施該會應辦理事項，濫用職權，或違反誠實信用原則之行為者，主管機關得予以糾正，或命令票券金融商業同業公會予以解任。

第五十七條　（公會章程變更及會議紀錄之備查）

票券金融商業同業公會章程之變更及理事、監事會議紀錄，應報請主管機關備查。

第七章　罰　　則

第五十八條　（罰則㈠）

①票券金融公司負責人或職員，意圖為自己或第三人不法之利益，或損害公司之利益，而為違背其職務之行為，致生損害於公司之財產或其他利益者，處三年以上十年以下有期徒刑，得併科新臺幣一千萬元以上二億元以下罰金。其犯罪所得達新臺幣一億元以上者，處七年以上有期徒刑，得併科新臺幣二千五百萬元以上五億元以下罰金。

②票券金融公司負責人或職員，二人以上共同實施前項犯罪之行為者，得加重其刑至二分之一。

③第一項之未遂犯罰之。

第五十八條之一　（罰則㈡）

①意圖為自己或第三人不法之所有，以詐術使票券金融公司將公司或第三人之財物交付，或以不正方法將虛偽資料或不正指令輸入票券金融公司電腦或其相關設備，製作財產權之得喪、變更紀錄而取得他人財產，其犯罪所得達新臺幣一億元以上者，處三年以上十年以下有期徒刑，得併科新臺幣一千萬元以上二億元以下罰金。

②以前項方法得財產上不法之利益或使第三人得之者，亦同。

③前二項之未遂犯罰之。

第五十八條之二　（減輕、免除或加重其刑之規定）

①犯第五十八條或第五十八條之一之罪，於犯罪後自首，如有犯罪所得並自動繳交全部所得財物者，減輕或免除其刑；並因而查獲其他正犯或共犯者，免除其刑。

②犯第五十八條或第五十八條之一之罪，在偵查中自白，如有犯罪所得並自動繳交全部所得財物者，減輕其刑；並因而查獲其他正犯或共犯者，減輕其刑至二分之一。

③犯第五十八條第一項、第五十八條之一第一項、第二項之罪，其犯罪所得利益超過罰金最高額時，得於所得利益之範圍內加重罰金；如損及金融市場穩定者，加重其刑至二分之一。

第五十八條之三　（得撤銷之情形）

①第五十八條第一項之票券金融公司負責人、職員或第五十八條之一第一項之行為人所為之無償行為，有害及票券金融公司之權利者，票券金融公司得聲請法院撤銷之。

②前項之票券金融公司負責人、職員或行為人所為之有償行為，於行為時明知有損害於票券金融公司之權利，且受益人於受益時亦知其情事者，票券金融公司得聲請法院撤銷之。

③依前二項規定聲請法院撤銷時，得並聲請命受益人或轉得人回復原狀。但轉得人於轉得時不知有撤銷原因者，不在此限。

④第一項之票券金融公司負責人、職員或行為人與其配偶、直系親屬、同居親屬、家長或家屬間所為之處分其財產行為，均視為無償行為。

⑤第一項之票券金融公司負責人、職員或行為人與前項以外之人所為之處分其財產行為，推定為無償行為。

⑥第一項及第二項之撤銷權，自票券金融公司知有撤銷原因時起，一年間不行使，或自行為時起經過十年而消滅。

第五十八條之四　（重大犯罪之法規適用）

第五十八條第一項及第五十八條之一第一項之罪，為洗錢防制法第三條第一項所定之重大犯罪，適用洗錢防制法之相關規定。

第五十九條　（罰則（三））

①違反主管機關依第五十二條準用銀行法第六十二條第一項規定所為之處置，足以生損害於公眾或他人者，其行為負責人處一年以上七年以下有期徒刑，得併科新臺幣二千萬元以下罰金。

②票券金融公司於主管機關派員監管、接管或勒令停業進行清理時，其負責人或職員有下列情形之一者，處一年以上七年以下有期徒刑，得併科新臺幣二千萬元以下罰金：

一　於主管機關指定期限內，拒絕將公司業務、財務有關之帳冊、文件、印章及財產等列表移交予主管機關指定之監管人、接管人或清理人，或拒絕將債權、債務有關之必要事項告知或拒絕其要求不為進行監管、接管或清理之必要行為。

二　隱匿或毀損有關公司業務或財務狀況之帳冊文件。

三　隱匿或毀損公司財產或為其他不利於債權人之處分。

四　對主管機關指定之監管人、接管人或清理人之詢問，無正當理由不為答復或為虛偽之陳述。

五　捏造債務或承認不真實之債務。

第六十條　（罰則四）

①票券金融公司違反第四十九條準用銀行法第三十二條、第三十三條、第三十三條之二或第三十三條之四規定者，其行為負責人，處三年以下有期徒刑、拘役或科或併科新臺幣五百萬元以上二千五百萬元以下罰金。

②票券金融公司依第四十九條準用銀行法第三十三條第一項規定辦理授信達主管機關規定金額以上，未經董事會三分之二以上董事之出席及出席董事四分之三以上同意者，或違反主管機關依第四十九條準用銀行法第三十三條第二項有關授信限額、授信總餘額之規定者，其行為負責人處新臺幣二百萬元以上一千萬元以下罰鍰，不適用前項規定。

第六十一條　（罰則五）

違反第六條或第八條第一項規定者，處三年以下有期徒刑、拘役或科或併科新臺幣五百萬元以下罰金。

第六十二條　（罰則六）

票券商負責人或職員違反第十一條第二項規定者，處三年以下有期徒刑、拘役或科或併科新臺幣五百萬元以下罰金。

第六十三條　（罰則七）

票券金融公司負責人或職員違反第十一條第三項規定兼職者，處新臺幣二百萬元以上一千萬元以下罰鍰；其兼職係經票券金融公司指派者，受罰人為票券金融公司。

第六十四條　（罰則八）

有下列情事之一者，處新臺幣二百萬元以上一千萬元以下罰鍰：

一　違反第十六條第一項規定。

二　違反第十九條規定。

三　違反第二十一條第三項規定，經營未經主管機關核定之業務。

四　違反第二十八條第一項規定。

五　違反主管機關依第三十條第一項規定所為之限制。

六　違反主管機關依第三十一條第一項規定所定之總餘額。

七　違反主管機關依第三十三條規定所定之業務、財務比率或所為之限制或處置。

八　違反主管機關依第四十一條規定所定之比率或所為之限制或處置。

九　違反第四十三條規定，未建立內部控制及稽核制度或未確實執行。

十　違反第四十七條第一項規定，未立即函報財務報表及虧損原因；或同條第二項規定，未於限期內補足資本，或未依限制營業、勒令停業之處分辦理。

第六十五條　　（罰則（九））

① 票券商或其關係人，於主管機關依第四十四條規定，要求其於限期內據實提出表報、報告或其他有關資料；或依第四十五條規定，派員或委託適當機構，或指定專門職業及技術人員，檢查業務、財務及其他有關事項時，其負責人或職員有下列情形之一者，處票券商或其關係人新臺幣二百萬元以上一千萬元以下罰鍰：

一　拒絕檢查或拒絕開啟金庫或其他庫房。

二　隱匿或毀損有關業務或財務狀況之帳冊文件。

三　對檢查人員之詢問，無正當理由不為答復或答復不實。

四　逾期提報主管機關所指定之表報、報告或資料，或提報不實、不全或未於規定期限內繳納查核費用。

② 短期票券集中保管、結算、清算機構之負責人、職員或其關係人，有前項所列各款情形之一者，依前項規定處罰。

第六十六條　　（罰則（十））

有下列情事之一者，處新臺幣一百萬元以上五百萬元以下罰鍰：

一　僱用未依第十二條第一項或第三項規定向票券金融商業同業公會辦理登記之業務人員執行職務。

二　違反第二十四條第二項規定。

　三　違反第二十六條第二項規定。

　四　違反第二十九條規定。

　五　違反主管機關依第三十一條第二項規定所為之限制。

　六　違反主管機關依第三十七條規定所定之期限及總餘額。

　七　違反第三十八條第一項規定或主管機關依同條第二項規定所定之交易餘額。

　八　違反主管機關依第三十九條規定所定之發行總額。

　九　違反第四十條第一項規定為投資。

　十　違反主管機關依第四十條第二項規定所定辦法中有關強制或禁止規定或應為一定行為而不為。

　十一　違反第四十條第三項至第六項規定為投資。

　十二　違反第五十條準用銀行法第七十六條規定之處分期限。

第六十七條　（罰則(七)）

違反本法或本法授權所定命令中有關強制或禁止規定或應為一定行為而不為者，除本法另有處罰規定而應從其規定外，處新臺幣五十萬元以上二百五十萬元以下罰鍰。

第六十八條　（求償權）

第六十四條至第六十七條所定罰鍰之受罰人受罰後，對應負責之人得行求償。

第六十九條　（處罰機關及請求救濟）

本法所定之罰鍰，由主管機關處罰。受罰人不服者，得依訴願及行政訴訟程序，請求救濟。於訴願及行政訴訟期間，得命提供適額保證，停止執行。

第七十條　（勒令停業）

本法所定之罰鍰，經限期繳納而屆期不繳納者，自逾期之日起，每日加收滯納金百分之一；屆三十日仍不繳納者，移送強制執行，並得由主管機關勒令該票券商或其分公司停業。

第七十一條　（限期不改正之處罰）

票券商經依本章規定處罰後，於規定期限內仍不改正者，得對其同一事實或行為依原處罰鍰按日連續處罰，至依規定改正為止；其情節重大者，並得責令限期撤換負責人或廢止其許可。

第七十一條之一　（沒收）

犯本法之罪，因犯罪所得財物或財產上利益，除應發還被害人或得請求損害賠償之人外，屬於犯人者，沒收之。如全部或一部不能沒

收時，追徵其價額或以其財產抵償之。

第七十一條之二 　（易服勞役）

犯本法之罪，所科罰金達新臺幣五千萬元以上而無力完納者，易服勞役期間為二年以下，其折算標準以罰金總額與二年之日數比例折算；所科罰金達新臺幣一億元以上而無力完納者，易服勞役期間為三年以下，其折算標準以罰金總額與三年之日數比例折算。

第八章　附　　則

第七十二條 　（本法施行前之準用）

本法施行前，已領取營業執照之票券金融公司或經核准兼營票券金融業務之銀行，視為已取得第十三條或第十七條所定之許可。

第七十二條之一 　（專業法庭或專人辦理）

法院為審理違反本法之犯罪案件，得設立專業法庭或指定專人辦理。

第七十三條 　（施行細則之訂定）

本法施行細則，由主管機關定之。

第七十四條 　（施行日期）

①本法自公布日施行。

②本法中華民國九十五年五月五日修正之條文，自中華民國九十五年七月一日施行。

票券金融管理法施行細則

民國九十一年七月二日財政部令發布全文

第一條 （訂定依據）

本細則依票券金融管理法（以下簡稱本法）第七十三條規定訂定之。

第二條 （經信用評等機構評等之定義）

本法第五條及第二十八條第一項所稱經信用評等機構評等，指短期票券、債券之發行人或保證、承兌短期票券、債券發行之金融機構，委託經主管機關認可或證券主管機關核准經營信用評等事業之機構辦理評等，並取得發行當年度或上一年度評等結果。

第三條 （利用他人名義持有之範圍）

本法第十條第二項所稱利用他人名義持有，指具有下列情形之一者：

一　直接或間接提供股份與他人或提供資金與他人購買股份。

二　對他人持有之股份，具有管理、使用或處分之權利。

三　該他人持有股份之利益或損失全部或一部歸屬於本人。

第四條 （與初次往來客戶辦理業務）

①票券金融公司與初次往來客戶辦理本法第二十一條第一項第三款至第五款及第八款所定短期票券、債券之經紀、自營業務或經主管機關核准辦理之其他有關業務時，應對相關身分證明文件，以確定為客戶本人或其負責人親自辦理。但客戶本人或其負責人因故無法親自辦理時，得以書面委託第三人代辦，票券金融公司對於委託書及委託事項之真正，應為必要之查證。

②兼營票券金融業務之金融機構與初次往來客戶辦理短期票券之經紀、自營業務，準用前項規定。

第五條 （買賣價格之定義）

本法第二十四條第一項所稱買賣價格，指買賣參考價格。

第六條 （買賣或持有之範圍）

本法第二十八條所定買賣或持有，不包括代銷及居間。

第七條 （詳實徵信調查前置原則）

票券商辦理非公司組織之公營事業機構發行本票之承銷、保證或背書時，應對該公營事業機構詳實辦理徵信調查，查證其發行計畫及償還財源，並取得經會計師查核簽證之財務報表及查核報告書，或

經審計機關審定之營業決算審定書。但承銷之本票經其他金融機構保證者，不在此限。

第八條 （淨值之定義及現金增資）

①本法第四十條第三項及第五項所稱淨值，指上會計年度決算後淨值，減除經主管機關核准投資其他企業金額後之數額。

②票券金融公司於年度中之現金增資，准予計入淨值計算，並以取得驗資證明書之日為計算基準日。票券金融公司於年度中發放現金股利，其金額應於分派基準日由淨值中減除。

第九條 （自用不動產、非自用不動產、不動產主要部分為自用、短期、主要股東、本公司負責人之利害關係人之定義）

①本法第四十條第三項所稱自用不動產，指票券金融公司營業用辦公場所及主管機關依本法第十六條第三項規定核准設立之非營業用辦公場所。

②本法第四十條第四項所稱非自用不動產，指前項自用不動產以外之不動產。

③本法第四十條第四項第一款及第三款所稱不動產主要部分為自用，指不動產自用面積在百分之五十以上者。原為自用目的而購買之不動產，其後變更為部分非自用者，亦應符合前開比率之規定。

④本法第四十條第四項第二款所稱短期，指自所有權移轉之日起一年以內者。但有特殊事由，經提出自用之具體計畫，並檢附相關證明文件，經主管機關核准者，最長得延長至二年。

⑤本法第四十條第六項所稱主要股東，指持有票券金融公司發行股份總數百分之一以上者；主要股東為自然人時，本人之配偶及其未成年子女之持股，應計入本人之持股。

⑥本法第四十條第六項所稱本公司負責人之利害關係人，指具有下列情形之一者：

　　一　票券金融公司負責人之配偶、三親等以內之血親或二親等以內之姻親。

　　二　票券金融公司負責人或前款有利害關係者獨資、合夥經營之事業。

　　三　票券金融公司負責人或第一款有利害關係者單獨或合計持有超過公司已發行股份總數或資本總額百分之十之企業。

　　四　票券金融公司負責人或第一款有利害關係者為董事、監察人或經理人之企業。但其董事、監察人或經理人係因投資關係，

經主管機關核准而兼任者，不在此限。

　五　票券金融公司負責人或第一款有利害關係者為代表人、管理人之法人或其他團體。

第十條　（施行日期）

　本細則自發布日施行。

票券金融公司設立標準

民國九十一年一月八日財政部令發布
九十八年十一月二十日行政院金融監督管理委員會令修正發布第九、一七條條文
九十九年二月四日行政院金融監督管理委員會令修正發布第九條條文

第一條 （訂定依據）

　　本標準依票券金融管理法（以下簡稱本法）第十四條規定訂定之。

第二條 （最低實收資本額限制）

　　申請設立票券金融公司，其最低實收資本額為新臺幣二十億元，發起人及股東之出資以現金為限。

第三條 （發行股份總額之認足）

①票券金融公司之發起人應於發起時，按實收資本額一次認足發行股份之總額，並依認股比率至少繳足百分之二十股款。

②發起人已認而未繳股款者，應由其他發起人連帶認繳；其已認而經撤回者，亦同。

第四條 （票券金融公司發起人之特別限制）

　　票券金融公司發起人不得有票券商負責人及業務人員管理規則（以下簡稱管理規則）第四條第一項所列情事。

第五條 （申請設立應檢具之文件）

　　申請設立票券金融公司，應由發起人檢具下列書件各三份，向主管機關申請設立許可：

　一　票券金融公司設立許可申請書。

　二　營業計畫書：載明業務之範圍、業務經營之原則與方針及其體執行之方法（包括場所設施、內部組織分工、人員招募培訓、業務發展計畫及未來三年財務預測）。

　三　發起人名冊及證明文件。

　四　發起人會議紀錄。

　五　發起人無管理規則第四條第一項所列情事之書面聲明。

　六　發起人依第六條第一項規定開設專戶存儲股款之證明。

　七　發起人之資金來源說明。

　八　預定總經理、副總經理、總稽核之資格證明。

　九　公司章程，應含董事會之職責及其與經理部門職權之劃分。

　　十　會計師及律師之審查意見。

　　十一　其他經主管機關規定應提出之文件。

第六條　（股款代收之委託及動支限制）

①申請設立票券金融公司者，應委託銀行代收股款，並以籌備處名義開設專戶存儲。

②前項專戶存儲之股款，於開始營業前不得動支。但於取得設立許可後，有下列情形之一者，不在此限：

　　一　經發起人選出之董事及監察人全體同意，就發起人所繳股款範圍內購置營業上必要之資產及支付開辦費者。

　　二　取得公司登記證明文件後，依本法第三十六條規定存儲保證金或購買短期票券、金融債券及政府債券者。

第七條　（不予許可設立之情形）

申請設立票券金融公司，有下列情形之一者，主管機關得不予許可：

　　一　申請文件內容有虛偽不實者。

　　二　經主管機關限期補正事項未補正者。

　　三　經主管機關認定無法健全有效經營者。

　　四　其他不符合本標準規定者。

第八條　（主要業務電腦作業設施）

票券金融公司經許可設立者，應於開始營業前完成主要業務電腦作業設施。

第九條　（廢止許可設立及其例外）

①票券金融公司之設立，於公司設立登記前，發起人有變更者，主管機關得廢止其許可。但有下列情形之一，並於事實發生後十四日內報請主管機關核准變更，不在此限：

　　一　發起人失蹤、死亡者。

　　二　發起人受監護或輔助宣告尚未撤銷者。

　　三　發起人於提出設立申請後，經發現有管理規則第四條第一項所列情事者。

　　四　發起人為公司，經法院裁定重整，或有其他重大喪失債信情事者。

②發起人以外之事項有變更者，應載明正當理由，事先報請主管機關核准。但依其情形不能事先報請核准者，應於事實發生後十四日內報請主管機關核准。未報經核准者，主管機關得廢止其許可。

第十條　（申請公司登記及核發營業執照）

①設立票券金融公司者，應於主管機關許可後六個月內向經濟部申請公司設立登記，並於辦妥公司設立登記後三個月內，檢具下列書件各三份，向主管機關申請核發營業執照：

一　營業執照申請書。

二　公司登記證明文件。

三　驗資證明書。

四　依本法第三十六條規定存儲保證金之證明。

五　公司章程。

六　發起人會議紀錄。

七　股東名冊及股東會議紀錄。

八　董事名冊及董事會議紀錄；設有常務董事者，其常務董事名冊及常務董事會議紀錄。

九　監察人名冊。

十　董事、監察人及經理人無管理規則第四條第一項所列情事之書面聲明。

十一　經理人與業務人員名冊及其資格證明文件。

十二　業務章則及業務流程。

十三　十四日以上之模擬營業操作紀錄。

十四　其他經主管機關規定應提出之文件。

②前項申請公司登記期限或申請核發營業執照期限屆滿前，如有正當理由，得申請延展；其期限不得超過三個月，並各以一次為限。未經核准延展者，主管機關得廢止其許可。

第十一條 　（業務章則之項目）

前條第一項第十二款所稱業務章則，包括下列項目：

一　組織結構及部門職掌。

二　人員配置、管理及培訓。

三　內部控制制度（包括業務管理及會計制度）。

四　內部稽核制度。

五　營業之原則及政策。

六　作業手冊及權責劃分。

七　其他事項。

第十二條 　（取照後六個月未開始營業之廢止設立）

票券金融公司經核發營業執照後，滿六個月尚未開始營業者，主管機關應廢止其設立之許可，限期繳銷執照，並通知經濟部。但有正

當理由，經主管機關核准者，得予延展；其期限不得超過六個月，並以一次為限。

第十三條 （分公司之設立）

申請設立票券金融公司，得同時申請設立一家分公司。

第十四條 （主管機關之查核權）

主管機關就設立票券金融公司之有關事宜，得隨時派員或指定適當機構查核，並得命申請設立票券金融公司者於一定期限內提出必要之文件、資料或指定人員前來說明。

第十五條 （主管機關之撤銷許可權）

主管機關於許可設立票券金融公司後，發現原申請事項有虛偽情事，得撤銷其許可。

第十六條 （申請書件之訂定）

依本標準規定應檢具之申請書件，其格式由主管機關定之。

第十七條 （施行日期）

①本標準自發布日施行。

②本標準中華民國九十八年十一月二十日修正之第九條第一項第二款規定，自九十八年十一月二十三日施行。

金融消費者保護法

民國一百年六月二十九日總統令公布全文

第一章　總　　則

第一條　（立法目的）

　　為保護金融消費者權益，公平、合理、有效處理金融消費爭議事件，以增進金融消費者對市場之信心，並促進金融市場之健全發展，特制定本法。

第二條　（主管機關）

　　本法之主管機關為行政院金融監督管理委員會。

第三條　（金融服務業）

①本法所定金融服務業，包括銀行業、證券業、期貨業、保險業、電子票證業及其他經主管機關公告之金融服務業。

②前項銀行業、證券業、期貨業及保險業之範圍，依行政院金融監督管理委員會組織法第二條第三項規定。但不包括證券交易所、證券櫃檯買賣中心、證券集中保管事業、期貨交易所及其他經主管機關公告之事業。

③第一項所稱電子票證業，指電子票證發行管理條例第三條第二款之發行機構。

第四條　（金融消費者）

①本法所稱金融消費者，指接受金融服務業提供金融商品或服務者。但不包括下列對象：

　　一　專業投資機構。

　　二　符合一定財力或專業能力之自然人或法人。

②前項專業投資機構之範圍及一定財力或專業能力之條件，由主管機關定之。

第五條　（金融消費爭議）

　　本法所稱金融消費爭議，指金融消費者與金融服務業間因商品或服務所生之民事爭議。

第六條　（不得預先約定限制或免除責任）

①本法所定金融服務業對金融消費者之責任，不得預先約定限制或免

除。

②違反前項規定者，該部分約定無效。

第二章　金融消費者之保護

第七條　（善良管理人之注意義務）

①金融服務業與金融消費者訂立提供金融商品或服務之契約，應本公平合理、平等互惠及誠信原則。

②金融服務業與金融消費者訂立之契約條款顯失公平者，該部分條款無效；契約條款如有疑義時，應為有利於金融消費者之解釋。

③金融服務業提供金融商品或服務，應盡善良管理人之注意義務。

第八條　（廣告、業務招攬及營業促銷活動之內容與責任）

①金融服務業刊登、播放廣告及進行業務招攬或營業促銷活動時，不得有虛偽、詐欺、隱匿或其他足致他人誤信之情事，並應確保其廣告內容之真實，其對金融消費者所負擔之義務不得低於前述廣告之內容及進行業務招攬或營業促銷活動時對金融消費者所提示之資料或說明。

②前項廣告、業務招攬及營業促銷活動之方式、內容與其他應遵行事項之辦法，由主管機關定之。

③金融服務業不得藉金融教育宣導，引薦個別金融商品或服務。

第九條　（銷售適合度考量之義務）

①金融服務業與金融消費者訂立提供金融商品或服務之契約前，應充分瞭解金融消費者之相關資料，以確保該商品或服務對金融消費者之適合度。

②前項應充分瞭解之金融消費者相關資料，適合度應考量之事項及其他應遵行事項之辦法，由主管機關定之。

第十條　（契約內容及風險揭露之權利義務）

①金融服務業與金融消費者訂立提供金融商品或服務之契約前，應向金融消費者充分說明該金融商品、服務及契約之重要內容，並充分揭露其風險。

②前項金融服務業對金融消費者進行之說明及揭露，應以金融消費者能充分瞭解方式為之，其內容應包括但不限交易成本、可能之收益及風險等有關金融消費者權益之重要內容；其相關應遵循事項之辦法，由主管機關定之。

第十一條 （損害賠償責任）

金融服務業違反前二條規定，致金融消費者受有損害者，應負損害賠償責任。但金融服務業能證明損害之發生非因其未充分瞭解金融消費者之商品或服務適合度或非因其未說明、說明不實、錯誤或未充分揭露風險之事項所致者，不在此限。

第十二條 （內部控制及稽核制度之規範）

金融服務業應將第八條至第十條規定事項，納入其內部控制及稽核制度，並確實執行。

第三章　金融消費爭議處理

第十三條 （爭議處理機構之設立）

①為公平合理、迅速有效處理金融消費爭議，以保護金融消費者權益，應依本法設立爭議處理機構。

②金融消費者就金融消費爭議事件應先向金融服務業提出申訴，金融服務業應於收受申訴之日起三十日內為適當之處理，並將處理結果回覆提出申訴之金融消費者；金融消費者不接受處理結果者或金融服務業逾上述期限不為處理者，金融消費者得於收受處理結果或期限屆滿之日起六十日內，向爭議處理機構申請評議；金融消費者向爭議處理機構提出申訴者，爭議處理機構之金融消費者服務部門應將該申訴移交金融服務業處理。

③爭議處理機構除處理金融消費爭議外，並應辦理對金融服務業及金融消費者之教育宣導，使金融服務業與金融消費者均能充分瞭解正確之金融消費觀念及金融消費關係之權利與義務，以有效預防金融消費爭議發生。

④爭議處理機構辦理金融消費爭議處理及前項業務，得向金融服務業收取年費及爭議處理服務費。

⑤前項年費及服務費之收取標準及有關規定由主管機關定之。

第十四條 （爭議處理機構之基金設立及來源）

①爭議處理機構為財團法人，捐助財產總額為新臺幣十億元，除民間捐助外，由政府分五年編列預算捐助。爭議處理機構設立時之捐助財產為新臺幣二億元。

②爭議處理機構設基金，基金來源如下：

一　捐助之財產。

　二　依前條第四項向金融服務業收取之年費及服務費。

　三　基金之孳息及運用收益。

　四　其他受贈之收入。

③爭議處理機構之下列事項，由主管機關定之：

　一　組織與設立、財務及業務之監督管理、變更登記之相關事項、捐助章程應記載事項。

　二　各金融服務業繳交年費、服務費之計算方式。

　三　基金之收支、保管及運用辦法。

　四　董事、監察人之任期與解任、董事會之召集與決議、董事會與監察人之職權及其他應遵行事項。

第十五條 （爭議處理機構董監事之設置）

①爭議處理機構應設董事會，置董事七人至十一人。

②爭議處理機構置監察人一人至三人。

③爭議處理機構之董事及監察人，由主管機關就學者、專家及公正人士遴選（派）之。

④董事會應由全體董事三分之二以上之出席，出席董事過半數之同意，選出董事一人為董事長，經主管機關核可後生效。

⑤董事、董事會及監察人不得介入評議個案之處理。

第十六條 （金融消費者服務部門之設立）

①爭議處理機構設金融消費者服務部門，辦理協調金融服務業處理申訴及協助評議委員處理評議事件之各項審查準備事宜。

②爭議處理機構內部人員應具備之資格條件，由爭議處理機構擬訂，報請主管機關核定。

第十七條 （評議委員會之設立）

①爭議處理機構為處理評議事件，設評議委員會，置評議委員九人至二十五人，必要時得予增加，其中一人為主任委員，均由董事會遴選具備相關專業學養或實務經驗之學者、專家、公正人士，報請主管機關核定後聘任。

②評議委員任期為三年，期滿得續聘。主任委員應為專任，其餘評議委員得為兼任。

③評議委員均應獨立公正行使職權。

第十八條 （評議委員會分組規則）

①評議委員會為處理評議事件，得依委員專業領域及事件性質分組。

②評議委員應具備之資格條件、聘任、解任、薪酬及其他應遵行事項

之辦法，由主管機關定之。

第十九條　（保密義務）

①金融消費爭議當事人，就他方當事人於爭議過程所提出之申請及各種說明資料或協商讓步事項，除已公開、依法規規定或經該他方當事人同意者外，不得公開。

②爭議處理機構及其人員對所知悉金融消費爭議之資料及評議過程，除法規另有規定或經爭議雙方之同意外，應保守秘密。

第二十條　（爭議處理機構之評議原則）

①爭議處理機構受理申請評議後，應斟酌事件之事實證據，依公平合理原則，超然獨立進行評議。

②爭議處理機構為處理金融消費爭議事件，得於合理必要範圍內，請求金融服務業協助或提出文件、相關資料。受請求之金融服務業未協助或提出文件、相關資料者，爭議處理機構得報請主管機關處理。

第二十一條　（請求權時效）

①金融消費者依其申訴或申請評議內容所得主張之請求權，其時效因依本法申訴或申請評議而中斷。

②有下列情形之一者，前項請求權時效視為不中斷：

　　一　申訴或評議之申請經撤回。

　　二　申訴後未依第十三條第二項規定申請評議。

　　三　評議之申請經不受理。

　　四　評議不成立。

第二十二條　（通案處理原則之訂定）

金融消費爭議事件涉及眾多金融消費者或金融服務業且事件類型相似者，或涉及重大法律適用爭議者，爭議處理機構對該等爭議事件得暫時停止處理，並針對該等爭議事件擬訂爭議處理原則經報請主管機關同意後，依該處理原則繼續處理，或向有權解釋法令之機關申請解釋後，據以繼續處理。

第二十三條　（爭議處理機構處理調處之程序）

①爭議處理機構處理評議之程序、評議期限及其他應行事項之辦法，由主管機關定之。

②金融消費者申請評議後，爭議處理機構得試行調處；當事人任一方不同意調處或經調處不成立者，爭議處理機構應續行評議。

③爭議處理機構處理調處之程序、調處人員應具備之資格條件、迴避、調處期限及其他應行事項，由爭議處理機構擬訂，報請主管機

關核定。

④第十五條第五項及第十九條第二項有關評議之規定，於調處準用之。

⑤調處成立者應作成調處書；調處書之作成、送達、核可及效力，準用第二十八條及第三十條規定。

⑥金融消費者已依其他法律規定調處或調解不成立者，得於調處或調解不成立之日起六十日內申請評議。

第二十四條　（申請評議程序之訂定及不受理之情形）

①金融消費者申請評議，應填具申請書，載明當事人名稱及基本資料、請求標的、事實、理由、相關文件或資料及申訴未獲妥適處理之情形。

②金融消費者申請評議有下列各款情形之一者，爭議處理機構應決定不受理，並以書面通知金融消費者及金融服務業。但其情形可以補正者，爭議處理機構應通知金融消費者於合理期限內補正：

一　申請不合程式。

二　非屬金融消費爭議。

三　未先向金融服務業申訴。

四　向金融服務業提出申訴後，金融服務業處理申訴中尚未逾三十日。

五　申請已逾法定期限。

六　當事人不適格。

七　曾依本法申請評議而不成立。

八　申請評議事件已經法院判決確定，或已成立調處、評議、和解、調解或仲裁。

九　其他主管機關規定之情形。

第二十五條　（評議委員之預審及利益迴避）

①爭議處理機構於受理申請評議後，應由評議委員會主任委員指派評議委員三人以上為預審委員先行審查，並研擬審查意見報告。

②評議委員對於評議事項涉及本人、配偶、二親等以內之親屬或同居家屬之利益、曾服務於該金融服務業離職未滿三年或有其他足認其執行職務有偏頗之虞時，應自行迴避；經當事人申請者，亦應迴避。

③前項情形，如評議委員及當事人對於應否迴避有爭議，應由爭議處理機構評議委員會決議該評議委員是否應予迴避，並由爭議處理機構將決議結果於決議之日起三日內，以書面通知當事人。

④評議委員會主任委員應於預審委員自行迴避或前項評議委員會決議

預審委員應予迴避之日起五日內，另行指派預審委員。

第二十六條 　（書面審理原則）

①評議程序以書面審理為原則，並使當事人有於合理期間陳述意見之機會。

②評議委員會認為有必要者，得通知當事人或利害關係人至指定處所陳述意見；當事人請求到場陳述意見，評議委員會認有正當理由者，應給予到場陳述意見之機會。

③前項情形，爭議處理機構應於陳述意見期日七日前寄發通知書予當事人或利害關係人。

第二十七條 　（評議程序）

①預審委員應將審查意見報告提送評議委員會評議。

②評議委員會應公平合理審酌評議事件之一切情狀，以全體評議委員二分之一以上之出席，出席評議委員二分之一以上之同意，作成評議決定。

第二十八條 　（評議書之形式及送達）

①評議委員會之評議決定應以爭議處理機構名義作成評議書，送達當事人。

②前項送達，準用民事訴訟法有關送達之規定。

第二十九條 　（評議決定之期限）

①當事人應於評議書所載期限內，以書面通知爭議處理機構，表明接受或拒絕評議決定之意思。評議經當事人雙方接受而成立。

②金融服務業於事前以書面同意或於其商品、服務契約或其他文件中表明願意適用本法之爭議處理程序者，對於評議委員會所作其應向金融消費者給付每一筆金額或財產價值在一定額度以下之評議決定，應予接受；評議決定超過一定額度，而金融消費者表明願意縮減該金額或財產價值至一定額度者，亦同。

③前項一定額度，由爭議處理機構擬訂，報請主管機關核定後公告之。

第三十條 　（評議書送請法院核可及效力）

①金融消費者得於評議成立之日起九十日之不變期間內，申請爭議處理機構將評議書送請法院核可。爭議處理機構應於受理前述申請之日起五日內，將評議書及卷證送請爭議處理機構事務所所在地之管轄地方法院核可。

②除有第三項情形外，法院對於前項之評議書應予核可。法院核可後，應將經核可之評議書併同評議事件卷證發還爭議處理機構，並將經

核可之評議書以正本送達當事人及其代理人。

③法院因評議書內容牴觸法令、違背公共秩序或善良風俗或有其他不能強制執行之原因而未予核可者，法院應將其理由通知爭議處理機構及當事人。

④評議書依第二項規定經法院核可者，與民事確定判決有同一之效力，當事人就該事件不得再行起訴或依本法申訴、申請評議。

⑤評議書經法院核可後，依法有無效或得撤銷之原因者，當事人得向管轄地方法院提起宣告評議無效或撤銷評議之訴。

⑥前項情形，準用民事訴訟法第五百條至第五百零二條及第五百零六條、強制執行法第十八條第二項規定。

第四章 附　　則

第三十一條　（罰則）

爭議處理機構之董事、監察人、評議委員、受任人或受僱人違反本法或依本法所發布之命令者，主管機關得解除其董事、監察人、評議委員、受任人或受僱人之職務。

第三十二條　（爭議處理之溯及力）

金融消費者於本法施行前已向主管機關及其所屬機關、金融服務業所屬同業公會或財團法人保險事業發展中心申請申訴、和解、調解、調處、評議及其他相當程序，其爭議處理結果不成立者，得於爭議處理結果不成立之日起六十日內申請評議；自爭議處理結果不成立之日起已逾六十日者，得依第十三條第二項規定向金融服務業重新提出申訴，金融消費者不接受處理結果或金融服務業逾三十日處理期限不為處理者，得向爭議處理機構申請評議。

第三十三條　（施行日期）

本法施行日期，由行政院定之。

管理外匯條例

民國三十八年一月十一日總統令公布

五十九年十二月二十四日總統令修正公布

六十七年十二月二十日總統令修正公布

七十五年五月十四日總統令修正公布

七十六年六月二十六日總統令修正公布

八十四年八月二日總統令修正公布

九十八年四月二十九日總統令公布增訂第一九之三條條文

第一條 （立法目的）

　　為平衡國際收支，穩定金融，實施外匯管理，特制定本條例。

第二條 （外匯之定義）

①本條例所稱外匯，指外國貨幣、票據及有價證券。

②前項外國有價證券之種類，由掌理外匯業務機關核定之。

第三條 （行政主管機關及業務機關）

　　管理外匯之行政主管機關為財政部，掌理外匯業務機關為中央銀行。

第四條 （行政主管機關之權責）

　　管理外匯之行政主管機關辦理左列事項：

　　一　政府及公營事業外幣債權、債務之監督與管理；其與外國政府或國際組織有條約或協定者，從其條約或協定之規定。

　　二　國庫對外債務之保證、管理及其清償之稽催。

　　三　軍政機關進口外匯、匯出款項與借款之審核及發證。

　　四　與中央銀行或國際貿易主管機關有關外匯事項之聯繫及配合。

　　五　依本條例規定，應處罰鍰之裁決及執行。

　　六　其他有關外匯行政事項。

第五條 （業務機關之權責）

　　掌理外匯業務機關辦理左列事項：

　　一　外匯調度及收支計畫之擬訂。

　　二　指定銀行辦理外匯業務，並督導之。

　　三　調解外匯供需，以維持有秩序之外匯市場。

　　四　民間對外匯出、匯入款項之審核。

五　民營事業國外借款經指定銀行之保證、管理及清償、稽催之監督。

六　外國貨幣、票據及有價證券之買賣。

七　外匯收支之核算、統計、分析及報告。

八　其他有關外匯業務事項。

第六條　（國際貿易主管機關之權責）

國際貿易主管機關應依前條第一款所稱之外匯調度及其收支計畫，擬訂輸出入計畫。

第六條之一　（新臺幣五十萬元以上等值外匯收支、交易之申報）

①新臺幣五十萬元以上之等值外匯收支或交易，應依規定申報；其申報辦法由中央銀行定之。

②依前項規定申報之事項，有事實足認有不實之虞者，中央銀行得向申報義務人查詢，受查詢者有據實說明之義務。

第七條　（應存入或結售之外匯）

①左列各款外匯，應結售中央銀行或其指定銀行，或存入指定銀行，並得透過該行在外匯市場出售；其辦法由財政部會同中央銀行定之：

一　出口或再出口貨品或基於其他交易行為取得之外匯。

二　航運業、保險業及其他各業人民基於勞務取得之外匯。

三　國外匯入款。

四　在中華民國境內有住、居所之本國人，經政府核准在國外投資之收入。

五　本國企業經政府核准國外投資、融資或技術合作取得之本息、淨利及技術報酬金。

六　其他應存入或結售之外匯。

②華僑或外國人投資之事業，具有高級科技，可提升工業水準並促進經濟發展，經專案核准者，得逕以其所得之前項各款外匯抵付第十三條第一款、第二款及第五款至第八款規定所需支付之外匯。惟期結算之餘額，仍應依前項規定辦理；其辦法由中央銀行定之。

第八條　（得持有之外匯）

中華民國境內本國人及外國人，除第七條規定應存入或結售之外匯外，得持有外匯，並得存於中央銀行或其指定銀行。其為外國貨幣存款者，仍得提取持有；其存款辦法，由財政部會同中央銀行定之。

第九條　（出境攜帶外幣之管制）

出境之本國人及外國人，每人攜帶外幣總值之限額，由財政部以命

令定之。

第十條 （刪除）

第十一條 （旅客等攜帶外幣出入國境之管制）

　旅客或隨交通工具服務之人員，攜帶外幣出入國境者，應報明海關登記；其有關辦法，由財政部會同中央銀行定之。

第十二條 （外國票據、有價證券攜帶出入國境之管制）

　外國票據、有價證券，得攜帶出入國境；其辦法由財政部會同中央銀行定之。

第十三條 （得提用、購入或結購之外匯）

　左列各款所需支付之外匯，得自第七條規定之存入外匯自行提用或透過指定銀行在外匯市場購入或向中央銀行或其指定銀行結購；其辦法由財政部會同中央銀行定之：

　　一　核准進口貨品價款及費用。

　　二　航運業、保險業及其他各業人民，基於交易行為或勞務所需支付之費用及款項。

　　三　前往國外留學、考察、旅行、就醫、探親、應聘及接洽業務費用。

　　四　服務於中華民國境內中國機關及企業之本國人或外國人，贍養其在國外家屬費用。

　　五　外國人及華僑在中國投資之本息及淨利。

　　六　經政府核准國外借款之本息及保證費用。

　　七　外國人及華僑與本國企業技術合作之報酬金。

　　八　經政府核准向國外投資或貸款。

　　九　其他必要費用及款項。

第十四條 （自備外匯之範圍及用途）

　不屬於第七條第一項各款規定，應存入或結售中央銀行或其指定銀行之外匯，為自備外匯，得由持有人申請為前條第一款至第四款、第六款及第七款之用途。

第十五條 （應申請免結匯之進口貨品）

　左列國外輸入貨品，應向財政部申請核明免結匯報運進口：

　　一　國外援助物資。

　　二　政府以國外貸款購入之貨品。

　　三　學校及教育、研究、訓練機關接受國外捐贈，供教學或研究用途之貨品。

四　慈善機關、團體接受國外捐贈供救濟用途之貨品。

五　出入國境之旅客及在交通工具服務之人員，隨身攜帶行李或
自用貨品。

第十六條　（輸入贈品、樣品、非賣品之管制）

國外輸入餽贈品、商業樣品及非賣品，其價值不超過一定限額者，
得由海關核准進口；其限額由財政部會同國際貿易主管機關以命令
定之。

第十七條　（剩餘外匯之處置）

經自行提用、購入及核准結匯之外匯，如其原因消滅或變更，致全
部或一部之外匯無須支付者，應依照中央銀行規定期限，存入或售
還中央銀行或其指定銀行。

第十八條　（外匯業務之按期彙報）

中央銀行應將外匯之買賣、結存、結欠及對外保證責任額，按期彙
報財政部。

第十九條　（刪除）

第十九條之一　（關閉、停止、限制外匯支付或命結售或存入指
定銀行之情形）

①有左列情事之一者，行政院得決定並公告於一定期間內，採取關閉
外匯市場、停止或限制全部或部分外匯之支付，命令將全部或部分
外匯結售或存入指定銀行，或為其他必要之處置：

一　國內或國外經濟失調，有危及本國經濟穩定之虞。

二　本國國際收支發生嚴重逆差。

②前項情事之處置項目及對象，應由行政院訂定外匯管制辦法。

③行政院應於前項決定後十日內，送請立法院追認，如立法院不同意
時，該決定應即失效。

④第一項所稱一定期間，如遇立法院休會時，以二十日為限。

第十九條之二　（違反第十九條之一之罰鍰）

①故意違反行政院依第十九條之一所為之措施者，處新臺幣三百萬元
以下罰鍰。

②前項規定於立法院對第十九條之一之施行不同意追認時免罰。

第十九條之三　（對危害國際安全之國家等必要處置）

①為配合聯合國決議或國際合作有必要時，行政院金融監督管理委員
會（以下簡稱金管會）會同中央銀行報請行政院核定後，得對危害
國際安全之國家、地區或恐怖組織相關之個人、法人、團體、機關、

機構於銀行業之帳戶、匯款、通貨或其他支付工具，為禁止提款、轉帳、付款、交付、轉讓或其他必要處置。

②依前項核定必要處置措施時，金管會應立即公告，並於公告後十日內送請立法院追認，如立法院不同意時，該處置措施應即失效。

③採取處置措施之原因消失時，應即解除之。

第二十條　（不申報、申報不實等之處罰）

①違反第六條之一規定，故意不為申報或申報不實者，處新臺幣三萬元以上六十萬元以下罰鍰；其受查詢而未於限期內提出說明或為虛偽說明者亦同。

②違反第七條規定，不將其外匯結售或存入中央銀行或其指定銀行者，依其不結售或不存入外匯，處以按行為時匯率折算金額二倍以下之罰鍰，並由中央銀行追繳其外匯。

第二十一條　（剩餘外匯不存入或不售還之處罰）

違反第十七條之規定者，分別依其不存入或不售還外匯，處以按行為時匯率折算金額以下之罰鍰，並由中央銀行追繳其外匯。

第二十二條　（非法買賣外匯之連帶處罰）

①以非法買賣外匯為常業者，處三年以下有期徒刑、拘役或科或併科與營業總額等值以下之罰金；其外匯及價金沒收之。

②法人之代表人、法人或自然人之代理人、受僱人或其他從業人員，因執行業務，有前項規定之情事者，除處罰其行為人外，對該法人或自然人亦科以該項之罰金。

第二十三條　（不歸還追繳外匯處罰）

依本條例規定應追繳之外匯，其不以外匯歸還者，科以相當於應追繳外匯金額以下之罰鍰。

第二十四條　（攜帶超額外幣出境之處罰）

①買賣外匯違反第八條之規定者，其外匯及價金沒入之。

②攜帶外幣出境超過依第九條規定所定之限額者，其超過部分沒入之。

③攜帶外幣出入國境，不依第十一條規定報明登記者，沒入之；申報不實者，其超過申報部分沒入之。

第二十五條　（指定外匯銀行違規之處罰）

中央銀行對指定辦理外匯業務之銀行違反本條例之規定，得按其情節輕重，停止其一定期間經營全部或一部外匯之業務。

第二十六條　（罰鍰之強制執行）

依本條例所處之罰鍰，如有抗不繳納者，得移送法院強制執行。

第二十六條之一 　（本條例部分條文停止適用之情形）

① 本條例於國際貿易發生長期順差、外匯存底鉅額累積或國際經濟發生重大變化時，行政院得決定停止第七條、第十三條及第十七條全部或部分條文之適用。

② 行政院恢復前項全部或部分條文之適用後十日內，應送請立法院追認，如立法院不同意時，該恢復適用之決定，應即失效。

第二十七條 　（施行細則之擬訂）

本條例施行細則，由財政部會同中央銀行及國際貿易主管機關擬訂，呈報行政院核定。

第二十八條 　（施行日期）

本條例自公布日施行。

附註

行政院令，自七十六年七月十五日起停止管理外匯條例第六條之一、第七條、第十三條及第十七條全部條文之適用。

公平交易法

民國八十年二月四日總統令公布

八十八年二月三日總統令修正公布

八十九年四月二十六日總統令修正公布

九十一年二月六日總統令修正公布

九十九年六月九日總統令修正公布第二一條條文

第一章　總　則

第一條　（立法目的）

為維護交易秩序與消費者利益，確保公平競爭，促進經濟之安定與繁榮，特制定本法；本法未規定者，適用其他有關法律之規定。

第二條　（事業之定義）

本法所稱事業如左：

一　公司。

二　獨資或合夥之工商行號。

三　同業公會。

四　其他提供商品或服務從事交易之人或團體。

第三條　（交易相對人之定義）

本法所稱交易相對人，係指與事業進行或成立交易之供給者或需求者。

第四條　（競爭之定義）

本法所稱競爭，謂二以上事業在市場上以較有利之價格、數量、品質、服務或其他條件，爭取交易機會之行為。

第五條　（獨占、視為獨占、特定市場之定義）

①本法所稱獨占，謂事業在特定市場處於無競爭狀態，或具有壓倒性地位，可排除競爭之能力者。

②二以上事業，實際上不為價格之競爭，而其全體之對外關係，具有前項規定之情形者，視為獨占。

③第一項所稱特定市場，係指事業就一定之商品或服務，從事競爭之區域或範圍。

第五條之一　（非獨占事業之認定範圍）

① 事業無左列各款情形者，不列入前條獨占事業認定範圍：

　一　一事業在特定市場之占有率達二分之一。

　二　二事業全體在特定市場之占有率達三分之二。

　三　三事業全體在特定市場之占有率達四分之三。

② 有前項各款情形之一，其個別事業在該特定市場占有率未達十分之一或上一會計年度事業總銷售金額未達新臺幣十億元者，該事業不列入獨占事業之認定範圍。

③ 事業之設立或事業所提供之商品或服務進入特定市場，受法令、技術之限制或有其他足以影響市場供需可排除競爭能力之情事者，雖有前二項不列入認定範圍之情形，中央主管機關仍得認定其為獨占事業。

第六條　（結合之定義）

① 本法所稱結合，謂事業有左列情形之一者而言：

　一　與他事業合併者。

　二　持有或取得他事業之股份或出資額，達到他事業有表決權股份或資本總額三分之一以上者。

　三　受讓或承租他事業全部或主要部分之營業或財產者。

　四　與他事業經常共同經營或受他事業委託經營者。

　五　直接或間接控制他事業之業務經營或人事任免者。

② 計算前項第二款之股份或出資額時，應將與該事業具有控制與從屬關係之事業所持有或取得他事業之股份或出資額一併計入。

第七條　（聯合行為）

① 本法所稱聯合行為，謂事業以契約、協議或其他方式之合意，與有競爭關係之他事業共同決定商品或服務之價格，或限制數量、技術、產品、設備、交易對象、交易地區等，相互約束事業活動之行為而言。

② 前項所稱聯合行為，以事業在同一產銷階段之水平聯合，足以影響生產、商品交易或服務供需之市場功能者為限。

③ 第一項所稱其他方式之合意，指契約、協議以外之意思聯絡，不問有無法律拘束力，事實上可導致共同行為者。

④ 同業公會藉章程或會員大會、理、監事會議決議或其他方法所為約束事業活動之行為，亦為第二項之水平聯合。

第八條　（多層次傳銷）

① 本法所稱多層次傳銷，謂就推廣或銷售之計畫或組織，參加人給付

一定代價，以取得推廣、銷售商品或勞務及介紹他人參加之權利，並因而獲得佣金、獎金或其他經濟利益者而言。

②前項所稱給付一定代價，謂給付金錢、購買商品、提供勞務或負擔債務。

③本法所稱多層次傳銷事業，係指就多層次傳銷訂定營運計畫或組織，統籌規劃傳銷行為之事業。

④外國事業之參加人或第三人，引進該事業之多層次傳銷計畫或組織者，視為前項之多層次傳銷事業。

⑤本法所稱參加人如下：

　　一　加入多層次傳銷事業之計畫或組織，推廣、銷售商品或勞務，並得介紹他人參加者。

　　二　與多層次傳銷事業約定，於累積支付一定代價後，始取得推廣、銷售商品或勞務及介紹他人參加之權利者。

第九條　（主管機關）

①本法所稱主管機關：在中央為行政院公平交易委員會；在直轄市為直轄市政府；在縣（市）為縣（市）政府。

②本法規定事項，涉及他部會之職掌者，由行政院公平交易委員會商同各該部會辦理之。

第二章　獨占、結合、聯合行為

第十條　（獨占事業不得為之行為）

獨占之事業，不得有左列行為：

　　一　以不公平之方法，直接或間接阻礙他事業參與競爭。

　　二　對商品價格或服務報酬，為不當之決定、維持或變更。

　　三　無正當理由，使交易相對人給予特別優惠。

　　四　其他濫用市場地位之行為。

第十一條　（事業結合之許可申請）

①事業結合時，有左列情形之一者，應先向中央主管機關提出申報：

　　一　事業因結合而使其市場占有率達三分之一者。

　　二　參與結合之一事業，其市場占有率達四分之一者。

　　三　參與結合之事業，其上一會計年度之銷售金額，超過中央主管機關所公告之金額者。

②前項第三款之銷售金額，得由中央主管機關就金融機構事業與非金

融機構事業分別公告之。

③事業自中央主管機關受理其提出完整申報資料之日起三十日內，不得為結合。但中央主管機關認為必要時，得將該期間縮短或延長，並以書面通知申報事業。

④中央主管機關依前項但書延長之期間，不得逾三十日；對於延長期間之申報案件，應依第十二條規定作成決定。

⑤中央主管機關屆期未為第三項但書之延長通知或前項之決定者，事業得逕行結合。但有下列情形之一者，不得逕行結合：

一　經申報之事業同意再延長期間者。

二　事業之申報事項有虛偽不實者。

第十一條之一　（事業結合之例外）

前條第一項之規定，於左列情形不適用之：

一　參與結合之一事業已持有他事業達百分之五十以上之有表決權股份或出資額，再與該他事業結合者。

二　同一事業所持有有表決權股份或出資額達百分之五十以上之事業間結合者。

三　事業將其全部或主要部分之營業、財產或可獨立營運之全部或一部營業，讓與其獨自新設之他事業者。

四　事業依公司法第一百六十七條第一項但書或證券交易法第二十八條之二規定收回股東所持有之股份，致其原有股東符合第六條第一項第二款之情形者。

第十二條　（許可之限制）

①對於事業結合之申報，如其結合，對整體經濟利益大於限制競爭之不利益者，中央主管機關不得禁止其結合。

②中央主管機關對於第十一條第四項申報案件所為之決定，得附加條件或負擔，以確保整體經濟利益大於限制競爭之不利益。

第十三條　（未申請或許可之處分）

①事業違反第十一條第一項、第三項規定而為結合，或申報後經中央主管機關禁止其結合而為結合，或未履行前條第二項對於結合所附加之負擔者，中央主管機關得禁止其結合、限期命其分設事業、處分全部或部分股份、轉讓部分營業、免除擔任職務或為其他必要之處分。

②事業違反中央主管機關依前項所為之處分者，中央主管機關得命解散、停止營業或勒令歇業。

第十四條 （聯合行為之禁止及例外）

①事業不得為聯合行為。但有左列情形之一，而有益於整體經濟與公共利益，經申請中央主管機關許可者，不在此限：

　一　為降低成本、改良品質或增進效率，而統一商品規格或型式者。

　二　為提高技術、改良品質、降低成本或增進效率，而共同研究開發商品或市場者。

　三　為促進事業合理經營，而分別作專業發展者。

　四　為確保或促進輸出，而專就國外市場之競爭予以約定者。

　五　為加強貿易效能，而就國外商品之輸入採取共同行為者。

　六　經濟不景氣期間，商品市場價格低於平均生產成本，致該行業之事業，難以繼續維持或生產過剩，為有計畫適應需求而限制產銷數量、設備或價格之共同行為者。

　七　為增進中小企業之經營效率，或加強其競爭能力所為之共同行為者。

②中央主管機關收受前項之申請，應於三個月內為核駁之決定；必要時得延長一次。

第十五條 （聯合行為許可之附加條件或負擔）

①中央主管機關為前條之許可時，得附加條件或負擔。

②許可應附期限，其期限不得逾三年；事業如有正當理由，得於期限屆滿前三個月內，以書面向中央主管機關申請延展，其延展期限，每次不得逾三年。

第十六條 （許可之撤銷、變更）

聯合行為經許可後，如因許可事由消滅、經濟情況變更或事業逾越許可之範圍行為者，中央主管機關得廢止許可、變更許可內容、命令停止、改正其行為或採取必要更正措施。

第十七條 （聯合行為之登記）

中央主管機關對於前三條之許可、條件、負擔、期限及有關處分，應設置專簿予以登記，並刊載政府公報。

第三章　不公平競爭

第十八條 （違反自由決定價格約定之無效）

事業對於其交易相對人，就供給之商品轉售與第三人或第三人再轉

售時，應容許其自由決定價格；有相反之約定者，其約定無效。

第十九條　（禁止事業有限制競爭或妨礙公平競爭之虞之情形）

有左列各款行為之一，而有限制競爭或妨礙公平競爭之虞者，事業不得為之：

一　以損害特定事業為目的，促使他事業對該特定事業斷絕供給、購買或其他交易之行為。

二　無正當理由，對他事業給予差別待遇之行為。

三　以脅迫、利誘或其他不正當方法，使競爭者之交易相對人與自己交易之行為。

四　以脅迫、利誘或其他不正當方法，使他事業不為價格之競爭、參與結合或聯合之行為。

五　以脅迫、利誘或其他不正當方法，獲取他事業之產銷機密、交易相對人資料或其他有關技術秘密之行為。

六　以不正當限制交易相對人之事業活動為條件，而與其交易之行為。

第二十條　（就提供之商品或服務事業不得為之行為）

①事業就其營業所提供之商品或服務，不得有左列行為：

一　以相關事業或消費者所普遍認知之他人姓名、商號或公司名稱、商標、商品容器、包裝、外觀或其他顯示他人商品之表徵，為相同或類似之使用，致與他人商品混淆，或販賣、運送、輸出或輸入使用該項表徵之商品者。

二　以相關事業或消費者所普遍認知之他人姓名、商號或公司名稱、標章或其他表示他人營業、服務之表徵，為相同或類似之使用，致與他人營業或服務之設施或活動混淆者。

三　於同一商品或同類商品，使用相同或近似於未經註冊之外國著名商標，或販賣、運送、輸出或輸入使用該項商標之商品者。

②前項規定，於左列各款行為不適用之：

一　以普通使用方法，使用商品本身習慣上所通用之名稱，或交易上同類商品慣用之表徵，或販賣、運送、輸出或輸入使用該名稱或表徵之商品者。

二　以普通使用方法，使用交易上同種營業或服務慣用名稱或其他表徵者。

三　善意使用自己姓名之行為，或販賣、運送、輸出或輸入使用

該姓名之商品者。

四　對於前項第一款或第二款所列之表徵，在未為相關事業或消費者所普遍認知前，善意為相同或類似使用，或其表徵之使用係自該善意使用人連同其營業一併繼受而使用，或販賣、運送、輸出或輸入使用該表徵之商品者。

③事業因他事業為前項第三款或第四款之行為，致其營業、商品、設施或活動有受損害或混淆之虞者，得請求他事業附加適當表徵。但對僅為運送商品者，不適用之。

第二十一條　（不得在商品或其廣告等為不實或引人錯誤之表示或表徵）

①事業不得在商品或其廣告上，或以其他使公眾得知之方法，對於商品之價格、數量、品質、內容、製造方法、製造日期、有效期限、使用方法、用途、原產地、製造者、製造地、加工者、加工地等，為虛偽不實或引人錯誤之表示或表徵。

②事業對於載有前項虛偽不實或引人錯誤表示之商品，不得販賣、運送、輸出或輸入。

③前二項規定於事業之服務準用之。

④廣告代理業在明知或可得知情形下，仍製作或設計有引人錯誤之廣告，與廣告主負連帶損害賠償責任。廣告媒體業在明知或可得知其所傳播或刊載之廣告有引人錯誤之虞，仍予傳播或刊載，亦與廣告主負連帶損害賠償責任。廣告薦證者明知或可得而知其所從事之薦證有引人錯誤之虞，而仍為薦證者，與廣告主負連帶損害賠償責任。

⑤前項所稱廣告薦證者，指廣告主以外，於廣告中反映其對商品或服務之意見、信賴、發現或親身體驗結果之人或機構。

第二十二條　（禁止以陳述或散布不實情事而為競爭）

事業不得為競爭之目的，而陳述或散布足以損害他人營業信譽之不實情事。

第二十三條　（多層次傳銷之參加人取得佣金等禁止之情形）

多層次傳銷，其參加人如取得佣金、獎金或其他經濟利益，主要係基於介紹他人加入，而非基於其所推廣或銷售商品或勞務之合理市價者，不得為之。

第二十三條之一　（多層次傳銷事業之解除契約）

①多層次傳銷參加人得自訂約日起十四日內以書面通知多層次傳銷事業解除契約。

②多層次傳銷事業應於契約解除生效後三十日內，接受參加人退貨之申請，取回商品或由參加人自行送回商品，並返還參加人於契約解除時所有商品之進貨價金及其他加入時給付之費用。

③多層次傳銷事業依前項規定返還參加人所為之給付時，得扣除商品返還時因可歸責於參加人之事由致商品毀損滅失之價值，及已因該進貨而對參加人給付之獎金或報酬。

④前項之退貨如係該事業取回者，並得扣除取回該商品所需運費。

第二十三條之二 （多層次傳銷事業之終止契約）

①參加人於前條第一項解約期間經過後，仍得隨時以書面終止契約，退出多層次傳銷計畫或組織。

②參加人依前項規定終止契約後三十日內，多層次傳銷事業應以參加人原購價格百分之九十買回參加人所持有之商品。但得扣除已因該項交易而對參加人給付之獎金或報酬，及取回商品之價值有減損時，其減損之價額。

第二十三條之三 （不得請求損害賠償或違約金）

①參加人依前二條行使解除權或終止權時，多層次傳銷事業不得向參加人請求因該契約解除或終止所受之損害賠償或違約金。

②前二條關於商品之規定，於提供勞務者準用之。

第二十三條之四 （多層次傳銷事業之報備、業務檢查等相關事項）

有關多層次傳銷事業之報備、業務檢查、財務報表應經會計師簽證並對外揭露、對參加人應告知之事項、參加契約內容、參加人權益保障、重大影響參加人權益之禁止行為及對參加人之管理義務等相關事項之辦法，由中央主管機關定之。

第二十四條 （不得為其他足以影響交易秩序之欺罔或顯失公平之行為）

除本法另有規定者外，事業亦不得為其他足以影響交易秩序之欺罔或顯失公平之行為。

第四章　公平交易委員會

第二十五條 （公平交易委員會之設置及其職掌）

為處理本法有關公平交易事項，行政院應設置公平交易委員會，其職掌如左：

一　關於公平交易政策及法規之擬訂事項。

二　關於審議本法有關公平交易事項。

三　關於事業活動及經濟情況之調查事項。

四　關於違反本法案件之調查、處分事項。

五　關於公平交易之其他事項。

第二十六條　（依檢舉或職權調查處理）

公平交易委員會對於違反本法規定，危害公共利益之情事，得依檢舉或職權調查處理。

第二十七條　（調查之程序）

①公平交易委員會依本法為調查時，得依左列程序進行：

一　通知當事人及關係人到場陳述意見。

二　通知有關機關、團體、事業或個人提出帳冊、文件及其他必要之資料或證物。

三　派員前往有關團體或事業之事務所、營業所或其他場所為必要之調查。

②執行調查之人員依法執行公務時，應出示有關執行職務之證明文件；其未出示者，受調查者得拒絕之。

第二十七條之一　（申請閱覽、抄寫、複印或攝影有關資料或卷宗）

①當事人或關係人於前條調查程序進行中，除有左列情形之一者外，為主張或維護其法律上利益之必要，得申請閱覽、抄寫、複印或攝影有關資料或卷宗：

一　行政決定前之擬稿或其他準備作業文件。

二　涉及國防、軍事、外交及一般公務機密，依法規規定有保密之必要者。

三　涉及個人隱私、職業秘密、營業秘密，依法規規定有保密之必要者。

四　有侵害第三人權利之虞者。

五　有嚴重妨礙社會治安、公共安全或其他公共利益之職務正常進行之虞者。

②前項申請人之資格、申請時間、資料或卷宗之閱覽範圍、進行方式等相關程序事項及其限制，由中央主管機關定之。

第二十八條　（獨立行使職權）

公平交易委員會依法獨立行使職權，處理有關公平交易案件所為之

處分，得以委員會名義行之。

第二十九條　（公平交易委員會之組織）

公平交易委員會之組織，另以法律定之。

第五章　損害賠償

第三十條　（除去侵害請求權及防止侵害請求權）

事業違反本法之規定，致侵害他人權益者，被害人得請求除去之；有侵害之虞者，並得請求防止之。

第三十一條　（損害賠償責任）

事業違反本法之規定，致侵害他人權益者，應負損害賠償責任。

第三十二條　（賠償額）

①法院因前條被害人之請求，如為事業之故意行為，得依侵害情節，酌定損害額以上之賠償。但不得超過已證明損害額之三倍。

②侵害人如因侵害行為受有利益者，被害人得請求專依該項利益計算損害額。

第三十三條　（消滅時效）

本章所定之請求權，自請求權人知有行為及賠償義務人時起，二年間不行使而消滅；自為行為時起，逾十年者亦同。

第三十四條　（判決書之登載新聞紙）

被害人依本法之規定，向法院起訴時，得請求由侵害人負擔費用，將判決書內容登載新聞紙。

第六章　罰　　則

第三十五條　（罰則㈠）

①違反第十條、第十四條、第二十條第一項規定，經中央主管機關依第四十一條規定限期命其停止、改正其行為或採取必要更正措施，而逾期未停止、改正其行為或未採取必要更正措施，或停止後再為相同或類似違反行為者，處行為人三年以下有期徒刑、拘役或科或併科新臺幣一億元以下罰金。

②違反第二十三條規定者，處行為人三年以下有期徒刑、拘役或科或併科新臺幣一億元以下罰金。

第三十六條　（罰則㈡）

違反第十九條規定，經中央主管機關依第四十一條規定限期命其停止、改正其行為或採取必要正措施，而逾期未停止、改正其行為或未採取必要正措施，或停止後再為相同或類似違反行為者，處行為人二年以下有期徒刑、拘役或科或併科新臺幣五千萬元以下罰金。

第三十七條　（罰則㈢）

① 違反第二十二條規定者，處行為人二年以下有期徒刑、拘役或科或併科新臺幣五千萬元以下罰金。

② 前項之罪，須告訴乃論。

第三十八條　（法人亦科處罰金之情形）

法人犯前三條之罪者，除依前三條規定處罰其行為人外，對該法人亦科以各該條之罰金。

第三十九條　（法律競合時法條之適用）

前四條之處罰，其他法律有較重之規定者，從其規定。

第四十條　（罰則㈣）

① 事業違反第十一條第一項、第三項規定而為結合，或申報後經中央主管機關禁止其結合而為結合，或未履行第十二條第二項對於結合所附加之負擔者，除依第十三條規定處分外，處新臺幣十萬元以上五千萬元以下罰鍰。

② 事業結合有第十一條第五項但書第二款規定之情形者，處新臺幣五萬元以上五十萬元以下罰鍰。

第四十一條　（罰則㈤）

公平交易委員會對於違反本法規定之事業，得限期命其停止、改正其行為或採取必要更正措施，並得處新臺幣五萬元以上二千五百萬元以下罰鍰；逾期仍不停止、改正其行為或未採取必要更正措施者，得繼續限期命其停止、改正其行為或採取必要更正措施，並按次連續處新臺幣十萬元以上五千萬元以下罰鍰，至停止、改正其行為或採取必要更正措施為止。

第四十二條　（罰則㈥）

① 違反第二十三條規定者，除依第四十一條規定處分外，其情節重大者，並得命令解散、停止營業或勒令歇業。

② 違反第二十三條之一第二項、第二十三條之二第二項或第二十三條之三規定者，得限期命其停止、改正其行為或採取必要更正措施，並得處新臺幣五萬元以上二千五百萬元以下罰鍰。逾期仍不停止、

改正其行為或未採取必要更正措施者，得繼續限期命其停止、改正其行為或採取必要更正措施，並按次連續處新臺幣十萬元以上五千萬元以下罰鍰，至停止、改正其行為或採取必要更正措施為止；其情節重大者，並得命令解散、停止營業或勒令歇業。

③違反中央主管機關依第二十三條之四所定之管理辦法者，依第四十一條規定處分。

第四十二條之一 　（停止營業之期間）

依本法所處停止營業之期間，每次以六個月為限。

第四十三條 　（罰則(七)）

公平交易委員會依第二十七條規定進行調查時，受調查者於期限內如無正當理由拒絕調查、拒不到場陳述意見，或拒不提出有關帳冊、文件等資料或證物者，處新臺幣二萬元以上二十五萬元以下罰鍰；受調查者再經通知，無正當理由連續拒絕者，公平交易委員會得繼續通知調查，並按次連續處新臺幣五萬元以上五十萬元以下罰鍰，至接受調查、到場陳述意見或提出有關帳冊、文件等資料或證物為止。

第四十四條 　（罰鍰之強制執行）

依前四條規定所處罰鍰，拒不繳納者，移送法院強制執行。

第七章　附　　則

第四十五條 　（不適用本法之情形(一)）

依照著作權法、商標法或專利法行使權利之正當行為，不適用本法之規定。

第四十六條 　（不適用本法之情形(二)）

事業關於競爭之行為，另有其他法律規定者，於不牴觸本法立法意旨之範圍內，優先適用該其他法律之規定。

第四十七條 　（外國法人或團體之當事人能力及互惠原則）

未經認許之外國法人或團體，就本法規定事項得為告訴、自訴或提起民事訴訟。但以依條約或其本國法令、慣例，中華民國人或團體得在該國享受同等權利者為限；其由團體或機構互訂保護之協議，經中央主管機關核准者亦同。

第四十八條 　（施行細則之訂定）

本法施行細則，由中央主管機關定之。

第四十九條 （施行日期）

①本法自公布後一年施行。

②本法修正條文自公布日施行。

動產擔保交易法

民國五十二年九月五日總統令公布
五十九年五月二十八日總統令修正公布
六十五年一月二十八日總統令修正公布
九十六年七月十一日總統令修正公布第五、六、八～一一、一六、二一、二七、二八、三三、三四、四三條；刪除第二五、第五章章名、三八～四一條；並增訂第七之一條條文

第一章　總　　則

第一條　（立法目的）

　　為適應工商業及農業資金融通及動產用益之需要，並保障動產擔保交易之安全，特制定本法。

第二條　（動產擔保交易之定義）

　　本法所稱動產擔保交易，謂依本法就動產設定抵押，或為附條件買賣，或依信託收據占有其標的物之交易。

第三條　（法律之適用）

　　動產擔保交易，依本法之規定；本法無規定者，適用民法及其他法律之規定。

第四條　（動產擔保交易之標的物）

①機器、設備、工具、原料、半製品、成品、車輛、農林漁牧產品、牲畜及總噸位未滿二十噸之動力船舶或未滿五十噸之非動力船舶，均得為動產擔保交易之標的物。

②前項各類標的物之品名，由行政院視事實需要及交易性質，以命令定之。

第四條之一　（效力及於加工、附合、混合物）

　　動產擔保交易之標的物，有加工、附合或混合之情形者，其擔保債權之效力及於加工物、附合物或混合物，但以原有價值為限。

第五條　（要式契約及登記效力）

①動產擔保交易，應以書面訂立契約。非經登記，不得對抗善意第三人。

②債權人依本法規定實行占有或取回動產擔保交易標的物時，善意留

置權人就動產擔保交易標的物有修繕、加工致其價值增加所支出之費用，於所增加之價值範圍內，優先於依本法成立在先之動產擔保權利受償。

第六條 （登記機關）

動產擔保交易之登記機關，由行政院定之。

第七條 （登記之程序）

①動產擔保交易之登記，應由契約當事人將契約或其複本，向登記機關為之。

②登記機關應於收到之契約或其複本上，記明收到之日期，存卷備查，並備登記簿，登記契約當事人之姓名或名稱，住居所或營業所，訂立契約日期、標的物說明、價格、擔保債權額、終止日期等事項。

③前項登記簿，應編具索引，契約當事人或第三人，得隨時向登記機關查閱或抄錄契約登記事項。

第七條之一 （補正）

申請動產擔保交易登記有不合規定者，登記機關應敘明理由限期命其補正；屆期不補正或補正不完全者，登記機關應予駁回。

第八條 （公告）

登記機關應將契約當事人之姓名或名稱、標的物說明、擔保債權額、訂立契約日期、終止日期及其他必要事項，公開於網站或以其他適當方法公告之。

第九條 （登記之有效期間）

①動產擔保交易之登記，其有效期間從契約之約定，契約無約定者，自登記之日起有效期間為一年，期滿前三十日內，債權人得申請延長期限，其效力自原登記期滿之次日開始。

②前項延長期限登記，其有效期間不得超過一年。登記機關應比照第七條及第八條規定辦理，並通知債務人，標的物為第三人所有者，應併通知之。

第十條 （清償證明文件）

①擔保債權受清償後，債權人經債務人或利害關係人之書面請求，應即出具證明文件。債務人或利害關係人得憑證明文件，向登記機關註銷登記。

②債權人不於收到前項請求十日內，交付證明文件者，應負損害賠償責任。

③債權人拒絕為第一項證明文件之交付時，債務人或利害關係人得以

其他足以證明其已清償之方法，向登記機關註銷登記。

第十一條 （規費）

動產擔保交易之登記機關，辦理各項登記、閱覽、抄錄、出具證明書，應收取規費；其標準，由行政院定之。

第十二條 （占有人之責任）

動產擔保交易契約存續中，其標的物之占有人，應以善良管理人之注意，保管或使用標的物。

第十三條 （利益及危險之承擔）

動產擔保交易標的物之利益及危險，由占有人承受負擔。但契約另有約定者，從其約定。

第十四條 （權利拋棄之禁止）

契約約定動產擔保交易之債務人，拋棄本法所規定之權利者，其約定為無效。

第二章　動產抵押

第十五條 （動產抵押之定義）

稱動產抵押者，謂抵押權人對債務人或第三人不移轉占有而就供擔保債權之動產設定動產抵押權，於債務人不履行契約時，抵押權人得占有抵押物，並得出賣，就其賣得價金優先於其他債權而受清償之交易。

第十六條 （動產抵押契約應載事項）

①動產抵押契約，應載明下列事項：

　　一　契約當事人之姓名或名稱、住居所或營業所所在地。

　　二　所擔保債權之金額及利率。

　　三　抵押物之名稱及數量，如有特別編號標識或說明者，其記載。

　　四　債務人或第三人占有抵押物之方式及其所在地。

　　五　債務人不履行債務時，抵押權人行使動產抵押權及債權之方法。

　　六　如有保險者，其受益人應為抵押權人之記載。

　　七　訂立契約年、月、日。

②動產抵押契約，以一定期間內所發生之債權作為所擔保之債權者，應載明所擔保債權之最高金額。

第十七條 （抵押權人之占有及善意第三人之請求賠償）

①債務人不履行契約或抵押物被遷移、出賣、出質、移轉或受其他處分，致有害於抵押權之行使者，抵押權人得占有抵押物。

②前項之債務人或第三人拒絕交付抵押物時，抵押權人得聲請法院假扣押，如經登記之契約載明應逕受強制執行者，得依該契約聲請法院強制執行之。

③第三人善意有償取得抵押物者，經抵押權人追蹤占有後，得向債務人或受款人請求損害賠償。

第十八條 （占有前之通知與抵押物之回贖）

①抵押權人依前條第一項規定實行占有抵押物時，應於三日前通知債務人或第三人。

②前項通知應說明事由並得指定履行契約之期限，如債務人到期仍不履行契約時，抵押權人得出賣占有抵押物，出賣後債務人不得請求回贖。

③抵押權人不經第一項事先通知，逕行占有抵押物時，如債務人或第三人在債權人占有抵押物後之十日期間內履行契約，並負擔占有費用者，得回贖抵押物，但抵押物有敗壞之虞，或其價值顯有減少，足以妨害抵押權人之權利，或其保管費用過鉅者，抵押權人於占有後，得立即出賣。

第十九條 （抵押物之出賣、拍賣）

①抵押權人出賣占有抵押物，除前條第三項但書情形外，應於占有後三十日內，經五日以上之揭示公告，就地公開拍賣之，並應於拍賣十日前，以書面通知債務人或第三人。

②抵押物為可分割者，於拍賣得價足以清償債務及費用時，應即停止。債權人本人或其家屬亦得參加拍賣，買受抵押物。

第二十條 （受償之範圍及順序）

抵押物賣得價金，應先抵充費用，次充利息，再充原本，如有剩餘，應返還債務人，如有不足，抵押權人，得繼續追償。

第二十一條 （出賣或拍賣之程序）

第十五條、第十八條及第十九條規定抵押權人對抵押物所為之出賣或拍賣，除依本法規定程序外，並應依民法債編施行法第二十八條規定辦理。

第二十二條 （抵押權人違法占有或出賣之責任）

抵押權人占有或出賣抵押物，未依第十八條、第十九條及第二十一條規定辦理者，債務人得請求損害賠償。

第二十三條 （流押契約之禁止）

契約約定於債權已屆清償期而未為清償時，抵押物之所有權移屬於抵押權人者，其約定為無效。

第二十四條 （設質之禁止）

動產抵押權不得為質權之標的物。

第二十五條 （刪除）

第三章　附條件買賣

第二十六條 （附條件買賣之定義）

稱附條件買賣者，謂買受人先占有動產之標的物，約定至支付一部或全部價金，或完成特定條件時，始取得標的物所有權之交易。

第二十七條 （契約應載事項）

附條件買賣契約應載明下列事項：

　一　契約當事人之姓名或名稱、住居所或營業所所在地。

　二　買賣標的物之名稱、數量及價格，如有特別編號標識或說明者，其記載。

　三　出賣人保有標的物所有權，買受人得占有使用之記載。

　四　買賣標的物價款之支付方法。

　五　買受人取得標的物所有權之條件。

　六　買受人不履行契約時，出賣人行使物權及債權之方法。

　七　如有保險者，其受益人應為出賣人之記載。

　八　訂立契約年、月、日。

第二十八條 （取回占有及賠償請求）

①標的物所有權移轉於買受人前，買受人有下列情形之一，致妨害出賣人之權益者，出賣人得取回占有標的物：

　一　不依約定償還價款者。

　二　不依約定完成特定條件者。

　三　將標的物出賣、出質或為其他處分者。

②出賣人取回占有前項標的物，其價值顯有減少者，得向買受人請求損害賠償。

第二十九條 （標的物之再出賣之效力）

①買受人得於出賣人取回占有標的物後十日內，以書面請求出賣人將標的物再行出賣。出賣人縱無買受人之請求，亦得於取回占有標的的

物後三十日內將標的物再行出賣。

②出賣人取回占有標的物，未受買受人前項再行出賣之請求，或於前項三十日之期間內未再出賣標的物者，出賣人無償還買受人已付價金之義務，所訂附條件買賣契約失其效力。

第三十條 （取回占有並出賣標的物程序及責任規定之準用）

第二章第十七條第二項、第三項及第十八條至第二十二條，對於附條件買賣之出賣人及買受人準用之。

第三十一條 （不得為附條件買賣之標的物）

①經依本法設定抵押之動產，不得為附條件買賣之標的物。

②違反前項規定者，其附條件買賣契約無效。

第四章　信託占有

第三十二條 （信託占有之定義）

稱信託占有者，謂信託人供給受託人資金或信用，並以原供信託之動產標的物所有權為債權之擔保，而受託人依信託收據占有處分標的物之交易。

第三十三條 （信託收據應載事項）

信託收據應記載下列事項：

一　當事人之姓名或名稱，住居所或營業所所在地。

二　信託人同意供給受託人資金或信用之金額。

三　標的物之名稱、數量、價格及存放地點，如有特別編號標識或說明者，其記載。

四　信託人保有標的物所有權，受託人占有及處分標的物方法之記載。

五　供給資金或信用之清償方法，如受託人出賣標的物者，其買受人應將相當於第二款所列金額部分之價金交付信託人之記載。

六　受託人不履行契約時，信託人行使物權及債權之方法。

七　如有保險者，其受益人應為信託人之記載。

八　訂立收據年、月、日。

第三十四條 （信託人取回占有）

受託人有下列情形之一，信託人得取回占有標的物：

一　不照約定清償債務者。

二　未經信託人同意將標的物遷移他處者。

三　將標的物出質或設定抵押權者。

四　不依約定之方法處分標的物者。

第三十五條　（信託人同意出賣標的物之責任）

①信託人同意受託人出賣標的物者，不論已否登記，信託人不負出賣人之責任，或因受託人處分標的物所生債務之一切責任。

②信託人不得以擔保債權標的物之所有權對抗標的物之買受人。但約定附有限制處分條款或清償方法者，對於知情之買受人不在此限。

第三十六條　（不得為信託占有之標的物）

①經依本法設定抵押之動產，不得為信託占有之標的物。

②違反前項規定者，其信託收據無效。

第三十七條　（取回占有並出賣標的物程序及責任規定之準用）

第二章第十七條第二項、第三項及第十八條至第二十二條，對於信託占有之信託人及受託人準用之。

第五章　（刪除）

第三十八條　（刪除）

第三十九條　（刪除）

第四十條　（刪除）

第六章　附　　則

第四十一條　（刪除）

第四十二條　（施行細則之訂定）

本法施行細則，由行政院定之。

第四十三條　（施行日期）

①本法施行日期，以命令定之。

②本法修正條文自公布日施行。

貿 易 法

民國八十二年二月五日總統令公布

八十六年五月七日總統令修正公布

八十八年十二月十五日總統令修正公布

九十一年六月十二日總統令修正公布

九十六年一月十日總統令修正公布

九十六年七月十一日總統令修正公布

九十九年一月十三日總統令修正公布

一百年一月十九日總統令修正公布第一八條條文

第一章　總　則

第一條 （立法目的）

①為發展對外貿易，健全貿易秩序，以增進國家之經濟利益，本自由化、國際化精神，公平及互惠原則，制定本法。

②本法未規定者，適用其他法律之規定。

第二條 （貿易之定義）

①本法所稱貿易，指貨品之輸出入行為及有關事項。

②前項貨品，包括附屬其上之商標權、專利權、著作權及其他已立法保護之智慧財產權。

第三條 （出進口人之定義）

本法所稱出進口人，係指依本法經登記經營貿易業務之出進口廠商，或非以輸出入為目的辦理特定項目貨品之輸出入者。

第四條 （主管機關）

①本法之主管機關為經濟部。

②本法規定事項，涉及其他部會或機關之職掌者，由主管機關會商有關機關辦理之。

第五條 （貿易之管制及禁止）

基於國家安全之目的，主管機關得會同有關機關報請行政院核定禁止或管制與特定國家或地區之貿易。但應於發布之日起一個月內送請立法院追認。

第六條 （暫停特定國家、地區或貨品輸出入之情形）

① 有下列各款情形之一者，主管機關得暫停特定國家或地區或特定貨品之輸出入或採取其他必要措施：

　一　天災、事變或戰爭發生時。

　二　危害國家安全或對公共安全之保障有妨害時。

　三　國內或國際市場特定物資有嚴重匱乏或其價格有劇烈波動時。

　四　國際收支發生嚴重失衡或有嚴重失衡之虞時。

　五　國際條約、協定、聯合國決議或國際合作需要時。

　六　外國以違反國際協定或違反公平互惠原則之措施，妨礙我國輸出入時。

② 前項第一款至第四款或第六款之適用，以對我國經濟貿易之正常發展有不利影響或不利影響之虞者為限。

③ 主管機關依第一項第四款或第六款暫停輸出入或採行其他必要措施前，應循諮商或談判途徑解決貿易爭端。

④ 主管機關採取暫停輸出入或其他必要措施者，於原因消失時，應即解除之。

⑤ 前條追認規定於本條適用之。

第七條　（對外貿易事務之談判及協定之簽署）

① 主管機關或經行政院指定之機關，得就有關對外貿易事務與外國談判及簽署協定、協議。其所為談判事項涉及其他機關者，應事先協調。

② 民間機構或團體經主管機關授權者，得代表政府就有關對外貿易事務與外國談判及簽署協議。其協議事項，應報請主管機關核定。

③ 對外貿易談判所簽署之協定或協議，除屬行政裁量權者外，應報請行政院核轉立法院議決。

④ 協定或協議之內容涉及現行法律之修改或應另以法律定之者，需經完成立法程序，始生效力。

第八條　（意見徵詢）

有關經濟貿易事務與外國談判及簽署協定或協議前，主管機關或行政院指定之機關得視需要會同立法院及相關部會或機關舉辦公聽會或徵詢學者專家及相關業者之意見。

第二章　貿易管理及進口救濟

第九條 （出進口廠商之登記與業務經營）

①公司、商號經經濟部國際貿易局登記為出進口廠商者，得經營輸出入業務。

②公司、商號申請登記為出進口廠商前，應先向經濟部國際貿易局申請預查公司、商號之英文名稱；預查之英文名稱經核准者，保留期間為六個月。

③出進口廠商經經濟部國際貿易局撤銷或廢止出進口廠商登記者，自撤銷或廢止日起，二年內不得重新申請登記。

④出進口廠商歇業、解散或經有關主管機關撤銷或廢止依相關法律所為之登記者，經濟部國際貿易局得註銷其出進口廠商登記。

⑤出進口廠商申請登記之條件、程序、變更、撤銷、廢止、英文名稱使用及其他應遵行事項之辦法，由主管機關定之。

第九條之一 （出進口實績之表揚）

出進口廠商前一年之出進口實績達一定標準者，得予表揚；其表揚辦法，由主管機關定之。

第十條 （特定項目貨品之輸出入）

①非以輸出入為目的之法人、團體或個人，得依經濟部國際貿易局規定，辦理特定項目貨品之輸出入。

②前項法人、團體依其設立目的有辦理貨品輸出入需要者，得準用第九條規定辦理登記；其準用範圍，於依第九條第五項所定辦法中定之。

第十一條 （自由輸出入）

①貨品應准許自由輸出入。但因國際條約、貿易協定或基於國防、治安、文化、衛生、環境與生態保護或政策需要，得予限制。

②前項限制輸出入之貨品名稱及輸出入有關規定，由主管機關會商有關機關後公告之。

第十二條 （軍事機關貨品輸出入辦法之訂定）

軍事機關輸出入貨品，由經濟部會同國防部訂定辦法管理之，並列入輸出入統計。

第十三條 （高科技貨品之輸出入）

①為確保國家安全，履行國際合作及協定，加強管理戰略性高科技貨品之輸出入及流向，以利引進高科技貨品之需要，其輸出入應符合下列規定：

　　一　非經許可，不得輸出。

二　經核發輸入證明文件者，非經許可，不得變更進口人或轉往第三國家、地區。

三　應據實申報用途及最終使用人，非經許可，不得擅自變更。

②輸往管制地區之特定戰略性高科技貨品，非經許可，不得經由我國通商口岸過境、轉口或進儲保稅倉庫、物流中心及自由貿易港區。

③前二項貨品之種類、管制地區，由主管機關公告，並刊登政府公報。

④違反第二項規定之特定戰略性高科技貨品，主管機關得予扣留，並依本法或相關法律裁處。除已依法裁處沒入者外，主管機關應予退運。

⑤前項之扣留，主管機關得委託海關執行之。

⑥第一項及第二項許可之申請條件與程序、輸出入、過境、轉口或進儲保稅倉庫、物流中心、自由貿易港區之管理、輸出入用途與最終使用人之申報、變更與限制、貨品流向與用途之稽查及其他應行遵行事項之辦法，由主管機關定之。

第十三條之一　（輸出入之禁止）

①瀕臨絕種動植物及其產製品，非經主管機關許可，不得輸出；未經取得出口國之許可文件，不得輸入。

②前項瀕臨絕種動物及其產製品，屬野生動物保育法公告之保育類野生動物及其產製品者，於申請輸出許可或輸入前，應先依野生動物保育法規定，申請中央目的事業主管機關同意。

③第一項瀕臨絕種動植物之物種，由主管機關公告，並刊登政府公報。

④第一項許可之申請資格、條件與程序、許可之撤銷與廢止、輸出入之管理及其他應遵行事項之辦法，由主管機關定之。

第十四條　（國貿局委託辦理事項之情形）

①左列事項，經濟部國際貿易局得委託金融機構、同業公會或法人辦理之：

一　貨品輸出入許可證核發事項。

二　貨品輸出入配額管理事項。

三　其他有關貨品輸出入審查、登記事項。

②金融機構、同業公會或法人辦理前項之受託業務，應受經濟部國際貿易局監督。並於必要時，赴立法院備詢。其工作人員就其辦理受託事項，以執行公務論，分別負其責任。

第十五條　（輸出入管理辦法）

①出進口人輸出入貨品經核發輸出入許可證者，應依許可證內容辦理

輸出入。

②貨品輸出入許可證之核發、更改與有效期限、產地標示、商標申報、來源識別或來源識別碼、貨品附有著作授權文件之核驗及其他應遵行事項之辦法，由主管機關定之。

第十五條之一 　（出進口文件之申請或提出）

①出進口人辦理輸出入，其出進口文件之申請或提出，得採與海關、經濟部國際貿易局或其委託辦理簽證機構電腦連線或電子資料傳輸方式辦理。

②前項申請電腦連線或電子資料傳輸之出進口人資格、適用電子簽證範圍、申請表格及其他有關電子簽證作業應遵行事項之辦法，由主管機關或由其會同有關機關依各項貨品之管理需要，分別定之。

第十六條 　（強制措施）

①因貿易談判之需要或履行協定、協議，經濟部國際貿易局得對貨品之輸出入數量，採取無償或有償配額或其他因應措施。

②前項輸出入配額措施，國際經貿組織規範、協定、協議、貿易談判承諾事項或法令另有規定者，依其規定；未規定者，應公開標售。

③第一項所稱有償配額，指由經濟部國際貿易局與有關機關協商後公告，以公開標售或依一定費率收取配額管理費之有償方式處理配額者。

④出進口人輸出入受配額限制之貨品，不得有下列行為：

　　一　偽造、變造配額有關文件或使用該文件。

　　二　違規轉口。

　　三　規避稽查或未依規定保存相關生產資料或文件。

　　四　不當利用配額，致破壞貿易秩序或違反對外協定或協議。

　　五　逃避配額管制。

　　六　未依海外加工核准事項辦理。

　　七　利用配額有申報不實情事。

　　八　其他妨害配額管理之不當行為。

⑤輸出入配額，不得作為質權或強制執行之標的。除特定貨品法令另有規定外，無償配額不得轉讓。

⑥輸出入配額之分配方式、程序、數量限制、利用期限、資料保存期限、採有償配額之收受費率與繳費期限、受配出進口人之義務及其有關配額處理事項之辦法，由主管機關依各項貨品之管理需要分別定之。

第十七條 （出進口人行為之禁止）

出進口人不得有下列行為：

一　侵害我國或他國依法保護之智慧財產權。

二　未依規定標示來源識別、產地或標示不實。

三　未依規定申報來源識別碼、商標或申報不實。

四　使用不實之輸出入許可證或相關貿易許可、證明文件。

五　未依誠實及信用方法履行交易契約。

六　以不正當方法擾亂貿易秩序。

七　其他有損害我國商譽或產生貿易障礙之行為。

第十八條 （產業受害調查及進口救濟之申請）

①貨品因輸入增加，致國內生產相同或直接競爭產品之產業，遭受嚴重損害或有嚴重損害之虞者，有關主管機關、該產業或其所屬公會、工會或相關團體，得向主管機關申請產業受害之調查及進口救濟。

②經濟部為受理受害產業之調查，應組織貿易調查委員會；其組織規程，由經濟部另定之。

③第一項進口救濟案件之處理辦法，由經濟部會同有關機關定之。

④主管機關對貨品進口救濟案件實施進口救濟措施者，期滿後二年內不得再實施進口救濟措施；其救濟措施期間超過二年者，從其期間。

⑤符合下列規定情形之一者，主管機關於必要時，得對同一貨品再實施一百八十日以內之進口救濟措施，不受前項規定之限制：

一　原救濟措施在一百八十日以內。

二　原救濟措施自實施之日起已逾一年。

三　再實施進口救濟措施之日前五年內，未對同一貨品採行超過二次之進口救濟措施。

⑥主管機關依第三項或前項規定對貨品進口救濟案件為產業受害不成立或產業受害成立而不予救濟之決定後一年內，不得就該案件再受理申請。但有正當理由者，不在此限。

第十九條 （課徵平衡稅、反傾銷稅）

外國以補貼或傾銷方式輸出貨品至我國，對我國競爭產品造成實質損害、有實質損害之虞或對其產業之建立有實質阻礙，經經濟部調查損害成立者，財政部得依法課徵平衡稅或反傾銷稅。

第二十條 （辦理推廣貿易業務之補助）

①主管機關為拓展貿易，得補助法人、團體或商號辦理推廣貿易業務；其受補助對象之資格限制、申請程序、補助標準、考核方式及其他

應遵行事項之辦法，由主管機關定之。

②主管機關為拓展臺灣製造重要產品，於參展廠商及產品達一定規模時，應於其他國家主要貿易展覽場、館，設置臺灣產品館（區），以協助拓展貿易。

③主管機關為拓展臺灣精品形象，得於國內適當館、區，設置臺灣精品館（區），以協助廠商拓展貿易。

第二十條之一　（裝運前檢驗之監督）

①受外國政府委託在我國執行裝運前檢驗者，其檢驗業務應受主管機關監督。

②世界貿易組織裝運前檢驗協定爭端解決小組所為之決定，有拘束裝運前檢驗機構及出口人之效力。

③裝運前檢驗監督管理辦法，由經濟部定之。

第二十條之二　（原產地證明書之簽發）

①經濟部國際貿易局得應出口人輸出貨品之需要，簽發原產地證明書或加工證明書，並得收取費用。必要時，得委託其他機關、財團法人、工業團體、商業團體或農會、漁會、省級以上之農業合作社及省級以上之農產品產銷協會辦理之。

②工業團體、商業團體或農會、漁會、省級以上之農業合作社及省級以上之農產品產銷協會對於出口貨品亦得簽發原產地證明書或加工證明書。但為履行國際條約、協定及國際組織規範或應外國政府要求之特定原產地證明書，且經經濟部國際貿易局公告者，未經該局核准，不得簽發。

③簽發原產地證明書或加工證明書，不得有下列行為：

一　未依規定之格式、程序或收費數額簽發。

二　未經核准簽發前項但書之特定原產地證明書。

三　未依規定保存文件。

四　未保守出口人之營業秘密。

五　其他有損害我國商譽或擾亂貿易秩序之行為。

④原產地證明書及加工證明書之格式、原產地認定基準、加工證明書核發基準、第一項委託及終止委託之條件、第二項辦理簽發與核准簽發之條件、申請時應檢附之文件、簽發程序、收費數額、文件保存期限及其他應遵行事項之辦法，由主管機關定之。

第三章　貿易推廣與輔導

第二十一條　（推廣貿易基金）

①為拓展貿易，因應貿易情勢，支援貿易活動，主管機關得設立推廣貿易基金，就出進口人輸出入之貨品，由海關統一收取最高不超過輸出入貨品價格萬分之四‧二五之推廣貿易服務費。但因國際條約、協定、慣例或其他特定原因者，得予免收。

②推廣貿易服務費之實際收取比率及免收項目範圍，由主管機關擬訂，報請行政院核定。

③第一項基金之運用，應設置推廣貿易基金管理委員會，其委員應包括出進口人代表，且不得少於四分之一。

④推廣貿易基金之收支、保管及運用辦法，由行政院定之。

第二十一條之一　（推廣貿易服務費之辦理規定）

依前條第一項收取推廣貿易服務費，應依左列規定辦理：

一　輸出貨品，以離岸價格為準。

二　輸入貨品，以關稅完稅價格為準。

三　輸入貨品，以修理費、裝配費、加工費、租賃費或使用費核估其完稅價格者，以所核估之完稅價格為準。

第二十一條之二　（收取推廣貿易服務費之退還）

①左列輸出入貨品，得向海關申請退還已繳納或溢繳之推廣貿易服務費：

一　輸出入貨品在通關程序中，因故退關或退運出口者。

二　因誤寫、誤算、誤收等情形致溢收者。

三　出口人於貨品放行後，依法令規定准予修改報單出口貨價者。

②前項應予退還之金額未逾新臺幣一百元者，不予退還。

第二十二條　（外國市場不公平貿易障礙之排除）

主管機關應協助出進口廠商，主動透過與外國諮商或談判，排除其在外國市場遭遇之不公平貿易障礙。

第二十三條　（貿易輔導措施）

為因應貿易推廣之需要，行政院得指定有關機關推動輸出保險、出進口融資、航運發展及其他配合輔導措施。

第二十四條　（出進口人業務資料之提供及檢查）

經濟部國際貿易局因管理需要，得通知出進口人提供其業務上有關

之文件或資料，必要時並得派員檢查之，出進口人不得拒絕；檢查時檢查人應出示執行職務之證明文件，其未出示者，被檢查者得拒絕之。

第二十五條　（保密義務）
業務上知悉或持有他人貿易文件或資料足以妨礙他人商業利益者，除供公務上使用外，應保守秘密。

第二十六條　（貿易糾紛之處理原則及仲裁制度之建立）
①出進口人應本誠信原則，利用仲裁、調解或和解程序，積極處理貿易糾紛。
②主管機關應積極推動國際貿易爭議之仲裁制度。

第四章　罰　　則

第二十七條　（罰則㈠）
①輸出入戰略性高科技貨品有下列情形之一者，處五年以下有期徒刑、拘役或科或併科新臺幣一百五十萬元以下罰金：
　　一　未經許可，輸往管制地區。
　　二　經核發輸入證明文件後，未經許可，於輸入前轉往管制地區。
　　三　輸入後，未經許可，擅自變更原申報用途或最終使用人，供作生產、發展核子、生化、飛彈等軍事武器之用。
②法人之代表人，法人或自然人之代理人，受雇人或其他從業人員，其執行業務犯前項之罪者，除處罰其行為人外，對該法人或自然人亦科以前項之罰金。

第二十七條之一　（罰則㈡）
有前條第一項各款所定情形之一者，由經濟部國際貿易局停止其一個月以上一年以下輸出、輸入或輸出入貨品或撤銷其出進口廠商登記。

第二十七條之二　（罰則㈢）
①輸出入戰略性高科技貨品有下列情形之一者，經濟部國際貿易局得處新臺幣三萬元以上三十萬元以下罰鍰，停止其一個月以上一年以下輸出、輸入或輸出入貨品或廢止其出進口廠商登記：
　　一　未經許可，輸往管制地區以外地區。
　　二　經核發輸入證明文件後，未經許可，變更進人或轉往管制地區以外之第三國家、地區。

三　輸入後，未經許可，擅自變更原申報用途或最終使用人，而非供作生產、發展核子、生化、飛彈等軍事武器之用。

②違反第十三條第二項規定之特定戰略性高科技貨品，主管機關得予以沒入。

第二十八條　（罰則四）

①出進口人有下列情形之一者，經濟部國際貿易局得予以警告、處新臺幣三萬元以上三十萬元以下罰鍰或停止其一個月以上一年以下輸出、輸入或輸出入貨品：

一　違反第五條規定，與禁止或管制國家或地區為貿易行為。

二　違反第六條第一項規定之暫停貨品輸入入行為或其他必要措施。

三　違反第十一條第二項限制輸出入貨品之規定。

四　違反第十三條之一第一項規定，未經許可輸出或未經取得出口國之許可文件輸入。

五　違反第十五條第一項規定，未依輸出入許可證內容辦理輸出入。

六　有第十七條各款所定禁止行為之一。

七　違反第二十四條規定，拒絕提供文件、資料或檢查。

八　違反第二十五條規定，妨害商業利益。

②有前項第一款至第六款規定情形之一，其情節重大者，經濟部國際貿易局除得依前項規定處罰外，並得廢止其出進口廠商登記。

③第二十條之二第二項之工業團體、商業團體或農會、漁會、省級以上之農業合作社及省級以上之農產品產銷協會違反同條第三項規定者，經濟部國際貿易局得予以警告或處新臺幣三萬元以上三十萬元以下罰鍰，其情節重大者，並得停止其一個月以上一年以下簽發原產地證明書或加工證明書。

第二十九條　（罰則五）

①出進口人有第十六條第四項第一款至第五款規定情形之一者，經濟部國際貿易局得視情節輕重，處新臺幣六萬元以上三十萬元以下罰鍰、收回配額或停止該項貨品三個月以上六個月以下輸出、輸入或輸出入，並得取銷實績、停止三個月以上六個月以下申請配額資格或廢止其出進口廠商登記。

②出進口人有第十六條第四項第六款至第八款規定情形之一者，經濟部國際貿易局得予以警告、處新臺幣三萬元以上十五萬元以下罰鍰、

收回配額或停止該項貨品一個月以上三個月以下輸出、輸入或輸出入，並得取銷實績或停止一個月以上三個月以下申請配額資格。

③為防止涉嫌違規出進口人規避處分，在稽查期間，經濟部國際貿易局得對其所持配額予以全部或部分暫停讓出或凍結使用。

第三十條 （罰則㈥）

①出進口人有下列情形之一者，經濟部國際貿易局得停止其輸出入貨品。但停止原因消失時，應即回復之：

　一　輸出入貨品侵害我國或他國之智慧財產權，有具體事證。

　二　未依第二十一條第一項規定繳納推廣貿易服務費。

　三　自行停業或他遷不明。

②因前項第一款情形而停止輸出入貨品之期間，不得超過一年。

第三十一條 （不溯既往原則）

依第二十七條之一、第二十七條之二第一項或第二十八條至第三十條規定受停止輸出入貨品之出進口人，其在受處分前已成立之交易行為，經經濟部國際貿易局查明屬實者，仍得辦理該交易行為貨品之輸出入。

第三十二條 （異議之處理）

①依第二十七條之一、第二十七條之二第一項或第二十八條至第三十條規定受處分者，得向經濟部國際貿易局聲明異議，要求重審，經濟部國際貿易局應於收到異議書之次日起二十日內決定之；其異議處理程序及辦法，由經濟部定之。

②對前項異議重審結果不服者，得依法提起訴願及行政訴訟。

第三十三條 （刪除）

第五章　附　　則

第三十四條 （刪除）

第三十五條 （同業公會或法人年度經費之輔導監督與備詢）

同業公會或法人之年度經費，由推廣貿易基金補助半數以上者，其人事及經費，應受經濟部之輔導監督，並於必要時，赴立法院備詢之。

第三十六條 （施行細則之訂定）

本法施行細則，由主管機關定之。

第三十七條 （施行日期）

①本法自公布日施行。但第二十一條有關推廣貿易服務費收取，自八十二年七月一日施行。

②本法修正條文，除中華民國八十六年五月七日修正公布之第六條、第十八條及第二十條之一之施行日期由行政院定之外，自公布日施行。

貿易法施行細則

民國八十二年十一月八日經濟部令發布

八十三年十月七日經濟部令修正發布

八十八年二月十日經濟部令修正發布

八十九年八月三十日經濟部令修正發布

九十二年二月十九日經濟部令修正發布

九十三年十月六日經濟部令修正發布第一四、二二條條文

九十四年三月十八日經濟部令修正發布第二二條條文

第一條 （訂定依據）

本細則依貿易法（以下簡稱本法）第三十六條規定訂定之。

第二條 （外國、他國或對手國之定義）

本法所稱外國、他國或對手國，包含世界貿易組織所指之個別關稅領域。

第三條 （發布暫停輸出入或其他必要措施之程序）

主管機關依本法第六條規定所採取之暫停輸出入或其他必要措施，應於發布之同時報請行政院於發布之日起一個月內送請立法院追認。

第四條 （必要措施之內容）

主管機關依本法第六條對特定國家或地區或特定貨品所採取之必要措施，包括對輸出入貨品之數量、價格、品質、規格、付款方式及輸出入方法予以限制，並得洽請財政部依法課徵特別關稅。

第五條 （國際條約或貿易協定或協議之範圍）

本法第六條第一項第五款所稱國際條約或協定，第十一條第一項但書所稱國際條約或貿易協定，第十六條第一項、第二項所稱協定或協議及第二十條之二第二項但書所稱國際條約或協定，其範圍如左：

一　我國與外國所簽訂之條約或協定。

二　我國已參加或雖未參加而為一般國家承諾共同遵守之國際多邊組織所簽之公約或協定。

第六條 （主管機關為拓展對外貿易關係應採取之措施）

為拓展對外貿易關係，主管機關應舉辦或參與雙邊、多邊經貿合作會議，並得視經貿發展情況或需要，與特定國家或地區簽署有助於

增進雙邊經貿關係之協定或協議。

第七條 （禁止、管制、限制等之公告及實施）

依本法第五條對特定國家或地區所為之禁止或管制、第六條暫停貨品之輸出入或其他必要措施、第十一條第一項但書所為之限制、第十三條戰略性高科技貨品輸出入之管理、第十六條所採取無償或有償配額或其他因應措施及第十八條進口救濟措施，均應公告，並自公告日或指定之日起實施。

第八條 （禁止、管制、限制等命令效力之例外）

①出進口人於前條公告日或指定之日前，有左列情事之一者，仍得辦理輸出入貨品：

    一　出進口人已取得輸出入許可證，並在許可有效期限內者。

    二　進口人已申請開出信用狀、匯出貨款或貨品自國外裝運輸入，具有證明文件者。

    三　出口人已接到國外銀行開來信用狀或預收貨款，具有證明文件者。

②前項第二款及第三款之證明文件，應載明貨品名稱及數量。

第八條之一 （出入貨品分類表）

為依本法執行貿易管理，蒐集統計資料，經濟部國際貿易局得以海關進口稅則號列為分類架構，編訂輸出入貨品分類表。

第九條 （刪除）

第十條 （配額之處理方式）

輸出入貨品，依本法第十六條第一項規定採取無償或有償配額措施者，經濟部國際貿易局得採取左列方式處理：

    一　自行或會同有關機關核配配額。

    二　委託金融機構、同業公會或法人管理。

    三　指定由公營貿易機構輸入標售。

    四　其他經主管機關核定之方式。

第十一條 （刪除）

第十二條 （有償配額之所得）

①處理有償配額之所得，除經行政院核准者外，應繳交國庫。

②受託機構辦理配額管理所需經費，由經濟部國際貿易局編列預算支應。但處理配額之所得未繳交國庫者，不在此限。

第十二條之一 （違規轉運、規避稽查及海外加工）

①本法第十六條第四項第二款所稱違規轉運，指輸出受配額限制之貨

品，其原產地非屬我國，而申請利用我國配額輸往進口設限之國家或地區。所稱規避稽查，指出進口人未依本法第十六條第六項所定辦法之規定，保存相關生產資料、文件，或拒絕提供相關生產資料、文件，或拒絕檢查。

②本法第十六條第四項第五款所稱海外加工，指以原料或半成品在海外從事加工成受配額限制之貨品，復運進口利用我國配額出口，或利用我國配額還由海外加工地出口。

第十三條　（他國之定義）

本法第十七條第一款所稱他國，指與我國有多邊或雙邊保護智慧財產權之條約或協定之國家或地區。

第十四條　（實質損害、有實質損害之虞或對其產業之建立有實質阻礙之認定之限制）

主管機關依本法第十九條規定調查損害時，對於實質損害、有實質損害之虞或對其產業之建立有實質阻礙之認定，應與財政部依關稅法第六十七條、第六十八條課徵平衡稅或反傾銷稅時，對於關稅法第六十九條所稱實質損害或有實質損害之虞或實質延緩國內該項產業之建立所作之認定相同。

第十五條　（為推廣對外貿易得自行或委託辦理之事項）

為推廣對外貿易，主管機關得自行或委託中華民國對外貿易發展協會或其他相關機構、法人或同業公會辦理下列事項：

一　釐訂對特定國家或地區經貿擴展計畫。

二　調查並排除外國對我國貿易障礙。

三　協助因應外國對我國貿易指控案件。

四　推動企業行銷輔導體系。

五　推動優良產品識別體系。

六　在特定國家或地區設立海外貿易據點。

七　培訓貿易談判及推廣人才。

八　舉辦或參加國際商品展示活動。

九　表揚國內進出口或外商採購國產品績優廠商。

十　協助國內出進口廠商及旅居海外華商推廣貿易。

十一　其他有助於推廣對外貿易之活動。

第十六條　（刪除）

第十七條　（推廣貿易服務費之繳納期限及海關收取方式）

①依本法第二十一條第一項規定應繳納之推廣貿易服務費，出進口人

應自海關填發繳納證之日起十四日內繳納。

②海關收取前項推廣貿易服務費時，其屬進口貨品者，併入稅款繳納證與進口稅捐同時收取；其屬出口貨品者，於運輸工具結關開航後收取。

第十八條　（刪除）

第十九條　（刪除）

第二十條　（凍結使用之定義）

本法第二十九條第三項所稱凍結使用，指暫停配額轉讓、換類、臨時性配額之申請及利用配額之出口簽證。

第二十一條　（國貿局委託海關辦理）

依本法第三十條第一項第一款或第二款規定，應暫停或回復出進口人輸出入貨品者，經濟部國際貿易局得委託海關辦理。

第二十二條　（得委託各該區管理處、局或管理機關辦理之事項）

加工出口區、科學工業園區、自由貿易港區或農業科技園區有關應由經濟部國際貿易局辦理之貿易事項，得委託各該管理處、局或管理機關辦理。

第二十三條　（施行日期）

本細則自發布日施行。

電子簽章法

民國九十年十一月十四日總統令公布全文

第一條　（立法目的）

① 為推動電子交易之普及運用，確保電子交易之安全，促進電子化政府及電子商務之發展，特制定本法。

② 本法未規定者，適用其他法律之規定。

第二條　（用詞定義）

本法用詞定義如下：

一　電子文件：指文字、聲音、圖片、影像、符號或其他資料，以電子或其他人之知覺無法直接認識之方式，所製成足以表示其用意之紀錄，而供電子處理之用者。

二　電子簽章：指依附於電子文件並與其相關連，用以辨識及確認電子文件簽署人身分、資格及電子文件真偽者。

三　數位簽章：指將電子文件以數學演算法或其他方式運算為一定長度之數位資料，以簽署人之私密金鑰對其加密，形成電子簽章，並得以公開金鑰加以驗證者。

四　加密：指利用數學演算法或其他方法，將電子文件以亂碼方式處理。

五　憑證機構：指簽發憑證之機關、法人。

六　憑證：指載有簽章驗證資料，用以確認簽署人身分、資格之電子形式證明。

七　憑證實務作業基準：指由憑證機構對外公告，用以陳述憑證機構據以簽發憑證及處理其他認證業務之作業準則。

八　資訊系統：指產生、送出、收受、儲存或其他處理電子形式訊息資料之系統。

第三條　（主管機關）

本法主管機關為經濟部。

第四條　（以電子文件為表示方法之情形）

① 經相對人同意者，得以電子文件為表示方法。

② 依法令規定應以書面為之者，如其內容可完整呈現，並可於日後取出供查驗者，經相對人同意，得以電子文件為之。

③前二項規定得依法令或行政機關之公告，排除其適用或就其應用技術與程序另為規定。但就應用技術與程序所為之規定，應公平、合理，並不得為無正當理由之差別待遇。

第五條 （應提出文書原本或正本之處置）

①依法令規定應提出文書原本或正本者，如文書係以電子文件形式作成，其內容可完整呈現，並可於日後取出供查驗者，得以電子文件為之。但應核對筆跡、印跡或其他為辨識文書真偽之必要或法令另有規定者，不在此限。

②前項所稱內容可完整呈現，不含以電子方式發送、收受、儲存及顯示作業附加之資料訊息。

第六條 （應保存書面文書以電子文件方式保存之處置）

①文書依法令之規定應以書面保存者，如其內容可完整呈現，並可於日後取出供查驗者，得以電子文件為之。

②前項電子文件以其發文地、收文地、日期與驗證、鑑別電子文件內容真偽之資料訊息，得併同其主要內容保存者為限。

③第一項規定得依法令或行政機關之公告，排除其適用或就其應用技術與程序另為規定。但就應用技術與程序所為之規定，應公平、合理，並不得為無正當理由之差別待遇。

第七條 （電子文件之收、發文時間）

①電子文件以其進入發文者無法控制資訊系統之時間為發文時間。但當事人另有約定或行政機關另有公告者，從其約定或公告。

②電子文件以下列時間為其收文時間。但當事人另有約定或行政機關另有公告者，從其約定或公告。

　　一　如收文者已指定收受電子文件之資訊系統者，以電子文件進入該資訊系統之時間為收文時間；電子文件如送至非收文者指定之資訊系統者，以收文者取出電子文件之時間為收文時間。

　　二　收文者未指定收受電子文件之資訊系統者，以電子文件進入收文者資訊系統之時間為收文時間。

第八條 （發文地及收文地）

①發文者執行業務之地，推定為電子文件之發文地。收文者執行業務之地，推定為電子文件之收文地。

②發文者與收文者有一個以上執行業務之地，以與主要交易或通信行為最密切相關之業務地為發文地及收文地。主要交易或通信行為不

　　明者，以執行業務之主要地為發文地及收文地。

③發文者與收文者均未有執行業務地者，以其住所為發文地及收文地。

第九條　（電子簽章之使用時機）

①依法令規定應簽名或蓋章者，經相對人同意，得以電子簽章為之。

②前項規定得依法令或行政機關之公告，排除其適用或就其應用技術與程序另為規定。但就應用技術與程序所為之規定，應公平、合理，並不得為無正當理由之差別待遇。

第十條　（數位簽章為有效之條件）

　　以數位簽章簽署電子文件者，應符合下列各款規定，始生前條第一項之效力：

　　一　使用經第十一條核定或第十五條許可之憑證機構依法簽發之憑證。

　　二　憑證尚屬有效並未逾使用範圍。

第十一條　（憑證實務作業基準）

①憑證機構應製作憑證實務作業基準，載明憑證機構經營或提供認證服務之相關作業程序，送經主管機關核定後，並將其公布在憑證機構設立之公開網站供公眾查詢，始得對外提供簽發憑證服務。其憑證實務作業基準變更時，亦同。

②憑證實務作業基準應載明事項如下：

　　一　足以影響憑證機構所簽發憑證之可靠性或其業務執行之重要資訊。

　　二　憑證機構逕行廢止憑證之事由。

　　三　驗證憑證內容相關資料之留存。

　　四　保護當事人個人資料之方法及程序。

　　五　其他經主管機關訂定之重要事項。

③本法施行前，憑證機構已進行簽發憑證服務者，應於本法施行後六個月內，將憑證實務作業基準送交主管機關核定。但主管機關未完成核定前，其仍得繼續對外提供簽發憑證服務。

④主管機關應公告經核定之憑證機構名單。

第十二條　（罰則）

　　憑證機構違反前條規定者，主管機關視其情節，得處新臺幣一百萬元以上五百萬元以下罰鍰，並命其限期改正，逾期未改正者，得按次連續處罰。其情節重大者，並得停止其一部或全部業務。

第十三條　（憑證機構終止服務之措施）

①憑證機構於終止服務前，應完成下列措施：

　　一　於終止服務之日三十日前通報主管機關。

　　二　對終止當時仍具效力之憑證，安排其他憑證機構承接其業務。

　　三　於終止服務之日三十日前，將終止服務及由其他憑證機構承接其業務之事實通知當事人。

　　四　將檔案紀錄移交承接其業務之憑證機構。

②若無憑證機構依第一項第二款規定承接該憑證機構之業務，主管機關得安排其他憑證機構承接。主管機關於必要時，得公告廢止當時仍具效力之憑證。

③前項規定，於憑證機構依本法或其他法律受勒令停業處分者，亦適用之。

第十四條　（憑證機構之賠償責任）

①憑證機構對因其經營或提供認證服務之相關作業程序，致當事人受有損害，或致善意第三人因信賴該憑證而受有損害者，應負賠償責任。但能證明其行為無過失者，不在此限。

②憑證機構就憑證之使用範圍設有明確限制時，對逾越該使用範圍所生之損害，不負賠償責任。

第十五條　（外國憑證機構）

①依外國法律組織、登記之憑證機構，在國際互惠及安全條件相當原則下，經主管機關許可，其簽發之憑證與本國憑證機構所簽發憑證具有相同之效力。

②前項許可辦法，由主管機關定之。

③主管機關應公告經第一項許可之憑證機構名單。

第十六條　（施行細則之訂定）

本法施行細則，由主管機關定之。

第十七條　（施行日期）

本法施行日期，由行政院定之。

電子簽章法施行細則

民國九十一年四月十日經濟部令發布全文

第一條 （訂定依據）

本細則依電子簽章法（以下簡稱本法）第十六條規定訂定之。

第二條 （依附於電子文件與其相關連之定義）

本法第二條第二款所稱依附於電子文件與其相關連，係指附加於電子文件、與電子文件相結合或與電子文件邏輯相關聯者。

第三條 （私密金鑰之定義）

本法第二條第三款所稱私密金鑰，係指具有配對關係之數位資料中，由簽署人保有，用以製作數位簽章者。

第四條 （公開金鑰之定義）

本法第二條第三款所稱公開金鑰，係指具有配對關係之數位資料中，對外公開，用以驗證數位簽章者。

第五條 （簽發憑證之機關、法人之定義）

本法第二條第五款所稱簽發憑證之機關、法人，係指憑證上所載之簽發名義人。

第六條 （公告等之副知義務）

各機關依本法第四條第三項、第六條第三項及第九條第二項規定所為之公告及就應用技術與程序另為之規定者，應副知主管機關。

第七條 （對外提供簽發憑證服務之定義）

本法第十一條第一項所稱對外提供簽發憑證服務，係指憑證機構簽發之憑證，可供憑證用戶作為其與憑證機構以外之第三人簽署電子文件時證明之用者。

第八條 （申請憑證實務作業基準應備文件）

①憑證機構依本法第十一條第一項及第三項規定，就其所製作憑證實務作業基準向主管機關申請核定者，應檢具下列文件：

一　申請書。

二　憑證實務作業基準。

三　憑證實務作業基準應載明事項檢核對照表。

四　其他經主管機關指定之文件。

②前項第一款之申請書、第三款之憑證實務作業基準應載明事項檢核

對照表及第四款之指定文件，其格式由主管機關定之。

第九條 （申請憑證實務作業基準變更應備文件）

①憑證機構製作之憑證實務作業基準變更時，依本法第十一條第一項規定，向主管機關申請核定者，應檢具下列文件：

一　申請書。

二　變更後之憑證實務作業基準及其應載明事項檢核對照表。

三　變更內容對照表。

四　其他經主管機關指定之文件。

②前項第一款之申請書、第三款之變更內容對照表及第四款之指定文件，其格式由主管機關定之。

第十條 （憑證機構申請應注意事項）

①憑證機構依本法及本細則規定所為之申請，其應備具之文件，應用中文書寫；其科學名詞之譯名，以國立編譯館規定者為原則，並應附註外文原名。

②前項文件原係外文者，並應檢附原外文資料或影本。

第十一條 （檔案紀錄之範圍）

①本法第十三條第一項第四款所稱檔案紀錄，應包括下列資料：

一　憑證用戶註冊資料。

二　已簽發之所有憑證。

三　用戶憑證廢止清冊。

四　憑證狀態資料。

五　各版本之憑證實務作業基準。

六　憑證政策。

七　稽核或評核紀錄。

八　歸檔資料。

九　其他經主管機關指定之文件。

②前項第一款所定之憑證用戶註冊資料，於憑證用戶有反對之表示者，不適用之。

第十二條 （施行日期）

本細則自發布日施行。

會 計 法

民國二十四年八月十四日國民政府公布
二十七年八月二十日國民政府修正公布
三十七年五月二十七日總統令修正公布
三十九年六月十日總統令修正公布
六十一年四月十五日總統令修正公布
九十一年五月十五日總統令修正公布
一百年五月十八日總統令公布增訂第九九之一條條文

第一章 通 則

第一條 （法律之適用）

　　政府及其所屬機關辦理各項會計事務，依本法之規定。

第二條 （主計超然㈠——機構超然）

　　各下級政府主計機關（無主計機關者，其最高主計人員），關於會計事務，應受該管上級政府主計機關之監督與指導。

第三條 （會計事務）

　　政府及其所屬機關，對於左列事項，應依機關別與基金別為詳確之會計：

　　一　預算之成立、分配、執行。

　　二　歲入之徵課或收入。

　　三　債權、債務之發生、處理、清償。

　　四　現金、票據、證券之出納、保管、移轉。

　　五　不動產物品及其他財產之增減、保管、移轉。

　　六　政事費用、事業成本及歲計餘絀之計算。

　　七　營業成本與損益之計算及歲計盈虧之處理。

　　八　其他應為會計之事項。

第四條 （會計事務之種類）

①前條會計事項之事務，依其性質，分左列五類：

　　一　普通公務之會計事務：謂公務機關一般之會計事務。

　　二　特種公務之會計事務：謂特種公務機關除前款之會計事務外，所辦之會計事務。

　　三　公有事業之會計事務：謂公有事業機關之會計事務。

　　四　公有營業之會計事務：謂公有營業機關之會計事務。

　　五　非常事件之會計事務：謂有非常性質之事件，及其他不隨會
計年度開始與終了之重大事件，其主辦機關或臨時組織對於
處理該事件之會計事務。

②凡政府所屬機關，專為供給財物、勞務或其他利益，而以營利為目
的，或取相當之代價者，為公有營業機關；其不以營利為目的者，
為公有事業機關。

第五條　（普通公務之會計事務）

普通公務之會計事務，為左列三種：

　　一　公務歲計之會計事務：謂公務機關之歲入或經費之預算實施，
及其實施時之收支，與因處理收支而發生之債權、債務，及
計算政事費用與歲計餘絀之會計事務。

　　二　公務出納之會計事務：謂公務機關之現金、票據、證券之出
納、保管、移轉之會計事務。

　　三　公務財物之會計事務：謂公務機關之不動產物品及其他財產
之增減、保管、移轉之會計事務。

第六條　（特種公務之會計事務）

①特種公務之會計事務，為左列六種：

　　一　公庫出納之會計事務：謂公庫關於現金、票據、證券之出納、
保管、移轉之會計事務。

　　二　財物經理之會計事務：謂公有財物經理機關，關於所經理不
動產物品及其他財產之增減、保管、移轉之會計事務。

　　三　徵課之會計事務：謂徵收機關，關於稅賦捐費等收入之徵課、
查定，及其他依法處理之程序，與所用之票照等憑證，及其
處理徵課物之會計事務。

　　四　公債之會計事務：謂公債主管機關，關於公債之發生、處理、
清償之會計事務。

　　五　特種財物之會計事務：謂特種財物之管理機關，關於所管財
務處理之會計事務。

　　六　特種基金之會計事務：謂特種基金之管理機關，關於所管基
金處理之會計事務。

②前項第六款稱特種基金者：謂除營業基金、公債基金及另為事業會
計之事業基金外，各種信託基金、留本基金、非營業之循環基金等，

不屬於普通基金之各種基金。

第七條　（公有營業之會計事務）

①公有營業之會計事務，為左列四種：

　　一　營業歲計之會計事務：謂營業預算之實施，及其實施之收支，
　　　　與因處理收支而發生之債權、債務，及計算歲計盈虧與營業
　　　　損益之會計事務。

　　二　營業成本之會計事務：謂計算營業之出品或勞務每單位所費
　　　　成本之會計事務。

　　三　營業出納之會計事務：謂營業上之現金、票據、證券之出納、
　　　　保管、移轉之會計事務。

　　四　營業財物之會計事務：謂營業上使用及運用之財產增減、保
　　　　管、移轉之會計事務。

②公有事業之會計事務，準用前項之規定，但不為損益之計算。

③有作業行為之各機關，其作業部分之會計事務，得按其性質，分別
　準用前二項之規定。

④公務機關附帶為事業或營業之行為而別有一部分之組織者，其組織
　為作業組織；公有事業或公有營業機關，於其本業外，附帶為他種
　事業或營業之行為而別有一部分之組織者，其組織亦得視為作業組
　織。

第八條　（會計事務之分類、彙編）

各機關對於所有前三條之會計事務，均應分別種類，綜合彙編，作
為統制會計。

第九條　（政府會計之組織）

①政府會計之組織為左列五種：

　　一　總會計。

　　二　單位會計。

　　三　分會計。

　　四　附屬單位會計。

　　五　附屬單位會計之分會計。

②前項各款會計，均應用複式簿記。但第三款、第五款分會計之事務
　簡單者，不在此限。

③第一項各款會計之帳務處理，得視事實需要，呈請上級主計機關核
　准後，集中辦理。

第十條　（總會計）

中央、直轄市、縣（市）、鄉（鎮、市）之會計，各為一總會計。

第十一條 （單位會計）

左列各款會計，為單位會計：

一　在總預算有法定預算之機關單位之會計。

二　在總預算不依機關劃分而有法定預算之特種基金之會計。

第十二條 （分會計）

單位會計下之會計，除附屬單位會計外，為分會計，並冠以機關名稱。

第十三條 （附屬單位會計）

左列各款會計，為附屬單位會計：

一　政府或其所屬機關附屬之營業機關、事業機關或作業組織之會計。

二　各機關附屬之特種基金，以歲入、歲出之一部編入總預算之會計。

第十四條 （附屬單位會計之分會計）

附屬單位會計下之會計，為附屬單位會計之分會計，並冠以機關名稱。

第十五條 （會計年度）

①會計年度之開始及終了，依預算法之所定。

②會計年度之分季，自年度開始之日起，每三個月為一季。

③會計年度之分月，依國曆之所定。

④各月之分旬，以一日至十日為上旬，十一日至二十日為中旬，二十一日至月之末日為下旬。

⑤各月之分為五日期間者，自一日起，每五日為一期，其最後一期為二十六日至月之末日。

⑥期間不以會計年度或國曆月份之始日起算者，或月份非連續計算者，其計算依民法第一百二十一條至第一百二十三條之所定。

第十六條 （記帳本位幣）

①政府會計應以國幣或預算所定之貨幣為記帳本位幣；其以不合本位幣之本國或外國貨幣記帳者，應折合本位幣記入主要之帳簿。記帳時，除為乘除計算外，小數至分位為止，釐位四捨五入。

②前項規定，如有特殊情形者，得擬定處理辦法，經各該政府主計機關核定施行。

第二章　會計制度

第十七條　（會計制度設計之原則）

①會計制度之設計，應依會計事務之性質、業務實際情形及其將來之發展，先將所需要之會計報告決定後，據以訂定應設立之會計科目、簿籍、報表及應有之會計憑證。

②凡性質相同或類似之機關或基金，其會計制度應為一致之規定。政府會計基礎，除公庫出納、會計外，應採用權責發生制。

第十八條　（會計制度之設計、核定程序）

①中央總會計制度之設計、核定，由中央主計機關為之。

②地方政府之總會計制度及各種會計制度之一致規定，由各該政府之主計機關設計，呈經上級主計機關核定頒行。

③各機關之會計制度，由各該機關之會計機構設計，簽報所在機關長官後，呈請各該政府之主計機關核定頒行。

④前項設計，應經各關係機關及該管審計機關會商後始得核定；修正時亦同。

⑤各種會計制度之釋例，與會計事務處理之一致規定，由各該會計制度之頒行機關核定之。

第十九條　（會計制度之內容）

前二條之設計，應明定左列各事項：

一　各會計制度應實施之機關範圍。

二　會計報告之種類及其書表格式。

三　會計科目之分類及其編號。

四　會計簿籍之種類及其格式。

五　會計憑證之種類及其格式。

六　會計事務之處理程序。

七　內部審核之處理程序。

八　其他應行規定之事項。

第二十條　（會計制度之法制準據）

各會計制度，不得與本法及預算、決算、審計、國庫、統計等法牴觸；單位會計及分會計之會計制度，不得與其總會計之會計制度牴觸；附屬單位會計及其分會計之會計制度，不得與該管單位會計或分會計之會計制度牴觸。

第二十一條 （會計報告之目的）

各種會計報告應劃分會計年度，按左列需要，編製各種定期與不定期之報告，並得兼用統計與數理方法，為適當之分析、解釋或預測：

一　對外報告，應按行政、監察、立法之需要，及人民所須明瞭之會計事實編製之。

二　對內報告，應按預算執行情形、業務進度及管理控制與決策之需要編製之。

第二十二條 （會計報告之分類）

①會計報告分左列二類：

一　靜態之會計報告：表示一定日期之財務狀況。

二　動態之會計報告：表示一定期間內之財務變動經過情形。

②前項靜態、動態報告各表，遇有比較之必要時，得分別編造比較表。

第二十三條 （會計報告之內容）

①各單位會計及附屬單位會計之靜態與動態報告，依充分表達原則，及第五條至第七條所列之會計事務，各於其會計制度內訂定之。

②靜態報告應按其事實，分別編造左列各表：

一　平衡表。

二　現金結存表。

三　票據結存表。

四　證券結存表。

五　票照等憑證結存表。

六　微課物結存表。

七　公債現額表。

八　財物或特種財物目錄。

九　固定負債目錄。

③動態報告應按其事實，分別編造左列各表：

一　歲入或經費累計表。

二　現金出納表。

三　票據出納表。

四　證券出納表。

五　票照等憑證出納表。

六　微課物出納表。

七　公債發行表及公債還本付息表。

八　財物或特種財物增減表。

九　固定負債增減表。

十　成本計算表。

十一　損益計算表。

十二　資金運用表。

十三　盈虧撥補表。

第二十四條　（非常事件之會計報告）

非常事件所應編造之會計報告各表，由主計機關按事實之需要，參酌前條之規定分別定之。

第二十五條　（會計報告各表之編造）

各單位會計所需編製之會計報告各表，應按基金別編造之。但為簡明計，得按基金別分欄綜合造造。

第二十六條　（分會計報告）

分會計應編造之靜態與動態報告，應就其本身及其隸屬單位會計或附屬單位會計之需要，於其會計制度內訂定之。

第二十七條　（會計報告及各表之減少或合併）

第二十二條至第二十五條之報告及各表，得由各該政府主計機關，會同其單位會計機關或附屬單位會計機關之主管長官及其主辦會計人員，按事實之需要，酌量減少或合併編製之。

第二十八條　（總會計報告）

政府之總會計，應為第二十一條至第二十三條綜合之報告。但依第九條第三項集中辦理者，得就其會計紀錄產生會計報告。

第二十九條　（財物及固定負債）

政府之財物及固定負債，除列入歲入之財物及彌補預算虧絀之固定負債外，應分別列表或編目錄，不得列入平衡表。但營業基金、事業基金及其他特種基金之財物及固定負債為其基金本身之一部分時，應列入其平衡表。

第三十條　（會計報告表應據紀錄編造）

各種會計報告表，應根據會計紀錄編造，並使便於核對。

第三十一條　（差額解釋表）

非政府機關代理政府事務者，其報告與會計人員之報告發生差額時，應由會計人員加編差額解釋表。

第三十二條　（會計報告編送之期限）

①各單位會計機關及各附屬單位會計機關報告之編送，應依左列期限：

一　日報於次日內送出。

二　五日報於期間經過後二日內送出。

三　週報、旬報於期間經過後三日內送出。

四　月報、季報於期間經過後十五日內送出。但法令另定期限者，依其期限。

五　半年度報告於期間經過後三十日內送出；年度報告，依決算法之規定。

②前項第一款至第四款各報告之編送期限，於分會計及附屬單位會計之分會計適用之。

③第一項第五款之報告，應由單位會計或附屬單位會計機關，就其分會計機關整理後之報告彙編之；其編送期限，得按各該分會計機關呈送整理報告之期限及其郵遞實需期間加算之；採用機器處理會計資料之機關，其會計報告編送期限，由該管主計機關定之。

第三十三條　（報告之內容）

前條第一項第一款至第四款之報告，其關於各機關本身之部分，在日報應以每日辦事完畢時已入帳之會計事項；在五日報、週報、旬報、月報、季報，應以各該期間之末日辦事完畢時已入帳之會計事項，分別列入。其關於彙編所屬機關之部分，在日報，應以每日辦事完畢時已收到之所屬機關日報內之會計事項；在五日報、週報、旬報、月報、季報，應以各該期間之末日辦事完畢時已收到之所屬機關之五日報、週報或旬報、月報、季報內之會計事項，分別列入。但月報、季報之採用月結、季結制者，不在此限。

第三十四條　（會計科目）

各種會計科目，依各種會計報告所應列入之事項定之，其名稱應顯示其事項之性質；如其科目性質與預算、決算科目相同者，其名稱應與預算、決算科目之名稱相合。

第三十五條　（統制與隸屬帳目）

各種會計報告總表之會計科目，與其明細表之會計科目，應顯示其統制與隸屬之關係，總表會計科目為統制帳目，明細表會計科目為隸屬帳目。

第三十六條　（會計科目一致原則）

①為便利綜合彙編及比較計，中央政府各機關對於事項相同或性質相同之會計科目，應使其一致，對於互有關係之會計科目，應使之相合。

②地方政府對於與中央政府事項相同或性質相同之會計科目，應依中

央政府之所定；對於互有關係之會計科目，應使合於中央政府之所定。

第三十七條 （會計科目之訂定）

各種會計科目之訂定，應兼用收付實現事項及權責發生事項，為編定之對象。

第三十八條 （會計科目之編號）

各種會計科目，應依所列入之報告，並各按其科目之性質，分類編號。

第三十九條 （會計科目變更之禁止）

①會計科目名稱經規定後，非經各該政府主計機關或其負責主計人員之核定，不得變更。

②前項變更會計科目之核定，應通知該管審計機關。

第四十條 （會計簿籍之分類）

①會計簿籍分左列二類：

　　一　帳簿：謂簿籍之紀錄，為供給編造會計報告事實所必需者。

　　二　備查簿：謂簿籍之紀錄，不為編造會計報告事實所必需，而僅為便利會計事項之查考，或會計事務之處理者。

②會計資料採用機器處理者，其機器貯存體中之紀錄，視為會計簿籍。

③前項機器貯存體中之紀錄，應於處理完畢時，附置總數控制數碼，並另以書面標示，由主辦會計人員審核簽名或蓋章。

第四十一條 （帳簿之分類）

帳簿分左列二類：

　　一　序時帳簿：謂以事項發生之時序為主而為紀錄者，其個別名稱謂之簿。

　　二　分類帳簿：謂以事項歸屬之會計科目為主而為紀錄者，其個別名稱謂之帳。

第四十二條 （序時、分類帳簿專欄之設立）

序時帳簿及分類帳簿，均得就事實上之需要及便利，設立專欄。

第四十三條 （序時帳簿之種類）

序時帳簿分左列二種：

　　一　普通序時帳簿：謂對於一切事項為序時登記，或並對於第二款帳項之結數為序時登記而設者，如分錄日記帳簿。

　　二　特種序時帳簿：謂對於特種事項為序時登記而設者，如歲入收支登記簿、經費收支登記簿、現金出納登記簿及其他關於

特種事項之登記簿。

第四十四條　（分類帳簿之種類）

①分類帳簿分左列二種：

一　總分類帳簿：謂對於一切事項為總括之分類登記，以編造會計報告總表為主要目的而設者。

二　明細分類帳簿：謂對於特種事項為明細分類或分戶之登記，以編造會計報告明細表為主要目的而設者，如歲入明細帳簿、經費明細帳簿、財物明細帳簿及其他有關於特種事項之明細帳簿。

②設有明細分類帳簿者，總分類帳簿內應設統制帳目，登記各該明細分類帳之總數。但財物明細分類帳簿，除依第二十九條應列入平衡表者外，應另設統制帳簿。

第四十五條　（帳簿之合併編製）

政府主計機關，對於總會計、單位會計、附屬單位會計及分會計之特種序時帳簿及明細分類帳簿，為求簡便計，得酌合併編製。

第四十六條　（特種序時帳簿、明細分類帳簿之設置）

①關於各單位會計或附屬單位會計之帳簿，除應設置普通序時帳簿及總分類帳簿外，其特種序時帳簿及明細分類帳簿，應由各該政府主計機關，會同單位會計或附屬單位會計機關或基金之主管長官及主辦會計人員，按事實之需要，酌量設置之。

②各單位會計或附屬單位會計之備查簿，除主計機關認為應設置者外，各機關或基金主管長官及主辦會計人員，亦得按其需要情形，自行設置之。

第四十七條　（分會計帳簿之準用）

各分會計之會計事務較繁者，其帳簿之種類，準用關於單位會計或附屬單位會計之規定；其會計事務較簡者，得僅設序時帳簿及其必需之備查簿。

第四十八條　（分會計序時帳簿之抄送列帳）

各分會計機關，應就其序時帳簿之內容，按時抄送主管之單位會計機關或附屬單位會計機關列帳；其會計事務較繁者，得由主管之單位會計機關或附屬單位會計機關，商承各該政府主計機關及該管審計機關，使僅就其每期各科目之借方、貸方各項總數，抄送主管之單位會計機關或附屬單位會計機關列帳。

第四十九條　（總會計帳簿及其備查簿之設置）

總會計之帳簿，應就其彙編會計總報告所需之記載設置之；其備查簿就其處理事務上之需要設置之。

第五十條 （應備備查簿）

管理特種財物機關，關於所管珍貴動產，應備索引、照相、圖樣及其他便於查對之暗記紀錄等備查簿；關於所管不動產，應備地圖、圖樣等備查簿；其程式由各該政府之主計機關定之。

第五十一條 （會計憑證之分類）

會計憑證分左列二類：

一　原始憑證：謂證明事項經過而為造具記帳憑證所根據之憑證。

二　記帳憑證：謂證明處理會計事項人員責任，而為記帳所根據之憑證。

第五十二條 （原始憑證之種類）

①原始憑證為左列各種：

一　預算書表及預算準備金依法支用與預算科目間經費依法流用之核准命令。

二　現金、票據、證券之收付及移轉等書據。

三　薪俸、工餉、津貼、旅費、卹養金等支給之表單及收據。

四　財物之購置、修繕；郵電、運輸、印刷、消耗等各項開支發票及收據。

五　財物之請領、供給、移轉、處置及保管等單據。

六　買賣、貸借、承攬等契約及其相關之單據。

七　存匯、兌換及投資等證明單據。

八　歸公財物、沒收財物、贈與或遺贈之財物目錄及證明書類。

九　稅賦捐費等之徵課、查定，或其他依法處理之書據、票照之領發，及徵課物處理之書據。

十　罰款、賠款經過之書據。

十一　公債發行之法令、還本付息之本息票及處理申溢折扣之計算書表。

十二　成本計算之單據。

十三　盈虧處理之書據。

十四　會計報告書表。

十五　其他可資證明第三條各款事項發生經過之單據或其他書類。

②前項各種憑證之附屬書類，視為各該憑證之一部。

第五十三條 （記帳憑證之種類）

①記帳憑證為左列三種：

　　一　收入傳票。

　　二　支出傳票。

　　三　轉帳傳票。

②前項各種傳票，應以顏色或其他方法區別之。

第五十四條　　（傳票應載事項）

各種傳票應為左列各款之記載：

　　一　年、月、日。

　　二　會計科目。

　　三　事由。

　　四　本位幣數目，不以本位幣計數者，其貨幣之種類、數目及折
　　　　合率。

　　五　有關之原始憑證種類、張數及其號數、日期。

　　六　傳票號數。

　　七　其他備查要點。

第五十五條　　（傳票之簽名、蓋章）

①各種傳票，非經左列各款人員簽名或蓋章不生效力。但實際上無某
　款人員者缺之：

　　一　機關長官或其授權代簽人。

　　二　業務之主管或主辦人員。

　　三　主辦會計人員或其授權代簽人。

　　四　關係現金、票據、證券出納保管移轉之事項時，主辦出納事
　　　　務人員。

　　五　關係財物增減、保管、移轉之事項時，主辦經理事務人員。

　　六　製票員。

　　七　登記員。

②前項第一款、第二款、第五款人員，已於原始憑證上為負責之表示
　者，傳票上得不簽名或蓋章。

第五十六條　　（免製傳票㈠）

原始憑證，其格式合於記帳憑證之需要者，得用作記帳憑證，免製
傳票。

第五十七條　　（免製傳票㈡）

各分會計機關之事務簡單者，其原始憑證經機關長官及主辦會計人
員簽名或蓋章後，得用作記帳憑證，免製傳票。

第三章　會計事務程序

第五十八條　（會計事務程序原則）

會計人員非根據合法之原始憑證，不得具記帳憑證；非根據合法之記帳憑證，不得記帳。但整理結算及結算後轉入帳目等事項無原始憑證者，不在此限。

第五十九條　（應隨時造具記帳憑證）

大宗財物之增減、保管、移轉，應隨時造具記帳憑證。但零星消耗品、材料品之付出，得每月分類彙總造具記帳憑證。

第六十條　（公有營業財物折舊及盤存消耗之標準）

公有營業有永久性財物之折舊，與無永久性財物之盤存消耗，應以成本為標準；其成本無可稽考者，以初次入帳時之估價為標準。

第六十一條　（成本會計事務）

成本會計事務，對於成本要素，應為詳備之紀錄及精密之計算，分別編造明細報告表，並比較分析其增減原因。

第六十二條　（過帳程序）

①除本條第二項及第三項之轉帳傳票外，各種傳票於記入序時帳簿時，設有明細分類帳簿者，並應同時記入關係之明細分類帳簿。

②特種序時帳簿之按期結算，應過入總分類帳簿者，應先以其結數造具轉帳傳票，記入普通序時帳簿，始行過帳。但特種序時帳簿僅為現金出納序時帳簿一種者，得直接過入總分類帳簿。

③公務財物、特種財物，應就其明細分類帳簿按期結算，以其結數造具轉帳傳票，過入另設之統制帳簿。

第六十三條　（特種序時帳簿之結總）

①各種特種序時帳簿，應於左列時期結總：

　　一　每月終了時，遇事實上有需要者，得每月、每週、每五日或每日為之，均應另為累計之總數。

　　二　各種會計事務之主管或主辦人員交代時。

　　三　機關或基金結帳時。

②普通序時帳簿，於每月終了時、機關結帳或主辦會計人員交代時，亦應結總。

第六十四條　（結帳或結算）

各機關或基金有左列情形之一時，應辦理結帳或結算：

一　會計年度終了時。

二　有每月、每季或每半年結算一次之必要者，其每次結算時。

三　非常事件，除第一款、第二款情形外，其事件終了時。

四　機關裁撤或基金結束時。

第六十五條　（整理紀錄）

①各種分類帳簿之各帳目所有預收、預付、到期未收、到期未付及其他權責已發生而帳簿尚未登記之各事項，均應於結帳前先為整理紀錄。

②公有營業之會計事務，除為前項之整理紀錄外，對於呆帳、折舊、耗竭、攤銷，及材料、用品、產品等盤存，與內部損益銷轉，或其他應為整理之事項，均應為整理紀錄。

③各單位會計或附屬單位會計有所屬分會計者，應俟其所屬分會計之結帳報告到達後，再為整理紀錄。但所屬分會計因特殊事故，其結帳報告不能按期到達時，各該單位會計或附屬單位會計得先行整理結帳，加註說明，俟所屬分會計報告到達後，再行補作紀錄，整理結帳。

第六十六條　（借方、貸方餘額之處理）

各帳目整理後，其借方、貸方之餘額，應依左列規定處理之：

一　公務之會計事務及公有事業之會計事務，各收支帳目之餘額，應分別結入歲入預算及經費預算之各種帳目，以計算歲入及經費之餘絀。

二　公有營業之會計事務，各損益帳目之餘額，應結入總損益之各種帳目，以為損益之計算。

三　前二款會計事務，有關資產、負債性質各帳目之餘額，應轉入下年度或下該各帳目。

第六十七條　（註銷更正）

①會計報告、帳簿及重要備查帳或憑證內之記載，繕寫錯誤而當時發現者，應由原登記員劃線註銷更正，於更正處簽名或蓋章證明，不得挖補、擦、刮或用藥水塗滅。

②前項錯誤，於事後發現，而其錯誤不影響結數者，應由查覺人將情形呈報主辦會計人員，由主辦會計人員依前項辦法更正之；其錯誤影響結數者，另製傳票更正之。採用機器處理會計資料或貯存體之錯誤，其更正辦法由中央主計機關另訂之。

③因繕寫錯誤而致公庫受損失者，關係會計人員應負連帶損害賠償責

任。

第六十八條 （空白頁註銷）

帳簿及重要備查簿內，如有重揭兩頁，致有空白頁時，將空白頁劃線註銷；如有誤空一行或二行，一列或二列者，應將誤空之行列劃線註銷，均應由登記員及主辦會計人員簽名或蓋章證明。

第六十九條 （傳票之彙訂成冊）

各傳票入帳後，應依照類別與日期號數之順序，彙訂成冊，另加封面，並於封面詳記起訖之年、月、日、張數及號數，由會計人員保存備核。

第七十條 （原始憑證之處理㈠）

原始憑證，除依法送審計機關審核者外，應逐一標註傳票編號，附同傳票，依前條規定辦理；其不附入傳票保管者，亦應標註傳票編號，依序黏貼整齊，彙訂成冊，另加封面，並於封面詳記起訖之年、月、日、頁數及號數，由主辦會計人員於兩頁間中縫與每件黏貼邊縫，加蓋騎縫印章，由會計人員保存備核。但原始憑證便於分類裝訂成冊者，得免黏貼。依第九條集中處理會計事務者，其原始憑證之整理及保管，得由中央主計機關另訂辦法處理之。

第七十一條 （原始憑證之處理㈡）

左列各種原始憑證，不適用前條之規定。但仍應於前條冊內註明其保管處所及其檔案編號，或其他便於查對之事實：

一　各種契約。

二　應另歸檔案之文書及另行訂冊之報告書表。

三　應留待將來使用之存取或保管現金、票據、證券及財物之憑證。

四　應轉送其他機關之文件。

五　其他事實上不能或不應黏貼訂冊之文件。

第七十二條 （帳簿首頁應載事項）

各種帳簿之首頁，應標明機關名稱、帳簿名稱、冊次、頁數、啟用日期，並由機關長官及主辦會計人員簽名或蓋章。

第七十三條 （帳簿末頁應載事項）

各種帳簿之末頁，應列經管人員一覽表，填明主辦會計人員及記帳、覆核等關係人員之姓名、職務與經管日期，並由各本人簽名或蓋章。

第七十四條 （帳頁編號）

各種帳簿之帳頁，均應順序編號，不得撕毀。總分類帳簿及明細分

類帳簿，並應在帳簿前加一目錄。

第七十五條 （活頁帳簿之處理）

① 活頁帳簿每用一頁，應由主辦會計人員蓋章於該頁之下端；其首頁、末頁適用第七十二條、第七十三條之規定。但免填頁數，另置頁數累計表及臨時目錄於首頁之後，裝訂時應加封面，並為第七十四條之手續，隨將總頁數填入首頁。卡片式之活頁不能裝訂成冊者，應由經管人員裝匣保管。

② 除總會計外，序時帳簿與分類帳簿不得同時並用活頁。

第七十六條 （帳簿更換之限制）

① 各種帳簿，除已用盡者外，在決算期前，不得更換新帳簿；其可長期賡續記載者，在決算期後，亦無庸更換。

② 更換新帳簿時，應於舊帳簿空白頁上，逐頁註明空白作廢字樣。

第七十七條 （機器處理會計資料之例外規定）

採用機器處理會計資料者，因機器性能限制，得不適用第六十八條、第七十二條至第七十六條之規定。

第七十八條 （用畢之報告、簿籍、憑證之處理）

使用完畢之會計報告、簿籍、機器處理會計資料之貯存體及裝訂成冊之會計憑證，均應分年編號收藏，並製目錄備查。

第七十九條 （會計報告之簽章）

① 各項會計報告，應由機關長官及主辦會計人員簽名或蓋章；其有關各類主管或主辦人員之事務者，並應由該事務之主管或主辦人員會同簽名或蓋章。但內部使用之會計報告，機關長官免予簽名或蓋章。

② 前項會計報告經彙訂成冊者，機關長官及主辦會計人員得僅在封面簽名或蓋章。

第八十條 （簽章之限制）

會計報告簿籍及憑證上之簽名或蓋章，不得用別字或別號。

第八十一條 （報告之編號）

第三十二條第一項第一款至第四款之報告，應各編以順序號數，其號數均應每年度重編一次。但在會計年度終了後整理期間內補編之報告，仍續編該終了年度之順序號數。

第八十二條 （公告）

① 總會計年度報告之公告，依決算法之規定。

② 各機關會計月報，應由會計人員按月向該機關公告之。但其中應保守祕密之部分，得不公告。

③各該機關人員前上項公告有疑義時，得向會計人員查詢之。

第八十三條 （憑證之保存）

①各種會計憑證，均應自總決算公布或令行日起，至少保存二年；屆滿二年後，除有關債權、債務者外，經該管上級機關與該管審計機關之同意，得予銷毀。

②前項保存期限，如有特殊原因，亦得依上述程序延長或縮短之。

第八十四條 （報告、帳簿等之保存）

①各種會計報告、帳簿及重要備查簿，與機器處理會計資料之貯存體暨處理手冊，自總決算公布或令行日起，在總會計至少保存二十年；在單位會計、附屬單位會計至少保存十年；在分會計、附屬單位會計之分會計至少保存五年。其屆滿各該年限者，在總會計經行政長官及審計機關之同意，得移交文獻機關或其他相當機關保管之；在單位會計、附屬單位會計及分會計應經該管上級機關與該管審計機關之同意，始得銷毀之。但日報、五日報、週報、旬報、月報之保存期限，得縮短為三年。

②前項保存年限，如有特殊原因，得依前項程序縮短之。

第八十五條 （分會計之報告）

各級分會計機關之會計報告，應由主辦會計人員依照規定之期日、期間及方式編製之，經該機關長官核閱後，呈送該管上級機關。

第八十六條 （分會計報告之查核）

前條報告，經該管上級機關長官核閱後，應交其主辦會計人員查核之；其有統制、綜合之需要者，並應分別為統制之紀錄及綜合之報告。

第八十七條 （分會計報告之遞送）

①各級分會計機關之會計報告，依次遞送至單位會計或附屬單位會計機關，單位會計或附屬單位會計機關長官核閱後，應交其主辦會計人員查核之；其有統制、綜合之需要者，並應分別為統制之紀錄或綜合之報告，呈送該管上級機關。

②前項單位會計機關，如為第二級機關單位時，應按其需要，分別報告該級政府之主計、公庫、財物經理及審計等機關。

第八十八條 （單位會計報告之分送）

各單位會計機關得以其報告逕行分送各該政府之主計、公庫、財物經理及審計等機關。但有必要時，亦得由上級單位會計機關分別轉送。

第八十九條 （統制紀錄）

　　各該政府主計機關，接到各單位會計機關、各單位會計基金之各種會計報告後，其有統制、綜合之需要者，應分別為統制之紀錄，以彙編各該政府之會計總報告。

第九十條 （報告差額之解釋）

　　各該政府主計機關之會計總報告，與其政府之公庫、財物經理、徵課、公債、特種財物及特種基金等主管機關之報告發生差額時，應由該管審計機關核對，並製表解釋之。

第九十一條 （報告副本之存留備查）

　　各種會計報告，均應由編製機關存留副本備查。

第九十二條 （機器處理報告、資料之分送）

　　採用機器集中處理會計資料者，其產生之會計報告或資料，由集中處理機關分送各有關機構。

第九十三條 （兼辦、代理）

①各公務機關掌理一種以上之特種公務者，應辦理一種以上之特種公務之會計事務；其兼辦公有營業或其他公有事業者，並應辦理公有營業或公有事業之會計事務。

②非政府所屬機關代理政府事務者，對於所代理之事務，應依本法之規定，辦理會計事務。

第九十四條 （會計事務與非會計事務之劃分）

　　各機關會計事務與非會計事務之劃分，應由主計機關會同關係機關核定。但法律另有規定者，依其規定。

第四章　內部審核

第九十五條 （內部審核之執行人員及種類）

①各機關實施內部審核，應由會計人員執行之。

②內部審核分左列二種：

　　一　事前審核：謂事項入帳前之審核，著重收支之控制。

　　二　事後複核：謂事項入帳後之審核，著重憑證、帳表之複核與工作績效之查核。

第九十六條 （內部審核之範圍）

　　內部審核之範圍如左：

　　一　財務審核：謂計畫、預算之執行與控制之審核。

二　財物審核：謂現金及其他財物之處理程序之審核。

三　工作審核：謂計算工作負荷或工作成果每單位所費成本之審核。

第九十七條　（內部審核之實施方式）

內部審核之實施，兼採書面審核與實地抽查方式，並應規定分層負責，劃分辦理之範圍。

第九十八條　（內部審核之調查權）

①會計人員為行使內部審核職權，向各單位查閱簿籍、憑證暨其他文件，或檢查現金、財物時，各該負責人不得隱匿或拒絕。遇有疑問，並應為詳細之答復。

②會計人員行使前項職權，遇必要時，得報經該機關長官之核准，封鎖各項有關簿籍、憑證或其他文件，並得提取其一部或全部。

第九十九條　（對不合法會計程序、文書之處理）

①各機關主辦會計人員，對於不合法之會計程序或會計文書，應使之更正；不更正者，應拒絕之，並報告該機關主管長官。

②前項不合法之行為，由於該機關主管長官之命令者，應以書面聲明異議；如不接受時，應報告該機關之主管上級機關長官與其主辦會計人員或主計機關。

③不為前二項之異議及報告時，關於不合法行為之責任，主辦會計人員應連帶負之。

第九十九條之一　（各機關特別費之除罪化）

中華民國九十五年十二月三十一日以前各機關支用之特別費，其報支、經辦、核銷、支用及其他相關人員之財務責任均視為解除，不追究其行政及民事責任；如涉刑責者，不罰。

第一百條　（審核之效力㈠）

各機關會計人員對於財物之訂購或款項之預付，經查核與預算所定用途及計畫進度相合者，應為預算之保留。關係經費負擔或收入一切契約，及大宗財產、不動產之買賣契約，非經會計人員事前審核簽名或蓋章，不生效力。

第一百零一條　（審核之效力㈡）

①會計憑證關係現金、票據、證券之出納者，非經主辦會計人員或其授權人之簽名或蓋章，不得為出納之執行。

②對外之收款收據，非經主辦會計人員或其授權人之簽名或蓋章者，不生效力。但有特殊情形者，得報經該管主計機關核准，另定處理

辦法。

第一百零二條　（拒絕簽署）

① 各機關會計人員審核原始憑證，發現有左列情形之一者，應拒絕簽署：

一　未註明用途或案據者。

二　依照法律或習慣應有之主要書據缺少或形式不具備者。

三　應經招標、比價或議價程序始得舉辦之事項，而未經執行內部審核人員簽名或蓋章者。

四　應經機關長官或事項之主管或主辦人員之簽名或蓋章，而未經其簽名或蓋章者。

五　應經經手人、品質驗收人、數量驗收人及保管人簽名或蓋章而未經其簽名或蓋章者；或應附送品質或數量驗收之證明文件而未附送者。

六　關係財物增減、保管、移轉之事項時，應經主辦經理事務人員簽名或蓋章，而未經其簽名或蓋章者。

七　書據之數字或文字有塗改痕跡，而塗改處未經負責人員簽名或蓋章證明者。

八　書據上表示金額或數量之文字、號碼不符者。

九　第三款及第五款所舉辦之事項，其金額已達稽察限額之案件，未經依照法定稽察程序辦理者。

十　其他與法令不符者。

② 前項第四款規定之人員，得由各機關依其業務規模，按金額訂定分層負責辦法辦理之。

第一百零三條　（內部審核人員之保障）

會計人員執行內部審核事項，應依照有關法令辦理；非因違法失職或重大過失，不負損害賠償責任。

第五章　會計人員

第一百零四條　（主計超然㈡——人事超然）

各該政府所屬各機關主辦會計人員及其佐理人員之任免、遷調、訓練及考績，由各該政府之主計機關依法為之。

第一百零五條　（會計費用）

主計機關派駐各機關之辦理會計人員所需一般費用，應列入所在機

關之經費預算;其屬專案業務費,得列入該管主計機關之預算。

第一百零六條　(主計超然㈢——職責超然)

各該政府所屬各機關之會計事務,由各該管主計機關派駐之主辦會計人員綜理、監督、指揮之;主計機關得隨時派員赴各機關視察會計制度之實施狀況,與會計人員之辦理情形。

第一百零七條　(佐理人員之指揮系統)

各機關辦理第五條至第七條所列各種會計事務之佐理人員,均應由主計機關派充,除直接對於前條主辦會計人員負責外,並依其性質,分別對於各類事務之主管或主辦人員負責,而受其指揮。

第一百零八條　(合併或委託辦理)

第五條至第七條所列各種會計事務,在事務簡單之機關得合併或委託辦理。但會計事務設有專員辦理者,不得兼辦出納或經理財物之事務。

第一百零九條　(會計檔案之移交)

①各機關之會計憑證、會計報告及記載完畢之會計簿籍等檔案,於總決算公布或令行日後,應由主辦會計人員移交所在機關管理檔案人員保管。但使用機器處理會計資料所用之儲存體,得另行處理之。

②會計檔案遇有遺失、損毀等情事時,應即呈報該管上級主辦會計人員或主計機關及所在機關長官與該管審計機關,分別轉呈各該管最上級機關,非經審計機關認為其對於良善管理人應有之注意並無怠忽,且了解除責任者,應付懲戒。

③遇有前項情事,匿不呈報者,從重懲戒。

④因第二項或第三項情事,致公庫受損害者,負賠償責任。

第一百十條　(會計人員與機關長官之關係)

主辦會計人員與所在機關長官因會計事務發生爭執時,由該管上級機關之主管長官及其主辦會計人員處理之。會計人員有違法或失職情事時,經所在機關長官函達主計機關長官,應即依法處理之。

第一百十一條　(請假、出差之代理)

主辦會計人員之請假或出差,應呈請該管上級機關之主辦會計人員或主計機關指派人員代理;其期間不逾一個月者,得自行委託人員代理。但仍應先期呈報,並連帶負責。

第一百十二條　(會計人員專任原則)

會計人員不得兼營會計師、律師業務,除法律另有規定外,不得兼任公務機關、公私營業機構之職務。

第一百十三條 （辦理交代(一)──交代義務）

會計人員經解除或變更其職務者，應辦交代。但短期給假或因公出差者，不在此限。

第一百十四條 （辦理交代(二)──主辦會計人員）

①主辦會計人員辦理交代，應由所在機關長官或其代表及上級機關主辦會計人員或其代表監交。

②前項人員交代時，應將印信、文件及其他公有物與其經管之會計憑證、會計簿籍、會計報告、機器處理會計資料之貯存體、機器處理會計手冊，造表悉數交付後任，其已編有目錄者，依目錄移交，得不另行造表。

第一百十五條 （辦理交代(三)──會計佐理人員）

會計佐理人員辦理交代，應由主辦會計人員或其代表監交；交代時，應將業務上所用之章戳、文件、簿籍及其他公有物並經辦未了事件，造表悉數交付後任。

第一百十六條 （辦理交代(四)──交代人員之職責）

交代人員應將經管帳簿及重要備查簿，由前任人員蓋章於其經管最末一筆帳項之後；新任蓋章於其最初一筆帳項之前。均註明年、月、日，證明責任之終始。

第一百十七條 （辦理交代(五)──主辦會計人員之移交）

①主辦會計人員，應自後任接替之日起五日內交代清楚，非取得交代證明書後，不得擅離任所。但前任因病卸職或在任病故時，得由其最高級佐理人員代辦交代，均仍由該前任負責。

②後任接受移交時，應即會同監交人員，於二日內依據移交表或目錄，逐項點收清楚，出具交代證明書，交前任收執，並會同前任呈報所在機關長官及各該管上級機關。但移交簿籍之內容，仍由前任負責。

第一百十八條 （辦理交代(六)──會計佐理人員之移交）

會計佐理人員，自後任接替之日起二日內交代清楚，除因病卸任者，得委託代辦交代外，其在任病故者之交代，應由其該管上級人員為之。

第一百十九條 （辦理交代(七)──交代責任）

會計人員交代不清者，應依法懲處；因而致公庫損失者，並負賠償責任；與交代不清有關係之人員，應連帶負責。

第一百二十條 （結束交代）

因機關被裁或基金結束而交代時，交代人員視為前任，接受人員視

為後任；其交代適用本章之規定。

第六章 附 則

第一百二十一條 （本法之準用範圍）

受政府輔助之民間團體及公私合營之事業，其會計制度及其會計報告程序，準用本法之規定；其適用範圍，由中央主計機關酌定之。

第一百二十二條 （施行日期）

本法自公布日施行。

司法院大法官解釋彙編（摘錄）

釋字第五十九號解釋　（公司二三）

依公司法第二十三條之規定公司除依其他法律或公司章程規定以保證為業務者外，不得為任何保證人。公司負責人如違反該條規定以公司名義為人保證，既不能認為公司之行為，對於公司自不發生效力。（四五、三、二一）

釋字第七十三號解釋　（刑一〇）

依公司法組織之公營事業縱於移轉民營時已確定其盈虧及一切權利義務之移轉日期，仍應俟移轉後之民股超過百分之五十以上時，該事業方得視為民營。惟在尚未實行交接之前，其原有依法令服務之人員，仍係刑法上之公務員。（四六、三、一三）

釋字第八十一號解釋　（憲一〇三）

民營公司之董事、監察人及經理人所執行之業務，應屬於憲法第一百零三條所稱執行業務範圍之內。（四七、一二、一七）

釋字第九十九號解釋　（妨害國幣三）

臺灣銀行發行之新臺幣，自中央銀行委託代理發行之日起，如有偽造變造等行為者，亦應依妨害國幣懲治條例論科。（五一、一二、一九）

釋字第一〇〇號解釋　（公司二四六、二六四）

公司法第二百四十六條第二項及第二百六十四條所定股東會之出席股東人數與表決權數，均係指所需之最低額而言。如公司訂立章程規定股東出席人數及表決權數，較法定所需之最低額為高時，自非法所不許。（五二、二、二七）

釋字第一〇二號解釋　（刑一四、一八三，海商四〇）

船舶發生海難，輪船公司董事長、總經理，並不因頒發開航通知書，而當然負刑法上業務過失責任。但因其過失催促開航，致釀成災害者，不在此限。（五二、八、一四）

釋字第一〇六號解釋　（總動員一六、一八）

國家總動員法第十六條、第十八條所定加以限制之規定，並非僅指政府於必要時，祇能對全體人民或全體銀行、公司、工廠之行使債權履行債務加以限制，亦得對特定地區或特種情形之某種事業為之。行政院依上開法條規定頒發重要事業救濟令，明定凡合於該令所定

情形，及所定種類事業之股份有限公司，均得適用，尚難認為於法有違。至對於債權行使及債務履行，所加限制之範圍，雖應按實際情形處理，難有具體標準，然應以達成該法所定任務之必要者為其限度。（五四、二、一二）

釋字第一三一號解釋　（公服一四）

公務員服務法上之公務員，不得兼任私立學校之董事長或董事，但法律或命令規定得兼任者，不在此限。本院院字第二三二〇號解釋應予補充釋明。（六〇、九、二四）

釋字第一六七號解釋　（公司一〇六，契稅二）

有限公司依公司法規定變更其組織為股份有限公司，其法人人格之存續不受影響，就該公司之不動產權利變更為股份有限公司之名義時，無契稅條例第二條第一項之適用，依租稅法律主義，自不應課徵契稅。但非依法變更組織者，其不動產權利之移轉，不在此限。（七〇、三、一三）

釋字第一八六號解釋　（民訴五六四、五六五，民七二〇、七二一、七二五）

宣告股票無效之除權判決經撤銷後，原股票應回復其效力。但發行公司如已補發新股票，並經善意受讓人依法取得股東權時，原股票之效力，即難回復。其因上述各情形喪失權利而受損害者，得依法請求損害賠償或為不當得利之返還。本院院字第二八一一號解釋，應予補充。（七三、三、九）

釋字第二〇四號解釋　（憲一五、二二，票據一二六、一二八、一四一）

票據法第一百四十一條第二項有關刑罰之規定，旨在防止發票人濫行簽發支票，確保支票之流通與支付功能，施行以來，已有被利用以不當擴張信用之缺失，唯僅係該項規定是否妥善問題，仍未逾立法裁量之範圍，與憲法第十五條及第二十二條尚無抵觸。（七五、四、一一）

釋字第二一四號解釋　（憲一四、一四五，合作社五、一〇，銀行二六、二九）

信用合作社經營部分銀行業務，屬於金融事業，應依法受國家之管理。行政院五十三年七月二十四日臺五十三財字第五一四八號關於「信用合作社在鄉鎮不得再設立」之命令及財政部五十九年六月五日以臺財錢字第一三九五七號令訂定之「金融主管機關受託統一管

理信用合作社暫行辦法」，乃係依其法定職權及授權，斟酌社會經濟與金融之實際需要，為管理金融機構所採之措施，參酌銀行法第二十六條、第二十九條，合作社法第五條、第十條各規定意旨，與憲法第十四條及第一百四十五條第二項並無牴觸。（七六、四、一七）

釋字第二二二號解釋　（憲一五、一八、二三，中標二、五，證交三七，會計師一二）

財政部證券管理委員會於中華民國七十二年七月七日發布之「會計師辦理公開發行公司財務報告查核簽證核准準則」，係證券交易法第三十七條第一項授權訂定之命令，其第二條規定：公開發行公司之財務報告，應由聯合會計師事務所之開業會計師二人以上共同查核簽證；第四條則對聯合會計師事務所組成之條件有所規定，旨在使會計師辦理公開發行公司財務報告查核簽證之制度，臻於健全。符合上開法律授權訂定之目的，為保護投資大眾、增進公共利益所必要，與憲法尚無牴觸。惟該準則制定已歷數年，社會環境及證券交易情形，均在不斷演變，會計師檢覈辦法亦經修正，前開準則關於檢覈免試取得會計師資格者，組成聯合會計師事務所之條件，與其他會計師不同之規定，其合理性與必要性是否繼續存在，宜由主管機關檢討修正，或逕以法律定之，以昭慎重，併予指明。（七七、二、一二）

釋字第二二七號解釋　（動擔三八）

動產擔保交易法第三十八條之罪，係以動產擔保交易之債務人為犯罪主體，並不包括其保證人在內。（七七、六、一七）

釋字第二三七號解釋　（憲二三，票據一二八，營業稅一二，統一發票使用辦法一七）

支票本為支付證券，得代替現金使用。票據法第一百二十八條第二項雖規定：「支票在票載發票日前，執票人不得為付款之提示」。但票載日期後之支票，仍為見票即付，此觀同條第一項規定自明。財政部六十九年九月二十日修正之統一發票使用辦法第十七條規定：「依本法營業稅分類計徵標的表規定，凡以收款時為開立統一發票之期限者，其所受之遠期支票，得於票載發票日開立統一發票」，係顧及收受未屆票載發票日支票之營業人利益而設，符合當時之營業稅法第十二條第一項之立法意旨，與憲法第二十三條規定，並無牴觸。（七八、三、一七）

釋字第二九三號解釋　（銀行四八）

銀行法第四十八條第二項規定「銀行對於顧客之存款、放款或匯款等有關資料，除其他法律或中央主管機關另有規定者外，應保守秘密」，旨在保障銀行之一般客戶財產上之秘密及防止客戶與銀行往來資料之任意公開，以維護人民之隱私權。惟公營銀行之預算、決算依法應受議會之審議，議會因審議上之必要，就公營銀行依規定已屬逾期放款部分，除收回無望或已報呆帳部分，仍依現行規定處理外，其餘部分，有相當理由足認其放款顯有不當者，經議會之決議，在銀行不透露個別客戶姓名及議會不公開有關資料之條件下，要求銀行提供該項資料時，為兼顧議會對公營銀行之監督，仍應予以提供。

（八一、三、一三）

釋字第三〇三號解釋　（公司四〇三）

公司法第四百零三條第一項規定：「公司及外國公司登記事項如有變更時，應於變更後十五日內，向主管機關申請為變更之登記」，此項變更登記，依同條第二項之意旨，應由公司負責人申請，乃因公司為法人，自應由其代表人為之，以確保交易安全，與憲法並無牴觸。

（八一、八、一四）

釋字第三一五號解釋　（憲一九，公司二三八、二三九、二四一，所得稅三、二四，獎勵投資條例二五）

關於公司超過面金額發行股票之溢額所得，應否免稅及免稅之範圍如何，立法機關依租稅法律主義，得為合理之裁量。獎勵投資條例第二十五條僅規定：「生產事業依公司法規定，將發行股票超過票面金額之溢價作為公積時，免予計入所得額」，行政院中華民國五十六年十二月七日臺經字第九四九四號令及財政部同年十月十日臺財稅發第一三〇五五號令乃釋示，非生產事業之上述溢額所得並無免稅規定，不在免稅之列，與憲法所定之租稅法律主義尚無牴觸。（八二、三、一二）

釋字第四〇二號解釋　（憲二三，保險一六七之一、一七七，保險代理人經紀人公證人管理規則四八）

對人民違反行政法上義務之行為予以裁罰性之行政處分，涉及人民權利之限制，其處分之構成要件與法律效果，應由法律定之，法律雖得授權以命令為補充規定，惟授權之目的、範圍及內容必須具體明確，然後據以發布命令，方符憲法第二十三條之意旨。保險法第一百七十七條規定：「代理人、經紀人、公證人及保險業務員管理規則，由財政部另訂之」，主管機關固得依此訂定法規命令，對該等從

業人員之行為為必要之規範，惟保險法並未就上述人員違反義務應予處罰之構成要件與法律效果為具體明確之授權，則其依據上開法條訂定發布之保險代理人經紀人公證人管理規則第四十八條第一項第十一款，對於保險代理人、經紀人及公證人等從業人員違反義務之行為，訂定得予裁罰性之行政處分，顯與首開憲法保障人民權利之意旨不符，應自本解釋公布日起，至遲於屆滿一年時，失其效力。（八五、五、一〇）

釋字第四三四號解釋　（憲一五，公保二、三、六、八、九、一六）

公務人員保險係國家為照顧公務人員生老病死及安養，運用保險原理而設之社會福利制度，凡法定機關編制內之有給人員及公職人員均為被保險人。被保險人應按公務人員保險法第八條第一項及第九條規定繳付保險費，承保機關按同法第三條規定提供生育、疾病、傷害、殘廢、養老、死亡及眷屬喪葬七項給付，前三項給付於全民健康保險法施行後，已列入全民健康保險。公務人員保險法規定之保險費，係由被保險人與政府按一定之比例負擔，以為承保機關保險給付之財務基礎。該項保險費，除為被保險人個人提供保險給付之資金來源外，並用以分擔保險團體中其他成員之危險責任。是保險費經繳付後，該法未規定得予返還，與憲法並無抵觸。惟被保險人所繳付之保險費中，關於養老保險部分，承保機關依財政部核定提存準備辦法規定，應提撥一定比率為養老給付準備，此項準備之本利類似全體被保險人存款之累積。公務人員保險法於第十六條第一項關於養老給付僅規定依法退休人員有請領之權，對於其他離職人員則未規定，與憲法第十五條保障人民財產權之意旨不符，應即檢討修正。（八六、七、二五）

釋字第四六六號解釋　（憲一六、七七，釋二六六、三一二）

憲法第十六條規定人民有訴訟之權，旨在確保人民得依法定程序提起訴訟及受公平之審判。至於訴訟救濟應循普通訴訟程序抑或依行政訴訟程序為之，則由立法機關依職權衡酌訴訟案件之性質及既有訴訟制度之功能等而為設計。我國關於民事訴訟與行政訴訟之審判，依現行法律之規定，分由不同性質之法院審理，係採二元訴訟制度。除法律別有規定外，關於因私法關係所生之爭執，由普通法院審判；因公法關係所生之爭議，則由行政法院審判之。

國家為提供公務人員生活保障，制定公務人員保險法，由考試院銓

敘部委託行政院財政部所屬之中央信託局辦理公務人員保險，並於保險事故發生時予以現金給付。按公務人員保險為社會保險之一種，具公法性質，關於公務人員保險給付之爭議，自應循行政爭訟程序解決。惟現行法制下，行政訴訟除附帶損害賠償之訴外，並無其他給付類型訴訟，致公務人員保險給付爭議須經行政救濟確定，該當事人亦非必然即可獲得保險給付。有關機關應儘速完成行政訴訟制度之全盤修正，於相關法制尚未完備以前，為提供人民確實有效之司法救濟途徑，有關給付之部分，經行政救濟程序之結果不能獲得實現時，應許向普通法院提起訴訟謀求救濟，以符首開憲法規定之意旨。（八七、九、二五）

釋字第四七二號解釋 （憲一五、一九、二三、一五五、一五七，憲增修一〇、健保一〇、一一之一、三〇、六九之一、八五、八七、八九）

國家為謀社會福利，應實施社會保險制度；國家為增進民族健康，應普遍推行衛生保健事業及公醫制度，憲法第一百五十五條及第一百五十七條分別定有明文。又國家應推行全民健康保險，復為憲法增修條文第十條第五項所明定。中華民國八十三年八月九日公布，八十四年三月一日施行之全民健康保險法即為實現上開憲法規定而制定。該法第十一條之一、第六十九條之一及第八十七條有關強制納保、繳納保費，係基於社會互助、危險分攤及公共利益之考量，符合憲法推行全民健康保險之意旨；同法第三十條有關加微滯納金之規定，則係促使投保單位或被保險人履行其繳納保費義務之必要手段。全民健康保險法上開條文與憲法第二十三條亦無牴觸。惟對於無力繳納保費者，國家應給予適當之救助，不得逕行拒絕給付，以符憲法推行全民健康保險，保障老弱殘廢、無力生活人民之旨趣。已依法參加公、勞、農保之人員亦須強制其加入全民健康保險，係增進公共利益所必要，難謂有違信賴保護原則。惟有關機關仍應本於全民健康保險法施行時，該法第八十五條限期提出改制方案之考量，依本解釋意旨，並就保險之營運（包括承保機構之多元化）、保險對象之類別、投保金額、保險費率、醫療給付、撙節開支暨暫行拒絕保險給付之當否等，適時通盤檢討改進，併此指明。（八八、一、二九）

釋字第四七三號解釋 （憲一五，健保八、一八、二一、二二，健保施四一）

全民健康保險法第十八條規定同法第八條所定第一類至第四類被保險人及其眷屬之保險費，依被保險人之投保金額及其保險費率計算之。此項保險費係為確保全民健康保險制度之運作而向被保險人強制收取之費用，屬於公法上金錢給付之一種，具分擔金之性質，保險費率係依預期損失率，經精算予以核計。其衡酌之原則以填補國家提供保險給付支出之一切費用為度，鑑於全民健康保險為社會保險，對於不同所得者，收取不同保險費，以符量能負擔之公平性，並以類型化方式合理計算投保金額，俾收簡化之功能，全民健康保險法第二十一條第一項乃規定授權主管機關訂定被保險人投保金額之分級表，為計算被保險人應負擔保險費之依據。依同法第二十二條第一項第三款及第三項規定專門職業及技術人員自行執業而無固定所得者，其投保金額由該被保險人依投保金額分級表所定數額自行申報。準此，全民健康保險法施行細則第四十一條第一項第四款規定，專門職業及技術人員自行執業者，其投保金額以分級表最高一級為上限，以勞工保險投保薪資分級表最高一級為下限，係基於法律規定衡量被保險人從事職業之性質，符合母法授權之意旨，與憲法保障財產權之旨趣，並不違背。（八八、一、二九）

釋字第四七四號解釋　（憲二三，公保一四，公務人員保險法施行細則七〇，中標五、六）

公務人員參加公務人員保險，於保險事故發生時，有依法請求保險金之權利，該請求權之消滅時效，應以法律定之，屬於憲法上法律保留事項。中華民國四十七年八月八日考試院訂定發布之公務人員保險法施行細則第七十條（八十四年六月九日考試院、行政院令修正發布之同施行細則第四十七條），逕行規定時效期間，與上開意旨不符，應不予適用。在法律未明定前，應類推適用公務人員退休法、公務人員撫卹法等關於退休金或撫卹金請求權消滅時效期間之規定。至於時效中斷及不完成，於相關法律未有規定前，亦應類推適用民法之規定，併此指明。（八八、一、二九）

釋字第四八〇號解釋　（憲一九、二三，產業升級一六，產業升級施三二之一、三四，稅徵二一，商會三八）

促進產業升級條例第十六條第二款規定，公司以其未分配盈餘增資償還因增置或更新同條第一款所定之機器、設備或運輸設備之貸款或未付款者，其股東因而取得之新發行記名股票，免予計入該股東當年度綜合所得額；其股東為營利事業者，免予計入當年度營利事

業所得額課稅。適用上開條文之公司應依中華民國八十二年十月二十七日修正發布之同條例施行細則第三十二條之一第二項第八款（現行細則第三十八條第二項第八款）規定，於核定本次增資償還計畫之期限內完成償還貸款或未付款，並於完成後六個月內檢具清償證明影本或經會計師查核簽證之清償證明文件，向原核備機關申請核發完成證明。如因實際需要得依同細則第三十四條第二項（現行細則第四十四條第二項）規定，於原核備完成期限前向原計畫核備機關申請展延至四年。上開施行細則有關六個月申請期間之規定，對納稅義務人而言，雖屬較短之期限，惟原計畫已准其有一定完成之期限，茲復有四年延展期間之設，如無一定申請期間之限制，稅捐核課之目的即難以落實。而此等期間之規定，除已斟酌適用本條例之公司之實際需要外，並係兼顧稅捐稽徵法第二十一條租稅核課期間及商業會計法第三十八條會計憑證保存限而設，為執行母法及相關法律所必要。是上開細則有關六個月之規定，符合立法意旨且未逾越母法之程度，與憲法第十九條及第二十三條並無抵觸。（八八、四、一六）

釋字第四八八號解釋　（憲一五、二三、一四五、釋三一三、四二三、四八〇，信合二七，銀行六二，金融機構監管接管辦法一一、一四）

憲法第十五條規定，人民財產權應予保障。對人民財產權之限制，必須合於憲法第二十三條所定必要程度，並以法律定之，其由立法機關明確授權行政機關以命令訂定者，須據以發布之命令符合立法意旨且未逾越授權範圍時，始為憲法之所許，迭經本院解釋在案。信用合作社第二十七條第一項及銀行法第六十二條第一項係為保障存款人權益，並兼顧金融秩序之安定而設，金融機構監管接管辦法第十一條第一項第三款及第十四條第四款雖亦有銀行法第六十二條第三項授權之依據，惟基於保障人民權利之考量，法律規定之實體內容固不得違背憲法，其實施實體內容之程序及提供適時之司法救濟途徑，亦應有合理規定，方符憲法維護人民權利之意旨；法律授權行政機關訂定之命令，為適當執行法律之規定，尤須對採取影響人民權利之行政措施時，其應進行之程序作必要之規範。前述銀行法、信用合作社法及金融機構監管接管辦法所定之各種措施，對銀行、信用合作社之股東（社員）、經營者及其他利害關係人，既皆有重大影響，該等法規僅就主管機關作成行政處分加以規定，未

能對作成處分前，如何情形須聽取股東、社員、經營者或利害關係人陳述之意見或徵詢地方自治團體相關機關（涉及各該地方自治團體經營之金融機構）之意見設置明文。又上開辦法允許主管機關逕行指派機關（機構）或人員為監管人或接管人，並使接管人取得經營權及財產管理處分權，復由接管人及主管機關決定概括讓與全部或部分業務及資產負債，或與他金融機構合併，無須斟酌受接管之金融機構股東或社員大會決議之可行性，亦不考慮該金融機構能否適時提供相當資金、擔保或其他解決其資產不足清償債務之有效方法，皆與憲法保障人民財產權之意旨未盡相符。前述法規主管機關均應依本解釋儘速檢討修正。（八八、七、三〇）

釋字第四八九號解釋　（信合二七，銀行六二）

信用合作社第二十七條第一項及銀行法第六十二條第一項、第二項所稱主管機關對違反法令、章程或無法健全經營而損及社員或存款人權益之合作社或因業務或財務狀況顯著惡化之銀行，得分別為撤銷決議、撤換職員、限制發給經理、監事酬勞或停止、解除其職務，停止業務限期清理、派監管人、接管、合併、命令解散、撤銷許可及其他必要處置。其中必要處置係指在符合信用合作社第二十七條第一項「無法健全經營而有損及社員及存款人權益之虞時」或銀行法第六十二條第一項「銀行因業務或財務狀況顯著惡化，不能支付其債務或有損及存款人利益之虞時」之前提下，因情況急迫，縱然採取上開法律所舉之措施，勢將不能實現預期效果時，所為不得已之合理手段而言。主管機關對財務狀況顯著惡化、無法健全經營之銀行或信用合作社促使其由其他金融機構概括承受，應合於前述要件外，尚須被概括承受之銀行或信用合作社未能適時提供相當資金、擔保或其他解決其資產不足清償債務之有效方法時，經依相關法令規定辦理概括承受之程序，始符合必要處置之意旨。（八八、七、三〇）

釋字第四九二號解釋　（憲一五，民四〇，公司二五、二六、八四、一一三，商標三三、三四）

人民之財產權應予保障，為憲法第十五條所明定。商標專用權屬於人民財產權之一種，亦在憲法保障之列。惟商標專用權人結束營業，且並無於結束營業前或其後就同一商標專用權授權他人使用或移轉他人繼續營業之可能時，因其已喪失存在之目的，自無再予保障之必要。中華民國七十二年一月二十六日修正公布之商標法第三十三

條第一款規定，商標專用權人於商標專用期間內廢止營業者，其商標專用權當然消滅，即係本此意旨所為對人民財產權之限制；商標專用權人倘僅係暫時停止營業；或權利人本人雖結束營業，而仍有移轉他人繼續營業之可能時，其商標既有繼續使用之價值，即難謂與廢止營業相同，而使其商標專用權當然消滅。公司法第二十五條規定，解散之公司於清算範圍內，視為尚未解散，即法人尚未消滅；同法第二十六條規定，解散之公司在清算時期，得為了結現務及便利清算之目的，暫時經營業務。故解散之公司事實上據此規定倘尚在經營業務中，且係繼續原有之營業者，既不能認已廢止營業，從而其享有之商標專用權，要亦不能認為已當然消滅。於此，其為了結現務及便利清算之目的，自得將商標專用權與其商品經營一併移轉他人。經濟部七十四年八月二十日經（七四）商字第三六一一一〇號關於「依公司法為解散登記或撤銷登記者」即係「廢止營業」之函釋部分，其對於人民財產權之限制，顯已逾越上述商標法第三十三條第一款所定之限度，與憲法保障人民財產權之意旨有違，應不予援用。（八八、一〇、二九）

釋字第五二二號解釋　（憲二三，證交一七七）

對證券負責人及業務人員違反其業務上禁止、停止或限制命令之行為科處刑罰，涉及人民權利之限制，其刑罰之構成要件，應由法律定之；若法律就其構成要件，授權以命令為補充規定者，其授權之目的、內容及範圍應具體明確，而自授權之法律規定中得預見其行為之可罰，方符刑罰明確性原則。中華民國七十七年一月二十九日修正公布之證券交易法第一百七十七條第三款規定：違反主管機關其他依本法所為禁止、停止或限制命令者，處一年以下有期徒刑、拘役或科或併科十萬元以下罰金。衡諸前開說明，其所為授權有科罰行為內容不能預見，須從行政機關所訂定之行政命令中，始能確知之情形，與上述憲法保障人民權利之意旨不符，自本解釋公布日起，應停止適用。證券交易法上開規定於八十九年七月十九日經修正刪除後，有關違反主管機關依同法所為禁止、停止或限制之命令，致影響證券市場秩序之維持者，何者具有可罰性，允宜檢討為適當之規範，併此指明。（九〇、三、九）

釋字第五二四號解釋　（健保三一、三九、四一、五〇、五一）

全民健康保險為強制性之社會保險，攸關全體國民之福祉至鉅，故對於因保險所生之權利義務應有明確之規範，並有法律保留原則之

適用。若法律就保險關係之內容授權以命令為補充規定者，其授權應具體明確，且須為被保險人所能預見。又法律授權主管機關依一定程序訂定法規命令以補充法律規定不足者，該機關即應予以遵守，不得捨法規命令不用，而發布規範行政體系內部事項之行政規則為之替代。倘法律並無轉委任之授權，該機關即不得委由其所屬機關逕行發布相關規章。

全民健康保險法第三十九條係就不在全民健康保險給付範圍之項目加以規定，其立法用意即在明確規範給付範圍，是除該條第一款至第十一款已具體列舉不給付之項目外，依同條第十二款規定：「其他經主管機關公告不給付之診療服務及藥品」，主管機關自應參酌同條其他各款相類似之立法意旨，對於不給付之診療服務及藥品，事先加以公告。又同法第三十一條規定：「保險對象發生疾病、傷害或生育事故時，由保險醫事服務機構依本保險醫療辦法，給予門診或住院診療服務；醫師並得交付處方箋予保險對象至藥局調劑。」「前項醫療辦法，由主管機關擬訂，報請行政院核定後發布之。」「第一項藥品之交付，依藥事法第一百零二條之規定辦理。」內容指涉廣泛，有違法律明確性原則，其授權相關機關所訂定之健康保險醫療辦法，應屬關於門診或住院診療服務之事項，中華民國八十四年二月二十四日發布之全民健康保險醫療辦法，不僅其中有涉及主管機關片面變更保險關係之基本權利義務事項，且在法律無轉委任之授權下，該辦法第三十一條第二項，還將高科技診療項目及審查程序，委由保險人定之，均已逾越母法授權之範圍。另同法第四十一條第三款：「經保險人事前審查，非屬醫療必需之診療服務及藥品」，對保險對象所發生不予給付之個別情形，既未就應審查之項目及基準為明文規定，亦與保險對象權益應受保障之意旨有違。至同法第五十一條所謂之醫療費用支付標準及藥價基準，僅係授權主管機關對醫療費用及藥價之支出擬訂合理之審核基準，亦不得以上開基準作為不保險給付範圍之項目依據。上開法律及有關機關依各該規定所發布之函令與本解釋意旨不符部分，均應於本解釋公布之日起兩年內檢討修正。（九〇、四、二〇）

釋字第五三三號解釋　（憲一六，行訴二、八、三，健保一、三、六、五五、三一、二、五，行序一三七）

憲法第十六條規定，人民之訴訟權應予保障，旨在確保人民於其權利受侵害時，得依法定程序提起訴訟以求救濟。中央健康保險局依

其組織法規係國家機關，為執行其法定之職權，就辦理全民健康保險醫療服務有關事項，與各醫事服務機構締結全民健康保險特約醫事服務機構合約，約定由特約醫事服務機構提供被保險人醫療保健服務，以達促進國民健康、增進公共利益之行政目的，故此項合約具有行政契約之性質。締約雙方如對契約內容發生爭議，屬於公法上爭訟事件，依中華民國八十七年十月二十八日修正公布之行政訴訟法第二條：「公法上之爭議，除法律別有規定外，得依本法提起行政訴訟。」第八條第一項：「人民與中央或地方機關間，因公法上原因發生財產上之給付或請求作成行政處分以外之其他非財產上之給付，得提起給付訴訟。因公法上契約發生之給付，亦同。」規定，應循行政訴訟途徑尋求救濟。保險醫事服務機構與中央健康保險局締結前述合約，如因而發生履約爭議，經該醫事服務機構依全民健康保險法第五條第一項所定程序提請審議，對審議結果仍有不服，自得依法提起行政爭訟。（九〇、一一、一六）

釋字第五四八號解釋 （公平交易一九、二一、二二、二四、四五，專利八八，行政院公平交易委員會審理事業發侵害著作權、商標權或專利權警告函案件處理原則三、四）

主管機關基於職權因執行特定法律之規定，得為必要之釋示，以供本機關或下級機關所屬公務員行使職權時之依據，業經本院釋字第四〇七號解釋在案。行政院公平交易委員會中華民國八十六年五月十四日（八六）公法字第〇一六七二號函發布之「審理事業發侵害著作權、商標權或專利權警告函案件處理原則」，係該會本於公平交易法第四十五條規定所為之解釋性行政規則，用以處理事業對他人散發侵害智慧財產權警告函之行為，有無濫用權利，致生公平交易法第十九條、第二十一條、第二十二條、第二十四條等規定所禁止之不公平競爭行為。前揭處理原則第三點、第四點規定，事業對他人散發侵害各類智慧財產權警告函時，倘已取得法院一審判決或公正客觀鑑定機構鑑定報告，並事先通知可能侵害該事業權利之製造商等人，請求其排除侵害，形式上即視為權利之正當行使，認定其不違公平交易法之規定；其未對法院判決或前開侵害鑑定報告之警告函者，若已據實敘明各類智慧財產權明確內容、範圍及受侵害之具體事實，且無公平交易法各項禁止規定之違反情事，亦屬權利之正當行使。事業對他人散發侵害專利權警告函之行為，雖係行使專利法第八十八條所賦予之侵害排除與防止請求權，惟權利不得濫用，

乃法律之基本原則，權利人應遵守之此項義務，並非前揭處理原則所增。該處理原則第三點、第四點係行政院公平交易委員會為審理事業對他人散發侵害智慧財產權警告函案件，是否符合公平交易法第四十五條行使權利之正當行為所為之例示性函釋，未對人民權利之行使增加法律所無之限制，於法律保留原則無違，亦不生授權是否明確問題，與憲法尚無牴觸。（九一、七、一二）

釋字第五五〇號解釋 （憲一五五、一五七，憲增修一〇，健保二七，財劃三七）

國家為謀社會福利，應實施社會保險制度；國家為增進民族健康，應普遍推行衛生保健事業及公醫制度，憲法第一百五十五條、第一百五十七條分別定有明文。國家應推行全民健康保險，重視社會救助、福利服務、社會保險及醫療保健等社會福利工作，復為憲法增修條文第十條第五項、第八項所明定。國家推行全民健康保險之義務，係兼指中央與地方而言。又依憲法規定各地方自治團體有辦理衛生、慈善公益事項等照顧其行政區域內居民生活之義務，亦得經由全民健康保險之實施，而獲得部分實現。中華民國八十三年八月九日公布、八十四年三月一日施行之全民健康保險法，係中央立法並執行之事項。有關執行全民健康保險制度之行政經費，固應由中央負擔，本案爭執之同法第二十七條責由地方自治團體補助之保險費，非指實施全民健康保險法之執行費用，而係指保險對象獲取保障之對價，除由雇主負擔及中央補助部分保險費外，地方政府予以補助，符合憲法首開規定意旨。

地方自治團體受憲法制度保障，其施政所需之經費負擔乃涉及財政自主權之事項，固有法律保留原則之適用，但於不侵害其自主權核心領域之限度內，基於國家整體施政之需要，對地方負有協力義務之全民健康保險事項，中央依據法律使地方分擔保險費之補助，尚非憲法所不許。關於中央與地方辦理事項之財政責任分配，憲法並無明文。財政收支劃分法第三十七條第一項第一款雖規定，各級政府支出之劃分，由中央立法並執行者，歸中央負擔，固非專指執行事項之行政經費而言，惟法律於符合上開條件下，尚非不得為特別之規定，就此而言，全民健康保險法第二十七條即屬此種特別規定。至全民健康保險法該條所定之補助各類被保險人保險費之比例屬於立法裁量事項，除顯有不當者外，不生牴觸憲法之問題。

法律之實施須由地方負擔經費者，如本案所涉全民健康保險法第二

十七條第一款第一、二目及第二、三、五款關於保險費補助比例之規定，於制定過程中應予地方政府充分之參與。行政主管機關草擬此類法律，應與地方政府協商，以避免有片面決策可能造成之不合理情形，並就法案實施所需財源事前妥為規劃；立法機關於修訂相關法律時，應予地方政府人員列席此類立法程序表示意見之機會。

（九一、一〇、四）

釋字第五六八號解釋　（憲二三、一五三、一五五，憲增修一〇，農保一四，健保三〇，勞保一一、一七、一九，勞保施一八）

勞工依法參加勞工保險及因此所生之公法上權利，應受憲法保障。關於保險效力之開始、停止、終止及保險給付之履行等事由，係屬勞工因保險關係所生之權利義務事項，攸關勞工權益至鉅，其權利之限制，應以法律定之，且其立法目的與手段，亦須符合憲法第二十三條之規定。若法律授權行政機關發布命令為補充規定者，該命令須符合立法意旨且未逾越母法授權之範圍，始為憲法所許。勞工保險條例施行細則第十八條關於投保單位有歇業、解散、破產宣告情事或積欠保險費及滯納金逕依法強制執行無效果者，保險人得以書面通知退保；投保單位積欠保險費及滯納金，經通知限期清償，逾期仍未清償，有事實足認顯無清償可能者，保險人得逕予退保之規定，增加勞工保險條例所未規定保險效力終止之事由，逾越該條例授權訂定施行細則之範圍，與憲法第二十三條規定之意旨未符，應不予適用。（九二、一一、一四）

釋字第五七六號解釋　（憲七、一四～一六、二二、二三、八〇，法組五七，行法院組一六，大法官審案五，保險三五～三七）

契約自由為個人自主發展與實現自我之重要機制，並為私法自治之基礎，除依契約之具體內容受憲法各相關基本權利規定保障外，亦屬憲法第二十二條所保障其他自由權利之一種。惟國家基於維護公益之必要，尚非不得以法律對之為合理之限制。

保險法第三十六條規定：「複保險，除另有約定外，要保人應將他保險人之名稱及保險金額通知各保險人。」第三十七條規定：「要保人故意不為前條之通知，或意圖不當得利而為複保險者，其契約無效。」係基於損害填補原則，為防止被保險人不當得利，獲致超過其財產上損害之保險給付，以維護保險市場交易秩序、降低交易成本與健全保險制度之發展，而對複保險行為所為之合理限制，符合憲法第二十三條之規定，與憲法保障人民契約自由之本旨，並無抵觸。

人身保險契約，並非為填補被保險人之財產上損害，亦不生類如財產保險之保險金額是否超過保險標的價值之問題，自不受保險法關於複保險相關規定之限制。最高法院七十六年臺上字第一一六六號判例，將上開保險法有關複保險之規定適用於人身保險契約，對人民之契約自由，增加法律所無之限制，應不再援用。（九三、四、二三）

釋字第五八六號解釋　（憲二三，證交四三之一、一七八、一七九，證券交易法第四十三條之一第一項取得股份申報事項要點三、四）

財政部證券管理委員會（後更名為財政部證券暨期貨管理委員會），於中華民國八十四年九月五日訂頒之「證券交易法第四十三條之一第一項取得股份申報事項要點」，係屬當時之證券交易主管機關基於職權，為有效執行證券交易法第四十三條之一第一項規定之必要而為之解釋性行政規則，固有其實際需要，惟該要點第三條第二款：「本人及其配偶、未成年子女及二親等以內親屬持有表決權股份合計超過三分之一之公司或擔任過半數董事、監察人或董事長、總經理之公司取得股份者」亦認定為共同取得人之規定及第四條相關部分，則逾越母法關於「共同取得」之文義可能範圍，增加母法所未規範之申報義務，涉及憲法所保障之資訊自主權與財產權之限制，違反憲法第二十三條之法律保留原則，應自本解釋公布之日起，至遲於屆滿一年時，失其效力。（九三、一二、一七）

釋字第六○二號解釋　（憲八、一四、一五、二二、二三，公平交易八（80.2.4、91.2.6）、二三（80.2.4）、三五（80.2.4）、二三之一～二三之三（88.2.3），民二五○、二五四～二五六、二五九、二六○、二六三、三五九、三六二、三六三，多層次傳銷五（81.2.28））

中華民國八十年二月四日制定公布之公平交易法第二十三條第一項規定：「多層次傳銷，其參加人如取得佣金、獎金或其他經濟利益，主要係基於介紹他人加入，而非基於其所推廣或銷售商品或勞務之合理市價者，不得為之。」其中所稱「主要」、「合理市價」之認定標準，係以參加人取得經濟利益之來源，推廣或銷售商品或勞務之價格為判斷，其範圍應屬可得確定。且多層次傳銷之營運計畫或組織之訂定，傳銷行為之統籌規劃，係由多層次傳銷事業為之，則不正當多層次傳銷事業之行為人，對於該事業之參加人所取得之經濟利

益，主要係基於介紹他人加入，而非基於參加人所推廣或銷售商品或勞務之合理市價，依其專業知識及社會通念，非不得預見，並可由司法審查以認定及判斷，符合法律明確性原則。又同法第三十五條明定，以違反上開第二十三條第一項規定為犯罪構成要件，與罪刑法定原則中之構成要件明確原則及罪刑相當原則尚無不符，且為維護社會交易秩序，健全市場機能，促進經濟之安定與繁榮所必要，並未牴觸憲法第二十三條之規定，與憲法第八條、第十五條保障人民身體自由及財產權之意旨，尚無違背。

上開公平交易法第二十三條第二項規定：「多層次傳銷之管理辦法，由中央主管機關定之。」中央主管機關行政院公平交易委員會依據上開授權，於八十一年二月二十八日訂定發布多層次傳銷管理辦法，其第五條（已刪除）規定，涉及人民退出多層次傳銷計畫或組織之權利義務事項，已非單純行政機關對事業行使公權力之管理辦法，顯然逾越上開公平交易法第二十三條第二項授權之範圍，違背憲法第二十三條規定之法律保留原則，應不予適用。（九四、七、二九）

釋字第六〇〇號解釋 （憲一五、一九、二三，產業升級一六、四三，公司一三、二四〇、二四一，大法官審案五，產業升級施四二、四七）

中華民國七十九年十二月二十九日制定公布之促進產業升級條例第十六條第三款規定，公司以未分配盈餘增資轉投資於同條例第八條所規定之重要事業者，其股東因而取得之新發行記名股票，免予計入該股東當年度綜合所得額；其股東為營利事業者，免予計入當年度營利事業所得額課稅。主管機關於八十六年九月二十四日修正發布之同條例施行細則第四十二條規定，公司以未分配盈餘增資轉投資於該條例第八條所規定之重要事業者，應於公司登記主管機關核准增資後六個月內，檢附相關文件向管轄稽徵機關申請該次增資放予股東之股票股利免計入股東當年度所得課稅，乃屬執行該條例第十六條第三款規定所必要，符合首開法律規定之意旨，並未逾越母法之限度，與憲法第十五條及第二十三條並無牴觸。（九四、一二、二）

釋字第六三四號解釋 （憲一一、一五、二三，證交一（77.1.29）、一八（77.1.29）、一七五（91.2.6），證券投資顧問事業管理規則二、四、五、二三（89.10.9），證券投資信託及顧問法一二一）

中華民國七十七年一月二十九日修正公布之證券交易法第十八條第

一項原規定應經主管機關核准之證券投資顧問事業，其業務範圍依該規定之立法目的及憲法保障言論自由之意旨，並不包括僅提供一般性之證券投資資訊，而非以直接或間接從事個別有價證券價值分析或推介建議為目的之證券投資講習。八十九年十月九日修正發布之證券投資顧問事業管理規則（已停止適用）第五條第一項第四款規定，於此範圍內，與憲法保障人民職業自由及言論自由之意旨尚無牴觸。（九六、一一、一六）

釋字第六三八號解釋　（憲二三，證交二六、一七八（89.7.19），行罰一四，公開發行公司董事、監察人股權成數及查核實施規則二（78.4.25）、四（78.1.10）、五（78.1.10）、八（86.5.13））

中華民國八十六年五月十三日修正發布之公開發行公司董事、監察人股權成數及查核實施規則第八條：「全體董事或監察人未依第四條及第五條規定期限補足第二條所定持股成數時，依證券交易法第一百七十八條第一項第四款規定處罰全體董事或監察人（第一項）。董事或監察人以法人身分當選者，處罰該法人負責人；以法人代表人身分當選者，處罰該代表人（第二項）。」其第一項及第二項後段規定，乃就違反主管機關依證券交易法第二十六條第二項所定之公開發行公司董事、監察人股權成數及查核實施規則，而應依八十九年七月十九日修正公布之證券交易法第一百七十八條第一項第四款規定處罰時之處罰對象及違反行政法上義務之人為多數時之歸責方式所為之規定，涉及人民權利之限制，並無法律依據或法律具體明確之授權，與憲法第二十三條規定之法律保留原則尚有未符，應於本解釋公布之日起六個月內失其效力。（九七、三、七）

釋字第六七二號解釋　（憲一五、二三，管理外匯一一、二四，行序一五四、一五七，中標三）

管理外匯條例第十一條、第二十四條第三項及財政部中華民國九十二年三月二十一日臺財融（五）字第○九二五○○○○○七五號令，關於攜帶外幣出入國境須報明登記，違反者應予沒入之規定，與憲法第十五條保障人民財產權、第二十三條之比例原則及法律明確性原則，尚無牴觸。（九九、二、一二）

釋字第六七五號解釋　（憲七，行政院金融重建基金設置及管理條例一（94.6.22）、四（94.6.22）、五（90.7.9），存保一、一五、一七，銀行六二，大法官審案五）

中華民國九十四年六月二十二日修正公布之行政院金融重建基金設

置及管理條例第四條第五項，關於「本條例修正施行後，主管機關或農業金融中央主管機關處理經營不善金融機構時，該金融機構非存款債務不予賠付」之規定，就非存款債務不予賠付部分，旨在增進行政院金融重建基金之使用效益，保障金融機構存款人權益及穩定金融信用秩序，其目的洵屬正當，該手段與立法目的之達成具有合理關聯性，與憲法第七條規定尚無牴觸。（九九、四、九）

釋字第六七六號解釋 （憲一五、二三、一五五、一五七，憲增修一〇，健保施四一 (84.8.2、88.11.18、91.11.29)，健保八、二一、二二、八六 (90.1.30)）

中華民國八十四年八月二日修正發布之全民健康保險法施行細則第四十一條第一項第七款：「無一定雇主或自營作業而參加職業工會……者，按投保金額分級表第六級起申報。」及八十八年十一月十八日修正發布之同施行細則同條款：「無一定雇主或自營作業而參加職業工會者，按投保金額分級表第六級起申報。」之規定（九十一年十一月二十九日修正改列第四款），與憲法第十五條保障人民財產權、第二十三條法律保留原則，以及法律授權明確性原則，尚無牴觸。惟於被保險人實際所得未達第六級時，相關機關自應考量設立適當之機制，合理調降保費費，以符社會保險制度中量能負擔之公平性及照顧低所得者之互助性，落實國家推行全民健康保險之憲法意旨，上開規定應本此意旨檢討改進，併予指明。（九九、四、三〇）

釋字第六八五號解釋 （憲七、一五、一九、二三，營業稅二、三、一四～一六、一九、三二、三三、三五，營業稅施二九，稅徵四四 (79.1.24、99.1.6)）

財政部中華民國九十一年六月二十一日臺財稅字第九一〇四五三九〇二號函，係闡釋營業人若自己銷售貨物，其銷售所得之代價亦由該營業人自行向買受人收取，即為該項營業行為之銷售貨物人；又行政院（現改制為最高行政法院）八十七年七月份第一次庭長評事聯席會議決議，關於非交易對象之人是否已按其開立發票之金額報繳營業稅額，不影響銷售貨物或勞務之營業人補繳加值型營業稅之義務部分，均符合加值型及非加值型營業稅法（營業稅法於九十年七月九日修正公布名稱為加值型及非加值型營業稅法，以下簡稱營業稅法）第二條第一款、第三條第一項、第三十二條第一項前段之立法意旨，與憲法第十九條之租稅法律主義尚無牴觸。

七十九年一月二十四日修正公布之稅捐稽徵法第四十四條關於營利

事業依法規定應給與他人憑證而未給與，應自他人取得憑證而未取得者，應就其未給與憑證、未取得憑證，經查明認定之總額，處百分之五罰鍰之規定，其處罰金額未設合理最高額之限制，而造成個案顯然過苛之處罰部分，逾越處罰之必要程度而違反憲法第二十三條之比例原則，與憲法第十五條保障人民財產權之意旨有違，應不予適用。（一〇〇、三、四）

釋字第六八七號解釋 （憲七，稅徵四一（79.1.24）、四七（65.10.22、98.5.27））

中華民國六十五年十月二十二日制定公布之稅捐稽徵法第四十七條第一款規定：「本法關於納稅義務人……應處徒刑之規定，於左列之人適用之：一、公司法規定之公司負責人。」（即九十八年五月二十七日修正公布之同條第一項第一款）係使公司負責人因自己之刑事違法且有責之行為，承擔刑事責任，與無責任即無處罰之憲法原則並無牴觸。至「應處徒刑之規定」部分，有違憲法第七條之平等原則，應自本解釋公布日起，至遲於屆滿一年時，失其效力。（一〇〇、五、二七）

釋字第六八八號解釋 （憲七、一五、二三，加值型及非加值型營業稅法之營業人開立銷售憑證時限表）

加值型及非加值型營業稅法（下稱營業稅法）之營業人開立銷售憑證時限表，有關包作業之開立憑證時限規定為「依其工程合約所載每期應收價款時為限」，尚無悖於憲法第七條平等原則及第二十三條比例原則，而與第十五條保障人民財產權及營業自由之意旨無違。惟營業人開立銷售憑證之時限早於實際收款時，倘嗣後買受人因陷於無資力或其他事由，致營業人無從將已繳納之營業稅，轉嫁予買受人負擔，此際營業稅法對營業人已繳納但無從轉嫁之營業稅，宜為適當處理，以符合營業稅係屬消費稅之立法意旨暨體系正義。主管機關應依本解釋意旨就營業稅法相關規定儘速檢討改進。（一〇〇、六、一〇）

MEMO

MEMO

MEMO